240个人力资源
核心问题与风险提示
总梳理

郑一珺／著

从招聘到离职

240 HR Core Issues and Risk Tips

From Recruitment to Resignation

法律出版社 LAW PRESS · CHINA

图书在版编目(CIP)数据

从招聘到离职：240个人力资源核心问题与风险提示总梳理／郑一珺著. -- 北京：法律出版社，2020
ISBN 978-7-5197-4125-9

Ⅰ.①从… Ⅱ.①郑… Ⅲ.①人力资源管理-劳动法-基本知识-中国 Ⅳ.①D922.504

中国版本图书馆CIP数据核字(2019)第289321号

从招聘到离职:240个人力资源核心问题与风险提示总梳理
CONG ZHAOPIN DAO LIZHI:240 GE RENLI ZIYUAN HEXIN WENTI YU FENGXIAN TISHI ZONG SHULI

郑一珺 著

策划编辑 李 群
责任编辑 李 群 翁潇潇 陈 熙
装帧设计 汪奇峰

出版 法律出版社
总发行 中国法律图书有限公司
经销 新华书店
印刷 三河市龙大印装有限公司
责任印制 吕亚莉

编辑统筹 法规出版分社
开本 710毫米×1000毫米 1/16
印张 39
字数 560千
版本 2020年1月第1版
印次 2020年1月第1次印刷

法律出版社／北京市丰台区莲花池西里7号(100073)
网址／www.lawpress.com.cn
投稿邮箱／info@lawpress.com.cn
举报维权邮箱／jbwq@lawpress.com.cn
销售热线／400-660-8393
咨询电话／010-63939796

中国法律图书有限公司／北京市丰台区莲花池西里7号(100073)
全国各地中法图分、子公司销售电话：
统一销售客服／400-660-8393/6393
第一法律书店／010-83938432/8433 西安分公司／029-85330678 重庆分公司／023-67453036
上海分公司／021-62071010/1636 深圳分公司／0755-83072995

书号:ISBN 978-7-5197-4125-9 **定价**:98.00元
(如有缺页或倒装,中国法律图书有限公司负责退换)

目　　录

第一部分　劳动关系的主体与劳动争议的受理范围

Q1:用人单位的分支机构是否能成为劳动法意义上的用工主体? ……… 3
Q2:精神障碍患者是否具备劳动关系中劳动者的主体资格? ……………… 4
Q3:公司股东能否成为劳动法中的劳动者? …………………………………… 6
Q4:公司的法定代表人能否成为劳动法中的劳动者? ……………………… 7
Q5:宗教团体能否成为劳动法意义上的用工主体? ………………………… 9
Q6:劳动关系和劳务关系存在哪些区别? ………………………………… 10
Q7:达到法定退休年龄者能否成为劳动关系的主体? ……………………… 13
Q8:劳动争议案件的受理范围如何确定? ………………………………… 17
Q9:劳动者的人事档案被用人单位丢失,当事人申请仲裁或起诉要求原用人单位补办人事档案并赔偿损失的,是否应当作为劳动争议案件受理? ………………………………………………………………… 18
Q10:劳动者要求用人单位转移人事档案,是否应作为劳动争议案件受理? ……………………………………………………………………… 20
Q11:劳动者要求确认用人单位制定的劳动规章制度无效或者撤销劳动规章制度,是否可以作为劳动争议案件受理? ……………………… 22
【典型案例1】张某某诉浙江某某有限公司劳动争议案 …………………… 25

第二部分　劳动合同及相关协议的成立与生效

Q12:劳动合同的订立是否需要经过要约和承诺阶段? …………………… 29
Q13:缺少必备条款的劳动合同是否成立? ……………………………… 31
Q14:入职登记表等文件是否可以视为劳动合同? ……………………… 33
Q15:《全国普通高等学校毕业生就业协议书》能否代替劳动合同? ……… 35

Q16:劳动合同是否属于格式合同? …… 36
Q17:劳动合同被确认无效,是否具有溯及力? …… 38
Q18:如何认定劳动合同无效情形中的劳动者欺诈? …… 40
Q19:如何理解劳动合同无效情形中用人单位免除自己的法定责任、排除劳动者权利? …… 42
Q20:用人单位与未成年人签订的劳动合同是否有效? …… 44
Q21:劳动合同中劳动者的签名为代签,效力如何认定? …… 46
Q22:用人单位与劳动者约定减轻或免除用人单位缴纳社会保险费用的条款是否有效? …… 47
Q23:未经批准,在劳动合同中约定不定时工作制条款是否有效? …… 50
Q24:用人单位要求劳动者提供担保,并与劳动者签订担保合同,担保合同是否有效? …… 52
Q25:劳动合同解除或终止时,用人单位和劳动者就加班工资、经济补偿、工伤赔偿等事宜达成"一揽子"协议的效力如何认定? …… 54
Q26:未订立书面劳动合同二倍工资的支付期限如何认定? …… 56
Q27:劳动者故意不签订劳动合同,用人单位是否应支付未订立书面劳动合同的二倍工资? …… 58
Q28:劳动合同期满后,劳动者继续在用人单位工作,用人单位未与其续订书面劳动合同,劳动者是否有权要求用人单位支付二倍工资? …… 60
Q29:劳动者被原用人单位安排到新用人单位工作,新用人单位未与劳动者订立书面劳动合同,是否应支付二倍工资? …… 61
Q30:用人单位的高级管理人员未签订书面劳动合同,用人单位是否需支付二倍工资? …… 63
Q31:劳动合同因法定事由顺延的,用人单位在顺延期间未与劳动者订立书面劳动合同,是否应支付二倍工资? …… 66
Q32:双方在劳动合同中约定,劳动合同到期后自动续期,劳动合同期满双方未再订立书面劳动合同,用人单位是否应支付二倍工资? …… 67
Q33:全日制用工关系中,用人单位未与劳动者签订全日制用工合同,而是签订非全日制用工合同,用人单位是否应支付二倍工资? …… 69

Q34：补签、倒签劳动合同，用人单位是否应支付二倍工资？ …………… 70
Q35：计算二倍工资的工资标准如何确定？ …………………………… 72
Q36：劳动者符合应签订无固定期限劳动合同的情形，但用人单位与劳动者签订固定期限劳动合同，是否有效？ ………………………… 73
Q37：《劳动合同法》第 14 条第 1 项规定的劳动者在该用人单位连续工作满 10 年中的“连续”如何界定？ ……………………………… 76
Q38：劳动者非因本人原因到新用人单位工作，在原用人单位和新用人单位前后工作时间累计满 10 年，是否符合订立无固定期限劳动合同的条件？ ……………………………………………………… 77
Q39：用人单位与劳动者签订的劳动合同未约定期限，能否视为双方签订的是无固定期限劳动合同？ ……………………………………… 79
Q40：劳动合同期满后，劳动关系因法定事由延续，劳动者因此连续工作年限满 10 年，是否符合订立无固定期限劳动合同的条件？ …… 81
Q41：劳务派遣中，被派遣劳动者符合《劳动合同法》第 14 条规定的订立无固定期限劳动合同条件，劳务派遣单位是否应与被派遣劳动者签订无固定期限劳动合同？ ……………………………………… 83
Q42：固定期限劳动合同履行过程中，用人单位和劳动者协商一致对劳动合同期限作变更，变更后的劳动合同期满，劳动者是否符合《劳动合同法》第 14 条规定的连续订立二次固定期限劳动合同后续订劳动合同应订立无固定期限劳动合同的情形？ …………… 85
Q43：应当订立而未订立无固定期限劳动合同，二倍工资的支付期限如何确定？ …………………………………………………………… 87
【典型案例 2】刘丹萍与南京仁创物资有限公司劳动争议纠纷案 ……… 89
【典型案例 3】北京泛太物流有限公司诉单某某劳动争议纠纷案 ……… 92
【典型案例 4】郭懿诉江苏益丰大药房连锁有限公司劳动争议案 ……… 95
【典型案例 5】陈克斌诉重庆英利房地产开发有限公司劳动争议案 …… 96
【典型案例 6】中国工商银行哈尔滨市和平支行诉高延民担保合同纠纷案 ……………………………………………………………… 97
【典型案例 7】黄仲华诉刘三明债权人撤销权纠纷案 …………………… 99

第三部分 劳动关系的认定

Q44: 车辆实际所有人聘用的驾驶员与挂靠单位之间是否形成事实劳动关系? …… 103

Q45: 网约用工劳动关系如何认定? …… 105

Q46: 保险公司与保险代理人之间是否成立劳动关系? …… 108

Q47: 快递员、送奶工、送水工等从业人员与用人单位之间是否成立劳动关系? …… 109

Q48: 个人承包经营者招用劳动者,劳动关系如何认定? …… 110

Q49: 空挂资质的个人与用人单位之间是否成立劳动关系? …… 112

Q50: 用人单位与未毕业大学生之间是否可以成立劳动关系? …… 113

【典型案例 8】杨光雄诉天津市旭阳建筑劳务有限公司确认劳动关系纠纷案 …… 115

【典型案例 9】丁风明诉镇江永安器材有限公司劳动争议案 …… 117

【典型案例 10】陈琦诉浙西工程设计院劳动争议案 …… 119

第四部分 试用期与劳动合同的变更

Q51: 试用期的起算时间如何确定? …… 123

Q52: 用人单位与劳动者口头约定试用期是否有效? …… 124

Q53: 双方约定的试用期短于法定最高限的,试用期是否可以延长? …… 125

Q54: 劳动者在试用期间患病或非因工受伤进入医疗期,用人单位是否可以中止试用期? …… 127

Q55: 用人单位与劳动者续订劳动合同,劳动者的工作岗位发生变化,是否可约定试用期? …… 128

Q56: 试用期内,用人单位是否应当为劳动者缴纳社会保险? …… 129

Q57: 用人单位能否单方调整劳动者的工作岗位? …… 130

Q58: 用人单位是否可以单方调整劳动者的工作地点? …… 134

Q59: 劳动合同变更是否一定要以书面形式进行? …… 136

Q60: 用人单位是否可以单方调整劳动者的工资和劳动条件? …… 139

Q61: 劳动合同的双方主体是否可以变更? …… 141

Q62: 用人单位单方变更工作时间制度是否有效? …… 142

【典型案例11】浙江乐源生物工程有限公司诉邱传忠劳动争议案 ……… 144

第五部分　工资报酬

Q63:劳动者工资由哪几部分组成? …………………………………… 149
Q64:劳动者的日工资、小时工资如何折算? ……………………………… 151
Q65:加班工资的计算基数如何确定? ………………………………… 152
Q66:劳动者请事假和病假,用人单位是否可以扣减事假和病假期间的工资? ……………………………………………………………… 154
Q67:非因劳动者原因导致的用人单位停产停业期间,劳动者没有为用人单位提供劳动,用人单位应支付劳动者的工资如何确定? ……… 157
Q68:劳动者加班的事实如何认定? …………………………………… 159
Q69:用人单位安排劳动者值班,是否应按法律规定支付加班工资? ………… 161
Q70:保安、门卫、仓库保管员等特殊岗位的劳动者主张加班工资,加班事实如何认定? ………………………………………………………… 162
Q71:用人单位与劳动者约定工资中包含加班工资的,如何认定此类条款的效力? ……………………………………………………………… 164
Q72:计件工资制如何计算加班工资? ………………………………… 166
Q73:综合工时制下加班工资如何认定? ……………………………… 168
Q74:用人单位是否可以通过劳动合同约定降低劳动者的加班工资标准? ……………………………………………………………………… 169
Q75:提成工资的举证责任如何分配? ………………………………… 170
Q76:用人单位是否可以在劳动合同或规章制度中约定劳动者中途离职,不发放年终奖金? ……………………………………………… 173
Q77:如何认定用人单位克扣工资,克扣工资有何法律后果? …………… 175
Q78:如何认定用人单位拖欠工资? ………………………………… 177
Q79:用人单位生产经营面临严重困难,是否可以缩短全体劳动者的工作时间,相应减少工资,以代替经济裁员? ………………………… 179
Q80:劳动者违反用人单位的规章制度,用人单位是否可对劳动者的工资作惩罚性的扣减? ………………………………………………… 180
Q81:如何理解同工同酬? …………………………………………… 183
Q82:用人单位拖欠工资报酬,劳动者是否可以以此为由对用人单位的

动产行使留置权? …… 187
Q83:发包单位将业务承包给个人,或者建筑施工、矿山企业等用人单位将工程(业务)或经营权发包给不具备用工主体资格的组织或自然人,对个人承包者招用劳动者造成劳动者工资损失或不具备用工主体资格的组织和自然人不能向劳动者支付工资的,发包单位或者建筑施工、矿山企业是否应当承担工资支付责任? …… 189
【典型案例 12】长三角商品交易所有限公司诉卢海云返还原物纠纷案 …… 191

第六部分 服务期、违约金和赔偿损失

Q84:用人单位可以与劳动者约定违约金的情形有哪些? …… 197
Q85:用人单位是否可与劳动者任意约定违反服务期的违约金数额? …… 198
Q86:用人单位与劳动者约定的服务期长于劳动合同期限,劳动者能否在劳动合同期限届满后、服务期届至前终止劳动合同而无须支付违约金? …… 200
Q87:用人单位与劳动者约定的服务期长于劳动合同期限,用人单位是否可以在劳动合同期满而服务期未届满之时终止劳动关系? …… 203
Q88:用人单位可否以向劳动者提供住房、车辆、落户等特殊待遇与劳动者约定服务期,劳动者违反特殊待遇服务期约定时是否应支付违约金? …… 205
Q89:用人单位为劳动者提供职业培训(包括岗前培训、轮岗培训),是否可与劳动者约定服务期和违约金? …… 207
Q90:违反服务期约定的违约金是否仅在劳动者主动离职时才能适用? …… 209
Q91:用人单位与劳动者约定的服务期是否有最高限? …… 211
Q92:法律规定劳动者承担违约金的两种情形之外,用人单位是否可与劳动者约定其他情形下的损害赔偿? …… 213
Q93:因劳动者原因导致用人单位经济损失,用人单位是否可通过扣发工资的形式要求劳动者赔偿? …… 215
Q94:用人单位在招聘时有歧视行为,劳动者可要求用人单位赔偿哪些损失? …… 218

【典型案例 13】陈泽祥诉邛崃市医疗中心医院人事争议纠纷案 ………… 221
【典型案例 14】邓某某诉某速递公司、某劳务公司一般人格权纠纷案 …… 223

第七部分　劳动规章制度

Q95:劳动规章制度的法律性质是什么? ………………………………… 227
Q96:劳动规章制度制定未经《劳动合同法》第 4 条规定的民主程序,该劳动规章是否有效? ……………………………………………… 230
Q97:劳动规章制度如何向劳动者公示? ………………………………… 233
Q98:子公司能否将其母公司的劳动规章制度直接适用于本公司的劳动者? …………………………………………………………… 235
Q99:人民法院和劳动仲裁部门能否对用人单位劳动规章制度的合理性进行审查? ……………………………………………………… 237
Q100:用人单位的劳动规章制度与劳动合同发生冲突,如何认定各自的效力? ………………………………………………………… 240
Q101:用人单位能否以劳动者违反倡导性的规章制度为由解除劳动合同? ……………………………………………………………… 243
【典型案例 15】蔡中清诉宝胜科技创新股份有限公司劳动争议案 ……… 245

第八部分　劳动合同的解除与终止

Q102:用人单位在哪些情形下可以解除与劳动者之间的劳动合同? …… 249
Q103:劳动者如何与用人单位解除劳动合同? …………………………… 252
Q104:劳动合同终止的情形有哪些? ……………………………………… 253
Q105:用人单位在哪些情形下需要支付经济补偿金? …………………… 255
Q106:劳动合同解除或终止后,需要办理哪些手续? …………………… 257
Q107:用人单位与劳动者约定用人单位解除劳动合同的违约金,在用人单位违法解除劳动合同的情况下,劳动者是否可以同时要求用人单位支付违约金和赔偿金? …………………………………… 259
Q108:劳动者对经济补偿与违约金是否可以兼得? ……………………… 260
Q109:劳动合同同时满足无效和解除的条件,应如何选择? …………… 262
Q110:试用期内如何解除劳动合同? ……………………………………… 265

Q111:用人单位与劳动者在试用期签订服务期协议,劳动者在试用期内提前 3 日通知用工单位解除劳动合同,是否应承担违反服务期约定的违约金? …… 267
Q112:试用期满后,用人单位能否以劳动者不符合录用条件解除劳动合同? …… 268
Q113:用人单位与劳动者能否在劳动合同中约定劳动合同的终止条件? …… 269
Q114:劳资双方对解除劳动合同的原因存在争议,举证责任如何分配? …… 271
Q115:用人单位与劳动者未订立书面劳动合同,也未以其他方式约定劳动关系的期限,是否可以随时解除或终止劳动关系? …… 274
Q116:用人单位是否可以依据《公司法》第 146 条的规定解除与高级管理人员的劳动合同? …… 276
Q117:如何认定《劳动合同法》第 40 条第 3 项规定的劳动合同订立时所依据的客观情况发生重大变化致使劳动合同无法履行的情形? …… 278
Q118:用人单位单方调整劳动者的工作岗位,劳动者拒绝到新岗位工作,也未在原岗位工作,用人单位是否可以解除劳动合同? …… 280
Q119:连续订立二次固定期限劳动合同或劳动者在该用人单位连续工作满 10 年,固定期限劳动合同到期,用人单位是否可以终止与劳动者之间的劳动合同关系? …… 282
Q120:用人单位在解除劳动合同时没有说明解除事由或以一定事由解除劳动合同,在劳动仲裁或诉讼中补充解除事由或以其他事由解除劳动合同,如何处理? …… 285
Q121:用人单位如何终止与因病或非因工负伤劳动者的合同? …… 286
Q122:劳动者解除劳动合同造成用人单位损失,是否应当赔偿用人单位的损失? …… 289
Q123:劳动者在劳动仲裁或诉讼中补充或变更解除劳动合同事由的,如何认定? …… 291
Q124:用人单位可否因劳动者考核居末位解除劳动合同? …… 292
Q125:从事接触职业病危害作业的劳动者未进行离岗前职业健康检

查,用人单位与劳动者协商一致解除劳动合同,是否有效? ……… 295
Q126:劳动者患病或非因工负伤,在医疗期内,用人单位是否可根据《劳动合同法》第 39 条的规定解除劳动合同? ……………………… 297
Q127:劳动者能否以用人单位未发放高温津贴为由解除劳动合同并要求经济补偿? ………………………………………………… 299
Q128:用人单位未及时发放应休未休年休假工资报酬的,劳动者是否可以此为由解除劳动合同并要求用人单位支付经济补偿? ……… 301
Q129:如何认定《劳动合同法》第 39 条第 2 项规定的劳动者严重违反用人单位的规章制度? ……………………………………… 305
Q130:如何理解《劳动合同法》第 38 条第 1 款第 2 项规定的用人单位未及时足额支付劳动报酬? ………………………………… 309
Q131:劳动者能否以用人单位违反法律规定延长工作时间为由解除劳动合同并要求用人单位支付经济补偿? ……………………… 311
Q132:《劳动合同法》第 38 条第 1 款第 3 项规定的用人单位未依法为劳动者缴纳社会保险费情形如何把握? …………………… 314
Q133:劳动者承诺用人单位可不为其缴纳社会保险,但事后反悔,以用人单位未依法缴纳社会保险费为由解除劳动合同并要求经济补偿,能否支持? ………………………………………………… 318
Q134:《劳动合同法》第 39 条第 6 项规定的劳动者被追究刑事责任情形如何界定? ………………………………………………… 320
Q135:劳动者被错判宣告无罪释放后,能否要求用人单位恢复劳动关系并补发在押期间的工资? ……………………………… 323
Q136:用人单位依《劳动合同法》第 39 条规定解除劳动合同,是否有时间限制? ………………………………………………… 325
Q137:用人单位依《劳动合同法》第 40 条的规定解除劳动合同,但未依法履行提前 30 日以书面形式通知劳动者本人或者额外支付劳动者 1 个月工资的程序,是否属于违法解除劳动合同的情形? ………………………………………………………………… 327
Q138:如何认定劳动者不能胜任工作? ……………………………… 329
Q139:如何认定《劳动合同法》第 48 条规定的劳动合同已经不能继续履行? ………………………………………………………… 332

Q140:劳动者根据《劳动合同法》第48条规定要求用人单位继续履行劳动合同和支付赔偿金,并要求违法解除期间的工资损失,如何处理? …… 334

Q141:“三期”女职工劳动合同解除和终止如何处理? …… 336

Q142:用人单位单方解除劳动合同,但未履行《劳动合同法》第43条规定的程序,是否属于违法解除劳动合同? …… 340

Q143:用人单位的工会委员会成员任期未到期,但其作为劳动者与用人单位的劳动合同到期,用人单位是否可终止与工会委员会成员的劳动合同? …… 345

Q144:用人单位未制定规章制度或规章制度中未规定某种违纪行为,是否可以劳动者严重违纪为由解除劳动合同? …… 347

Q145:劳动者离职时,用人单位能否在离职证明等文件上描述劳动者的贡献和品行? …… 350

Q146:工伤职工提出解除劳动合同,用人单位是否应支付经济补偿金? …… 351

Q147:解除劳动合同的通知应如何送达劳动者? …… 354

Q148:经济补偿金的计发基数如何确定? …… 355

Q149:劳动者在用人单位工作的时间跨越《劳动合同法》施行前后,经济补偿金如何分段计算? …… 357

Q150:经济裁员未满足法律规定的条件或未经法定程序,是否属于违法解除劳动合同? …… 361

Q151:劳动者享受新型农村社会养老保险待遇的,劳动合同是否自然终止? …… 364

Q152:如何理解计算经济补偿或赔偿金工作年限时,将劳动者在原用人单位的工作年限合并计算为新用人单位工作年限的规定? …… 367

Q153:劳动者在用人单位工作年限跨越2008年1月1日,用人单位违法解除劳动合同的赔偿金如何计算? …… 369

Q154:用人单位解除劳动合同的通知能否撤回或撤销? …… 371

【典型案例16】包利英诉上海申美饮料食品有限公司劳动合同纠纷案 …… 374

【典型案例17】梁介树诉南京乐府餐饮管理有限公司劳动争议案 …… 376

【典型案例18】张传杰诉上海敬豪劳务服务有限公司等劳动合同纠纷案 …… 378

【典型案例 19】上海冠龙阀门机械有限公司诉唐茂林劳动合同纠纷案 …… 379
【典型案例 20】张建明诉京隆科技(苏州)公司支付赔偿金纠纷案 …… 383

第九部分　竞业限制

Q155:竞业限制是否适用于全体劳动者? …… 387
Q156:如何认定劳动者属于《劳动合同法》第 24 条第 1 款规定的其他负有保密义务的人员? …… 389
Q157:用人单位在劳动合同或者保密协议中与劳动者约定竞业限制,但没有约定在竞业限制期限内给予劳动者经济补偿,竞业限制约定是否有效? …… 390
Q158:用人单位与劳动者约定的竞业限制期限超过两年,是否具有法律效力? …… 393
Q159:劳动合同解除或者终止后,竞业限制条款是否继续有效? …… 395
Q160:用人单位与劳动者约定不按月支付竞业限制经济补偿的约定是否有效? …… 401
Q161:用人单位与劳动者约定在职期间的竞业限制条款,是否有效? …… 403
Q162:用人单位可否在规章制度中规定劳动者的竞业限制义务? …… 405
Q163:如何理解最高人民法院《关于审理劳动争议案件适用法律若干问题的解释(四)》第 8 条关于因用人单位原因导致 3 个月未支付经济补偿劳动者可解除竞业限制约定的规定? …… 407
Q164:用人单位与劳动者在竞业限制协议中约定劳动者解除竞业限制协议的条件与最高人民法院《关于审理劳动争议案件适用法律若干问题的解释(四)》第 8 条的规定不同,是否有效? …… 410
Q165:劳动者退休后,竞业限制协议是否仍对其具有拘束力? …… 412
Q166:竞业限制协议中没有约定经济补偿,劳动者按约履行竞业限制,但用人单位累计 3 个月未支付经济补偿,劳动者是否有权解除竞业限制协议? …… 414
Q167:用人单位是否有任意解除竞业限制协议的权利? …… 416
Q168:用人单位与劳动者约定竞业限制经济补偿低于当地最低工资标准,经济补偿约定是否有效? …… 417

Q169:劳动者违反竞业限制约定的违约金是否可以调整? …… 420
Q170:用人单位与劳动者约定竞业限制的经济补偿于在职期间支付,离职后不再支付,此种约定是否有效? …… 422
Q171:劳动者因违反竞业限制约定向用人单位支付违约金以后,再次违反竞业限制约定,用人单位是否可再次向劳动者主张违约金? …… 423
Q172:劳动者违反竞业限制义务,用人单位是否仍需支付竞业限制的经济补偿? …… 425
Q173:保密协议和竞业限制约定有什么区别? …… 426
Q174:劳动者离职后违反竞业限制约定加入与用人单位有竞争关系的新用人单位,用人单位可否要求新用人单位与劳动者共同承担违约责任? …… 428
【典型案例 21】赵育森诉必佳乐公司经济补偿金案 …… 429
【典型案例 22】张某诉某布料公司劳动合同纠纷案 …… 430

第十部分 集体合同

Q175:集体合同订立的程序是怎样的? …… 435
Q176:用人单位能否以集体合同代替书面劳动合同? …… 437
Q177:集体合同的效力是否必然高于劳动合同的效力? …… 439
Q178:因履行集体合同发生争议,劳动者能否申请劳动仲裁或者提起诉讼? …… 441
【典型案例 23】北京纵横环球科技股份有限公司诉于某劳动争议案 …… 443

第十一部分 特殊用工

Q179:非全日制用工是否存在加班? …… 447
Q180:用人单位是否有必要与非全日制用工的劳动者订立书面劳动合同? …… 449
Q181:非全日制用工的劳动者在工作中受到伤害,能否享受工伤保险待遇? …… 450
Q182:非全日制用工劳动者的社会保险如何缴纳? …… 452

Q183:用人单位解除与非全日制劳动者的劳动合同,是否应当支付经济补偿金? …… 454
Q184:非全日制用工的劳动者是否应当与全日制用工劳动者同工同酬? …… 455
Q185:未依法设立的劳务派遣单位派遣劳动者到用工单位工作,用工单位与劳动者成立何种法律关系? …… 458
Q186:违反“三性”原则的劳务派遣是否有效? …… 460
Q187:用工单位提前介入劳务派遣,会产生什么法律后果? …… 464
Q188:劳务派遣中,劳务派遣单位和用工单位的权利义务如何分配? …… 467
Q189:如何理解劳务派遣中的同工同酬? …… 469
Q190:劳务派遣单位、用工单位能否与被派遣劳动者约定多次试用期? …… 470
Q191:因拖欠劳动报酬引发的劳务派遣争议,劳务派遣单位和用工单位是否应承担连带责任? …… 472
Q192:被派遣劳动者因工受伤,劳务派遣单位和用工单位如何承担工伤保险待遇支付责任? …… 475
Q193:在哪些情况下,用工单位可以将被派遣劳动者退回? …… 477
Q194:被派遣劳动者故意或者重大过失导致用工单位损失,用工单位是否可以要求劳务派遣单位承担连带责任? …… 479
【典型案例 24】上海珂帝纸品包装有限责任公司不服上海市人力资源和社会保障局责令补缴外来从业人员综合保险费案 …… 480

第十二部分　社会保险

Q195:劳动者在经过多个工作场所必经的区域时受到伤害,是否应认定为工伤? …… 487
Q196:劳动者因工外出期间,由于工作原因受到伤害的情形如何认定? …… 488
Q197:劳动者因工作原因与他人发生纠纷,在纠纷中受到伤害,能否认定为工伤? …… 490
Q198:社会保险行政部门在认定工伤程序中能否对受到伤害的职工与用人单位之间是否存在劳动关系进行认定? …… 492

Q199:劳动者在上下班途中无证驾驶机动车导致伤亡是否应当认定为工伤? …… 494
Q200:劳动者在工作中违章或者违规操作导致自己受到伤害,能否认定为工伤? …… 496
Q201:如何认定工伤认定中的“上下班途中”? …… 497
Q202:如何认定《工伤保险条例》第 14 条第 6 项规定的“非本人主要责任”? …… 499
Q203:劳动者提前下班途中受非本人主要责任交通事故伤害,能否认定为工伤? …… 503
Q204:用人单位未设置厕所,劳动者在工作时间到用人单位附近的厕所途中受到伤害,能否认定为工伤? …… 505
Q205:劳动者冒用他人身份入职,在工作中受到伤害,能否认定为工伤,如认定工伤,工伤赔偿责任由谁负担? …… 507
Q206:劳动者在工作时间和工作岗位,突发疾病经抢救在 48 小时以外死亡的,能否认定为工伤? …… 509
Q207:存在挂靠、转包、违法分包情形,工伤责任主体如何确定? …… 511
Q208:劳动者见义勇为受到伤害,能否视同工伤? …… 513
Q209:兼职人员发生工伤,如何确定工伤责任主体? …… 515
Q210:因工作原因陪客户饮酒期间受到伤害,能否认定为工伤? …… 518
Q211:工伤认定申请期限是否可变? …… 519
Q212:劳动者在参加疗休养时受到伤害,能否认定工伤? …… 522
Q213:工伤保险待遇的项目、标准和支付主体如何确定? …… 524
Q214:职工在工作中因第三人侵权受到伤害,被认定为工伤,能否向用人单位要求工伤保险待遇并向侵权人要求侵权损害赔偿? …… 527
Q215:如何理解《工伤保险条例》第 17 条第 4 款规定的工伤待遇等费用由用人单位负担? …… 532
Q216:工伤职工存在严重过错符合《劳动合同法》第 39 条规定,被用人单位解除劳动合同的,是否有权主张一次性工伤医疗补助金和一次性伤残就业补助金? …… 536
Q217:工伤职工离退休年龄不足 5 年,一次性工伤医疗补助金和一次性伤残就业补助金的数额是否应当相应减少? …… 539

Q218:工伤职工的停工留薪期如何确定? …………………………… 541
Q219:超出工伤保险目录和标准的医疗费用由谁负担? ………………… 543
Q220:哪些情况下,一级至四级伤残工伤职工可请求一次性支付工伤保险待遇? ……………………………………………………………… 545
Q221:未经社会保险行政部门认定工伤,劳动者是否可以直接要求工伤赔偿? ………………………………………………………………… 547
Q222:工伤职工或者其近亲属能否向用人单位要求赔偿精神损害抚慰金? ………………………………………………………………… 549
Q223:如何理解失业保险金领取条件中的"非本人意愿中断就业"? …… 551
Q224:用人单位没有为劳动者缴纳养老保险导致劳动者无法享受养老保险待遇,劳动者要求用人单位赔偿损失,损失数额如何确定? ……………………………………………………………………… 553
Q225:新入职劳动者的年休假天数如何计算? …………………………… 555
Q226:用人单位或者工会安排劳动者进行旅游、疗休养,旅游、疗休养的天数是否能抵扣劳动者年休假的天数? ………………………… 556
【典型案例25】安民重、兰自姣诉深圳市水湾远洋渔业有限公司工伤保险待遇纠纷案 ………………………………………… 558
【典型案例26】伏恒生等诉连云港开发区华源市政园林工程公司工伤待遇赔偿纠纷案 ………………………………………… 560
【典型案例27】候宏军诉上海隆茂建筑装潢有限公司劳动合同纠纷案 ……………………………………………………………… 562
【典型案例28】重庆市涪陵志大物业管理有限公司诉重庆市涪陵区人力资源和社会保障局劳动和社会保障行政确认案 ……… 565
【典型案例29】孙立兴诉天津新技术产业园区劳动人事局工伤认定案 ……………………………………………………………… 566
【典型案例30】上海温和足部保健服务部诉上海市普陀区人力资源和社会保障局工伤认定案 ………………………………… 568
【典型案例31】北京国玉大酒店有限公司诉北京市朝阳区劳动和社会保障局工伤认定行政纠纷案 ………………………… 570
【典型案例32】杨庆峰诉无锡市劳动和社会保障局工伤认定行政纠纷案 ……………………………………………………………… 572

【典型案例33】王长淮诉江苏省盱眙县劳动和社会保障局工伤行政确认案 …… 575
【典型案例34】吴洪发、卢泽英诉重庆市北碚区工伤保险管理所工伤保险待遇纠纷案 …… 576
【典型案例35】龚金荣诉淅川县第二小学养老保险待遇纠纷案 …… 578

第十三部分 裁审程序

Q227:我国的劳动争议处理程序是怎样的? …… 583
Q228:用人单位拖欠工资,劳动者是否可以直接向人民法院提起诉讼? …… 584
Q229:劳动争议的仲裁和诉讼管辖如何确定? …… 586
Q230:劳动争议的当事人如何确定? …… 588
Q231:如何区分一裁终局的劳动争议和非一裁终局的劳动争议? …… 590
Q232:当事人就仲裁裁决中的部分内容提起诉讼的,仲裁裁决的其他部分是否发生法律效力? …… 592
Q233:当事人对仲裁裁决不服提起诉讼,在诉讼过程中撤诉或者按撤诉处理的,仲裁裁决是否发生法律效力? …… 593
Q234:当事人一方不履行仲裁程序中自行达成的和解协议,对方当事人是否可以再次申请仲裁? …… 594
Q235:当事人申请劳动仲裁时已超过仲裁时效,应如何处理? …… 595
Q236:劳动者向用人单位主张工伤保险待遇的仲裁时效从何时起算? …… 597
Q237:未订立书面劳动合同二倍工资的仲裁时效如何确定? …… 598
Q238:加班工资的仲裁时效如何确定? …… 599
Q239:劳动者要求用人单位缴纳社会保险费用的仲裁时效如何确定? …… 601
Q240:劳动者依据《劳动合同法》第85条规定向用人单位主张加付赔偿金,是否要经过劳动行政部门处理的前置程序? …… 602
【典型案例36】彭某诉广州市强业公司劳动争议案 …… 605
【典型案例37】罗某诉连城县新泉电冶厂劳动争议案 …… 606

第一部分

Chapter 1

劳动关系的主体与劳动争议的受理范围

Q1:用人单位的分支机构是否能成为劳动法意义上的用工主体?

目前,很多企业或其他组织因业务在地域上的扩展,在各地设立分支机构。由于分支机构没有独立的法人资格,其是否能成为用工主体,与劳动者发生劳动关系,在实务上存在一定的争议。

【争议】

观点一:分支机构不具备独立的民事责任能力,不具有独立的法人资格,不属于《劳动合同法》第 2 条规定的用人单位,不能成为用工主体。

观点二:分支机构一般具备一定的财产,有能力招聘劳动者、为劳动者支付工资福利、为劳动者缴纳社会保险,所以分支机构可以成为劳动法意义上的用工主体。

观点三:分支机构能否成为用工主体不能一概而论,要看其是否经依法登记。已依法注册登记的分支机构,可以成为用工主体,而未经注册登记的分支机构,则不能独立与劳动者发生劳动关系,不能成为用工主体。

【解答】

笔者同意观点三。分支机构能否成为劳动法意义上的用工主体,要看其是否经依法取得营业执照或登记证书。《劳动合同法实施条例》第 4 条规定,劳动合同法规定的用人单位设立的分支机构,依法取得营业执照或者登记证书的,可以作为用人单位与劳动者订立劳动合同;未依法取得营业执照或者登记证书的,受用人单位委托可以与劳动者订立劳动合同。根据该条规定,依法取得营业执照或者登记证书的分支机构,可以作为用人单位与劳动者签订劳动合同,未依法取得营业执照或者登记证书的分支机构,只能受用人单位委托而不能独立作为用人单位与劳动者签订劳动合同。

未依法取得营业执照或者登记证书的分支机构,违反《劳动合同法实施条例》第 4 条的规定,直接与劳动者签订劳动合同的,应认定劳动关系成立于劳动者与用人单位之间,不应认定用人单位的分支机构与劳动者成立劳务关系,相应的责任应直接由用人单位承担。

依法取得营业执照或者登记证书的分支机构,仍然不具有独立的民事行为能力和民事责任能力,其与劳动者成立劳动关系,根据《民法总则》的规定,产生的相应民事责任由用人单位承担,分支机构有管理财产的,可以先以该分支机构管理的财产承担,管理的财产不足以承担的,由用人单位承担。

【风险提示1】

用人单位设立分支机构时,应依法登记并取得分支机构的营业执照或者登记证书。用人单位应加强分支机构人事方面的管理,在规章制度或相关合同中明确,分支机构招聘劳动者时,需经用人单位同意,并将劳动者的个人信息、相关资料及档案及时移交用人单位,以避免在用人单位不知情的情况下,分支机构自行招聘劳动者,从而产生劳动纠纷的风险。劳动者在与用人单位的分支机构产生劳动纠纷时,应注意将分支机构和用人单位列为共同当事人,避免因分支机构财产不足以承担责任时导致劳动者受损的情况。

【规范指引】

《中华人民共和国劳动合同法实施条例》

第四条　劳动合同法规定的用人单位设立的分支机构,依法取得营业执照或者登记证书的,可以作为用人单位与劳动者订立劳动合同;未依法取得营业执照或者登记证书的,受用人单位委托可以与劳动者订立劳动合同。

Q2:精神障碍患者是否具备劳动关系中劳动者的主体资格?

《民法总则》规定了自然人的民事权利能力和民事行为能力。民事权利能力是指民事主体享有民事权利和承担民事义务的能力。自然人从出生至死亡,均具有民事权利能力。民事行为能力则是指民事主体独立实施民事法律行为的能力。根据自然人年龄和精神状况的不同,民事行为能力分为三类:完全民事行为能力、限制行为能力和无行为能力。完全民事行为能力人需具备以下两个条件,即年满 18 周岁,精神状况健康正常,能够正确理解法律规范和社会规则,理智地实施民事行为。精神障碍患者因精神状况的问题,不能正确理解法律规范和社会规则,不能理智地实施民事行为,不属于完全民事行为能力人。[①] 精神障碍患者作为非完全民事行为能力人,能否具备劳动者的主体资格,实务

---

① 周国良等:《精神病患者劳动权与用人单位合同解除权的冲突与平衡》,载《中国劳动》2016 年第 11 期。

上有不同看法。

【争议】

观点一：精神障碍患者不是完全民事行为能力人，不能理智从事劳动，对用人单位及其他员工可能造成损害，所以精神障碍患者不能成为劳动者。

观点二：法律并未禁止精神障碍患者从事劳动，如认为精神障碍患者不具备劳动资格，违反宪法中关于公民劳动权利的规定，精神障碍患者不能通过劳动获得收入来源，不利于他们的生活保障，而且禁止精神障碍患者参加劳动，涉嫌就业歧视。综上所述，精神障碍患者可以成为劳动者。

【解答】

笔者认为，上述观点均有失偏颇。《精神卫生法》第4条规定，精神障碍患者的人格尊严、人身和财产安全不受侵犯；精神障碍患者的教育、劳动、医疗以及从国家和社会获得物质帮助等方面的合法权益受法律保护。在精神障碍患者有劳动能力的情况下，法律赋予其劳动的权利，一概否定精神障碍患者作为劳动者的资格，显然不符合法律规定。但一些精神障碍患者不具备劳动能力，就不能成为劳动者。

精神障碍患者是否具备劳动者的主体资格，应从精神障碍患者所患精神疾病种类、轻重情况的不同而有所区别。一是从精神障碍患者所患精神疾病的严重程度分析，如精神障碍患者仅是患轻微的精神疾病，虽不能完全辨认自己的行为，但可以从事一些与其精神状况相适应的工作，则其可以成为劳动关系中的劳动者，用人单位不得仅以其患精神疾病为由否定精神障碍患者的劳动权利。但精神障碍患者患严重的精神疾病，完全不能辨认自己的行为，没有劳动能力，则应认定其不具备成为劳动者的能力。二是从精神障碍患者是否有暴力倾向的角度考虑，如精神障碍患者有较严重的暴力倾向，有可能伤害其他劳动者，或对用人单位的生产秩序造成影响，那么，应认为该精神障碍患者不具备成为劳动者的条件。三是从精神疾病是否具有间歇性的角度，如精神疾病是间歇性的，那么精神障碍患者在精神疾病的间歇期，可以从事劳动，成为劳动关系中的劳动者。

【风险提示2】

精神障碍患者在一定条件下可成为劳动者。用人单位发现劳动者患有精神疾病时，应根据劳动者所患精神疾病的实际状况决定是否解除与精神障碍患者的劳动合同,而不能一发现劳动者患有精神疾病就解除劳动合同。劳动者患轻微的精神疾病,可以从事一些与其精神状况相适应的工作,在这种情形下,用人单位不应解除劳动合同,否则会面临违法解除劳动合同的风险。

【规范指引】

《中华人民共和国精神卫生法》

第四条第二款　精神障碍患者的教育、劳动、医疗以及从国家和社会获得物质帮助等方面的合法权益受法律保护。

Q3:公司股东能否成为劳动法中的劳动者?

公司股东是股份公司或有限责任公司中持有股份的人,公司股东依法享有资产收益、参与重大决策和选择管理者的权利。关于股东能否成为劳动法中的劳动者,实务中有两种观点。

【争议】

观点一:公司股东参与公司的重大决策、享受公司资产收益,并不为公司提供劳动,不是劳动法中的劳动者主体。

观点二:很多公司股东不仅参与公司的重大决策和享受收益,而且还兼任公司的管理人员,股东兼任公司管理人员时,实际上是在为公司提供劳动,应当享有劳动者的权利。

【解答】

笔者认为,公司股东如果是自然人,其股东的身份与劳动者的身份并不冲突,公司股东是否能被认定为劳动者,主要看该股东与用人单位之间除了出资关系以外,是否符合劳动关系的特征。同时,劳动关系的认定可能还会因股东股权比例的大小有所区别。

(1)公司股东占公司股权份额较小,该股东同时兼任公司的管理人员,为公司提供劳动,接受公司的管理,遵守公司的各项劳动规章制度,从事公司安排的工作,公司按其劳动给付劳动报酬等,可以认定该公司股东与公司除形成出资关系外,还存在劳动关系。

(2)公司股东占公司股权份额较大,或者该股东本身就是公司的控股股东,其与公司之间劳动关系的认定相对严格,因为大股东、控股股东与公司之间并不存在人身依附性和从属性这两个劳动关系的本质特性,大股东和控股股东可管理支配公司的经营,公司没有能力指挥、命令大股东或者控股股东参与劳动。所以,大股东或控股股东兼任公司的管理人员,一般不能认定此种情形下公司与大股东或者控股股东成立劳动关系。

(3)公司与股东签订劳动合同,而且公司章程、规章制度没有明文禁止股东成为劳动者,这种情形下,无论股东占有多少份额的公司股权,均可认定该股东是公司的劳动者。

【风险提示3】

公司股东兼任公司工作人员,为公司提供劳动,接受公司管理,从事公司安排的工作并从公司获得劳动报酬,其与公司之间的关系可能会被认定为劳动关系。所以,公司股东兼任公司工作人员时,公司应与其订立书面聘用合同或劳动合同,以明确双方的权利义务关系。

【规范指引】

劳动和社会保障部《关于确立劳动关系有关事项的通知》

一、用人单位招用劳动者未订立书面劳动合同,但同时具备下列情形的,劳动关系成立。

(一)用人单位和劳动者符合法律、法规规定的主体资格;

(二)用人单位依法制定的各项劳动规章制度适用于劳动者,劳动者受用人单位的劳动管理,从事用人单位安排的有报酬的劳动;

(三)劳动者提供的劳动是用人单位业务的组成部分。

Q4:公司的法定代表人能否成为劳动法中的劳动者?

法定代表人,是指依法代表法人行使民事权利履行民事义务的主要负责人,最重要的职责在于在对外关系上代表公司进行民事行为,在发生纠纷时,代表公司参加诉讼。法定代表人是否能成为用人单位的劳动者,实务中有不同的观点。

【争议】

观点一:公司法定代表人实际上是公司的负责人,负责人的身份和劳动者的身份在本质上是冲突的,一个人不能既是负责人,又是劳动者。所以,公司的法定代表人不是用人单位的劳动者。

观点二:公司法定代表人实际上也是为公司工作的人,其为公司提供劳动,理应认定为公司的劳动者。

【解答】

笔者认为,上述观点均有不合理之处。公司法定代表人的情况并不完全相同,法定代表人能否成为劳动者,会因法定代表人在公司中的不同情形有不同认定。

(1)公司法定代表人同时是公司的股东。这种情况下,公司股东推举其中一个股东作为法定代表人代表公司,该法定代表人不是公司的劳动者。

(2)公司法定代表人不是公司股东,而是从劳动者中选择一名担任。这种情况下,公司法定代表人虽对外代表公司,但在内部关系上,法定代表人仍要接受公司的管理,遵守公司的各项劳动规章制度,从事公司安排的有相应劳动报酬的工作,对公司存在较强的人身依附性和从属性,符合劳动关系的特征。这种情形下的法定代表人应当被认定为公司的劳动者,此时的法定代表人身份与劳动者身份并不存在本质冲突。

(3)公司的法定代表人是受母公司委派担任子公司的法定代表人。这种情况下,子公司的法定代表人实际上是接受母公司的管理和指派,其人身依附于母公司,经济上从属于母公司,应认定该法定代表人是母公司的劳动者,而非子公司的劳动者。

【风险提示4】

在司法实践中,母公司委派劳动者到子公司担任法定代表人,一般认定该法定代表人与母公司成立劳动关系。母公司不能想当然地认为其委派到子公司的法定代表人就不是母公司或者子公司的劳动者,从而忽略了书面合同的签订和其他用人单位法定义务的履行。

【规范指引】

劳动部《关于贯彻执行〈中华人民共和国劳动法〉若干问题的意见》

2. 中国境内的企业、个体经济组织与劳动者之间,只要形成劳动关系,即劳动者事实上已成为企业、个体经济组织的成员,并为其提供有偿劳动,适用劳动法。

Q5:宗教团体能否成为劳动法意义上的用工主体?

2017 年 10 月 1 日施行的《民法总则》第一次明确宗教团体的法人地位,该法第 92 条第 2 款规定,依法设立的宗教活动场所,具备法人条件的,可以申请法人登记,取得捐助法人资格。法律、行政法规对宗教活动场所有规定的依照其规定。宗教团体与劳动者能否成立劳动关系,实践中有不同观点。

【争议】

观点一:宗教团体不属于《劳动合同法》第 2 条规定的企业、个体经济组织、社会团体或者国家机关、事业单位和社会团体,其不应成为劳动法意义上的用工主体。

观点二:根据《民法总则》第 92 条第 2 款的规定,宗教团体经登记后,可取得捐助法人的资格,其应属于《劳动合同法》第 2 条规定的其他组织,可以成为劳动法意义上的用工主体。

【解答】

笔者同意观点二。经依法登记的宗教团体属于捐助法人,其虽然不属于《劳动合同法》第 2 条规定的企业、个体经济组织、社会团体,也不属于该条规定的国家机关、事业单位和社会团体,但其可以被归入与社会团体法人相类似的组织范畴。《民法总则》第 92 条第 1 款规定为公益目的以捐助财产设立的基金会、社会服务机构等经依法登记,取得捐助法人资格。《劳动合同法实施条例》第 3 条将基金会等组织归入《劳动合同法》规定的用人单位。可见,基金会等捐助法人属于《劳动合同法》第 2 条规定的组织,可以成为用人单位,依法登记的宗教团体属于捐助法人,可以依据《劳动合同法》第 2 条并参照《劳动合同法实施条例》第 3 条的规定,成为劳动法意义上的用工主体,与劳动者成立劳动关系。

【风险提示 5】

宗教团体可以成为劳动法意义上的用工主体,宗教团体在用工时,要注意根据《劳动合同法》及相关劳动法律法规的规定,与长期稳定用工的劳动者及时签订劳动合同、缴纳社会保险等;对一些临时性的用工,要注意与受雇人签订劳务合同或雇用合同,以防被劳动仲裁部门或动关系。为宗教团体提供劳动的劳动者也要注意保护自己的合法权益,不要认为与宗教团体之间成立的是当然的劳务关人民法院认定为劳系,要善于适用劳动法律法规保护自己的合法权益。

【规范指引】

《中华人民共和国民法总则》

第九十二条第二款　依法设立的宗教活动场所,具备法人条件的,可以申请法人登记,取得捐助法人资格。法律、行政法规对宗教活动场所有规定的,依照其规定。

Q6:劳动关系和劳务关系存在哪些区别?

劳动关系和劳务关系都是以提供劳动为主要标的,如何区分劳动关系和劳务关系是困扰司法者的一个难题。最高人民法院对劳动关系和劳务关系的区分确定了以下标准:

(1)对当事人的要求不同。劳动关系的当事人是特定的,劳动者必须是符合《劳动法》规定的条件,具有劳动能力和行为能力的自然人,劳动者与用人单位之间是隶属关系。而劳务关系的当事人则没有上述限制。劳务提供方可以是自然人,也可以是法人或者其他组织,劳务关系的当事人之间是平等的民事关系。

(2)当事人权利义务不同。劳动关系中的劳动者除享有工资待遇外还享有社会保险和福利等劳动权利和待遇,而劳务关系的当事人不享有社会保险和福利待遇。

(3)适用法律不同。劳动关系受劳动法律调整,劳动法属于社会法的范畴,其立法宗旨是保护处于弱者地位的劳动者的合法权益,在法律制度的设计上,突出对劳动者的保护。而劳务关系受民事法律调整,民法属于私法范畴,对当事人的权利予以平等保护。

(4)处理争议的程序不同。劳动关系的双方当事人发生劳动争议的,我国法律规定了处理劳动争议的特定程序,即调解、仲裁和诉讼,而因劳务关系发生纠纷的解决方式适用民事争议的处理方式,当事人可以直接向人民法院提起民事诉讼。[①]

【解答】

笔者认为,上述标准在实践中仍难以清晰地区分劳动关系和劳务关系。经

---

① 最高人民法院民事审判第一庭编著:《最高人民法院劳动争议司法解释(三)的理解与适用》,人民法院出版社2010年版,第95页。

过多年的理论学习和司法实践，笔者总结出劳动关系和劳务关系的区别主要体现在以下几个方面：

(1)合同属性上存在区别。劳务合同属于私法合同，双方当事人是相对平等的主体，而劳动合同则具有一定的社会性，劳动合同双方当事人并不完全平等，劳动者对用人单位存在较强的人身依附性和从属性。

(2)雇主不同。劳动关系中，雇主必须是《劳动合同法》第2条规定的中华人民共和国境内的企业、个体经济组织、民办非企业单位等组织，以及与劳动者建立劳动关系的国家机关、事业单位、社会团体，自然人不能成为劳动关系的雇主。而劳务关系的雇主可以是个人、家庭、小作坊、基层群众性自治组织、农村土地承包户，也包括可以成为用人单位的企业、单位或者组织，无营业执照或未经依法登记、备案的单位以及被依法吊销营业执照或撤销登记、备案的单位。

(3)受雇人不同。劳动关系中的劳动者一般来说更具备职业性，对用人单位有明显的人身依附性和从属性。相对而言，劳务关系中的受雇人职业性较弱，虽然要受雇主的指挥和管理，但其对雇主的人身依附性和从属性相对较弱。劳动关系中的劳动者只能是自然人，而劳务关系中的受雇人则不限于自然人，劳务企业或组织也可以成为劳务关系中的受雇人。此外，已经享受基本养老保险待遇的受雇人只能与雇主成立劳务关系，不能成立劳动关系。

(4)期限不同。劳动关系是长期、稳定、持续的关系，而劳务关系一般来说具有短期性、临时性，提供一次性劳动的关系一般来说应认定为劳务关系。

(5)工作的性质不同。用人单位与受雇人成立劳务关系，受雇人一般从事临时性、单位营业业务之外的辅助性工作，如食堂、保洁等，而劳动关系中则不存在这一特点。

(6)书面合同的要求不同。根据《劳动合同法》的规定，用人单位应当与劳动者订立书面的劳动合同，用人单位违反该义务，应承担支付双倍工资的法律责任，而劳务关系则可以采用书面、口头等多种形式。

(7)报酬的给付方式不同。劳动关系中，用人单位在一个工资支付周期内应支付劳动者工资，而且工资应以金钱发放，不得用实物代替。而劳务关系中，雇主可与雇员协商工资的支付方式、时间，支付时间比较灵活，可以是每日支付，也可以是半个月支付一次，还可以是一个月支付一次，劳务报酬的支付方式也很灵活，经受雇人同意，雇主也可以采取给付实物的方式支付劳务报酬。

(8)解雇的限制不同。劳动关系是稳定、持续的关系，没有法律规定用人单位不能随意解雇劳动者,而劳务关系中,用人单位可以随时解雇受雇人,不受限制。

(9)解雇后是否有经济补偿不同。劳动关系中,除一些法律明确规定的因劳动者原因被解雇外,用人单位解雇劳动者要支付一定的经济补偿,而劳务关系的雇主解雇受雇人时无须支付经济补偿。

(10)雇主的义务不同。劳动关系中,用人单位对劳动者负有很多义务,如为劳动者缴纳社会保险、为劳动者安排带薪年休假、为劳动者安排必要的培训等,对女职工、残疾人等特殊劳动群体还负有特殊的照料义务。而在劳务关系中,雇主的主要义务在于给付报酬,不存在为受雇人缴纳社会保险等义务。

(11)适用法律和程序不同。劳动关系应该适用劳动法律法规,争议纠纷解决程序上需劳动仲裁前置,而劳务关系纠纷则适用一般民事法律法规,如《民法总则》《合同法》《侵权责任法》等,程序上与一般民事纠纷并无不同。

【风险提示6】

从上述劳动关系和劳务关系的区别标准可以看出,劳动关系更能保护劳动者的利益,用人单位在劳动关系中承担着更重的责任,用工成本和风险明显比劳务关系更大。但是劳动关系和劳务关系难以区分,特别是在双方当事人没有签订书面合同、期限又比较短的情况下。所以,用人单位在一些辅助性、临时性的岗位雇佣人员时,应当与该受雇人签订书面的劳务合同或雇佣合同,在合同中明确双方是雇佣关系,而非劳动关系,并将劳务报酬、劳务范围、双方权利义务等约定明确,以避免双方发生纠纷时,被人民法院或劳动仲裁部门认定为劳动关系。对于劳动者来说,到一个用人单位上班,一定要搞清楚自己与用人单位确定的是长期性的劳动关系还是短期性的劳务关系,如果是长期性的劳动关系,则应该尽早要求与用人单位签订劳动合同,同时保存工作证、工位牌、工作制服等证据,以备不时之需。

【规范指引】

《中华人民共和国劳动合同法》

第二条　中华人民共和国境内的企业、个体经济组织、民办非企业单位等组织(以下简称用人单位)与劳动者建立劳动关系,订立、履行、变更、解除或者终止劳动合同,适用本法。

国家机关、事业单位、社会团体和与其建立劳动关系的劳动者，订立、履行、变更、解除或者终止劳动合同，依照本法执行。

Q7：达到法定退休年龄者能否成为劳动关系的主体？

随着我国经济社会发展以及医疗水平、人民的健康状况不断提升，很多达到法定退休年龄者仍具备劳动能力，愿意继续劳动，发挥余热，而一些用人单位也愿意招用或留用经验丰富的达到法定退休年龄者。

我国现行有效规定法定退休年龄的文件早在 1978 年即已出台。《国务院关于工人退休、退职的暂行办法》第 1 条规定退休条件为：(1)男年满 60 周岁，女年满 50 周岁，连续工龄满 10 年的。(2)从事井下、高空、高温、特别繁重体力劳动或者其他有害身体健康的工作，男年满 55 周岁、女年满 45 周岁，连续工龄满 10 年的。本项规定也适用于工作条件与工人相同的基层干部。(3)男年满 50 周岁，女年满 45 周岁，连续工龄满 10 年，由医院证明，并经劳动鉴定委员会确认，完全丧失劳动能力的。(4)因工致残，由医院证明，并经劳动鉴定委员会确认，完全丧失劳动能力的。劳动和社会保障部《关于制止和纠正违反国家规定办理企业职工提前退休有关问题的通知》(劳社部发〔1999〕8 号)第 1 条规定，国家法定的企业职工退休年龄是：男年满 60 周岁，女工人年满 50 周岁，女干部年满 55 周岁。从事井下、高空、高温、特别繁重体力劳动或其他有害身体健康工作(以下简称特殊工种)的，退休年龄为男年满 55 周岁、女年满 45 周岁；因病或非因工致残，由医院证明并经劳动鉴定委员会确认完全丧失劳动能力的，退休年龄为男年满 55 周岁、女年满 45 周岁。目前，我国正常情况下的法定退休年龄仍为男年满 60 周岁，女工人年满 50 周岁，女干部年满 55 周岁。

现行劳动法律法规对达到法定退休年龄、享受基本养老保险待遇和劳动合同终止的关系作了一些规定。《劳动合同法》第 44 条第 2 项规定，劳动者开始依法享受基本养老保险待遇的，劳动合同终止。《劳动合同法实施条例》第 21 条规定，劳动者达到法定退休年龄的，劳动合同终止。由于《劳动合同法》和《劳动合同法实施条例》对劳动合同终止的条件作了不同的规定，在司法实践中，达到法定退休年龄者为用人单位工作，双方是否成立劳动关系，存在非常多的争议。

【争议】

观点一:达到法定退休年龄者为用人单位工作,双方不成立劳动关系,双方的关系应认定为劳务关系。我国现行对法定退休年龄的规定和《劳动合同法实施条例》第 21 条是强制性规定,即劳动者达到法定退休年龄,劳动关系应当终止。如浙江省高级人民法院民事审判第一庭《关于审理劳动争议案件若干问题的意见(试行)》(2009 年)第 3 条第 1 款规定,达到法定退休年龄的劳动者与用人单位形成的用工关系,按雇佣关系处理。重庆市高级人民法院《关于超过法定退休年龄的劳动者在工作中受伤有关受伤性质认定和待遇赔偿问题的会议纪要》(渝高法〔2015〕205 号)明确,超龄人员在工作中受到事故伤害或者患职业病的,由用人单位承担赔偿责任,不适用《社会保险法》和《工伤保险条例》的有关规定,用人单位可参照《工伤保险条例》有关规定实行一次性赔偿。超龄人员及其近亲属就赔偿金额与用人单位发生争议的,不属于劳动争议,其可直接向人民法院提起民事诉讼,人民法院应予受理。广东省高级人民法院、广东省劳动人事争议仲裁委员会《关于审理劳动人事争议案件若干问题的座谈会纪要》(粤高法〔2012〕284 号)第 11 条规定,用人单位招用已达到法定退休年龄但尚未享受基本养老保险待遇或领取退休金的劳动者,双方形成的用工关系按劳务关系处理。

观点二:达到法定退休年龄者与用人单位之间是否成立劳动关系,取决于达到法定退休年龄者是否已享受基本养老保险待遇。如达到法定退休年龄者已享受基本养老保险待遇,根据《劳动合同法》第 44 条第 2 项的规定,劳动合同终止,用人单位与达到法定退休年龄者成立劳务关系。如法定退休年龄者未享受基本养老保险待遇,其与用人单位仍可成立劳动关系。江苏省劳动人事争议仲裁委员会《江苏省劳动人事争议疑难问题研讨会纪要》(苏劳人仲委〔2017〕1 号)第 2 条规定:用人单位与其招用的已经依法享受基本养老保险待遇或领取退休金的人员发生的用工争议,按劳务关系处理。用人单位与其招用的已达到或超过法定退休年龄但未享受基本养老保险待遇或领取退休金的人员发生用工争议,双方之间用工情形符合劳动关系特征的,应按劳动关系特殊情形处理。劳动者请求享受《劳动法》《劳动合同法》规定的劳动报酬、劳动保护、劳动条件、工作时间、休息休假、职业危害防护、福利待遇的应予支持。但劳动者请求签订无固定期限劳动合同、支付二倍工资、经济补偿、赔偿金及社会保险待遇的不予支持。双方另有约定的除外。

观点三：达到法定退休年龄者已享受基本养老保险待遇，与用人单位成立劳务关系。未享受养老保险待遇的达到法定退休年龄者，一般情况下与用人单位不成立劳动关系，但双方自愿成立劳动关系或者劳动者未能享受养老保险待遇是用人单位的原因导致，则双方可以成立劳动关系。《天津法院劳动争议案件审理指南》（2017 年）第 10 条规定，已经享受基本养老保险待遇和退休金的人员与用人单位之间形成实际用工关系的，按劳务关系处理。因用人单位原因致使已经达到法定退休年龄的劳动者尚未享受基本养老保险待遇或者尚未领取退休金，劳动者与原用人单位之间形成实际用工关系的，按劳动关系处理。

【解答】

笔者认为，不应将达到法定退休年龄作为劳动合同终止的强制性标准，原因有以下几点：

（1）将达到法定退休年龄作为劳动合同终止的强制性标准，不当剥夺了达到法定退休年龄者的劳动权利。根据《劳动法》的规定，自然人自 16 周岁开始，就具备了劳动行为能力。劳动法律法规并未对劳动行为能力终止的年龄上限作出规定，也就是说，法律法规没有禁止达到法定退休年龄者继续参与劳动，并以劳动作为自己的收入来源。法定退休年龄的规定，意在公民经过多年的劳动以后赋予劳动者休息的权利，而不在于限制甚至禁止劳动者继续劳动的权利，劳动者在达到退休年龄后仍可按自己的意愿继续或不继续参与劳动。在法律法规未有禁止性规定的情况下，达到法定退休年龄的公民仍具有《宪法》规定的劳动基本权利。而且，随着人们生活的改善和医疗条件的提升，人们的平均寿命和健康水平也在不断提高，很多人在达到法定退休年龄后仍具备较强的劳动能力。如果在劳动者达到法定退休年龄后，就强制其退出劳动岗位，这是对达到法定退休年龄的劳动者基本权利的不当剥夺，也可能涉及就业歧视问题。

（2）将达到法定退休年龄作为劳动合同终止的强制性标准，不利于保护未享受基本养老保险待遇的达到法定退休年龄者的权益。国家设立法定退休年龄制度：一是在于赋予达到法定退休龄者的休息权利；二是在于保护达到法定退休年龄者享受基本养老保险待遇的权利。现行法律规定养老保险待遇的享受有两个条件：一是达到法定退休年龄；二是累计缴费满 15 年。但现实情况却是，由于社会保险尚未实现全民覆盖，以及社保督查制度存在缺失，很多劳动者在达到法定退休年龄后无法享受基本养老保险待遇，也没有其他稳定收入。如果强令这些劳动者在达到法定退休年龄后必须退出劳动岗位,只能与用人单位成立劳务关系,则这些劳动者的劳动报酬、劳动保护、劳动条件等均得不到有效保障,不利于其合法权益的保护,从而造成明显不公平的后果。

(3)将达到法定退休年龄作为劳动合同终止的强制性标准,与延迟退休的趋势相背离。早在2008年,相关部门就在酝酿待条件成熟时延长退休年龄。2013年11月12日中国共产党第十八届中央委员会第三次全体会议通过的《中共中央关于全面深化改革若干重大问题的决定》指出:研究制定渐进式延迟退休年龄政策。虽然延迟退休年龄政策的出台尚需时日,但不可否认,退休年龄的延长已成一种必然趋势。在这种趋势下,仍强制要求男年满60周岁、女工人年满50周岁必须退出劳动关系,显然不合理。

还有一种反对的理由是,用人单位在劳动者达到法定退休年龄后无法缴纳养老保险和工伤保险费用。笔者认为,目前确实很多地方存在这样的情况,但仍可采取变通的手段,如达到法定退休年龄者在与用人单位成立劳动关系后,可享受劳动法律法规规定或劳动合同约定的劳动报酬、劳动保护、劳动条件、工作时间、休息休假、职业危害防护、福利待遇等,但在社会保险客观上无法缴纳的情况下,用人单位可不为劳动者缴纳社会保险。没有必要因社会保险制度暂时性的问题,就否定达到法定退休年龄者的劳动权利。

《劳动合同法》和最高人民法院《关于审理劳动争议案件适用法律若干问题的解释(三)》均规定以享受基本养老保险待遇作为劳动合同终止的条件,所以,达到法定退休年龄者在享受基本养老保险待遇后,生活得到保障,其与用人单位之间的劳动合同终止,如劳动者继续留用或到其他的用人单位工作,均只成立劳务关系。《劳动合同法实施条例》第21条关于达到法定退休年龄劳动合同终止的规定,可解释为是一种任意性的规定,即用人单位和劳动者均可选择终止劳动合同。但双方自愿在劳动者达到法定退休年龄后继续履行劳动合同或订立新的劳动合同,不违反法律、行政法规的强制性规定,应予认可。对于达到法定退休年龄者新加入用人单位,但未签订书面劳动合同的情况,基于《劳动合同法实施条例》第21条规定以及兼顾用人单位利益之考虑,不认定双方成立劳动关系。对于已经在用人单位工作多年,由于用人单位原因致使劳动者达到法定退休年龄后无法享受基本养老保险待遇,双方均未表示终止劳动关系的意思,劳动者继续在用人单位上班,双方之间的关系应认定为劳动关系。

【风险提示7】

用人单位与达到法定退休年龄的劳动者之间形成实际用工关系的，双方之间仍可能成立劳动关系。所以，用人单位在招用或留用达到法定退休年龄而未享受基本养老保险待遇的劳动者，但不想与之建立劳动关系的，应与该劳动者签订书面的劳务合同，确定劳务双方的权利义务关系；劳动者达法定退休年龄，用人单位应及时为劳动者办理退休手续或者办理终止劳动关系手续，以此避免未签订书面劳务合同、退休或终止劳动关系手续不全带来的被有关部门认定为劳动关系的风险。

【规范指引】

《中华人民共和国劳动合同法》

第四十四条　有下列情形之一的，劳动合同终止：

……

（二）劳动者开始依法享受基本养老保险待遇的；

……

《中华人民共和国劳动合同法实施条例》

第二十一条　劳动者达到法定退休年龄的，劳动合同终止。

最高人民法院《关于审理劳动争议案件适用法律若干问题的解释（三）》

第七条　用人单位与其招用的已经依法享受养老保险待遇或领取退休金的人员发生用工争议，向人民法院提起诉讼的，人民法院应当按劳务关系处理。

Q8：劳动争议案件的受理范围如何确定？

【解答】

《劳动争议调解仲裁法》第2条规定，中华人民共和国境内的用人单位与劳动者发生的下列劳动争议，适用本法：（1）因确认劳动关系发生的争议；（2）因订立、履行、变更、解除和终止劳动合同发生的争议；（3）因除名、辞退和辞职、离职发生的争议；（4）因工作时间、休息休假、社会保险、福利、培训以及劳动保护发生的争议；（5）因劳动报酬、工伤医疗费、经济补偿或者赔偿金等发生的争议；（6）法律、法规规定的其他劳动争议。

在实践中，下列纠纷通常会被排除在劳动争议案件之外：（1）家庭或个人作为雇主与其雇员之间的纠纷；（2）已经享受基本养老保险待遇的人员，继续在用人单位工作,与用人单位发生的纠纷;(3)在校学生在用人单位实习、见习或勤工俭学期间,与用人单位发生的纠纷;(4)农村承包经营户与其雇员发生的纠纷;(5)未经取得《中华人民共和国外国人就业许可证》《外国人就业证》的外国人为用人单位工作产生的纠纷;(6)外国企业常驻代表机构或台港澳企业未依规定通过相关就业服务机构,直接招用劳动者发生的纠纷;(7)劳动者请求用人单位缴纳住房公积金的纠纷;(8)政府主导的事业单位、国有企业、集体企业改制改革引发的职工下岗、下岗生活费、整体拖欠工资、工龄计算等纠纷;(9)用人单位已经为劳动者建立社会保险,因用人单位低于实际工资缴纳社会保险以及双方因缴费年限发生的纠纷,该部分社会保险纠纷应由劳动者要求社会保险行政部门或社会保险征收机构进行核查并处理,而不是人民法院或劳动仲裁机构受理劳动争议的范围;(10)劳动者与用人单位因办理退休手续发生的纠纷。此外,劳动者未经过工伤认定前置程序,直接向劳动仲裁机构和人民法院申请或起诉要求工伤保险待遇的,也不予受理。

【规范指引】

《中华人民共和国劳动争议调解仲裁法》

第二条　中华人民共和国境内的用人单位与劳动者发生的下列劳动争议,适用本法:

(一)因确认劳动关系发生的争议;

(二)因订立、履行、变更、解除和终止劳动合同发生的争议;

(三)因除名、辞退和辞职、离职发生的争议;

(四)因工作时间、休息休假、社会保险、福利、培训以及劳动保护发生的争议;

(五)因劳动报酬、工伤医疗费、经济补偿或者赔偿金等发生的争议;

(六)法律、法规规定的其他劳动争议。

Q9:劳动者的人事档案被用人单位丢失,当事人申请仲裁或起诉要求原用人单位补办人事档案并赔偿损失的,是否应当作为劳动争议案件受理?

《劳动争议调解仲裁法》第 2 条并未明确将人事档案纠纷作为劳动争议案件,劳动者的人事档案被用人单位丢失,劳动者要求补办档案并赔偿损失,能否作为劳动案件审理,实践中有两种不同的观点。

【争议】

观点一：当事人可以向劳动仲裁机构申请仲裁或者向人民法院起诉，要求用人单位补办人事档案并赔偿损失。用人单位妥善保管劳动者的人事档案是其应尽的义务，其未尽保管义务，导致人事档案丢失或毁损，劳动者有权要求用人单位补办，造成损失的，劳动者可以要求用人单位赔偿。

观点二：人事档案属于国有，用人单位和劳动者对人事档案都不具有占有、使用、处分的权利，用人单位丢失或毁损人事档案，劳动者也无权要求用人单位补办。而且，如果仲裁裁决或判决由用人单位补办人事档案，无法强制执行，用人单位实际上也无法完全补全，补办到什么程度也无法通过司法进行审查。湖南省高级人民法院《关于审理劳动争议案件若干问题的指导意见》（2009 年）第 2 条规定，下列纠纷不属于人民法院劳动争议案件受理范围：……（六）劳动者请求用人单位补办人事档案的。

【解答】

笔者同意观点一。理由在于：

（1）用人单位丢失或毁损劳动者的人事档案，属于恢复原状的民事责任承担方式，应当归入劳动争议案件的受案范围。

（2）人事档案对于劳动者来说非常重要，虽然劳动者不能占有、使用、处分人事档案，但劳动者在重新选择用人单位、再就业时，必须有相应的人事档案，缺少人事档案会给劳动者再就业造成极大不便，也会使劳动者工作年限的计算、福利待遇的享受等方面受到不利影响。如果不受理用人单位丢失、毁损人事档案纠纷，劳动者无其他救济途径，这对劳动者会造成极大不利影响。而不确定用人单位应承担补办之义务，就会纵容用人单位的违法行为，用人单位可能会更不注意妥善保管劳动者的人事档案。所以，从保护劳动者和加强用人单位对劳动者档案保管责任的角度，应赋予劳动者对此类纠纷申请仲裁和起诉的权利。

（3）用人单位补办人事档案可以得到强制执行，至于补办档案能否全面、齐全，则司法不予实质审查。

（4）档案丢失和毁损，会对劳动者的就业、工资、福利待遇造成损失，用人单位应当对劳动者的相应损失承担赔偿责任。劳动者应当对其因档案问题未能再就业、工资和福利待遇损失承担举证责任。

【风险提示8】

用人单位对劳动者人事档案的保管负有较高的责任和义务,也面临较高的风险。用人单位如不具备妥善保管劳动者人事档案的条件和能力,最好是将人事档案统一放置在当地的人力资源市场,以防人事档案丢失而承担补办和赔偿损失的责任。用人单位如果有条件,能安排专门的封闭场所和专门的档案管理人员保管档案,则要注意尽防盗、防火等妥善保管义务。

【规范指引】

最高人民法院《关于人事档案被原单位丢失后当事人起诉原用人单位补办人事档案并赔偿经济损失是否受理的复函》

保存档案的企事业单位,违反关于妥善保存档案的法律规定,丢失他人档案的,应当承担相应的民事责任。档案关系人起诉请求补办档案、赔偿损失的,人民法院应当作为民事案件受理。

Q10:劳动者要求用人单位转移人事档案,是否应作为劳动争议案件受理?

劳动者未经用人单位同意离开用人单位,一些用人单位可能会拒绝劳动者转移人事档案的要求。劳动者是否可以通过劳动仲裁或诉讼转移人事档案,实务中有不同的观点。

【争议】

观点一:根据《劳动合同法》第84条的规定,劳动者依法解除或者终止劳动合同,用人单位扣押劳动者档案或者其他物品的,依照前款规定①处罚。所以,用人单位拒绝转移劳动者人事档案的,劳动者应该向劳动行政部门请求处理,而不应该诉诸劳动仲裁或诉讼途径。转移人事档案的纠纷,不属于劳动争议。

观点二:用人单位保管劳动者的人事档案,是在劳动合同之外成立了一个保管合同。根据《合同法》的规定,保管人有义务返还保管物。所以,劳动者可以依据《合同法》的规定直接提起诉讼要求用人单位转移人事档案,而无须经劳动仲裁程序。

① 由劳动行政部门责令限期退还劳动者本人,并以每人500元以上2000元以下的标准处以罚款;给劳动者造成损害的,应当承担赔偿责任。——笔者注

观点三：劳动者离开用人单位，用人单位就有将人事档案转移到新用人单位或人力资源市场的义务，这是双方劳动合同的附随义务，而不是在劳动合同之外成立另一个保管合同。用人单位未履行转移人事档案的附随义务，劳动者有权要求用人单位继续履行。转移人事档案的纠纷属于劳动争议。

【解答】

笔者同意观点三，人事档案转移纠纷应作为劳动争议案件受理，理由如下：

（1）《企业职工档案管理工作规定》第18条规定，企业职工调动、辞职、解除劳动合同或被开除、辞退等，应由职工所在单位在一个月内将其档案转交其新的工作单位或其户口所在地的街道劳动（组织人事）部门。职工被劳教、劳改，原所在单位今后还准备录用的，其档案由原所在单位保管。根据该条规定，劳动者离开用人单位，无论是因调动、辞职、解除劳动合同等正常原因，还是因为开除、辞退等，用人单位都有义务在一个月内转移劳动者的人事档案。用人单位转移人事档案的义务，属于双方劳动合同关系中的法定附随义务和后合同义务，而不应认定用人单位和劳动者另外还成立一个保管合同。劳动者要求用人单位转移人事档案，属于劳动争议。

（2）《劳动合同法》规定劳动行政部门对用人单位拒绝转移劳动者人事档案进行处罚，并不排斥劳动仲裁部门和人民法院对此类纠纷作为劳动争议案件受理。赋予劳动者劳动仲裁和起诉的权利，同时赋予劳动者向劳动行政部门反映的权利，可以更好地保障劳动者的权利。

（3）大多数情况下，人事档案纠纷往往只是一个表象，实质上是其他纠纷的另一种反映。用人单位扣押劳动者的档案，无非有两个方面的原因：一是用人单位不同意劳动者离开本单位；二是用人单位利用扣押劳动者档案企图获得其他利益。人事档案纠纷的背后，实际上是劳动权利义务纠纷。①

【风险提示9】

根据法律规定，劳动者离开用人单位，用人单位负有1个月内转移人事档案的义务。用人单位不能因不满于劳动者离开，或为了其他任何目的，拒绝转移劳动者的人事档案。如用人单位拒绝履行转移人事

① 最高人民法院民事审判第一庭编：《民事审判指导与参考》（总第58辑），人民法院出版社2014年版，第120页。

档案的义务,可能面临劳动行政部门的处罚,造成劳动者损害的,还要承担赔偿责任。

【规范指引】

劳动部、国家档案局《企业职工档案管理工作规定》

第十八条　企业职工调动、辞职、解除劳动合同或被开除、辞退等,应由职工所在单位在一个月内将其档案转交其新的工作单位或其户口所在地的街道劳动(组织人事)部门。职工被劳教、劳改,原所在单位今后还准备录用的,其档案由原所在单位保管。

Q11:劳动者要求确认用人单位制定的劳动规章制度无效或者撤销劳动规章制度,是否可以作为劳动争议案件受理?

现实中,一些用人单位制定的劳动规章制度不合法、不合理,用人单位利用这些不合理、不合法的规章制度侵害、剥夺劳动者的合法权利。针对这一现象,《劳动合同法》第80条规定,用人单位直接涉及劳动者切身利益的规章制度违反法律、法规规定的,由劳动行政部门责令改正,给予警告;给劳动者造成损害的,应当承担赔偿责任。《劳动合同法》仅规定劳动行政部门在用人单位制定的劳动规章制度违法时对用人单位的处罚措施,而未规定劳动者是否可以提起确认规章制度无效或者撤销规章制度的仲裁程序或诉讼程序。

【争议】

观点一:现行劳动争议处置程序对劳动规章的司法审查采取的是间接诉讼、附带审查模式,劳动者不能直接提起确认规章无效或撤销规章之诉,存在多种弊端。一是对劳资双方权利义务配置明显有失公允。《劳动合同法》第4条规定劳动规章的制定、变更程序依然采纳"共议单决"模式,由企业单方决定,将原本由劳资双方当事人共同决定的事项,转变为由雇主单方片面决定。面对企业拥有近乎漫无边际的规章制定权,劳动者欲对之提请仲裁、诉讼却不可得,不能不说是一种畸形的权利配置,将劳动者完全置于任企业处置的境地。二是严重削弱了劳动者抵御违法劳动规章的能力,纵容企业方的规则侵权。劳动规章一个基本特征在于集体规范性,对企业内全体员工一体适用,劳动规章一旦违法,势必导致企业内劳动者合法权益的大面积受损。面对如此大规模的侵权能力，劳动者只能在个案中得到救济，而且救济效力仅限于提起仲裁、诉讼的劳动者。能依法维权的劳动者毕竟是少数，但少数劳动者付出巨大牺牲捍卫自己、连带相同处境的其他劳动者合法权益时，法律却强制其诉求及相关裁判只能局限于个体利益层面，而不得涉及其他劳动者的群体利益，维权成本大为提高，使企业方有恃无恐。三是导致司法资源的不必要浪费。司法机关不能撤销违法劳动规章，也不能利用已有审查结论来裁判其他劳动争议案件，其结果是原本可一次性解决的矛盾被人为地拆解成众多的劳动纠纷，司法机关不得不在面临类似案件时做大量不必要的重复劳动，在事实上丧失遏制企业方规则侵权的能力。所以，重构劳动规章诉讼模式，即由间接诉讼模式转为直接诉讼模式势在必行。①

观点二：劳动规章制度的效力只应当在用人单位与劳动者之间的劳动争议案件中进行审查，劳动者提起确认劳动规章制度无效或撤销劳动规章制度的仲裁或者诉讼，人民法院或者劳动仲裁部门不应受理。

【解答】

笔者认为，劳动者要求确认劳动规章制度无效或撤销劳动规章制度，不应作为劳动争议案件受理。原因在于：

（1）我国的法律、司法解释均未将确认劳动规章制度无效或撤销劳动规章制度作为劳动争议案件。《劳动争议调解仲裁法》第 2 条规定，中华人民共和国境内的用人单位与劳动者发生的下列劳动争议，适用本法：①因确认劳动关系发生的争议；②因订立、履行、变更、解除和终止劳动合同发生的争议；③因除名、辞退和辞职、离职发生的争议；④因工作时间、休息休假、社会保险、福利、培训以及劳动保护发生的争议；⑤因劳动报酬、工伤医疗费、经济补偿或者赔偿金等发生的争议；⑥法律、法规规定的其他劳动争议。最高人民法院《民事案件案由规定》列举的劳动争议包括确认劳动关系纠纷、集体合同纠纷、劳务派遣合同纠纷、非全日制用工纠纷、追索劳动报酬纠纷、经济补偿金纠纷、竞业限制纠纷、养老保险待遇纠纷、工伤保险待遇纠纷、医疗保险待遇纠纷、生育保险纠纷、失业保险待遇纠纷和福利待遇纠纷。上述法律和司法解释规定的劳动争议均未包含劳动规章制度纠纷，有将劳动规章制度纠纷排斥于劳动争议受理范围外之意。

---

① 丁建安：《劳动规章诉讼模式之反思与重构》，载《法商研究》2016 年第 2 期。

(2)劳动争议仲裁和诉讼更注重对个别劳动关系的调整和规范,而非在一个劳动争议案件中保护劳动者的群体利益。劳动关系的法律关注的焦点是劳动者个体权利的保护,考虑到劳动法脱胎于民法,劳动合同源于民法上的雇佣契约,劳动关系在早期亦被视为两个"全然自由对等人格者间"之"一方提供劳务,他方负责对待给付之提出的纯经济价值之交换关系"。[①] 劳动者意图在一个劳动案件中仅对用人单位的劳动规章制度效力作否定性评价,维护劳动者群体的权利,难以得到劳动仲裁部门或者人民法院的支持。

(3)劳动争议案件受理的原则是劳动者或用人单位的合法权利受到了现实损害。用人单位制定的劳动规章制度违反法律规定或不合理,对劳动者的合法权利只是存在侵害的可能性,而未对劳动者的权利造成实质性侵害。在这种情况下,劳动者直接要求确认劳动规章制度无效或撤销劳动规章制度,不符合劳动争议案件的受理原则。

(4)用人单位制定不合法或不合理的劳动规章制度,劳动者有救济途径。劳动者可以依据《劳动合同法》第80条的规定,向劳动行政部门反映,请求劳动行政部门责令用人单位改正,并给予警告。劳动规章制度对劳动者的合法权利造成了实质性的损害,劳动者可以请求用人单位赔偿。在一些追索劳动报酬、用人单位解除劳动合同、用人单位行使惩戒权的纠纷中,涉及劳动规章制度违法或不合理的,劳动仲裁部门或者人民法院可以在审理案件时对劳动规章制度作附带性审查,否定相关劳动规章制度的效力。生效的仲裁文书和裁判文书对劳动规章制度效力的否定,效力不仅及于申请仲裁或提起诉讼的劳动者,而且及于该劳动规章制度规制下的所有劳动者。现行对劳动规章制度的行政、仲裁和诉讼模式,已经足以保障劳动者的救济途径,劳动者仅对劳动规章制度提起的仲裁或者诉讼,不应作为劳动争议案件受理,也无须另行建构一个独立的劳动规章诉讼制度。

【风险提示10】

劳动者认为用人单位的规章制度不合理或不合法,应当通过工会或自行向用人单位提出异议,或向劳动行政部门反映,而不应当将否认规章制度效力的事宜作为劳动争议向人民法院或者劳动仲裁部门提起诉讼或者申请仲裁。

---

① 黄越钦:《劳动法新论》,台北,翰芦图书出版有限公司2012年版,第6页。

【规范指引】

《中华人民共和国劳动合同法》

第八十条　用人单位直接涉及劳动者切身利益的规章制度违反法律、法规规定的，由劳动行政部门责令改正，给予警告；给劳动者造成损害的，应当承担赔偿责任。

典型案例 1

张某某诉浙江某某有限公司劳动争议案①

裁判要旨

劳动者一直在用人单位工作至达到法定退休年龄之后，且未享受养老保险待遇，如劳动者未享受养老保险待遇系因公司导致且双方自愿在劳动者达到法定退休年龄后存续劳动关系，则在劳动者达到法定退休年龄后，双方之间的劳动关系仍然存续。

基本案情

2011 年 2 月 16 日，原告张某某至某某毛绒公司上班，并与其签订劳动合同。劳动合同签订方式为第一次两年一签，之后均为三年一签。后某某毛绒公司被浙江某某公司整体收购。2013 年 10 月，张某某开始在被告浙江某某公司上班，从事生产管理部的统计工作，且延续使用原来与某某毛绒公司签订的劳动合同。2016 年 2 月 15 日，张某某与浙江某某公司续签劳动合同，约定合同期为 2016 年 2 月 15 日起至 2019 年 2 月 14 日，从事品管统计工作。2016 年 4 月 29 日，张某某年满 50 周岁，达到法定退休年龄。2017 年 3 月 20 日，浙江某某公司口头通知张某某解除劳动合同，并于 2017 年 3 月 27 日，与张某某签订离厂手续单。张某某在职期间，浙江某某公司一直未替其缴纳社会保险。

裁判结果

浙江省龙游县人民法院判决：浙江某某公司支付张某某经济补偿金，并补缴 2011 年 2 月至 2017 年 3 月的社会保险费。浙江某某公司不服，提起上诉。浙江省衢州市中级人民法院判决：驳回上诉，维持原判。

裁判理由

双方于 2016 年 2 月 15 日签订劳动合同，劳动合同期限跨越原告达到法定退休年龄的时间。因原告达到法定退休年龄后并未享受养老保险待遇，双方自愿在原告达到法定退休年龄后成立劳动关系，并不违反法律、行政法规的强行性规定。在劳动合同期限内，

① 参见浙江省衢州市中级人民法院（2017）浙 08 民终 1488 号民事判决书。

被告单方解除与原告的劳动关系,应当承担支付经济补偿金的责任。被告收购某某毛绒公司整体资产后,原告仍在原工作场所、岗位工作,其在某某毛绒公司工作的年限应合并计算为在上诉人处工作的年限,并以此计算经济补偿金的年限。

第二部分

Chapter 2

劳动合同及相关协议的成立与生效

Q12:劳动合同的订立是否需要经过要约和承诺阶段?

根据《合同法》的规定,当事人订立合同,采取要约、承诺方式。要约是希望和他人订立合同的意思表示,该意思表示必须意思明确,表明经受要约人承诺,要约人即受该意思表示约束。承诺则是指受要约人同意要约的意思表示。在一般民事合同中,要约和承诺是订立合同的必经阶段,那么,在劳动合同订立时,是否也存在要约和承诺阶段,实务中存在不同观点。

【争议】

观点一:劳动合同不能适用《合同法》的规定,劳动法律法规没有规定劳动合同订立应当采取要约、承诺的方式,所以劳动合同的订立,不存在要约、承诺阶段。

观点二:劳动法律法规虽然未明确规定劳动合同采用要约、承诺的方式订立,但实际上劳动合同的订立和一般民事合同一样,有要约、承诺的阶段。《合同法》中关于要约、承诺的规定,在劳动合同的订立中,可以参照适用。其中,用人单位向劳动者发出录用通知书或者其他录用劳动者的意思表示是为要约,劳动者同意到用人单位工作是为承诺。

观点三:劳动合同的订立存在要约和承诺阶段,用人单位发布招聘广告、公告是要约,劳动者同意到用人单位工作是承诺,承诺到达用人单位时,劳动合同即成立。

观点四:用人单位公布招聘岗位后,劳动者申请岗位即为要约,用人单位同意劳动者的申请即为承诺。

【解答】

笔者同意观点二。劳动合同在缔约过程中,存在要约、承诺阶段,这与一般的民事合同无异,虽然劳动法律法规对劳动合同订立时的要约和承诺未作规定,但这并不意味着要约和承诺在劳动合同中就不存在。相反,要约和承诺制度,在劳动合同的订立中应当发挥重大作用。劳动法律法规没有规定,劳动合同中的要约和承诺制度可以参照适用《合同法》的相关规定。劳动合同中的要约和承诺阶段如下:

(1)用人单位发布招聘广告、公告应为要约邀请。要约邀请是指希望他人向自己发出要约的意思表示。寄送的价目表、拍卖公告、招标公告、招股说明书及一般的商业广告均属于要约邀请。用人单位发布的招聘广告、公告,仅是希望招聘符合招聘条件的劳动者的意向,虽然部分招聘广告、公告对招聘的岗位、职责、劳动条件、工资报酬内容写得非常明确具体,但招聘广告、公告一般不会表明经受要约人承诺、要约人即受该意思表示约束的意思,缺少这一要件,招聘广告、公告只能认定为要约邀请,而不能视为要约。

(2)用人单位通过笔试面试,同意录用劳动者,向劳动者发出录取通知书或者以其他方式表示同意录取劳动者,用人单位此类的意思表示,符合要约的要件,可以认定为要约。现实生活中,一些用人单位在发出正式录取通知书前,还会发出初步录取通知。在日本,最高法院将劳动者申请签订合同认定为要约,公司的初步雇佣决定通知认定为承诺。① 笔者认为,用人单位的初步录取通知不宜认定为要约和承诺,因为从字面意思看,初步录取通知并非是用人单位同意录取劳动者的最后决定,在初步录取通知之后,用人单位可能还要通过体检或其他审查来最终确定劳动者是否满足招聘条件,用人单位发出的初步录取通知时,一般不会有经对方承诺即受约束的意思表示。所以,正式的录取通知才是用人单位对劳动者发出的要约,但初步录取通知中明确表示如劳动者同意用人单位即受约束的除外。

(3)劳动者同意用人单位的录取通知,承诺到用人单位上班的意思表示,应认定为承诺。用人单位发出正式的录取通知,劳动合同尚未成立,因为劳动者对用人单位要约的内容,有同意或者拒绝的权利。如劳动者不满意用人单位提供的工资、劳动条件等,发出拒绝承诺的意思表示,劳动合同不成立。只有劳动者发出同意去用人单位上班的通知或者以行为表示同意到用人单位工作,该意思表示才能认定为承诺,此时,劳动合同成立。

【风险提示11】

用人单位发出录取通知,劳动者表示同意,劳动合同即成立。劳动合同成立后,用人单位不能随意解除合同,要负担起劳动法律法规规定的用人单位的各项义务。所以,用人单位在发出录取通知前,要慎之又慎,应当在完成对劳动者的体检、对劳动者档案的全面审查,确定劳动者符合录用条件后,才可发出录取通知。如担心劳动者不知用人单位

---

① [日]荒木尚志:《日本劳动法》,李坤刚、牛志奎译,北京大学出版社2010年版,第52页。

的态度，而去找其他工作，可以向劳动者口头或书面告知用人单位录用的初步意思，但同时要明确最后的决定要在体检或其他审查后才能作出。

【规范指引】

《中华人民共和国合同法》

第十三条　当事人订立合同，采取要约、承诺方式。

第十四条　要约是希望和他人订立合同的意思表示，该意思表示应当符合下列规定：

（一）内容具体确定；

（二）表明经受要约人承诺，要约人即受该意思表示约束。

第二十一条　承诺是受要约人同意要约的意思表示。

Q13：缺少必备条款的劳动合同是否成立？

《劳动合同法》第17条规定，劳动合同应当具备以下条款：（1）用人单位的名称、住所和法定代表人或者主要负责人；（2）劳动者的姓名、住址和居民身份证或者其他有效身份证件号码；（3）劳动合同期限；（4）工作内容和工作地点；（5）工作时间和休息休假；（6）劳动报酬；（7）社会保险；（8）劳动保护、劳动条件和职业危害防护；（9）法律、法规规定应当纳入劳动合同的其他事项。劳动合同除前款规定的必备条款外，用人单位与劳动者可以约定试用期、培训、保守秘密、补充保险和福利待遇等其他事项。用人单位与劳动者签订的劳动合同不具备以上必备条款，是否会导致劳动合同不成立，实务上存在争议。

【争议】

观点一：《劳动合同法》规定劳动合同的必备条款，缺少这些必备条款的劳动合同形式上存在明显欠缺，违反法律规定。这种情形下，劳动合同并未成立。

观点二：劳动合同缺少《劳动合同法》规定的必备条款，当事人可以通过补充约定或者对合同进行解释确定，不能因劳动合同缺少必备条款就认定劳动合同未成立。

【解答】

笔者认为，劳动合同缺少必备条款，是否会导致劳动合同不成立，要看劳动合同缺少的是哪些条款。如劳动合同连用人单位和劳动者的基本信息都没有，也没有用人单位和劳动者的签章,通过劳动合同文本无法确定双方当事人,这样的劳动合同欠缺劳动合同的基本要素,不能认定该劳动合同成立;如劳动合同缺少工作内容和工作地点,则可以通过劳动者实际从事的岗位和实际工作地点来确定,缺少该部分内容的劳动合同成立;如劳动合同未约定劳动报酬和劳动条件或者约定不明确,可以适用《劳动合同法》第18条的规定,由用人单位和劳动者重新协商,协商不成的,劳动报酬和劳动条件按集体合同规定的标准执行,没有集体合同或者集体合同未规定劳动报酬的,按与该劳动者从事同样工作岗位的其他劳动者的劳动报酬确定,没有与该劳动者从事同样工作岗位的其他劳动者,可按从事与劳动者相近或者类似工作岗位的劳动者的劳动报酬确定,不能以缺少劳动报酬和劳动条件的约定为由否定劳动合同的成立;未约定劳动时间,可视为双方订立不定期的劳动合同;其余如工作时间、休息休假、社会保险、劳动保护等条款没有约定,由于劳动法律法规对这些事项均有规定,可以根据劳动法律法规相应的规定确定。综上所述,笔者认为,影响劳动合同成立的条款主要是用人单位和劳动者基本信息条款,仅在该条款缺少而且依劳动合同的其他内容无法确定用人单位或劳动者的主体身份,或者合同缺少劳动合同的基本要素无法认定该合同为劳动合同时,劳动合同才会被认定为未成立;缺少其他条款的劳动合同,可通过解释或者通过劳动法律法规的规定等方式确定,不能认定劳动合同未成立。《浙江省高级人民法院民事审判第一庭民事审判法律适用疑难问题解答》(2016年第3期)规定,书面劳动合同能够确定合同双方当事人主体身份且能够认定该合同系双方的真实意思表示,一般可认定合同成立。对合同欠缺的劳动合同期限、工作内容、劳动报酬、劳动保护、劳动条件等内容,可以依照《劳动合同法》第18条及相关规定确定。

【风险提示12】

用人单位在拟订劳动合同时,要根据《劳动合同法》第17条规定的必备条款逐项展开,切勿遗漏必备条款,否则会面临劳动行政部门的处罚,对劳动者造成损害的,还要承担赔偿责任。而且司法实践中对缺少必备条款的劳动合同是否成立的意见并不统一,如劳动合同遗漏必备条款被劳动仲裁部门和人民法院认定劳动合同不成立,则用人单位还要面临支付二倍工资的困境。

【规范指引】

《中华人民共和国劳动合同法》

第十七条　劳动合同应当具备以下条款：

（一）用人单位的名称、住所和法定代表人或者主要负责人；

（二）劳动者的姓名、住址和居民身份证或者其他有效身份证件号码；

（三）劳动合同期限；

（四）工作内容和工作地点；

（五）工作时间和休息休假；

（六）劳动报酬；

（七）社会保险；

（八）劳动保护、劳动条件和职业危害防护；

（九）法律、法规规定应当纳入劳动合同的其他事项。

劳动合同除前款规定的必备条款外，用人单位与劳动者可以约定试用期、培训、保守秘密、补充保险和福利待遇等其他事项。

Q14：入职登记表等文件是否可以视为劳动合同？

目前，大多数用人单位在与劳动者签订劳动合同时，要求劳动者填写入职登记表、员工登记表等文件。但一些用人单位仅让劳动者填写类似于入职登记表的文件，而未与劳动者签订书面的劳动合同。有些入职登记表会载明员工和单位的基本信息、工作岗位、劳动报酬、劳动期限、劳动条件等内容，具备劳动合同的主要必备条款。这些入职登记表之类的文件，能否视为用人单位与劳动签订的劳动合同，司法实践中存在不同的观点。

【争议】

观点一：入职登记表仅仅是职工登记个人信息的书面文件，或是职工入职的证明文件，与劳动合同存在本质上的差别。入职登记表虽然具备劳动合同的必备条款，但其不能代替劳动合同，不宜将入职登记表认定为劳动合同。

观点二：入职登记表如果具备劳动合同的必备条款，性质上实与劳动合同无异，可以将入职登记表认定为劳动合同的一种形式。

【解答】

笔者认为，劳动者和用人单位填写的入职登记表等文件，能否视作双方签订的劳动合同,要看入职登记表等文件的内容、形式以及持有的情况。

(1)入职登记表等文件的内容,如具备劳动者和用人单位的基本信息、工作岗位、劳动报酬、合同期限、劳动条件和保护等劳动合同必备条款,该审批表内容已经具备劳动合同的要件,既明确了双方的劳动关系又固定了双方的权利义务,可以实现书面劳动合同的功能。如此,入职登记表等文件的内容就符合劳动合同的内容要求。反之,如入职登记表等文件的内容,不具备劳动合同的主要必备条款,不能根据这些文件确定双方的权利义务关系,就不能将这些文件视为劳动合同。

(2)入职登记表等文件,如有劳动者或其委托代理人的签字或捺印,也有用人单位的盖章、法定代表人的签名或委托代理人的签名,则在形式上也可以认定具备劳动合同的形式要件。反之,如无劳动者或用人单位的签章,则入职登记表等文件不具备普通合同的形式要件,更不应当被视为劳动合同。

(3)入职登记表等文件,如为双方共同持有,同时符合上述内容和形式上的要件,则可被认定为劳动合同,但如这些文件仅由用人单位保管,劳动者没有持有,则不能被认定为劳动合同。

之所以如此认定,是因为《劳动合同法》第 10 条规定,建立劳动关系必须订立书面劳动合同,是鉴于口头劳动合同的内容难以固定,书面劳动合同不仅能证明劳动关系的存在,而且能清晰地记载用人单位和劳动者双方的权利义务,在双方发生争议时,可作为主要证据使用,如此,可更好地保护劳动者的利益,防止劳动者因无法举证证明劳动关系存在、权利义务不清晰导致劳动者利益的损害。入职登记表等文件如具备劳动合同必备的条款,由用人单位和劳动者共同签章确认,并由用人单位和劳动者共同持有,则劳动者可依入职登记表等文件证明劳动关系存在,并可根据这些文件享有权利并履行义务,在双方产生劳动争议时,这些文件也可以作为主要证据使用。入职登记表等文件如具备书面劳动合同的功能,可代替劳动合同的作用和实现订立书面劳动合同的目的,可视为劳动合同。

【风险提示 13】

用人单位在录取劳动者时,不能因劳动者填写入职登记表而忽略与其订立书面的劳动合同,只有签订书面劳动合同,才能避免支付双倍工资的风险。这是因为,入职登记表被认定为书面劳动合同,要求非常严苛。在通常情况下,入职登记表不具备劳动合同的主要内容,也不会有双方的共同签章，一般也仅由用人单位保存，这些的入职登记表不能被认定为书面劳动合同。

【规范指引】

《中华人民共和国劳动合同法》

第十条第一款　建立劳动关系，应当订立书面劳动合同。

Q15:《全国普通高等学校毕业生就业协议书》能否代替劳动合同?

《全国普通高等学校毕业生就业协议书》（以下简称就业协议）是普通高等学校毕业生和用人单位在正式确立劳动人事关系前，经双向选择，在规定期限内确立就业关系、明确双方权利和义务而达成的书面协议，是用人单位确认毕业生相关信息真实可靠以及接收毕业生的重要凭据，也是高校进行毕业生就业管理、编制就业方案以及毕业生办理就业落户手续等有关事项的重要依据。高校毕业生从院校毕业时，通常需要与用人单位签订就业协议。就业协议是否能代替劳动合同，实务中存在不同见解。

【争议】

观点一：就业协议由毕业生即劳动者和用人单位签订，具备劳动者和用人单位信息等劳动合同基本要素，可作为双方发生劳动争议时的主要证据使用，可以起到代替劳动合同的作用。

观点二：就业协议是在学校见证下，用人单位和毕业生达成的就业意向协议，不是双方达成的正式劳动合同，不能代替劳动合同。

【解答】

笔者同意观点二。原因在于：

（1）从就业协议的内容来看，就业协议仅具有毕业生和用人单位的基本信息，不具备劳动报酬、劳动条件、工作岗位等劳动合同的其他必备条款。就业协议缺少劳动合同的基本要素，从外观上根本无法认定该协议为劳动合同。

（2）就业协议的主要功能在于用人单位在学校的见证下确认毕业生相关信息的真实性，学校可通过就业协议进行毕业生就业管理、编制就业方案，其是毕业生就业落户的重要依据。就业协议的功能不在于证明劳动关系存在，也无法通过就业协议确定劳动报酬、工作岗位、劳动期限、劳动保护等用人单位和劳动者在劳动关系中的权利义务，无法取代劳动合同的重要作用。

(3)就业协议仅是一种就业意向,不是双方最终确定成立劳动关系后达成的协议。就业协议签订后,双方仍可能无法建立劳动关系,不能如劳动合同那样起到确立劳动关系的作用。

(4)就业协议在毕业生到用人单位报到、用人单位正式接收后自行终止。也就是说,毕业生到用人单位报到或上班后,就业协议即丧失拘束力。丧失拘束力的协议,在劳动关系中当然不能起到约束双方当事人、确定双方权利义务和保护劳动者的作用。

【风险提示14】

就业协议明显区别于劳动合同,也不能代替劳动合同。用人单位招聘高校毕业生时,不能当然认为与毕业生签订就业协议,就相当于与劳动者签订劳动合同,将就业协议当成劳动合同来用。如仅有就业协议而没有书面劳动合同,相关部门很可能会认定用人单位未履行签订书面劳动合同的义务,用人单位将面临行政处罚、支付双倍工资的法律风险。

【规范指引】

《中华人民共和国劳动合同法》

第十条第二款 已建立劳动关系,未同时订立书面劳动合同的,应当自用工之日起一个月内订立书面劳动合同。

Q16:劳动合同是否属于格式合同?

格式合同,是指当事人为了重复使用而预先拟订,并在订立合同时未与对方协商的合同。《合同法》对格式合同效力和解释作了相对严格的规定,如应以合理的方式提请对方注意格式合同中的免责条款并作出明确说明,格式条款有免除提供方的责任或加重对方责任、排除对方主要权利的无效,对格式条款有两种以上解释时,应作出不利于格式条款提供方的解释。劳动合同是否属于格式合同,是否应适用法律对格式条款的规制,实务上有不同观点。

【争议】

观点一:劳动合同并不都是为重复使用预先拟制,其中很多条款,如工作岗位、工资报酬、劳动条件等,均需要用人单位和劳动者协商后确定,不符合格式合同关于预先拟订、未与对方协商的要件。而且劳动法律法规均未有关于劳动合同系格式条款的规定。所以,劳动合同不应当认定为格式合同。

观点二:劳动合同中的手写部分,并非格式条款。劳动合同中的打印部分,多为重复使用由用人单位拟订,在订立合同中,这些打印部分也未与劳动者协商,这部分条款应认定为格式条款。

【解答】

笔者同意观点二。理由在于:

(1)《劳动合同法》第17条第1款规定,劳动合同应当具备以下条款:①用人单位的名称、住所和法定代表人或者主要负责人;②劳动者的姓名、住址和居民身份证或者其他有效身份证件号码;③劳动合同期限;④工作内容和工作地点;⑤工作时间和休息休假;⑥劳动报酬;⑦社会保险;⑧劳动保护、劳动条件和职业危害防护;⑨法律、法规规定应当纳入劳动合同的其他事项。该法第81条规定用人单位未按上述条款规定载明必备条款的制裁措施:用人单位提供的劳动合同文本未载明本法规定的劳动合同必备条款或者用人单位未将劳动合同文本交付劳动者的,由劳动行政部门责令改正;给劳动者造成损害的,应当承担赔偿责任。可以看出,用人单位提供的劳动合同的格式和内容是比较固定的。实际上,同一用人单位与不同劳动者签订的劳动合同,除一些如工作岗位、劳动报酬等条款外基本相同,符合格式条款关于为重复使用预先拟制、订立合同时未与对方协商的要件。所以,将劳动合同中除一些在订立时特别与劳动者协商条款外的部分认定为格式条款,符合法律规定。

(2)将劳动合同中的部分条款认定为格式条款,有利于保护劳动者的权利。现实生活中,一些用人单位在劳动合同中利用格式条款作出了极不利于劳动者的约定,如工伤概不负责、用人单位可随意调整劳动者的工作岗位和工作地点、劳动者自愿无须用人单位缴纳社会保险等。如不认定这些条款为格式条款,是否能否定这些条款的效力存在疑问,在解释上也难以作出对劳动者有利的解释,对劳动者权利的保护非常不利。因此,从保护劳动者合法权益的角度出发,应当将劳动合同中的部分条款认定为格式条款。劳动合同中关于用人单位的格式性免责条款,如用人单位未尽提示和明确说明义务,应当认定为无效;劳动合同格式条款有免除用人单位的责任或加重劳动者责任、排除劳动者主要权利的,也应认定无效;劳动合同格式条款有两种以上合理的解释,应作出不利于用人单位的解释。

【风险提示15】

用人单位为重复使用而预先拟制劳动合同时,要注意《合同法》对格式条款进行规制的条款,劳动合同中不要出现免除用人单位的责任或加重对方责任、排除对方主要权利的条款;有免除用人单位责任的必要时,必须对相应的免责条款尽到提示和明确说明义务,如用不同的字体、颜色标注,在劳动合同中加入劳动者关于用人单位已尽明确说明免责条款的声明;劳动合同的内容尽可能做到明确、具体、无歧义,避免因出现有两种以上合理理解的条款而被有权部门作出不利于用人单位的解释。

【规范指引】

《中华人民共和国合同法》

第三十九条　采用格式条款订立合同的,提供格式条款的一方应当遵循公平原则确定当事人之间的权利和义务,并采取合理的方式提请对方注意免除或者限制其责任的条款,按照对方的要求,对该条款予以说明。格式条款是当事人为了重复使用而预先拟定,并在订立合同时未与对方协商的条款。

Q17:劳动合同被确认无效,是否具有溯及力?

《劳动合同法》第26条规定,下列劳动合同无效或者部分无效:(1)以欺诈、胁迫的手段或者乘人之危,使对方在违背真实意思的情况下订立或者变更劳动合同的;(2)用人单位免除自己的法定责任、排除劳动者权利的;(3)违反法律、行政法规强制性规定的。对劳动合同的无效或者部分无效有争议的,由劳动争议仲裁部门或者人民法院确认。劳动合同存在以上情形,被依法确认无效,无效的效果是否具有溯及力,即劳动合同或部分条款是否自始不发生法律效力,存在疑问。

【争议】

观点一:劳动合同是一种继续性的合同,继续性的合同被确认无效的,只向后产生无效的效果,没有溯及既往的效力。劳动合同被确认无效的,也不会产生自始无效的后果。

观点二:劳动合同被确认无效,但导致劳动合同无效的因素自劳动合同订立起就存在,不能认为劳动合同被确认无效后才产生无效的效果,这种无效的效果应溯及劳动合同订立之时。

【解答】

笔者同意观点一。劳动合同被确认无效的，无效的效果不能溯及劳动合同订立之时，只能向劳动合同被确认无效之后的时间产生无效之效力。原因在于：

(1)依合同法的一般理论，一时性的合同，如买卖合同、借款合同等被确认无效，合同自始无效，而继续性的合同，如租赁合同、合伙协议、雇佣合同等继续性的合同被确认无效，应只向后发生无效的效力，否则在法律适用上将产生复杂的后果。劳动合同作为典型的继续性合同，劳动合同订立后劳动者已经开始提供劳动，其所提供的劳动已物化于用人单位的生产成果之中，不能因劳动合同无效互相返还，劳动合同被确认无效，也不应产生自始无效的法律后果。王泽鉴先生认为，为避免依不当得利规定处理所为给付返还的问题，及对第三人法律关系产生的困难，学说上倡导所谓“事实上契约关系”，备受重视，目前则多采用“有瑕疵劳动契约或合伙的理论”，认为劳动或合伙关系事实上业已开始时，其主张无效者，惟得向将来发生效力。[①]

(2)从比较法的角度分析。我国台湾地区通说认为劳动契约因错误、诈欺、胁迫而被撤销时，仅生嗣后终止的效力，不应使撤销的后果溯及自始不生效力。在法国，通行的理论也认为，继续性的合同被确认无效后，合同已经产生的效果应作为一种事实状态予以保留，也就是说，当合同无效的溯及力会导致承租人无代价地获得对租赁财产的使用或导致雇主无偿地使用雇员的劳动力时，合同无效的溯及力应予以排除。[②] 在德国，通说认为，基于与将撤销效力限于向将来发生同样的理由，产生了有瑕疵的劳动关系这一法律构造，被证实建立在自始无效的劳动合同基础上的劳动关系，如果已得以实施，对过去而言被视为劳动关系并依据有效劳动关系的规则来对待。但一旦劳动合同被证明无效，其对将来就没有拘束力了。[③] 可见，域外的通行做法将劳动合同无效的效果限定在劳动合同被确认无效之后，而不及于确认无效之前。

需要注意的是，无效劳动合同中对劳动报酬的约定，可能是劳动者通过伪造学历证书、职业技能证书等欺诈手段，使用人单位信以为真，从而确定过高的

---

① 王泽鉴：《民法总则》，中国政法大学出版社 2001 年版，第 483 页。

② 尹田：《法国现代合同法》，法律出版社 1995 年版，第 227 页。

③ [德]德蒙德・瓦尔特曼：《德国劳动法》，沈建峰译，法律出版社 2014 年版，第 144 ~ 145 页。

劳动报酬;也可能是用人单位通过胁迫手段或乘人之危,从而压低劳动者的劳动报酬。如果适用劳动报酬的约定,将产生不公平的后果。所以,无效劳动合同中关于劳动报酬的约定,既不能适用于劳动合同被确认无效后的劳动关系,也不能适用于被确认无效前的劳动关系,而应根据《劳动合同法》第 28 条的规定,参照本单位相同或者相近岗位劳动者的劳动报酬确定该劳动者的劳动报酬。

【风险提示 16】

劳动合同被确认无效后,原则上只向后产生无效的效果,用人单位不得因劳动合同无效而要求劳动者返还工作期间的工资,仅可在因劳动者通过欺诈等手段获取不该有的报酬时,用人单位才可请求劳动者返还。

【规范指引】

《中华人民共和国劳动合同法》

第二十八条　劳动合同被确认无效,劳动者已付出劳动的,用人单位应当向劳动者支付劳动报酬。劳动报酬的数额,参照本单位相同或者相近岗位劳动者的劳动报酬确定。

Q18:如何认定劳动合同无效情形中的劳动者欺诈?

《劳动合同法》第 26 条第 1 款第 1 项规定,以欺诈、胁迫的手段或者乘人之危,使对方在违背真实意思的情况下订立或者变更劳动合同的,劳动合同无效或部分无效。根据该条规定,劳动者以欺诈手段使用人单位违背真实意思的情况下订立劳动合同的,用人单位可要求确认合同无效。如何认定劳动者欺诈,劳动者在应聘过程中有隐瞒事实或虚构事实的行为,是否都可以认定为欺诈,实践中有不同的观点。

【争议】

观点一:诚信原则是劳动法的基本原则,用人单位和劳动者在招聘和应聘过程中,都应该诚实守信,不得编造事实或隐瞒事实。劳动者在应聘过程中作虚假陈述、隐瞒事实或伪造证明文件,都可以认定为劳动者欺诈,用人单位可依法律规定要求确认劳动合同无效。

观点二:劳动者在应聘过程中,有隐瞒或编造事实的行为,用人单位是否可据此确认合同无效,应具体情况具体分析,不能一概而论。如劳动者隐瞒或编造的事实对劳动合同的订立存在重大影响,用人单位要求确认合同无效,应予支持;反之,如劳动者隐瞒或编造的事实对劳动合同的订立不存在实质性影响的,就不应确认劳动合同无效。

【解答】

笔者同意观点二。欺诈是指一方当事人故意告知对方虚假情况、制造假象或隐瞒事实真相,诱使对方当事人作出错误意思表示的行为。欺诈需具备以下要件:(1)一方当事人有欺诈行为,包括积极的作为,如告知对方虚假的情况,伪造各类证书、证明文件等,也包括消极的不作为,即隐瞒真实情况。(2)实施欺诈行为的一方有欺诈的故意,包括使相对方陷入错误的故意和使相对方因错误而为一定意思表示的故意。(3)一方当事人的欺诈行为与相对人作出的意思表示有因果关系,即相对人因欺诈产生错误,并基于错误作出意思表示。

从欺诈的构成要件看,欺诈的行为应导致相对方陷入错误,而这种错误导致相对方作出违背真意的意思表示。如果一方当事人的欺诈与相对方作出的意思表示之间无实质上的因果关系,即不能认定为欺诈。

用人单位在招聘劳动者的过程中,会向劳动者了解很多情况,有些情况与劳动关系的建立息息相关,而有一些情况则与劳动关系建立无实质上的关系。劳动者的基本信息、专业知识和预备性知识、劳动技能、工作经验、与工作岗位相关的健康状况等,是用人单位决定是否聘用劳动者的实质因素,如劳动者在这些方面进行虚假陈述、隐瞒真相,甚至伪造证书或证明文件,可以认定为欺诈,用人单位可要求确认劳动合同无效。诸如劳动者是否谈恋爱、是否结婚、亲属情况、与工作岗位不相关的健康状况等,与劳动关系的成立不具有实质上的关系,劳动者在这些方面不作如实陈述,其与用人单位订立的劳动合同不应被确认无效。

用人单位的招聘要求违反法律规定或涉嫌就业歧视,劳动者针对用人单位的这种招聘要求而隐瞒相关的事实或作虚假陈述,即使用人单位因劳动者的隐瞒或虚假陈述陷于错误而签订劳动合同,也不应当认定劳动者欺诈。在这种情况下,用人单位要求确认劳动合同无效的,也不应支持。

此外,劳动者欺诈的认定还与具体的工作岗位有关。女性劳动者在应聘时怀孕,但其隐瞒了这一事实,在通常的工作岗位中,这种隐瞒行为与劳动关系的建立不存在的实质性的关联,用人单位以劳动者应聘时隐瞒怀孕的事实为由要求确认劳动合同无效,一般不会得到有权部门的支持,用人单位的这种行为还可能涉及就业歧视;但如该女性劳动者应聘的是有毒、有辐射的工作岗位,怀孕的事实就与劳动关系存在实质上的关联,其隐瞒这一事实,因此订立的劳动合同就应认定无效。又如乙肝患者,在应聘一般工作岗位时隐瞒其所患的乙肝疾病,不构成欺诈,但在餐饮行业,隐瞒乙肝疾病的行为对劳动关系构成实质影响,应认定构成欺诈。

【风险提示 17】

用人单位在发布招聘公告时,招聘公告中对劳动者的要求应与工作岗位相关,而且不能违反法律规定或有就业歧视之嫌。如用人单位的招聘要求有违法律规定或涉及就业歧视,即使劳动者有所隐瞒或有不实陈述,用人单位也不能因此要求确认劳动合同无效或解除劳动合同。

【规范指引】

《中华人民共和国劳动合同法》

第二十六条　下列劳动合同无效或者部分无效:

(一)以欺诈、胁迫的手段或者乘人之危,使对方在违背真实意思的情况下订立或者变更劳动合同的;

……

Q19:如何理解劳动合同无效情形中用人单位免除自己的法定责任、排除劳动者权利?

《劳动合同法》第 26 条第 1 款第 2 项规定,用人单位免除自己的法定责任、排除劳动者权利的,劳动合同无效或部分无效。《劳动合同法》的该项规定比较原则,指向并不明确。在司法实践中,对哪些情形属于用人单位免除自己的法定责任、排除劳动者权利,争议非常大。

【解答】

全国人大法制工作委员会编著的《中华人民共和国劳动合同法释义》①一

① 全国人大常委会法制工作委员会:《中华人民共和国劳动合同法释义》,法律出版社 2013 年版。

书中,对该项规定的释义为,用人单位免除自己的法定责任、排除劳动者权利的情形通常表现为劳动合同简单化,法定条款缺失,仅规定劳动者的义务,有的甚至规定“生老病死与企业无关”“用人单位有权根据生产经营变化以及劳动者的工作情况调整其工作岗位,劳动者必须服从用人单位的安排”等霸王条款。实践中出现比较多的是造成劳动者人身伤害的免责条款,劳动者放弃劳动保护的权利,即使出于自愿,亦应认定无效。

上述释义可以借鉴。然而,在实践中,用人单位免除自己的法定责任、排除劳动者权利的情形,不仅仅包含以下方式劳动合同简单化、法定条款缺失、仅规定劳动者义务或人身伤害免责的条款。现实生活中,各用人单位的劳动合同并无一个统一的式样,劳动合同的条款千变万化,用人单位借助劳动合同免除自己的法定责任、排除劳动权利,相关的条款也是错综复杂,难以确定一个普适性的判断标准。所以,要根据个案劳动合同的不同约定,以一个正常理性人的思维,具体分析判断劳动合同的条款是否符合用人单位免除自己的法定责任、排除劳动者权利的情形。

有学者总结,用人单位免除自己的法定责任、排除劳动者权利的劳动合同条款应包括但不限于以下情形:(1)侵害劳动者基本权利、有违一般道德准则的情形,如禁止结婚及禁止女员工怀孕的约定;(2)不合理限制劳动者自由的情形,如限制离职自由、令劳动者放弃劳动合同解除权的约定,不合理的竞业禁止约定等;(3)损害劳动者自愿订约权的约定,如劳动者无条件服从用人单位调整工资、工作岗位和地点的约定;(4)损害劳动者劳动报酬权的约定,如约定劳动者离职,用人单位可扣发工资的约定,再如劳动合同中关于报酬的约定,使劳动者实际承担了企业经营风险的情形;(5)损害劳动者社会保险权的约定;(6)不合理的免责条款,如免除对劳动者人身安全保护义务的约定,用人单位随时解除劳动合同无须支付经济补偿金和赔偿金的约定等。[①] 实践中,在参考上述归纳的情形时,不应将思维局限于这些情形,因为上述归纳仅是一种大致意义上的陈述,远未达到类型化的总结,不能涵盖所有用人单位免除自己的法定责任、排除劳动者权利的情形。

---

① 参见王硕:《劳动合同内容的妥当性》,载《天津法学》2014 年第 4 期。

【风险提示18】

用人单位在拟制劳动合同时,不仅要注意劳动合同条款的合法性,还要特别注意条款的妥适性。劳动合同即使不违反法律、行政法规的强制性规定,如存在不合理的条款,仍有可能被认定为用人单位借助劳动合同免除自己的法定责任、排除劳动者权利,而被劳动仲裁部门、人民法院确认无效。用人单位切记不可有双方自愿签字合同即有效的思想,也不能只站在自身的立场考虑问题。用人单位需要有"中间思维",以一个中立的视角对劳动合同中的一些条款进行检查,判断这些条款是否偏离了合理性和妥当性,是否仅为追逐用人单位单方的利益而排除劳动者的正当权利。有条件的用人单位,可以请专业的法律人士帮助拟定劳动合同,或自己拟制好劳动合同后,请专业的法律人士审查是否有违法、违反合理性的内容,并对相应的合同内容进行修改。

【规范指引】

《中华人民共和国劳动合同法》

第二十六条　下列劳动合同无效或者部分无效:

……

(二)用人单位免除自己的法定责任、排除劳动者权利的;

……

Q20:用人单位与未成年人签订的劳动合同是否有效?

现实生活中,一些用人单位为节约用工成本,与未成年人签订劳动合同。未成年人受国家特殊保护,我国对用人单位招用未成年人的事宜制定了专门的法律规定,防止未成年人的利益受到用人单位的损害。关于用人单位招用未成年人并签订劳动合同,劳动合同是否有效,实务上存在争议。

【争议】

观点一:未成年人的智力和身体发育程度决定了其不能在劳动中充分辨识自己的行为。用人单位招用劳动者,只能对未成年人的成长产生不利影响,用人单位极可能在劳动关系中恣意地损害未成年人的利益。所以,用人单位与未成年人签订的劳动合同,应确认无效。

观点二:我国法律对用人单位招用劳动者并非一律持否定态度,在法律允许的范围内,用人单位与劳动者签订劳动合同,应认定有效。

【解答】

笔者同意观点二。未成年人系指年龄在18周岁以下的人,对于满16周岁不满18周岁的未成年人,法律并未禁止用人单位招用。16周岁以下的未成年人,一般不得招用,但一些特定行业的用人单位要经审批后才能招用。《劳动法》第15条规定,禁止用人单位招用未满16周岁的未成年人。文艺、体育和特种工艺单位招用未满16周岁的未成年人,必须依照国家有关规定,并保障其接受义务教育的权利。根据《禁止使用童工规定》第2条的规定,国家机关、社会团体、企业事业单位、民办非企业单位或者个体工商户(以下统称用人单位)均不得招用不满16周岁的未成年人(招用不满16周岁的未成年人,以下统称使用童工)。禁止任何单位或者个人为不满16周岁的未成年人介绍就业。禁止不满16周岁的未成年人开业从事个体经营活动。劳动部《未成年工特殊保护规定》对满16周岁不满18周岁的未成年人不得从事高强度、高处、有毒、危险性大等工作岗位作了规定,并规定对患有某种疾病或具有某些生理缺陷(非残疾型)的未成年工特殊的保护。因此,用人单位与满16周岁不满18周岁的未成年人签订劳动合同,且工作岗位不在法律、行政法规和规章的禁止之列,该劳动合同应认定有效。文艺、体育和特种工艺单位,依规定履行审批手续后,招用16周岁以下的未成年人并签订劳动合同,也应认定为有效。

此外,用人单位在劳动法律法规允许的范围内与未成年人签订劳动合同,也应符合《民法总则》中关于未成年人实施民事法律行为必须由其法定代理人代理或者经法定代理人同意、追认的规定,劳动合同应有未成年人的法定代理人的签名或捺印。这样,用人单位与未成年人签订劳动合同的效力方能完备。

【风险提示19】

用人单位在招用劳动者时要注意到劳动法律法规的规定,除文艺、体育、特种工艺单位,不得招用未满16周岁的未成年人。高强度、高处、有毒有害的工作岗位不得招用16周岁至18周岁的未成年人。用人单位依法招用未成年人的,还要注意《民法总则》关于未成年人实施法律行为须经法定代理人同意的规定。

【规范指引】

《中华人民共和国劳动法》

第十五条　禁止用人单位招用未满十六周岁的未成年人。文艺、体育和特种工艺单位招用未满十六周岁的未成年人,必须依照国家有关规定,履行审批手续,并保障其接受义务教育的权利。

Q21:劳动合同中劳动者的签名为代签,效力如何认定?

现实生活中,一些用人单位由于种种原因,让单位的管理人员或其他人员代劳动者签订劳动合同。这些劳动合同,有些是经过劳动者同意的,有些则劳动者并不知情。也存在劳动者找他人代签劳动合同的情况。

【解答】

代为签订的劳动合同,是否有效,因个案情形的不同有所区别。

(1)用人单位让管理人员或其他人员代劳动者签订劳动合同,劳动者当时就知道劳动合同的内容并表示同意的,该劳动合同的签订符合劳动者的真实意思,如不存在其他无效的情形,应认定有效。

(2)用人单位让他人代替劳动者签订劳动合同,劳动者当时不知道劳动合同的内容,但事后知道并追认的,该劳动合同也是劳动者的真实意思表示,应为有效。

(3)用人单位让他人代替劳动者签订劳动合同,劳动者知道或事后知道劳动合同的内容,并以实际行动表明其接受劳动合同的内容,该劳动合同有效。

(4)用人单位让他人代替劳动者签订劳动合同,劳动者并不知道劳动合同的内容,也不知道代签的事实,在工作中也未表现出其愿意接受劳动合同内容的意思,该劳动合同缺乏劳动者同意的基本要件,应认定为无效。

(5)劳动者找他人签订劳动合同,可视为劳动者同意劳动合同的内容,应认定有效。

用人单位对上述劳动者同意、事后追认、以实际行动表明接受合同内容以及劳动者找他人代签的事实承担举证责任。

【风险提示 20】

用人单位在与劳动者签订劳动合同时,以劳动者当场自己签字捺印为原则。这是因为,虽然上述提到的一些情形下代签的劳动合同可认定有效,但用人单位要对劳动合同的签订符合这些情形承担非常重的举证责任,而事实上,这些事实一般很难反映到书面上,用人单位难以提供盖然性程度的证据,劳动仲裁部门或者人民法院通过鉴定或其他方式确认劳动合同非劳动者本人签名时,用人单位极可能面临败诉的风险。如劳动者没有自己签字的能力,可要求本人的近亲属代为签字,并由劳动者当场捺印。一些用人单位对劳动合同的签订缺少有效的管理,在劳动合同上盖上单位公章后即发给劳动者由其自行签字,这是非常不可取的。在司法实践中,我们发现很多类似的情况,劳动者将劳动合同带回家后由他人代签,用人单位将面临因无法举证而承担败诉的风险。所以,劳动合同一定要在用人单位人事管理部门的人员在场的情况下,由劳动者亲笔签名捺印。

【规范指引】

《中华人民共和国劳动合同法》

第三条　订立劳动合同,应当遵循合法、公平、平等自愿、协商一致、诚实信用的原则。

依法订立的劳动合同具有约束力,用人单位与劳动者应当履行劳动合同约定的义务。

Q22:用人单位与劳动者约定减轻或免除用人单位缴纳社会保险费用的条款是否有效?

《社会保险法》规定了用人单位为劳动者缴纳社会保险的义务,该法第 12 条规定,用人单位应当按照国家规定的本单位职工工资总额的比例缴纳基本养老保险费,记入基本养老保险统筹基金。该法第 84 条、第 86 条规定用人单位不办理社会保险登记、未足额缴纳社会保险的行政责任。《社会保险费征缴暂行条例》第 7 条、第 9 条规定缴费单位必须向当地社会保险经办机构办理社会保险登记,参加社会保险,并且必须按月向社会保险经办机构申报应缴纳的社会保险费数额,经社会保险经办机构核定后,在规定的期限内缴纳社会保险费。但是,在现实生活中,一些用人单位为节约用工成本,在劳动合同中加入双方同意用人单位无须缴纳社会保险的条款,或者让劳动者出具自愿放弃社会保险的承诺。一些劳动者为了能够入职,不得不在这样的合同和承诺书上签字。

【争议】

观点一:《社会保险法》和《社会保险费征缴暂行条例》中规定用人单位应当为劳动者办理社会保险登记并缴纳社会保险费,是基于行政管理的需要,上述规定是管理性规定,而非强制性规定。所以用人单位与劳动者签订的劳动合同中加入无须用人单位缴纳社会保险的条款,没有违反法律、行政法规的强制性规定,不应认定为无效。

观点二:《社会保险法》和《社会保险费征缴暂行条例》中规定用人单位必须为劳动者办理社会保险登记并缴纳社会保险费,是为效力性的强制性规定,不得通过协议排除。用人单位在劳动合同中加入用人单位无须缴纳社会保险或降低社会保险的缴纳比例,违反法律、行政法规的强制性规定,应认定为无效。

【解答】

笔者同意观点二。理由在于:

(1)排除用人单位缴纳社会保险义务的约定违反法律、行政法规的强制性规定。法律、行政法规的规定可以分为强制性规定和任意性规定,强制性规定系指无论当事人意思如何,均应适用的规定,任意性规定则是指当事人可通过协议排除的规定。但凡关系到国家一般利益、社会秩序、公共利益、市场交易安全及善意第三人利益保护等重大事项,法律设定强制性规定,以排斥当事人的意思自由。[①] 根据合同法的一般原理,只有违反法律、行政法规的强制性规定,合同才会无效,而违反任意性规定,合同不会因此无效。《劳动合同法》第 26 条第 1 款第 3 项规定,违反法律、行政法规强制性规定的劳动合同无效或部分无效。社会保险具有强制性,职工必须履行缴纳社会保险费的义务,职工的这种义务通过用人单位代扣代缴的方式完成,用人单位定期为劳动者缴纳社会保险费是用人单位和劳动者必须履行的强制性义务。社会保险费的缴纳,不仅涉及劳动者的个人利益,而且涉及全中国广大劳动者的根本利益,还涉及国家社会保险金的征缴和来源问题,与国家的一般利益相关。所以,法律、行政法规关于用人单位应为劳动者足额缴纳社会保险的规定,是为强制性规定,不得通过用人单位和劳动者的约定或劳动者的单方承诺排除。故用人单位和劳动者签订的劳动合同中关于用人单位不需要为劳动者缴纳社会保险或减轻用人单位缴纳社会保险责任的条款,以及劳动者单方放弃社会保险的承诺,违反法律、行政

---

① 参见韩世远:《合同法总论》,法律出版社 2008 年版,第 150 ~ 151 页。

法规关于社会保险强制性的规定，应认定无效。

（2）劳动者放弃社会保险往往非劳动者的真实意思表示。在劳动关系中，特别是订立劳动合同时，用人单位具有明显的优势地位，而劳动者处于弱势地位。现实生活中，劳动者放弃社会保险，多为用人单位要求劳动者签订这样的条款或作出承诺，而劳动者为了得到或保住工作，不得不在合同上签字或出具承诺。大多数类似的争议，可认定用人单位使用胁迫手段或乘人之危。根据《劳动合同法》第 26 条第 1 款第 1 项的规定，以欺诈、胁迫的手段或者乘人之危，使对方在违背真实意思的情况下订立或者变更劳动合同的，劳动合同无效或部分无效。根据该条规定，劳动合同关于免除或减轻用人单位缴纳社会保险义务的条款也应被确认无效。

（3）缴纳社会保险是用人单位的法定责任，享受社会保险是劳动者的权利。劳动合同约定用人单位无须缴纳社会保险的，属于用人单位免除自己的法定责任、排除劳动者权利的情形，根据《劳动合同法》第 26 条第 1 款第 2 项的规定，该约定也应认定无效。

【风险提示 21】

用人单位为劳动者办理社会保险登记或足额缴纳社会保险费，是法律、行政法规规定的强制性义务。用人单位应当根据法律规定履行社会保险义务，而不应当通过劳动合同条款或承诺书排除自己的法定义务，这样的合同条款和承诺书违反法律规定，不产生法律效力，根本不能起到降低用工成本的作用，而且还会面临因社会保险费逐年递增产生多缴风险、缴纳滞纳金风险以及被有权部门处罚的风险，得不偿失。

【规范指引】

《中华人民共和国劳动合同法》

第二十六条　下列劳动合同无效或者部分无效：

……

（三）违反法律、行政法规强制性规定的劳动合同无效或部分无效；

……

《中华人民共和国社会保险法》

第十二条第一款　用人单位应当按照国家规定的本单位职工工资总额的

比例缴纳基本养老保险费,记入基本养老保险统筹基金。

Q23:未经批准,在劳动合同中约定不定时工作制条款是否有效?

不定时工作制,是指因工作性质、特点或工作职责的限制,无法按标准工作时间衡量或是需要机动作业的职工所采用的,劳动者每一工作日没有固定的上下班时间限制的工作时间制度。

劳动部《关于贯彻〈国务院关于职工工作时间的规定〉的实施办法》第5条规定,因工作性质或生产特点的限制,不能实行每日工作8小时,每周工作40小时标准工时制的,可以实行不定时工作制或综合计算工时工作制等其他工作和休息办法。劳动部《关于企业实行不定时工作制和综合计算工时工作制的审批办法》第4条规定,企业对符合下列条件之一的职工,可以实行不定时工作制。(1)企业中的高级管理人员、外勤人员、推销人员、部分值班人员和其他因工作无法按标准工作时间衡量的职工;(2)企业中的长途运输人员、出租汽车司机和铁路、港口、仓库的部分装卸人员以及因工作性质特殊,需机动作业的职工;(3)其他因生产特点、工作特殊需要或职责范围的关系,适合实行不定时工作制的职工。该办法第7条规定,中央直属企业实行不定时工作制和综合计算工时工作制等其他工作和休息办法的,经国务院行业主管部门审核,报国务院劳动行政部门批准。地方企业实行不定时工作制和综合计算工时工作制等其他工作和休息办法的审批办法,由各省、自治区、直辖市人民政府劳动行政部门制定,报国务院劳动行政部门备案。

上述部门规章规定因工作性质或特点可实行不定时工作制的范围,并规定实行不定时工作制,应当经相关部门审批。但部门规章并未规定用人单位未经审批能否实行不定时工作制。司法实践中,对未经审批径直在劳动合同中约定实行不定时工作制是否有效,存在很大争议。

【争议】

观点一:劳动者的工作特点符合实行不定时工作制的规定,用人单位可与劳动者在劳动合同中约定执行不定时工作制,即使未经有权部门审批,该约定仍然有效,双方仍按不定时工作制确定工作时间和加班时间。如《人民法院报》2015年6月11日刊登的《不定时工作制到期后加班费的认定——天津一中院判决张悦诉北京外企公司劳动争议纠纷案》,裁判要旨为:不定时工作制到期后，双方未变更合同，仍按原合同继续履行，劳动者以不定时工作制超过审批期限为由，主张按标准工时制认定权利义务并计付加班费的，没有法律依据。

观点二：法律规定实行不定时工作制应当经过有关部门审批，未经审批，用人单位与劳动者约定执行不定时工作制，应认定无效。

【解答】

笔者同意观点二。只有在经相关部门审批后，用人单位才能与劳动者协商执行不定期工作制。原因在于：

（1）劳动者的休息权是劳动者的基本权利，法律法规规定劳动者的每日、每周工作时间属于强制性规定，除法律另有规定，用人单位不得违反或通过与劳动者的协议排除。《劳动法》第 39 条规定：企业因生产特点不能实行本法第 36 条、第 38 条规定的（每日、每周工作时间和休息天数。——笔者注），经劳动行政部门批准，可以实行其他工作和休息办法。劳动部《关于企业实行不定时工作制和综合计算工时工作制的审批办法》对可以实行不定时工作制的情形作了限定，并规定了审批的规则。可见，劳动法律法规均规定实行不定时工作制必须经有关部门批准。如允许用人单位未经审批就执行不定时工作制，则用人单位可恣意利用其在劳动关系中的优势地位，强行要求劳动者签订不定时工作制的条款，这将对劳动者的权利造成严重损害，防止此类情况的发生也是劳动法律法规规定实行不定时工作制应当经过审批的原因。对上述规定反面解释可知，未经相关部门审批，用人单位不得实行不定时工作制，用人单位未经审批与劳动者约定实行不定时工作制，违反法律的强制性规定，应当认定无效。

（2）不定时工作制对劳动者权利影响巨大。《工资支付暂行规定》第 13 条第 4 款规定，实行不定时工作制的劳动者，不执行上述规定（加班及加班工资的支付标准。——笔者注）。也就是说，执行不定时工作制的劳动者延长劳动时间，用人单位可以免除支付加班工资的义务，这对劳动者收入和工作时间的影响不言而喻。而且，劳动者的休息时间关系到劳动者的健康和家庭生活，实行不定时工作制的劳动者，其休息时间一般要显著低于其他劳动者，基于对劳动者休息权、健康权和追求幸福权利的考虑，实行不定时工作制应当受到严格限制。

综上所述，实行不定时工作制，必须以相关部门审批为前提条件，不得通过用人单位和劳动者之间的协议排除审批之前提。同理，实行综合计算工时工作制，也应以经过审批为前提条件。《江苏省高级人民法院、江苏省劳动人事争议仲裁委员会关于审理劳动争议案件的指导意见》(苏高法审委〔2009〕47 号)第 24 条规定,劳动者与用人单位因加班工资发生争议,用人单位主张由于劳动者工作性质、工作岗位的特点无法对其实行标准工时制度而实行不定时工作制或综合计算工时工作制,但用人单位未依法履行审批手续的,仍然应当认定其实行标准工时工作制。但劳动者的工作岗位具有不定时工作制或综合计算工时工作制的特点、依据标准工时计算加班工资明显不合理,或者工作时间无法根据标准工时进行计算,或者其上级单位、行业主管部门已办理了相应岗位、工种的不定时工作制或综合计算工时工作制审批手续的,可以根据实际情况酌情计算劳动者加班工资。可资参考。

【风险提示 22】

用人单位存在符合劳动部《关于企业实行不定时工作制和综合计算工时工作制的审批办法》第 4 条规定,实行不定时工作制的工作岗位,需要实行不定时工作制的,除与劳动者提前协商取得一致外,还须报劳动行政部门批准。未经批准的情况下,用人单位与劳动者约定实行不定时工作制,不发生法律效力,用人单位仍须按照标准工时计算劳动者的工作时间、加班时间并支付加班期间的加班费。

【规范指引】

劳动部《关于企业实行不定时工作制和综合计算工时工作制的审批办法》

第七条　中央直属企业实行不定时工作制和综合计算工时工作制等其他工作和休息办法的,经国务院行业主管部门审核,报国务院劳动行政部门批准。地方企业实行不定时工作制和综合计算工时工作制等其他工作和休息办法的审批办法,由各省、自治区、直辖市人民政府劳动行政部门制定,报国务院劳动行政部门备案。

Q24:用人单位要求劳动者提供担保,并与劳动者签订担保合同,担保合同是否有效?

现实生活中,一些用人单位招用劳动者,在签订劳动合同时要求劳动者提供担保人或支付保证金,以保证用人单位在因劳动者原因导致损失时能得到实际赔偿;一些用人单位在劳动合同履行过程中,因劳动者保管或占有用人单位较大数额的财产，用人单位为保证这些大额财产不受损失，要求劳动者提供担保。而劳动者为获得工作或维持劳动关系，往往不得不与用人单位签订担保合同。实践中对用人单位与劳动者签订的担保合同是否有效，存在不同观点。

【争议】

观点一：担保合同指向的是平等主体之间的债权债务关系，而用人单位和劳动者之间存在从属和管理关系，不是平等主体之间的债权债务关系。用人单位与劳动者签订担保合同，应当确认无效。

观点二：用人单位与劳动者签订劳动合同时，可以参照《担保法》和《物权法》的相关规定，加入担保条款或者单独签订担保合同，让劳动者提供担保人或其他担保。此类担保约定应认定有效。

观点三：用人单位原则上不得要求劳动者提供担保，但劳动者保管或因其他原因占有用人单位大额财产，用人单位可以要求劳动者提供相应的担保。如上海市高级人民法院《关于适用〈中华人民共和国劳动合同法〉若干问题的意见》(2009 年)第 12 条规定：根据劳动合同法第 9 条的规定，用人单位不得在招工时扣押劳动者身份证件、要求劳动者提供担保或收取劳动者财物。在劳动合同履行过程中，对于劳动者占有单位价值较高的财物，单位为防止财物灭失或被轻易毁坏，与劳动者约定设置了相应的合理担保的，法律没有禁止，可以认定有效。但该约定为流押、流质担保，或者名义上为财物“担保”实际上却是要求劳动者购买该财物的，该约定无效。

【解答】

笔者更倾向于观点一。理由如下：

(1)担保合同保障的是平等民事主体之间的债权债务关系。《担保法》第 2 条规定，在借贷、买卖、货物运输、加工承揽等经济活动中，债权人需要以担保方式保障其债权实现的，可以依照本法规定设定担保。在借贷、买卖、货物运输、加工承揽等经济活动中，双方当事人的地位是平等的。仅有在平等民事主体发生的债权债务关系，才有担保合同之适用。

(2)劳动合同关系的双方当事人之间并不是完全平等的民事主体。劳动者从属并依附于用人单位，用人单位可以对劳动者进行合理的工作安排和劳动管理，劳动者有义务服从用人单位的这种工作安排和劳动管理。用人单位与劳动者之间的关系并不是完全平等的民事主体之间的债权债务关系，不应适用担保法规定允许用人单位与劳动者签订担保合同。

(3)劳动法律法规禁止用人单位要求劳动者提供担保。《劳动合同法》第 9 条规定,用人单位招用劳动者,不得扣押劳动者的居民身份证和其他证件,不得要求劳动者提供担保或者以其他名义向劳动者收取财物。该条规定为法律的强制性规定,当事人不得通过约定予以排除,其内容不仅指用人单位在签订劳动合同时不得要求劳动者提供担保,还包括劳动者保管或因其他原因占有用人单位大额财产,用人单位也不得要求劳动者提供担保。观点三认为劳动者占有用人单位大额财产的情形不属于《劳动合同法》第 9 条规定的范围,显然不符合该条规定的文义,该条文也不存在法律漏洞,无须通过目的性限缩的法律漏洞补充方法将劳动者占有用人单位大额财产的情形排除在外。《劳动合同法》第 84 条还规定了用人单位要求劳动者提供担保的法律责任,该条第 2 款规定:用人单位违反本法规定,以担保或者其他名义向劳动者收取财物的,由劳动行政部门责令限期退还劳动者本人,并以每人 500 元以上 2000 元以下的标准处以罚款;给劳动者造成损害的,应当承担赔偿责任。

【风险提示 23】

用人单位不得以任何理由要求劳动者提供担保,包括提供担保人、支付保证金或提供其他担保物,即使劳动者占有用人单位大额财产,用人单位也不得要求劳动者提供担保。用人单位违法要求劳动者提供担保,不仅要返还财物,还要面临行政处罚和承担民事赔偿责任的法律风险。

【规范指引】

《中华人民共和国劳动合同法》

第九条　用人单位招用劳动者,不得扣押劳动者的居民身份证和其他证件,不得要求劳动者提供担保或者以其他名义向劳动者收取财物。

Q25:劳动合同解除或终止时,用人单位和劳动者就加班工资、经济补偿、工伤赔偿等事宜达成“一揽子”协议的效力如何认定?

用人单位与劳动者之间的劳动合同解除或终止时,常会就用人单位应支付的劳动报酬、加班工资、经济补偿等事宜进行协商,并达成书面补偿(赔偿)协议。这些协议的补偿数额,一般会比据实计算的补偿数额要少。用人单位与劳动者终止劳动关系时达成的书面协议是否有效,实务中有两种意见。

【争议】

观点一:用人单位与劳动者在终止劳动关系时达成的补偿或赔偿协议,是双方当事人真实的意思表示,只要不存在欺诈、胁迫、重大误解、乘人之危或法律规定无效的情形,就应该认定有效。

观点二:用人单位在劳动关系中处于强势地位,其在劳动关系终止时与劳动者达成的协议,如协议数额明显少于据实计算的数额,则不应认定协议的效力,应据实计算劳动者的损失。

【解答】

笔者同意观点一。原因在于:

(1)用人单位在招聘劳动者、建立劳动关系和劳动关系存续过程中,具有明显的强势地位。但用人单位和劳动者的关系终止时,由于劳动者对用人单位人身依附性和经济上的从属性不再存在,劳动者的劳动报酬、职业发展和劳动条件等不再被用人单位掌控,一般来说,此时用人单位对劳动者不再具有明显的强势地位。虽然用人单位在谈判能力等方面仍具有一定的优势,但这些优势一般不足以否定在劳动关系终止时双方达成协议的效力。双方劳动关系终止时达成的协议,往往是用人单位和劳动者多次协商、共同让步的结果,是双方当事人的真实意思表示,劳动者接受协议,通常是其经深思熟虑后的结果。所以,此类协议确定的用人单位的补偿数额,即使在一定程度上要比实际的劳动报酬或按法律规定计算的补偿数额要少,也不能轻易否定协议的效力。

(2)如轻易否定此类协议的效力,将会产生复杂的法律后果。劳动者可能随意反悔,要求用人单位提高补偿数额或要求其他项目的赔偿,用人单位也可能恣意地不履行协议,损害劳动者利益,这将助长不诚信的行为。用人单位和劳动者在劳动关系结束时也不会通过协商确定双方最后的权利义务,因为这种协议常被确认无效或撤销,从而会产生大量的劳动争议案件,劳动仲裁部门和人民法院的工作人员将不堪重负。

(3)我们也不能否认在现实生活中,仍存在一些用人单位利用欺诈、胁迫的手段或乘人之危,让劳动者签订明显有失公平协议的情况;劳动者也有可能基于自身的错误认识签订不利于自己的协议,如劳动者在工作中受伤致残,却在不知道构成伤残的情况下与用人单位签订协议等;一些协议违反法律、行政法规的禁止性规定。在这些情况下,应根据《民法总则》《合同法》及劳动法律法规的相关规定,撤销协议或确认协议无效。

目前,各地高院对劳动关系终止时用人单位与劳动者达成协议效力的认定标准是比较一致的。浙江省高级人民法院民事审判第一庭《关于审理劳动争议纠纷案件若干疑难问题的解答》(2012年)第14条规定,用人单位与劳动者协商或经调解组织调解,就工伤待遇、加班工资、经济补偿金等达成和解或调解协议后,劳动者以数额过低要求用人单位补足差额的,不予支持。但劳动者有证据证明协议签订存在受胁迫、欺诈而违背自己真实意思表示,或协议内容显失公平等情形的除外。天津等地的高院也有类似规定。

【风险提示24】

用人单位在与劳动者商讨劳动合同解除或终止协议前,尽可能将应支付劳动者的工资报酬、经济补偿、工伤赔偿等项目的数额计算清楚,协议约定的支付数额不能过分低于用人单位依法律规定应支付的数额,否则,协议有被撤销的风险。若劳动者受工伤,用人单位应当在劳动者的劳动能力鉴定结果出来以后再与劳动者商谈工伤赔偿的情况,以免约定的工伤赔偿数额过分低于或高于应当支付的赔偿数额。

【规范指引】

《中华人民共和国民法总则》

第一百五十一条　一方利用对方处于危困状态、缺乏判断能力等情形,致使民事法律行为成立时显失公平的,受损害方有权请求人民法院或者仲裁机构予以撤销。

Q26:未订立书面劳动合同二倍工资的支付期限如何认定?

《劳动合同法》第10条规定,建立劳动关系,应当订立书面劳动合同。已建立劳动关系,未同时订立书面劳动合同的,应当自用工之日起1个月内订立书面劳动合同。该法第82条第1款规定,用人单位自用工之日起超过1个月不满1年未与劳动者订立书面劳动合同的,应当向劳动者每月支付二倍的工资。未订立书面劳动合同的二倍工资应自用工之日起第2个月开始支付。疑问在于,未订立书面劳动合同的二倍工资应支付到什么时候。

【争议】

观点一：二倍工资应当自用工之日起满1个月的次日支付到用人单位与劳动者订立书面劳动合同或劳动合同解除、终止之时。

观点二：二倍工资应当自用工之日起满1个月的次日支付到用人单位与劳动者订立书面劳动合同时止，用人单位自用工之日起满1年未与劳动者订立书面劳动合同的，二倍工资应支付到用工满1年的前1日。

【解答】

《劳动合同法实施条例》解答了这一疑问，该法第6条第2款规定，用人单位向劳动者每月支付二倍工资的起算时间为用工之日起满1个月的次日，截止时间为补订书面劳动合同的前1日。用人单位自用工之日起满1年未与劳动者订立书面劳动合同的，自用工之日起满1个月的次日至满1年的前1日应当依照《劳动合同法》第82条的规定向劳动者每月支付二倍的工资，并视为自用工之日起满1年的当日已经与劳动者订立无固定期限劳动合同，应当立即与劳动者补订书面劳动合同。根据《劳动合同法实施条例》的规定，未签订书面劳动合同的双倍工资应支付至双方订立书面劳动合同止，如双方未在用工之日起1年内订立书面劳动合同，那么，用工之日起满1年双方即视为订立无固定期限劳动合同，二倍工资支付到用工之日起满1年的前1日。未签订书面劳动合同的二倍工资最长支付期限为11个月。

各地法院、劳动仲裁部门出台的指导意见或解答均遵照《劳动合同法实施条例》的上述规定。如北京市高级人民法院、北京市劳动人事争议仲裁委员会《关于劳动争议案件法律适用问题研讨会会议纪要（二）》（2014年）第28条规定，依据《劳动合同法》第10条、第82条第1款规定，用人单位自用工之日起超过1个月不满1年未与劳动者订立书面劳动合同的，自用工之日满1个月的次日起开始计算二倍工资，截止点为双方订立书面劳动合同的前1日，最长不超过11个月。浙江省高级人民法院民事审判第一庭《关于审理劳动争议纠纷案件若干疑难问题的解答》（2012年）第3条规定，依据《劳动合同法》第14条第3款和《劳动合同法实施条例》第7条的规定，用人单位自用工之日起满1年未与劳动者订立书面劳动合同的，视为双方已订立无固定期限劳动合同。因此，未订立书面劳动合同情形下二倍工资的支付最长不超过11个月。劳动者请求用人单位支付1年届满后的二倍工资的，不予支持。目前，对未签订书面劳动合同双倍工资的支付期限，各地裁审标准已基本统一。

【风险提示 25】

用人单位应自用工之日起1个月内与劳动者订立书面劳动合同,否则,自用工起1个月满的次日起,用人单位要承担支付不超过11个月的二倍工资的法律责任。

【规范指引】

《中华人民共和国劳动合同法》

第八十二条第一款　用人单位自用工之日起超过一个月不满一年未与劳动者订立书面劳动合同的,应当向劳动者每月支付二倍的工资。

Q27:劳动者故意不签订劳动合同,用人单位是否应支付未订立书面劳动合同的二倍工资?

根据法律规定,用人单位负有与劳动者订立书面劳动合同的义务。一般情况下,未签订书面劳动合同可归责于用人单位。但在现实生活中,不乏一些劳动者利用《劳动合同法》关于二倍工资的规则,故意不与用人单位签订书面劳动合同。在此种情形下,用人单位是否仍要支付二倍工资,司法实践存在一定争议。

【争议】

观点一:劳动者故意不与用人单位签订书面劳动合同,用人单位仍要支付二倍工资。这是因为,《劳动合同法》第82条第1款规定用人单位自用工之日起超过1个月不满1年未与劳动者订立书面劳动合同,应支付二倍工资,并未排除劳动者故意不签订书面劳动合同的情形。而且,《劳动合同法实施条例》第6条规定,劳动者不与用人单位订立书面劳动合同的,用人单位应当书面通知劳动者终止劳动关系,并依照劳动合同法第47条的规定支付经济补偿。根据该条规定,用人单位负有督促劳动者签订书面劳动合同的义务,劳动者不签订劳动合同,用人单位应及时与劳动者终止劳动关系。用人单位不能因劳动者故意不签订劳动合同免除给付二倍工资的责任。

观点二:用人单位可因劳动者故意不签订书面劳动合同而免除支付二倍工资的责任。二倍工资主要用于惩罚用人单位故意不与劳动者订立书面劳动合同的行为,劳动者故意不与用人单位签订书面劳动合同,用人单位不具有可归责性，不应再支付二倍工资。

【解答】

笔者同意观点二。理由是：

(1)从《劳动合同法》第82条第1款规定的文义进行分析。该条款规定，用人单位自用工之日起超过1个月不满1年未与劳动者订立书面劳动合同，应支付二倍工资。该条款的字面意思应为用人单位支付二倍工资的前提是用人单位未与劳动者订立书面劳动合同，劳动者不与用人单位订立书面合同，不符合法律规定用人单位支付二倍工资的条件。

(2)从《劳动合同法》第82条第1款的立法原意进行分析。该条款设立未订书面劳动合同支付二倍工资，意在对用人单位不与劳动者签订书面劳动合同或者拖延签订劳动合同的行为进行惩罚性的赔偿，督促用人单位与劳动者订立书面劳动合同，从而保护劳动者的合法权益。劳动者故意不与用人单位签订书面劳动合同，责任在于劳动者，用人单位并无违反法律规定不与劳动者签订书面劳动合同的行为，也没有违法之故意或大的过失，不应承担惩罚性的赔偿责任。未订立书面劳动合同不可归责于用人单位，用人单位无须支付二倍工资，符合二倍工资规定的立法原意。

(3)从法律实施的社会目的考量。《劳动合同法》强调用人单位应当与劳动者订立书面劳动合同，并设置了未订立书面合同的惩罚性赔偿，其社会目的在于在全社会普遍实行书面劳动合同制度，明确用人单位和劳动者的权利义务，保护弱势一方即劳动者的权益。但在现实生活中，一部分劳动者利用二倍工资条款，故意不与用人单位签订书面劳动合同，或找人代签劳动合同，更有甚者，辗转于数个用人单位之间，在每个用人单位工作时间都很短，故意不与用人单位签订书面劳动合同，在劳动关系终止时向用人单位主张二倍工资，谋求不正当利益。这些劳动者，已不能被视为处于弱势地位，他们的行为违背了诚信原则，不利于劳动力市场的稳定和发展，这种行为明显不符合法律实施的社会目的。法律的实施，特别是人民法院在裁判中对法律的适用，具有树立行为规则、引领社会风尚的重要作用。如支持劳动者故意不与用人单位签订书面劳动合同却要求二倍工资的诉求，让法律投机者有机可乘，不利于维护诚实信用的社会信用环境。

目前，司法实践多不支持劳动者故意不订立书面劳动合同而要求用人单位支付二倍工资的诉求。如浙江省高级人民法院民事审判第一庭《关于审理劳动争议纠纷案件若干疑难问题的解答》(2012年)第1条规定:签订书面劳动合同系用人单位的法定义务,但确系不可归责于用人单位的原因导致未签订书面劳动合同,劳动者因此主张二倍工资的,可不予支持。下列情形一般可认定为"不可归责于用人单位的原因":用人单位有充分证据证明劳动者拒绝签订或者利用主管人事等职权故意不签订劳动合同的;工伤职工在停工留薪期内的,女职工在产假期内或哺乳假内的,职工患病或非因工负伤在病假期内的,因其他客观原因导致用人单位无法及时与劳动者签订劳动合同的。

【风险提示26】

用人单位要求劳动者签订书面劳动合同的,劳动者有义务签订。劳动者拒绝签订劳动合同,不能向用人单位主张未订立书面劳动合同的二倍工资。

【规范指引】

《中华人民共和国劳动合同法实施条例》

第六条　劳动者不与用人单位订立书面劳动合同的,用人单位应当书面通知劳动者终止劳动关系,并依照劳动合同法第四十七条的规定支付经济补偿。

Q28:劳动合同期满后,劳动者继续在用人单位工作,用人单位未与其续订书面劳动合同,劳动者是否有权要求用人单位支付二倍工资?

用人单位与劳动者首次建立劳动关系,未在1个月内签订书面劳动合同,应自第2个月起支付二倍工资,《劳动合同法》有明确规定,并无争议。疑问在于,用人单位与劳动者订立的固定期限劳动合同到期后,劳动者继续在用人单位工作,但不符合订立无固定期限劳动合同的条件,用人单位未在1个月内与劳动者订立书面劳动合同,劳动者是否有权要求用人单位支付二倍工资。

【争议】

观点一:《劳动合同法》规定未订立书面劳动合同的二倍工资法律责任是针对用人单位首次与劳动者成立用工关系的情形。劳动合同期满,劳动者继续在用人单位工作,用人单位未与劳动者续订劳动合同的,用人单位无须支付二倍工资。

观点二:《劳动合同法》规定未订立书面劳动合同的二倍工资法律责任既包括用人单位首次用工的情形,也包括劳动合同期满用工关系延续的情形。劳动合同期满，用工关系继续，用人单位未与劳动者订立书面劳动合同的，应当支付二倍工资。

【解答】

笔者认为，《劳动合同法》规定用人单位应当与劳动者订立书面劳动合同，既包括双方第一次建立劳动关系的情形，也包括双方劳动合同到期后继续用工的情形。即用人单位在劳动合同到期后继续聘用劳动者，仍负有订立书面劳动合同的义务。用人单位未履行法律规定的义务，未在1个月内与劳动者续订书面劳动合同的，应承担支付二倍工资的义务。该问题的处理目前已在司法实务界基本形成共识。如江苏省高级人民法院、江苏省劳动人事争议仲裁委员会《关于审理劳动人事争议案件的指导意见（二）》（2011年）第3条规定，劳动合同期满后，劳动者继续在用人单位工作，用人单位超过1个月不满1年未与劳动者订立书面劳动合同，劳动者请求用人单位每月支付二倍工资的，应予支持。用人单位超过1年未与劳动者订立书面劳动合同的，视为双方已订立无固定期限劳动合同。北京市高级人民法院、北京市劳动人事争议仲裁委员会《关于劳动争议案件适用法律问题研讨会会议纪要（二）》（2014年）也持相似观点，该纪要第28条规定，如果劳动合同期满后，劳动者仍在用人单位工作，用人单位未与劳动者订立书面劳动合同的，计算二倍工资的起算点为自劳动合同期满的次日，截止点为双方补订书面劳动合同的前1日，最长不超过12个月。

【风险提示27】

我们在多年的实践中发现，现在多数用人单位在首次与劳动者建立劳动关系时，会注意到《劳动合同法》的规定，与劳动者签订书面劳动合同。但劳动合同期满，劳动者继续在用人单位上班，很多用人单位会忽视与劳动者续订劳动合同，这导致一些用人单位承担支付二倍工资的责任，这种责任只需稍加注意即可避免。因此，用人单位要特别注意在劳动合同期满后延续用工时及时与劳动者续订书面劳动合同。

Q29：劳动者被原用人单位安排到新用人单位工作，新用人单位未与劳动者订立书面劳动合同，是否应支付二倍工资？

现实生活中，原用人单位将处于劳动合同存续期间的劳动者安排到新用人单位工作,新用人单位常会认为原用人单位与劳动者签订的劳动合同存续,往往会忽视与劳动者订立书面劳动合同。劳动者被原用人单位安排到新用人单位工作,新用人单位是否有义务与劳动者订立书面劳动合同,未订立书面劳动合同的,新用人单位是否需要支付二倍工资,实践中有不同看法。

【争议】

观点一:《劳动合同法实施条例》第 10 条规定,劳动者非因本人原因从原用人单位被安排到新用人单位工作的,劳动者在原用人单位的工作年限合并计算为新用人单位的工作年限。最高人民法院《关于审理劳动争议案件适用法律若干问题的解释(四)》也有类似规定。由此可见,原用人单位将劳动者安排到新用人单位工作,劳动者与原用人单位之间的劳动合同仍然延续,此合同可以作为新用人单位与劳动者权利义务确定的依据,新用人单位无须重新与劳动者签订书面劳动合同,也无须支付二倍工资。

观点二:原用人单位安排劳动者到新用人单位工作,由于用人单位主体不同,新用人单位即使是原用人单位的关联企业,也不能视为新用人单位与劳动者已订立书面劳动合同。所以,新用人单位仍有义务与劳动者订立书面劳动合同。

【解答】

笔者认为,原用人单位安排劳动者到新用人单位上班,新用人单位仍有义务与劳动者订立书面劳动合同,这是因为:

(1)《劳动合同法实施条例》和最高人民法院《关于审理劳动争议案件适用法律若干问题的解释(四)》之所以要规定非劳动者本人原因从原用人单位被安排到新用人单位工作,工作年限合并计算,目的在于确定劳动者的工作年限,从而解决经济补偿金计算年限、劳动者是否满足订立无固定期限劳动合同等问题,避免用人单位利用关联企业轮流与劳动者签订劳动合同导致劳动者利益受损。因此,《劳动合同法实施条例》和最高人民法院《关于审理劳动争议案件适用法律若干问题的解释(四)》的相应规定,并非是将原用人单位与劳动者签订的劳动合同延续到新用人单位之中,原劳动合同约定的权利义务也不能作为新用人单位与劳动者之间权利义务确定之依据。新用人单位不能因工作年限合并而免除签订书面劳动合同的义务。

(2)原用人单位将劳动者安排到新用人单位工作,一般不构成劳动合同权利义务的概括移转。合同权利义务的概括移转,是指合同当事人一方将权利义务一并移转给第三人,由该第三人取代成为合同当事人的现象。约定的合同权利义务概括移转应符合两个要件：一是合同地位的可让与性；二是让与合同的存在，即让与人、受让人以及相对人三方达成三方合同。[1] 劳动合同具有强烈的人身性，从合同性质上看，多不符合可让与性的要件，一般也不存在原用人单位与劳动者、新用人单位达成让与原劳动合同的合同，除非原用人单位经劳动者同意安排劳动者到新用人单位工作，三方协商一致订立让与原劳动合同的合同，如此才符合劳动合同权利义务概括转移的要件。

（3）劳动者被原用人单位安排到新用人单位工作，就劳动关系而言，应当认定劳动者与原用人单位的劳动关系解除，同时与新用人单位建立劳动关系，而且属于首次建立，新用人单位应当与劳动者签订书面合同，以确定双方权利义务关系。[2]

【风险提示28】

新用人单位接收原用人单位安排的劳动者，有义务与劳动者订立书面劳动合同，违反该义务的，应承担支付二倍工资的法律责任。但原用人单位安排劳动者担任法定代表人、高级管理人员、人事部门负责人的除外。

Q30：用人单位的高级管理人员未签订书面劳动合同，用人单位是否需支付二倍工资？

用人单位的高级管理人员，一般包括经理、副经理、财务负责人、上市公司的董事长秘书和公司章程规定的其他人员，如人事主管等。高级管理人员在管理用人单位的同时，又与用人单位成立劳动关系，根据法律规定，用人单位也应该与高级管理人员订立书面劳动合同。但在司法实践中，有很多高级管理人员未签订书面劳动合同，要求用人单位支付二倍工资的情况。实务上对该问题的处理有两种不同观点。

【争议】

观点一：用人单位的高级管理人员也是劳动者，虽然他们有管理公司的职

---

① 参见韩世远：《合同法总论》，法律出版社2008年版，第441～442页。

② 参见郭砚：《解读劳动合同法的双倍工资赔偿制度》，载最高人民法院民事审判第一庭编：《民事审判指导与参考》2012年第1辑。

责,对未签订书面劳动合同自己也有一定的失职,但用人单位与劳动者签订书面劳动合同是一种法定的义务,不能因为劳动者有管理职权就免除用人单位的法定义务,而且法律也未排除高级管理人员要求二倍工资的权利。所以,用人单位未与高级管理人员订立书面劳动合同,高级管理人员有权要求用人单位支付二倍工资。

观点二:用人单位的高级管理人员是特殊的劳动者,他们有责任督促劳动者包括他们自己与用人单位签订书面劳动合同。高级管理人员未签订书面劳动合同,一般是其自身的原因,不可归责于用人单位,用人单位不应支付二倍工资。

【解答】

笔者同意观点二。高级管理人员未签订书面劳动合同,用人单位原则上无须支付二倍工资。原因在于:

(1)前已论及,未订立书面劳动合同二倍工资设立的目的在于惩罚用人单位不与劳动者订立书面劳动合同或拖延订立书面劳动合同,用人单位应在可归责的情况下才承担二倍工资的支付责任。用人单位支付二倍工资责任应为过错推定责任,即用人单位在证明未签订书面劳动合同非其过错的情况下可以免除。用人单位的高级管理人员,负有管理用人单位的职权和责任,有责任督促用人单位和劳动者订立书面劳动合同,也有责任提醒和纠正用人单位的一些不规范、不合法的用工行为,自然,他们也有义务与用人单位订立书面劳动合同。实际上,用人单位的高级管理人员不像一般劳动者那样处于弱势地位,他们往往对自己是否与用人单位签订书面劳动合同有话语权和掌控权。用人单位的高级管理人员未签订书面劳动合同,一般是高级管理人员自身的责任所致,不能归责于用人单位,用人单位不应承担支付二倍工资的责任。

(2)用人单位不承担支付高级管理人员未签订书面劳动合同二倍工资的责任,符合诚信原则。诚信原则是民法的基本原则,也是劳动法的基本原则。在确定二倍工资责任时,不得违反诚信原则。用人单位的高级管理人员,应当了解用人单位未与劳动签订书面劳动合同应支付二倍工资的责任,自己也有能力要求用人单位签订书面劳动合同。在司法实践中,我们发现高级管理人员未签订劳动合同的案件,多是因高级管理人员故意不签订书面劳动合同,有的管理人员在用人单位多次督促后仍不签订书面合同,甚至有的高级管理人员在签订书面劳动合同后故意藏匿或销毁劳动合同。在这些情形下,高级管理人员仍向用人单位要求二倍工资，实有违诚信原则，如支持这种不诚信的行为，将会对用人单位造成不公平的结果。

（3）用人单位在任命高级管理人员时，一般有任命书等文件。这些任命书等文件已明确高级管理人员的工作岗位、双方的权利义务等。这种情况下，即使用人单位未与高级管理人员签订书面劳动合同，也不会对高级管理人员造成损害，用人单位无须支付二倍工资。

（4）特殊情形下，高级管理人员提供充分证据证明未签订书面劳动合同可归责于用人单位，用人单位仍应支付二倍工资。如高级管理人员举证证明用人单位与劳动者都没有签订劳动合同，又没有任命高级管理人员的文件，这种情况下，由于用人单位的用工极不规范，未签订书面劳动合同是用人单位的责任，应当支付二倍工资。但高级管理人员本身是人事主管或分管人事工作的除外，因为用人单位用工不规范的现象是他们自身工作严重失职所致。

司法实践中，对高级管理人员未签订书面劳动合同要求二倍工资的诉求多不予支持。上海市高级人民法院《关于审理劳动争议案件若干问题的解答》（2010 年）认为，对于一些企业经理、人事主管等负责企业人力资源管理的高管，通过隐匿书面劳动合同等不良手段，使用人单位无法提供已签订过的书面劳动合同，企业高管以此为由主张双倍工资差额的，用人单位虽无法提供书面劳动合同的原件，但有其他证据证明双方已签订了书面劳动合同的，不属于《劳动合同法》第 82 条第 1 款关于用人单位未与劳动者订立书面劳动合同的情形，对其提出要求用人单位支付双倍工资差额的诉请不予支持。江苏省高级人民法院、江苏省劳动人事争议仲裁委员会《关于审理劳动人事争议案件的指导意见（二）》（2011 年）第 6 条规定，用人单位未与其高级管理人员签订书面劳动合同，但用人单位能提供聘任决定或聘任书，证明双方存在劳动权利义务并已履行的，高级管理人员以未签订书面劳动合同为由请求用人单位每月支付二倍工资的，不予支持。

【风险提示 29】

用人单位的高级管理人员应主动要求用人单位与其订立书面劳动合同，以明确双方的权利义务关系。如高级管理人员未与用人单位订立书面劳动合同，也没有聘书等任命文件，不仅双方之间的权利义务难以明确，高级管理人员要求用人单位支付未订立书面劳动合同的二倍工资，也往往得不到支持。

Q31:劳动合同因法定事由顺延的,用人单位在顺延期间未与劳动者订立书面劳动合同,是否应支付二倍工资?

《劳动合同法》第 42 条、第 45 条规定,劳动合同期满,劳动合同延续至这些情形消失时:(1)从事接触职业病危害作业的劳动者未进行离岗前职业健康检查,或者疑似职业病病人在诊断或者医学观察期间的;(2)在本单位患职业病或者因工负伤并被确认丧失或者部分丧失劳动能力的;(3)患病或者非因工负伤,在规定的医疗期内的;(4)女职工在孕期、产期、哺乳期的;(5)在本单位连续工作满 15 年,且距法定退休年龄不足 5 年的;(6)法律、行政法规规定的其他情形。在上述期间,用人单位是否应与劳动者订立书面劳动合同,用人单位未与劳动者订立书面劳动合同的,是否应支持支付二倍工资的责任,实务上存在争议。

【争议】

观点一:劳动合同期满,因法定情形顺延的,劳动者与用人单位的劳动关系继续存在,此时劳动者与用人单位之间并不存在书面劳动合同。用人单位应当在顺延期间与劳动者订立书面劳动合同,以保障劳动者的合法权益。用人单位未尽此义务,应支付劳动者二倍工资。

观点二:劳动合同期满后顺延是法律的强制性规定,无须再签订书面劳动合同予以确认。用人单位在法定顺延期间不负有与劳动者订立书面劳动合同的义务,自然无须支付未订立书面劳动合同的二倍工资。

【解答】

笔者同意观点二。《劳动合同法》第 42 条、第 45 条规定劳动合同期满后因法定事由顺延,意在对一些处于特殊困难阶段或做出特殊贡献的劳动者给予特殊保护。法律在此已明确双方的劳动合同关系延续,双方的劳动权利义务仍按之前的劳动合同确定,无须再给用人单位强加订立书面劳动合同的义务,再行确认双方的劳动关系和劳动权利义务。法律已经给予这些特殊情形下的劳动者以倾斜性保护,未订立书面劳动合同也不会给劳动者的权益带来任何损害。法律规定顺延期间劳动合同延续,在法定顺延期间,之前的劳动合同继续有效,而不是观点一认为的顺延期间双方没有书面劳动合同。而且,《劳动合同法》第 42 条规定的一些情形,如在医疗期内的劳动者、因工负伤的劳动者等,在相应的法定顺延期间未在用人单位实际上班,用人单位没有必要去医院或劳动者家中与劳动者签订书面劳动合同，这些情形下，未订立书面劳动合同不能归责于用人单位。综合以上原因，用人单位在劳动合同法定顺延期间，没有与劳动者签订书面劳动合同的义务，无须因在顺延期间未签订书面劳动合同而承担支付二倍工资的责任。

多个地方的劳动仲裁部门、人民法院对法定顺延期间用人单位未与劳动者签订劳动合同，是否支持劳动者二倍工资的请求作了规定。北京市高级人民法院、北京市劳动人事争议仲裁委员会《关于劳动争议案件适用法律问题研讨会会议纪要（二）》（2014 年）第 30 条规定，劳动合同期满，有《劳动合同法》第 42 条规定的情形的，劳动合同应当续延至相应的情形消失时终止，故在续延期间用人单位与劳动者无须订立书面劳动合同，故不应支付二倍工资。浙江省劳动人事争议仲裁院《关于劳动争议案件处理若干问题的解答》（2012 年）第 6 条规定，按照《劳动合同法》第 42 条规定劳动合同依法续延的，在续延期间双方未订立书面劳动合同，劳动者要求用人单位支付二倍工资，不予支持。

【风险提示 30】

劳动合同期满，因法定原因顺延的，在顺延期间用人单位无须与劳动者订立书面劳动合同。但法定情形消失，劳动者继续在用人单位工作的，用人单位应及时与劳动者续订书面劳动合同。

【规范指引】

《中华人民共和国劳动合同法》

第四十五条　劳动合同期满，有本法第四十二条规定情形之一的，劳动合同应当续延至相应的情形消失时终止。但是，本法第四十二条第二项规定丧失或者部分丧失劳动能力劳动者的劳动合同的终止，按照国家有关工伤保险的规定执行。

Q32：双方在劳动合同中约定，劳动合同到期后自动续期，劳动合同期满双方未再订立书面劳动合同，用人单位是否应支付二倍工资？

部分用人单位为简化劳动合同期满后续订书面劳动合同的手续，与劳动者订立劳动合同时，加入劳动合同到期后自动续期的条款。在这种情况下，劳动合同到期，用人单位是否仍需与劳动者续订书面劳动合同，如未续订，是否要承担支付二倍工资的责任,实务中存在不同意见。

【争议】

观点一:用人单位在劳动合同中加入期满自动续期的条款,该条款未违反法律、行政法规的规定,符合双方当事人真实意思表示,应为有效。劳动合同期满后自动续期,用人单位无须再行与劳动者订立书面劳动合同,也无须承担二倍工资的责任。

观点二:劳动合同约定期满自动续期,规避了用人单位在劳动合同期满后续订书面劳动合同的法定义务,排除劳动者要求续订书面劳动合同的权利,应为无效。用人单位仍应在劳动合同期满后与劳动者续订书面劳动合同,违反此义务,用人单位应承担支付二倍工资的责任。

【解答】

笔者同意观点一。《劳动合同法》规定用人单位有与劳动者订立书面劳动合同的义务,意在用书面合同的形式固定劳资双方的权利义务,保护劳动者的权利。劳动合同中约定合同期满自动续期,这种情形下,劳动合同期满,用人单位与劳动者劳动合同延续,双方的劳动权利义务关系仍由原劳动合同确定,未重新订立书面劳动合同其实并未给劳动者带来劳动权利义务不确定的后果,也不会因此给劳动者造成损失,与《劳动合同法》规定书面劳动合同的立法原意并不矛盾。相反,这样的约定对劳动关系的稳定化和长期化是有益的。所以,劳动合同中约定劳动合同期满自动续期的条款,并不违反法律、行政法规的规定,符合双方真实意思表示,应为有效。而且,劳动合同自动续期,说明在合同约定的自动续期期间原劳动合同是继续存在并有效的,存在有效的书面劳动合同的情形下,当然不能以用人单位未与劳动者续订劳动合同而要求用人单位支付二倍工资。

劳动合同中约定期满自动续期,但未约定续期的期间,该情形是否会导致自动续期条款无效?笔者认为,这种情形的处理,可参照未约定期限的劳动合同的处理规则,即劳动合同并不因双方未约定期限而产生不成立或无效的后果,劳动合同期满,如劳动者不符合订立无固定期限劳动合同的条件,则双方自动续期的期间为不定期,如劳动者符合订立无固定期限劳动合同的条件,则双方延续的劳动合同应视为无固定期限劳动合同。

山东、浙江等地的立法和司法实践也支持这一观点。《山东省劳动合同条例》(2013 年修订)第 16 条规定,用人单位与劳动者协商一致,可以续订劳动合同;劳动合同期满,用人单位与劳动者协商一致延长劳动合同期限的,视为用人单位与劳动者续订劳动合同。浙江省高级人民法院民事审判第一庭、浙江省劳动人事争议仲裁院《关于审理劳动争议案件若干问题的解答(二)》(2014 年)第 7 条规定,劳动合同中约定"合同到期后劳动者继续在用人单位工作的,视为原劳动合同期限的延长",双方实际履行了该约定的,视为双方之间订立了新的劳动合同,因此,延长的劳动合同到期后,用人单位不能直接终止劳动合同,如劳动者提出签订无固定期限劳动合同且符合《劳动合同法》第 14 条第 2 款第 3 项规定的,应予支持。但劳动者以延长期间用人单位未与其签订书面劳动合同为由要求支付二倍工资的,不予支持。

【风险提示 31】

用人单位可在劳动合同中与劳动者约定劳动合同自动续期的条款,这样,用人单位在劳动合同期满后可不再与劳动者另行订立书面劳动合同。但此类约定存在的情况下,用人单位不能以劳动合同期满为由终止劳动合同,自动续期的时间应当明确。此外,用人单位还应注意本次劳动合同期满,劳动者是否符合订立无固定期限劳动合同的条件,如符合,自动续期的期限应为无固定期限。

Q33:全日制用工关系中,用人单位未与劳动者签订全日制用工合同,而是签订非全日制用工合同,用人单位是否应支付二倍工资?

现实生活中,一些用人单位与劳动者建立的是全日制劳动关系,但与劳动者签订的却是非全日制用工合同。这种情形下,劳动者是否可以要求用人单位承担二倍工资的支付责任,司法实践中有不同的处理观点。

【争议】

观点一:用人单位与劳动者建立全日制用工关系,但与劳动者签订非全日制用工合同,该合同并非真实的劳动合同,应视为双方不存在书面劳动合同,用人单位应当支付劳动者二倍工资。

观点二:用人单位与全日制劳动者签订非全日制用工合同,虽然违反法律规定,但书面劳动合同已经签订,劳动者要求用人单位支付二倍工资,不符合法律规定的条件,不应支持。

【解答】

笔者同意观点二。用人单位与劳动者建立全日制用工关系,却不与劳动者订立全日制劳动合同,而是订立非全日制用工合同,明显违反法律规定,损害劳动者的合法权益,应当被确认无效。然而,二倍工资是针对用人单位不与劳动者签订书面劳动合同、拖延与劳动者签订书面劳动合同和不与符合条件的劳动者签订无固定期限劳动合同这三种情形。二倍工资对用人单位的惩罚非常严厉,实践中对二倍工资的适用应严格限制在法律规定的三种情形,不可随意扩大适用范围。用人单位与劳动者订立书面劳动合同,即使该劳动合同无效,用人单位也无须支付二倍工资。用人单位与全日制用工的劳动者订立非全日制用工合同,虽然无效,但双方确实存在有书面的劳动合同,不符合用人单位未与劳动者签订书面劳动合同的情形。劳动者要求用人单位支付未订立书面劳动合同的二倍工资,不符合法律规定的条件,不应予以支持。北京市高级人民法院、北京市劳动人事争议仲裁委员会《关于审理劳动争议案件法律适用问题的解答》(2017 年)亦持同样观点,该解答第 15 条规定,劳动者已经与用人单位订立合同的情况下,劳动者主张未订立劳动合同二倍工资差额不予支持。在审理中注意全日制劳动关系与非全日制劳动关系的区分,充分保障劳动者实际权利。

【风险提示 32】

劳动法律法规虽未强制性地要求非全日制用工下用人单位与劳动者订立书面劳动合同的义务,但为明确双方成立的是非全日制用工、确定双方的权利义务,用人单位仍应与非全日制劳动者订立书面合同。

Q34:补签、倒签劳动合同,用人单位是否应支付二倍工资?

现实中,一些用人单位未按法律规定,在建立劳动关系 1 个月内与劳动者订立书面劳动合同,而是在 1 个月以后与劳动者补签或倒签劳动合同。补签劳动合同,是指双方建立劳动关系 1 个月以后,用人单位与劳动者签订劳动合同,劳动合同上的时间为双方签字盖章的真实时间。倒签劳动合同,是指双方建立劳动关系 1 个月以后,用人单位与劳动者签订劳动合同,劳动合同上的时间早于合同的实际签订日期。用人单位与劳动者补签、倒签劳动合同,是否应支付二倍工资,实务中有不同的见解。

【争议】

观点一:补签和倒签劳动合同,均可视为劳动者同意放弃二倍工资的权利,所以,用人单位在这两种情形下均无须支付二倍工资。如深圳市中级人民法院《关于审理劳动争议案件的裁判指引》(2015 年)规定,用人单位未按照法定期限与劳动者签订书面劳动合同,即使后来双方签订了劳动合同,劳动者要求用人单位支付二倍工资至签订之日的,应予支持。但双方将劳动合同的签字日期倒签在法定期限之内或者双方约定的劳动合同期间包含了已经履行的事实劳动关系期间的,应视为双方自始签订了劳动合同,劳动者要求用人单位支付二倍工资的,不予支持。

观点二:补签劳动合同,是对先前未签订书面劳动的弥补,劳动者同意补签书面劳动合同,说明其同意弥补用人单位之前的过失,用人单位无须支付二倍工资。而倒签是违反法律规定的行为,是为了规避法律规定的二倍工资责任,没有法律效力,用人单位应支付二倍工资。

观点三:补签劳动合同,用人单位应支付二倍工资至双方实际补签之日,而倒签劳动合同,违反法律规定,用人单位应承担支付二倍工资的责任。

【解答】

笔者同意观点三。用人单位与劳动者补签劳动合同,由于补签劳动合同之前双方不存在书面劳动合同,即使劳动合同约定的期限为双方建立用工关系,根据《劳动合同法》第 82 条第 1 款的规定,用人单位自用工之日起超过 1 个月不满 1 年未与劳动者订立书面劳动合同的,应当向劳动者每日支付二倍的工资。

倒签劳动合同,实际上是用人单位规避《劳动合同法》第 10 条关于用工之日起 1 个月内与劳动者签订书面劳动合同和该法第 82 条第 1 款未订立书面劳动合同二倍工资之规定的行为,与《劳动合同法》上述规定的立法原意显有违背,倒签劳动合同的行为应认定无效。如支持用人单位利用倒签规避二倍工资的法律规定,将会出现大量的用人单位利用强势地位迫使劳动者倒签劳动合同,不利于劳动者权益的保护。所以,用人单位与劳动者倒签劳动合同,仍要支付二倍工资。

【风险提示 33】

用人单位未在用工之日起 1 个月内与劳动者订立书面劳动合同,应当采取补签劳动合同的方式,而不应采用倒签劳动合同的方式,将签订日期倒签于用工 1 个月内,否则,倒签的行为将被认定为无效。

Q35:计算二倍工资的工资标准如何确定?

现实中,一些劳动者的工资构成比较复杂,既包括基本工资,也包括补贴、津贴、提成、奖金等。劳动法律法规并未规定计算二倍工资时的工资标准如何确定,实践中有不同的做法。

【争议】

观点一:将固定发放的工资作为二倍工资的工资标准,一些诸如提成、奖金等不固定发放的工资不计入二倍工资的工资标准。如北京市高级人民法院、北京市劳动人事争议仲裁委员会《关于审理劳动争议案件法律适用问题的解答》(2017 年)规定,计算"二倍工资"的工资标准时,因基本工资、岗位工资、职务工资、工龄工资、级别工资等按月支付的工资组成项目具有连续性、稳定性特征,金额相对固定,属于劳动者正常劳动的应得工资,应作为未订立劳动合同二倍工资差额的计算基数,不固定发放的提成工资、奖金等一般不作为未订立劳动合同二倍工资差额的计算基数。

观点二:将劳动者的每月应得工资作为二倍工资的工资标准,支付期限超过 1 个月的劳动报酬以及未确定支付周期的工资不计入。如广东省高级人民法院、广东省劳动人事争议仲裁委员会《关于审理劳动人事争议案件若干问题的座谈会纪要》(2012 年)规定,二倍工资差额的计算基数为劳动者当月应得工资,但不包括以下两项:(1)支付周期超过 1 个月的劳动报酬,如季度奖、半年奖、年终奖、年底双薪以及按照季度、半年、年结算的业务提成等;(2)未确定支付周期的劳动报酬,如一次性的奖金,特殊情况下支付的津贴、补贴等。温州市中级人民法院、温州市劳动人事争议仲裁委员会《关于劳动人事争议案件处理若干问题的会议纪要》(2016 年)也有类似规定,该纪要第 17 条规定,二倍工资差额的计算基数以劳动者当月应得工资为未订立书面劳动合同所对应时间用人单位当月应当支付的标准工资,但不包括以下三项:(1)加班工资;(2)支付周期超过 1 个月的劳动报酬,如季度奖、半年奖、年终奖、年底双薪,以及按季度、半年、年度结算的业务提成等;(3)未确定支付周期的劳动报酬,如一次性的奖金,特殊情况下支付的津贴、补贴等。

观点三:用人单位因未与劳动者签订书面劳动合同而应每月支付的二倍工资,按照劳动者当月的应得工资予以确定,包括计时工资或者计件工资以及加班加点工资、奖金、津贴和补贴等货币性收入。劳动者当月工资包含季度奖、半年奖、年终奖的，应按分摊后该月实际应得奖金数予以确定。江苏等地采该种做法。

【解答】

笔者认为，二倍工资对应的是未订立书面劳动合同期间当月工资的二倍，包括基本工资、岗位工资、工龄工资、职务或级别工资、按月发放的津贴补贴、按月发放的绩效工资、当月的加班工资、当月的提成工资等，但不包括未按月发放的奖金、特殊情况的津贴补贴等。

Q36：劳动者符合应签订无固定期限劳动合同的情形，但用人单位与劳动者签订固定期限劳动合同，是否有效？

无固定期限劳动合同，是指用人单位和劳动者约定无确定终止期限的劳动合同。没有法律规定或双方约定的解除或终止条件，无固定期限劳动合同就会一直延续下去，直至劳动者退休。

《劳动法》第 20 条确立了无固定期限劳动合同制度，该条规定，劳动者在同一用人单位连续工作满 10 年以上，当事人双方同意延续劳动合同的，如果劳动者提出订立无固定期限的劳动合同，应当订立无固定期限的劳动合同。《劳动合同法》对无固定期限劳动合同作了进一步的规定，该法第 14 条规定，用人单位与劳动者协商一致，可以订立无固定期限劳动合同。有下列情形之一，劳动者提出或者同意续订、订立劳动合同的，除劳动者提出订立固定期限劳动合同外，应当订立无固定期限劳动合同：(1)劳动者在该用人单位连续工作满 10 年的；(2)用人单位初次实行劳动合同制度或者国有企业改制重新订立劳动合同时，劳动者在该用人单位连续工作满 10 年且距法定退休年龄不足 10 年的；(3)连续订立 2 次固定期限劳动合同，且劳动者没有本法第 39 条和第 40 条第 1 项、第 2 项规定的情形，续订劳动合同的。对比《劳动法》规定的无固定期限劳动合同制度，《劳动合同法》扩大了无固定期限劳动合同的适用范围，并将一些情形下订立无固定期限劳动合同从双方自愿改变为用人单位的法定义务。用人单位在法定情形下与劳动者订立无固定期限劳动合同的义务又可以通过劳动者提出订立固定期限劳动合同来排除。这样，在劳动者符合《劳动合同法》规定应订立无固定期限劳动合同的情形，用人单位和劳动者仍然签订固定期限劳动合同，固定期限劳动合同是否生效，实务中存在争议。

【争议】

观点一:《劳动合同法》第 14 条规定,三种情形下,用人单位应当与劳动者订立无固定期限劳动合同,仅有一种例外,即劳动者自己提出订立固定期限劳动合同。所以,除非用人单位举证证明劳动者自己提出订立固定期限劳动合同,用人单位与劳动者订立固定期限劳动合同,不具有法律效力,用人单位应当支付双倍工资。重庆市高级人民法院民事审判第一庭等六部门《劳动争议案件法律适用问题专题座谈会纪要(三)》(2017 年)倾向于认为,在符合订立无固定期限劳动合同的情形下,仅凭双方订立固定期限劳动合同的事实不能得出用人单位与劳动者协商一致订立固定期限劳动合同的结论,用人单位能够举证证明以下事实的,可以认定为用人单位与劳动者协商一致订立固定期限劳动合同:(1)劳动者明确表示与用人单位订立固定期限劳动合同;(2)劳动者作出放弃订立无固定期限劳动合同的承诺、保证;(3)用人单位告知劳动者享有订立无固定期限劳动合同权利;(4)劳动合同文本系由劳动者制作或者提出;(5)劳动者系具有订立劳动合同职责的主管人员或专职人员。用人单位不能举证证明前述事实存在的,对劳动者请求支付二倍工资差额的请求应当予以支持。

观点二:用人单位与劳动者在劳动者符合订立无固定期限劳动合同的情形下签订固定期限劳动合同,可视为双方对不订立无固定期限劳动合同达成合意,该固定期限劳动合同应为有效,用人单位无须支付双倍工资。

【解答】

笔者认为,劳动者符合法律规定订立无固定期限劳动合同的情形,用人单位只能在一种情形下与劳动者签订固定期限劳动合同,即劳动者自己提出订立固定期限劳动合同。这里主要涉及举证责任的问题,由于劳动者提出订立固定期限劳动合同,往往是一种口头行为,通常不会形成书面证据,用人单位和劳动者都难以对这一种行为进行举证。如要求用人单位对此举证,则用人单位败诉的可能性将剧增;如要求劳动者举证,则劳动者败诉的可能性激增。这样,双方签订的固定期限劳动合同成为关键甚至是唯一的证据。基于此,笔者认为,劳动者在符合签订无固定期限劳动合同条件的情况下在固定期限劳动合同上签字,可视为其同意不签订无固定期限劳动合同而签订固定期限劳动合同,符合劳动者提出订立固定期限劳动合同的情形,至于用人单位先提出还是劳动者先提出,均不违反法律规定。原则上可认定此情形下双方签订的固定期限劳动合同有效,用人单位无须支付双倍工资,但劳动者有证据证明固定期限劳动合同是在被迫、受欺诈、重大误解等非其自愿的情形下签订的除外。

多个地方的法院以双方实际订立的劳动合同为主要证据来确定劳动者的真实意思。宁波市中级人民法院《关于审理劳动争议案件若干疑难问题的解答(三)》(2013年)第19条规定,在满足订立无固定期限劳动合同的条件情况下,双方再次订立固定期限劳动合同,在无证据证明存在欺诈、胁迫等情形下,应认定为签订无固定期限劳动合同系双方协商一致的意思表示,合法有效,劳动者主张合同无效并要求支付未订立无固定期限劳动合同的二倍工资差额,不予支持。

【风险提示34】

劳动者符合签订无固定期限劳动合同的条件,但用人单位与劳动者协商一致,同意签订固定期限劳动合同。这种情况下,用人单位可选择以下措施应对未签订无固定期限劳动合同支付双倍工资的风险:(1)事先与劳动者签订协议,内容为用人单位已告知劳动者签订无固定期限劳动合同的权利,劳动者愿意放弃该权利,自愿与用人单位签订固定期限劳动合同;(2)事先让劳动者出具承诺书,明确表明签订固定期限劳动合同的态度。

【规范指引】

《中华人民共和国劳动合同法》

第十四条　无固定期限劳动合同,是指用人单位与劳动者约定无确定终止时间的劳动合同。

用人单位与劳动者协商一致,可以订立无固定期限劳动合同。有下列情形之一,劳动者提出或者同意续订、订立劳动合同的,除劳动者提出订立固定期限劳动合同外,应当订立无固定期限劳动合同:

(一)劳动者在该用人单位连续工作满十年的;

(二)用人单位初次实行劳动合同制度或者国有企业改制重新订立劳动合同时,劳动者在该用人单位连续工作满十年且距法定退休年龄不足十年的;

(三)连续订立二次固定期限劳动合同,且劳动者没有本法第三十九条和第四十条第一项、第二项规定的情形,续订劳动合同的。

用人单位自用工之日起满一年不与劳动者订立书面劳动合同的,视为用人单位与劳动者已订立无固定期限劳动合同。

Q37:《劳动合同法》第14条第1项规定的劳动者在该用人单位连续工作满10年中的“连续”如何界定?

《劳动合同法》第14条第1项规定,劳动者在该用人单位连续工作满10年以上,用人单位应当与劳动者订立无固定期限劳动合同。中间劳动关系有中断或劳动者临时性地去其他用人单位上班等情形,是否可以认定为连续工作,实务中存在争议。

【争议】

观点一:对劳动者在用人单位连续工作满10年中的“连续”应严格把握。连续工作是指不间断地工作,如劳动者在用人单位工作中间有间断,即使间断时间较短,也不应界定为连续工作。中断后的连续工作年限未满10年,不应认为劳动者符合签订无固定期限劳动合同的条件。

观点二:劳动者在用人单位工作的时间中间有间断,要看间断时间的长短。间断时间较短的,仍应认定为连续工作,间断时间较长的,不应认定为连续工作。

【解答】

笔者认为,《劳动合同法》第14条第1项规定的连续工作,并不是指完全没有中断的连续工作。劳动者在用人单位工作期间有中断,能否阻断工作的连续性,要分不同情况而定。

(1)要看工作中断的事由。如果是用人单位的原因,比如停产、歇业等原因,用人单位要求劳动暂时停止工作,在这种情况下,即使劳动者中断工作时间较长,也不能阻断工作的连续性,在这段时间里,劳动者在该用人单位的工作连续。

(2)要看劳动者是否因自身原因和其他与原单位无关的用人单位建立全日制劳动关系。如果劳动者在用人单位工作一段时间后,因自己的原因又去了别的与原单位无关的用人单位,与别的用人单位建立劳动关系,工资由后一家用人单位发放,社会保险也转移到了后一家用人单位。工作一段时间后,劳动者又返回原用人单位工作,这种情况下,一般认定劳动者在原用人单位的工作不连续。

(3)要看中断的时间。因劳动者自身的原因中断与用人单位的工作关系,未与其他用人单位建立全日制用工关系,而且中断时间较短的,其在用人单位的工作仍然连续;中断时间较长的,工作就不存在连续性。时间的长度,笔者认为,可按 1 个月为判断标准,因为正常情况下支付劳动报酬的期限为 1 个月,以一个工资支付周期来确定工作中断时间是否能阻断连续性,是比较合理的。

【风险提示 35】

劳动者在用人单位连续工作,并不是说劳动者的工作不能有任何中断的情形。因用人单位原因中断或中断时间非常短等情形下,仍应认为劳动者在用人单位的工作是连续的。需要注意的是,劳动者在医疗期、孕产期、哺乳期、工伤期间暂停工作的,不视为工作中断的情形。

Q38:劳动者非因本人原因到新用人单位工作,在原用人单位和新用人单位前后工作时间累计满 10 年,是否符合订立无固定期限劳动合同的条件?

现实生活中,劳动者常会因用人单位指派、用人单位合并分立等原因,而在不同的用人单位工作。劳动者非因自己的原因在不同的用人单位工作,前后工作时间加起来在 10 年以上,是否满足《劳动合同法》第 14 条规定的在该用人单位连续工作满 10 年的条件,实务中有不同的观点。

【争议】

观点一:劳动者因用人单位指派、合并分立或投资主体发生变更等,工作的用人单位发生变化,前后时间满 10 年,仍然符合订立无固定期限劳动合同的条件。

观点二:用人单位合并、分立或投资主体发生变更,权利义务仍由合并、分立或变更后的主体承担,这些情况下劳动者提供劳动的对象仍具有同一性。但如果劳动者到用人单位的关联企业或其他用人单位工作,用人单位的主体发生了实质意义上的变更,那么不能认定为在“该用人单位”连续工作。

【解答】

笔者认为,用人单位因合并、分立、重整或投资主体变更导致用人单位发生变更,劳动关系产生的权利义务由变更后的用人单位承担,此时,与劳动者发生劳动关系的相对方并未发生实质意义上的变更,符合《劳动合同法》第 14 条中的在“该用人单位”连续工作的条件。其他情况下,非劳动者原因被用人单位安排到其他用人单位上班,也可以参照最高人民法院《关于审理劳动争议案件适用法律若干问题的解释(四)》第 5 条关于经济补偿金计算年限合并的规定,将原用人单位的工作年限合并到新用人单位的工作年限,前后工作年限连续计算。参照该条规定,在以下情形中,劳动者在原用人单位的工作和在新用人单位的工作可视为在同一用人单位工作连续:(1)劳动者仍在原工作场所、工作岗位工作,劳动合同主体由原用人单位变更为新用人单位;(2)用人单位以组织委派或任命形式对劳动者进行工作调动;(3)因用人单位合并、分立等原因导致劳动者工作调动;(4)用人单位及其关联企业与劳动者轮流订立劳动合同;(5)其他合理情形。浙江省高级人民法院民一庭《关于审理劳动争议案件若干问题的意见(试行)》(2009 年)也有类似规定,该意见第 35 条规定,用人单位为规避《劳动合同法》第 14 条而采取下列行为的,应认定无效,劳动者的工作年限和订立固定期限劳动合同的次数应连续计算:(1)采取迫使劳动者辞职后重新签订劳动合同的方式,将劳动者工龄"清零的";(2)采取注销、设立新单位的方式,将劳动者重新招用到新单位,且工作地点、工作内容没有实质性变化的;(3)通过设立关联企业,在与劳动者签订合同时交替变换用人单位名称的;(4)通过非法劳务派遣的;(5)其他明显诚信和公平原则的规避行为。

【风险提示 36】

> 劳动者因用人单位原因,被指派、安排到新用人单位工作,劳动者在原用人单位工作的时间和在新用人单位工作的时间应连续计算,前后时间相加超过 10 年的,新用人单位应当与劳动者订立无固定期限劳动合同。

【规范指引】

最高人民法院《关于审理劳动争议案件适用法律若干问题的解释(四)》

第五条　劳动者非因本人原因从原用人单位被安排到新用人单位工作,原用人单位未支付经济补偿,劳动者依照劳动合同法第三十八条规定与新用人单位解除劳动合同,或者新用人单位向劳动者提出解除、终止劳动合同,在计算支付经济补偿或赔偿金的工作年限时,劳动者请求把在原用人单位的工作年限合并计算为新用人单位工作年限的,人民法院应予支持。

用人单位符合下列情形之一的,应当认定属于"劳动者非因本人原因从原用人单位被安排到新用人单位工作":

（一）劳动者仍在原工作场所、工作岗位工作，劳动合同主体由原用人单位变更为新用人单位；

（二）用人单位以组织委派或任命形式对劳动者进行工作调动；

（三）因用人单位合并、分立等原因导致劳动者工作调动；

（四）用人单位及其关联企业与劳动者轮流订立劳动合同；

（五）其他合理情形。

Q39：用人单位与劳动者签订的劳动合同未约定期限，能否视为双方签订的是无固定期限劳动合同？

一些用人单位与劳动者签订的劳动合同中未约定劳动合同期限，此类合同无法归入《劳动合同法》第12条规定的三类劳动合同的任何一类中，不属于固定期限劳动合同，也不属于无固定期限劳动合同或以完成一定工作任务为期限的劳动合同。未约定劳动合同期限的劳动合同是否可被视为无固定期限劳动合同，司法实践中存在争议。

【争议】

观点一：未约定劳动合同期限的劳动合同应被视为无固定期限劳动合同。《劳动合同法》对无固定期限劳动合同的定义就是用人单位和劳动者约定无确定终止期限的劳动合同。双方未约定劳动合同期限，也就没有约定终止期限，符合无固定期限劳动合同的基本特征。而且，未约定劳动合同期限的主要责任在于提供劳动合同文本的用人单位，不能由弱势地位的劳动者来承担未约定劳动合同期限的不利后果。

观点二：未约定劳动合同期限的劳动合同不成立。劳动合同期限是劳动合同的基本要素，缺少这一基本要素，劳动合同不能成立。

观点三：未约定劳动合同期限的劳动合同一般情况下不能视为无固定期限劳动合同，因为法律未规定此类劳动合同可被视为无固定期限劳动合同。此类劳动合同应为不定期的劳动合同，双方均有权随时解除。

【解答】

笔者同意观点三。原因在于：

（1）《劳动合同法》第14条规定订立无固定期限劳动合同存在于以下情形之中：①用人单位与劳动者协商一致订立无固定期限劳动合同；②劳动者符合

法定情形，用人单位应与其订立无固定期限劳动合同；③用人单位自用工之日起满1年不与劳动者签订书面劳动合同，视为双方已订立无固定期限劳动合同。因此，《劳动合同法》并未将未约定劳动合同期限的劳动合同视为无固定期限劳动合同。观点一的见解，并无法律依据。

（2）前已论及，缺少一定必备条款的劳动合同，仍不失为合法有效的劳动合同，也就是说，劳动合同并不会因缺少一些必备条款而不成立。观点二直接将未约定劳动合同期限的劳动合同确认无效，矫枉过正，有失妥当。

（3）此类合同可参照劳动和社会保障部《关于确立劳动关系有关事项的通知》第3条的规定进行处理。该条规定，用人单位招用劳动者符合第1条规定的情形的（未订立书面劳动合同，但劳动关系成立的情形。——笔者注），用人单位应当与劳动者补签劳动合同，劳动合同期限由双方协商确定。协商不一致的，任何一方均可提出终止劳动合同关系，但对符合签订无固定期限劳动合同条件的劳动者，如果劳动者提出订立无固定期限劳动合同，用人单位应当订立。用人单位提出终止劳动关系的，应当按照劳动者在本单位工作年限每满一年支付一个月工资的经济补偿金。据此，用人单位和劳动可以进一步协商劳动合同期限，如果协商不成，一般情况下双方成立不定期劳动合同关系，用人单位和劳动者均可随时终止劳动合同关系，但用人单位提出终止要求的，应支付经济补偿金。如劳动者符合订立无固定期限劳动合同的条件，则此类劳动合同应被视为无固定期限劳动合同。

【风险提示37】

劳动合同期限是劳动合同的必备条款。用人单位与劳动者订立劳动合同时，双方均需注意将劳动合同期限条款加入劳动合同。如劳动合同中无合同期限，则用人单位和劳动者均会面临对方随时终止劳动合同关系的风险，一些地方的劳动仲裁部门和人民法院还可能将此类合同视为无固定期限劳动合同。

【规范指引】

劳动和社会保障部《关于确立劳动关系有关事项的通知》

三、用人单位招用劳动者符合第一条规定的情形的，用人单位应当与劳动者补签劳动合同，劳动合同期限由双方协商确定。协商不一致的，任何一方均可提出终止劳动关系，但对符合签订无固定期限劳动合同条件的劳动者，如果劳动者提出订立无固定期限劳动合同,用人单位应当订立。

用人单位提出终止劳动关系的,应当按照劳动者在本单位工作年限每满一年支付一个月工资的经济补偿金。

Q40:劳动合同期满后,劳动关系因法定事由延续,劳动者因此连续工作年限满 10 年,是否符合订立无固定期限劳动合同的条件?

《劳动合同法》第 42 条规定,劳动者符合以下情形之一,用人单位不得与无过错的劳动者解除劳动合同:(1)从事接触职业病危害作业的劳动者未进行离岗前职业健康检查,或者疑似职业病病人在诊断或者医学观察期间的;(2)在本单位患职业病或者因工负伤并被确认丧失或者部分丧失劳动能力的;(3)患病或者非因工负伤,在规定的医疗期内的;(4)女职工在孕期、产期、哺乳期的;(5)在本单位连续工作满 15 年,且距法定退休年龄不足 5 年的;(6)法律、行政法规规定的其他情形。该法第 45 条规定,劳动合同期满,有本法第 42 条规定情形之一的,劳动合同应当续延至相应的情形消失时终止。根据上述规定,劳动者符合《劳动合同法》第 42 条规定的情形,即使双方之间的劳动合同期满,劳动关系并不自然终止,而是要延续到法定情形消失之日。

《劳动合同法》第 14 条规定,劳动者在该用人单位连续工作满 10 年以上,用人单位应当与劳动者订立无固定期限劳动合同。现实中的一些情况是,劳动合同到期之日,劳动者为用人单位连续工作尚未满 10 年,而且双方也没有连续两次签订固定期限劳动合同,但由于劳动者符合《劳动合同法》第 42 条规定的情形,劳动合同延续到法定情形消失之日,在劳动合同延续过程中,劳动者为用人单位连续工作满 10 年。这种情况下,劳动者是否可以要求与用人单位订立无固定期限劳动合同,实务上存在不同意见。

【争议】

观点一:《劳动合同法》第 14 条规定,劳动者在该用人单位连续工作满 10 年以上,该条规定并未扣除劳动者的医疗期、孕产期、哺乳期、工伤期等期间,这些期间内,劳动者即使没有上班,也应认定为在该用人单位连续工作。劳动合同因法定情形延续至满 10 年,劳动者符合订立无固定期限劳动合同的条件。

观点二:《劳动合同法》规定无固定期限劳动合同,是为了保护劳动者的利益,加重了用人单位的责任。劳动合同到期日,劳动者工作未满 10 年,用人单位本可终止劳动关系,因法定情形,用人单位终止劳动关系的时间往后推迟,但不能因此否定用人单位终止劳动关系的权利,也不能因此加重用人单位订立无固定期限劳动合同的责任。这种情形下,劳动者不符合订立无固定期限劳动合同的条件。

【解答】

笔者认同观点一。《劳动合同法》之所以要扩大无固定期限劳动合同的适用范围,并将一些情形下订立无固定期限劳动合同设定为用人单位的义务,原因在于《劳动合同法》施行前,全社会无固定期限劳动合同比例太低,劳动合同短期化问题严重,导致劳动关系不稳定。同时,借鉴其他国家的经验,很多国家均以无固定期限劳动合同为常态,固定期限劳动合同占比非常小。为保持劳动力合理有序流动的同时保持劳动合同的稳定,故此对无固定期限劳动合同作了重新规定。

实际上,稳定、有序的劳动合同关系,不仅有利于劳动者,而且有利于用人单位更稳定地用工、更稳定地开展生产和经营。特别是在用人单位工作时间较长的劳动者,具备丰富的工作经验,与这些劳动者保持长期、稳定的劳动关系,对双方都是有益的。所以,因法定情形劳动合同延续致劳动者在用人单位工作满10年,用人单位与该劳动者订立无固定期限劳动合同,有利于劳动合同的长期稳定,符合法律设置无固定期限劳动合同的立法目的。

《劳动合同法》第14条规定,劳动者在该用人单位连续工作满10年以上,该条规定并未在工作时间内扣除劳动者的医疗期、孕产期、哺乳期、工伤期等法定期间。劳动者在上述法定期间未到用人单位上班,仍属于在用人单位的工作时间。劳动者因法定期间劳动关系延续,在用人单位工作时间因此满10年的,符合《劳动合同法》第14条规定订立无固定期限劳动合同的条件,用人单位应与劳动者订立无固定期限劳动合同。江苏等地的法院亦认同这一观点。江苏省高级人民法院《劳动争议类案指南》(2010年)认为,劳动合同期限届满后,因下列情形而续延,致使劳动者在同一用人单位连续工作满10年,劳动者提出订立无固定期限劳动合同的,应予支持:(1)从事接触职业病危害作业的劳动者未进行离岗前职业健康检查,或者疑似职业病病人在诊断或者医学观察期间的;(2)患病或者非因工负伤,在规定的医疗期内的;(3)女职工在孕期、产期、哺乳期的。

【风险提示38】

劳动合同到期，劳动者在用人单位的工作时间未满10年，但法定情形导致劳动合同延续致劳动者在用人单位的工作时间满10年，这种情况下，用人单位仍应与劳动者订立无固定期限劳动合同。

【规范指引】

《中华人民共和国劳动合同法》

第四十二条　劳动者有下列情形之一的，用人单位不得依照本法第四十条、第四十一条的规定解除劳动合同：

（一）从事接触职业病危害作业的劳动者未进行离岗前职业健康检查，或者疑似职业病病人在诊断或者医学观察期间的；

（二）在本单位患职业病或者因工负伤并被确认丧失或者部分丧失劳动能力的；

（三）患病或者非因工负伤，在规定的医疗期内的；

（四）女职工在孕期、产期、哺乳期的；

（五）在本单位连续工作满十五年，且距法定退休年龄不足五年的；

（六）法律、行政法规规定的其他情形。

Q41：劳务派遣中，被派遣劳动者符合《劳动合同法》第14条规定的订立无固定期限劳动合同条件，劳务派遣单位是否应与被派遣劳动者签订无固定期限劳动合同？

劳务派遣，是指劳务派遣单位与被派遣劳动者签订劳动合同，将被派遣劳动者派往用工单位，由用工单位向劳务派遣单位支付服务费的一种用工方式。《劳动合同法》第58条第2款规定，劳务派遣单位应当与被派遣劳动者订立2年以上的固定期限劳动合同，按月支付劳动报酬。实务中对该条规定有不同理解，劳务派遣单位是否只能与被派遣劳动者订立2年以上固定期限劳动合同，当被派遣劳动者符合订立无固定期限劳动合同条件时，劳务派遣单位是否有义务与其签订无固定期限劳动合同？

【争议】

观点一：根据《劳动合同法》第58条第2款的规定，劳务派遣单位只能和被派遣劳动者签订 2 年以上的固定期限劳动合同,该条排除了劳务派遣单位与被派遣劳动者订立无固定期限劳动合同的义务。所以,劳务派遣不适用《劳动合同法》第 14 条的规定。

观点二:对《劳动合同法》第 58 条第 2 款规定的理解应是,劳务派遣单位应当与被派遣劳动者订立 2 年以上的固定期限劳动合同,当被派遣劳动者符合订立无固定期限劳动合同时,派遣单位也应与其订立无固定期限劳动合同。该条并未排除劳务派遣单位与被派遣劳动者订立无固定期限劳动合同的义务。

【解答】

笔者同意观点二。理由如下:

(1)劳务派遣单位是被派遣劳动者的用人单位,其与被派遣劳动者成立劳动合同关系,劳务派遣单位理应履行法律规定或劳动合同约定的用人单位对劳动者的义务。劳务派遣关系是一种特殊的劳动合同关系,除法律对劳务派遣有特殊规定之外,其仍适用劳动法律法规的规定。《劳动合同法》第 14 条规定的无固定期限劳动合同,对符合条件的劳动者均应适用,包括被派遣劳动者在内。劳务派遣单位作为用人单位,应当根据该条规定与符合条件的被派遣劳动者订立无固定期限劳动合同。

(2)《劳动合同法》第 58 条第 2 款规定劳务派遣单位应当与被派遣劳动者订立 2 年以上的固定期限劳动合同,并非指双方订立的只能是固定期限劳动合同,被派遣劳动者符合订立无固定期限劳动合同的,劳务派遣单位也应当与被派遣劳动者订立无固定期限劳动合同。《劳动合同法》第 58 条第 2 款之所以规定劳务派遣应订立 2 年以上的固定期限劳动合同,是因为一些劳务派遣单位为逃避用人单位的责任,以用工单位所需要的劳务派遣时间或以被派遣劳动者为用工单位实际提供的劳动时间为准,如用工单位需要派遣的时间为半年,劳务派遣的劳动合同也是半年,该条文设置的目的在于避免劳动关系的短期化,维护被派遣劳动者的就业权。可见,《劳动合同法》第 58 条第 2 款是为了保障被派遣劳动者的权利,相对其他劳动者延长了劳务派遣劳动合同的期限至 2 年以上。其意不在于劳务派遣劳动合同只能订立固定期限劳动合同,而在于尽可能地使此类劳动合同的期限长期化。因此,被派遣劳动者符合订立无固定期限劳动合同,劳务派遣单位有与其订立无固定期限劳动合同的义务。如此理解,才与《劳动合同法》第 58 条第 2 款的立法意旨相符。

(3)被派遣劳动者的地位较一般劳动者的地位更为弱势,更有保护的必要。

劳务派遣最大的特点在于劳动力雇佣和使用相分离，处于强势地位的劳务派遣单位和用工单位常利用劳务派遣这一特殊的用工形式，规避用工风险。被派遣劳动者为用工单位提供临时性、辅助性、短期性的劳动，其劳动权利更容易受到侵害。劳务派遣劳动合同的长期化，尤其是无固定期限劳动合同，有利于保障被派遣劳动者的权利，避免其受不公正对待。而且，现阶段用工单位对劳务派遣的需求量非常大，订立无固定期限劳动合同，对劳务派遣单位来讲，不会因无劳务派遣的需求而导致劳务派遣单位遭受损失的不公平后果。

【风险提示 39】

被派遣劳动者符合订立无固定期限劳动合同的条件，劳务派遣单位有义务与被派遣劳动者订立无固定期限劳动合同。

【规范指引】

《中华人民共和国劳动合同法》

第五十八条第二款　劳务派遣单位应当与被派遣劳动者订立二年以上的固定期限劳动合同，按月支付劳动报酬；被派遣劳动者在无工作期间，劳务派遣单位应当按照所在地人民政府规定的最低工资标准，向其按月支付报酬。

Q42：固定期限劳动合同履行过程中，用人单位和劳动者协商一致对劳动合同期限作变更，变更后的劳动合同期满，劳动者是否符合《劳动合同法》第 14 条规定的连续订立二次固定期限劳动合同后续订劳动合同应订立无固定期限劳动合同的情形？

现实中，一些用人单位在与劳动者订立的劳动合同期满前与劳动者协商变更劳动合同到期时间。从表面上看，用人单位是与劳动者协商变更劳动合同期限，而非第 2 次订立固定期限劳动合同，但该情形是否在实质上属于连续订立二次固定期限劳动合同，变更后的劳动合同期限届满，劳动者是否能适用《劳动合同法》第 14 条规定要求订立无固定期限劳动合同，实务中有不同观点。

【争议】

观点一：连续订立二次固定期限劳动合同，是指第 1 次订立的固定劳动合同期满或即将期满时，用人单位与劳动者第 2 次订立劳动合同。在劳动合同期满前，用人单位与劳动者协商变更劳动合同的期限，属于劳动合同期限的变更，不属于连续订立第 2 次劳动合同。变更后的劳动合同期限届满续订劳动合同，劳动者不能根据《劳动合同法》第 14 条的规定单方面要求订立无固定期限劳动合同。

观点二:用人单位与劳动者协商变更劳动合同期限,如果将劳动合同期满时间提前,该情形属于劳动合同期限的变更,不属于《劳动合同法》第 14 条规定的连续订立二次固定期限劳动合同。如是将劳动合同期限延长,则在实质上和效果上与连续订立二次固定期限劳动合同相同,可视为连续二次订立固定期限劳动合同。劳动合同延长时间届满,劳动者没有《劳动合同法》第 39 条和第 40 条第(1)项、第(2)项规定的情形,续订劳动合同的,用人单位应当与劳动者订立无固定期限劳动合同。北京市高级人民法院、北京市劳动人事争议仲裁委员会《关于劳动争议案件法律适用问题研讨会会议纪要(二)》(2014 年)即持该观点,该纪要第 42 条规定:用人单位与劳动者协商一致变更固定期限合同终止时间的,如变更后的终止时间晚于原合同终止时间,使整个合同履行期限增加,视为用人单位与劳动者连续订立两次劳动合同。对初次订立固定期限合同时间变更的,按连续订立两次固定期限劳动合同的相关规定处理,对两次及多次订立固定期限合同时间变更的,按订立无固定期限劳动合同的相关规定处理。如变更后的终止时间比原合同终止时间提前,使整个合同履行期限减少,则仅视为对原合同终止时间的变更。

【解答】

笔者倾向于观点二。理由如下:

(1)固定期限劳动合同履行过程中,用人单位与劳动者协商延长劳动合同期限与连续订立二次固定期限劳动合同在订立无固定期限劳动合同上的意义和效果并无不同。虽然从表面上看,协商延长劳动合同期限与连续订立二次固定期限劳动合同确实是两种不同的行为,但协商延长劳动合同期限实质上是在其他条款不变的情况下第二次与劳动者约定劳动合同期限,就订立无固定期限劳动合同而言,协商延长劳动合同期限与连续订立二次固定期限劳动合同的本质和效果是相同的。根据类似情况作类似处理的法律原则,协商延长劳动合同期限届满后,续订劳动合同的,也符合订立无固定期限劳动合同的情形。而且,前已提及,《劳动合同法》明显扩大了无固定期限劳动合同的适用范围和条件,是为了改变当前无固定期限劳动合同比例太低导致劳动合同过分短期化的问题和劳动关系不稳定的问题。赋予协商延长劳动合同期限届满后续订劳动合同的劳动者订立无固定期限劳动合同的权利，符合《劳动合同法》的立法政策。

（2）将协商延长劳动合同期限视为连续订立二次固定期限劳动合同，可防止用人单位利用延长劳动合同期限来规避法律规定，有利于保护劳动者权益。《劳动合同法》施行后，一些用人单位为逃避订立无固定期限劳动合同的规定，在劳动合同期满前将原来订立第二次劳动合同的做法改为延长劳动合同期限。为防止用人单位采该做法逃避订立无固定期限劳动合同的法定义务，有必要将协商延长劳动合同期限视为连续二次订立固定期限劳动合同，纳入《劳动合同法》第 14 条规定订立无固定期限劳动合同的范围。

【风险提示 40】

用人单位不得以协商延长劳动合同期限届满后续订的劳动合同不属于《劳动合同法》第 14 条规定的条件为由，拒绝与劳动者订立无固定期限劳动合同，否则将承担支付二倍工资的法律责任。

Q43：应当订立而未订立无固定期限劳动合同，二倍工资的支付期限如何确定？

《劳动合同法》第 82 条第 2 款规定，用人单位违反本法规定不与劳动者订立无固定期限劳动合同的，自应当订立无固定期限劳动合同之日起向劳动者每月支付二倍的工资。前已论及，未订立书面劳动合同二倍工资的支付期限最长不超过 11 个月，那么，应当订立而未订立无固定期限劳动合同，用人单位应支付多长时间的二倍工资，实践中有很大争议。

【争议】

观点一：应签而未签无固定期限劳动合同的二倍工资应支付至双方实际签订无固定期限劳动合同之日止，不受 11 个月最长支付期限的限制。这是因为，法律和行政法规均未规定应签未签无固定期限劳动合同二倍工资的最长支付期限，也未规定未签无固定期限劳动合同达一定期限后，即视为双方订立无固定期限劳动合同，所以，二倍工资的支付没有时间限制。

观点二：应签而未签无固定期限劳动合同的二倍工资与未订立书面劳动合同的二倍工资一样，应支付至双方实际签订无固定期限劳动合同之日，最长不超过 11 个月。如浙江省高级人民法院民事审判第一庭、浙江省劳动人事争议仲裁院《关于审理劳动争议案件若干问题的解答(二)》(2014年)第6条第2款规定,劳动者依据《劳动合同法》第14条的规定提出订立无固定期限劳动合同,用人单位违反规定未与劳动者订立无固定期限劳动合同的,二倍工资的最长支付期限为11个月。

观点三:应以仲裁时效限制应签未签无固定期限劳动合同二倍工资的支付期限。法律规定劳动争议仲裁时效为1年,二倍工资的仲裁时效应分月计算,劳动者提起劳动仲裁1年前的二倍工资因超过仲裁时效不予支持。如《天津法院劳动争议案件审理指南》(2017年)第15条规定,劳动者要求订立无固定期限劳动合同,用人单位违反《劳动合同法》第14条的规定不与劳动者订立无固定期限劳动合同,用人单位自应当订立无固定期限劳动合同之日起至补签无固定期限劳动合同的前1日,向劳动者每月支付二倍工资。本条规定的二倍工资性质不属于劳动报酬,应当按照《劳动争议调解仲裁法》第27条第1款的规定按月计算仲裁时效。

【解答】

笔者认为,《劳动合同法》规定应签未签无固定期限劳动合同二倍工资的支付期限,从应当订立无固定期限劳动合同起算至双方实际订立无固定期限劳动合同止。劳动法律法规未对应签而未签无固定期限劳动合同二倍工资的最长期限作出规定,也没有规定一定期限后双方的劳动合同视为无固定期限,所以,将未签订无固定期限劳动合同二倍工资的支付期限限定在11个月内,似无法律依据。未订立无固定期限劳动合同的二倍工资性质上与未订立书面劳动合同的二倍工资相似,如将未订立无固定期限劳动合同的二倍工资分月计算仲裁时效,以仲裁时效限制未订立无固定期限劳动合同二倍工资的支付期限,为什么不将未订立书面劳动合同的二倍工资分月计算仲裁时效,解释上陷入困境。笔者认为,法律规定的两种情形下的二倍工资都应视为一个整体,而不应该分月或分年计算仲裁时效。从现有劳动法律法规上看,并未对未订立无固定期限劳动合同二倍工资的支付期限进行限制,观点一应签而未签无固定期限劳动合同的二倍工资应支付至双方实际签订无固定期限劳动合同之日止,不受11个月最长支付期限的限制,更贴合劳动法律法规的现有规定。

然而,法律设置二倍工资主要目的在于惩罚用人单位故意不订立书面劳动合同和故意不订立无固定期限劳动合同的违法行为,同时督促用人单位纠正违法行为,从而保护劳动者的合法权益。从侵害劳动者权益的程度看,未订立书面劳动合同较未订立无固定期限劳动合同对劳动者带来的侵害更大，未订立书面劳动合同是一种更为严重的违法行为，理应受到更为严厉惩罚。而且，如对二倍工资的最长支付期限不作限制，用人单位受到的惩罚未免过于严厉，违法行为和惩罚措施不符合比例原则，用人单位长时间支付双倍工资，难堪重负，不利于用人单位和劳动者双方利益的平衡。因此，笔者认为，《劳动合同法》及其实施条例没有规定未订立无固定期限劳动合同二倍工资的最长支付期限，存在法律漏洞，根据“类似情形作相同处理”的原则，可类推适用未订立书面劳动合同二倍工资支付期限的规定，最长不超过11个月。

【风险提示41】

劳动者符合订立无固定期限劳动合同的条件，但用人单位未与劳动者订立无固定期限劳动合同的，用人单位支付二倍工资的最长期限为11个月。除非劳动者自己提出订立无固定期限劳动合同，用人单位应及时与符合订立无固定期限劳动合同的劳动者订立无固定期限劳动合同，避免应订立而未订立无固定期限劳动合同而承担支付二倍工资的法律责任。

【规范指引】

《中华人民共和国劳动合同法》

第八十二条第二款　用人单位违反本法规定不与劳动者订立无固定期限劳动合同的，自应当订立无固定期限劳动合同之日起向劳动者每月支付二倍的工资。

典型案例2

刘丹萍与南京仁创物资有限公司劳动争议纠纷案[①]

裁判要旨

用人单位未与人事主管订立书面劳动合同，人事主管诉请用人单位支付因未订立书面劳动合同的二倍工资赔偿，因订立书面劳动合同系人事主管的工作职责，人事主管有义务提示用人单位与其订立书面劳动合同，人事主管如不能举证证明其曾提示用人单位与其订立书面劳动合同，则不应支持其诉讼请求。

① 本案例载于《最高人民法院公报》2018年第7期（总第261期）。

基本案情

原告刘丹萍于 2015 年 3 月 10 日进入被告仁创公司工作，担任人事主管，主要负责人员招聘、培训及薪酬管理工作。2015 年 7 月 23 日刘丹萍离开仁创公司，并于同日以仁创公司未与其签订劳动合同，未依法给予其哺乳期内每天 1 小时的哺乳时间，且未足额支付其月度工资严重侵害其合法权益为由，向仁创公司寄送《关于与南京仁创物资有限公司解除劳动关系的通知函》(以下简称《解除通知函》)，通知仁创公司自 2015 年 7 月 24 日起解除双方的劳动关系，并要求仁创公司给予补偿。

另查明：原告刘丹萍于 2015 年 7 月 24 日向南京市江宁区劳动人事争议仲裁委员会(以下简称江宁区劳动仲裁委)申请仲裁，要求被告仁创公司足额发放 2015 年 3 月至 7 月预留工资 4165 元、自入职之日起未签订劳动合同的双倍工资 11 666 元及哺乳时间工资 3385 元以及经济补偿金 2917 元，合计 22 133 元。后因自仲裁申请受理之日起 45 日内未结束，刘丹萍提出向人民法院起诉，江宁区劳动仲裁委于 2015 年 10 月 8 日出具宁宁劳人仲案定字(2015)第 2056 号仲裁决定书，终结审理刘丹萍与仁创公司劳动报酬争议案。后刘丹萍于 2015 年 10 月 9 日向法院提起诉讼，要求仁创公司足额发放其 2015 年 3 月至 7 月的工资 4165 元，双倍工资 11 666 元以及经济补偿金 2917 元。刘丹萍并提交有仲裁申请书复印件 1 份、《解除通知函》原件 1 张、EMS 快递面单原件 1 张、应聘人员登记表原件 1 份、参保缴费证明打印件 1 份，以证明其主张。仁创公司对上述证据的真实性均无异议，但对刘丹萍主张的上述费用均不予认可。其认为其公司已足额发放刘丹萍工资，不存在预留刘丹萍的工资。关于双倍工资，其认为之所以未与刘丹萍签订劳动合同是因为刘丹萍作为其单位人事经理故意不签订劳动合同，故其对双倍工资不予认可，其没有拖欠刘丹萍工资，故不同意支付经济补偿金。仁创公司并提交有劳动合同书原件 1 份、2015 年 3 月至 6 月工资表及考勤表复印件各 4 份，证明其与刘丹萍有签订书面劳动合同，并且足额发放了刘丹萍的工资。刘丹萍对工资表和考勤表的真实性无异议，但指出 2015 年 5 月工资表明确载明预留 833 元工资未予发放，刘丹萍并陈述其在入职时与仁创公司法定代表人田凯协商一致，其年收入为 70 000 元，平均到每月为 5833 元，实际每月发放 5000 元，预留 833 元，故要求仁创公司足额发放 2015 年 3 月至 7 月的预留工资 4165 元(833 元/月 ×5 个月)。仁创公司陈述 2015 年 5 月工资表系刘丹萍制作，其他月份均没有预留工资，其认为是刘丹萍恶意制作 2015 年 5 月工资表。刘丹萍陈述 2015 年 4 月及 5 月工资表系均由其制作，且 2015 年 5 月预留工资 833 元系经过仁创公司法定代表人及副总经理和财务经理签字确认。刘丹萍对劳动合同书的真实性有异议，其认为劳动合同书落款处“刘丹萍”的签名是复印形成的而非其手写，并申请法院进行鉴定。法院依法委托南京师范大学司法鉴定中心进行鉴定。2015 年 12 月 30 日，南京师范大学司法鉴定中心出具南师大司鉴中心(2015)文鉴字第 642 号司法鉴定意见书，鉴定意见为署期为“2015 年 3 月 10 日”《南京市劳动合同书》落款处"刘丹萍"三字是激光打印或复印形成,非手写形成。刘丹萍支付鉴定费2240元。刘丹萍陈述其在入职后,曾要求仁创公司签订劳动合同,但仁创公司拒绝与其签订劳动合同,刘丹萍未提交证据证明其该主张。

裁判结果

江苏省南京市江宁区人民法院判决:(1)被告南京仁创物资有限公司于本判决发生法律效力之日起10日内支付原告刘丹萍2015年5月工资833元。(2)驳回原告刘丹萍的其他诉讼请求。一审判决后,双方当事人均未上诉,该判决已经发生法律效力。

裁判理由

劳动者以及用人单位的合法权益受法律保护。建立劳动关系,应当订立书面劳动合同。已建立劳动关系,未同时订立劳动合同的,应当自用工之日起1个月内订立书面劳动合同。用人单位自用工之日起超过1个月不满1年未与劳动者订立书面劳动合同的,应当向劳动者每月支付二倍的工资。用人单位应当按照劳动合同约定和国家规定,按时足额支付劳动报酬。当事人对自己提出的诉讼请求所依据的事实或者反驳对方诉讼请求所依据的事实有责任提供证据加以证明。没有证据证明或者证据不足以证明当事人主张的,由负有举证责任的当事人承担不利后果。本案中,双方之间存在劳动关系,被告仁创公司提交的工资表足以确认仁创公司预留原告刘丹萍2015年5月工资833元,仁创公司应当按照合同约定和国家规定按时足额支付。仁创公司辩称2015年5月工资表系刘丹萍恶意制作,但未提交证据证明,故法院不予采信。故对刘丹萍要求仁创公司支付其2015年3月至7月的预留工资,法院予以部分支持。

关于原告刘丹萍主张的经济补偿金2917元,被告仁创公司虽未足额支付刘丹萍2015年5月工资,但庭审中刘丹萍亦陈述仁创公司预留其工资也经过其同意,仁创公司预留其2015年5月工资有正当理由,刘丹萍主张经济补偿金缺乏事实和法律依据,故法院不予支持。

关于原告刘丹萍主张的二倍工资11 666元,本案中,被告仁创公司确实未与刘丹萍签订劳动合同,但是,一般而言,劳动合同签订事项属于人力资源负责的事项,刘丹萍作为仁创公司的人事主管,其工作职责范围应该包括代表单位依照法律法规处理与劳动者之间劳动合同履行方面的相关事宜,避免单位因违反法律法规被追究法律责任,也应当知晓订立书面劳动合同的相关规定及不订立书面劳动合同的法律后果,因此,刘丹萍有义务主动向仁创公司要求订立书面劳动合同。但刘丹萍并未提交证据证明其曾主动要求仁创公司与其签订劳动合同。故综合刘丹萍的岗位职务因素等考量后,法院对刘丹萍主张的未签订书面劳动合同的二倍工资的诉讼请求不予支持。

典型案例 3

北京泛太物流有限公司诉单某某劳动争议纠纷案①

裁判要旨

《劳动合同法》第 82 条关于用人单位未与劳动者订立书面劳动合同的,应当向劳动者每月支付二倍工资的规定,是对用人单位违反法律规定的惩戒。如用人单位与劳动者未订立书面劳动合同,但双方之间签署的其他有效书面文件的内容已经具备了劳动合同的各项要件,明确了双方的劳动关系和权利义务,具有了书面劳动合同的性质,则该文件应视为双方的书面劳动合同,对于劳动者提出因未订立书面劳动合同而要求二倍工资的诉讼请求不应予以支持。

基本案情

被告单某某于 2011 年 6 月 30 日入职原告泛太物流公司,担任人力行政部员工,其月工资标准为税前 4000 元,税后实发金额 3652.94 元,泛太物流公司支付单某某工资至 2011 年 7 月 31 日。

被告单某某主张原告泛太物流公司未与其签订书面劳动合同,泛太物流公司提出单某某入职后该公司与其签订了 3 年期的劳动合同,因单某某负责保管员工档案,其离职时擅自将劳动合同等材料带走。对此泛太物流公司提供了单某某的《工作职责》为证,上述材料载明:"2011 年 7 月 7 日经理分配给我的工作如下:员工投诉……员工档案管理:档案转我处后,审表格、审手续……"上述内容下方有单某某签字,并写明 2011 年 7 月 7 日;单某某否认自己负责员工档案管理,亦否认《工作职责》中的签字系自己书写,经法院释明,单某某不申请对上述签名是否为自己书写进行司法鉴定。另查,本案审理中,单某某提交了《员工录用审批表》以及《公司物品申请表》的原件,其中《员工录用审批表》载明:姓名单某某、性别女、部门人力行政部、工作地点北京……聘用期限自 2011 年 7 月 1 日起至 2014 年 7 月 1 日止共 3 年,试用期自 2011 年 7 月 1 日起至 2011 年 9 月 30 日止,共叁月;试用期待遇:基本工资 1500 元、岗位工资 1500 元、各项补贴 500 元、加班工资 500 元,合计 4000 元;转正后待遇……合计 5000 元;审批表下方"人力资源部意见"以及"总经理批示"栏分别由相关负责人及法定代表人苏树平的签字。其中《公司物品申请表》载明单某某 2011 年 7 月开始社保增加,邮箱地址为 shanjingjing@ tps - logistics. com,并由总部行政负责人、办事处人事负责人以及信息部门经办人签字确认,其中信息一栏注明"域帐号、邮件登录后请修改密码"。泛太物流公司提出上述审批表及申请表与劳动合同同时存放于单某某的员工档案中,上述材料原件在单某某手中的事实本身即说明了单某某负责保管档案并带走劳动合同的事实。单某某提出上述两份材料系泛太物流公司的杨富清为让

① 本案例载于《最高人民法院公报》2013 年第 12 期(总第 206 期)。

自己了解工作职能而交给自己的，事后未要回，故原件由自己保管。

被告单某某与原告泛太物流公司均认可双方已经解除劳动关系，但就最后工作时间、解除劳动关系时间及经过存在争议。单某某提出其最后工作至2011年8月30日，当日泛太物流公司无故口头告知与其解除劳动关系，对此单某某未提供证据佐证。泛太物流公司主张单某某最后工作至2011年7月29日，并于2011年8月17日向该公司负责人发送邮件申请辞职，故双方劳动关系于2011年8月17日因单某某辞职而解除。泛太物流公司对上述主张提供2011年6月、7月的考勤汇总表以及该公司相关负责人于2011年8月17日收取的单某某通过电子邮箱(shanjingjing@ tps – logistics. com)发送的邮件为证，上述考勤汇总表无单某某签字确认，且未显示2011年7月底以后的出勤情况；上述邮件内容为"各位泛太公司领导：我于2011年6月30日入职泛太公司。约定试用期三个月。现因我个人不认同公司的企业文化，特向各位提出辞职。单某某2011年8月17日"。单某某否认考勤汇总表的真实性，其认可发送上述电子邮件的电子邮箱系自己入职时注册的邮箱，但否认该邮件系由其本人发送的，其提出泛太物流公司的网管人员掌握自己的邮箱地址及密码，上述邮件内容完全有可能系泛太物流公司自己发送的。

另查，被告单某某的档案现仍存放于原告泛太物流公司集体存档户内。

再查，被告单某某曾以要求确认与原告泛太物流公司于2011年6月30日至8月30日存在劳动关系，并要求该公司支付解除劳动关系经济补偿金、2011年7月30日至8月30日未签订劳动合同的二倍工资差额、2011年8月1日至8月30日工资、延迟转移档案损失以及要求泛太物流公司办理档案转移手续等为由，向北京市海淀区劳动争议仲裁委员会提出申诉，仲裁委员会作出裁决如下：一、确认2011年6月30日至8月30日单某某与泛太物流公司存在事实劳动关系；二、自本裁决书生效之日起7日内，泛太物流公司向单某某一次性支付解除劳动关系经济补偿金2000元；三、自本裁决书生效之日起7日内，泛太物流公司向单某某一次性支付2011年7月30日至8月30日未签订劳动合同二倍工资差额3652.94元；四、自本裁决书生效之日起7日内，泛太物流公司向单某某一次性支付2011年8月1日至8月30日拖欠工资税前4000元；五、自本裁决书生效之日起7日内，泛太物流公司为单某某办理档案转移手续；六、驳回单某某的其他申请请求。泛太物流公司不服上述裁决第一至五项内容，于法定期限内提起诉讼；单某某同意仲裁结果。

裁判结果

海淀区人民法院判决：(1)确认被告单某某与原告泛太物流公司于2011年6月30日至8月17日存在劳动关系；(2)原告泛太物流公司于本判决生效后7日内给付被告单某某2011年8月1日至8月17日工资2390.80元；(3)原告泛太物流公司于本判决生效后7日内为被告单某某办理档案转移手续；(4)原告泛太物流公司无须向被告单某某支付解除劳动关系经济补偿金2000元；(5)原告泛太物流公司无须向被告单某某支付2011年7月

30 日至 2011 年 8 月 30 日未签订劳动合同二倍工资差额 3652.94 元。单某某不服,提起上诉。北京市第一中级人民法院判决:驳回上诉,维持原判。

裁判理由

法院生效裁判认为:关于上诉人单某某离职时间问题,单某某坚持原审理由,主张其工作至 2011 年 8 月 30 日,同日被上诉人泛太物流公司口头与其解除劳动合同,但其在一审、二审中均未提供证据予以佐证。泛太物流公司主张单某某于 2011 年 8 月 17 日通过电子邮件提出辞职并提交了该电子邮件,依据举证规则,泛太物流公司完成了以电子邮件形式证明系单某某提出辞职主张的举证责任;单某某对此予以否认,即对泛太物流公司的该项主张予以反驳,其应提举证据予以证明,否则将承担不利的后果。本案中单某某认可发送该邮件的电子邮箱系其本人申请注册的,其提出泛太物流公司掌握该邮箱地址及密码意图推翻泛太物流公司的上述主张,但其未提供证据佐证其上述主张;加之,单某某作为具备完全行为能力人应当对其个人邮箱密码负有安全保密义务,依据常理该密码不应为第三人所知悉,且单某某持有的《公司物品申请表》中亦已经注明要求其邮件登录修改初始密码,故原审法院对单某某的抗辩不予采信、确认该邮件的证明力、进而采纳泛太物流公司的主张即双方劳动合同于 2011 年 8 月 17 日因单某某提出辞职而解除的认定正确,法院予以确认。单某某的该项上诉请求没有事实和法律依据,法院不予支持。

关于双方是否签有劳动合同一节,双方各执一词,该节争议的核心即是否能对被上诉人泛太物流公司予以双倍工资惩罚。由于双方均认可填有《员工录用审批表》且该表为上诉人单某某持有和提举,所以,该节争议的实质就演化为该《员工录用审批表》能否视为是双方的书面劳动合同。对此,法院认为应结合《劳动合同法》未签订书面劳动合同予以双倍工资惩罚的立法目的予以分析。首先,《劳动合同法》第 82 条针对实践中劳动合同签订率低以及《劳动法》第 16 条仅规定"建立劳动关系应当订立劳动合同"而没有规定违法后果的立法缺陷,增设了二倍工资的惩罚,该第二倍差额的性质并非劳动者的劳动所得而是对用人单位违反法律规定的一种惩戒。二倍工资的立法目的在于提高书面劳动合同签订率、明晰劳动关系中的权利义务而非劳动者可以从中谋取超出劳动报酬的额外利益。其次,结合单某某持有的《员工录用审批表》分析,该表已基本实现了书面劳动合同的功能。表中明确约定了单某某工作部门、工作地点、聘用期限、试用期、工资待遇等,并附有泛太物流公司法定代表人苏树平的签字,该审批表内容已经具备劳动合同的要件,能够既明确双方的劳动关系又固定了双方的权利义务,实现了书面劳动合同的功能。一审法院认定该审批表具有劳动合同的性质、驳回单某某要求泛太物流公司支付二倍工资差额的诉讼请求正确,法院予以确认。单某某该节上诉请求没有事实和法律依据,不予支持。

典型案例4

郭懿诉江苏益丰大药房连锁有限公司劳动争议案①

裁判要旨

即将毕业的大专院校在校学生以就业为目的与用人单位签订劳动合同，且接受用人单位管理，按合同约定付出劳动；用人单位在明知求职者系在校学生的情况下，仍与之订立劳动合同并向其发放劳动报酬的，该劳动合同合法有效，应当认定双方之间形成劳动合同关系。

基本案情

原告郭懿系江苏广播电视大学（南京市莫愁中等专业学校办学点）药学专业2008届毕业生，于2008年7月毕业。2007年10月26日原告郭懿向被告益丰公司进行求职登记，并在被告益丰公司的求职人员登记表中登记其为南京市莫愁职业高级中学2008届毕业生，2007年是其实习年。2007年10月30日原告与被告签订劳动合同书1份，期限3年，从2007年10月30日起至2010年12月30日止；其中试用期60天，从2007年10月30日起至12月30日止。合同还约定，录用条件之一为具备中专或中专以上学历；原告从事营业员工作；试用期满后月工资收入不少于900元，试用期工资标准不低于同工种同岗位职工工资的80%等。2008年7月21日，被告向南京市白下区劳动争议仲裁委员会提出仲裁申请，请求确认其与原告之间的劳动关系不成立。南京市白下区劳动争议仲裁委员会经审查，依据劳动部《关于贯彻执行〈中华人民共和国劳动法〉若干问题的意见》，于2008年8月19日作出仲裁决定，以原告系在校学生，不符合就业条件，不具有建立劳动关系的主体资格，在校学生勤工助学或实习与用人单位之间的关系不属于《中华人民共和国劳动法》的调整范围，故被告与原告之间的争议，不属劳动争议处理范围为由，决定终结了被告诉原告的仲裁活动，并于2008年8月27日送达了仲裁决定书。

另查明，被告益丰公司原名江苏益丰大药房有限公司，2008年7月21日经南京市工商行政管理局白下分局核准更名为江苏益丰大药房连锁有限公司。

裁判结果

南京市白下区人民法院判决：原告郭懿与被告益丰公司于2007年10月30日签订的劳动合同有效。益丰公司不服，提起上诉。南京市中级人民法院判决：驳回上诉，维持原判。

裁判理由

法院生效裁判认为：实习是以学习为目的，到相关单位参加社会实践，没有工资，不存在由实习生与单位签订劳动合同、明确岗位、报酬、福利待遇等情形。本案中，被上诉人郭

① 本案例载于《最高人民法院公报》2010年第6期（总第164期）。

懿虽于 2008 年 7 月毕业,但其在 2007 年 10 月 26 日明确向上诉人益丰公司表达了求职就业愿望,并进行了求职登记,求职人员登记表中登记其为 2008 届毕业生,2007 年是其实习年。2007 年 10 月 30 日郭懿与益丰公司自愿签订了劳动合同。益丰公司对郭懿的情况完全知情,双方在此基础上就应聘、录用达成一致意见,签订了劳动合同,而且明确了岗位、报酬。该情形不应视为实习。郭懿与益丰公司签订劳动合同时已年满 19 周岁,符合《中华人民共和国劳动法》规定的就业年龄,具备与用人单位建立劳动关系的行为能力和责任能力。意见第 12 条不能推定出在校生不具备劳动关系的主体资格。故上诉人的上述理由不能成立。

关于上诉人益丰公司认为确认双方劳动关系有效显失公平的上诉理由,法院认为,益丰公司与郭懿签订劳动合同,是双方真实意思的表示,双方利益也不存在重大失衡,不应视为显失公平。

综上所述,上诉人益丰公司与被上诉人郭懿双方签订的劳动合同是双方真实意思表示,且不违反法律、行政法规的禁止性规定,该劳动合同合法、有效,对双方均具有法律约束力。

典型案例 5

陈克斌诉重庆英利房地产开发有限公司劳动争议案①

裁判要旨

用人单位与劳动者的劳动合同期满后,劳动者仍到用人单位上班,用人单位在劳动合同期满后一个月内未与劳动者续订书面劳动合同的,应当支付二倍工资。

基本案情

2004 年 6 月,陈克斌应聘到英利公司工作。英利公司与陈克斌分别于 2005 年 3 月 1 日、2006 年 3 月 1 日、2007 年 3 月 1 日连续 3 次签订了为期 1 年的固定期限劳动合同。2008 年 2 月 28 日,合同到期后,陈克斌继续在英利公司工作,双方未再续签书面劳动合同。2008 年 10 月 31 日,英利公司提出经双方协商解除劳动关系。陈克斌不满英利公司的做法,提起劳动仲裁后诉至法院。

裁判结果

重庆市渝中区人民法院判决:(1)英利公司在判决生效后立即支付陈克斌解除劳动关系的经济补偿金 14 768.46 元;(2)英利公司在判决生效后立即赔偿陈克斌失业保险待遇损失 6768 元;(3)驳回陈克斌的其他诉讼请求。陈克斌不服,提起上诉。重庆市第五中

① 江信红、栗宏豪:《用人单位未续订书面劳动合同的法律责任》,载《人民司法》2011 年第 6 期。

级人民法院判决：(1)维持一审判决；(2)增加第四项为英利公司在本判决生效后立即支付陈克斌双倍工资差额人民币22 973元。

裁判理由

法院生效裁判认为：英利公司本应在2008年3月1日与陈克斌续订劳动合同而未订立，2008年10月与陈克斌解除了劳动关系，依照《劳动合同法》第82条第1款规定，英利公司应当自2008年4月起至解除劳动关系时止向陈克斌支付双倍工资，因陈克斌已实际领取工资，英利公司还应支付双倍工资差额。

典型案例6

中国工商银行哈尔滨市和平支行诉高延民担保合同纠纷案①

裁判要旨

根据我国《民法通则》第84条的规定，债是按照合同的约定或者依照法律的规定，在当事人之间产生的特定的权利和义务关系。《担保法》第2条规定，在借贷、买卖、货物运输、加工承揽等经济活动中，债权人需要以担保方式保障其债权实现的，可以依照本法规定设定担保。由此可知，债是按照合同的约定在当事人之间产生的特定权利和义务。担保合同作为从合同，只对因借贷、买卖、货物运输、加工承揽等主合同发生的债进行担保。如果担保合同所指向的主合同，约定的不是平等主体之间的债权债务，而是企业内部的管理工作。且担保的内容不是要实现债权人的债权，而是要保证被担保人的违法违纪行为不损害企业利益。则该担保合同不符合民法通则和担保法的规定，由此引发的纠纷不应当由民法调整，不属于人民法院受理的民事诉讼范围。

基本案情

1993年11月1日，原告和平支行与被告高延民之子高峰岩签订聘用合同，聘用高峰岩为该行的合同制干部。合同约定：被招收的合同制干部必须按照《合同制干部管理办法》和《合同制干部担保办法》的有关规定，为自己确定经济担保人。1993年12月，高延民在作为聘用合同附件的《合同制干部担保办法》上盖章，同意作高峰岩合同期内的经济担保人。《合同制干部担保办法》第6条规定，担保人有责任教育被担保人严格履行合同，如发生贪污、盗窃、严重违纪等方面问题，担保人应负连带责任。被担保人高峰岩在合同期内将储户存款23万元取出后去向不明，经哈尔滨市动力区反贪局立案侦查，高峰岩系重大犯罪嫌疑人，并携款潜逃。

---

① 本案例载于《最高人民法院公报》2001年第5期(总第73期)。

裁判结果

哈尔滨市动力区人民法院判决:(1)被告高延民赔偿原告和平支行经济损失 23 万元,于本判决生效之日起十日内付清;(2)被告高延民给付原告和平支行利息 28 043.90 元,与上款同时付清。高延民不服,提起上诉。哈尔滨市中级人民法院裁定:(1)撤销一审民事判决;(2)驳回被上诉人和平支行的起诉。

裁判理由

法院生效裁判认为:《民法通则》第 84 条规定:“债是按照合同的约定或者依照法律的规定,在当事人之间产生的特定的权利和义务关系。”第 85 条规定:“合同是当事人之间设立、变更、终止民事关系的协议。依法成立的合同,受法律保护。”《担保法》第 2 条规定:“在借贷、买卖、货物运输、加工承揽等经济活动中,债权人需要以担保方式保障其债权实现的,可以依照本法规定设定担保。”以上规定明确指出,债是按照合同的约定在当事人之间产生的特定权利和义务。担保合同作为从合同,只是对因借贷、买卖、货物运输、加工承揽等主合同发生的债进行担保。这些主合同约定的当然是民事关系。只有依法成立的合同,才受法律保护。

《合同制干部担保办法》第 6 条规定:担保人有责任教育被担保人严格履行合同,如发生贪污、盗窃、严重违纪等方面问题,担保人应负连带责任。根据这一条规定,本案“担保合同”要求上诉人高延民“担保”的,是高峰岩在被上诉人和平支行工作期间的行为。而和平支行与高峰岩在此期间存在的是单位与职工的内部职务从属关系,不是平等民事主体之间形成的民事关系。高峰岩在此期间实施的贪污、盗窃或者严重违纪等与职责有关的行为,不是应当由民法调整的民事行为。对这些行为,和平支行应当按照刑事法律或者行业纪律的规定去寻求解决。如果把这些应当由刑事法律或者行业纪律解决的问题纳入民法调整,和平支行就会因自己受损的利益已经转嫁到担保人身上,因此怠于追究本单位职工的违法违纪责任,也无须再主动查找本单位存在的制度、纪律方面的问题。

综上所述,本案“担保合同”所指向的“主合同”,约定的不是平等主体之间的债权债务,而是企业内部的管理工作。“担保”的内容不是要实现债权人的债权,而是要保证“被担保人”的违法违纪行为不损害企业利益。因此,本案的“担保合同”不符合民法通则和担保法的规定,由此引发的纠纷不应当由民法调整,本案不属于人民法院受理的民事诉讼范围。《民事诉讼法》第 119 条第 4 项规定,起诉必须符合“属于人民法院受理民事诉讼的范围和受诉人民法院管辖”的条件。原审受理此案是错误的,应予纠正。

典型案例 7

黄仲华诉刘三明债权人撤销权纠纷案①

裁判要旨

用人单位与劳动者就工伤事故达成赔偿协议，但约定的赔偿金额明显低于劳动者应当享受的工伤保险待遇的，应当认定为显失公平。劳动者请求撤销该赔偿协议的，人民法院应予支持。

基本案情

被告刘三明系个体工商户，为广汉市亿达胶合板加工厂业主。原告黄仲华在广汉市亿达胶合板加工厂上班，2009 年 7 月 17 日 15 时 10 分，原告在工作时受伤，到广汉市骨科医院和广汉市人民医院救治，广汉市亿达胶合板加工厂垫付了医药费。2009 年 8 月 3 日，广汉市亿达胶合板加工厂向德阳市劳动和社会保障局申请对原告所受伤进行工伤认定。2009 年 8 月 4 日，原告出院。同日，原告与广汉市亿达胶合板加工厂就工伤事故赔偿达成协议，协议书未加盖被告公章，由广汉市亿达胶合板加工厂生产厂长刘漳明代表厂方签字。协议签订当日，原告收到了厂方支付的一次性伤残补助金、一次性伤残就业补助金和医疗补助金、一次性护理费 4000 元，并出具收条 1 份。2009 年 8 月 21 日，德阳市劳动和社会保障局受理了被告的工伤认定申请，于同年 10 月 10 日作出了工伤认定，2010 年 2 月 9 日，经德阳市劳动能力鉴定委员会鉴定，黄仲华为十级伤残。2010 年 5 月 11 日，黄仲华申请广汉市劳动争议仲裁委员会仲裁赔偿协议无效，2010 年 5 月 11 日，广汉市劳动争议仲裁委员会作出不予受理的决定，并向黄仲华送达不予受理通知书。

同时查明，双方协议约定："……乙方自愿放弃工伤认定和伤残等级鉴定。经甲、乙双方友好协商一致，达成协议如下：一、除甲方已经支付的医疗费、停工留薪待遇、交通费、住院补助费合计 2927.92 元外，甲方付给乙方一次性伤残补助金、一次性伤残就业补助金和医疗补助金、一次性护理费等合计人民币 4000 元。二、双方于本协议签订日自愿解除劳动关系。甲方于本协议签订日一次性向乙方支付上述款项，乙方向甲方出具领款凭据。甲、乙双方就此事项涉及的经济往来全部结束。三、甲、乙双方就此事项签订本协议作一次性了断，乙方保证今后不得以任何理由以此事项再向甲方提出任何经济赔偿……"

裁判结果

广汉市人民法院判决：驳回原告黄仲华的诉讼请求。黄仲华不服，提起上诉。德阳市中级人民法院判决：（1）撤销广汉市人民法院（2010）广汉民初字第 920 号民事判决；（2）撤销上诉人黄仲华与被上诉人刘三明为业主的广汉市亿达胶合板加工厂签订的赔偿协议。

① 本案例载于《最高人民法院公报》2013 年第 1 期（总第 195 期）。

裁判理由

法院生效裁判认为：首先，关于本案案由及被告主体问题。民事案件案由应当依据当事人主张的民事法律关系的性质来确定。当事人在一审中请求撤销双方就工伤损害达成的赔偿协议，但其请求不涉及工伤赔偿的实体处理，故本案案由属合同纠纷项下的债权人撤销权纠纷。最高人民法院《关于审理劳动争议案件适用法律若干问题的解释（二）》第9条规定："劳动者与起有字号的个体工商户产生的劳动争议诉讼，人民法院应当以营业执照上登记的字号为当事人，但应同时注明该字号业主的自然情况。"最高人民法院《关于贯彻执行〈中华人民共和国民法通则〉若干问题的意见（试行）》第41条规定："起字号的个体工商户，在民事诉讼中，应以营业执照登记的户主（业主）为诉讼当事人，在诉讼文书中注明系某字号的户主。"本案双方当事人就工伤损害达成的赔偿协议具有一般合同的属性，故广汉市人民法院将本案按照一般民事诉讼处理，以业主刘三明为当事人，并无不妥，亦无损当事人的合法权益。

其次，关于赔偿协议的效力问题。最高人民法院《关于审理劳动争议案件适用法律若干问题的解释（三）》第10条规定："劳动者与用人单位就解除或者终止劳动合同办理相关手续、支付工资报酬、加班费、经济补偿金或者赔偿金等达成的协议，不违反法律、行政法规的强制性规定，且不存在欺诈、胁迫或者乘人之危情形的，应当认定有效。前款协议存在重大误解或者显失公平情形，当事人请求撤销的，人民法院应予支持。"本案中双方当事人就工伤损害达成的赔偿协议，不违反法律法规效力性强制规范，上诉人黄仲华主张协议违反强制性规定的上诉理由不能成立。

关于双方签订的协议是否构成显失公平的问题。所谓显失公平，是指双方当事人的权利义务明显不对等，使一方遭受重大不利。其构成要件为：双方当事人的权利义务明显不对等；这种不对等违反公平原则，超过了法律允许的限度；不属于因欺诈、胁迫、乘人之危、恶意串通损害他人利益等原因导致的显失公平。本案中上诉人黄仲华伤残等级为10级，其应获得的一次性伤残补助金为7个月本人工资，一次性工伤医疗补助金和一次性伤残就业补助金（为10个月统筹地区上年度平均工资）。被上诉人刘三明支付给上诉人的各项赔偿费用合计6927.92元（含医疗费），显著低于上诉人应取得的工伤保险待遇。另，一般的合同关系仅涉及双方当事人的财产权纠纷，而本案中，双方就工伤损害达成的赔偿协议虽具有一般合同的属性，但本案的处理并非针对简单的债权债务关系，而是涉及劳动者的生存权益。故综合考虑以上因素，法院认为，双方签订的赔偿协议导致双方权利义务不对等，使黄仲华遭受重大利益损失，构成显失公平。

第三部分 Chapter 3

劳动关系的认定

Q44：车辆实际所有人聘用的驾驶员与挂靠单位之间是否形成事实劳动关系？

汽车运输行业中，个人不具备营运资质，常有个人购买车辆后挂靠在有营运资质的单位名下进行营运。车辆所有人因营运聘用的驾驶员是和车辆所有人存在劳务关系，还是与被挂靠单位之间存在事实劳动关系，有两种不同的观点。

【争议】

观点一：车辆挂靠营运的行为违反法律规定，扰乱市场秩序，加大交通安全隐患，不应受到法律保护。由于车辆实际所有人以挂靠单位的名义进行民事活动，其聘请的驾驶员要听从车辆实际所有人的指挥和管理，也可视为驾驶员受挂靠单位的管理。而且，出于对弱者的保护和对挂靠单位规避法律的惩罚，也可以将挂靠单位与车辆实际所有人聘请的驾驶员之间的关系拟制为劳动关系。最高人民法院行政审判庭(2006)行他字第17号《关于车辆挂靠其他单位经营车辆实际所有人聘用的司机工作中伤亡能否认定工伤的答复》认为，个人购买的车辆挂靠其他单位且以挂靠单位的名义对外经营的，其聘用的司机与挂靠单位之间形成了事实劳动关系，在车辆运营中伤亡的，应当适用《劳动法》和《工伤保险条例》的有关规定认定是否构成工伤。

观点二：车辆实际所有人聘用的驾驶员不接受挂靠单位的管理，挂靠单位不向驾驶员发放工资，双方之间的关系不符合劳动关系的特征，不能认定为劳动关系。

【解答】

笔者同意观点二。原因在于：

(1)劳动和社会保障部《关于确立劳动关系有关事项的通知》第1条规定，用人单位招用劳动者未订立书面劳动合同，但同时具备下列情形的，劳动关系成立。①用人单位和劳动者符合法律、法规规定的主体资格；②用人单位依法制定的各项劳动规章制度适用于劳动者，劳动者受用人单位的劳动管理，从事用人单位安排的有报酬的劳动；③劳动者提供的劳动是用人单位业务的组成部分。该条文规定的是劳动关系的本质特征，也是司法实践中认定事实劳动关系的重要依据。车辆实际所有人聘请的驾驶员是与车辆实际所有人发生关系，并非与挂靠单位发生直接关系,驾驶员未向挂靠单位提供劳动,不受挂靠单位的管理,挂靠单位不向驾驶员发放劳动报酬,其制定的各项劳动规章制度也不适用于驾驶员。驾驶员与挂靠单位的关系不符合劳动关系的本质特征,不应认定为事实劳动关系。

(2)车辆挂靠经营行为,在一定程度上扰乱了市场秩序,增加了安全隐患,不为法律允许。挂靠行为主要通过行政管理部门依法进行规制。最高人民法院《关于审理工伤保险行政案件若干问题的规定》第 3 条第 5 项规定对挂靠的个人聘用的人员发生工伤,被挂靠单位承担工伤责任。最高人民法院行政审判庭(2006)行他字第 17 号答复解决的也主要是工伤认定问题。可见,法律、司法解释已经对被挂靠单位应承担的风险和责任作了规定。而认定事实劳动关系要依据劳动法律法规的规定,而不应从行政管理的角度或者从工伤责任承担主体的角度,确认挂靠单位和车辆实际所有人聘请的驾驶员之间存在事实劳动关系。

最高人民法院民事审判第一庭(2013)民一他字第 16 号《关于车辆实际所有人聘用的司机与挂靠单位之间是否形成事实劳动关系的答复》认为,个人购买的车辆挂靠其他单位并以挂靠单位的名义对外经营的,根据 2008 年 1 月 1 日起实施的劳动合同法规定的精神,其聘用的司机与挂靠单位之间不具备劳动关系的基本特征,不宜认定其形成了事实劳动关系。这种情况下,应认定驾驶员与车辆实际所有人之间成立劳务关系。当然,汽车营运公司直接聘用驾驶员,符合劳动关系的基本特征,则应当被认定驾驶员与汽车营运公司之间成立劳动关系。

【风险提示 42】

汽车运输行业中,车辆实际所有人挂靠运输企业营运的情形非常多见。虽然车辆实际所有人聘用的驾驶员与运输企业之间不成立劳动关系,但根据劳动法律法规的规定,运输企业对车辆实际所有人聘请的驾驶员要承担用工主体责任,包括欠付工资支付和工伤待遇赔偿的主体责任,存在较大的法律风险。

【规范指引】

最高人民法院民事审判第一庭《关于车辆实际所有人聘用的司机与挂靠单位之间是否形成事实劳动关系的答复》

个人购买的车辆挂靠其他单位且以挂靠单位的名义对外经营的,根据 2008

年1月1日起实施的《劳动合同法》规定的精神，其聘用的司机与挂靠单位之间不具备劳动关系的基本特征，不宜认定其形成了事实劳动关系。

Q45：网约用工劳动关系如何认定？

"互联网+"时代滋生了新型的用工关系即网约用工，网约用工与传统的用工关系不同，网约工可以同时注册好几个网络平台，不在网络平台提供的工作场所上班，工作时间相对自由，他们一般使用自己的工具、设备。这些新型的网络用工关系给劳动关系的认定带来了难题。

【争议】

观点一：网约工与网络平台公司之间不存在劳动关系。因为网约工与网络平台不存在从属性，而从属性是劳动关系的本质特征。网约工和网络平台的关系非常松散，工作地点、时间均无限制，网约工不接受网络平台的劳动管理，也无须遵守网络平台公司的规章制度，其与网络平台之间的关系，不应认定为劳动关系。

观点二：网约工与网络平台公司之间存在劳动关系。网络平台对网约工实际上存在指挥、控制的关系，而且网约工的工作需要特殊的职业技能，从事的工作也是网络平台公司的业务必备部分，网络平台还可以根据规章制度对网约工进行考核。这些都符合劳动关系的根本特征。

观点三：网约工与网络平台公司之间是否存在劳动关系，要具体问题具体分析。如果双方关系比较松散，网约工不受网络平台的管理，无须遵守网络平台公司的各项规章制度等，双方不存在劳动关系。如劳动者与网络平台公司之间存在明显的从属性和人身依附性，接受公司的劳动管理，从事公司安排的提供劳动报酬的工作，则双方的关系可以认定为劳动关系。

【解答】

笔者同意观点三。网约工与网络平台公司之间的关系不能一概而论。《网络预约出租汽车经营服务管理暂行办法》第18条规定，网约车平台公司应当保证提供服务的驾驶员具有合法从业资格，按照有关法律法规规定，根据工作时长、服务频次等特点，与驾驶员签订多种形式的劳动合同或者协议，明确双方的权利和义务。可见，网约车平台公司可根据工作、服务特点与驾驶员签订多种形式的协议，不限于劳动合同。网络平台公司与网约工签订的合同是判断双方关系最重要的证据,但实际生活中网络平台公司和网约工并不一定签订合同,有些情况下仅从合同的外表不能判断双方的实质关系。所以,判断双方的关系,要根据个案的具体情况,对照劳动和社会保障部《关于确立劳动关系有关事项的通知》第1条的规定进行判断。即网约平台公司和网约工是否符合法律、法规规定的主体资格;网络平台公司依法制定的各项劳动规章制度是否适用于网约工,网约工是否受网络平台公司的劳动管理,并从事网络平台公司安排的有报酬的劳动;网约工提供的劳动是否为网络平台公司业务的组成部分。

(1)网约平台公司和网约工的主体问题。网约用工中网络平台公司的主体可能是不确定的。网约工若仅注册一个网络平台,仅为该网络平台公司提供劳动,该网络平台经依法登记注册,符合用人单位的主体资格。但网约工同时注册数个网络平台,不定时地为数个网络平台公司工作,这种情况下,网约工对网络平台公司的从属性和依附性明显减弱,一般不认为双方之间存在劳动关系,或仅认定成立非全日制用工关系。劳动者主体问题中,如果网约工是以承包的方式承接网约工作,而且可将工作转包或可以再雇请其他人员,这种情形下网约工的劳动者主体身份就会被否定。

(2)网约工提供的劳动多为网络平台公司业务的组成部分。

(3)网约工是否遵守劳动规章制度、接受劳动管理及从事网络平台公司安排的有报酬劳动的问题。劳动规章制度包括劳动报酬、工作时间、劳动条件、劳动纪律、社会保险等方面。网约工如无须遵守网络平台公司制定的这些劳动规章制度,劳动关系即无法认定。对接受劳动管理的认定重点应当在网约工对约单的拒绝能力上,而不是工作时间。[①] 这是因为,网约工的工作时间多实行弹性制,工作时间对网约劳动关系的认定意义不大。网约工对约单不能拒绝,或网络平台公司规定了服务频次、接单率等要求,可倾向于认为网约工接受网络平台公司的劳动管理。同时,在劳动管理的认定上还要考虑网约工风险负担、劳动工具的提供情况,如网约工自己承担的风险过高,自己提供劳动工具的成本较大,这些都是否定劳动关系的重要因素。从事网络平台公司安排的有报酬的劳动,关键在于工作由网络平台公司安排,并由网络平台公司支付报酬。网络平台公司将相关信息提供给网约工并指示网约工进行工作,可视为网络平台公

① 金超:《劳动关系视角下的网约用工纠纷研究》,载《中国劳动关系学院学报》2018年第4期。

司安排工作。如网约工的报酬直接由消费者支付,而不是网络平台公司支付,这也是考虑劳动关系不成立的一个因素。如果网络平台公司支付的报酬是以“底薪 + 全勤奖 + 绩效”的方式,则符合劳动关系中用人单位支付劳动者劳动报酬的条件。网约工的收入主要来源于其他工作,网约工作只是其兼职的工作,从中赚取的收入仅是其收入来源的一小部分,一般也倾向于否定此类情形下双方的劳动关系。

目前,部分地区劳动仲裁部门和人民法院顺应时代潮流,对网络平台用工劳动关系的认定作了积极的探索,并形成指导性意见。在法律作出规定之前,这些指导性意见可作参考之用。江苏省劳动人事争议仲裁委员会《江苏省劳动人事争议疑难问题研讨会纪要》(苏劳人仲委〔2017〕1 号)第 1 条规定,在涉及互联网平台企业有关劳动关系确认问题中,仲裁机构应注意把握保护劳动者权益与促进劳动力市场灵活性的平衡关系,综合考量用人单位网络平台的运营形式、劳动者从业状况、网络平台对劳动者的管理程度、劳动者收入分配方式及劳动者是否独立承担经营分险等因素,依法区分劳动关系和劳务关系。对于发挥联系中介作用的网络平台,劳动者通过网络平台与企业建立工作联系关系,企业通过网络平台提供服务信息,并通过网络平台收取管理费或信息费用的,双方不宜作为劳动关系处理。如果劳动者未与互联网平台企业订立劳动合同,而是签订了承包合同、委托协议等,一般应从其约定来认定双方的法律关系。如果双方关系符合劳动和社会保障部《关于确立劳动关系有关事项的通知》(劳社部发〔2005〕12 号)的要求,应认定双方存在劳动关系。广东省高级人民法院、广东省劳动人事争议仲裁委员会《关于劳动人事争议仲裁与诉讼衔接若干意见》(2018 年)第 2 条规定,网络平台经营者与相关从业人员之间的用工关系性质,原则上按约定处理。如双方属于自负盈亏的承包关系或已订立经营合同、投资合同等,建立了风险共担、利益共享的分配机制的,不应认定双方存在劳动关系。实际履行与约定不一致或双方未约定的,以实际履行情况认定。

【风险提示 43】

网络平台公司与网约工之间的关系一般按双方约定的内容进行确定。所以,网络平台公司在招用网约工时,应当与网约工签订书面合同,以明确双方的权利义务关系,避免约定不明带来的法律风险。

【规范指引】

《网络预约出租汽车经营服务管理暂行办法》

第十八条　网约车平台公司应当保证提供服务的驾驶员具有合法从业资格,按照有关法律法规规定,根据工作时长、服务频次等特点,与驾驶员签订多种形式的劳动合同或者协议,明确双方的权利和义务。

Q46:保险公司与保险代理人之间是否成立劳动关系?

《保险法》第117条规定,保险代理人是根据保险人的委托,向保险人收取佣金,并在保险人授权的范围内代为办理保险业务的机构或者个人。保险公司与保险代理人一般会签订保险代理合同,明确各自的权利义务。保险代理人有独立保险代理人和专业保险代理人之分,独立保险代理人可同时为数个保险公司代理业务,而专业保险代理人只为一个保险公司代理业务。个人担任保险代理人与保险公司之间成立的是委托合同关系还是劳动合同关系,在实务上存在争议。

【争议】

观点一:保险代理人与保险公司之间成立"委托—代理"关系,而不成立劳动关系。双方的权利义务应根据保险代理合同确定,保险公司对保险代理人有一定的约束作用,但这种约束作用并不能形成人身依附性和从属性,双方的关系与劳动关系存在本质上的区别。

观点二:个人保险代理人与保险公司之间应成立劳动关系。现实生活中,保险公司对保险代理人进行管理,安排工作,支付劳动报酬,保险代理人从事的工作也是保险公司业务的重要组成部分,符合事实劳动关系成立的要件。

观点三:保险代理人与保险公司之间成立何种关系要看具体情况。如个人保险代理人为一家保险公司工作,符合劳动关系的特征,可认定为劳动关系;如保险代理人同时为几家保险公司代理,或者保险代理人无须接受保险公司的劳动管理,则保险代理人不能认为是保险公司的劳动者。

【解答】

笔者同意观点一。保险代理人与保险公司之间不成立劳动关系。原因在于:

(1)根据上述《保险法》第117条的规定,保险代理人是受保险人委托、收取佣金、代办业务的人。该规定明确保险代理人与保险公司之间是一种委托代理关系。在双方成立委托代理关系的情况下，不应再成立一个劳动关系。

（2）从保险代理人的收入来看，保险代理人的收入主要来源于按所收取保费的一定比例提取的手续费，更类似于合同法上等价有偿的交易所得，与劳动关系中劳动者为用人单位提供劳动、用人单位支付劳动报酬有明显区别。

（3）从管理的角度看。部分保险公司为提升业绩，对保险代理人进行考核，但仅凭该情形不能认定保险代理人接受保险公司的劳动管理，从而形成从属性。保险代理人开展代理业务，采取的是单兵作战的方式，工作时间、地点和方式都不受保险公司的直接约束，保险公司唯一能掌握和考核的是保险代理人的工作业绩，即收取保费的数额。① 保险代理人不接受保险公司的劳动管理，其从事代理业务也有很大的自主性，并非完全由保险公司安排。

与保险代理人类似，邮政代办员与邮政公司成立的也是委托代理关系，而非劳动关系。

【规范指引】

《中华人民共和国保险法》

第一百一十七条　保险代理人是根据保险人的委托，向保险人收取佣金，并在保险人授权的范围内代为办理保险业务的机构或者个人。

Q47：快递员、送奶工、送水工等从业人员与用人单位之间是否成立劳动关系？

【解答】

现实生活中，快递等行业的用人单位与快递员、送奶工、送水工等工人可能成立多种用工关系，包括劳动关系、劳务关系和承揽关系，具体关系的认定要根据个案双方签订的合同并结合案件的实际情况进行分析判断。没有书面合同或书面合同表象与实际情况不符时，相关的认定将会非常复杂。笔者对双方没有签订书面劳动合同的各种情形能否认定劳动关系分析如下：

（1）快递员、送奶工、送水工等从业人员同时为数个用人单位服务，一般不

---

① 陈唤忠、蔚琼琼：《个人保险代理人的法律地位：代理关系或劳动关系》，载《法律适用》2013 年第 3 期。

认定用人单位与这些从业人员成立劳动关系,或仅认定成立非全日制用工关系。

(2)快递员等从业人员如自备运输工具,自行承担运输费用,独立承担运输风险,没有固定的办公场所,不接受用人单位的劳动管理,报酬按运送的数量以佣金或手续费的方式支付,不能认定用人单位与从业人员的关系为劳动关系。

(3)快递员等从业人员可以将自己从事的工作或服务转包、分包给他人,或自行雇佣人员来工作,此种情形宜认定用人单位与从业人员之间系承包关系,而非劳动关系。

(4)快递员等从业人员仅在短时间内为用人单位提供临时性的服务,报酬不是按月计算,而是按日或按从业人员在短时间内提供的全部工作量发放,一般认定双方成立劳务关系,而非劳动关系。

(5)如快递员等从业人员有固定的上班时间,需遵守用人单位的劳动规章制度,接受用人单位的指挥和劳动管理,用人单位根据从业人员的劳动支付相应的劳动报酬,双方没有从业人员自负盈亏的约定,即使这些从业人员在工作时使用自己的交通工具,劳动报酬也没有保底或基本工资,双方之间的关系符合劳动关系的本质特征,应当认定用人单位和从业人员之间存在劳动关系。

广东省高级人民法院《关于审理劳动争议案件疑难问题的解答》(2017年)第2条规定,快递等相关行业中,用人单位可与快递人员等建立多种形式的用工关系,快递等人员与其用人单位之间的关系,应按双方的约定认定。但如果用人单位依法制定的各项劳动规章制度适用于该劳动者,该劳动者亦受用人单位的劳动管理,从事用人单位安排的有报酬的劳动,且该劳动者提供的劳动是用人单位业务的组成部分,应认定双方存在劳动关系。

【风险提示44】

用人单位与快递、送货等工作人员之间可能成立多种法律关系,而法律关系的认定原则上视双方约定的内容而定。所以,用人单位招用快递、送货等工作人员,有必要与此类工作人员订立权利义务明确的书面合同。

Q48:个人承包经营者招用劳动者,劳动关系如何认定?

在建筑等行业,有资质的企业将工程或经营业务交由个人承包,承包人仍以企业的名义对外进行经营，此类情况非常普遍。考虑到这一现象，《劳动合同法》对个人承包经营者招用劳动者的法律责任作了规定，该法第 94 条规定，个人承包经营违反本法规定招用劳动者，给劳动者造成损害的，发包的组织与个人承包经营者承担连带赔偿责任。该条文解决的主要是对个人承包经营给劳动者造成损害的责任承担问题，没有对企业、个人承包经营者和劳动者的关系进行定性。在实务中，对三者之间成立何种关系的问题，有两种不同的观点。

【争议】

观点一：个人承包经营者与其招用的劳动者之间应成立劳务关系，企业与劳动者之间不存在劳动关系或劳务关系。因为劳动者是与个人承包经营者发生关系，劳动者向个人承包经营者提供劳动，个人承包经营者向劳动者发放工资。劳动者与企业之间不存在直接的关系，双方也无形成劳动关系的合意。

观点二：应认定企业与劳动者之间存在劳动关系。这种认定可以惩罚企业违法转、分包的行为，使其因违法行为承担更重的责任，也可以保护劳动者的合法权益，更符合公平正义的理念。劳动和社会保障部《关于确立劳动关系有关事项的通知》第 4 条规定，建筑施工、矿山企业等用人单位将工程（业务）或经营权发包给不具备用工主体资格的组织或自然人，对该组织或自然人招用的劳动者，由具备用工主体资格的发包方承担用工主体责任。该条规定拟制了此情形下双方之间的劳动关系。

【解答】

笔者同意观点一。个人承包经营者与其招用的劳动者之间成立劳务关系，企业与该劳动者之间不成立劳动关系。理由在于：劳动者与企业并不发生直接关系，劳动者是个人承包经营者招用，企业并未招用劳动者，劳动者的真实意思是为个人承包经营人提供劳动，而不是为企业，劳动者和企业并无建立劳动关系的任何意思表示；劳动者作业时，是为个人承包经营者提供劳动，虽然要遵守企业的一些安全操作规程等制度文件，但无须遵守企业的劳动规章制度，劳动者接受个人承包经营者的指挥和劳动管理，个人承包经营者为劳动者安排工作，并支付劳动报酬；劳动和社会保障部《关于确立劳动关系有关事项的通知》第 4 条规定，在于确定劳动者发生工伤、个人承包经营者无法发放报酬等劳动者权益受损情形下企业的用工主体责任，而非认定企业和劳动者之间成立劳动关系的标准；出于惩罚企业或保护劳动者的目的拟制劳动关系并无法律依据，在部门规章确立用工主体责任的情况下，实际意义也不明显，无须将企业和劳动者之间的关系认定为劳动关系。

【风险提示45】

企业需要将部分业务外包的,应当与有资质的单位签订承包或外包协议。企业将业务承包给个人的,对个人承包者招用劳动者,给劳动者造成损害的,企业将面临承担连带赔偿责任的法律风险。

【规范指引】

《中华人民共和国劳动合同法》

第九十四条　个人承包经营违反本法规定招用劳动者,给劳动者造成损害的,发包的组织与个人承包经营者承担连带赔偿责任。

Q49:空挂资质的个人与用人单位之间是否成立劳动关系?

目前,在一些有从业资格人员人数要求的行业,如建筑、消防安全、爆破等,空挂资质的现象非常普遍。空挂资质是指具备相应资质的个人名义上成为用人单位的劳动者,将资质证书借与用人单位使用,用人单位支付资质使用费用,但个人并没有为用人单位实际提供劳动的一种现象。空挂资质的个人与用人单位之间可能会签订劳动合同,用人单位按期支付类似于工资的资质使用费,为个人缴纳社会保险,这就给人民法院和劳动仲裁部门带来了劳动关系认定方面的困难。实践中对空挂资质的个人与用人单位之间是否成立劳动关系,存在不同理解。

【争议】

观点一:空挂资质的个人与用人单位签订劳动合同,用人单位按期支付个人报酬,为个人缴纳社会保险,双方之间的关系符合劳动关系的本质特征,应认定为劳动关系。

观点二:空挂资质的个人没有为用人单位实际提供劳动,双方之间不成立劳动关系。

【解答】

笔者同意观点二。这是因为:

(1)认定劳动关系,要全面审查当事人的主体资格、双方之间是否符合劳动关系的本质特征。劳动关系的本质特征是劳动者为用人单位提供劳动,接受用人单位的管理，遵守用人单位的规章制度，用人单位为劳动者支付劳动报酬。如劳动者没有实际为用人单位提供劳动，也未接受用人单位的劳动管理，无须遵守用人单位的规章制度，即使用人单位按期支付报酬、缴纳社会保险，双方仍未成立劳动关系。在空挂资质的情形中，用人单位虽按期为劳动者支付报酬，缴纳社会保险，但空挂资质的个人未实际提供劳动，不接受用人单位的劳动管理，劳动者也无须遵守上下班等劳动规章制度，不符合劳动关系的本质特征，不应当被认定为劳动关系成立。

（2）书面劳动合同并非认定劳动关系的充分条件。《劳动合同法》第 10 条第 1 款规定，建立劳动关系，应当订立书面劳动合同。书面劳动合同是认定劳动关系存在的重要依据，但并不是说双方签订书面劳动合同就一定存在劳动关系。现实生活中，一些用人单位招聘劳动者，并与劳动者签订劳动合同，但劳动者未来上班；一些劳动者与用人单位订立劳动合同后，仅上班很短一段时间就离开用人单位，与用人单位处于“长期两不找”的状态；还有就是空挂资质的情况，劳动者没有为用人单位实际提供劳动。这些情形下，虽然双方订立书面劳动合同，但实际上并不存在劳动关系。

【风险提示 46】

具有相应资质的个人将相关资质借给用人单位使用，而实际未提供劳动，这种空挂资质的行为是违反法律强制性规定的，个人和用人单位都会面临行政处罚的风险。而且，对于个人来说，用人单位未支付资质使用费，个人难以通过法律途径向用人单位主张；对于用人单位来说，存在因举证不能导致被有权部门认定双方成立劳动关系的风险。

Q50：用人单位与未毕业大学生之间是否可以成立劳动关系？

一些大学生在大学毕业前已经完成学业，从完成学业到毕业前有比较多的空闲时间。即将毕业的大学生，课程比较轻松，除找工作外，没有太多的学习任务。这些大学生往往利用毕业前的空闲时间找用人单位实习，或直接加入用人单位工作。用人单位与未毕业的大学生是否仅能成立实习关系，能否在一定条件下成立劳动关系，实务中有不同的观点。

【争议】

观点一：未毕业大学生的身份仍为学生，学生的身份阻碍其成为真正意义上的劳动者,所以未毕业大学生不能与用人单位成立劳动关系。劳动部《关于贯彻执行〈中华人民共和国劳动法〉若干问题的意见》第 12 条规定,在校生利用业余时间勤工助学,不视为就业,未建立劳动关系,可以不签订劳动合同。该条规定否定了在校学生与用人单位成立劳动关系的可能。未毕业大学生找单位实习,或提前到用人单位上班,均应认定为劳务关系,而不能成立劳动关系。

观点二:劳动法律法规并未禁止未毕业大学生参加工作,成为劳动者,只要用人单位与劳动者达成一致,签订的劳动合同不存在无效情形,那么未毕业大学生和用人单位就可以成立劳动关系。

【解答】

笔者同意观点二。未毕业大学生在一定条件下可以与用人单位成立劳动关系,原因在于:

(1)《劳动法》规定自然人自满 16 周岁起,就具备劳动行为能力,可以成为劳动者。未毕业大学生绝大多数已超 16 周岁,依法律规定具有劳动行为能力,具备成为劳动者的资格。而且,劳动法律法规并未有禁止未毕业大学生成为劳动者的规定。所以,用人单位与符合年龄条件的未毕业大学生协商一致,自愿签订劳动合同,若该劳动合同没有无效之情形,这种情况下,就应该认定用人单位和未毕业大学生之间成立劳动关系。

(2)劳动部《关于贯彻执行〈中华人民共和国劳动法〉若干问题的意见》第 12 条关于"在校生利用业余时间勤工助学,不视为就业,未建立劳动关系,可以不签订劳动合同"的规定,仅是针对利用空余时间短时间进行劳务的勤工助学大学生,因其与用人单位之间的关系不符合劳动关系的本质特征,不成立劳动关系。该规定并非针对未毕业大学生有足够的时间为用人单位提供全日制劳动的情形,并未禁止未毕业大学生成为劳动者。仅凭该条规定,不能否定未毕业大学生劳动的基本权利。

(3)多数情况下在校生以实习为目的到用人单位,但不能排除特定情形下用人单位与未毕业大学生有成立劳动关系的意思表示。实习,是指在校学生以学习为目的到用人单位参加社会实践。实习生一般没有工资,一些单位会发放生活补贴,但不以工资的形式发放,也不是以实习生付出的劳动量为标准发放;用人单位与实习生不会签订劳动合同;用人单位一般会和实习生约定实习结束时间;实习生也不享受用人单位提供的劳动条件、福利待遇等。这和特定情形下用人单位与未毕业大学生以建立劳动关系为目的签订劳动合同,大学生为用人单位提供劳动,接受劳动管理,用人单位支付劳动报酬的用工形式明显不同。当然,也有一些在校生在实习期结束以后,与用人单位互相认可,直接签订劳动合同建立劳动关系。用人单位明知劳动者为在校大学生,仍愿意与其签订劳动合同,双方由此建立的劳动关系无禁止和否认之理由。

北京市高级人民法院、北京市劳动人事争议仲裁委员会《关于劳动争议案件适用法律问题研讨会会议纪要(二)》(2014年)即持这一观点,该纪要第23条规定,在校学生在用人单位进行实习,应当根据具体事实进行判断,对完成学校的社会实习安排或自行从事社会实践活动的实习,不认定劳动关系。但用人单位与在校学生之间名为实习,实为劳动关系的除外。

【风险提示47】

用人单位与未毕业大学生有成立劳动关系的真实意思,而且双方成立的关系符合劳动关系的基本特征,这种情形下,用人单位与未毕业大学生之间的关系为劳动关系。用人单位在招用未毕业大学生时,不要想当然地认为双方之间不可能成立劳动关系,从而忽视用人单位劳动义务的履行。而应当对照劳动法律法规规定的劳动关系的基本特征,判断双方之间成立的是否是劳动关系,进而决定是否与未毕业大学生订立书面劳动合同。

典型案例8

杨光雄诉天津市旭阳建筑劳务有限公司确认劳动关系纠纷案①

裁判要旨

(1)现实中,建筑施工、矿山企业等用人单位将工程或者业务发包、转包或者层层发包、转包给不具备用工主体资格的组织或自然人的情况时有发生,对这些分包组织或自然人招用的劳动者,与建筑施工、矿山企业等用人单位之间的关系认定,往往成为突出的法律问题。

(2)《劳动合同法》第94条、最高人民法院《关于审理工伤保险行政案件若干问题的规定》第3条第4款、劳动和社会保障部《关于确立劳动关系有关事项的通知》第4条等规定的宗旨在于,更加有效保护劳动者的合法权益,而非改变认定劳动关系存在的实质要件,也不能作为反向推定双方存在劳动关系的依据。

① 本案例载于《天津市高级人民法院公报》2017年第1辑(总第16辑)。

基本案情

承包人案外人中建六局土木工程有限公司与旭阳公司于 2014 年 4 月签订《天保金海岸 D05 - 2 商业项目工程劳务分包合同》一份,约定由旭阳公司分包天保金海岸 D05 - 2 商业项目工程的劳务部分,该工程地点位于天津开发区二大街与太湖路交口。

2014 年 6 月旭阳公司与案外人刘正国签订《桩头剔凿破除协议书》一份,约定由刘正国分包涉诉工程的桩头剔凿破除、桩头钢筋剥离、桩头碎石清理工作。刘正国自 2014 年 6 月 19 日起招用杨光雄在涉诉工地工作,从事破桩作业,约定按日计算劳动报酬。刘正国与旭阳公司之间未签订劳动合同,杨光雄由刘正国招用,工作中接受刘正国的管理,由刘正国发给报酬。2015 年 5 月 13 日,杨光雄向天津市河东区劳动人事争议仲裁委员会提出仲裁申请,请求确认双方劳动关系。该委于 2015 年 7 月 1 日作出劳人仲案字(2015)296 号裁决书,裁决驳回杨光雄的仲裁请求。

裁判结果

天津市河东区人民法院判决:原告杨光雄与被告天津市旭阳建筑劳务有限公司 2014 年 6 月 19 日至 7 月 1 日存在劳动关系。宣判后,天津市旭阳建筑劳务有限公司提出上诉,天津市第二中级人民法院判决:(1)撤销天津市河东区人民法院(2015)东民初字第 3592 号民事判决。(2)上诉人天津市旭阳建筑劳务有限公司与被上诉人杨光雄于 2014 年 6 月 19 日至 7 月 1 日不存在劳动关系。判决生效后,杨光雄向天津市高级人民法院申请再审,天津市高级人民法院裁定:驳回杨光雄的再审申请。

裁判理由

法院生效裁判认为:本案争议焦点为旭阳公司与杨光雄之间是否存在劳动关系。从庭审查明的事实来看,杨光雄与旭阳公司并无身份上的从属和依附关系,旭阳公司未就涉案工作内容与杨光雄达成过书面或口头协议,未直接招用过杨光雄和向其支付过报酬,也未对其进行过管理,因此旭阳公司和杨光雄之间不存在认定劳动关系的条件。劳动和社会保障部《关于确立劳动关系有关事项的通知》第 4 条规定:"建筑施工、矿山企业等用人单位将工程(业务)或经营权发包给不具备用工主体资格的组织或自然人,对该组织或自然人招用的劳动者,由具备用工主体资格的发包方承担用工主体责任。"该规定中的"由具备用工主体资格的发包方承担用工主体责任"仅仅是关于责任承担的论述,并不能据此当然地推导出发包方与劳动者之间具有劳动关系的结论。认定劳动者与用人单位是否存在劳动关系的前提仍需从双方是否有缔结劳动关系的合意,是否存在人格上的从属性和经济上的从属性等方面进行判断。本案杨光雄由案外人刘正国招用、接受刘正国管理、由刘正国发给报酬,杨光雄现有证据不足以认定其与旭阳公司之间存在劳动关系。综上所述,法院认定本案双方当事人之间不存在劳动关系。

典型案例 9

丁风明诉镇江永安器材有限公司劳动争议案①

裁判要旨

劳动关系的本质特征在于劳动者与用人单位之间存在管理与被管理的人身隶属关系，劳动者提供劳动的具体内容、方式、劳动时间等劳动过程均服从和接受用人单位的监督管理。承揽关系不同于劳动关系，在承揽关系中，承揽人虽然也是根据委托单位的指示要求完成一定的工作任务，但承揽人在完成承揽工作时具有独立性，其完成工作的具体方式方法由承揽人自主决定，不受委托单位的监督管理，其只需按约定向委托单位交付劳动成果即可。承揽人以其长期接受委托单位指派完成相关安装工作、委托单位事后按双方协商价格支付报酬为由，主张与委托单位形成劳动关系的，人民法院不予支持。

基本案情

永安器材公司于 1998 年 3 月成立，系自然人独资的有限公司，公司经营范围为安全防盗门制作、销售、安装等。1998 年 4 月，丁风明开始与永安器材公司合作，主要从事防盗门的安装、维修。具体合作流程为，永安器材公司对外承接到门窗安装及维修等业务后，与丁风明协商一个价格，然后由永安器材公司填写施工单，丁风明按永安器材公司的指派前往现场施工，双方不定期结算劳务报酬。期间，永安器材公司曾为丁风明购买过人身意外伤害等商业保险。双方从未签订任何书面合同。2010 年度，永安器材公司结算给丁风明的劳务报酬共计为 29 033 元。2011 年 4 月 26 日，因丁风明与永安器材公司的业务单位人员发生矛盾，永安器材公司提出终止与丁风明的合作，丁风明表示同意。

丁风明在工作期间，一般身穿永安器材公司统一发放的“工作服”，上印有“盼盼防盗门”字样。丁风明的“工作证”，系中国建筑第二工程局镇江万达广场项目经理部所发。永安器材公司的在职职工工资发放名册中并无丁风明及与其从事同性质工作的安装工人。

另查明：丁风明在原一审、二审及再审中提供的 2007 年为期一年具有自由职业者身份的养老保险，系以丁风明个人名义办理。

裁判结果

镇江市京口区人民法院判决：(1)永安器材公司于判决生效后之日起 10 日内支付丁风明经济补偿金 33 871.6 元；(2)驳回丁风明要求永安器材公司支付双倍工资的诉讼请求。丁风明与永安器材公司均不服，提起上诉。镇江市中级人民法院判决：驳回上诉，维持原判。永安器材公司不服二审判决，申请再审。镇江市中级人民法院判决：(1)撤销镇江市中级人民法院(2012)镇民终字第 508 号民事判决和镇江市京口区人民法院(2011)京民初字第 2034 号民事判决及诉讼费负担部分。(2)驳回丁风明的诉讼请求。

① (2013)镇民再终字第 0024 号，本案例为江苏省法院(2015)参阅案例 50 号。

裁判理由

法院生效裁判认为:劳动关系是指用人单位招用劳动者为其成员,劳动者在用人单位的管理下提供有报酬的劳动而产生的权利义务关系。其特征是劳动力与用人单位的生产资料相结合,劳动者与用人单位之间具有明显的从属关系,本质上存在一种人身依附关系。承揽关系是承揽人以自己的设备、技术和劳力,按照定作人的要求完成一定的工作,交付工作成果,定作人接收工作成果并给付报酬,从而在双方当事人之间形成的法律关系。其特征是一种典型的完成工作的法律关系,注重的是工作成果,而不是工作本身的过程。因此,用人单位与劳动者之间是否存在管理与被管理关系,是否为劳动者缴纳养老保险金和医疗保险金,是否按时发放工资等是区分劳动关系与加工承揽关系的重要标准。据此,本案中,再审申请人永安器材公司与被申请人丁风明之间不存在劳动关系。

第一,根据永安器材公司和丁风明提供的报酬结算单内容来看,永安器材公司与丁风明之间结算报酬的方式主要为"完成一定工作,支付一定报酬",即根据被申请人丁风明所提供的安装、维修防盗门的工作成果,按照双方事先商定的价格结算报酬,虽然丁风明到施工现场施工是根据永安器材公司填写的施工单,但其在工作现场独立完成工作,并不需要永安器材公司的监督、指导和指挥,其与永安器材公司间不具有人身依附性。同时,丁风明与永安器材公司之间结算报酬的依据是双方事先协商确定的价格,体现了平等交易主体的商业合作关系,该报酬并非用人单位基于劳动关系而自主确定的工资报酬。因此,永安器材公司与丁风明之间的关系具有承揽合同关系的本质特征,双方之间不构成劳动合同关系。

第二,劳动和社会保障部《关于确立劳动关系有关事项的通知》第2条规定,用人单位未与劳动者签订劳动合同,认定双方存在劳动关系时可参照下列凭证:(1)工资支付凭证或记录(职工工资发放花名册)、缴纳各项社会保险费的记录;(2)用人单位向劳动者发放的"工作证""服务证"等能够证明身份的证件;(3)劳动者填写的用人单位招工招聘"登记表""报名表"等招用记录;(4)考勤记录;(5)其他劳动者的证言等。其中,(1)、(3)、(4)项的有关凭证由用人单位负举证责任。本案中,再审申请人永安器材公司提供的职工工资发放名册中并无丁风明及同类安装工人,丁风明在2007年办理的养老保险系以其个人名义办理,而非以永安器材公司名义办理。永安器材公司虽曾为丁风明等安装工人购买过人身意外伤害等商业保险,但用人单位为降低自身风险而购买商业保险的行为,并不能证明劳动关系的存在。丁风明的工作服上只印有防盗门生产商名称,而工作证是由施工单位而非永安器材公司发放,故也不能直接证明其与永安器材公司之间存在劳动关系。至于丁风明提出永安器材公司对其进行考勤有考勤记录,对此永安器材公司予以否认,现并无相关书面证据予以证实。经对上述证据综合考量后,法院认为,现有证据不足以证明永安器材公司与丁风明之间存在劳动关系。

综上所述，再审申请人永安器材公司与被申请人丁风明之间不存在劳动关系，被申请人丁风明提出的要求再审申请人永安器材公司办理社会保险、支付双倍工资及经济补偿金的诉讼请求缺乏事实和法律依据，不予支持。

典型案例 10

陈琦诉浙西工程设计院劳动争议案[①]

裁判要旨

“空挂资质”的劳动者并未向用人单位提供劳动也未与其形成管理、监督的关系，不构成实际用工关系，由此发生的纠纷不属于劳动争议处理范畴之内，应按一般民事纠纷案件处理。

基本案情

陈琦是巨化监理公司员工，通过国家一级注册结构师考试。浙西工程设计院是一家从事工程设计的企业。2003 年，陈琦与浙西工程设计院协商一致，将其一级注册结构师的执业资格注册到该院，执业证书及执业专用章等同时移交给该院统一管理。同时，双方签订了书面劳动合同。浙西工程设计院在劳动合同存续期间按期向陈琦发放报酬，但陈琦并未在该院实际工作。现该书面劳动合同约定的劳动期限已届满。陈琦要求浙西工程设计院返还注册证书及执业专用章，浙西工程设计院以返还后会导致无法满足单位资质要求为由拒绝返还。陈琦遂向劳动争议仲裁委员会申请劳动仲裁，该委员会以不属于劳动争议处理范围为由作出不予受理案件通知书。

裁判结果

衢州市柯城区人民法院判决：(1)确认陈琦与被告浙西工程设计院签订的劳动合同已终止。(2)浙西工程设计院于该判决生效后十日内返还陈琦国家一级注册结构师执业证书一本、执业专用章一枚。浙西工程设计院不服，提起上诉。衢州市中级人民法院裁定：(1)撤销一审判决；(2)驳回陈琦的起诉。

裁判理由

法院生效裁判认为：陈琦的工作单位是巨化监理公司。陈琦虽曾与浙西工程设计院签订过劳动合同，但该劳动合同是满足浙西工程设计院资质的形势所需，陈琦并未向该院提供劳动或与该院在工作中形成管理支配关系，陈琦与浙西工程设计院之间是虚构的劳动关系，其纠纷不属于劳动争议处理范围。

---

① 本案例载于最高人民法院民事审判第一庭编：《民事审判参考与指导》(2011 年第 2 辑)，人民法院出版社 2011 年版。

第四部分

Chapter 4

试用期与劳动合同的变更

Q51:试用期的起算时间如何确定?

《劳动合同法》第 19 条规定,劳动合同期限 3 个月以上不满 1 年的,试用期不得超过 1 个月;劳动合同期限 1 年以上不满 3 年的,试用期不得超过 2 个月;3 年以上固定期限和无固定期限的劳动合同,试用期不得超过 6 个月。同一用人单位与同一劳动者只能约定一次试用期。以完成一定工作任务为期限的劳动合同或者劳动合同期限不满 3 个月的,不得约定试用期。试用期包含在劳动合同期限内。劳动合同仅约定试用期的,试用期不成立,该期限为劳动合同期限。劳动法律法规未对试用期的起算点作出规定。实务中对试用期起算时间的确定有两种不同的观点。

【争议】

观点一:从用人单位与劳动者订立劳动合同的时间起算试用期。

观点二:从用人单位实际用工的时间开始计算试用期。

【解答】

笔者认为,试用期的起算时间应为用人单位的实际用工时间。这是因为:(1)试用期的开始时间应与劳动关系的成立时间相一致。《劳动合同法》第 10 条第 2 款规定,用人单位与劳动者在用工前订立劳动合同的,劳动关系自用工之日起建立。劳动关系建立的时间为实际用工之日,那么,试用期的起算时间也应为实际用工之日。(2)将试用期起算点确定于实际用工之日,可以防止用人单位在实际用工一段时间后,再订立劳动合同或以其他形式约定试用期,损害劳动者的合法权益。(3)试用期期间,用人单位和劳动者互相考察,用人单位通过试用期考察劳动者是否符合录用条件,从而决定是否将劳动者转正,劳动者也通过试用期考察用人单位的劳动条件等是否符合自己的愿景,从而决定是否留在用人单位。双方的考察应自实际用工之日开始,试用期也应该从实际用工之日起算。(4)将试用期的起算时间确定为实际用工之日,也有利于平衡劳资双方利益。用人单位与劳动者订立劳动合同后,有时会过一段时间才会实际用工,一些特殊的情况下,从订立劳动合同到实际用工,约定或法定的试用期已经过去,用人单位和劳动者都无法通过试用期充分地相互考察,这对双方都是不利的。综上,笔者认为将实际用工之日作为试用期的起算时间是最妥当的。

【风险提示 48】

试用期的起算时间为用人单位与劳动者成立实际用工关系的时间。用人单位与劳动者约定试用期时,应当注意《劳动合同法》规定的试用期的长度,还要注意试用期起算应从实际用工之日开始计算,而非劳动合同签订之日。

【规范指引】

《中华人民共和国劳动合同法》

第十九条第一款　劳动合同期限三个月以上不满一年的,试用期不得超过一个月;劳动合同期限一年以上不满三年的,试用期不得超过二个月;三年以上固定期限和无固定期限的劳动合同,试用期不得超过六个月。

Q52:用人单位与劳动者口头约定试用期是否有效?

《劳动合同法》第 17 条并未将试用期列为劳动合同的必备条款。现实中,一些用人单位在劳动合同中未与劳动者约定试用期,而是以口头方式与劳动者约定试用期。口头约定试用期是否有效,实务中有不同观点。

【争议】

观点一:口头约定试用期不产生法律效力。用人单位要和劳动者约定试用期,应将试用期条款加入到劳动合同中,试用期也应该以书面形式约定。未以书面形式约定的试用期,并不产生法律效力。

观点二:劳动法律法规并未禁止口头约定试用期,也未规定试用期必须以书面形式表现,故口头约定试用期应为有效。用人单位只要能举证证明口头与劳动者约定试用期,而且试用期的时间在法律规定范围之内,试用期就应当认定。

【解答】

笔者同意观点一。试用期必须以书面形式订立。原因在于:首先,试用期属于劳动合同的可选择条款,用人单位可以在劳动合同中与劳动者约定试用期,也可以不约定试用期。用人单位与劳动者约定试用期的,应当约定在劳动合同中,试用期间也应包含在劳动合同期限内。法律规定劳动合同应采用书面形式,试用期条款也应当采书面形式。其次,实践中用人单位与劳动者口头约定试用期,往往是在口头约定试用期满以后,再决定是否与劳动者签订正式劳动合同,这种做法违反法律规定,也不利于保护劳动者的合法权益,不应得到法律对其效力的肯定。最后,口头约定试用期,难以确定双方在试用期内的权利义务,也难以确定试用期的长短,更难以确定用人单位是否多次使用试用期,这对劳动者是非常不利的。所以,口头约定的试用期,不发生法律效力。

【风险提示49】

用人单位与劳动者约定试用期,必须在劳动合同中予以明确。如用人单位与劳动者通过口头等方式约定试用期,一是用人单位难以尽到存在试用期的举证责任,二是试用期的约定容易被认定无效。在劳动合同中约定试用期是最可靠的做法。

【规范指引】

《中华人民共和国劳动合同法》

第十九条第四款　试用期包含在劳动合同期限内。劳动合同仅约定试用期的,试用期不成立,该期限为劳动合同期限。

Q53:双方约定的试用期短于法定最高限的,试用期是否可以延长?

《劳动合同法》第19条第2款明令禁止用人单位多次与劳动者约定试用期。用人单位与劳动者约定的试用期短于《劳动合同法》第19条第1款规定的最高限,用人单位与劳动者再次约定试用期,显然不符合法律规定,但这种情况下,用人单位是否可以与劳动者约定延长试用期,实务中存在较大争议。

【争议】

观点一:劳动法律法规虽规定用人单位只能与劳动者约定一次试用期,但试用期延长并不属于多次约定试用期的情形。而且,在约定试用期内双方考察试用的目的没有完全实现,适当延长试用期,使双方均可进一步互相考察,对劳动关系的和谐稳定有益。在法律法规没有禁止性规定的情况下,用人单位与劳动者协商延长试用期,只要是双方当事人真实意思表示,就应该认可其效力。

观点二:延长试用期,实际上是第二次约定试用期,违反法律的强制性规定,应为无效。

【解答】

笔者同意观点二。原因在于:

(1)《劳动合同法》规定用人单位与一名劳动者只能约定一次试用期,意在遏制用人单位在用工过程中普遍出现的滥用试用期的情况。用人单位在试用期内主要考察劳动者的劳动能力、思想状况、身体条件等是否满足录用条件,在确定试用期期限时,用人单位应该就考察这些事项所需的时间作充分考虑,在试用期期限内,用人单位足以对劳动者的这些情况有全面了解,无须多次约定试用期。用人单位任意延长试用期,是滥用试用期侵害劳动者权益的一种表现。延长试用期,实际上就是再次约定试用期,这种行为在实质上违反了法律关于只能约定一次试用期的强制性规定,应为无效。

(2)目前,劳资双方的实力仍处于严重失衡状态,处于弱势地位的劳动者对用人单位提出的不合理要求,常迫于就业和生存压力而不得不接受。劳动关系存续过程中,劳动者在用人单位提供不利于自己的承诺书、协议上签字,常有违劳动者的真实意思。所以,在劳动关系中,不能想当然地认为劳动者签字就是合法的,就符合双方真实意思表示。用人单位延长试用期,往往有降低用工成本、便于解除劳动合同之目的,而非出于进一步考察劳动者的目的。劳动者在试用期内的劳动报酬低于正常劳动报酬,而且可能面临用人单位以不符合录用条件解雇的风险,劳动者一般来说不愿意延长劳动期限,他们在延长试用期协议或承诺书上签字,往往并非出于自愿。

综上,延长试用期实质上违反法律规定,对劳动者的合法权益也有损害,应当确认无效。

【风险提示50】

> 用人单位在拟订劳动合同时,要充分考虑试用期的长度,以使用人单位在试用期内足以考察劳动者是否符合录用条件。不能在劳动合同中约定一个较短的试用期,又以在试用期内未全面考察劳动者为由,延长试用期。

【规范指引】

《中华人民共和国劳动合同法》

第十九条第二款　同一用人单位与同一劳动者只能约定一次试用期。

Q54:劳动者在试用期间患病或非因工受伤进入医疗期,用人单位是否可以中止试用期?

医疗期是指企业职工因患病或非因工负伤停止工作治病休息不得解除劳动合同的时限。根据《企业职工患病或非因工负伤医疗期规定》第3条的规定,企业职工因患病或非因工负伤,需要停止工作医疗时,实际工作年限10年以下,在本单位工作年限5年以下的医疗期为3个月;实际工作年限10年以上的,在本单位工作年限5年以下的为6个月;5年以上10年以下的为9个月;10年以上15年以下的为12个月;15年以上20年以下的为18个月;20年以上的为24个月。劳动者在试用期间患病或非因工受伤需要停止工作,用人单位是否可以中止试用期对劳动者的考察,待医疗期满后试用期重新计算,实践中有不同的看法。

【争议】

观点一:劳动者在试用期间患病或非因工受伤停止工作,用人单位在医疗期无法对劳动者的劳动能力、工作技能等条件进行考察,如禁止用人单位在这种情况下中止试用期,对用人单位明显不公。所以,劳动者在试用期间进入医疗期的,用人单位可以中止试用期。

观点二:《劳动合同法》规定用人单位不能与同一劳动者多次约定试用期,可以推论,法律也不允许用人单位通过延长、中止试用期等方式变相地多次适用试用期。所以,劳动者在试用期间进入医疗期,用人单位不能中止试用期。

【解答】

笔者同意观点一。试用期是用人单位对劳动者的劳动能力、工作技能、身体条件、道德素质等是否满足录用条件进行考察的重要期间,用人单位对劳动者与工作相关的各项条件进行全面考察需要一定的时间,所以多数用人单位在拟订劳动合同条款时,会在法定最高限以下约定一个长度足以全面考察劳动者的试用期。劳动者在试用期患病或非因工负伤,需要停止工作,劳动规章设定医疗期为3个月至6个月。而法律规定试用期的最高限为1个月至6个月。因此,职工患病或非因工受伤需要停止工作休息较长时间的,医疗期的长度可能长于或相当于试用期。如果劳动者在试用期内进入医疗期,则医疗期满,试用期可能也已结束。在这种情形下,劳动者长时间未上班,用人单位无法对劳动者与工作相关的各项条件作全面考察,这显然与试用期设置的目的相违背,如禁止用人单位中止试用期,对用人单位明显不公平。所以,劳动者在试用期间进入医疗期,用人单位可以中止试用期,劳动者医疗期满重新来用人单位上班时,试用期间继续计算。

浙江省高级人民法院民事审判第一庭、浙江省劳动人事争议仲裁院《关于审理劳动争议案件若干问题的解答(四)》(2016 年)持相同观点,该解答第 2 条规定,试用期是用人单位与劳动者的相互考察期间。劳动者在此期间请病假,影响到考察目的的实现,故该病假期间可从试用期中扣除。

【风险提示 51】

劳动者在试用期间进入医疗期的,用人单位可以中止试用期,待劳动者重新投入工作后恢复试用期,以充分考察劳动者的劳动能力、工作技能、身体条件、道德素质等是否满足录用条件。

【规范指引】

劳动部《企业职工患病或非因工负伤医疗期规定》

第三条　企业职工因患病或非因工负伤,需要停止工作医疗时,根据本人实际参加工作年限和在本单位工作年限,给予三个月到二十四个月的医疗期:

(一)实际工作年限十年以下的,在本单位工作年限五年以下的为三个月;五年以上的为六个月。

(二)实际工作年限十年以上的,在本单位工作年限五年以下的为六个月;五年以上十年以下的为九个月;十年以上十五年以下的为十二个月;十五年以上二十年以下的为十八个月;二十年以上的为二十四个月。

Q55:用人单位与劳动者续订劳动合同,劳动者的工作岗位发生变化,是否可约定试用期?

用人单位与劳动者的劳动合同到期,在续订劳动合同时,双方协商一致变更劳动者的工作岗位。用人单位在此种情形下,与劳动者在劳动合同中约定试用期,是否违反法律规定,实务中有不同观点。

【争议】

观点一:《劳动合同法》明令禁止用人单位与同一劳动者多次约定试用期,用人单位与劳动者续订劳动合同,无论工作岗位是否发生变化,都不得再次与劳动者约定试用期。

观点二:劳动者的工作岗位发生变化,用人单位有必要对劳动者是否适应新的工作岗位进行考察。用人单位在劳动者工作岗位发生变化的情形下与劳动者约定试用期,并没有不妥之处。

【解答】

笔者认为,劳动者在续订劳动合同时工作岗位发生变化,用人单位是否可与劳动者约定试用期,应视不同情况作不同处理。

(1)劳动者的工作岗位虽有变化,但工作的实质内容变化不大,用人单位不能和劳动者约定试用期。

(2)劳动者的工作岗位是从重要、复杂的岗位调整到非重要、简单的岗位,这种情形下,用人单位也不得与劳动者约定试用期。

(3)调整后的工作岗位是劳动者之前在该用人单位曾经从事过的,用人单位不得与劳动者约定试用期。

(4)调整前后的工作岗位实质工作内容变化较大,如从销售岗位调整到技术岗位,而且不是从复杂、重要的岗位调整到相对不重要、简单的岗位,用人单位可与劳动者约定试用期,以考察劳动者是否适应新的工作岗位。

【风险提示 52】

> 用人单位与劳动者续订劳动合同,原则上不得约定试用期。仅在续订劳动合同时劳动者的工作岗位发生变化,而且前后工作岗位工作内容变化较大的情形下,用人单位才可与劳动者约定试用期。

Q56:试用期内,用人单位是否应当为劳动者缴纳社会保险?

在现实生活中,一些用人单位为正式上班的劳动者缴纳社会保险,但没有为在试用期内的劳动者缴纳社会保险。这种做法是否违反法律规定,劳动者是否可因此解除劳动合同并要求用人单位支付经济补偿金,实践中存在不同意见。

【争议】

观点一:用人单位与劳动者的劳动关系自实际用工之日成立,所以试用期内双方存在劳动关系。既然存在劳动关系,用人单位就应该为劳动缴纳社会保险。

观点二:试用期内,用人单位尚在考察劳动者是否满足录用条件以最后决定是否留用劳动者,在此期间,用人单位没有为劳动者缴纳社会保险的义务。

【解答】

笔者同意观点一。我们社会保险制度坚持广覆盖、保基本、多层次、可持续的方针。《社会保险法》第 12 条规定,用人单位应当按照国家规定的本单位职工工资总额的比例缴纳基本养老保险费,记入基本养老保险统筹基金。法律规定用人单位应当为本单位所有的劳动者缴纳社会保险,并未将试用期的劳动者排除在外。试用期从 1 个月至 6 个月不等,在数个月的试用期内用人单位不为劳动者缴纳社会保险费用,实际上是对劳动者权利的一种侵害,还会导致劳动者社会保险中断的不利后果。用人单位不为劳动者缴纳试用期内的社会保险,劳动者可以要求用人单位补缴,并可根据《劳动合同法》第 38 条、第 45 条的规定解除劳动合同,要求用人单位支付经济补偿金。

【风险提示 53】

用人单位招用劳动者,实际用工开始第 1 个月,就要为劳动者办理社会保险手续,为劳动者缴纳社会保险。切不可因劳动者尚处于试用期内而忽视为这些劳动者缴纳社会保险的义务。

【规范指引】

《中华人民共和国社会保险法》

第十二条　用人单位应当按照国家规定的本单位职工工资总额的比例缴纳基本养老保险费,记入基本养老保险统筹基金。

Q57:用人单位能否单方调整劳动者的工作岗位?

《劳动合同法》第 35 条规定,用人单位与劳动者协商一致,可以变更劳动合同约定的内容。变更劳动合同,应当采用书面形式。变更后的劳动合同文本由用人单位和劳动者各执一份。该条规定劳资双方在协商一致的情况下可对劳动合同条款包括工作岗位、工资等内容进行变更。现实生活中,用人单位在未经劳动者同意的情况下对劳动者工作岗位的变更,这样的情形并不鲜见。劳动法律法规并未对用人单位是否有权单方调整劳动者的工作岗位作出规定,是否可以据此推断调整劳动者的工作岗位必须有劳资双方的合意,用人单位单方调整劳动者的工作岗位均为无效？实务中存在不同观点。

【争议】

观点一：在劳动关系中，劳动者对用人单位有强烈的人身依附性和从属性，用人单位可以指挥、安排劳动者进行工作。用人单位调整劳动者的工作岗位，是用人单位行使经营管理权的必要手段，也是用人单位生产经营所必需，劳动者有服从的义务。

观点二：用人单位调整劳动者的工作岗位应当获得劳动者的同意。未经劳动者同意，用人单位单方调整工作岗位，应为无效，劳动者仍可在原岗位工作。

观点三：用人单位单方调整劳动者的工作岗位是否有效，要看调岗是否具备合理性和必要性。如调整劳动者的工作岗位系生产经营所必需，而且岗位的调整是合理的，用人单位单方调整工作岗位行为有效；如调整岗位对于用人单位的生产经营并非必要，或者调整岗位不具有合理性，用人单位单方调整工作岗位的行为就不具备有效性。

【解答】

笔者认为，赋予用人单位一定条件下单方调整劳动者工作岗位的权利，是必要的。用人单位享有用工自主权，对劳动者的工作在合理限度内有指挥权和管理权，劳动者有服从的义务。如一律禁止用人单位单方调整劳动者的工作岗位，用人单位难以建立和维护良好的劳动秩序，生产经营也难免受不利影响。然而，用人单位的用工自主权并非毫无限制，由于用人单位在劳动关系中处于明显的强势地位，容易滥用用工自主权侵害劳动者的权益，所以，用人单位行使用工自主权时，不仅要符合法律规定和劳动合同的约定，还要具备合理性。同样，用人单位调整劳动者的工作岗位不能随意而为，必须是用人单位生产经营所必需，而且要合法、合理，否则调岗不发生法律效力，如此可防止用人单位滥用工作岗位调整权侵害劳动者的合法权利。

多地劳动仲裁部门和人民法院出台指导性意见对用人单位的工作岗位调整权进行限制。北京市高级人民法院、北京市劳动人事争议仲裁委员会《关于审理劳动争议案件法律适用问题的解答》（2017 年）第 5 条规定，用人单位与劳动者约定可根据生产经营情况调整劳动者工作岗位的，经审查用人单位证明生产经营情况已经发生变化，调岗属于合理范畴，应支持用人单位调整劳动者工作岗位。用人单位与劳动者在劳动合同中未约定工作岗位或约定不明的，用人单位有正当理由，根据生产经营需要，合理地调整劳动者工作岗位属于用人单位自主用工行为。判断合理性应参考以下因素:用人单位经营必要性、目的正当性,调整后的岗位为劳动者所能胜任、工资待遇等劳动条件无不利变更。用人单位与劳动者签订的劳动合同中明确约定工作岗位但未约定如何调岗的,在不符合《劳动合同法》第 40 条所列情形时,用人单位自行调整劳动者工作岗位的属于违约行为,给劳动者造成损失的,用人单位应予以赔偿,参照原岗位工资标准补发差额。对于劳动者主张恢复原工作岗位的,根据实际情况进行处理。经审查难以恢复原工作岗位的,可释明劳动者另行主张权利,释明后劳动者仍坚持要求恢复原工作岗位,可驳回请求。广东省高级人民法院、广东省劳动人事争议仲裁委员会《关于审理劳动人事争议案件若干问题的座谈会纪要》(2012年)第 22 条规定,用人单位调整劳动者工作岗位,同时符合以下情形的,视为用人单位合法行使用工自主权,劳动者以用人单位擅自调整其工作岗位为由要求解除劳动合同并请求用人单位支付经济补偿的,不予支持:(1)调整劳动者工作岗位是用人单位生产经营的需要;(2)调整工作岗位后劳动者的工资水平与原岗位基本相当;(3)不具有侮辱性和惩罚性;(4)无其他违反法律法规的情形。

我国台湾地区确立调职需具备的五大原则:(1)基于企业经营所必要;(2)不得违反劳动契约;(3)对劳工薪资及其他劳动条件,未作不利之变更;(4)调动后工作与原有工作性质为其体能及技术所能胜任;(5)调动工作地点过远,雇主应予必要之协助。① 法国对劳动合同工作岗位变更合法性的判断基准有:(1)变更条款约定必须详细;(2)必须遵守善意原则,不得滥用权利;(3)对约定变更条款必须从严解释,不得扩大雇主权利;(4)此类条款约定,在雇员违反纪律处罚的措施而实施该约定时,如劳动合同中约定雇员违反劳动纪律,要接受雇主对其岗位的调整。②

笔者认为,用人单位单方调整工作岗位是否有效,应从以下方面进行判断:(1)用人单位调整工作岗位是否基于生产经营的必要性。如非用人单位生产经营所必要,则调整工作岗位就不具备正当性。(2)用人单位调整工作岗位是否合理。用人单位调整工作岗位,不能具有侮辱性,调整前后的工资水平及其他劳动条件应大体相当,劳动者的劳动能力和技能可以适应新的工作岗位。(3)劳动合同是否有排除用人单位单方调整工作岗位权利的内容。如劳动合同约定,仅有在劳资双方达成一致的条件下,用人单位才能调整工作岗位,用人单

① 参见林更盛:《雇主调职权限之控制》,载《月旦裁判时报》2013 年第 4 期。

② 参见孙国平:《论雇主劳动合同条款变更权之控制》,载《比较法研究》2016 年第 1 期。

位就不能单方调整劳动者的岗位。(4)调整岗位是否有法律规定之依据。如根据《劳动合同法》第40条的规定,用人单位可在以下情形调整劳动者的岗位:①劳动者患病或者非因工负伤,在规定的医疗期满后不能从事原工作;②劳动者不能胜任工作。用人单位在以上情形调整工作岗位,一般可认定有效。(5)调整岗位是否有违反诚实信用、公序良俗和权利不得滥用之原则。

除上述正常的工作岗位调整外,用人单位有权对劳动者的过错行为进行惩戒性的岗位调整。劳动者违反用人单位的规章制度给用人单位造成损失,但违纪行为没有达到用人单位解除劳动合同的严重程度,用人单位可调整劳动者的工作岗位以示惩戒。此时,调整工作岗位前后的工资和其他条件可有所降低。用人单位在此情形下调整岗位应当符合以下两个条件:一是用人单位制定的规章制度或用人单位与劳动者签订的劳动合同有用人单位可因劳动者过错调整岗位的条款;二是用人单位调整工作岗位的惩罚手段应当与劳动者过错行为的严重程度相适应,符合比例原则。

【风险提示54】

用人单位在拟订劳动合同条款时,最好能加入用人单位可根据生产经营需要调整劳动者工作岗位的条款。在调整工作岗位时,尽可能地与劳动者协商达成一致。如确实无法与劳动者达成一致,而用人单位又必须调整劳动者的工作岗位,应当注意调整工作岗位必须具有生产经营的必要性,调整工作岗位的工资水平、劳动条件等应当大体相当,劳动者也有能力适应新的工作岗位,不得违反诚实信用、公序良俗等原则。

用人单位在制定规章制度时,对劳动者的过错行为所列的惩罚措施中,可加入调整工作岗位的惩罚性手段,要注意这种惩罚性手段的必要性和适当性。在劳动者违反规章制度时,要注意证据的固定和保存。

【规范指引】

《中华人民共和国劳动合同法》

第三十五条　用人单位与劳动者协商一致,可以变更劳动合同约定的内容。变更劳动合同,应当采用书面形式。变更后的劳动合同文本由用人单位和劳动者各执一份。

Q58:用人单位是否可以单方调整劳动者的工作地点?

劳动者的工作地点是劳动合同中非常重要的内容,对劳动者及其家庭的影响重大。劳动者选择是否到一个用人单位工作,该用人单位所处的位置是劳动者考虑的重要因素。现实生活中,一些用人单位基于生产经营的需要,或者是政府政策变化的原因,对劳动者的工作地点进行调整。劳动者进入用人单位,工作和家庭稳定后,往往会抵制或拒绝服从用人单位调整工作地点的决定。未经劳动者同意,用人单位是否能单方调整劳动者的工作地点,劳动者是否有服从的义务,实务中有不同观点。

【争议】

观点一:调整劳动者的工作地点,是用人单位经营自主权的重要体现。用人单位决定调整劳动者的工作地点,无须与劳动者协商达成一致,劳动者有服从的义务。

观点二:劳动者工作地点的变更,对劳动者权利的影响重大。用人单位在调整劳动者工作地点之前,必须与劳动者协商达成一致,未经劳动者同意,用人单位不得单方调整劳动者的工作地点。

观点三:用人单位是否有调整劳动者工作地点的权利,不能一概而论,要综合调整工作地点的必要性、工作地点调整前后距离的远近、劳动者个人及家庭情况、地点调整对劳动者影响大小、用人单位所处行业以及劳动者所从事工作岗位的性质等情况进行考量。如用人单位调整工作地点具有合理性,则可认定单方调整工作地点为有效。

【解答】

笔者同意观点三。现实中,劳动者工作地点并非绝对的一成不变,在以下情况下,工作地点会发生变更:(1)用人单位因为生产经营情况的变化或政府政策变化整体搬迁,如因为环保政策变化,从事化工行业的用人单位整体搬迁,劳动者的工作地点发生变化;(2)用人单位因生产经营规模扩大,在其他地方设置分支机构或者成立子公司,指派劳动者到异地工作;(3)从事诸如建筑业、房地产行业的用人单位,在异地有项目时,也会指派劳动者到异地参与项目;(4)劳动者是项目负责人,或从事销售岗位等,工作性质决定劳动者经常要到异地工作。如不综合考虑用人单位的行业、劳动者从事的岗位以及用人单位作出调整决定的背景等因素,"一刀切"地认定用人单位无权单方调整劳动者的工作地点,显然不利于用人单位正常生产经营活动的开展,导致不公平的结果。但不可否认的是,一些用人单位利用自己在劳动关系中所处的强势地位,滥用经营管理自主权,任意调整劳动者的工作地点,有些甚至带有侮辱性质,侵犯劳动者的合法权益。基于这些情形,不能不对用人单位调整工作地点的权利作严格限制。

一些地方的劳动仲裁部门和人民法院在对用人单位调整劳动者工作地点权利的限制上作了有益的探索。《天津法院劳动争议案件审理指南》(2017 年)第 20 条规定,用人单位有权根据经营需要调整劳动者的工作地点,但有以下情形之一,劳动者主张用人单位未经协商一致单方调整工作地点违法的,应予支持:(1)工作地点的调整具有歧视性、侮辱性;(2)明显增加劳动者的工作成本,但用人单位提供了相应补偿或者替代条件可以基本弥补劳动者增加的工作成本的除外;(3)即使用人单位提供了相应补偿或者替代条件,但劳动者订立劳动合同的目的仍然落空的;(4)违反劳动合同对工作地点的约定的。劳动者对用人单位调整工作地点存在上述情形承担举证证明责任。

笔者认为,上述处理仍有欠妥和有失片面之处。以下情形中,用人单位单方调整劳动者的工作地点,原则上可认定是有效的:(1)用人单位因生产经营的必要性或政府政策变化等因素整体搬迁到同一个地区的其他地点,新的工作地点可能离劳动者的住处距离有所增加、交通有所不便,如用人单位提供班车、交通补贴,基本可以弥补劳动者增加的交通成本,这种情形下,劳动者对用人单位的调整决定应当服从。(2)用人单位因生产经营的必要性或政府政策变化等因素整体搬迁到其他城市,工作地点调整存在必要性,用人单位有权单方调整劳动者的工作地点,但劳动者也可以基于订立劳动合同的目的不能实现拒绝服从,此时,用人单位可与劳动者协商解除劳动合同,或根据《劳动合同法》第 40 条第 3 项解除劳动合同,并支付经济补偿金。(3)在订立劳动合同时,因用人单位所处的行业性质、劳动者工作岗位的性质或劳动合同约定的内容,劳动者明知或应当预见工作地点不固定的,用人单位有权对劳动者的工作地点作出单方面的调整。(4)用人单位基于生产经营的必要性作出的其他合理工作地点调整,对劳动者影响不大,也不违反劳动合同的约定,对劳动者相应增加的成本有补偿,应当认定有效。除上述情形外,用人单位一般不得在未经得劳动者同意的情况下,单方调整劳动者的工作地点。

一些用人单位会在劳动合同中宽泛地约定工作地点为“全国”、某省等,这种约定效力的认定,可以参考北京市高级人民法院、北京市劳动人事争议仲裁委员会《关于审理劳动争议案件法律适用问题的解答》(2017年)第6条的规定:用人单位与劳动者在劳动合同中宽泛地约定工作地点是“全国”“北京”等,如无对用人单位经营模式、劳动者工作岗位特性等特别提示,属于对工作地点约定不明。劳动者在签订劳动合同后,已经在实际履行地点工作的,视为双方确定具体的工作地点。用人单位不得仅以工作地点约定为“全国”“北京”为由,无正当理由变更劳动者的工作地点。用人单位与劳动者在劳动合同中明确约定用人单位可以单方变更工作地点的,仍应对工作地点的变更进行合理性审查。具体审查时,除考虑对劳动者的生活影响外,还应考虑用人单位是否采取了合理的弥补措施(如提供交通补助、班车)等。

【风险提示55】

用人单位因所处行业、劳动者的工作岗位性质、生产经营规模等可能调整劳动者的工作岗位,不妨在订立劳动合同时就加入用人单位单方调整工作地点的权利条款。但该约定不能过于宽泛,应当将用人单位调整工作地点的范围至少明确到设区的市。

Q59:劳动合同变更是否一定要以书面形式进行?

《劳动合同法》第35条规定,用人单位与劳动者协商一致,可以变更劳动合同约定的内容。变更劳动合同,应当采用书面形式。变更后的劳动合同文本由用人单位和劳动者各执一份。现实生活中,一些用人单位与劳动者订立书面的劳动合同,在劳动合同存续期间,用人单位对劳动者的工作岗位、工作时间或劳动条件等劳动合同条款作了变更,但未采用书面形式。这种做法与《劳动合同法》第35条的规定并不一致,是否能发生变更的法律效力,实践中存在不同观点。

【争议】

观点一:《劳动合同法》明确规定变更劳动合同应当采用书面形式,这是法律的强制性规定,不得违反。用人单位以口头或其他非书面形式变更与劳动者的劳动合同条款,应为无效。《江苏省劳动合同条例》(2013年)第14条规定,变更劳动合同应当经当事人双方协商一致。变更劳动合同应当采用书面形式,注明变更日期,但提高劳动报酬等有利于劳动者的情形除外。当事人一方要求变更劳动合同的，应当将变更要求书面送交另一方，另一方在收到之日起 15 日内未作出书面答复的，视为不同意变更劳动合同。

观点二：《劳动合同法》第 35 条规定是管理性规范，是为了提倡和督促用人单位以书面形式与劳动者协商变更劳动合同，而非强制性规范。变更劳动合同未以书面形式，不影响变更的法律效力。上海市高级人民法院《关于适用〈劳动合同法〉若干问题的意见》(2009 年）第 3 条规定，《劳动合同法》第 35 条规定，劳动合同变更的应当采取书面形式。这里的书面形式要求，包括发给劳动者的工资单、岗位变化通知等。因为随着劳动合同的持续履行，劳动合同双方的权利义务必然会不断变化。如随着劳动者工作时间的增加，其休假、奖金标准发生的自然变化等，都属于劳动合同的变更。因此，对于依法变更劳动合同的，只要能够通过文字记载或者其他形式证明的，可以视为“书面变更”。

观点三：变更劳动合同应以书面形式，双方未采取书面形式变更合同，但以口头等方式达成合意，并已实际履行一定时间，变更劳动合同的效力应当发生法律效力。江苏省高级人民法院、江苏省劳动人事争议仲裁委员会《关于审理劳动争议案件的指导意见》(2009 年）第 14 条规定，用人单位因生产经营困难、资金周转等原因而采取降薪保职、降薪休假等变更劳动合同措施，且与劳动者以相关文字记载或实际履行行为达成变更合意后，劳动者又以用人单位变更劳动合同未采用书面形式为由请求确认劳动合同变更无效的，不予支持。

【解答】

笔者倾向于观点三。《劳动合同法》规定变更劳动合同应采用书面形式，但没有规定未采书面形式变更劳动合同即为无效。虽然立法者倾向于以口头等形式变更劳动合同一律无效，其意在避免劳动争议的出现。但笔者认为即使以书面形式变更劳动合同，劳动纠纷也难以避免，很多非书面变更劳动合同实际上已经得到劳动者的同意，而且实际履行了较长一段时间。以避免劳动纠纷出现为由一律否定非书面变更劳动合同的效力，特别是否定双方实际达成合意的非书面变更劳动合同效力，似有过于简单化和“一刀切”之嫌。

未采取书面形式变更劳动合同，原则上应认定无效，但在一些情形下，可以认定双方就变更劳动合同达成合意，如双方已实际履行变更后的劳动合同较长时间，或其他文字记载可以体现双方就变更劳动合同达成一致，这样的变更劳动合同，只要不存在法律、行政法规规定的无效、可撤销情形，就没有认定无效的理由。而且，变更劳动合同属于用人单位合理的自主经营权范畴，也不宜仅以非书面形式就否定其效力。

有学者进一步认为,针对雇主劳动合同条款变更权司法控制的关键在于:首先要有一些衡量该权利行使是否符合必要性、合理性以及正当性的具体判断标准或考量因素,进而建立相关的司法裁判规则,最后结合个案具体案情具体分析是否构成权利滥用。只要有了标准和规则,纠结于变更劳动合同之书面形式还是口头变更其实意义不大,毕竟形式只是外在的东西,而标准和规则才是内在的衡量基准。对书面形式的绝对强调有时可能与现实格格不入,毕竟现实中有不少口头形式的劳动合同与口头变更劳动合同之情形,在许多低端劳工身上尤为普遍。此外,书面变更劳动合同是否绝对就是雇主与劳工意图与期待之真实表达,这在劳动合同双方存在不对等之博弈能力实态下亦是存疑。反之,凡事物极必反,如果在司法审查中,衡量雇主行使劳动合同条款变更权是否存在滥用时,不结合诸多判断标准或裁判规则,不结合个案事实综合分析,一味地过分依赖书面形式或仅凭实际履行口头变更超过 1 个月事实而不探究此项变更是否合法、合理、必要且正当、是否存在权利滥用而径直认为该劳动合同变更合法有效,可能亦是一种司法怠惰。①

综上可见,变更劳动合同未有书面形式,以下情形中劳动合同仍然有效:(1)有证据足以证明双方就劳动合同变更达成一致,并不存在法律、行政法规规定的无效情形。如双方实际履行变更后的劳动合同有一定时间,或有工作记录等文字反映双方均同意变更劳动合同。关于履行时间的长度,最高人民法院《关于审理劳动争议案件适用法律若干问题的解释(四)》已有规定,该解释第 11 条规定,变更劳动合同未采用书面形式,但已经实际履行了口头变更的劳动合同超过 1 个月,且变更后的劳动合同内容不违反法律、行政法规、国家政策以及公序良俗,当事人以未采用书面形式为由主张劳动合同变更无效的,人民法院不予支持。(2)虽无证据证明双方已就劳动合同变更达成一致,但变更后的劳动合同如工资待遇、工作时间、劳动条件等有利于劳动者,也应认定有效。

【风险提示 56】

用人单位与劳动者协商一致变更劳动合同,应及时形成书面文件,劳资双方共同签章确认,固定双方变更劳动合同之合意,以避免无书面变更文件带来的举证困难或被有权部门认定变更劳动合同无效的风险。

---

① 参见孙国平:《论雇主劳动合同条款变更权之控制》,载《比较法研究》2016 年第 1 期。

【规范指引】

最高人民法院《关于审理劳动争议案件适用法律若干问题的解释(四)》

第十一条　变更劳动合同未采用书面形式,但已经实际履行了口头变更的劳动合同超过一个月,且变更后的劳动合同内容不违反法律、行政法规、国家政策以及公序良俗,当事人以未采用书面形式为由主张劳动合同变更无效的,人民法院不予支持。

Q60:用人单位是否可以单方调整劳动者的工资和劳动条件?

一些用人单位会根据劳动者的表现、业绩等调整工资、劳动条件等,很多情况下,用人单位调整工资、劳动条件并未获得劳动者的同意。用人单位单方调整劳动者的工资和劳动条件是否有效,存在不同观点。

【争议】

观点一:用人单位应当按照劳动合同约定的工资标准向劳动者发放工资并提供劳动条件,除非与劳动者协商一致,用人单位不得单方调整劳动者的工资和劳动条件。

观点二:用人单位可在劳动合同中约定按业绩等情况调整劳动者的工资和劳动条件,除此之外,用人单位依法调整劳动者的工作岗位、职务等,也可以调整劳动者的工资和劳动条件。

【解答】

笔者认为,劳动者的工资收入和劳动条件不可能一成不变。用人单位在未增加工作量的情况下提高劳动者的工资和劳动条件,或提供劳动者工资的比例高于工作量增加的比例,这种调整有利于劳动者,自然没有禁止的理由。用人单位与劳动者约定基本工资、绩效工资等,绩效工资按劳动者的表现、业绩等确定,用人单位在保证劳动者基本工资的基础上,根据每月的不同情况调整劳动者的绩效工资等,亦无不可。用人单位如单方降低劳动合同约定的工资或劳动条件,即使有劳动者签字同意,原则上也应认定为无效,但存在以下例外情形:

(1)用人单位依法降低或撤销劳动者的职务,相应的可以降低劳动者的工资和劳动条件,但应符合"同工同酬"原则,即劳动者的工资应当与从事相同岗位和工作的劳动者大体相同。

(2)用人单位依《劳动合同法》第40条第1项、第2项,即劳动者患病或者非因工负伤在规定的医疗期满后不能从事原工作以及劳动者不能胜任工作,调整劳动者的工作岗位,新的工作岗位工资和劳动条件低于原工作岗位,用人单位据此可予以调整,但仍应符合"同工同酬"原则。

(3)用人单位依规章制度的规定对劳动者的过错行为进行惩戒性的岗位调整,相应地,可合理降低劳动者的工资和劳动条件。

(4)用人单位依规章制度的规定对劳动者违规违纪行为进行惩罚性的扣款,扣款的数额在合理范围,以及因劳动者的故意或重大过错造成用人单位损失,用人单位对劳动者主张赔偿损失,可以对劳动者工资进行扣减。

(5)劳动者因病、因事请假,用人单位可按法律法规的规定扣减劳动者请假期间的劳动报酬。

(6)用人单位生产、经营面临严重困难,与劳动者协商降低工作时间,或者在停产停业期间,可以合理地降低劳动者的工资。

【风险提示57】

用人单位原则上不得减少劳动者的工资报酬、福利待遇,但在劳动法律法规有明确规定、用人单位依法降低或撤销劳动者职务、劳动者不胜任工作调岗、劳动者违反规章制度被惩罚等情形,用人单位可适当降低劳动者的相关待遇。

【规范指引】

劳动部《工资支付暂行规定》

第十二条　非因劳动者原因造成单位停工、停产在一个工资支付周期内的,用人单位应按劳动合同规定的标准支付劳动者工资。超过一个工资支付周期的,若劳动者提供了正常劳动,则支付给劳动者的劳动报酬不得低于当地的最低工资标准;若劳动者没有提供正常劳动,应按国家有关规定办理。

劳动部《对〈工资支付暂行规定〉有关问题的补充规定》

三、《规定》第十五条中所称"克扣"系指用人单位无正当理由扣减劳动者应得工资(即在劳动者已提供正常劳动的前提下用人单位按劳动合同规定的标准应当支付给劳动者的全部劳动报酬)。不包括以下减发工资的情况:(1)国家的法律、法规中有明确规定的;(2)依法签订的劳动合同中有明确规定的;(3)用人单位依法制定并经职代会批准的厂规、厂纪中有明确规定的;(4)企业工资总额与经济效益相联系,经济效益下浮时,工资必须下浮的(但支付给劳动者工资不得低于当地最低工资标准);(5)因劳动者请事假等相应减发工资等。

Q61:劳动合同的双方主体是否可以变更?

在现实生活中,存在一些劳动合同主体的变更:用人单位将全部或部分业务承包或租赁给自然人或其他单位经营,将与劳动者之间的劳动合同转让给承包人或承租人;用人单位劳动合同转让给关联公司;用人单位因合并、分立或整体转让导致用工主体变更;一些劳动者由于种种原因,请他人代自己履行劳动合同。上述劳动合同主体变更是否有效,实践中有不同观点。

【争议】

观点一:劳动合同的转让可以参照《合同法》关于合同转让的规定,在法律没有禁止性规定的情况下,劳动合同转让并导致用工主体或劳动者主体的变更应为有效。

观点二:劳动合同主体的变更,应经得双方当事人的一致同意。双方未协商一致的情况下,用人单位或劳动者单方进行合同主体或履行主体的变更,不发生法律效力。

【解答】

笔者认为,劳动合同是一种具有强烈人身性质的继续性合同,人身性决定了劳动合同双方当事人应当亲力亲为,亲自履行劳动合同,不得任意变更用工主体或劳动者主体。法律未有规定的单方变更,对方均有拒绝的权利,给对方造成损失的,变更一方当事人还要承担赔偿责任。用人单位在法律没有规定的情形下单方变更用工主体,实际上是解除与劳动者之间的劳动合同并要求劳动者与其他用人单位成立劳动关系,在此情形下劳动者可以要求继续履行与用人单位之间的劳动合同或要求用人单位支付违法解除劳动合同的赔偿金。

劳动合同主体的变更,如存在法定事由或经得双方当事人的一致同意,且不存在无效的情形,应认定为有效。根据《劳动合同法》第 34 条的规定,用人单位发生合并或者分立等情况,原劳动合同继续有效,劳动合同由承继其权利和义务的用人单位继续履行。用人单位合并、分立或整体转让等情形,可以该条规定变更用工主体。用人单位将部分或全部业承包或租赁给自然人或其他单位,根据劳动部《关于贯彻执行〈中华人民共和国劳动法〉若干问题的意见》第

15条的规定,租赁经营(生产)、承包经营(生产)的企业,所有权并没有发生改变,法人名称未变,在与职工订立劳动合同时,该企业仍为用人单位一方。依照租赁合同或承包合同,租赁人、承包人如果作为该企业的法定代表人或者该法定代表人的授权委托人时,可代表该企业(用人单位)与劳动者订立劳动合同。

【风险提示58】

用人单位在未经劳动者同意的条件下,单方将劳动合同转让给其他用人单位,实际上是解除了与劳动者之间的劳动关系,而使劳动者与其他用人单位之间成立劳动关系。在这种情形下,用人单位的行为很有可能会被认定为违法解除劳动合同,从而承担相应的法律责任。

【规范指引】

《中华人民共和国劳动合同法》

第三十四条　用人单位发生合并或者分立等情况,原劳动合同继续有效,劳动合同由承继其权利和义务的用人单位继续履行。

Q62:用人单位单方变更工作时间制度是否有效?

我国实行工作时间制度主要有三种,即标准工时制、不定时工作制和综合工时制。一般劳动者执行的是标准工时制,依《国务院关于职工工作时间的规定》第3条的规定,职工每日工作8小时、每周工作40小时。不定时工作制是指每一工作日没有固定上下班时间限制的工作时间制度。它是针对因生产特点、工作特殊需要或职责范围的关系,无法按标准工作时间衡量或需要机动作业的职工所采用的一种工时制度。实行不定时工作制的职工,不受法律规定的日延长工作时间标准和月延长工作时间标准的限制,但用人单位应采用弹性工作时间等适当的工作和休息方式,确保职工的休息休假权利和生产、工作任务的完成。综合工时制是指企业因生产特点不能实行标准工时制的,分别以周、月、季、年等为周期,综合计算工作时间。在综合计算周期内,某一具体日的实际工作时间可以超过8小时,平均每周工作时间不超过40小时,但综合计算周期内的总实际工作时间不应超过总法定标准工作时间,超过部分应视为延长工作时间并按劳动法的规定支付报酬,其中法定休假日安排劳动者工作的,按劳动法的规定支付报酬。延长工作时间的小时数平均每月不得超过36小时。

劳动部《关于企业实行不定时工作制和综合计算工时工作制的审批办法》

规定了用人单位实行不定时工作制和综合工时制必须经过相关部门审批，并未规定用人单位必须与劳动者协商一致。用人单位未经劳动者同意向相关部门申请不定时工作制和综合工时制，相关部门批准后，用人单位是否可以直接改变原来实行的标准工时制转而执行不定时工作制和综合工时制，实践中存在不同观点。

【争议】

观点一：从实行标准工时制变更为不定时工作制或综合工时制，是对劳动合同的一种重大变更，对劳动者权益影响较大。用人单位要实行不定时工作制或综合工时制，不仅要按劳动法律法规的规定经过相关部门的审批，还要与劳动者协商一致，否则，用人单位不得执行不定时工作制或综合工时制。

观点二：劳动法律法规仅规定实行不定时工作制和综合工时制需经相关部门批准，而未规定必须经过劳动者的同意。用人单位经相关部门批准后，即可执行不定时工作制或综合工时制，无须经过劳动者同意。

【解答】

笔者同意观点一。用人单位原执行标准工时制，后变为实行不定时工作制或综合工时制，不仅要经得相关部门批准，还要和劳动者协商一致变更工作时间制度。原因在于：

（1）变更工作时间制度，是对劳动合同的重大变更，这种重大变更对劳动者来说并非有利。实行不定时工作制意味着上下班时间不确定，工作时间一般来说要明显长于标准工时制，而且劳动者不能要求延长工作时间的劳动报酬，劳动者在不定时工作制下要牺牲休息时间和延长劳动时间的报酬，这对劳动者来说是非常不利的。实行综合工时制意味着劳动者在一定时间内工作时间显著长于标准工时制，虽然综合期内总时间与标准工时制相同，劳动者也可以要求总时间超过正常工作时间的加班工资，但一段时间内工作时间的显著增长对劳动者来说也难言有利。基于实行不定时工作制和综合工时制系对劳动者重大的非有利变更，用人单位在变更工作时间制度时，应当与劳动者协商一致。

（2）劳动法律法规规定用人单位在实行不定时工作制和综合工时制必须经得有关部门的批准，该规定中经有关部门批准是实行不定时工作制和综合工时制的必要条件而非充分条件。也就是说，相关部门的批准仅是用人单位实行不定时工作制和综合工时制的一个必要前提，并不是说一经批准用人单位就可以实行不定时工作制和综合工时制。用人单位要变标准工时制为不定时工作制或综合工时制,应结合劳动部《关于企业实行不定时工作制和综合计算工时工作制的审批办法》和《劳动合同法》第35条的规定,同时满足经相关部门审批和与劳动者协商一致两个前提条件,缺一不可。

用人单位未经过劳动者同意单方变更工作时间为不定时工作制和综合工时制的,该行为无效,对该劳动者仍执行标准工时制,超出标准工时制的正常工作时间,用人单位应当按法律规定支付延长劳动时间的报酬。

【风险提示59】

用人单位在实行不定时工作制和综合工时制之前,除经相关部门批准外,切勿忽略与原实行标准工时制的劳动者协商达成一致的程序,与新加入用人单位的劳动者和续签劳动合同的劳动者签订的劳动合同中应加入实行不定时工作制或综合工时制的条款。

【规范指引】

劳动部《关于企业实行不定时工作制和综合计算工时工作制的审批办法》

第七条　中央直属企业实行不定时工作制和综合计算工时工作制等其他工作和休息办法的,经国务院行业主管部门审核,报国务院劳动行政部门批准。地方企业实行不定时工作制和综合计算工时工作制等其他工作和休息办法的审批办法,由各省、自治区、直辖市人民政府劳动行政部门制定,报国务院劳动行政部门备案。

典型案例11

浙江乐源生物工程有限公司诉邱传忠劳动争议案①

裁判要旨

劳动合同约定工作地点在全国,用人单位变更工作地点亦应在合理区域内,跨市调动工作地点属于对劳动合同的重大变更,需与劳动者协商一致。

基本案情

1999年7月28日,邱传忠进入浙江乐源生物工程有限公司(以下简称乐源公司)从事销售工作,担任黑龙江区域经理,双方签订劳动合同。邱传忠工资为固定工资2500元加销售提成工资,实收月工资6000元以上。2014年12月至2015年1月,乐源公司调动

① 参见浙江省湖州市中级人民法院(2015)浙湖民终字第720号民事判决书。

邱传忠的工作岗位，邱传忠从原岗位离开，新岗位因双方未达成合意而未上岗。2015 年 2 月 5 日，乐源公司以邱传忠旷工为由通知与之解除劳动合同。

裁判结果

浙江省德清县人民法院判决：（1）驳回乐源公司的诉讼请求；（2）乐源公司支付给邱传忠解除劳动合同经济补偿金 90 000 元。乐源公司不服，提起上诉。浙江省湖州市中级人民法院判决：驳回上诉，维持原判。

裁判理由

法院生效裁判认为，劳动者的工作地点影响着家庭生活和社会生活利益，本案中，乐源公司与邱传忠之间签订的劳动合同虽约定了邱传忠的工作地点是全国范围，但事实上邱传忠长期担任黑龙江区域经理一职，乐源公司对邱传忠工作地点的变更应属于对劳动合同的重大变更，需征得邱传忠同意，同时乐源公司也应当对因调动工作地点带来的不便予以协助或者给予必要经济补偿，从现有的证据看，乐源公司未提出解决调动工作地点的方案，双方就新工作岗位也并未协商达成一致，故乐源公司于此时以邱传忠旷工为由解除劳动合同属于违法行为，应当支付解除劳动合同经济补偿金。

第五部分

Chapter 5

工资报酬

Q63:劳动者工资由哪几部分组成?

【解答】

工资总额的计算原则上应以直接支付给职工的全部劳动报酬为根据。各单位支付给职工的劳动报酬以及其他根据有关规定支付的工资,无论是计入成本的还是不计入成本的,无论是按国家规定列入计征奖金税项目的还是未列入计征奖金税项目的,无论是以货币形式支付的还是以实物形式支付的,均应列入工资总额的计算范围。

根据《关于工资总额组成的规定》第2章的规定,工资总额由下列六个部分组成:(1)计时工资;(2)计件工资;(3)奖金;(4)津贴和补贴;(5)加班加点工资;(6)特殊情况下支付的工资。计时工资是指按计时工资标准(包括地区生活费补贴)和工作时间支付给个人的劳动报酬。包括:①对已做工作按计时工资标准支付的工资;②实行结构工资制的单位支付给职工的基础工资和职务(岗位)工资;③新参加工作职工的见习工资(学徒的生活费);④运动员体育津贴。计件工资是指对已做工作按计件单价支付的劳动报酬,包括:①实行超额累进计件、直接无限计件、限额计件、超定额计件等工资制,按劳动部门或主管部门批准的定额和计件单价支付给个人的工资;②按工作任务包干方法支付给个人的工资;③按营业额提成或利润提成办法支付给个人的工资。奖金是指支付给职工的超额劳动报酬和增收节支的劳动报酬。包括:①生产奖;②节约奖;③劳动竞赛奖;④机关、事业单位的奖励工资;⑤其他奖金。津贴和补贴是指为了补偿职工特殊或额外的劳动消耗和因其他特殊原因支付给职工的津贴,以及为了保证职工工资水平不受物价影响支付给职工的物价补贴。①津贴。包括:补偿职工特殊或额外劳动消耗的津贴,保健性津贴,技术性津贴,年功性津贴及其他津贴。②物价补贴。包括:为保证职工工资水平不受物价上涨或变动影响而支付的各种补贴。加班加点工资是指按规定支付的加班工资和加点工资。特殊情况下支付的工资。包括:①根据国家法律、法规和政策规定,因病、工伤、产假、计划生育假、婚丧假、事假、探亲假、定期休假、停工学习、执行国家或社会义务等原因按计时工资标准或计时工资标准的一定比例支付的工资;②附加工资、保留工资。

根据《关于工资总额组成的规定》第2章的规定以及《〈关于工资总额组成

的规定〉若干具体范围的解释》的相关规定,在计算劳动者工资总额时,应剔除以下项目:(1)根据国务院发布的有关规定颁发的发明创造奖、自然科学奖、科学技术进步奖和支付的合理化建议和技术改进奖以及支付给运动员、教练员的奖金;(2)有关劳动保险和职工福利方面的各项费用,具体有职工死亡丧葬费及抚恤费、医疗卫生或公费医疗费用、职工生活困难补助费、集体福利事业补贴、工会文教费、集体福利费、探亲路费、冬季取暖补贴、上下班交通补贴以及洗理费等;(3)有关离休、退休、退职人员待遇的各项支出;(4)劳动保护的各项支出,具体有:工作服、手套等劳保用品,解毒剂、清凉饮料,以及按照1963年7月19日劳动部等七单位规定的范围对接触有毒物质、矽尘作业、放射线作业和潜水、沉箱作业、高温作业等五类工种所享受的由劳动保护费开支的保健食品待遇;(5)稿费、讲课费及其他专门工作报酬;(6)出差伙食补助费、误餐补助、调动工作的旅费和安家费;(7)对自带工具、牲畜来企业工作职工所支付的工具、牲畜等的补偿费用;(8)实行租赁经营单位的承租人的风险性补偿收入;(9)对购买本企业股票和债券的职工所支付的股息(包括股金分红)和利息;(10)劳动合同制职工解除劳动合同时由企业支付的医疗补助费、生活补助费等;(11)因录用临时工而在工资以外向提供劳动力单位支付的手续费或管理费;(12)支付给家庭工人的加工费和按加工订货办法支付给承包单位的发包费用;(13)支付给参加企业劳动的在校学生的补贴;(14)计划生育独生子女补贴。

【风险提示60】

用人单位应根据《关于工资总额组成的规定》第2章规定的工资总额组成确定本单位劳动者工资的项目,计入工资总额的项目不得随意扣减,不得以实物代替工资报酬发放。

【规范指引】

国家统计局《关于工资总额组成的规定》

第四条　工资总额由下列六个部分组成:

(一)计时工资;

(二)计件工资;

(三)奖金;

(四)津贴和补贴;

（五）加班加点工资；

（六）特殊情况下支付的工资。

Q64：劳动者的日工资、小时工资如何折算？

【解答】

多数用人单位以1个月作为1个工资支付周期，而在计算加班工资、应休未休年休假工资等时，应以日工资、小时工资作为计算标准。日工资和小时工资的计算，又要涉及每月计薪天数的计算。

劳动和社会保障部《关于职工全年月平均工作时间和工资折算问题的通知》（劳社部发〔2000〕8号，该文件已被劳社发〔2008〕3号取代，通知已失效）规定，职工全年月平均工作天数和工作时间分别为20.92天和167.4小时，职工的日工资和小时工资按此进行折算。

由于全体公民的节日假期由原来的10天增设为11天，劳动和社会保障部《关于职工全年月平均工作时间和工资折算问题的通知》（劳社部发〔2008〕3号）对职工全年月平均制度工作天数和工资折算办法作了调整，制度工作时间的计算：年工作日为365天－104天（休息日）－11天（法定节假日）＝250天；季工作日为250天÷4季＝62.5天/季；月工作日为250天÷12月＝20.83天/月；工作小时数的计算：以月、季、年的工作日乘以每日的8小时。日工资、小时工资的折算：按照《劳动法》第51条的规定，法定节假日用人单位应当依法支付工资，即折算日工资、小时工资时不剔除国家规定的11天法定节假日。据此，日工资、小时工资的折算为：日工资为月工资收入÷月计薪天数；小时工资为月工资收入÷（月计薪天数×8小时）；月计薪天数＝（365天－104天）÷12月＝21.75天。目前，劳动者日工资和小时工资应参照该通知的规定计算。

【风险提示61】

劳动和社会保障部《关于职工全年月平均工作时间和工资折算问题的通知》将月工作日和月计薪天数作了区分，月工作日为20.83天，而月计薪天数为21.75天。日工资和小时工资的计算以月计薪天数为准。

【规范指引】

劳动和社会保障部《关于职工全年月平均工作时间和工资折算问题的通知》

一、制度工作时间的计算

年工作日:365 天 -104 天(休息日)-11 天(法定节假日)=250 天

季工作日:250 天 ÷4 季 =62.5 天/季

月工作日:250 天 ÷12 月 =20.83 天/月

工作小时数的计算:以月、季、年的工作日乘以每日的 8 小时。

二、日工资、小时工资的折算

按照《劳动法》第五十一条的规定,法定节假日用人单位应当依法支付工资,即折算日工资、小时工资时不剔除国家规定的 11 天法定节假日。据此,日工资、小时工资的折算为:

日工资:月工资收入÷月计薪天数

小时工资:月工资收入÷(月计薪天数×8 小时)

月计薪天数=(365 天 -104 天)÷12 月 =21.75 天

Q65:加班工资的计算基数如何确定?

根据《工资支付暂行规定》第 13 条第 1 款的规定,用人单位在劳动者完成劳动定额或规定的工作任务后,根据实际需要安排劳动者在法定标准工作时间以外工作的,应按以下标准支付工资:(1)用人单位依法安排劳动者在日法定标准工作时间以外延长工作时间的,按照不低于劳动合同规定的劳动者本人小时工资标准的 150% 支付劳动者工资;(2)用人单位依法安排劳动者在休息日工作,而又不能安排补休的,按照不低于劳动合同规定的劳动者本人日或小时工资标准的 200% 支付劳动者工资;(3)用人单位依法安排劳动者在法定休假节日工作的,按照不低于劳动合同规定的劳动者本人日或小时工资标准的 300% 支付劳动者工资。由于劳动法律法规未对加班工资的计算基数作明确规定,实践中确定加班工资计算基数的做法五花八门,难以统一。

【争议】

观点一:以劳动者正常工作时间的实发工资作为加班工资的计算基数,超出一个工资支付周期的奖金、提成等不计算在加班工资计算基数范围内。

观点二：以劳动者正常工作时间的应发工资作为加班工资的计算基数，超出一个工资支付周期的奖金、提成等也不计算在加班工资计算基数范围内。

观点三：将劳动者正常工作时间的实发工资作为计算基数，超出一个工资支付周期的资金、提成等按比例分摊在一个工资支付周期，包括在计算基数范围内。

【解答】

笔者认为，以上观点均有合理之处，重要的是确定一个标准，统一裁判尺度，避免出现同案不同判的现象。首先，加班工资的计算基数应扣除用人单位自行决定、不固定发放的福利待遇；其次，要扣除非正常劳动情形下的收入。在扣除上述两项的基础上，第一种观点相对来说更为便捷，也更具有合理性。各地人民法院和劳动仲裁部门发布的指导性意见多采第一种观点。北京市高级人民法院、北京市劳动人事争议仲裁委员会《关于审理劳动争议案件法律适用问题的解答》（2017 年）第 22 条中规定，劳动者正常提供劳动的情况下，双方实际发放的工资标准高于原约定工资标准的，可以视为双方变更了合同约定的工资标准，以实际发放的工资标准作为计算加班费计算基数。实际发放的工资标准低于合同约定的工资标准，能够认定为双方变更了合同约定的工资标准的，以实际发放的工资标准作为计算加班费的计算基数。劳动合同没有明确约定工资数额，或者合同约定不明确时，应当以实际发放的工资作为计算基数。用人单位按月直接支付给职工的工资、奖金、津贴、补贴等都属于实际发放的工资，具体包括国家统计局《〈关于工资总额组成的规定〉若干具体范围的解释》中规定"工资总额"的几个组成部分。加班费计算基数应包括"基本工资""岗位津贴"等所有工资项目。不能以"基本工资"、"岗位工资"或"职务工资"单独 1 项作为计算基数。在以实际发放的工资作为加班费计算基数时，加班费（前月）、伙食补助等应当扣除，不能列入计算基数范围。国家相关部门对工资组成规定有调整的，按调整的规定执行。如南京市中级人民法院、南京市劳动争议仲裁委员会《关于加班工资纠纷审理的若干法律适用意见》（2009 年）第 7 条、第 8 条规定，劳动者加班工资计算基数为正常工作时间工资；双方对加班工资基数无约定，则非按月放发的一次性奖金、津贴等收入不宜列入计算加班工资的工资基数。

【风险提示 62】

目前确定加班工资计算基数的通行做法是将一个工资支付周期内应发或实发的正常工资作为加班工资的计算基数,超出一个工资支付周期的提成工资、奖金等均不作为加班工资的计算基数。用人单位在计算劳动者的加班工资时,可以将一个工资支付周期内实发的工资作为加班工资的计算基数,将超出一个工资支付周期支付的工资、奖金排除在加班工资的计算基数范围之外。

【规范指引】

劳动部《工资支付暂行规定》

第十三条第一款　用人单位在劳动者完成劳动定额或规定的工作任务后,根据实际需要安排劳动者在法定标准工作时间以外工作的,应按以下标准支付工资:

(一)用人单位依法安排劳动者在日法定标准工作时间以外延长工作时间的,按照不低于劳动合同规定的劳动者本人小时工资标准的 150% 支付劳动者工资;

(二)用人单位依法安排劳动者在休息日工作,而又不能安排补休的,按照不低于劳动合同规定的劳动者本人日或小时工资标准的 200% 支付劳动者工资;

(三)用人单位依法安排劳动者在法定休假节日工作的,按照不低于劳动合同规定的劳动者本人日或小时工资标准的 300% 支付劳动者工资。

Q66:劳动者请事假和病假,用人单位是否可以扣减事假和病假期间的工资?

现实中,劳动者因病或因事请假,用人单位常会扣减劳动者病假或事假期间的工资。在德国,《工资继续支付法》规定,如果劳动者因疾病丧失劳动能力无法完成劳动给付,并且对此其没有过错,则劳动者在非自身重大过错因疾病丧失劳动能力直至 6 周的期间内享有由雇主继续支付工资的请求权。德国对劳动者的事假分为人身关系原因和非人身关系原因,因人身关系原因导致的暂时性劳动给付障碍,用人单位仍需支付工资,非人身关系原因导致的客观给付障碍，用人单位无须支付劳动者事假期间的工资。① 我国的司法实践中，对用人单位能否扣减劳动者病假、事假期间的工资，有不同的处理观点。

【争议】

观点一：劳动者因病或因事请假，并非旷工，用人单位不应在病假或事假期间扣减劳动者的工资。

观点二：可参照德国的做法，在一定时间内，劳动者因病请假可以免于扣除工资，超出该段时间，用人单位可对劳动者的工资作相应扣减。劳动者因事请假，可分为劳动者人身关系的主观原因请假或客观原因请假，劳动者因客观原因请假，如处理私事、交通障碍等，用人单位可扣减工资，劳动者因人身关系的主观原因请假，如照顾家中病人，用人单位不应扣减工资。

观点三：劳动者因病或因事请假，用人单位均得扣减病假或事假期间的工资。但劳动者按法律规定享受年休假、探亲假、婚假、丧假期间，用人单位不得扣减劳动者的工资。

【解答】

笔者同意观点三。劳动部《对〈工资支付暂行规定〉有关问题的补充规定》（1995 年）第 3 条第 5 项规定，《工资支付暂行规定》第 15 条中所称“克扣”是指用人单位无正当理由扣减劳动者应得工资（在劳动者已提供正常劳动的前提下用人单位按劳动合同规定的标准应当支付给劳动者的全部劳动报酬），不包括以下减发工资的情况：……（5）因劳动者请事假等相应减发工资等。根据该条规定，劳动者因自身疾病、因事请假，请假期间劳动者没有为用人单位提供正常劳动，用人单位可相应地减发劳动者的工资。《侵权责任法》第 16 条规定，侵害他人造成人身损害的，应当赔偿医疗费、护理费、交通费等为治疗和康复支出的合理费用，以及因误工减少的收入。造成残疾的，还应当赔偿残疾生活辅助具费和残疾赔偿金。造成死亡的，还应当赔偿丧葬费和死亡赔偿金。最高人民法院《关于审理人身损害赔偿案件适用法律若干问题的解释》第 20 条第 1 款、第 3 款规定：误工费根据受害人的误工时间和收入状况确定……受害人有固定收入的，误工费按照实际减少的收入计算。受害人无固定收入的，按照其最近三年的平均收入计算；受害人不能举证证明其最近三年的平均收入状况的，可以参照受诉法院所在地相同或者相近行业上一年度职工的平均工资计算。根据上

---

① 参见［德］雷蒙德·瓦尔特曼：《德国劳动法》，沈建峰译，法律出版社 2014 年版，第 176 ~ 178 页。

述规定,劳动者非因工受伤,不能为用人单位提供正常劳动,会因此造成收入的减少,从另一个侧面反映劳动者请病假期间,用人单位可相应减发工资。所以,用人单位在劳动者因自身疾病、因事请假期间,可以相应地减发工资,这种做法有法律依据。劳动部《关于贯彻执行〈中华人民共和国劳动法〉若干问题的意见》第 59 条规定,职工患病或非因工负伤治疗期间,在规定的医疗期间内由企业按有关规定支付其病假工资或疾病救济费,病假工资或疾病救济费可以低于当地最低工资标准支付,但不能低于最低工资标准的 80%。用人单位在劳动者患病或非因公受伤的医疗期内发放工资时要注意到该条规定,不得低于当地最低工资标准的 80%。

劳动法律法规对一些特殊假期的工资发放作了另外的规定,用人单位应当依照规定对处于特殊假期的劳动者发放工资。如《工资支付暂行规定》第 11 条规定,劳动者依法享受年休假、探亲假、婚假、丧假期间,用人单位应按劳动合同规定的标准支付劳动者工资。劳动者享受产假、哺乳假期间,应以国家规定和劳动合同中约定的工资标准为基数发放。

【风险提示 63】

劳动者患病或非因工受伤期间的医疗期内,用人单位可按劳动部《关于贯彻执行〈中华人民共和国劳动法〉若干问题的意见》第 59 条的规定发放工资。劳动者因事请假,用人单位也可以对其请假期间的工资作相应扣减。但劳动者依法享受年休假、探亲假、婚假、丧假、产假、哺乳假期间,用人单位不得扣减工资。

【规范指引】

劳动部《关于贯彻执行〈中华人民共和国劳动法〉若干问题的意见》

59. 职工患病或非因工负伤治疗期间,在规定的医疗期间内由企业按有关规定支付其病假工资或疾病救济费,病假工资或疾病救济费可以低于当地最低工资标准支付,但不能低于最低工资标准的 80%。

劳动部《对〈工资支付暂行规定〉有关问题的补充规定》

三、《规定》第十五条中所称"克扣"系指用人单位无正当理由扣减劳动者应得工资(即在劳动者已提供正常劳动的前提下用人单位按劳动合同规定的标准应当支付给劳动者的全部劳动报酬)。不包括以下减发工资的情况:……(5)因劳动者请事假等相应减发工资等。

Q67：非因劳动者原因导致的用人单位停产停业期间，劳动者没有为用人单位提供劳动，用人单位应支付劳动者的工资如何确定？

由于经营困难、政府政策变化等原因，用人单位停产停业，在停产停业期间，劳动者没有在用人单位上班，没有提供劳动。在这种情况下，用人单位应如何支付劳动者的工资，实践中有不同的观点。

【争议】

观点一：用人单位停产停业并非劳动者原因导致，不能由劳动者承担不利的后果。停产停业期间，用人单位仍应向劳动者支付正常工资。

观点二：用人单位停产停业期间，劳动者未向用人单位提供劳动，用人单位可不向劳动者支付正常工资。

观点三：用人单位停产停业期间，劳动者虽未提供正常劳动，但用人单位仍需向劳动者支付足以维持劳动生计的工资。用人单位停产停业期间未超过一个工资支付周期的，应支付正常工资，超过一个工资支付周期的，应当支付的工资不应低于最低工资标准。

观点四：用人单位在停产停业期间应当支付劳动者工资，停产停业期间未超过一个工资支付周期的，用人单位应支付正常工资，超过一个工资支付周期的，支付工资的数额可不受最低工资标准的限制，但不能低于各个地区规定的最低支付标准。

【解答】

笔者同意观点四。用人单位停产停业期间，劳动者虽未提供劳动，但考虑到劳动者在未劳动期间面临生计问题，如用人单位以劳动者未提供劳动为由不发放任何工资，劳动者将陷入极大的生计困难，所以用人单位在此情形下仍应支付可以满足劳动者生计的工资。停产停业时间较短，不超过一个工资支付周期，用人单位不得以劳动者未工作为由减发工资，仍应按劳动合同规定的标准支付工资；超过一个工资支付周期，劳动者未提供正常劳动的，可相应减发劳动者的工资。《工资支付暂行规定》第12条规定，非因劳动者原因造成单位停工、停产在一个工资支付周期内的，用人单位应按劳动合同规定的标准支付劳动者工资。超过一个工资支付周期的，若劳动者提供了正常劳动，则支付给劳动者的劳动报酬不得低于当地的最低工资标准；若劳动者没有提供正常劳动，应按国家有关规定办理。由于国家目前未对用人单位停产停业期间劳动者没有提供正常劳动情形下工资发放标准作出规定,各地规定该情形下工资发放标准各不相同,用人单位在发放工资时,要注意所在地的规定,不得低于规定的工资标准发放工资。《广东省工资支付条例》(2016年修正)第39条规定,非因劳动者原因造成用人单位停工、停产,未超过一个工资支付周期(最长30日)的,用人单位应当按照正常工作时间支付工资。超过一个工资支付周期的,可以根据劳动者提供的劳动,按照双方新约定的标准支付工资;用人单位没有安排劳动者工作的,应当按照不低于当地最低工资标准的80%支付劳动者生活费,生活费发放至企业复工、复产或者解除劳动关系。《北京市工资支付规定》第27条规定:非因劳动者本人原因造成用人单位停工、停业的,在一个工资支付周期内,用人单位应当按照提供正常劳动支付劳动者工资;超过一个工资支付周期的,可以根据劳动者提供的劳动,按照双方新约定的标准支付工资,但不得低于本市最低工资标准;用人单位没有安排劳动者工作的,应当按照不低于本市最低工资标准的70%支付劳动者基本生活费。国家或者本市另有规定的从其规定。原浙江省劳动和社会保障厅《关于企业停工停产歇业期间有关工资待遇的批复》规定,非因劳动者原因造成企业停工、停产、歇业时间超过一个工资支付周期,劳动者未提供正常劳动的,企业需支付给劳动者基本生活费,基本生活费的标准为企业职工最低工资标准的80%,基本生活费包含职工个人交纳的养老保险、医疗保险等费用。

【风险提示64】

用人单位停产停业期间,劳动者未提供劳动,用人单位应根据所在地的相关规定向劳动者支付不低于当地最低工资标准70%~80%的基本生活费。在确定基本生活费时,还要注意当规定的基本生活费是否包含劳动者个人交纳的养老保险、医疗保险等费用。

【规范指引】

劳动部《工资支付暂行规定》

第十二条　非因劳动者原因造成单位停工、停产在一个工资支付周期内的,用人单位应按劳动合同规定的标准支付劳动者工资。超过一个工资支付周期的,若劳动者提供了正常劳动,则支付给劳动者的劳动报酬不得低于当地的最低工资标准;若劳动者没有提供正常劳动,应按国家有关规定办理。

Q68：劳动者加班的事实如何认定？

人民法院或劳动仲裁部门认定劳动者加班的事实，关键在于对加班事实举证责任的分配。举证责任分配，是指人民法院或劳动仲裁部门将举证责任在诉讼主体之间进行合理分配。举证责任分配是民事证据制度的核心，被誉为“民事诉讼上的脊梁”，其要解决的是案件事实应由谁来举证，以及案件事实难以查明处于真伪不明的状态时，由谁来承担不利后果的问题。我国的举证责任分配的一般规则是“谁主张，谁举证”。最高人民法院《关于民事诉讼证据的若干规定》第 2 条规定，当事人对自己提出的诉讼请求所依据的事实或反驳对方诉讼请求所依据的事实有责任提供证据加以证明，没有证据或证据不足以证明当事人的事实主张的，由负有举证责任的当事人承担不利后果。最高人民法院《关于适用〈中华人民共和国民事诉讼法〉的解释》第 90 条规定，当事人对自己提出的诉讼请求所依据的事实或者反驳对方诉讼请求所依据的事实，应当提供证据加以证明，但法律另有规定的除外。在作出判决前，当事人未能提供证据或者证据不足以证明其事实主张的，由负有举证证明责任的当事人承担不利的后果。在某些特定的场合，法律和司法解释又规定了举证责任倒置的规则，即通常情况下由主张事实存在的当事人承担的举证责任，转由主张该事实不存在的当事人承担举证责任。

在劳动争议案件中涉及加班事实的认定，是审理中的一个难题。由于加班的记录一般保存在用人单位，劳动者一般不会保存其加班事实的证据材料，实践中对加班事实的举证责任分配，存在很大争议。

【争议】

观点一：在法律没有明确规定的情况下，证明加班事实的举证责任仍适用一般的举证责任规则，即由主张存在加班事实的劳动者承担举证责任。劳动者如无充分的证据证明加班事实存在的，就应承担不利后果。

观点二：加班记录一般由用人单位保存，用人单位多会对劳动者的上下班情况进行考勤，其也有义务保存劳动者的考勤记录。一般劳动者不会留存有加班记录，由劳动者来举证证明加班事实的存在，实在是勉为其难。所以，证明加班事实的举证责任，应由保管加班记录的用人单位承担。

观点三：一些用工规范的大型公司有严格而规范的考勤记录，这些公司可以完成举证责任，但我国更多的是中小型企业，不具备规范而完备的考勤记录，如劳动者不存在加班的事实,由这些企业承担举证责任,他们的责任未免过重。同时,劳动者一般不会保存加班记录,将举证责任完全分配给劳动者也不合理。所以,一般情况下由劳动者就加班事实承担举证责任,劳动者有证据证明用人单位保存有加班记录等证据,则用人单位应当提供,否则应承担不利后果。

【解答】

笔者同意观点三。原因在于:

(1)举证责任倒置规则仅有在法律、司法解释有明确规定的情况下才能适用,现行法律、司法解释并未规定证明加班事实上适用举证责任倒置的规则,仍应适用一般举证责任规则,即由主张加班事实存在的劳动者一方承担举证责任。

(2)一些劳动者有滥用举证责任倒置规则的可能。目前我国存在大量的中小型企业,用工包括考勤等制度很不规范,很多单位并没有完善的考勤制度,也没有完整的考勤记录。在这种情况下,由用人单位对劳动者不存在加班事实承担举证责任,责任显然过大。一些劳动者可能会利用举证责任倒置规则和用人单位用工制度上的缺陷,主张大额的加班工资,这对用人单位将产生极大的不利后果,显然不符合保护劳资双方利益的宗旨。

(3)由于考勤记录等一些可证明劳动者加班事实的证据一般保存在用人单位,劳动者一般不会保存这些证据,也难以提供,要求劳动者对加班事实承担全部、完全的举证责任,劳动者难堪其重。因此,劳动者应当提供初步的证据证明加班事实的存在,即劳动者提供考勤表、电子考勤记录、交接班记录、加班文件、加班工作记录、证人证言等证据,可以初步地证明加班事实存在,即可认定其已完成举证责任,这时,用人单位就要对劳动者不存在加班事实承担举证责任。同时,劳动者如有证据证明用人单位保存有加班记录等证据可以证明加班事实的,根据最高人民法院《关于审理劳动争议案件适用法律若干问题的解释(三)》第9条的规定,由用人单位提供这些证据,用人单位不提供的,由用人单位承担不利后果。

【风险提示65】

用人单位应建立完善的考勤制度,对考勤记录也要有专人妥善保管,避免劳动者用一些不实的工作记录等证据索取超额的加班工资。劳动者在平时的工作中,要注意收集加班记录,如考勤记录、交接班记录、加班记录、用人单位的加班通知等,以备不时之需。

【规范指引】

最高人民法院《关于审理劳动争议案件适用法律若干问题的解释(三)》

第九条 劳动者主张加班费的,应当就加班事实的存在承担举证责任。但劳动者有证据证明用人单位掌握加班事实存在的证据,用人单位不提供的,由用人单位承担不利后果。

Q69:用人单位安排劳动者值班,是否应按法律规定支付加班工资?

值班,是指用人单位基于消防、安全等方面的需要,在正常工作时间之外安排劳动者承担与本职工作无关、非生产性的工作,与工作时间外从事生产或本职工作的加班明显不同。用人单位安排劳动者值班时,一般仅要求到岗并负担一些较为轻松的接听电话、巡逻等任务,劳动者可在值班期间休息、睡觉,工作压力和强度比正常上班或加班明显降低。用人单位安排劳动者值班,是否要按法律规定的标准,支付劳动者值班期间的加班工资,实践中有不同观点。

【争议】

观点一:劳动者值班,是为用人单位的利益牺牲自己的休息时间,本质上与加班并无大的差别,用人单位应当支付安排劳动者值班期间的加班工资。

观点二:值班和加班存在明显区别,劳动法律法规仅规定用人单位安排劳动者加班应支付加班工资,没有规定值班期间还应支付加班工资,所以,劳动者无权要求用人单位支付值班期间的加班工资。

观点三:由于劳动者在值班期间可以睡觉、休息,所以在计算值班期间的加班工资时,应扣除劳动者的休息、睡觉、吃饭的时间。

【解答】

笔者同意观点二。这是因为:

(1)如前所述,值班和加班之间存在本质区别,值班不能被包含在加班范围之中,劳动法律法规并未规定用人单位安排劳动者值班应发放值班期间的加班工资。劳动者要求用人单位支付值班期间的加班工资,并无法律依据。

(2)劳动者在值班期间,一般只需要人在岗,接听电话,偶尔进行巡逻,并没有工作任务,在值班期间可以在岗位上自由安排,可以休息、睡觉,工作强度非常低。如果按劳动法律法规规定的加班工资标准计算劳动者值班期间的工资,显然会对用人单位造成不公。

当然,用人单位无须按法律法规规定的加班工资标准支付劳动者值班期间的工资,并不意味着用人单位可以利用值班制度无偿使用劳动力。劳动者为了用人单位的利益,牺牲自己的休息时间,承担一定的值班任务,用人单位理应支付劳动者值班期间的补贴。由于现行法律法规并未对值班补贴作出规定,用人单位可酌情支付。

《天津法院劳动争议案件审理指南》(2017 年)第 35 条规定,用人单位因消防、安全、节假日值守等需要,安排劳动者从事与本职工作无直接关系的值班任务,劳动者要求用人单位支付加班费的,不予支持,但劳动者可以要求用人单位依照劳动合同、规章制度、集体合同的规定给予相应待遇。南京市中级人民法院、南京市劳动争议仲裁委员会《关于加班工资纠纷审理的若干法律适用意见》(2009 年)也有类似规定,该意见第 20 条规定,以下情形中,劳动者要求用人单位支付加班工资的,不予支持:(1)因用人单位消防、安全、节假日等需要担任单位临时安排或制度安排的与劳动者本职工作无关的值班;(2)用人单位安排劳动者从事与其本职工作有关的临时性值班任务,但值班期间可以休息的。但上述情形中,劳动者可以要求用人单位按照规章制度、集体合同、劳动合同或惯例等支付相应待遇。

【风险提示 66】

用人单位应分清值班和加班之间的区别,在安排劳动者从事与本职工作无关、非生产性的值班时,无须依《工资支付暂行规定》支付劳动者加班工资,只需支付一定数额的补偿即可。

Q70:保安、门卫、仓库保管员等特殊岗位的劳动者主张加班工资,加班事实如何认定?

保安、门卫、仓库保管员等特殊岗位的劳动者,由于工作的特殊性质,往往需要长时间留在用人单位。这些特殊岗位的劳动者,有的可以在用人单位睡觉休息,用人单位也为他们提供住宿或休息设施,有的则不能在用人单位睡觉休息。他们在用人单位的时间是否能视为上班时间,存在很大争议。这些特殊劳动者加班事实的认定,是司法实践中的一个难题。

【争议】

观点一:特殊岗位的劳动者每天长时间地在用人单位上班,这些时间都应该视为劳动者的工作时间,用人单位应当支付每日超出 8 小时、每周超出 40 小时的加班工资,劳动者在节假日仍在用人单位上班的,用人单位还应支付节假日的加班工资。

观点二:特殊岗位的劳动者长时间地在用人单位,在 8 小时之外他们的工作强度较低,可以睡觉休息,这些劳动者在每天 8 小时以外的工作时间不应认定为加班,而应认定为值班。劳动者要求加班工资的,一般不予支持。

观点三:特殊岗位的劳动者在用人单位的时间超过 8 小时,如中间可以睡觉休息,则应将吃饭、休息和睡觉的时间予以扣除,在用人单位的其他时间应认定为加班时间。

【解答】

笔者同意观点三。理由在于:

(1)特殊岗位的劳动者在用人单位工作时间每日超过 8 小时,8 小时之外他们仍在从事自己的本职工作,这明显不同于值班系从事非本职工作的定性。所以这些劳动者在用人单位每日超过 8 小时、每周超过 40 小时的工作,应认定为加班,而非值班。

(2)特殊岗位的劳动者长时间地在用人单位,并不都是在工作,他们有吃饭、休息的时间,一些劳动者还可以在用人单位睡觉,这些时间不能认定为加班时间。所以,劳动者在用人单位未从事本职工作的时间,应当在计算加班时间时予以扣减。一些劳动者,确实由于工作需要或用人单位的安排不能睡觉的,则计算加班时间时不能扣除睡觉时间,但吃饭和必要的休息时间仍应扣减。如果用人单位经审批对这些特殊岗位实行不定时工作制的,则劳动者的加班工资不能认定,实行综合工时制的,应在一个综合周期内计算超出正常工作的时间。

浙江省高级人民法院民事审判第一庭《关于审理劳动争议纠纷案件若干疑难问题的解答》(2012 年)第 8 条规定,对于全天 24 小时吃住在单位的保安、传达室门卫、仓库保管员等人员,其工作性质具有特殊性。如确因工作所需和单位要求,不能睡眠休息的,应认定为工作时间;如工作场所中同时提供了住宿或休息设施的,应合理扣除可以睡眠休息的时间,即劳动者正常上班以外的时间不应计算为工作时间,对超出标准工作时间上班的,用人单位应支付加班工资。审判实践中,可以综合考虑以下因素:用人单位是否就该岗位向劳动行政部门申请办理过综合计算工时工作制、不定时工作制的审批手续(应注意审批的有效期和审批人数);用人单位是否在工作场所内为劳动者配备必要的休息设施;用人单位的工作制度或规章制度中对劳动者具体工作内容、工作强度的要求(以判断劳动者按照该制度工作是否将导致事实上无法休息);用人单位安排值班的人数(考虑同一时段劳动者是否有轮换休息的可能性)。南京市中级人民法院、南京市劳动争议仲裁委员会《关于加班工资纠纷审理的若干法律适用意见》(2009年)第15条规定,对于特殊工作岗位,如睡班等,劳动仲裁委员会、人民法院可酌情扣除生理必需的合理的休息时间,但扣除时间最长不宜超过8小时。对于连续工作6小时以上,根据岗位性质,劳动者能够暂时离开工作岗位的,可酌情扣除相应的用餐时间。双方有约定的,从其约定。

【风险提示67】

用人单位在计算保安、门卫、仓库保管员等特殊岗位劳动者的加班时间时,可以将劳动者的休息时间、用餐时间、睡觉时间等作合理的剔除。

Q71:用人单位与劳动者约定工资中包含加班工资的,如何认定此类条款的效力?

一些用人单位在与劳动者订立劳动合同时,约定每月支付的工资已包括加班工资;有些用人单位虽未约定发放的工资包括加班工资,但在劳动合同中约定的工作时间每日超过8小时、每周超过40小时;有些用人单位在工资明细中单独列出加班工资项。上述情况下,能否认定用人单位已支付加班工资,实践中有不同观点。

【争议】

观点一:用人单位与劳动者约定每月支付的工资已包括加班工资,侵害了劳动者的权利,免除自已支付加班工资的义务,应为无效。用人单位在支付正常工资之外还应按法律规定的标准支付劳动者加班期间的工资。

观点二:用人单位与劳动者约定每月支付的工资已包括加班工资应为有效,可以据此认为用人单位已支付加班工资。但劳动合同中仅约定工作时间每日超过8小时、每周超过40小时,而未约定支付工资中包含加班工资,不应认定用人单位已发放加班工资。

观点三:用人单位与劳动者关于每月支付的工资已包括加班工资的约定有

效。劳动合同中仅约定工作时间每日超过 8 小时、每周超过 40 小时,也应当认为发放工资时已发放加班工资。如宁波市中级人民法院《关于审理劳动争议案件若干疑难问题的解答(三)》(2013 年)第 18 条规定:双方当事人明确约定了月工资及上班天数,如约定的上班天数超过法定出勤天数,应当认定工资中已包含了加班工资。但折算后的月基本工资低于最低工资标准的,则认定双方约定工资标准中不包含加班工资。但需注意审查约定的加班时间是否已超出法定最高加班时数,即每天延长工作时间不超过 3 小时、每月延长工作时间不超过 36 小时。

【解答】

目前,多数地方的人民法院和劳动仲裁部门倾向于认为用人单位与劳动者关于每月支付的工资已包括加班工资的约定有效,但扣除加班工资后的工资数额不得低于最低工资标准,计件工资在正常时间内的定额要有合理性。如浙江省高级人民法院《关于审理劳动争议案件若干问题的意见(试行)》(2009 年)第 31 条规定,劳动者与用人单位对有无支付加班工资的事实发生争议的,应由用人单位对其已经支付加班工资的事实负举证责任。用人单位已支付的工资具有以下情形的,人民法院可认定其中不包含加班工资:(1)折算后的正常工作时间工资低于当地最低工资标准的;(2)计件工资有劳动定额且定额明显不合理的。南京市中级人民法院、南京市劳动争议仲裁委员会《关于加班工资纠纷审理的若干法律适用意见》(2009 年)第 13 条规定,如双方约定每月支付的工资中包含加班工资,且劳动者已实际领取了该部分数额不等的报酬,劳动仲裁委员会、人民法院可酌情认定用人单位已支付相应的加班工资。所以,目前用人单位与劳动者在订立劳动合同时,可以与劳动者约定每月发放工资中已包含加班工资,但要注意正常工作时间的工资不得低于当地最低工资标准。

用人单位如果没有在劳动合同中约定每月支付的工资已包括加班工资,但是在每月的工资单中有单独的加班工资一栏,有明确的加班工资数额,劳动者实际领取的,也应当认定用人单位已发放工资单中显示的加班工资。从司法机关认定证据的角度,用人单位在制作工资单时,要有劳动者的签字,如无劳动者的签字,容易被认为是用人单位单方制作而不被采信。

劳动合同中仅约定工作时间每日超过 8 小时、每周超过 40 小时,但没有约定每月发放工资包括加班工资。这种情况下,笔者认为,不能认定发放工资中已包括加班工资。这是因为,劳动合同中约定工作时间每日超过 8 小时、每周超过 40 小时,明显违反了劳动法律法规关于劳动者工时的规定,损害了劳动者应享有的休息权,应当认定无效。如果还支持用人单位关于每月发放工资已包含加班工资,无异于鼓励用人单位在劳动合同中就约定明显超过法定工时的工作时间,支持用人单位的违法行为。而且,用人单位与劳动者关于工时的约定,并未包含或隐藏有每月工资中包含加班工资的内容。仅根据劳动合同中约定的工时超过标准工时,就认定每月发放的工资中包括加班工资,明显不合理。

【风险提示 68】

用人单位可以在劳动合同中与劳动者约定每月支付的工资中包括加班工资,并在工资单中将加班工资单独作为一项列出,如此,人民法院和劳动仲裁部门会认定每月发放工资中包含加班工资。但用人单位不得在劳动合同中与劳动者约定超出法定工作时间的内容,此类条款可能被认定无效。

Q72:计件工资制如何计算加班工资?

根据国家统计局《关于工资总额组成的规定》第 6 条的规定:计件工资是指对已做工作按计件单价支付的劳动报酬,包括:(1)实行超额累进计件、直接无限计件、限额计件、超定额计件等工资制,按劳动部门或主管部门批准的定额和计件单价支付给个人的工资;(2)按工作任务包干方法支付给个人的工资;(3)按营业额提成或利润提成办法支付给个人的工资。计件工资制是按件计酬的工资制度,其不是按工作时间来计算工资报酬的。我国劳动法律法规仅规定标准工时外的加班工资,而且加班工资也是按超出标准工时的时间计算,而未对计件工资制下如何计算加班工资作出规定。实践中,对计件工资制如何计算加班工资有不同的处理办法。

【争议】

观点一:劳动法律法规仅规定了计时工资制下的加班工资,超出标准工时的工作时间,按 150% ~300% 的标准计算加班工资,但未规定计件工资制下的加班工资。在法律法规未规定的情况下,不应计算计件工资制下的加班工资。

观点二:用人单位和劳动者约定计件工资制,根据劳动者的工资、工作时间和加班时间,以及法定的加班工资标准,折算出来的劳动者工资不低于最低工资标准的,就应认定用人单位发放的工资包含了加班工资。如深圳市中级人民法院《关于审理劳动争议案件的裁判指引》(2015 年)第 63 条规定,双方约定实行计件工资制,但现有证据无法查明正常工作时间工作定额,根据劳动者的工资、工作时间和法定加班倍数折算出的时薪不低于最低工资标准的,可认定用人单位支付的工资中已包含了加班工资。

观点三:计件工资制下,劳动者超出法定工作时间的工作成果,参照《工资支付暂行规定》第 13 条的规定,以约定单价或提成的工资乘以 150% ~300%,即为劳动者加班工资的发放标准。如南京市中级人民法院、南京市劳动争议仲裁委员会《关于加班工资纠纷审理的若干法律适用意见》(2009 年)第 14 条规定,对于实行计件工资或底薪加提成工资制度的,可以认定法定工作时间之外的工资已支付一倍。如在法定工作时间之外完成的工作成果,用人单位已按法定工作时间内的单价或提成标准支付了 1.5 倍、2 倍或 3 倍的工资或提成,可视为用人单位已付了延时、休息日或法定节假日的加班工资。

观点四:应以标准工时折算劳动定额,再按照《工资支付暂行规定》第 13 条的规定计算劳动者的加班工资。如浙江省高级人民法院民事审判第一庭《关于劳动争议纠纷案件若干疑难问题的解答》(2012 年)第 9 条规定:用人单位实行计件工资制,劳动者主张加班工资的,认定加班事实应主要审查计件工资劳动定额是否合理。劳动合同对计件工资劳动定额有约定的按照约定的定额审查,无约定的按行业规定审查。对劳动定额明显不合理或无行业规定的,按标准工时折算定额后再计算加班工资。

【解答】

笔者认为,国务院《关于职工工作时间的规定》第 3 条规定,职工每日工作 8 小时、每周工作 40 小时,针对的是除实行不定时工作制和综合工时制外的全体劳动者,无论是实行计时工作制还是计件工作制的用人单位,都应该严格遵守。计时工作制和计件工作制下的劳动者,超出法定工作时间工作,都有要求加班工资的权利。

计算计件工资制的加班工资,应当按用人单位与劳动者约定的劳动定额、工作时间和工资标准,折算出法定工作时间内劳动者的工资或者法定工作时间内的单价、提成标准,再依《工资支付暂行规定》第 13 条的规定,乘以 150%、200%、300%,得出应当支付劳动者的加班工资。如果用人单位与劳动者约定的劳动定额明显不能在标准工时内完成,则还需先确定一个较为合理的劳动定额,再计算加班工资标准。以上观点三、观点四计算计件工资制下劳动者的加班工资数额,并无本质差别,可择其一进行计算。

【风险提示 69】

一些实行计件工作制的用人单位想当然地认为计件工作制不存在加班工资的问题,这种观念是错误的。计件工作制下的劳动者超出法定工作时间工作的,用人单位应当支付加班工资,加班工资根据约定的劳动定额和工资标准进行折算确定。

【规范指引】

劳动部《工资支付暂行规定》

第十三条第二款　实行计件工资的劳动者,在完成计件定额任务后,由用人单位安排延长工作时间的,应根据上述规定的原则,分别按照不低于其本人法定工作时间计件单价的 150%、200%、300% 支付其工资。

Q73:综合工时制下加班工资如何认定?

【解答】

综合工时制是分别以周、月、季、年等为周期,综合计算工作时间的一种工时制度。实行综合工时制的岗位,在综合周期内的某一具体天、周或月等时间段,用人单位可以根据生产经营的需要安排劳动者工作超过法定工作时间,即某一具体日(周)的实际工作时间可以超过 8 小时(40 小时),只要综合计算周期内总的实际工作时间不超过总的工作时间,超过部分不视为延长工作时间,用人单位即无须支付加班工资。但根据劳动部《关于职工工作时间有关问题的复函》的规定,综合工时制下延长工作的小时数平均不得超过 36 小时。

在综合工作制下,一个综合计算周期内的总工作时间超过总的法定工作时间,用人单位应当支付劳动者加班工资,其中法定休假日安排劳动者工作的,也应当照劳动法律法规支付劳动者加班工资。根据《工资支付暂行规定》第 13 条第 3 款的规定,经劳动行政部门批准实行综合计算工时工作制的,其综合计算工作时间超过法定标准工作时间的部分,应视为延长工作时间,并应按本规定支付劳动者延长工作时间的工资。具体而言,一个综合计算周期内的总工作时间超过总的法定工作时间,以不低于劳动者正常小时工资标准的 150% 支付劳动者工资,在节假日加班的,按照不低于劳动者正常日或小时工资标准的 300% 支付劳动者工资。

【风险提示 70】

用人单位经审批实行综合工时制的，在综合周期内的某一时间段，劳动者的工作时间超出法定工作时间，用人单位无须支付加班工资，但综合周期内劳动者的总工作时间超出法定工作时间的，用人单位应当支付加班工资。

【规范指引】

劳动部《工资支付暂行规定》

第十三条第三款　经劳动行政部门批准实行综合计算工时工作制的，其综合计算工作时间超过法定标准工作时间的部分，应视为延长工作时间，并应按本规定支付劳动者延长工作时间的工资。

Q74：用人单位是否可以通过劳动合同约定降低劳动者的加班工资标准？

《工资支付暂行规定》第 13 条第 1 款规定，用人单位在劳动者完成劳动定额或规定的工作任务后，根据实际需要安排劳动者在法定标准工作时间以外工作的，应按以下标准支付工资：(1)用人单位依法安排劳动者在日法定标准工作时间以外延长工作时间的，按照不低于劳动合同规定的劳动者本人小时工资标准的 150% 支付劳动者工资；(2)用人单位依法安排劳动者在休息日工作，而又不能安排补休的，按照不低于劳动合同规定的劳动者本人日或小时工资标准的 200% 支付劳动者工资；(3)用人单位依法安排劳动者在法定休假节日工作的，按照不低于劳动合同规定的劳动者本人日或小时工资标准的 300% 支付劳动者工资。实行计件工资的劳动者，在完成计件定额任务后，由用人单位安排延长工作时间的，应根据上述规定的原则，分别按照不低于其本人法定工作时间计件单价的 150%、200%、300% 支付其工资。根据该条款的规定，劳动者的加班工资是以劳动合同规定的小时或日工资标准乘以 150% ~300% 确定。但在现实生活中，劳动者实际工资可能与劳动合同约定的不同，用人单位是否能在劳动合同中约定较低的工资或在劳动合同中约定低于法定标准的加班工资计算标准，实践中有不同观点。

【争议】

观点一：《工资支付暂行规定》中规定加班工资是以劳动合同规定的工资标准确定。用人单位可以在劳动合同中规定较低的工资，或在劳动合同中规定加班工资以较低的小时或日工资计算。

观点二:劳动合同约定的日或小时标准工资低于实际发放的日或小时工资(不包括加班工资),加班工资的计算应以实际发放工资为标准。用人单位不得通过在劳动合同中约定较低工资或约定低于法定标准的加班工资计算标准来降低劳动加班工资。

【解答】

笔者同意观点二。理由如下:

(1)劳动法律法规规定加班工资以劳动者的标准小时或日工资乘以 150% ~300% 计算确定,该规定为强制性规定,不得通过当事人约定的方式排除。所以,用人单位在劳动合同中约定的加班工资倍数低于 150% ~300% ,应为无效,仍应以法定标准计算劳动者的加班工资。

(2)《工资支付暂行规定》第 13 条规定加班工资以劳动合同规定劳动者的日或小时工资乘以相应的倍数确定。笔者认为,该规定未考虑到现实生活中劳动合同约定的工资与实发工资常存在差别,特别是未考虑到实发工资远高于约定工资的情形,在这些情形下,以劳动合同约定的工资标准计算加班工资,对劳动者明显不公。《工资支付暂行规定》第 13 条在立法中存在一定的漏洞,应将该规定作目的性限缩,即以劳动合同规定的日或小时工资计算加班工资,仅限于劳动合同约定的工资高于实发工资或与实发工资大体相当的情形。如一个工资支付周期的实发工资高于劳动合同约定的工资,就应该以该工资支付周期内的实发工资折算成小时或日工资后再计算加班工资,超过一个工资支付周期发放的奖金、提成等不计入加班工资的计算基数。

【风险提示 71】

用人单位不得与劳动者约定低于劳动法律法规规定的加班工资标准计算加班工资,否则,相应的约定将被确认无效。用人单位少于法定标准发放加班工资的,还要面临承担未及时足额发放工资报酬的法律责任。

Q75:提成工资的举证责任如何分配?

提成工资是用人单位根据劳动者业绩的一定比例计发劳动报酬的工资计算方式。提成工资更多地体现了按劳动分配的原则,在快递、销售、餐饮等行业广泛使用。关于提成工资的性质,有观点认为,劳动法律法规并未规定劳动者的工资中包括提成工资,提成工资不属于劳动报酬。笔者认为,提成工资是劳动者提供劳动的对价,符合劳动报酬的本质特征,属于劳动报酬。国家统计局《关于工资总额组成的规定》第6条规定:计件工资是指对已做工作按计件单价支付的劳动报酬,包括:(1)实行超额累进计件、直接无限计件、限额计件、超定额计件等工资制,按劳动部门或主管部门批准的定额和计件单价支付给个人的工资;(2)按工作任务包干方法支付给个人的工资;(3)按营业额提成或利润提成办法支付给个人的工资。可见,提成工资属于计件工资的一种。

用人单位一般会在劳动合同中与劳动者约定提成的比例、提成工资的发放时间和方式等,也有一些用人单位是在规章制度、考核办法中规定提成工资事宜。笔者认为,用人单位在规章制度和考核办法中规定提成工资,只要规章制度和考核办法的制定符合法律规定的程序,内容上也无明显不合理,相应条款的效力均应被认定。

目前困扰司法实践的一个问题是如何认定用人单位支付提成工资是否符合约定条件。用人单位与劳动者约定提成工资时,一般会约定支付提成工资的条件,如销售业绩达到一定数额,回款达到一定数额,或项目达到一定进度等。这些条件是否成就的事实,难以认定,这里主要涉及举证责任如何分配的问题。

【争议】

观点一:根据民事诉讼"谁主张,谁举证"的原则,提成工资是否符合发放条件的举证责任应由主张提成工资的一方即劳动者负担,用人单位不应对消极事实承担举证责任。

观点二:提成工资的条件,如劳动者的业绩、回款的情况等,均由用人单位掌握,劳动者一般难以掌握这些证据,由劳动者对其无法掌握的事实承担举证责任,显然不当。所以,用人单位应对提成工资未达到发放条件承担举证责任。

观点三:劳动者的举证能力处于劣势地位,但要用人单位对消极事实承担举证责任也有失公平。所以,提成工资的举证责任分配,首先应由劳动者提供初步证据,提供用人单位掌握提成工资发放事实的相关证据,然后由用人单位承担反驳上述证据的举证责任。

【解答】

笔者倾向于观点三。对消极事实即事实不存在的证明难度远高于对积极事实的证明难度,当事人原则上不应当对不存在的事实承担证明义务。基于此,我国民事诉讼的一般举证规则是"谁主张,谁举证"的规则,法律无明确规定,不得随意对举证责任分配进行倒置,让当事人对不存在的事实进行举证。劳动争议案件涉及提成工资问题,确实存在用人单位举证能力强,劳动者难以掌握相关事实的情况,但这并不是将举证责任进行倒置的理由。如劳动者无须负举证责任,全部让用人单位对不应发放提成工资的事实承担举证责任,则用人单位举证责任过重,很有可能导致用人单位支付不应支付的提成工资或多付提成工资的不公平后果。同时,考虑到劳动者举证能力较弱,与客户来往、劳动者业绩等与发放提成工资的材料多掌握在用人单位手中,劳动者在尽到初步证明责任后,或劳动者提供证据证明用人单位掌握应发放提成工资发放的证据材料后,用人单位就应当对反驳上述证据承担举证责任,否则,将承担支付提成工资的不利后果。

笔者认为,劳动者需要对提成工资的以下事实承担举证责任:(1)用人单位和劳动者有提成工资约定的事实。劳动者主张用人单位支付提成工资,首先要举证证明双方有提成工资的约定,如劳动合同中约定提成工资,规章制度、考核办法中约定提成工资,均无不可。(2)对提成工资发放条件成就的事实,劳动者应负初步举证责任。劳动者提交与客户的销售、服务等合同,以及客户出具的付款证明、用人单位的业绩考核材料等初步证据,或提交用人单位掌握客户回款等提成工资发放条件成就的相关证据,可以证明用人单位发放提成工资的条件已成就。劳动者提供上述证据以后,用人单位应当提交相应的证据反驳劳动者提供的上述证据,未尽到举证责任的,将承担支付提成工资的不利后果。

【风险提示72】

用人单位与劳动者约定实行提成工资制的,劳动者在工作时要注意收集与提成工资发放相关的证据。提成工资如在规章制度或考核规定中约定,劳动者要注意保存用人单位的规章制度或考核规定,同时还要注意收集与客户签订的合同、订单、客户打款证明、用人单位业绩考核材料等,以备不时之需。用人单位在制定提成工资规则时,要将提成工资的比例、发放条件写得尽量明确、具体、清晰,制作工资表时,要将提成工资单独列为一栏,将提成比例和数额记入工资表中。

【规范指引】

人力资源和社会保障部《劳动人事争议仲裁办案规则》

第十三条　当事人对自己提出的主张有责任提供证据。与争议事项有关的证据属于用人单位掌握管理的,用人单位应当提供;用人单位不提供的,应当承担不利后果。

Q76:用人单位是否可以在劳动合同或规章制度中约定劳动者中途离职,不发放年终奖金?

发放年终奖是用人单位激励劳动者的一种方式,也是使劳动者对用人单位产生归属感的重要举措。年终奖一般在公历年年末或农历新年之前发放,让劳动者带着年终奖、怀着喜悦的心情回家过年,这体现了用人单位的人文关怀。现实中,一些用人单位为防止劳动者中途离职,在拟订劳动合同条款或制定规章制度时,加入劳动者中途离职该年的年终奖不予发放的条款。根据国家统计局《关于工资总额组成的规定》,年终奖属于奖金,是劳动者工资的一部分。用人单位制定不发放年终奖的劳动合同条款或规章制度条款,是否属于变相克扣劳动报酬,相应的条款是否有效,实践中存在很大争议。

【争议】

观点一:用人单位在劳动合同或规章制度中加入劳动者中途离职不享受年终奖的条款,并不违反法律或行政法规的强制性规定,应为有效。而且年终奖本身就是用人单位可任意决定是否发放的款项。在相应条款存在的条件下,劳动者中途离职,要求用人单位发放年终奖的,不予支持。如浙江省高级人民法院民事审判第一庭、浙江省劳动人事争议仲裁院《关于审理劳动争议案件若干问题的解答(四)》(2016 年)第 3 条规定,用人单位依法制定的规章制度规定,在发放年度绩效奖金时双方已解除或终止劳动合同的,不予发放年度绩效奖金,该规章制度未违反法律、法规的强制性规定,应属合法有效。在发放年度绩效奖金时双方已解除或终止劳动合同,劳动者请求用人单位支付年度绩效奖金的,一般不予支持。

观点二:年终奖属于劳动者的工资,虽然用人单位有是否发放年终奖的决定权,但用人单位一旦决定发放年终奖,劳动者原则上有权获取年终奖。年终奖不是对劳动者年终表现的一种奖励,而是对劳动者全年表现的一种奖励。所以,劳动者中途离职,用人单位仍需发放劳动者在职期间相对应的年终奖励。如《天津法院劳动争议案件审理指南》(2017 年)第 37 条规定,用人单位以规章制度、通知、会议纪要等规定有权利领取年终奖的劳动者范围为年终奖实际发放之日仍实际在职的劳动者为由,拒绝向考核年度内已经离职的劳动者发放年终奖的,如该年终奖属于劳动报酬性质,劳动者请求给付年终奖的,应予支持,劳动者在年终奖对应的考核年度工作不满 1 年的,用人单位应当按照劳动者实际工作时间占全年工作时间的比例确定发放年终奖的比例。

【解答】

笔者认为,劳动者在用人单位的一个考核年度工作未满 1 年,仍有享受与工作期间相对应之年终奖的权利。(1)根据国家统计局《〈关于工资总额组成的规定〉若干具体范围的解释》第 2 条的规定,奖金包括:①生产(业务)奖包括超产奖、质量奖、安全(无事故)奖、考核各项经济指标的综合奖、提前竣工奖、外轮速遣奖、年终奖(劳动分红)等。②节约奖包括各种动力、燃料、原材料等节约奖。③劳动竞赛奖包括发给劳动模范,先进个人的各种奖和实物奖励。④其他奖金包括从兼课酬金和业余医疗卫生服务收入提成中支付的奖金等。由此可见,年终奖系奖金的一种,属于劳动者的劳动报酬。劳动者有获得劳动报酬的权利,包括取得年终奖的权利,用人单位不得克扣劳动者的劳动报酬,也不得克扣劳动者的年终奖金。(2)根据《劳动合同法》第 18 条的规定,劳动者享有同工同酬的权利。用人单位有权决定是否发放年终奖金,但用人单位一旦决定给本单位的劳动者发放年终奖,则本单位的劳动者除特别情形均应享有获得年终奖的权利,这种权利不因劳动者在考核年度内中途离职而消灭。如果劳动者的年终奖数额不明确,可以根据同工同酬的规定,确定用人单位应发放给劳动者的年终奖。(3)年终奖一般来说是对劳动者整个考核年度表现的奖励,而非对劳动者在年度内某一时段表现的嘉奖。而且,很多年终奖是用人单位将每个工资支付周期内应发劳动者的工资作部分扣留,放在年终发放的。基于上述情况,劳动者在一个考核年度中途离职,其也应享有在该考核年度上班期间相对应的年终奖,用人单位应予发放。

在一些例外情况下,用人单位可以不支付中途离职的劳动者年终奖。(1)用人单位有证据证明年终发放的奖金是针对考核年度的某一阶段或某一项目,而劳动者在该阶段或该项目开展时已经离职。(2)用人单位在规章制度等文件中明确规定年终奖属于特殊福利,是否发放以及发放额度需要考虑公司当年效益及个人表现，不纳入员工工资范围，并规定在年终奖发放前员工离职不得享受单位上年度年终奖的。[①]（3）用人单位有证据证明年终发放的奖金仅针对部分有特殊贡献的劳动者，并非针对全体劳动者，而中途离职的劳动者不属于该部分有特殊贡献的劳动者。

【风险提示73】

年终奖属于劳动者的工资，用人单位不得随意克扣。用人单位在制定规章制度时，不妨将年终奖规定为特殊福利，不纳入工资范围，规定发放年终奖的条件，并明确中途离职不予发放年终奖金。

【规范指引】

国家统计局《〈关于工资总额组成的规定〉若干具体范围的解释》

二、关于奖金的范围

（一）生产（业务）奖包括超产奖、质量奖、安全（无事故）奖、考核各项经济指标的综合奖、提前竣工奖、外轮速遣奖、年终奖（劳动分红）等。

（二）节约奖包括各种动力、燃料、原材料等节约奖。

（三）劳动竞赛奖包括发给劳动模范，先进个人的各种奖金和实物奖励。

（四）其他奖金包括从兼课酬金和业余医疗卫生服务收入提成中支付的奖金等。

Q77：如何认定用人单位克扣工资，克扣工资有何法律后果？

克扣工资是指用人单位无正当理由扣减劳动者应当获得的工资。劳动者应得的工资一般按用人单位与劳动者之间书面劳动合同的工资条款或集体合同的约定进行确定。劳动者的工资并非一成不变，有些工资支付周期，劳动者的实际工资高于劳动合同约定的工资标准；有些工资支付周期，劳动者实际所得的工资可能少于劳动合同约定的标准。如何判断用人单位是否克扣工资，司法实践面临一定的困境。

【解答】

劳动部《工资支付暂行规定》第15条规定，用人单位不得克扣劳动者工资。

---

① 参见王林清：《劳动纠纷裁判思路与规范释解》，法律出版社2016年版，第263页。

有下列情况之一的,用人单位可以代扣劳动者工资:(1)用人单位代扣代缴的个人所得税;(2)用人单位代扣代缴的应由劳动者个人负担的各项社会保险费用;(3)法院判决、裁定中要求代扣的抚养费、赡养费;(4)法律、法规规定可以从劳动者工资中扣除的其他费用。根据该条规定,用人单位代扣上述工资的,不属于克扣工资。

劳动部《对〈工资支付暂行规定〉有关问题的补充规定》第 3 条规定,《工资支付暂行规定》第 15 条中所称"克扣"系指用人单位无正当理由扣减劳动者应得工资(在劳动者已提供正常劳动的前提下用人单位按劳动合同规定的标准应当支付给劳动者的全部劳动报酬)。不包括以下减发工资的情况:(1)国家的法律、法规中有明确规定的;(2)依法签订的劳动合同中有明确规定的;(3)用人单位依法制定并经职代会批准的厂规、厂纪中有明确规定的;(4)企业工资总额与经济效益相联系,经济效益下浮时,工资必须下浮的(但支付给劳动者工资不得低于当地最低工资标准);(5)因劳动者请事假等相应减发工资等。笔者认为,对该条第(2)、(3)款应作限缩解释,劳动合同和厂规厂纪明确规定减发工资的情形,必须合情合理,扣减工资的数额应符合比例原则,在程序上也要符合法律规定,这样劳动合同和厂规厂纪的相应条款才能作为用人单位扣减工资的依据。

用人单位克扣工资的,应当承担赔偿责任。劳动部《违反和解除劳动合同的经济补偿办法》第 3 条规定,用人单位克扣或无故拖欠劳动者工资的,以及拒不支付劳动延长工作时间工资报酬的,除在规定的时间内全额支付劳动者工资报酬外,还需加发相当于工资报酬 25% 的经济补偿金。《违反和解除劳动合同的经济补偿办法》在《劳动合同法》出台之前,被广泛引用于劳动仲裁文书和裁判文书,在《劳动合同法》出台之后,很多地方的人民法院和劳动仲裁部门仍在适用补偿办法。目前,《违反和解除劳动合同的经济补偿办法》已被废止。克扣工资的赔偿责任应适用《劳动合同法》第 85 条的规定,用人单位有下列情形之一的,由劳动行政部门责令限期支付劳动报酬、加班费或者经济补偿;劳动报酬低于当地最低工资标准的,应当支付其差额部分;逾期不支付的,责令用人单位按应付金额百分之五十以上百分之一百以下的标准向劳动者加付赔偿金:(1)未按照劳动合同的约定或者国家规定及时足额支付劳动者劳动报酬的;(2)低于当地最低工资标准支付劳动者工资的;(3)安排加班不支付加班费的;(4)解除或者终止劳动合同,未依照本法规定向劳动者支付经济补偿的。劳动者在适用该条规定请求赔偿金的,要注意到用人单位支付赔偿金的前提条件,即劳动行政部门责令用人单位限期支付工资等而用人单位逾期不支付。

【风险提示 74】

> 除劳动法律法规明确规定用人单位可代扣、减发工资的情形，用人单位原则上不得减发劳动者的工资，否则，用人单位可能面临对减发的工资加付 50% ~100% 的赔偿责任，劳动者还可以即时解除劳动合同并要求用人单位支付经济补偿。

【规范指引】

劳动部《工资支付暂行规定》

第十五条　用人单位不得克扣劳动者工资。有下列情况之一的，用人单位可以代扣劳动者工资：

（一）用人单位代扣代缴的个人所得税；

（二）用人单位代扣代缴的应由劳动者个人负担的各项社会保险费用；

（三）法院判决、裁定中要求代扣的抚养费、赡养费；

（四）法律、法规规定可以从劳动者工资中扣除的其他费用。

Q78：如何认定用人单位拖欠工资？

《劳动法》第 50 条规定，工资应当以货币形式按月支付给劳动者本人，不得克扣或者无故拖欠劳动者的工资。根据该条规定，用人单位应当按照劳动合同约定的工资发放时间支付工资，劳动合同没有约定的，按用人单位习惯发放工资的时间确定工资发放时间。

劳动部《对〈工资支付暂行规定〉有关问题的补充规定》第 4 条规定，《工资支付暂行规定》第 18 条所称“无故拖欠”是指用人单位无正当理由超过规定付薪时间未支付劳动者工资，不包括：(1)用人单位遇到非人力所能抗拒的自然灾害、战争等原因、无法按时支付工资；(2)用人单位确因生产经营困难、资金周转受到影响，在征得本单位工会同意后，可暂时延期支付劳动者工资，延期时间的最长限制可由各省、自治区、直辖市劳动行政部门根据各地情况确定，其他情况下拖欠工资均属无故拖欠。

用人单位未按劳动合同约定或习惯时间发放工资的，是否就构成拖欠工资，拖欠工资是否需要用人单位未按约定或习惯的时间发放工资达到一定时间的条件，实践中存在不同观点。

【争议】

观点一:劳动法律法规并未规定拖欠工资需要拖欠达一定的时间,用人单位在约定或习惯发放工资的时间到来之时,仍未发放工资的,即可认定为拖欠工资,用人单位就应承担拖欠工资的法律责任。

观点二:用人单位由于种种原因,可能在一定的时间内未及时发放工资,只要时间较短,用人单位也有合理的理由,就不应当认定用人单位拖欠工资。

【解答】

笔者同意观点二。现实生活中,用人单位并不总是在一个工资支付周期的固定时间发放工资,有时因资金周转问题、劳动者的工资暂未核算清楚等原因,在劳动合同约定或习惯发放工资的时间未能发放工资,而是推迟数日发放工资,用人单位的这种做法并没有任何不合理之处,一般劳动者也能接受,不会给劳动者造成损害。如果因用人单位仅推迟数日发放工资,就认定用人单位无故拖欠工资,使用人单位承担拖欠工资的法律责任,不符合常理,对用人单位也是不公平的。劳动法律法规没有明确规定拖欠工资的时间条件,笔者认为可以通过法律解释确定一个合理的时间长度,如 7 ~ 15 日,作为认定用人单位拖欠工资时间的标准。

以上论述仅是针对劳动者一个工资支付周期工资、加班工资的发放时间。超出一个工资支付周期的工资发放,如年终奖、季度奖等,一般不会在合同中有约定发放时间,亦难觅发放该类工资的习惯时间。用人单位有决定发放此类工资时间的权利,用人单位可以在合理的期间发放超出一个工资支付周期的工资,而无须承担拖欠工资的法律责任。

【风险提示 75】

用人单位生产经营困难、资金周转受到影响,需暂缓发放劳动者工资的,要注意取得工会书面同意的法定程序,避免出现用人单位有正当理由未及时发放劳动者工资,而仅因忽视法定程序被认定为拖欠工资,从而承担赔偿金的法律责任的情况。

【规范指引】

劳动部《对〈工资支付暂行规定〉有关问题的补充规定》

四、《规定》第十八条所称"无故拖欠"系指用人单位无正当理由超过规定付薪时间未支付劳动者工资。不包括:(1)用人单位遇到非人力所能抗拒的自然灾害、战争等原因、无法按时支付工资;(2)用人单位确因生产经营困难、资金周转受到影响,在征得本单位工会同意后,可暂时延期支付劳动者工资,延期时间的最长限制可由各省、自治区、直辖市劳动行政部门根据各地情况确定。其他情况下拖欠工资均属无故拖欠。

Q79:用人单位生产经营面临严重困难,是否可以缩短全体劳动者的工作时间,相应减少工资,以代替经济裁员?

《劳动合同法》第41条规定,用人单位生产经营发生严重困难等情形,需要裁减人员20人以上或裁减人员不满20人但占企业职工总数10%以上,经听取工会或职工代表意见、向劳动行政部门报告,可以裁减人员。现实中,一些用人单位生产经营面临严重困难,但仍想维系与劳动者的劳动关系,不希望使用裁员的方式,这些用人单位是否可以通过缩短全体劳动者的工作时间,减少劳动者的相应工资,以渡过难关呢?

【争议】

观点一:劳动法律法规规定用人单位生产经营发生严重困难,可以进行裁员,而没有规定此情形下可以通过缩短工作时间减少劳动者的工资。扣减劳动者的工资必须有劳动合同约定或法律的明确规定,劳动合同没有明确约定,劳动法律法规也没有明确规定的情况下,不得扣减工资,否则用人单位应承担相应的法律责任。

观点二:通过缩短劳动者的工作时间减少工资相比较于裁员,对劳动者的影响和损害较小。用人单位如能通过缩短劳动者的工作时间代替经济裁员,以度过困难时期,有利于劳动者的利益。对用人单位的此项举措,没有否定的必要。

【解答】

笔者认为,用人单位生产经营面临严重困难时,用人单位的生存权成为权利保护的第一位阶,用人单位可以通过裁员的方式解除与部分劳动者之间的劳动关系。但是,如果在用人单位生产经营面临严重困难时,尚能兼顾用人单位和劳动者之间的权利,用人单位也有维持劳动关系的愿望,通过其他方式而不是裁员的方式度过困难时期,既保护用人单位的生存权,也保护劳动者劳动以获取工资报酬的权利,没有禁止之理。虽然劳动者在生产经营困难时期,劳动时间有所压缩,工资有所减少,但相对于裁员来说,劳动者的利益受损明显更少,一般劳动者也更能接受工资一定数量的减少。劳动部《对〈工资支付暂行规定〉有关问题的补充规定》第 3 条中规定,企业工资总额与经济效益相联系,企业在经济效益下浮时,工资必须下浮的(但支付给劳动者工资不得低于当地最低工资标准)情形下减少工资,不属于克扣工资。该条规定用人单位经济效益下降,可以下浮劳动者的工资,举重以明轻,举轻以明重,用人单位生产经营发生严重困难,也当然可以通过缩短工作时间减少劳动者的相应收入。

为防止用人单位在生产经营发生严重困难时,滥用减发工资的权利损害劳动者权利,笔者认为,对此情形下用人单位减发工资的权利应作必要限制。在德国,雇主不能通过指示而规定缩短工作时间,只有在有劳动合同约定并有工厂委员会以合乎规则的方式参与时,才有可能。① 对用人单位的该项权利,首先,应有最低工资标准的限制。用人单位在生产经营严重困难时间,劳动者仍提供正常劳动但工作时间有所减少,用人单位扣减后的工资不得低于当地最低工资标准。其次,应有程序限制。可参照《劳动合同法》第 41 条的程序规定,用人单位在作出缩短工时减少工资决定之前,应听取工会或职工代表的意见,并将相应的方案报劳动行政部门后,方可实行。

【规范指引】

劳动部《对〈工资支付暂行规定〉有关问题的补充规定》

三、《规定》第十五条中所称“克扣”系指用人单位无正当理由扣减劳动者应得工资(即在劳动者已提供正常劳动的前提下用人单位按劳动合同规定的标准应当支付给劳动者的全部劳动报酬)。不包括以下减发工资的情况:……(4)企业工资总额与经济效益相联系,经济效益下浮时,工资必须下浮的(但支付给劳动者工资不得低于当地最低工资标准);……

Q80:劳动者违反用人单位的规章制度,用人单位是否可对劳动者的工资作惩罚性的扣减?

现实生活中,一些劳动者漠视用人单位制度的规章制度,给用人单位的生产经营和劳动秩序造成不利影响。用人单位是否能对劳动者进行处罚,并对工资进行惩罚性的扣减,实践中存在不少争议。

---

① 参见[德]雷蒙德·瓦尔特曼:《德国劳动法》,沈建峰译,法律出版社 2014 年版,第 151 页。

《企业职工奖惩条例》(2008 年 1 月 15 日被废止)第 11 条规定,对于有下列行为之一的职工,经批评教育不改的,应当分别情况给予行政处分或者经济处罚:(1)违反劳动纪律,经常迟到、早退,旷工,消极怠工,没有完成生产任务或者工作任务的;(2)无正当理由不服从工作分配和调动、指挥,或者无理取闹,聚众闹事,打架斗殴,影响生产秩序、工作秩序和社会秩序的;(3)玩忽职守,违反技术操作规程和安全规程,或者违章指挥,造成事故,使人民生命、财产遭受损失的;(4)工作不负责任,经常产生废品,损坏设备工具,浪费原材料、能源,造成经济损失的;(5)滥用职权,违反政策法令,违反财经纪律,偷税漏税,截留上缴利润,滥发奖金,挥霍浪费国家资财,损公肥私,使国家和企业在经济上遭受损失的;(6)有贪污盗窃、投机倒把、走私贩私、行贿受贿、敲诈勒索以及其他违法乱纪行为的;(7)犯有其他严重错误的。职工有上述行为,情节严重,触犯刑律的,由司法机关依法惩处。该条例第 16 条规定,对职工罚款的金额由企业决定,一般不要超过本人月标准工资的 20%。但该条例已于 2008 年被废止,现已不能作为用人单位处罚劳动者的依据。该条例的废止是否意味着用人单位丧失对劳动者的处罚权,不能再对劳动者进行经济处罚,实务上有不同的观点。

【争议】

观点一:过去用人单位对劳动者的违纪违规行为进行处罚,是依据《企业职工奖惩条例》的相应规定。该条例已被废止,用人单位对劳动者行使处罚权已无法律依据。而且,在劳动关系中用人单位对劳动者存在明显的强势地位,如在没有法律依据的情况下赋予用人单位处罚权,极有可能导致用人单位滥用处罚权,不利于劳动者权益的保护。所以,用人单位对违反规章制度的劳动者不得实行经济处罚,劳动者如严重违反用人单位的规章制度,用人单位可根据《劳动合同法》的规定解除与劳动者的劳动合同。

观点二:《企业职工奖惩条例》被废止,并不意味着用人单位丧失对劳动者的处罚权。用人单位享有经营自主权,包括对违规违纪的劳动者进行处罚的权利。如禁止用人单位对违规违纪的劳动者进行处罚,则劳动者可以漠视劳动规章制度,用人单位对此毫无办法,显然将对用人单位的生产经营和劳动管理造成重大的不利影响。所以,用人单位可以对违反规章制度的劳动者有经济处罚的权利。

观点三:用人单位为正常开展生产经营和进行劳动管理,应当享有对违规违纪劳动者的经济处罚权。但是,为防止用人单位滥用经济处罚权,应对该权利作必要的限制,要有规章制度的明确规定,也要有数额上的限制。

【解答】

笔者认为,用人单位应当对违规违纪的劳动者有一定的经济处罚权。这是因为:(1)用人单位的经济处罚权是维护正常生产经营秩序的必要手段。用人单位除了运用对表现出色的劳动者进行奖励的手段外,还可对违规违纪的劳动者进行经济处罚,有奖有罚,才能形成和维护良好的生产经营秩序,提高企业经营效益。劳动者漠视用人单位的规章制度,经常性地违规违纪,必然会对用人单位的生产经营秩序和经济效益造成不利影响。若用人单位没有相应的处罚权,一些劳动者将有恃无恐,随意违反规章制度,只要他们的行为不构成严重违反规章制度,用人单位对他们将毫无办法,这显然不利于生产经营的正常开展。(2)用人单位的经济处罚权是劳动管理的必要手段。用人单位对劳动者进行管理,也要有奖励和惩罚双重手段,如劳动者肆意违规违纪不受处罚,不仅该劳动者以后将更不受拘束,其他劳动者也有可能效仿,用人单位将无法进行正常的劳动管理。(3)用人单位的经济处罚权是其经营自主权的体现。用人单位的自主经营权,是指用人单位在不违反法律规定的情况下,拥有的调配使用自己的人力、财力、物力,自主组织生产的权利,包括财产所有权、经营权、劳动用工权等。用人单位具有经营自主权,决定了其具有基于生产、经营和管理的目的对劳动者违规违纪行为进行处罚的权利。

为防止用人单位经济处罚权的滥用,笔者认为,应对该权利作必要的限制。(1)要有规章制度的限制。用人单位实行经济处罚权,必须有规章制度明确规定的前提条件。规章制度必须明确劳动者违反哪一条规章制度,用人单位可以进行经济处罚,经济处罚的数额是多少。而且,相应的规章制度必须符合《劳动合同法》第 4 条规定的程序,经职工代表大会或者全体职工讨论,提出方案和意见,与工会或者职工代表平等协商确定,并向劳动者公示,告知劳动者。这样,规章制度才能作为用人单位行使经济处罚权的依据。(2)合理性方面的限制。用人单位规章制度中对违规违纪的劳动者进行经济处罚的条款应具备合理性,即从一个理性人的角度看,用人单位对劳动者的经济处罚力度与劳动者的违规违纪行为是相应适宜的,不能因为劳动者一些轻微的违纪行为而对其采取严重的处罚措施。(3)应有最高数额限制。对劳动者在一个工资支付周期内的违规违纪行为,用人单位在扣减工资数额时,不能超过最高额。笔者认为,在劳动法律法规没有明确规定的情况下,最高额可设置为劳动者该支付周期内工资的 10% ~20% ,超过该限度,扣减工资的数额可认为超过合理范围。如果扣减后的工资低于当地最低工资标准,应按最低工资标准发放工资。

目前,一些地区的人民法院和劳动仲裁部门对用人单位的经济处罚权进行了有益的探索。浙江省衢州市中级人民法院、浙江省衢州市人力资源和社会保障局《关于审理劳动争议案件若干问题的会议纪要(二)》(2018 年)第 9 条规定:劳动者有无视用人单位规章制度的行为,在发放工资时对其进行惩罚性扣款是有必要的,这是用人单位对劳动者进行有效管理的手段。但用人单位进行惩罚性扣款的前提是用人单位的规章制度对相关违纪行为作惩罚性扣款有明确规定,该规章制度按《劳动合同法》第 4 条规定的民主程序制定,并向劳动者公示。惩罚性扣款的数额要有合理性,原则上对单次违纪行为进行惩罚性扣款的数额不超过劳动者当月工资的 5%,月度累计扣款数额不超过劳动者当月工资的 20%,若扣款后劳动者的剩余工资部分低于当地月最低工资标准,则按最低工资标准支付。

【风险提示 76】

用人单位在劳动规章制度中,对一些够不上严重但有必要进行处罚的违规违纪行为,有必要规定一定的经济处罚措施。这里,不仅要明确违规违纪行为的种类,还要明确经济处罚的数额,而且,劳动规章制度要符合《劳动合同法》第 4 条规定的程序性要求。在设定经济处罚数额时,要注意合理性,在一个工资支付周期内对劳动者的经济处罚总数额,不得超出劳动者工资的 20%。

【规范指引】

劳动部《工资支付暂行规定》

第十六条　因劳动者本人原因给用人单位造成经济损失的,用人单位可按照劳动合同的约定要求其赔偿经济损失。经济损失的赔偿,可从劳动者本人的工资中扣除。但每月扣除的部分不得超过劳动者当月工资的 20%。若扣除后的剩余工资部分低于当地月最低工资标准,则按最低工资标准支付。

Q81:如何理解同工同酬?

《劳动法》第 46 条第 1 款规定,工资分配应当遵循按劳分配原则,实行同工同酬。《劳动合同法》第 11 条规定,用人单位未在用工的同时订立书面劳动合同,与劳动者约定的劳动报酬不明确的,新招用的劳动者的劳动报酬按照集体合同规定的标准执行;没有集体合同或者集体合同未规定的,实行同工同酬。同工同酬是法律上平等原则的一种体现,起源于域外反歧视运动中,也是背靠着反歧视法律机制发挥作用。①

我国劳动立法没有对同工同酬这一原则性的规定作出明确界定,导致司法实践对同工同酬的理解存在很大的困惑。司法者往往倾向于认为确定劳动者的薪酬是用人单位自由经营权的体现,劳动者对同工不同酬的主张应承担举证责任,基于这些理解,劳动者主张同工不同酬并要求用人单位补足劳动报酬,难以得到支持。有学者曾对劳动者以同工同酬为诉求的 102 份裁判文书进行分析,诉求获得部分支持的仅有 1 份,占 0.98%,其他均为驳回起诉或驳回诉讼请求,从而得出同工同酬权因难以获得有效的司法保护导致其有非权利化倾向的结论。② 因此,明确界定同工同酬,统一此类纠纷的裁判标准,对劳动者平等权和同工同酬权保护的意义不言而喻。

【争议】

观点一:同工同酬系指同一工作岗位的劳动者有获得相同劳动报酬的权利,即同一工作岗位的劳动者获得的工资、福利等均应相同,不应有任何区别。

观点二:同工同酬并不是指同一或相近岗位劳动者取得的工资福利完全相同,而是指相同或相似岗位劳动者的工资计算标准一致。

【解答】

笔者倾向于观点二。劳动部《关于〈中华人民共和国劳动法〉若干条文的说明》对同工同酬理解为用人单位对于从事相同工作,付出等量劳动且取得相同劳绩的劳动者,应支付同等的劳动报酬。也就是说,从事相同工作的劳动者,劳动量有差异,劳动绩效有差异,劳动报酬可以有所不同。上海市高级人民法院《关于适用〈中华人民共和国劳动合同法〉若干问题的意见》(2009 年)第 14 条规定:同工同酬是劳动法确立的一项基本规则,用人单位必须严格遵守。但由于劳动者存在个体差异,因此,不能简单以不同劳动者是否在相同岗位工作作为"同工"的标准,而应综合考虑劳动者的个人工作经验、工作技能、工作积极性等特殊因素,允许用人单位依此对相对工作岗位的劳动者在劳动报酬方面有所差别。

---

① 参见闫冬:《同工同酬原则的语境和困境》,载《环球法律评论》2011 年第 6 期。

② 参见梁桂平:《同工同酬权司法救济的检省与矫正》,载《河北法学》2015 年第 7 期。

英国通过以下措施使同工同酬原则的实现成为可能。第一,通过被歧视方与参照方之间的比较,直观判断出是否存在同工不同酬的情况。第二,对当事人的举证责任作出特殊安排。对举证责任的分担采取举证责任倒置的立场,即如果雇主的行为涉嫌导致用工不公,那么应由雇主举证推翻这种推论,证明自己采取的行动是出于合理原因,只要原告能提供涉嫌歧视的表面证据,被告就要承担反驳的举证责任。第三,法律对具备目的合法性和手段适当性的包括同工不同酬在内的间接歧视采取容忍态度,为企业管理提供足够的自治空间,对于超出这一范围的间接歧视仍保持直接干预的权利。第四,通过直接划定歧视种类来控制同工同酬政策的风险。对每一类法定歧视类型都有明确的认定标准和程序,使其具有可操作性和可控性。①

对于"同工"的界定。"同工"不仅包括本单位相同的工作岗位,还包括本单位同类岗位和相近岗位。判断工作岗位是否相同、同类或相近,不应仅看工作岗位的名称,还要考察工作岗位的性质和工作内容是否相同或相近。工作岗位相同或相近并非"同工"的充分条件,认定"同工"还需要职级、级别基本相当。如车间主任与该车间的普通劳动者,工作岗位为同一车间,但由于职级存在差别,就不能认定为"同工"。

对于"同酬"的界定。"同酬"应当作扩张解释,既包括劳动者的工资,又包括各类津贴、补贴、资金、福利待遇、社会保险,实物发放也应该包含在内。"同酬"并不意味着用人单位对相近岗位的劳动者发放的工资、福利等完全相同,而是计酬的标准应当一致。劳动者的基本工资不考虑劳动量或绩效不同的因素,在劳动者提供正常劳动的情况下,相同或相近岗位劳动者的基本工资应该大体相当。绩效工资、加班工资、奖金等根据劳动者的工作量、工作时间和绩效计算,相同或相近岗位劳动者因工作量等因素的不同,这些劳动报酬可以有所差别,但这些劳动报酬的计算标准和计算方式在相同和相近岗位的劳动者之间应该是一致的。

以下情形不应当认定为用人单位违反"同工同酬"的规定:(1)因劳动者工龄的差别导致工龄工资有区别。(2)因劳动者工作时间的不同导致工资有区别。如上夜班的劳动者的劳动报酬可以优于上白班的劳动者。(3)因劳动者工作地点的不同而有差异。如劳动者被派往离家较远的分公司、公司驻点等,虽与总公司劳动者的工作内容一致,但该劳动者仍可享受较高的劳动报酬。(4)试

① 参见闫冬:《同工同酬原则的语境和困境》,载《环球法律评论》2011年第6期。

用期内劳动者的劳动报酬根据法律规定可适当低于正式工作的劳动者。(5)因劳动者业绩、工作量不同导致的绩效工资、奖金等工资报酬的差别。(6)因劳动者掌握技能不同导致的工资差别。(7)其他根据法律法规的规定劳动者的劳动报酬可以扣减的,扣减后的工资可以低于相同或相近岗位的其他劳动者。如劳动者请病假的,在医疗期内工资可按当地最低工资标准的 80% 计发;劳动者因故意或重大过失造成用人单位损失的,用人单位可依法扣减劳动者的工资。

关于同工同酬的举证责任分配问题,笔者认为可参考英国对举证责任分配的做法,即由劳动者承担初步的举证责任,再由用人单位承担反驳的举证责任。劳动者应对以下事实承担举证责任:(1)劳动者自己的劳动报酬;(2)提供相同或相近岗位的劳动者作为参照人;(3)劳动合同有劳动报酬的计算标准和方法的,应当提供劳动合同。劳动者提供以上证据后,用人单位则对以下事实承担举证责任:(1)劳动者选择的参照人的劳动报酬,如用人单位认为参照人与劳动者并非相同或相近岗位,应提供参照人工作岗位、职级和工作内容的相应证据;(2)用人单位劳动报酬的计算标准和方式,以证明劳动者和参照人劳动报酬的计算标准和方式是一致的;(3)劳动者的劳动报酬低于参照人的,应举证证明这种区别存在合理、合法的理由和依据。

【风险提示 77】

用人单位对工作岗位相同或相近的劳动者劳动报酬的计算标准和方法应当一致。在规章制度中最好明确各个工作岗位劳动报酬的计算标准和方式,并向劳动者公示。在工资表中,区分基本工资、工龄工资以及随劳动量、绩效变动而变动的其他工资。避免劳动报酬计算标准不清晰、工资组成不明确导致被司法机关认定为同工不同酬的法律风险。

【规范指引】

《中华人民共和国劳动法》

第四十六条第一款　工资分配应当遵循按劳分配原则,实行同工同酬。

劳动部《关于〈中华人民共和国劳动法〉若干条文的说明》

第四十六条　……

本条中的"同工同酬"是指用人单位对于从事相同工作,付出等量劳动且取得相同劳绩的劳动者,应支付同等的劳动报酬。

……

Q82：用人单位拖欠工资报酬，劳动者是否可以以此为由对用人单位的动产行使留置权？

留置权是一种法定担保物权，根据《物权法》第 230 条第 1 款的规定，债务人不履行到期债务，债权人可以留置已经合法占有的债务人的动产，并有权就该动产优先受偿。留置权的产生必须符合以下条件：(1)债权人合法占有了债务人的动产；(2)债权人占有的债务人的动产与债权属于同一法律关系，但企业和企业之间的留置不需要动产和债权属于同一法律关系；(3)债务履行期间届满。留置权主要运用在民事债权债务关系中，在劳动争议中用人单位拖欠劳动者工资报酬，而劳动者占有用人单位的动产，劳动者能否行使留置权，实践中存在不同观点。

【争议】

观点一：用人单位拖欠工资报酬，劳动者又因劳动关系合法占有用人单位的动产，此种情形完全符合留置权产生的条件。劳动者合法占有动产，劳动者占有动产是因劳动关系存在，其对用人单位享有的工资报酬请求权也是基于劳动关系产生，用人单位应当支付工资报酬的债务已届履行期。此时，劳动者可以留置其合法占有的用人单位的动产，并有权就该动产优先受偿。

观点二：用人单位拖欠工资报酬，劳动者占有用人单位的动产即使是合法的，也不能据此主张留置权。留置权调整的主要是平等主体之间的民事担保关系，因管理行为产生的债权债务关系则不能适用留置权的规定。而且，劳动者占有用人单位的动产和工资报酬请求权并不属于同一法律关系。

【解答】

笔者倾向于观点二。原因在于：

(1)劳动者占有的用人单位的动产与其对用人单位的工资报酬请求权并不属于同一法律关系。同一法律关系是指由于物的占有人增加了标的物价值，或者因标的物遭受了损害，在请求返还占有物的人没有偿还得利或赔偿损害前拒绝给付，依此间接敦促其清偿的关系。[①] 同一法律关系表现为以下两种情形：①债权人的债权就是因该动产本身发生的。如寄存人交付的保管物有瑕疵而

---

① 参见[日]我妻荣：《新订担保物权法》，申政武、封涛、郑芙蓉译，中国法制出版社 2008 年版，第 31 页。

未告知保管人致保管人受损,保管人对寄存人享有的损害赔偿请求权即是因保管物本身发生,与保管物属于同一法律关系。②债权与作为留置标的物的动产返还请求权是基于同一法律关系产生。如甲将一块玉石交给乙雕刻成一尊玉佛,乙雕刻完成后后,甲拒绝支付报酬,由于承揽人的报酬支付请求权这一债权与定作人要求承揽人交付的工作成果即玉佛的请求权,皆基于加工承揽合同产生,属于同一法律关系。[①] 劳动者占有用人单位的动产并非工资报酬请求权发生的原因,不符合第一种情形。劳动者对用人单位的动产虽是因劳动关系存在而占有,但用人单位要求劳动者返还该动产却并非基于劳动关系,而是基于物权请求权,用人单位可随时取回财产,这并不影响劳动合同的继续履行,也不符合第二种情形。所以,劳动者占有用人单位的动产与工资报酬请求权不属于同一种法律关系,不符合留置权产生的法定要件。

(2)劳动关系不宜适用留置权的规定。在劳动关系中,用人单位对劳动者有管理的权利,劳动者有服从用人单位管理的义务。而且,因工作关系而占有用人单位动产的劳动者不在少数。用人单位生产经营存在困难,拖欠劳动者工资报酬的现象可能在该单位存在普遍性。如果赋予众多劳动者留置用人单位动产的权利,劳动管理秩序将因此混乱。我国法律法规已对劳动者作了倾斜性的保护,劳动者可以依法律法规的规定保护自己的合法权益,留置用人单位的动产并不是必须手段。所以,留置权主要运用于平等民事主体之间的债权债务关系,在劳动关系中不宜适用留置权的规定。

【风险提示 78】

劳动者不能因用人单位拖欠工资报酬而留置用人单位的动产,更不能直接将用人单位的动产低价出卖获取金钱作为工资报酬,否则劳动者将面临承担支付占有使用期间的费用及赔偿该动产市场价的法律责任。

【规范指引】

《中华人民共和国物权法》

第二百三十条　债务人不履行到期债务,债权人可以留置已经合法占有的债务人的动产,并有权就该动产优先受偿。

---

① 参见程啸:《担保物权研究》,中国人民大学出版社 2017 年版,第 603 页。

前款规定的债权人为留置权人，占有的动产为留置财产。

第二百三十一条　债权人留置的动产，应当与债权属于同一法律关系，但企业之间留置的除外。

Q83：发包单位将业务承包给个人，或者建筑施工、矿山企业等用人单位将工程（业务）或经营权发包给不具备用工主体资格的组织或自然人，对个人承包者招用劳动者造成劳动者工资损失或不具备用工主体资格的组织和自然人不能向劳动者支付工资的，发包单位或者建筑施工、矿山企业是否应当承担工资支付责任？

《劳动合同法》第 94 条规定，个人承包经营违反本法规定招用劳动者，给劳动者造成损害的，发包的组织与个人承包经营者承担连带赔偿责任。劳动和社会保障部《关于确立劳动关系有关事项的通知》第 4 条规定，建筑施工、矿山企业等用人单位将工程（业务）或经营权发包给不具备用工主体资格的组织或自然人，对该组织或自然人招用的劳动者，由具备用工主体资格的发包方承担用工主体责任。上述规定表述的“损害”“用人主体责任”是否包括工资损失和工资支付责任，实践中存在不同观点。

【争议】

观点一：《劳动合同法》第 94 条和《关于确立劳动关系有关事项的通知》第 4 条规定主要针对的是劳动者在工作中身体受到损害，发包人和承包单位应承担连带赔偿责任和用工主体责任，工资损失不属于上述规定的损害范围。发包单位或有资质的承包单位将业务发包、转包或分包给不具备用工主体的单位或个人，不具备用工主体的单位或个人招用劳动者，造成劳动者工资损失的，发包单位和有资质的承包单位不承担支付责任。

观点二：《劳动合同法》第 94 条规定的劳动者损害包括人身损害和因个人承包者无法支付工资导致的工资损失。《关于确立劳动关系有关事项的通知》第 4 条规定的用工主体责任包括劳动者因工受伤时用人单位应承担的工伤主体责任，也包括劳动者工资的支付责任。发包单位或有资质的建筑、矿山承包单位将业务发包、转包或分包给不具备用工主体的单位或个人，不具备用工主体的单位或个人招用劳动者，造成劳动者工资损失的，发包单位和有资质的承包单位应当承担支付责任。

【解答】

笔者倾向于观点二。理由在于:

(1)《劳动合同法》第 94 条规定的给劳动者造成损害,包括身体损害和财产损害,应付未付工资导致的损害当然应当包括在财产损害中,属于《劳动合同法》第 94 条规范的范围。观点一认为该条规定的损害只是人身损害,而将工资等财产损害排除在外,显然曲解了"损害"一词的含义。该条规定发包单位承担连带责任,是因为个人承包经营者的经济实力一般较弱,往往难以对其造成的劳动者人身、工资等损失进行充分赔偿,为保护个人承包经营者招用的劳动者的合法权益,法律将发包单位也作为劳动者人身、财产损害的责任主体。将劳动者的损害局限于人身损害的理解,与《劳动合同法》第 94 条的立法意旨也是不符的。

(2)《关于确立劳动关系有关事项的通知》第 4 条规定的用工主体责任主要指向工伤主体责任和工资支付责任。有资质的承包单位与其下手的无资质单位或个人招用的劳动者其实没有劳动关系,该通知之所以规定有资质承包单位要承担用工主体责任,是因为建筑、矿山等行业存在大量的转包、违法分包行为,有资质的单位将工程(业务)转、分包给没有资质的单位和个人,极易发生无资质的单位和个人招用劳动者无法发放工资、无能力承担工伤赔偿责任的情况,为保障广大劳动者特别是农民工获得劳务报酬、因工受伤时得到充分赔偿的权利,劳动法律法规拟制了有资质单位的用工主体责任,这也是对其违法转分包行为的一种惩戒。观点一没有理解劳动法律法规拟制用工主体责任的用意,将用工主体责任限定为工伤主体责任,明显不合理。《关于确立劳动关系有关事项的通知》第 4 条其实是对劳动和社会保障部《建设领域农民工工资支付管理暂行办法》(2004 年)第 12 条规定的延续和扩展。暂行办法第 12 条明确工程总承包企业转包、违法分包要承担工资支付责任:工程总承包企业不得将工程违反规定发包、分包给不具备用工主体资格的组织或个人,否则应承担清偿拖欠工资连带责任。从暂行办法第 12 条也可得出《关于确立劳动关系有关事项的通知》第 4 条规定的用工主体责任包括工伤主体责任和工资支付主体责任。

(3)国务院办公厅《关于全面治理拖欠农民工工资问题的意见》(国办发〔2016〕1 号)第 9 条落实清偿欠薪责任规定,招用农民工的企业承担直接清偿拖欠农民工工资的主体责任。在工程建设领域,建设单位或施工总承包企业未按合同约定及时划拨工程款,致使分包企业拖欠农民工工资的,由建设单位或施工总承包企业以未结清的工程款为限先行垫付农民工工资。建设单位或施工总承包企业将工程违法发包、转包或违法分包致使拖欠农民工工资的，由建设单位或施工总承包企业依法承担清偿责任。该意见第 9 条即是对《关于确立劳动关系有关事项的通知》第 4 条、《建设领域农民工工资支付管理暂行办法》第 12 条规定建设单位、总承包单位违法发包、转包、分包时要承担工资清偿责任的进一步明确和落实。

【风险提示 79】

发包单位将业务承包给个人，或者建筑施工、矿山企业等用人单位将工程（业务）或经营权发包给不具备用工主体资格的组织或自然人，对个人承包者招用劳动者造成劳动者工资损失或不具备用工主体资格的组织或自然人不能向劳动者支付工资的，发包单位或者建筑施工、矿山企业应当承担工资清偿责任。

【规范指引】

《中华人民共和国劳动合同法》

第九十四条　个人承包经营违反本法规定招用劳动者，给劳动者造成损害的，发包的组织与个人承包经营者承担连带赔偿责任。

劳动和社会保障部《关于确立劳动关系有关事项的通知》

四、建筑施工、矿山企业等用人单位将工程（业务）或经营权发包给不具备用工主体资格的组织或自然人，对该组织或自然人招用的劳动者，由具备用工主体资格的发包方承担用工主体责任。

劳动和社会保障部《建设领域农民工工资支付管理暂行办法》

十二、工程总承包企业不得将工程违反规定发包、分包给不具备用工主体资格的组织或个人，否则应承担清偿拖欠工资连带责任。

典型案例 12

长三角商品交易所有限公司诉卢海云返还原物纠纷案①

裁判要旨

留置权是平等主体之间实现债权的担保方式；除企业之间留置的以外，债权人留置的

① 本案例载于《最高人民法院公报》2017 年第 1 期（总第 243 期）。

动产,应当与债权属于同一法律关系。

劳动关系主体双方在履行劳动合同过程中处于管理与被管理的不平等关系。劳动者以用人单位拖欠劳动报酬为由,主张对用人单位供其使用的工具、物品等动产行使留置权,因此类动产不是劳动合同关系的标的物,与劳动债权不属于同一法律关系,故人民法院不予支持该主张。

基本案情

捷达苏B×××××轿车登记在原告长三角公司名下,被告卢海云原系长三角公司副总经理,长三角公司2013年9月6日购买该车后即交付卢海云使用。2014年2月21日,长三角公司向卢海云送达《关于卢海云同志旷工和挪/占用公司财产处罚通告》,载明卢海云"连续旷工13日,我公司多次通知拒不去集团物流园报到也不来交易所并挪用和拒还公司小车(捷达苏B×××××),其行为违反了我司《员工手册》第3章第15条关于旷工的规定和第13章第72条第10款挪用公司财物的规定,属于严重的违纪行为,从即日起给予辞退处理"等内容:卢海云对解除劳动关系并无异议,但认为长三角公司解除劳动关系违法,应向其支付拖欠的工资、社保金及经济补偿金,故拒绝向长三角公司返还苏B×××××轿车。

另查明:被告卢海云于2014年6月9日向无锡市滨湖区劳动人事争议仲裁委员会申请劳动仲裁,2014年7月25日该委作出锡滨劳人仲案字〔2014〕第339号仲裁裁决书,载明原告长三角公司应支付卢海云2013年1月至2014年1月的工资差额12.6万元及违法解除劳动合同的经济赔偿金8万元等内容。

裁判结果

无锡市崇安区人民法院判决:驳回长三角公司的诉讼请求。长三角公司不服,提起上诉。无锡市中级人民法院判决:(1)撤销无锡市崇安区人民法院于2014年8月6日作出的(2014)崇民初字第0562号民事判决;(2)卢海云自本判决生效之日起10日内向长三角公司返还苏B×××××轿车。

裁判理由

法院生效裁判认为:留置权是平等主体之间实现债权的担保方式;除企业之间留置的以外,债权人留置的动产,应当与债权属于同一法律关系。劳动关系主体双方在履行劳动合同过程中处于管理与被管理的不平等关系。劳动者以用人单位拖欠劳动报酬为由,主张对用人单位供其使用的工具、物品等动产行使留置权,因此类动产不是劳动合同关系的标的物,与劳动债权不属于同一法律关系,故该主张与法律规定相悖。上诉人长三角公司的上诉理由成立,应予采纳。理由如下:

(1)基于劳动关系产生的债权不能行使留置权。《物权法》第230条规定"债务人不履行到期债务,债权人可以留置已经合法占有的债务人的动产,并有权就该动产优先受偿";

第231条规定“债权人留置的动产，应当与债权属于同一法律关系，但企业之间留置的除外”。根据法律规定及法律体系的架构，留置权的行使要件之一应为存在平等主体间的债权债务关系。留置权是担保物权之一，规定在我国的《民法通则》《担保法》《物权法》等民法体系中，其调整对象应是平等主体间的民事担保关系，排除因管理行为产生的债权债务对担保法的运用。留置权在性质上是平等主体间实现债权的一种方式，其平等性表现在债权人可通过留置债务人的动产对抗债务人，督促其履行债务，并可通过对留置物进行变价优先受偿来保护债权。而劳动关系一方为用人单位，另一方为劳动者，与一般的民事关系相比，双方在履行劳动合同过程中处于管理和被管理的不平等关系，劳动者不能基于劳动管理关系而对所占有的用人单位的财产适用留置，否则将导致劳动管理秩序的紊乱。我国的劳动法及劳动合同法已经对劳动者的合法权利设置了倾斜性保护条款，劳动者完全可以通过法定的正当途径保护自己的劳动债权，如再使用私力救济方式保护劳动债权，不仅影响劳动生产和管理秩序，还将造成债权债务保护的不公平性。另外，由于留置权具有优先受偿性，不仅优先于一般债权人，还优先于享有抵押权、质押权人的其他债权人，而劳资纠纷产生于用人单位与劳动者之间，本质上系经济组织的内部纠纷，就用人单位与劳动者共担经营风险的角度而言，也不应通过行使留置权而优先于外部债权人受偿。

(2)被上诉人卢海云所扣留的苏B×××××轿车，不是双方劳动合同关系的标的物，不符合“同一法律关系”的构成要件。除企业间留置外，留置的动产应与债权属于同一法律关系。这实际上对留置的动产范围作了严格限定。所谓同一法律关系，是指债权人占有动产是基于与其债权发生的同一法律关系发生，动产与债权发生具有紧密联系性。劳动合同的基本法律关系为劳动者承担向用人单位提供劳动和接受用人单位管理的义务，并有权要求用人单位依约支付劳动报酬。本案中，卢海云被上诉人长三角公司安排在管理岗位，分管行政事务、财务以及人事工作，因此卢海云所扣留的苏B×××××轿车，仅仅是长三角公司为公司高管出行提供的便利，并非是双方建立的劳动关系的标的物，长三角公司可以随时收回车辆也并不影响原有劳动关系的履行，长三角公司是基于所有权而不是基于劳动关系要求卢海云返还车辆，因此卢海云占有苏B×××××轿车与其主张的工资、社保金等劳动债权并非基于同一法律关系。

(3)双方劳动关系已经解除，被上诉人卢海云丧失合法占有苏B×××××轿车的基础。作为上诉人长三角公司高管所享受的便利，卢海云合法占有苏B×××××轿车是有时间限制和条件限制的，在双方劳动关系解除后，卢海云合法占有苏B×××××轿车的条件已不存在，理应向长三角公司返还苏B×××××轿车。

第六部分

Chapter 6

服务期、违约金和赔偿损失

Q84:用人单位可以与劳动者约定违约金的情形有哪些?

【解答】

1995 年施行的《劳动法》没有对劳动者承担违约金的情形作出规定,仅是规定劳动者违法解除合同或者违反劳动合同中约定的保密事项,对用人单位造成经济损失的,应当承担赔偿责任。《劳动合同法》施行前,国家层面对违约金的立法处于空白状态。在各地立法中,在范围上大多采用任意违约金规定,在性质上完全采用惩罚性违约金规定。任意违约金是指用人单位、劳动者只要违反劳动合同都可以适用违约金的制度,劳动合同双方当事人对违约金的范围可以任意约定,只要双方当事人达成合意,即对双方产生法律效力。很多地方立法或对违约金问题没有进行明确规定,或者仅对违约金的设定作较为原则的规定,只要不违法、不存在显失公平的情况,违约金就可以双方当事人适用,并没有对违约金的具体范围进行限制。①

《劳动合同法》对劳动者应承担违约金的情形规定在第 22 条和第 23 条。该法第 22 条规定:用人单位为劳动者提供专项培训费用,对其进行专业技术培训的,可以与该劳动者订立协议,约定服务期。劳动者违反服务期约定的,应当按照约定向用人单位支付违约金。违约金的数额不得超过用人单位提供的培训费用。用人单位要求劳动者支付的违约金不得超过服务期尚未履行部分所应分摊的培训费用。用人单位与劳动者约定服务期的,不影响按照正常的工资调整机制提高劳动者在服务期期间的劳动报酬。第 23 条规定:用人单位与劳动者可以在劳动合同中约定保守用人单位的商业秘密和与知识产权相关的保密事项。对负有保密义务的劳动者,用人单位可以在劳动合同或者保密协议中与劳动者约定竞业限制条款,并约定在解除或者终止劳动合同后,在竞业限制期限内按月给予劳动者经济补偿。劳动者违反竞业限制约定的,应当按照约定向用人单位支付违约金。除这两条规定外,我国法律没有规定其他情形下劳动者应承担违约金。

由于用人单位在劳动关系中处于较为强势的地位,在实践中,一些用人单位动辄在劳动合同中约定高额的违约金,以限制劳动者的离职或其他行为。为

---

① 参见董保华:《论劳动合同中的服务期违约金》,载《法律适用》2008 年第 4 期。

避免出现此类现象,《劳动合同法》第25条规定,除本法第22条和第23条规定的情形外,用人单位不得与劳动者约定由劳动者承担违约金。根据该条规定,用人单位只能约定劳动者违反服务期约定和违反竞业限制约定行为的违约金,用人单位与劳动者约定其他情形下的违约金,均属无效。

【风险提示80】

现实生活中,很多用人单位在劳动合同或劳动规章制度中约定除劳动者违反服务期约定和竞业限制约定外的违约金,这些做法都是不合法的。如需要对劳动者违规违纪、给用人单位造成损失等行为进行处罚或主张赔偿损失,可以在劳动合同或规章制度中使用经济处罚、扣减报酬、赔偿损失等词语,切不可使用"违约金""违约责任"等词语,否则,相应的合同条款或规章制度内容会被认定无效,用人单位将无法向劳动者进行处罚或主张赔偿损失。

【规范指引】

《中华人民共和国劳动合同法》

第二十五条　除本法第二十二条和第二十三条规定的情形外,用人单位不得与劳动者约定由劳动者承担违约金。

Q85:用人单位是否可与劳动者任意约定违反服务期的违约金数额?

现实中,一些用人单位与劳动者约定高额的违反服务期违约金,一些用人单位为规避法律规定将劳动者在服务期内的工资、奖金等约定为培训费用,如劳动者违反服务期约定,将失去服务期内的部分甚至全部收入。这些约定是否有效,实践中存在一些不同观点。

【争议】

观点一:《劳动合同法》第22条中规定,用人单位为劳动者提供专项培训费用,对其进行专业技术培训的,可以与该劳动者订立协议,约定服务期。劳动者违反服务期约定的,应当按照约定向用人单位支付违约金。违约金的数额不得超过用人单位提供的培训费用。用人单位要求劳动者支付的违约金不得超过服务期尚未履行部分所应分摊的培训费用。该条规定对用人单位与劳动者约定违反服务期违约金数额作了明确限制,即违约金数额不得超过用人单位为劳动者提供的专项培训费用。用人单位与劳动者约定高额违约金,或将劳动者在服务期内的工资、奖金等收入纳入专项培训费用,均违反法律强制性规定,应为无效。

观点二:《劳动合同法》明确规定违反服务期约定的违约金不得高于用人单位提供的培训费用,所以用人单位不得与劳动者约定高于培训费用的违约金。但《劳动合同法》对违约金规定得过低,无法体现违约金的惩罚性功能,也无法起到对劳动者在服务期内离职的约束作用。所以,应当允许用人单位将培训费用之外的一些费用纳入专项培训费用之中,以彰显违约金的惩戒功能。

【解答】

笔者同意观点一。《劳动合同法》第 22 条明确规定,用人单位为劳动者提供专项培训费用,可以与劳动者约定服务期,劳动者违反服务期约定的违约金数额,不得超过用人单位提供的专项培训费用,也不得超过服务期尚未履行部分应分摊的培训费用。根据该条规定,用人单位不得与劳动者任意约定违反服务期违约金的数额,违约金的数额必须以服务期未履行部分应分摊的专项培训费用为限。用人单位与劳动者约定高额的违反服务期违约金,显然违反法律的强制性规定,应确认超过法定限额的部分无效。

一些用人单位,特别是医疗、教育等行业的用人单位,为防止人才流失,常常将劳动者在服务期内的工资、奖金等纳入劳动者的培训费用之中。《浙江省住院医师规范化培训实施办法(试行)》(浙卫发〔2011〕214 号)第 22 条第 1 款规定,培训所需经费由各级政府和培训对象所属医院、培训基地共同承担。培训经费主要用于培训费用、培训对象的工资福利待遇或生活补贴等。单位选送的培训对象所需培训经费由政府和选送单位承担,面向社会招收的培训对象所需培训费用由政府和培训基地承担。浙江省的一些医院就以该规定为依据,与劳动者签订劳动合同或服务期协议时,将培训期间(或服务期)的工资待遇等全部纳入培训费用之中。笔者认为,这样的做法明显违反法律规定,相应的约定也是无效的。《劳动合同法》规定违约金数额以用人单位提供的培训费用为限。根据《劳动合同法实施条例》第 16 条的规定,这里的培训费用包括用人单位为了对劳动者进行专业技术培训而支付的有凭证的培训费用、培训期间的差旅费用以及因培训产生的用于该劳动者的其他直接费用,不包括劳动者的工资、奖金等收入。虽然有学者认为《劳动合同法》规定的违约金没有惩罚性,在赔偿性上也打折,这种制度设计其实是在变相地鼓励违约,也会破坏原有劳动关系的稳定与和谐。[①] 但《劳动合同法》的立法理由也非常明确,违约金数额的限制是侧重保护劳动者的利益,防止高额违约金对劳动者带来的利益侵害。《劳动合同法》第 22 条对违反服务期违约金的限制,并不存在法律漏洞,用人单位不得通过将一些不该纳入培训费用的工资、奖金等纳入培训费用,以规避法律规定。江苏省高级人民法院、江苏省劳动人事争议仲裁委员会《关于审理劳动争议案件的指导意见》(2009 年)第 12 条第 3 款规定,劳动者接受专项培训期间的基本工资,不应认定为专项培训费用。

【风险提示 81】

用人单位在与劳动者约定违反服务期违约金时,要注意法律对违约金数额的特别限制,即违约金数额不得超过服务期尚未履行部分所应分摊的培训费用。用人单位与劳动者约定超过该限额的违约金部分无效。用人单位将劳动者在培训期间的工资报酬等纳入培训费用范畴的,也不具有法律效力。

【规范指引】

《中华人民共和国劳动合同法》

第二十二条第二款　劳动者违反服务期约定的,应当按照约定向用人单位支付违约金。违约金的数额不得超过用人单位提供的培训费用。用人单位要求劳动者支付的违约金不得超过服务期尚未履行部分所应分摊的培训费用。

《中华人民共和国劳动合同法实施条例》

第十六条　劳动合同法第二十二条第二款规定的培训费用,包括用人单位为了对劳动者进行专业技术培训而支付的有凭证的培训费用、培训期间的差旅费用以及因培训产生的用于该劳动者的其他直接费用。

Q86:用人单位与劳动者约定的服务期长于劳动合同期限,劳动者能否在劳动合同期限届满后、服务期届至前终止劳动合同而无须支付违约金?

很多用人单位与劳动者在劳动合同中并不约定服务期,而是在培训合同或服务期协议中约定服务期。有些单位约定的服务期期限较长,劳动合同期限届

① 参见董保华:《论劳动合同中的服务期违约金》,载《法律适用》2008 年第 4 期。

满时,服务期还未到期。《劳动合同法》第 44 条第 1 项规定,劳动合同期满,劳动合同终止。那么,在劳动合同期满而服务期未届满的情况下,劳动合同是否终止,劳动者是否可以离开用人单位而无须支付违约金,实践中存在不同观点。

【争议】

观点一:劳动合同期限与服务期期限不一致的,应以劳动合同期限为准。劳动合同期满,劳动合同自然终止,劳动者当然可以离开用人单位,不受服务期限的限制。用人单位要求劳动者支付违反服务期协议的违约金,不应支持。

观点二:劳动合同期限与服务期期限不一致的,应以服务期期限为准。劳动合同期满而服务期期限未届满,劳动合同应自然顺延到服务期届满之日止。劳动者如在劳动合同期满后、服务期期限届满前离开用人单位,仍应支付违反服务期协议的违约金。

【解答】

笔者同意观点二。服务期协议与劳动合同存在紧密联系。服务期的存在是以双方劳动合同存在为前提,如没有劳动合同,双方不存在劳动关系,也不会有服务期设立的可能。服务期协议是对劳动合同的补充,即用人单位对劳动者提供专项培训或给予特殊待遇而限制劳动者离职的服务期限,是对劳动合同期间劳动者离职的补充限制。

但服务期协议与劳动合同又存在明显区别。(1)性质不同。劳动合同期限作为劳动合同双方当事人订立劳动合同的法定必备条款,其性质乃是劳动合同双方当事人经协商一致共同达成的表明双方劳动合同关系有效存续的起止时限。服务期则是用人单位在已经为劳动者履行或承诺履行劳动合同以外的特定或特殊义务的情况下,作出的要求劳动者承诺必须为本单位工作满一定年限的期间。(2)前提不同。劳动合同双方在约定劳动合同期限前通常不存在劳动合同之外的权利义务关系,因而该约定一般没有特定的前提条件。而服务期约定则一般是以用人单位已经或承诺为劳动者履行劳动合同以外的义务或为劳动者提供特殊待遇为前提的,服务期约定实质上是用人单位要求劳动者以在一定期限内为本单位履行工作义务,同时承诺不到其他用人单位另谋就业,也不自谋职业,以此作为对用人单位先履行或承诺履行相关义务的回报。(3)适用法律不同。劳动合同期限作为法律规定劳动合同的必备条款,它具有法律上的强制性,即用人单位在与劳动者缔结劳动合同时,必须明确约定劳动合同的起止期限。劳动合同当事人双方如果就劳动合同期限问题发生争议,应当适用法律相关规定。而服务期约定则不是法定必备条款,而是双方当事人在已经形成特殊民事权利义务关系的前提下,即在用人单位将自己为劳动者所履行的相关义务视为属于劳动合同之债的情况下,要求劳动者作出的以承诺在一定期限内为本单位履行工作义务作为回报与补偿的特殊民事约定。如果双方当事人就服务期问题产生争议,应当在适用劳动法律的基础上,适用相关民事法律。(4)法律后果不同。由于劳动合同期限属于劳动法规定的法定必备条款,劳动合同的期限约定要受到劳动法的强制性保护。没有法定事由,当事人双方尤其是用人单位不能单方随意解除劳动合同。用人单位如果违法单方解除劳动合同,不仅其解除行为难以得到法律支持,而且还要承担劳动法上的行政责任和民事赔偿责任。相对而言,劳动法对劳动者提前30天解除劳动合同则比较宽松,同时除非存在法定情由,劳动者一般不承担违约金赔偿责任。在服务期协议中,如果用人单位违约,则服务期约定对用人单位同样有效,而对劳动者则失去约束力。而如果劳动者违约提前解除合同,则要承担包括财产返还、损害赔偿等在内的民法或者说合同法上的责任。①

用人单位与劳动者约定的服务期短于劳动合同期限时,劳动者在服务期内存在离职限制,如离职要向用人单位支付违约金,劳动合同期满,劳动者可终止劳动合同而无须向用人单位支付违约金。用人单位与劳动者约定的服务期长于劳动合同期限时,除双方当事人另有约定,劳动合同期限应顺延至服务期满时。《劳动合同法实施条例》第17条规定,劳动合同期满,但是用人单位与劳动者依照《劳动合同法》第22条的规定约定的服务期尚未到期的,劳动合同应当续延至服务期满;双方另有约定的,从其约定。也就是说,在服务期长于劳动合同期限时,劳动者在劳动合同期满时不能终止劳动关系,而是要待服务期届满时再终止劳动关系,否则要向用人单位支付违反服务期约定的违约金。

【风险提示82】

用人单位与劳动者约定的服务期比较长的,劳动者要注意这种情形下劳动合同期限届满并不意味着劳动合同自然终止,劳动合同期限要顺延至服务期限届满。劳动者不能在劳动合同期满后自行离开用人单位,否则要承担约定的违约金。

---

① 参见秦国荣:《服务期协议:概念、本质及其法律效力分析》,载《法律科学》(西北政法大学学报)2009年第1期。

【规范指引】

《中华人民共和国劳动合同法》

第二十二条第一款　用人单位为劳动者提供专项培训费用，对其进行专业技术培训的，可以与该劳动者订立协议，约定服务期。

《中华人民共和国劳动合同法实施条例》

第十七条　劳动合同期满，但是用人单位与劳动者依照劳动合同法第二十二条的规定约定的服务期尚未到期的，劳动合同应当续延至服务期满；双方另有约定的，从其约定。

Q87：用人单位与劳动者约定的服务期长于劳动合同期限，用人单位是否可以在劳动合同期满而服务期未届满之时终止劳动关系？

用人单位与劳动者约定的服务期长于劳动合同期限，劳动者在劳动合同期满而服务期未届满之时离职存在限制，已如上述；但用人单位是否可以在劳动合同期满而服务期未届满之时终止劳动关系，实践中有不同观点。

【争议】

观点一：《劳动合同法实施条例》第17条规定，劳动合同期满，但是用人单位与劳动者依照《劳动合同法》第22条的规定约定的服务期尚未到期的，劳动合同应当延续至服务期满；双方另有约定的，从其约定。该条规定劳动合同期限顺延至服务期满，也就是说，服务期满之前，劳动合同依然存续。在这种情况下，用人单位不得任意解除或终止劳动关系，否则要承担违法解除劳动合同的赔偿责任。

观点二：要求劳动者履行服务期协议是用人单位的一项权利，用人单位可以放弃该项权利，即放弃要求劳动者完全履行服务期的权利。用人单位在劳动合同届满后服务期届满前终止劳动合同关系，表明用人单位放弃劳动者履行服务期协议的权利，应当许可。

【解答】

笔者认为，用人单位可以放弃服务期对劳动者离职的限制。

法律之所以设置服务期，是因为用人单位对劳动者在专项培训或其他特殊待遇上有投入并使劳动者获益，用人单位投入培训费用或其他特殊待遇费用的目的，是让劳动者能较长时间地为用人单位提供劳动，如劳动者在较短时间离职,则用人单位投入培训等费用的目的就会落空。所以,法律准许用人单位与劳动者约定服务期,意在允许用人单位取得该项权利,维护劳动关系的和谐稳定。履行服务期约定,是用人单位的一项权利,也是劳动者的一项义务。既然服务期是用人单位的一项权利,用人单位自然可以依法放弃该项权利。用人单位在劳动合同期满、服务期未届满之时终止劳动合同,明确表明放弃服务期的权利,自无不许可之理。

上海市高级人民法院《关于适用〈劳动合同法〉若干问题的意见》(2009 年)第 6 条规定,服务期是用人单位以给付一定培训费用为代价,要求接受对价的劳动者为用人单位相应提供服务的约定。用人单位依约支付相应对价后,即已完全履行自己的合同义务,是否要求劳动者履行提供服务则成为用人单位的权利。基于民事权利都可以放弃的原则,在劳动合同期满后,用人单位放弃对剩余服务期要求的,应当准许。此时,劳动合同可以终止,但用人单位不得向劳动者追索服务期的赔偿责任;用人单位继续提供工作岗位并要求劳动者履行服务期约定的,双方当事人应当继续履行。继续履行合同期间,用人单位不提供工作岗位的,视为其放弃对剩余服务期的要求,劳动合同终止。

同时,笔者认为,基于诚信原则和权利不得滥用之原则,应当对用人单位放弃服务期的权利作时间上的限制。有些用人单位与劳动者约定的服务非常长,有的甚至达 5 ~8 年之久,而劳动合同期限仅有 1 ~2 年。现实中存在一些情况是,劳动者在劳动合同期满较长一段时间仍在用人单位工作,劳动者基于劳动合同期满后长时间的继续工作对劳动合同期限延续至服务期满产生合理的期待。用人单位违背诚实信用和权利不得滥用的原则,在劳动合同延续较长一段时间、劳动者产生合理期待的情况下终止劳动合同,明显损害了劳动者的权利,这种行为不应得到法律的支持。虽然目前法律对用人单位放弃服务期权利未作任何限制,笔者还是认为,为保护劳动者的合理期待和合法权利,用人单位放弃服务期应在劳动合同期满后一个月内行使,此期间以后,用人单位不得放弃服务期,也不得终止与劳动者的劳动合同。

【风险提示 83】

用人单位与劳动者约定的服务期长于劳动合同期限,用人单位在劳动合同期限届满时可以终止与劳动者的劳动合同,并依照法律规定支付经济补偿,但用人单位应及时作出终止劳动合同的决定,不能在劳动合同延续较长一段时间后再终止劳动合同。

Q88：用人单位可否以向劳动者提供住房、车辆、落户等特殊待遇与劳动者约定服务期，劳动者违反特殊待遇服务期约定时是否应支付违约金？

《劳动合同法》仅规定用人单位为劳动者提供专项培训费用，对其进行专业技术培训的，可以与劳动者签订协议约定服务期。但在现实生活中，用人单位不仅在提供专项培训费用时约定服务期，在为劳动者解决住房、落户、车辆等特殊待遇时，用人单位也往往与劳动者约定服务期，并约定违反服务期约定的违约金。用人单位在提供专项培训费用之外的特殊待遇时与劳动者约定服务期是否有效，劳动者违反服务期约定时是否应支付违约金，实践中存在不同观点。

【争议】

观点一：劳动法律法规仅规定用人单位提供专项培训费用可与劳动者约定服务期，而未规定提供住房等特殊待遇情形下可约定服务期。所以，用人单位不能以向劳动者提供特殊待遇而与劳动者约定服务期，相应的服务期约定和违约金约定均属无效。

观点二：劳动法律法规虽未规定提供住房等特殊待遇情形下用人单位可与劳动者约定服务期，但并不能就此反推劳动法律法规禁止用人单位提供特殊待遇后与劳动者约定服务期。用人单位在该情形下与劳动者约定服务期，符合通常之情理，亦未违反法律、行政法规的强制性规定，应为有效。《劳动合同法》明确规定违约金只能约定于该法第22条、第23条规定的情形中，这两个条文并未涉及劳动者违反特殊待遇服务期约定的情形，所以用人单位不得与劳动者约定违反特殊待遇服务期约定的违约金。但用人单位可要求劳动者返还未履行服务期部分相对应的特殊待遇。

观点三：用人单位可以与劳动者约定特殊待遇下的服务期，也可以约定劳动者违反特殊待遇服务期约定时的违约金。

【解答】

笔者同意观点二。前已论及，法律之所以设置服务期，是因为用人单位对劳动者在专项培训或其他特殊待遇上有投入并使劳动者获益，用人单位投入培训费用或其他特殊待遇费用的目的，是让劳动者能较长时间地为用人单位提供劳动，劳动者获益后，让渡在服务期内辞职的部分权利，符合双方当事人的共同利益。用人单位为劳动者提供住房、车辆、落户等特殊待遇,必然投入一定的时间、人力和资金成本,劳动者则获取住房、落户等特殊待遇,显然获得较大的利益。特别是一些大城市的住房和户口,已成为非常稀缺的资源。用人单位为劳动者解决这些问题,对劳动者带来的益处之大,不言自明。但在现实中,劳动者落户即离职、房产过户即离职的现象并不鲜见,这不仅导致用人单位投入成本的损失,而且还会因住房、户口指标的限制导致用人单位吸引力下降,容易造成用人单位内部劳动者队伍的不稳定。这显然与用人单位以待遇招人、以待遇留人的美好初衷相违背。所以,笔者认为,在法律未明确禁止的情况下,用人单位为劳动者提供住房、落户、车辆等特殊待遇的,可以与劳动者约定服务期。由于《劳动合同法》第 25 条明令禁止用人单位劳动者约定违反培训服务期约定和竞业限制约定外的违约金,所以用人单位不得与劳动者约定违反特殊待遇服务期约定的违约金。但特殊待遇一般可以用金钱计算,劳动者违反特殊待遇服务期约定的,用人单位可以要求劳动者返还未履行部分服务期相对应的用特殊待遇折算的金钱数额。

在确定返还数额时,可结合以下几个方面进行综合判定:首先,用人单位要对其给付劳动者特殊待遇及投入成本进行举证;其次,考虑到劳动者的承担能力,用人单位的投入是否过分高于劳动者的承担能力,如是,可酌情核减。

部分地方的人民法院、劳动仲裁部门对特殊待遇下服务期的约定作了规定。北京市高级人民法院、北京市劳动人事争议仲裁委员会《关于劳动争议案件适用法律问题研讨会会议纪要》(2009 年)第 33 条规定,用人单位为其招用的劳动者办理了本市户口,双方据此约定了服务期和违约金,用人单位以双方约定为依据要求劳动者支付违约金的,不应予以支持。确因劳动者违反了诚实信用原则,给用人单位造成损失的,劳动者应当予以赔偿。上海市高级人民法院《关于适用〈劳动合同法〉若干问题的意见》(2009 年)第 7 条规定,用人单位向劳动者支付报酬,劳动者付出相应的劳动,是劳动合同双方当事人的基本合同义务。用人单位给予劳动者价值较高的财物,如汽车、房屋或住房补贴等特殊待遇的,属于预付性质。劳动者未按照约定期限付出劳动的,属于不完全履行合同。根据合同履行的对等原则,对劳动者未履行的部分,用人单位可以拒绝给付;已经给付的,也可以要求相应返还。因此,用人单位以劳动者未完全履行劳动合同为由,要求劳动者按照相应比例返还的,可以支持。上述规定可资参考。

【风险提示84】

用人单位向劳动者提供住房等特殊待遇的，可以与劳动者约定服务期，并约定劳动者在服务期内离职，用人单位可要求劳动者返还未履行服务期部分的特殊待遇。由于《劳动合同法》没有规定此情形下用人单位可与劳动者约定违约金，在此类服务期协议中切不可出现"违约金""违约责任"等用词。

【规范指引】

《中华人民共和国劳动合同法》

第二十二条第一款　用人单位为劳动者提供专项培训费用，对其进行专业技术培训的，可以与该劳动者订立协议，约定服务期。

Q89：用人单位为劳动者提供职业培训（包括岗前培训、轮岗培训），是否可与劳动者约定服务期和违约金？

《劳动法》第68条规定，用人单位应当建立职业培训制度，按照国家规定提取和使用职业培训经费，根据本单位实际，有计划地对劳动者进行职业培训。从事技术工种的劳动者，上岗前必须经过培训。根据该条规定，用人单位应当为劳动者提供职业培训。一些用人单位以为劳动者提供职业培训为由，与劳动者约定服务期，并约定违反服务期约定的违约金。此类服务期协议是否有效，实践中存在不同观点。

【争议】

观点一：《劳动合同法》第22条规定，用人单位为劳动者提供专项培训费用的，可与劳动者约定服务期。专项培训不同于职业培训。用人单位不得以为劳动者提供职业培训为由，与劳动者约定服务期或违约金。

观点二：专项培训与职业培训并不存在本质区别。用人单位为劳动者提供职业培训的，可以与劳动者签订服务期协议，并约定劳动者违反服务期约定的违约金。

【解答】

笔者同意观点一。职业技术培训与专项培训存在明显区别。职业培训是指对准备就业和已经就业的人员，以开发其职业技能为目的而进行的技术业务知识和实际操作能力的教育和训练。其种类有初中高级职业培训、劳动预备制度培训、再就业培训和企业职工培训等。培训工作主要由技工学校、就业训练中心、社会力量办学等各级职业培训机构承担,其对象是企业的全体职工,内容包括员工职业道德、文化素质、纪律观念和职业技能等多个方面。而专项培训在法律上没有明确定义,一般认为专项培训是指企业为了提高生产效率,满足特殊岗位的需要,对员工进行的专项操作技能及专业知识的培训,其对象是特殊岗位专门岗位的员工,内容仅指专业技能和专业知识。实践中主要表现为脱产或半脱产的学习和实习,时间周期相对于职业培训来讲要长。例如,为操作新型机械设备而组织的专门培训,且该新设备系公司的核心技术,可以认定该培训为专项培训。①

《劳动合同法》第 22 条规定用人单位为劳动者提供专项培训费用,对其进行专业技术培训,可以与劳动者约定服务期。全国人大法工委编著的《中华人民共和国劳动合同法释义》中,对该条的释义明确,"用人单位对劳动者进行必要的职业培训不可以约定服务期,也就是说不包括职业培训。以免一个正常的职业培训如上岗前必经的培训,甚至参加一个普通的会议、上个夜校都被算成是本条所称的专业技术培训"。从《劳动合同法》第 22 条的文义以及立法原意分析,职业培训不同于专业技术培训,用人单位为劳动者提供职业培训是用人单位的法定义务,用人单位不得以提供职业培训为由与劳动者约定服务期,更不得与劳动者约定违反服务期约定的违约金。

【风险提示 85】

用人单位为劳动者提供诸如岗前培训、轮岗培训等职业培训的,不能与劳动者约定服务期和违约金。只有提供专项技术培训,即针对特殊岗位人员进行的专业技能和专业知识的培训,并为此支出培训费用的,才能与劳动者约定服务期及违反服务期约定的违约金。培训费用包括用于专项培训的直接费用、培训差旅费用和因培训产生用于该劳动者的其他直接费用,这些费用应有支付凭证予以证实。

---

① 参见聂辉:《谈服务期协议争议处理的几个问题》,载《中国劳动》2008 年第 12 期。

【规范指引】

《中华人民共和国劳动合同法》

第二十二条　用人单位为劳动者提供专项培训费用，对其进行专业技术培训的，可以与该劳动者订立协议，约定服务期。

劳动者违反服务期约定的，应当按照约定向用人单位支付违约金。违约金的数额不得超过用人单位提供的培训费用。用人单位要求劳动者支付的违约金不得超过服务期尚未履行部分所应分摊的培训费用。

用人单位与劳动者约定服务期的，不影响按照正常的工资调整机制提高劳动者在服务期期间的劳动报酬。

Q90：违反服务期约定的违约金是否仅在劳动者主动离职时才能适用？

《劳动合同法》第22条第2款规定，劳动者违反服务期约定的，应当按照约定向用人单位支付违约金。该条规定并未明确劳动者违反服务期约定的情形，劳动者在服务期离职，其违反服务期约定并无争议，但用人单位在服务期内解除或终止劳动合同，劳动者是否也应支付违约金，实践中存在争议。

【争议】

观点一：劳动者违反服务期约定，仅指劳动者在服务期内主动辞职。用人单位在服务期内解除或终止劳动合同，不属于劳动者违反服务期约定的情形，劳动者无须向用人单位支付违约金。

观点二：劳动者违反服务期约定，不仅指劳动者在服务期内主动辞职，还包括因劳动者严重违反劳动规章制度等，用人单位解除劳动合同的情形。用人单位根据《劳动合同法》第39条规定在服务期解除劳动合同的，劳动者也应支付违反服务期约定的违约金。

【解答】

笔者同意观点二。用人单位为劳动者提供专项培训费用或其他特殊待遇，其对劳动者在用人单位工作较长的一段时间有合理的期待利益。劳动者在服务期内主动辞职，或者在服务期内有严重劳动规章制度、严重失职、营私舞弊等行为，导致双方失去信赖基础，劳动合同无法继续履行，使用人单位的合理期待落空，均属于劳动者违反服务期约定的情形。用人单位因劳动者的严重过错，依据《劳动合同法》第39条规定在服务期内解除劳动合同的，因劳动者违反服务期约定,用人单位可以向劳动者主张违约金赔偿。如果劳动者不存在《劳动合同法》第 39 条规定的过错,其没有违反与用人单位的服务期约定,劳动合同的解除不能归因于劳动者,用人单位不能在解除劳动合同的同时要求劳动者支付违反服务期约定的违约金。劳动者根据《劳动合同法》第 38 条即用人单位的过错辞职的,也不属于违反服务期约定的情形,用人单位不得向劳动者主张违约金赔偿。《劳动合同法实施条例》持同样观点,该条例第 26 条规定,用人单位与劳动者约定了服务期,劳动者依照《劳动合同法》第 38 条的规定解除劳动合同的,不属于违反服务期的约定,用人单位不得要求劳动者支付违约金。有下列情形之一,用人单位与劳动者解除约定服务期的劳动合同的,劳动者应当按照劳动合同的约定向用人单位支付违约金:(1)劳动者严重违反用人单位的规章制度的;(2)劳动者严重失职,营私舞弊,给用人单位造成重大损害的;(3)劳动者同时与其他用人单位建立劳动关系,对完成本单位的工作任务造成严重影响,或者经用人单位提出,拒不改正的;(4)劳动者以欺诈、胁迫的手段或者乘人之危,使用人单位在违背真实意思的情况下订立或者变更劳动合同的;(5)劳动者被依法追究刑事责任的。

【风险提示 86】

劳动者存在严重过错,用人单位根据《劳动合同法》第 39 条规定在服务期内解除劳动合同,也属于劳动者违反服务期约定的情形,劳动者此时要承担违反服务期约定的违约金。劳动者因用人单位的过错,根据《劳动合同法》第 38 条规定在服务期内解除劳动合同,不属于违反服务期约定的情形,用人单位不得向劳动者主张违约金赔偿。

【规范指引】

《中华人民共和国劳动合同法实施条例》

第二十六条　用人单位与劳动者约定了服务期,劳动者依照劳动合同法第三十八条的规定解除劳动合同的,不属于违反服务期的约定,用人单位不得要求劳动者支付违约金。

有下列情形之一,用人单位与劳动者解除约定服务期的劳动合同的,劳动者应当按照劳动合同的约定向用人单位支付违约金:

(一)劳动者严重违反用人单位的规章制度的;

(二)劳动者严重失职,营私舞弊,给用人单位造成重大损害的;

（三）劳动者同时与其他用人单位建立劳动关系，对完成本单位的工作任务造成严重影响，或者经用人单位提出，拒不改正的；

（四）劳动者以欺诈、胁迫的手段或者乘人之危，使用人单位在违背真实意思的情况下订立或者变更劳动合同的；

（五）劳动者被依法追究刑事责任的。

Q91：用人单位与劳动者约定的服务期是否有最高限？

我国劳动法律法规并未对服务期的最高限作出规定，在各地的立法中，也未见有对服务期最高限的规定。仅在劳动部办公厅《关于试用期内解除劳动合同处理依据问题的复函》第3条关于解除劳动合同涉及的培训费用问题规定，用人单位出资（指有支付货币凭证的情况）对职工进行各类技术培训，职工提出与单位解除劳动关系的，如果在试用期内，则用人单位不得要求劳动者支付该项培训费用。如果试用期满，在合同期内，则用人单位可以要求劳动者支付该项培训费用，具体支付方法是：约定服务期的，按服务期等分出资金额，以职工已履行的服务期限递减支付；没约定服务期的，按劳动合同期等分出资金额，以职工已履行的合同期限递减支付；没有约定合同期的，按5年服务期等分出资金额，以职工已履行的服务期限递减支付；双方对递减计算方式已有约定的，从其约定。如果合同期满，职工要求终止合同，则用人单位不得要求劳动者支付该项培训费用。如果是由用人单位出资招用的职工，职工在合同期内（包括试用期）解除与用人单位的劳动合同，则该用人单位可按照《违反〈劳动法〉有关劳动合同规定的赔偿办法》（劳部发〔1995〕223号）第4条第1项的规定向职工索赔。该复函仅是针对没有约定劳动合同期，按5年服务期等分出资金额，但仍没有规定服务期的最高限。

一些国家的立法和审判实践对服务期期限作了一定限制。德国联邦劳工法院曾就有关训练期间的审查确定了简明的判断标准：依德国联邦劳工法院历来的判决，法院对于费用返还约定条款的内容控制，特别是必须遵循利益衡量的方式，当然包含了劳工因职业训练或进修训练而获得的利益价值。对于劳动训练成本越被要求需要分摊，劳工因职业训练所结合的职务上的利益也就越大，费用返还约定条款的适法性也取决于进修期间与约定服务期间。有德国文献进一步总结出：依德国联邦劳工法院的判决，进修期间与约定服务期的个别关系如下：（1）2个月而没有劳动给付意义的学习期间，至多约定1年的服务期限。(2)3~5个月而没有劳动给付意义的学习期间,可以约定2年的服务期间。(3)6个月以上、1年以下而没有劳动给付意义的学习期间,可以约定3年以内的服务期间。(4)在长于2年而没有劳动给付意义的进修期间,5年的约定服务期是合法的。由此可以看出,德国法是以培训期间的长度作为确定服务期长度合理性的标准。[①] 我国司法实践中,对用人单位与劳动者约定的服务期是否应设最高限制,存在不同观点。

【争议】

观点一:应当从培训费用的角度判断服务期长短的合理性,将用人单位对劳动者总的投入与劳动者的月工资进行对比,该用人单位投入是劳动者月工资的多少倍就按多少个月来设定服务期限额。例如,用人单位对劳动者投入的培训费用是1万元,而劳动者的月工资是2000元,那么因此签订的服务期就不应当超过5个月。[②]

观点二:在对待用人单位与劳动者之间服务期期限约定问题上,不能单纯以期限约定的长短来评判其合理及公平与否,而应当侧重考察双方当事人约定的协商一致。在尊重双方协议约定的基础上,考量双方利益平衡点的同时,注意对劳动者给予适当的倾斜性保护。如果用人单位在劳动者违约时而要求劳动者按照服务期期限履行劳动合同的要求,因该要求涉嫌妨害劳动者的择业自主权和阻碍人才自由流动,应不予支持,但应要求劳动者按照服务期协议中违约责任约定承担相应的赔偿责任。[③]

【解答】

笔者倾向于观点二。劳动法律法规并未规定服务期的上限,如直接认定超过5年或超出一定比例的服务期无效,并无法律依据。在服务期中,劳动者仅是部分地让渡了辞职权,而非全部。劳动者可以选择通过支付违约金的方式辞职,而法律规定的违约金限额并不大。很多学者认为法定的违约金数额不能很好地体现违约金的惩罚功能,无法起到限制劳动者离职的作用,实际上是纵容

---

① 参见冯彦君、王天玉:《劳动合同服务期规则的适用——以"东航返航事件"为切入点》,载《当代法学》2009年第4期。

② 参见冯彦君、王天玉:《劳动合同服务期规则的适用——以"东航返航事件"为切入点》,载《当代法学》2009年第4期。

③ 参见秦国荣:《服务期协议:概念、本质及法律效力分析》,载《法律科学》(西北政法大学学报)2009年第1期。

劳动者在服务期内辞职,该观点正确与否尚且不论,但仍可反映出法律规定的违约金数额是非常有限的。而且,用人单位与劳动者约定的服务期越长,分摊到服务期内各个阶段的违约金就越少,劳动者选择在服务期内辞职,其应支付未履行服务期期限相对应的违约金也不会太高。在这种情况下,劳动者选择通过支付违约金的方式辞职,服务期的长短并不会禁锢劳动者,侵犯劳动者的自由择业权。所以,如服务期协议约定的服务期限符合双方真实意思表示,也不符合用人单位免除自己的法定责任、排除劳动者权利的,就不应对用人单位与劳动者约定的较长服务期作否定性的评价。

【风险提示87】

劳动法律法规并未规定服务期的范围,用人单位可以与劳动者自由协商服务期的长短。但在协商服务期的长度时,用人单位应充分考虑分摊到服务期各个阶段的违约金数额,劳动者则应当考虑自己在该用人单位工作时间的愿景。

Q92:法律规定劳动者承担违约金的两种情形之外,用人单位是否可与劳动者约定其他情形下的损害赔偿?

如前所述,《劳动合同法》仅规定劳动者违反服务期约定和违反竞业限制约定两种情形下用人单位可与劳动者约定违约金。这是否意味着用人单位只能在这两种情形下与劳动者约定违约金,而不能与劳动者约定其他损害的赔偿?实践中对这一问题存在不同观点。

【争议】

观点一:法律规定用人单位仅能在两种情形下约定劳动者承担违约金,用人单位与劳动者约定其他情形下的损害赔偿,实质上与违约金相同。该种做法违反法律强制性规定,应认定为无效。

观点二:损害赔偿与违约金存在本质上的区别。法律虽禁止在法定情形外用人单位与劳动者约定违约金,但并未禁止用人单位对损害赔偿的约定和主张。用人单位与劳动者约定损害赔偿,只要不违反法律、行政法规的强制性规定,就应当认定有效。

【解答】

笔者认为,违约金和损害赔偿是两种不同的法律概念。

2017 年 10 月 1 日施行的《民法总则》第 179 条第 1 款规定,承担民事责任的方式主要有:(1)停止侵害;(2)排除妨碍;(3)消除危险;(4)返还财产;(5)恢复原状;(6)修理、重作、更换;(7)继续履行;(8)赔偿损失;(9)支付违约金;(10)消除影响、恢复名誉;(11)赔礼道歉。该条规定将赔偿损失和支付违约金并列,说明违约金和损害赔偿是本质不同的两种法律概念。赔偿损失即损害赔偿,是指行为人向受害人支付一定数额的金钱以弥补其损失的责任方式。赔偿的目的,最基本的是补偿损害,使受到损害的权利得到救济,使受害人能恢复到未受损害前的状态。违约金是当事人在合同中约定或者由法律直接规定的一方违反合同时应向对方支付一定数额的金钱,这是违反合同时可以采用的承担民事责任的方式,只适用于合同当事人有违约金约定或者法律规定违反合同应支付违约金的情形。[①] 在违约金和损害赔偿的关系方面,如果二者指向不同的利益(如指向迟延损害的违约金和代替履行的损害赔偿),自然并行不悖。[②]

实际上,劳动法律法规除规定劳动者承担违约金的两种情形外,还规定了劳动者赔偿用人单位损失的一些情形。《劳动法》第 102 条规定,劳动者违反本法规定的条件解除劳动合同或者违反劳动合同中约定的保密事项,对用人单位造成经济损失的,应当依法承担赔偿责任。《劳动合同法》第 90 条规定,劳动者违反本法规定解除劳动合同,或者违反劳动合同中约定的保密义务或者竞业限制,给用人单位造成损失的,应当承担赔偿责任。此外,劳动部《工资支付暂行规定》第 16 条规定:因劳动者本人原因给用人单位造成经济损失的,用人单位可按照劳动合同的约定要求其赔偿经济损失。经济损失的赔偿,可从劳动者本人的工资中扣除。但每月扣除的部分不得超过劳动者当月工资的 20%。若扣除后的剩余工资部分低于当地月最低工资标准,则按最低工资标准支付。这些劳动法律法规均在劳动者承担违约金情形外,规定了劳动者向用人单位承担损害赔偿责任的情形。而且,劳动法律法规虽然对约定劳动者承担违约金的情形作了严格限制,但未明确否定用人单位约定或主张损害赔偿的权利。因此,用人单位可以在劳动法律法规允许的范围内,与劳动者约定损害赔偿责任。但基于对劳动者权利的保护,用人单位不得在劳动法律法规之外与劳动者约定损害赔

---

① 参见李适时主编:《中华人民共和国民法总则释义》,法律出版社 2017 年版,第 557 ~ 558 页。

② 参见姚明斌:《违约金的类型构造》,载《法学研究》2015 年第 4 期。

偿,也不得存在用人单位免除自己的法定责任、排除劳动者权利,或者欺诈、胁迫、乘人之危等情形。而且约定损害赔偿的情形和赔偿数额应当具备合理性。

【风险提示88】

劳动法律法规明确规定一些情形下劳动者对用人单位承担赔偿责任,用人单位可与劳动者约定这些情形下的赔偿责任,以明确赔偿数额的大小。但此类赔偿责任的约定不可使用“违约金”“违约责任”等词语,而且赔偿数额不能超过劳动法律法规规定的上限。

【规范指引】

《中华人民共和国劳动合同法》

第九十条 劳动者违反本法规定解除劳动合同,或者违反劳动合同中约定的保密义务或者竞业限制,给用人单位造成损失的,应当承担赔偿责任。

Q93:因劳动者原因导致用人单位经济损失,用人单位是否可通过扣发工资的形式要求劳动者赔偿?

现实生活中,因劳动者原因导致用人单位经济损失的情形较为常见。劳动法律、行政法规并没有对此情形下用人单位是否可向劳动者主张赔偿作出规定。从劳动部门规章中可以找到用人单位要求劳动者赔偿的一些依据。劳动部《工资支付暂行规定》第16条规定,因劳动者本人原因给用人单位造成经济损失的,用人单位可按照劳动合同的约定要求其赔偿经济损失。经济损失的赔偿,可从劳动者本人的工资中扣除。但每月扣除的部分不得超过劳动者当月工资的20%。若扣除后的剩余工资部分低于当地月最低工资标准,则按最低工资标准支付。虽然劳动部门规章对因劳动者导致用人单位经济损失的赔偿有规定,但在实践中,对该条款是否与现行法律有冲突、用人单位是否可要求劳动者赔偿的问题仍存在很多争议。

【争议】

观点一:用人单位可以向劳动者要求因劳动者原因导致用人单位经济损失的赔偿,但不能以扣发工资的方式向劳动者索赔。《工资支付暂行规定》系劳动部于1994年颁布的部门规章,而2008年开始实施的《劳动合同法》并未规定允许用人单位以扣除工资的方式折抵劳动者对其造成的经济损失。并且《劳动合同法》第30条规定,用人单位应当按照劳动合同约定和国家规定,向劳动者及时足额支付劳动报酬。该规定并无例外条款,说明立法者的本意是要求用人单位不能以任何借口拖欠劳动者的劳动报酬。《劳动合同法》作为国家法律位阶高于部门规章,比《工资支付暂行规定》制定时间较晚,应系新法。用人单位以扣发工资来折抵经济损失的行为没有充分依据。①

观点二:劳动者因个人原因导致用人单位经济损失,用人单位无权向其要求赔偿损失。《劳动合同法》规定用人单位要求劳动者赔偿损失仅存在以下几种情形:(1)劳动者违反服务期约定;(2)劳动者违反保密义务;(3)劳动者违反竞业限制义务;(4)劳动者违反该法规定解除劳动合同,造成用人单位损失。除以上情形外,用人单位不得以其他理由要求劳动者赔偿损失。《工资支付暂行规定》第16条已被《劳动合同法》的相关条文取代,不应再适用。

观点三:劳动者个人原因导致用人单位经济损失的,用人单位可以要求劳动者赔偿,用人单位可以根据《工资支付暂行规定》第16条的规定,在向劳动者发放工资时予以扣减。

观点四:劳动者个人原因导致用人单位经济损失,用人单位是否可以要求劳动者赔偿,取决于劳动者过错的严重程度。劳动者仅存在一般过失,用人单位不得向劳动者要求赔偿;劳动者系因故意或重大过失导致用人单位损失的,用人单位可以向劳动者要求赔偿。《工资支付暂行规定》第16条并不和法律冲突,可以作为用人单位扣减工资的依据。

【解答】

笔者同意观点四。理由如下:

(1)劳动者因个人原因导致用人单位经济损失,用人单位向劳动者主张损失赔偿,有法律依据。劳动部《工资支付暂行规定》第16条规定,因劳动者本人原因给用人单位造成经济损失的,用人单位可按照劳动合同的约定要求其赔偿经济损失。该规定现行有效,理应成为用人单位要求劳动者赔偿的依据。虽然《劳动合同法》仅规定在劳动者在违反服务期、违反保密和竞业限制义务、违法解除劳动合同的情形下承担赔偿责任,但并未排除劳动者原因导致用人单位经济损失情形下劳动者的赔偿责任。不能仅以《劳动合同法》没有相应规定,就反

---

① 参见白星辉:《不能以扣发工资的方式折抵劳动者造成的经济损失》,载《中国劳动》2015年第11期。

向推论《劳动合同法》否定用人单位要求赔偿的权利。《工资支付暂行规定》第16条的规定并未与《劳动合同法》的规定冲突，不存在不能适用的问题。部分地区的地方性法规对此情形下用人单位要求赔偿的权利作了规定，如《北京市劳动合同规定》第50条规定，因劳动者存在本规定第30条第2项（严重违反劳动纪律或者用人单位规章制度——笔者注）、第3项（严重失职、营私舞弊，对用人单位利益造成重大损害——笔者注）规定的情形，被用人单位解除合同，且给用人单位造成损失的，应当承担赔偿责任。《上海市劳动合同条例》（2001年）第55条规定，劳动合同当事人违反劳动合同的，应当承担相应的责任。给对方造成经济损失的，应当承担赔偿责任。劳动合同双方当事人都违反劳动合同的，应当各自承担相应的责任。这些地方性法规也可以作为当地用人单位主张赔偿的法律依据。

（2）劳动者因个人原因导致用人单位经济损失，用人单位向劳动者主张损失赔偿，具备合理性。劳动者在工作期间，应严格遵守劳动合同和劳动规章制度，认真履行工作职责。劳动者违反劳动合同或劳动规章制度，严重失职、营私舞弊，导致用人单位直接经济损失的，承担赔偿责任，符合常情常理。用人单位的损失可以从劳动者的赔偿中得到一定程度的弥补，避免出现用人单位因劳动者的上述行为受到损失而无救济途径的不合理现象。

然而，是不是所有因劳动者原因导致的用人单位经济损失，劳动者均应承担赔偿责任。笔者认为，劳动者仅在其因故意或重大过失导致用人单位经济损失的情况下，才承担赔偿责任。这是因为：劳动者应当恪守劳动合同、规章制度，认真履行工作职责，但人非圣贤，亦非机器，有时疏忽或错误在所难免。如劳动者存在一般过失导致用人单位经济损失就要承担赔偿责任，则劳动者在工作时难免缩手缩脚，如履薄冰，无法充分发挥自己的能力和水平，这对劳动者的负担和压力未免过大。而且，有些岗位需要劳动者有创新意识，容许劳动者犯一定的错误，如因劳动者的一般过失苛以赔偿之重责，劳动者不能犯错，也无法创新，此种禁锢劳动者创新思维和能力之举，不可采用。

用人单位以扣减工资的形式索赔的，要严格按原劳动部《工资支付暂行规定》第16条的规定每月扣除的部分不得超过劳动者当月工资的20%。若扣除后的剩余工资部分低于当地月最低工资标准，则按最低工资标准支付。劳动者因故意行为导致用人单位经济损失的，用人单位可以要求劳动者承担全部赔偿责任；劳动者因重大过失导致用人单位经济损失，因综合劳动者过错的大小、参与度、劳动易引起危险性的大小、损失大小、劳动者在用人单位中的地位、劳动者的承担能力等因素进行确定。

浙江省高级人民法院民事审判第一庭《民事审判法律适用疑难问题解答》(2017 年第 1 期)认为:劳动合同约定劳动者履行工作职责或执行工作任务时因过错给用人单位造成损失,由劳动者承担赔偿责任,用人单位根据约定请求劳动者赔偿的,应当区分劳动者履职过错情况分别处理。劳动者因故意或重大过失给用人单位造成经济损失的,应予赔偿。在确定赔偿金额时,应当根据劳动者过错程度、单位或其他配合履职的劳动者有无过错等原因力比例、损失大小、劳动报酬水平、劳动合同是否继续履行等因素综合确定。劳动者非因故意或重大过失给用人单位造成经济损失的,对用人单位的赔偿请求不予支持。可资参考。

【风险提示 89】

用人单位在拟订劳动合同条款和规章制度时,最好加入劳动者因个人原因导致的用人单位经济损失,由劳动者承担赔偿责任的条款。这是因为一些地方的人民法院和劳动仲裁部门裁决由劳动者承担赔偿责任需要劳动合同约定或规章制度规定的前提条件。

【规范指引】

劳动部《工资支付暂行规定》

第十六条　因劳动者本人原因给用人单位造成经济损失的,用人单位可按照劳动合同的约定要求其赔偿经济损失。经济损失的赔偿,可从劳动者本人的工资中扣除。但每月扣除的部分不得超过劳动者当月工资的 20%。若扣除后的剩余工资部分低于当地月最低工资标准,则按最低工资标准支付。

Q94:用人单位在招聘时有歧视行为,劳动者可要求用人单位赔偿哪些损失?

《劳动法》第 12 条、第 13 条规定,劳动者就业,不因民族、种族、性别、宗教信仰不同而受歧视。妇女享有与男子平等的就业权利。在录用职工时,除国家规定的不适合妇女的工种或者岗位外,不得以性别为由拒绝录用妇女或者提高对妇女的录用标准。《就业促进法》第三章(第 25 ~ 31 条)专章规定公平就业,用人单位招用劳动者,应当向劳动者提供平等的就业机会和公平的就业条件,不得实施就业歧视,国家保障妇女享有与男子平等的就业权利,各民族劳动者享有平等的就业权利,国家保障残疾人的劳动权利,农村劳动者进城就业享有与城镇劳动者平等的劳动权利,不得对农村劳动者进城就业设置歧视性限制。虽然法律规定劳动者有平等就业的权利,但在现实中,一些用人单位或采用明示的方式,或采用较为隐蔽的方式,在招用劳动者的过程中对一些劳动者进行歧视。《就业促进法》第 62 条规定,违反本法规定,实施就业歧视的,劳动者可以向人民法院提起诉讼。但法律并未规定用人单位在招聘时存在歧视行为时,劳动者可要求哪些赔偿,劳动者在遭受歧视时,难以拿起法律武器保护自己的权利。因此,有必要对用人单位招聘时存在歧视行为应承担的民事赔偿责任进行明确。

【争议】

观点一:用人单位招聘时实施就业歧视的,应当赔偿劳动者参加应聘产生的直接经济损失,如报名费、交通费、住宿费、体检费等,而不应赔偿精神损害抚慰金等其他损失。精神抚慰金的赔偿必须有法律法规的明确规定,《侵权责任法》仅规定侵害他人人身权益,造成他人严重精神损害的,被侵权人可以请求精神损害赔偿。最高人民法院《关于确定民事侵权精神损害赔偿责任若干问题的解释》也没有规定就业歧视应当赔偿精神损害抚慰金。所以,用人单位有就业歧视行为,不应赔偿精神抚慰金,其承担的民事赔偿责任仅限于劳动者的直接经济损失。

观点二:用人单位在招聘时对劳动者实施就业歧视,不仅违反法律规定,更是严重地侵害了劳动者的人格尊严权。最高人民法院《关于确定民事侵权精神损害赔偿责任若干问题的解释》规定当事人的人格尊严等权利受侵害时,可以要求精神损害赔偿。劳动者可以要求用人单位赔偿直接经济损失、精神损害抚慰金及失去本次就业机会造成的其他损失。

【解答】

笔者同意观点二。这是因为:

(1)用人单位招聘时实施就业歧视,侵犯了劳动者的人格尊严。《民法总则》第 109 条规定,自然人的人身自由、人格尊严受法律保护。人格尊严是一种一般人格权,可以在法律规定的具体人格权存在不足时进行补充。《民法总则》《侵权责任法》并未明确规定平等就业权,但劳动者在就业时享受不受歧视的权利,涉及劳动者的尊严,应当纳入人格尊严的范畴。最高人民法院《关于确定民事侵权精神损害赔偿责任若干问题的解释》第1条第1款规定,自然人因下列人格权利遭受非法侵害,向人民法院起诉请求赔偿精神损害的,人民法院应当依法予以受理:①生命权、健康权、身体权;②姓名权、肖像权、名誉权、荣誉权;③人格尊严权、人身自由权。该解释第8条第2款规定,因侵权致人精神损害,造成严重后果的,人民法院除判令侵权人承担停止侵害、恢复名誉、消除影响、赔礼道歉等民事责任外,可以根据受害人一方的请求判令其赔偿相应的精神损害抚慰金。用人单位招聘时对劳动者实施就业歧视,严重侵害了劳动者的平等就业权,也严重侵害了劳动者的人格尊严权,应当承担精神损害抚慰金的赔偿责任。关于就业歧视精神损害抚慰金的数额,应当综合考虑用人单位的过错,歧视的手段、场合和行为方式,造成的后果,用人单位的经济能力,当地的经济发展水平等因素酌情进行确定。

(2)用人单位招聘时实施就业歧视,应当赔偿劳动者因失去本次就业机会造成的损失。侵权人实施侵权行为给受侵权人造成损失的,不仅要赔偿受侵权人的直接经济损失,还要赔偿侵权人的间接损失。如最高人民法院《关于审理道路交通事故损害赔偿案件适用法律若干问题的解释》第15条规定,因道路交通事故造成营运车辆无法从事相应经营活动所产生的合理停运损失,当事人可以请求侵权人赔偿。这条规定的就是侵权人对被侵权人间接损失的赔偿责任。用人单位招聘时实施就业歧视,劳动者受到的直接经济损失包括报名费、交通费、住宿费、体检费等;间接损失主要是劳动者因失去本次就业机会造成的损失。劳动者如有证据证明自己完全符合除涉及就业歧视外的招聘条件,即可向用人单位要求赔偿丧失该就业机会导致的合理损失,损失的数额应以一至数个月的工资为限。

【风险提示90】

用人单位在发布招聘公告时,要避免对劳动者性别、民族、年龄、婚姻状况、籍贯、种族、宗教信仰、健康状况等方面作不合理限制。在做出录用或不录用决定时,也不能以上述不合理的限制条件为由作为不录用劳动者的理由。否则,用人单位将面临承担劳动者的直接和间接经济损失、精神损害抚慰金等民事赔偿责任的法律风险。

【规范指引】

《中华人民共和国劳动法》

第十二条 劳动者就业,不因民族、种族、性别、宗教信仰不同而受歧视。

第十三条 妇女享有与男子平等的就业权利。在录用职工时,除国家规定的不适合妇女的工种或者岗位外,不得以性别为由拒绝录用妇女或者提高对妇女的录用标准。

《中华人民共和国就业促进法》

第二十六条 用人单位招用人员、职业中介机构从事职业中介活动,应当向劳动者提供平等的就业机会和公平的就业条件,不得实施就业歧视。

最高人民法院《关于确定民事侵权精神损害赔偿责任若干问题的解释》

第一条第一款 自然人因下列人格权利遭受非法侵害,向人民法院起诉请求赔偿精神损害的,人民法院应当依法予以受理:

(一)生命权、健康权、身体权;

(二)姓名权、肖像权、名誉权、荣誉权;

(三)人格尊严权、人身自由权。

典型案例13

陈泽祥诉邛崃市医疗中心医院人事争议纠纷案①

裁判要旨

事业单位与聘用的劳动者就约定服务期及违约金发生的争议,属于人事争议纠纷,不适用《合同法》关于违约金的规定,除法律、行政法规和国务院关于人事争议的特别规定外,应当适用《劳动合同法》第22条的规定,劳动者违反服务期约定支付违约金的数额不得超过用人单位提供的培训费用。

基本案情

1990年7月24日,陈泽祥分配到邛崃市医疗中心医院(以下简称邛崃中心医院)工作,属事业编制。2009年9月7日,邛崃中心医院与陈泽祥签订进修协议,约定陈泽祥到川北医学院进修,陈泽祥进修结束后,必须回邛崃中心医院工作,服务期不得低于10年。凡在10年内离开医院,陈泽祥因占用院方培训费用、培训名额,影响人才培养计划,应赔偿违约金共计13万元。2010年2月10日,陈泽祥与邛崃中心医院再次签订进修协议,约

---

① 一审:四川省邛崃市人民法院(2011)邛崃民初字第2072号;二审:四川省成都市中级人民法院(2012)成民终第1258号;再审:四川省高级人民法院(2012)川民提字第506号。

定陈泽祥到四川省人民医院进修胸外科,同时约定了前述的内容,并确定违约金为 12 万元。该院为陈泽祥支付了两期进修费共 12 347 元。后陈泽祥违反约定,于 2011 年 1 月 21 日向邛崃中心医院提出辞职,在医院不同意的情况下到其他医院上班,邛崃中心医院于 2011 年 2 月 16 日将陈泽祥作离职解聘处理。2011 年 7 月 19 日,陈泽祥向邛崃市人事和劳动争议仲裁院申请仲裁,后不服仲裁裁决,向法院起诉,要求邛崃中心医院签署同意其调离的意见、支付 2011 年 1 月及 2010 年休假工资共 14 298 元、赔偿损失并判令陈泽祥不向邛崃中心医院赔偿违约金。

裁判结果

四川省邛崃市人民法院判决:(1)邛崃中心医院于判决生效之日起 3 日内履行解除陈泽祥人事关系的协助义务,即在陈泽祥的医师变更注册申请审核表中原执行机构意见栏签署相应意见;(2)邛崃中心医院于判决生效之日起 3 日内支付陈泽祥 2011 年 1 月工资 7760 元及 2010 年年度休假工资 6538 元,共计 14 298 元;(3)陈泽祥于判决生效之日起 3 日内向邛崃中心医院赔偿违约金 25 万元;(4)驳回陈泽祥的其他诉讼请求。陈泽祥不服,提起上诉。四川省成都市中级人民法院于 2012 年 5 月 14 日作出(2012)成民终字第 1258 号民事判决:驳回上诉,维持原判。陈泽祥不服二审判决,申请再审。四川省高级人民法院判决:(1)撤销四川省成都市中级人民法院(2012)成民终字第 1258 号民事判决和邛崃市人民法院(2011)邛崃民初字第 2072 号民事判决;(2)邛崃中心医院于本判决生效之日起 3 日内履行解除陈泽祥人事关系的协助义务,即在陈泽祥的医师变更注册申请审核表中原执行机构意见栏签署相应意见;(3)邛崃中心医院于本判决生效之日起 3 日内支付陈泽祥 2011 年 1 月工资 7760 元及 2010 年年度休假工资 6538 元,共计 14 298 元;(4)陈泽祥于本判决生效之日起 3 日内向邛崃中心医院支付违约金 12 347 元;(5)驳回陈泽祥的其他诉讼请求。

裁判理由

四川省高级人民法院再审认为,本案主要争议是陈泽祥是否违约且应向邛崃中心医院支付多少违约金。双方当事人所签进修协议已经明确陈泽祥培训后在邛崃中心医院的服务期限为 10 年,若违约,违约金为 25 万元。陈泽祥擅自离职的行为已构成违约。作为劳动者,即使其享有自主择业的权利,但其违反约定的行为,不为社会所提倡。邛崃中心医院关于陈泽祥应承担违约责任的主张,应予以支持。

邛崃中心医院主张违约金应依双方约定处理,但本案实质为劳动者与单位之间的人事争议纠纷。邛崃中心医院主张本案以最高人民法院《关于事业单位人事争议案件适用法律等问题的答复》《四川省事业单位人员聘用制管理试行办法》等规定为依据,并不影响人民法院适用《劳动合同法》的有关规定认定本案。该法第 96 条明确规定,事业单位与实行聘用制的工作人员订立、履行、变更、解除或者终止劳动合同,法律、行政法规或者国务院另有规定的，依照其规定；未作规定的，依照该法有关规定执行。该法第22条规定，劳动者违反服务期约定的，应当按约定向用人单位支付违约金。违约金的数额不得超过用人单位提供的培训费用。鉴于目前人事法律、行政法规、国务院其他规定对劳动者服务期及违约金未作出特别规定，因此双方关于服务期和违约金的争议，应当适用上述法律条文的规定。再审中，邛崃中心医院举证的费用一览表载明陈泽祥2次培训费用共计为12 347元，陈泽祥质证亦表示认可。故法院依法确认陈泽祥以该培训费为限，向邛崃中心医院支付违约金。

典型案例14

邓某某诉某速递公司、某劳务公司一般人格权纠纷案①

裁判要旨

招聘单位仅仅以性别原因拒绝录用应聘者构成侵权，对由此给应聘者造成的直接经济损失予以赔偿，对应聘者主张的精神损害抚慰金可根据招聘单位的过错程度以及对应聘者造成的损害后果酌情予以支持。

基本案情

某劳务公司在某同城网站上发布招聘信息，标题为“某速递员3千加计件”，任职资格：男。邓某某遂在线投递简历申请该职位，并于2014年9月25日到某速递公司进行了面试。邓某某主张其面试后并在某速递公司酒仙桥营投部试干了两天。邓某某称，根据试干结论，双方达成于10月8日签约的意向，某速递公司酒仙桥营投部主任戴某要求其先做入职体检，因此花费体检费120元。邓某某就此提交2014年9月28日其与戴某的谈话录音以及体检报告予以佐证。邓某某表示因10月8日未能签约，故其于10月16日给某速递公司人事专员打电话询问戴某的联系方式，后戴某让其联系李某。10月19日邓某某给李某打电话询问不能签合同的原因，李某确认因为邓某某是女性所以某速递公司不批准签合同。邓某某就此提交2014年10月19日其与李某电话通话录像复制件予以证明（诉讼中，邓某某申请对该录像中画面是否经过剪辑修改、录音是否经过剪辑修改进行鉴定，邓某某交纳鉴定费6450元）。2015年3月31日，邓某某向北京市长安公证处申请保全某劳务公司在其官网上发布快递员招聘单位及条件的网页，花费公证费1000元。邓某某称其应聘的快递员一职并不属于不适合妇女的工种或岗位，但某速递公司、某劳务公司仅因为邓某某是女性就表示不予考虑，导致邓某某受到了就业性别歧视。邓某某自

① 本案例系《最高人民法院发布10起关于弘扬社会主义核心价值观典型案例》，载《人民法院报》2016年8月22日。

从被拒后一直没有找到一份满意的工作,情绪低落、沮丧、失眠,邓某某受歧视、遭排挤的心理阴影难以消除。综上,邓某某请求判令:某速递公司、某劳务公司向邓某某以书面形式赔礼道歉,连带赔偿邓某某入职体检费用人民币 120 元、公证费用人民币 1000 元、精神损害抚慰金人民币 50 000 元、鉴定费 6450 元。

裁判结果

北京市顺义区人民法院判决:(1)某速递公司于本判决生效之日起七日内赔偿邓某某入职体检费用 120 元、精神损害抚慰金 2000 元、鉴定费 6450 元;(2)驳回邓某某的其他诉讼请求。邓某某及某速递公司均不服,提起上诉,北京市第三中级人民法院判决:驳回上诉,维持原判。

裁判理由

生效裁判认为:戴某作为某速递公司酒仙桥营投部主任,在招录人员上显然能够代表某速递公司。邓某某在某速递公司面试后,戴某已经代表某速递公司表明其有意愿聘用邓某某,虽然聘用形式是直接聘用还是劳务派遣在 2014 年 9 月 28 日谈话中并未明确,但能够肯定的是某速递公司给予邓某某获得在某速递公司担任快递员的机会。在邓某某未能如期签约的情形下,戴某告知邓某某联系李某,且李某在电话中亦表明邓某某的应聘资料在其处,故法院认定李某能够代表某速递公司。某速递公司在答辩意见中所援引的相关规定并不能证明快递员属于国家规定的不适合妇女的工种或者岗位。对于邓某某询问丧失应聘机会的原因是否因其为女性时,李某作了肯定的答复,能够证明某速递公司拒绝聘用邓某某的原因在于其为女性,侵犯了邓某某平等就业的权利。某速递公司对其侵权行为给邓某某造成的合理损失应予以赔偿。

某劳务公司虽然在其网站上及在某同城网站上发布的涉诉岗位的招聘信息均表明任职资格为男性,但某劳务公司并未因邓某某系女性而拒绝提供就业机会,仍通知邓某某进行面试。本案中,邓某某并未举证证明某劳务公司对其实施了就业性别歧视的行为,故邓某某要求某劳务公司承担责任,法院不予支持。邓某某主张赔偿公证费用,缺乏依据,法院不予支持。

某速递公司不认可邓某某提交的体检报告部分内容的真实性,但未提交反驳证据,法院对其真实性予以采信。邓某某虽未提交体检费票据,但体检系应某速递公司的要求,且邓某某提交了体检报告,邓某某主张的入职体检费用符合一般市场行情,法院予以支持。鉴定费系邓某某为维权产生的合理费用,应由某速递公司予以赔偿。

某速递公司对邓某某实施了就业歧视,给邓某某造成了一定的精神损害,故法院结合某速递公司在此过程中的过错程度及给邓某某造成的损害后果酌情支持邓某某精神损害抚慰金 2000 元。邓某某所提某速递公司书面赔礼道歉的请求,依据不足,不予支持。

第七部分

Chapter 7

劳动规章制度

Q95:劳动规章制度的法律性质是什么?

劳动规章制度是用人单位制定的适用于本单位劳动者的组织劳动和管理劳动的规则和制度的总和。根据《劳动合同法》第4条的规定,用人单位应当依法建立和完善劳动规章制度,保障劳动者享有劳动权利、履行劳动义务。用人单位在制定、修改或者决定有关劳动报酬、工作时间、休息休假、劳动安全卫生、保险福利、职工培训、劳动纪律以及劳动定额管理等直接涉及劳动者切身利益的规章制度或者重大事项时,应当经职工代表大会或者全体职工讨论,提出方案和意见,与工会或者职工代表平等协商确定。在规章制度和重大事项决定实施过程中,工会或者职工认为不适当的,有权向用人单位提出,通过协商予以修改完善。用人单位应当将直接涉及劳动者切身利益的规章制度和重大事项决定公示或者告知劳动者。在《劳动合同法》施行前,《劳动法》和一些有关主体的特别法律法规对劳动规章制度及制定程序作了规定。《劳动法》第4条规定,用人单位应当依法建立和完善规章制度,保障劳动者享有劳动权利和履行劳动义务。《全民所有制工业企业法》第52条规定,职工代表大会有行使审查同意或者否决企业的工资调整方案、奖金分配方案、劳动保护措施、奖惩办法以及其他重要的规章制度的职权。《城镇集体所有制企业条例》第21条第9项规定,集体企业在国家法律、法规的规定范围内享有下列权利:按照国家规定决定本企业的机构设置、人员编制、劳动组织形式和用工办法,录用和辞退职工。第28条第4项、第5项规定,集体企业的职工(代表)大会在国家法律、法规的规定范围内行使审议并决定企业的职工奖惩办法和其他重要规章制度的职权。

由于法律法规并未对劳动规章制度的法律性质作出规定,理论界对劳动规章制度的法律定性存在不同的观点。

【争议】

观点一:劳动规章制度是一种格式合同。原因在于:(1)就劳动规章制度的形式而言,规格化和定型化是其特点,与格式合同的形式相符。(2)就劳动规章制度的实质而言,劳动规章制度由用人单位单方制定,劳动者对劳动规章制度的形成并无磋商交涉机会,只能概括地接受或不接受,不能对其内容作增删修改,与格式条款之实质相同。(3)在我国,劳动规章制度作为合同条款之一,起着约束劳动者的作用,亦即劳动规章制度的效力来自于双方当事人的合意(只不过有时合意的表现形式不同而已)。① 此说为劳动规章制度性质上的定型化契约说。

观点二:劳动规章制度是用人单位内部的“法律”。用人单位依照法律规定制定劳动规章制度,劳动者必须遵守,劳动规章制度对劳动者的拘束力与劳动者的意志无关。我国立法机关持该种观点,全国人大法工委编著的《中华人民共和国劳动合同法释义》认为,劳动规章制度也称为劳动内部劳动规则,是企业内部的“法律”。② 此说为劳动规章制度性质上的法规范说。用人单位制定内部“法律”的权利,或来源于其享有的自主经营权,或来源于习惯法,或来源于法律的授权。

观点三:劳动规章制度应分为两类:第一类是关系到劳动者切身利益的条款,如工资报酬、工作时间等,需经得劳动者同意才能生效;第二类是未直接涉及劳动者切身利益的条款,用人单位在制定这些条款时,仅需告知劳动者而无须经得劳动者同意就能生效。此为劳动规章制度性质上的根据二分法说。

观点四:在前述根据二分法说的基础上形成劳动规章制度性质三分说,认为不直接涉及劳动者切身利益的劳动规章,其性质为无相对人的单方行为;直接涉及劳动者切身利益的规章,在公有制企业为集体契约,在其他用人单位则为个别契约。③

观点五:劳动合同的内容及劳动条件应由劳资双方合意决定,但基于劳动规章统一规范劳动条件的现实,以及企业经营管理上的内在需要,个别劳工对工作规章制定、变更之承诺虽有必要,但可以由劳工集体意思予以同意,未有劳工集体意思之同意,工作规则不发生法的效力。④ 此为劳动规章制度性质的集体合意说。

【解答】

笔者认为,格式条款是当事人为了重复使用而预先拟定,并在订立合同时未与对方协商的条款,而《劳动合同法》明确规定用人单位在制定或修改直接涉

---

① 参见高圣平:《用人单位劳动规章制度的性质辨析——兼评〈劳动合同法〉草案的相关条款》,载《法学》2006年第10期。

② 参见信天鹰、阚珂主编:《中华人民共和国劳动合同法释义》,法律出版社2013年版,第13页。

③ 参见阎天:《劳动规章性质三分说:以比例原则为区分检验标准》,载《交大法学》2017年第4期。

④ 参见丁建安:《企业劳动规章的法律性质辨析》,载《北方法学》2009年第3期。

及劳动者切身利益的条款时要与工会或职工代表平等协商确定，劳动规章制度显然与格式条款不同，观点一将劳动规章制度等同于格式条款，不应采纳。观点二将劳动规章制度视为用人单位内部的法律，用人单位只要依法律程序制定，无须考虑劳动者的意志，劳动规章制度就发生法律效力，此观点过分加强用人单位在制定劳动规章制度中的作用、减弱劳动者的作用，可能会导致劳动者权益受损害。该观点也过分强化劳动规章制度的地位，这给有权部门对劳动规章制度的合理性进行审查带来了理论上的困境。观点三将劳动规章制度的条款分为涉及劳动者切身利益和未涉及劳动者切身利益两个部分，是比较合理的，但该观点认为涉及劳动者切身利益条款的制定或修改必须征得劳动者同意，实际上我国法律法规规定涉劳动者切身利益的规章制度条款制定或修改需经职工代表大会或者全体职工讨论，提出方案和意见，与工会或者职工代表平等协商确定，该规定与必须征得个体劳动者同意的理解显然不一致，而且劳动规章制度的制定或修改征得所有劳动者同意也不现实。观点四也存在观点三的缺陷，该观点将劳动规章制度的性质因企业所有制性质的不同而截然区分，没有法律依据。观点五未能区分劳动规章制度所涉内容，将未直接涉及劳动者切身利益条款也纳入集体合意范围之中，与《劳动合同法》的规定不相符，不予采纳。

笔者认为，劳动规章制度根据其涉及内容的不同而有不同的性质。劳动规章制度中直接涉及劳动者切身利益条款，包括涉及劳动报酬、工作时间、休息休假、劳动安全、社会保险、福利、劳动纪律、培训机制、劳动定额管理等事项的条款，其制定或修改必须有劳动者的集体合意，用人单位在制定此类规章制度时需要经职工代表大会或者全体职工讨论，提出方案和意见，与工会或者职工代表平等协商确定，并向劳动者公示。劳动者如对此类规章制度的实施有异议，认为不适当的，有权向用人单位提出，通过协商进行修改完善。虽然用人单位对规章制度的确定有最后的决定权，但不能因最后决定权而否定前面共同讨论、集体协商的集体合意过程。所以，劳动规章制度中直接涉及劳动者切身利益的条款是一种集体合意的成果。劳动规章制度中未直接涉及劳动者切身利益条款的制定或修改则没有劳动者集体合意的要件，用人单位可以单方制定或修改，无须经职工大会或职工代表大会讨论，也无须与工会或职工代表平等协商确定，用人单位只需将此类规章制度以合理的方式向劳动者公示。此类条款更类似于用人单位的"软法律"。

【规范指引】

《中华人民共和国劳动合同法》

第四条第一款　用人单位应当依法建立和完善劳动规章制度,保障劳动者享有劳动权利、履行劳动义务。

Q96:劳动规章制度制定未经《劳动合同法》第 4 条规定的民主程序,该劳动规章是否有效?

为防止用人单位在制定规章制度上独断专行,利用不合法、不合理的规章制度损害劳动者的权利,让广大劳动者参与用人单位规章制度的制定,《劳动合同法》第 4 条规定在制定或修改直接涉及劳动者切身利益的规章制度,应当经过一定的民主程序。民主程序的内容有:(1)规章制度的方案和意见应当经过职工代表大会或者全体职工讨论后提出;(2)规章制度应由用人单位与工会或职工代表平等协商确定;(3)规章制度实施过程中的异议程序,规章制度在实施过程中,工会或职工认为不适当的,可以向用人单位提出,通过协商予以修改完善。但在现实中,很多用人单位在制定、修改劳动规章制度时没有经过《劳动合同法》第 4 条规定的民主程序,如规章制度未直接涉及劳动者的切身利益,未经法定民主程序不影响规章制度的效力,并无疑问。问题在于直接涉及劳动者切身利益的规章制度在制定或修改时未经法律规定的民主程序,是否发生法律效力,实践中存在较大争议。

【争议】

观点一:劳动规章制度的制定或修改未经民主程序并不产生无效的法律后果。理由在于:我国劳动法律对制定劳动规章制度的规定采“共议单决”的思路,即劳动者集体参与讨论、协商劳动规章制度,劳动规章制度的最后确定由用人单位单方决定。在“共议单决”框架内理解《劳动合同法》第 4 条第 2 款规定的民主程序,属于法律对用人单位制定规章制度作出的“纪律”要求,其制度价值集中体现为“集思广益”,即通过民主程序,可以避免用人单位“单决”可能出现的肆意,保证规章制度内容的合理性或者适当性。法律限定用人单位制定规章制度需要履行程序的目的在于规章制度的合理性和让劳动者知晓,即民主程序和公示、告知程序分别是实现规章制度内容合理和劳动者知晓的手段,那么,未履行法律规定程序而导致程序规定立法目的落空的规章制度不应具有法律约束力,但虽具有程序瑕疵却并没有影响程序规范立法目的成就的规章制度,仍然应该有效。[①] 广东、浙江、江苏、湖南等地的人民法院和劳动仲裁部门出台的意见支持这一观点。如浙江省高级人民法院民事审判第一庭《关于审理劳动争议案件若干问题的意见》(2009 年)第 34 条第 2 款规定,《劳动合同法》实施后,用人单位制定、修改或者决定直接涉及劳动者切身利益的规章制度或者重大事项时,未经过该法第 4 条第 2 款规定的民主程序的,一般不能作为人民法院审理劳动争议案件的依据。但规章制度或者重大事项决定的内容不违反法律、行政法规、政策及集体合同规定,不存在明显不合理的情形,并已向劳动者公示或告知,且劳动者没有异议的,可以作为人民法院审理劳动争议案件的依据。

观点二:直接涉及劳动者切身利益的规章制度的制定和修改必须经法律规定的民主程序,用人单位未经民主程序单方制定的直接涉及劳动者切身利益的规章制度应确认无效。理由在于:民主程序关系到劳动规章制度的合法性和合理性,关系到劳动者的切身利益,是劳动规章制度生效的法定必要条件。尽管在我国劳动关系实践中,类似的民主形式严重缺位或形式化,但是,法律适用不可以默认和附和现实,而是应当严守法治原则,维护法律的尊严。只有这样,规章制度的民主程序才能渐趋实质化。[②] 四川、重庆、安徽、厦门等地的司法实践多采用该观点。如四川省高级人民法院民事审判第一庭《关于审理劳动争议案件若干疑难问题的解答》(2016 年)第 24 条前款规定,认定用人单位规章制度的效力,需考察规章制度的制定程序是否合法,内容是否违反法律、行政法规及政策规定,是否公示或者告知劳动者。厦门市中级人民法院、厦门市劳动人事争议仲裁委员会《关于审理劳动争议案件若干疑难问题的解答》(2017 年)则更明确地否定未经民主程序制定和修改直接涉及劳动者切身利益的规章制度的效力,该解答第 1 条规定,《劳动合同法》第 4 条第 2 款规定,用人单位制定、修改或决定直接涉及劳动者切身利益的规章制度或者重大事项时,应当经职工代表大会或者全体职工讨论,提出方案和意见,与工会或者职工代表平等协商确定。因此,劳动者提出用人单位规章制度未经民主程序而用人单位无法证明的,该规章制度对劳动者不具有约束力。

---

① 参见沈同仙:《试论程序瑕疵用人单位规章制度的效力判定》,载《政法与法律》2012 年第 12 期;董保华:《规章制度未经民主程序不应作"自始无效"处理》,载《中国审判》2012 年第 8 期。

② 参见钱叶芳:《劳动规章制度若干问题辨析》,载《中国劳动》2015 年第 4 期。

【解答】

笔者更倾向于观点二。理由在于:

(1)用人单位在制定或修改劳动规章制度时享有最终决定权,但这并不意味着法律规定的民主程序可以被忽视。法律规定制定、修改直接涉及劳动者切身利益的部分时需经民主程序,是让广大劳动者参与劳动规章制度的制定和修改,使劳动规章制度在一定程度上体现劳动者的集体意志,防止规章制度从头至尾完全由用人单位单方制定而损害劳动者的权利。直接涉及劳动者切身利益的规章制度的方案和意见经职工代表大会或全体职工讨论后提出,与工会或职工代表平等协商确定,这样的民主程序可有效减少劳动规章制度不合法、不合理的现象,从而保护劳动者的合法权益。所以,劳动规章制度制定和修改的“共议单决”模式,不能因后面的“单决”否定前面的“共议”的重要性。

(2)认为劳动规章制度的制定或修改未经民主程序并不产生无效法律后果的观点易造成法律关于制定、修改劳动规章制度须经民主程序的规定落空。如直接涉及劳动者切身利益的劳动规章制度的制定或修改不需要经过民主程序就能发生效力,那么社会上很多用人单位在制定或修改规章制度时就不会让劳动者参与进来,劳动者对用人单位单方面制定、修改的规章制度必须服从的企业独断专行化管理模式将会更加普遍,法律和政策提倡的职工参与企业管理将成为空谈。《劳动合同法》规定制定或修改直接涉及劳动者切身利益的劳动规章制度必须经民主程序,其用意是将民主程序作为此类劳动规章制度生效的必要前提条件。而观点一如果成立,劳动规章制度经过民主程序和未经过民主程序的法律效果并无不同,必将使《劳动合同法》第 4 条规定的民主程序落空,这显然与立法原意相违背。

(3)《劳动合同法》第 4 条第 2 款的规定应为强制性规定。《劳动合同法》第 4 条第 2 款规定使用“应当”二字,体现了法律强制性地要求用人单位制定、修改直接涉及劳动者切身利益的劳动规章制度须经民主程序。劳动者参与劳动规章制度的制定是企业民主管理的重要方式,涉及企业管理制度和模式的转变和完善,更涉及广大劳动者民主权利和其他合法权利的保护。所以,《劳动合同法》第 4 条第 2 款规定的民主程序,绝不仅仅是一种任意性的规范,而是影响劳动规章制度效力的强制性规范。制定、修改直接涉及劳动者切身利益的劳动规章制度违反这一强制性规范,劳动规章制度不能发生法律效力。

(4)用人单位未经民主程序单方制定的直接涉及劳动者切身利益的规章制

度无效，也是最高人民法院的观点。最高人民法院《关于审理劳动争议案件适用法律若干问题的解释（四）（征求意见稿）》第7条规定，劳动合同法施行后，用人单位制定、修改或者决定直接涉及劳动者切身利益的规章制度或者重大事项，未经《劳动合同法》第4条规定的民主程序，不能作为人民法院审理劳动争议案件的依据。已经《劳动合同法》第4条规定的民主程序，且该规章制度或者重大事项内容不违反法律、行政法规、国家政策以及公序良俗，并已向劳动者公示或者告知的，可以作为人民法院审理劳动争议案件的依据。虽然该条文在征求意见时争议较大，最终在正式发布的最高人民法院《关于审理劳动争议案件适用法律若干问题的解释（四）》中被删除，但也可以窥见最高人民法院倾向于将经民主程序作为直接涉及劳动者切身利益的规章制度产生法律效力的必要条件。

【风险提示91】

用人单位在制定、修改涉劳动者切身利益的劳动规章制度或重大事项时，要注意履行《劳动合同法》第4条规定的民主程序，相关的方案或意见须经职工代表大会或职工大会讨论，最后确定劳动规章制度前要有与工会或职工代表协商的过程。履行上述民主程序时要注意保存会议纪要和协商的记录，并由参与人员签字。未经民主程序制定的直接涉及劳动者切身利益的劳动规章制度有被确认无效的法律风险。

【规范指引】

《中华人民共和国劳动合同法》

第四条第二款　用人单位在制定、修改或者决定有关劳动报酬、工作时间、休息休假、劳动安全卫生、保险福利、职工培训、劳动纪律以及劳动定额管理等直接涉及劳动者切身利益的规章制度或者重大事项时，应当经职工代表大会或者全体职工讨论，提出方案和意见，与工会或者职工代表平等协商确定。

第四条第三款　在规章制度和重大事项决定实施过程中，工会或者职工认为不适当的，有权向用人单位提出，通过协商予以修改完善。

Q97：劳动规章制度如何向劳动者公示？

《劳动合同法》第4条第4款规定，用人单位应当将直接涉及劳动者切身利益的规章制度和重大事项决定公示，或者告知劳动者。最高人民法院《关于审理劳动争议案件适用法律若干问题的解释》第 19 条规定,用人单位根据《劳动法》第 4 条之规定,通过民主程序制定的规章制度,不违反国家法律、行政法规及政策规定,并已向劳动者公示的,可以作为人民法院审理劳动争议案件的依据。可见,用人单位将劳动规章制度向劳动者公示或告知劳动者,是劳动规章制度发生法律效力的必要条件。那么,用人单位如何向劳动者公示劳动规章制度呢?

【解答】

笔者认为,用人单位公示劳动规章制度可采用以下方式:(1)制作员工手册。将劳动规章制度等文件制成手册分发到每一位劳动者手中,便于劳动者查阅。(2)在合适的地方张贴。在劳动者经常去的地方,如用人单位大门、食堂、宣传栏等处张贴劳动规章制度。仅针对用人单位部分部门的劳动规章制度,可以在所涉部门的办公室、车间等处进行张贴。(3)通过会议或培训的方式进行传达。用人单位可以召开全体职工大会向全体劳动者传达劳动规章制度,也可以在培训时向劳动者讲解用人单位的劳动规章制度。(4)在企业内部网站上进行公示。用人单位在企业内部网站公示劳动规章制度时,应在网站首页有显见的链接,以便劳动者查阅。(5)由各部门负责人进行传达。用人单位可向各部门负责人印送劳动规章制度,由各部门负责人召集本部门人员学习、传达劳动规章制度。(6)通过电子邮件送达劳动者。劳动者在用人单位留有电子邮箱的,用人单位可以将劳动规章制度的电子版本发送到劳动者的电子邮箱,劳动规章制度进入劳动者电子邮箱后,用人单位即完成告知义务。(7)将劳动规章制度作为劳动合同的附件。在与劳动者订立劳动合同时即将劳动规章制度向劳动者告知。

重庆市高级人民法院民事审判第一庭等六部门《劳动争议案件法律适用问题专题座谈会纪要(三)》(2017 年)第 4 条第 3 款规定,规章制度的公示,应当以是否告知劳动者、是否为劳动者所知晓为标准进行判断。用人单位举示的证据能够证明劳动者知道或者应当知道规章制度内容的,如张贴公告、组织学习、发放员工手册、在计算机网络平台公开等,即可认定规章制度已向劳动者公示。用人单位对规章制度进行修订的,应当将修改内容通过有效的公示方式向劳动者公示。

【风险提示92】

用人单位需要对劳动规章制度已向劳动者进行公示或告知承担举证责任。一些用人单位将告知劳动规章制度和劳动者应当遵守劳动规章制度的内容作为劳动合同的附件，这是一种非常好的方法，可有效减轻用人单位公示劳动规章制度的举证责任。安徽省高级人民法院《关于审理劳动争议案件若干问题的指导意见》(2015 年) 第 5 条规定：用人单位在与劳动者签订的书面劳动合同中，已明确告知劳动者存在某种特定规章制度，该特定规章制度属于劳动合同内容，人民法院应根据《劳动合同法》关于劳动合同效力的规定审查其效力。除这种方法外，用人单位制作员工手册向劳动者发放的，应有劳动者收到员工手册的记录，用人单位可制作签收劳动规章制度的表格，在发放员工手册时让劳动者签字；张贴劳动规章制度的，应保存能反映张贴日期、地点的照片；通过会议或培训传达的，在会议纪要或培训记录要有传达劳动规章制度的内容，由劳动者签字；在内部网站公示劳动规章制度的，可通过网页截图并现场演示或事前公证的方式完成举证责任；由各部门负责人传达的，举证比较困难，要有各部门传达劳动规章的记录，不建议使用此方法传达劳动规章制度；通过电子邮件发送，需保存发送电子邮件的记录，还要有劳动者同意通过电子邮件接收文件、确认电子邮箱地址的签名。

用人单位对经民主程序制定的劳动规章制度尽到公示、告知义务，劳动规章制度一般发生法律效力。劳动者应当主动学习和了解劳动规章制度，不能以不知道用人单位公示的劳动规章制度为由否定劳动规章制度的效力。

【规范指引】

《中华人民共和国劳动合同法》

第四条第四款　用人单位应当将直接涉及劳动者切身利益的规章制度和重大事项决定公示，或者告知劳动者。

Q98：子公司能否将其母公司的劳动规章制度直接适用于本公司的劳动者？

母公司是指拥有另一个公司一定比例以上的股份或通过协议方式能够对

另一个公司实行实际控制的公司。子公司虽受母公司实际控制,但其有法人资格,可以独立承担民事责任。根据《公司法》第 14 条第 2 款的规定,公司可以设立子公司,子公司具有法人资格,依法独立承担民事责任。

相对于子公司而言,母公司的经济实力更强,管理也更规范,各项规章制度也相对完善。所以在现实中,一些子公司自己没有制定劳动规章制度,而是直接适用母公司的劳动规章制度来管理本公司的劳动者。母公司的劳动规章制度能否对子公司的劳动者产生法律效力,实践中有不同观点。

【争议】

观点一:子公司系母公司设立,受母公司实际控制。所以母公司的劳动规章制度只需向子公司的劳动者公示或告知,即对子公司的劳动者发生法律效力。

观点二:子公司具有独立的法人资格,可以独立地承担民事责任,这与总公司和分公司的关系不同。用人单位制定的劳动规章制度只能适用于本单位的劳动者,不能适用于其他具有独立法人资格的单位。子公司应当自己制定本公司的劳动规章制度,而不能直接适用母公司的劳动规章制度来管理本公司的劳动者。

观点三:母公司的规章制度经过子公司的民主程序,并向子公司的劳动者告知或公示,可以约束子公司的劳动者。

【解答】

笔者倾向于观点三。母公司已形成一套成熟的劳动规章制度,子公司可以不加修改地应用到本公司,这样可以节省制定、修改劳动规章制度的人力和时间。但子公司要适用母公司的劳动规章制度,必须履行《劳动合同法》第 4 条规定的程序,即经过全体职工或职工代表大会的讨论,并向劳动者公示或告知。公示告知的内容不仅包括母公司的劳动规章制度内容,还应包括将母公司的劳动规章制度适用于本公司的内容。如子公司未经法律规定的程序直接将母公司的劳动规章制度适用于子公司,母公司的劳动规章制度对子公司的劳动者不发生法律效力。

江苏省高级人民法院《劳动争议类案指南》(2010 年)认为,有独立法人资格的子公司执行母公司的规章制度,如子公司履行了《劳动合同法》第 4 条规定的民主程序,或母公司履行了《劳动合同法》第 4 条规定的民主程序且在子公司内向劳动者公示或告知的,母公司的规章制度可以作为处理子公司劳动争议的依据。成都市中级人民法院《民商事审判工作会议纪要》(2017 年)持同样观点,该纪要第 26 条规定,母公司制定的劳动规章制度不能直接适用于子公司。若要适用,仍须依照《劳动合同法》的规定经子公司职工代表大会或者全体职工讨论,并依法在子公司内部公示或告知劳动者。

【风险提示 93】

子公司不能想当然认为母公司的劳动规章制度直接可适用于本公司,而忽视《劳动合同法》第 4 条规定的程序。在适用母公司的劳动规章制度之前,应当依照法律规定,将母公司劳动规章制度适用于本公司的事宜在职工代表大会或全体职工中讨论,并将母公司劳动规章制度以及该规章制度将在本公司施行的内容告知劳动者或向劳动者公示。未经上述程序,母公司的劳动规章制度不能适用于子公司的劳动管理。

Q99:人民法院和劳动仲裁部门能否对用人单位劳动规章制度的合理性进行审查?

《劳动合同法》第 80 条规定,用人单位直接涉及劳动者切身利益的规章制度违反法律、法规规定的,由劳动行政部门责令改正,给予警告;给劳动者造成损害的,应当承担赔偿责任。该法第 38 条第 1 款第 4 项还规定用人单位的规章制度违反法律、法规的规定,损害劳动者权益的,劳动者可以解除劳动合同。从上述规定可知,司法机关、劳动行政部门可以对劳动规章制度的合法性进行审查,但劳动法律法规并没有规定用人单位劳动规章制度的合理性审查。人民法院和劳动仲裁部门在处理劳动争议过程中能否对用人单位劳动规章制度的合理性进行审理,实践中存在两种观点。

【争议】

观点一:《劳动合同法》和《劳动法》第 4 条均规定,用人单位应当依法建立和完善劳动规章制度,因而,用人单位有权利也有义务制定劳动规章制度。用人单位劳动规章制度是法律规范的延伸和具体化。用人单位劳动规章制度的主要内容是依据有关法律制定的,可以说,用人单位劳动规章制度是实施劳动法律规范的必要手段,所以,法律应当赋予用人单位依法制定的劳动规章制度以法律效力。法院或劳动仲裁部门可以对规章制度合理性进行审查,将使依法制定的规章制度变为一纸空文。法律允许不适当(不合理)的规章制度的修改,修改这一不适当(不合理)规章制度的是企业工会或者职工,民主程序的建立就是为了解决规章制度的公正、合理性,法院应当审查民主程序有没有问题,而不是直接审查规章制度的合理性问题。[1] 所以,人民法院和劳动仲裁部门不应审查劳动规章制度的合理性。

观点二:人民法院和劳动仲裁部门有权对劳动规章制度的合理性进行审查。合理性是劳动规章制度产生法律效力的重要条件,劳动规章制度如不具备合理性,即使制定程序合法,也不能对劳动者产生法律效力。如人民法院和劳动仲裁部门不审查劳动规章制度的合理性,用人单位可能制定不合理的劳动规章制度,劳动者的合法权益将受到侵害。为保护劳动者的合法权益,人民法院和劳动仲裁部门应当对劳动规章制度的合法性、合理性进行审查。

【解答】

笔者倾向于观点二。劳动规章制度的合理性是指:劳动规章制度符合社会大众对劳动规章制度的认知和价值判断,劳动规章制度的内容不违反公序良俗和公平原则,不侵害劳动者的合法权益,能为社会大众接受。

(1)合理性是劳动规章制度发生法律效力的前提条件。《劳动法》第 4 条和《劳动合同法》第 4 条第 1 款均规定,用人单位应当依法建立和完善规章制度,保障劳动者享有劳动权利和履行劳动义务。劳动规章制度涉及用人单位经营和管理的方方面面,既包括劳动者享受的劳动权利,也包括劳动者应履行的义务。劳动规章制度不仅要起到督促劳动者履行劳动义务、遵守劳动纪律的作用,还要在保障劳动者的劳动权利方面发挥积极作用。劳动规章制度的合理性关系到劳动者切身的重大利益,不合理的劳动规章制度可能不正当地限制劳动者的权利,加重劳动者的责任和义务,从而导致劳动者权益的侵害。合理性是劳动规章制度的核心价值导向之一。劳动规章制度必须具备合理性,否则不能对劳动者产生法律效力,用人单位不能依据不合理的劳动规章制度管理或惩罚劳动者。为保护劳动者的权益不受不合理的劳动规章制度的影响,人民法院和劳动仲裁部门应当有权利对劳动规章制度的合理性进行审查,以确定劳动规章制度的有效性。

(2)仅审查劳动规章制度是否违反法律规定显然不足。各个用人单位制定

---

① 参见陈伟忠:《法院对用人单位规章制度合理性审查合法吗?》,载《中国劳动》2012 年第 8 期。

的劳动规章制度内容千差万别，情况纷繁复杂，劳动规章制度还会涉及一些非常具体的劳动权利义务。劳动法律法规关于劳动规章制度的规定不可能如此具体和细致，仅凭法律法规的实体性规定不足以对劳动规章制度的合理性进行规范。法律规定的民主程序在一定程度上可以遏制用人单位在制定、修改劳动规章制度时独断专行的做法，劳动规章制度中融入劳动者集体意志也可以促进劳动规章制度的合理化。但民主程序并不能保证劳动规章制度的合理性。我国劳动规章制度的制定模式仍为“共议单决”制，虽有民主程序的要求，但最终的决定权仍在用人单位。而且，我国目前工会、职工代表制度并不完善，难以起到规范用人单位行为的作用，也难以从内部推动劳动规章制度合理化和完善化。所以，从实体和程序两方面看，仅依法律规定来规范用人单位的劳动规章制度，显然不足以遏制用人单位在制定、修改劳动规章制度时的肆意妄为，不足以保护劳动者的合法权益。

（3）考察域外立法和司法实践情况，多数国家和地区的司法机关均可对劳动规章制度的合理性进行审查。在德国，司法机关主张应当对用人单位规章的合理性进行控制，但司法机关将其内容控制称为法律控制，或者在必要时提出，在劳资双方有争议时对个案进行合理化审查。在日本，法院在个案中审查劳动规章的合理性。对此尽管没有法律的明确规定，但日本司法机关认为，工作规则规定关于一定事项，劳工应服从雇主业务命令时，工作规则之规定内容在合理之限度内，成为该具体劳动契约之内容。在我国台湾地区，法院也要对劳动规章的合理性进行审查。[①] 德国和日本的团体协议制度和工会制度已经比较成熟，通过团体协议和工会力量已经可以较好地规范用人单位的劳动规章制度，但这两个国家的法院从保护劳动者的权益出发，仍然要对劳动规章制度的合理性进行个案审查。而当前我国集体合同签订范围不广，工会力量明显不足与用人单位抗衡，集体合同和工会不能很好地起到防止劳动规章制度不合理的防洪堤作用。我国当前的现状更需要人民法院和劳动仲裁部门在个案中对劳动规章制度的合理性进行审查。

人民法院和劳动仲裁部门主要从以下方面审查劳动规章制度的合理性：（1）劳动规章制度的内容是否与用人单位的生产、经营相关。与用人单位生产经营无关的行为、品格均不应规定在劳动规章制度中。（2）劳动规章制度内容

---

① 参见沈建峰：《论用人单位劳动规章的制定模式与效力控制——基于对德国、日本和我国台湾地区的比较分析》，载《比较法研究》2016 年第 1 期。

是否违背公序良俗。劳动规章制度的内容如违反公序良俗原则,则应认定为不具备合理性。(3)劳动规章制度内容是否加重劳动者的义务和责任,限制劳动者的正当权利。(4)劳动规章制度的内容是否涉嫌歧视。如劳动规章制度规定女职工在本单位工作期间不得怀孕,有歧视之嫌,应认定为无效。(5)劳动规章制度中关于惩戒劳动者和严重违反规章制度可解除劳动合同的规定是否符合比例原则和最后手段原则。

【风险提示94】

用人单位制定劳动规章制度的条款内容如不具备合理性,一旦发生涉该条款的劳动纠纷,该条款将会被确认无效。所以,用人单位在制定劳动规章制度时,要注意规章制度内容的合理性,不能将与工作无关的行为作为惩戒劳动者的原因,惩戒的手段必须与劳动者违反规章制度的严重性相吻合。

【规范指引】

《中华人民共和国劳动合同法》

第三十八条　用人单位有下列情形之一的,劳动者可以解除劳动合同:

……

(四)用人单位的规章制度违反法律、法规的规定,损害劳动者权益的;

……

第八十条　用人单位直接涉及劳动者切身利益的规章制度违反法律、法规规定的,由劳动行政部门责令改正,给予警告;给劳动者造成损害的,应当承担赔偿责任。

Q100:用人单位的劳动规章制度与劳动合同发生冲突,如何认定各自的效力?

《劳动合同法》第4条第1款规定,用人单位应当依法建立和完善劳动规章制度,保障劳动者享有劳动权利、履行劳动义务。该法第10条第1款又规定,建立劳动关系,应当订立书面劳动合同。由此可见,建立劳动规章制度和订立书面劳动合同均为用人单位的法定义务。这样,绝大多数用人单位在劳动用工上均存在劳动规章制度和书面劳动合同并行的局面。在现实中,用人单位劳动规章制度的内容和劳动合同约定的内容可能存在不一致，在这种情况下如何认定各自的效力，存在不同的观点。

【争议】

观点一：劳动规章制度的效力要高于劳动合同的效力，当两者存在冲突时，应认定劳动规章制度的效力。这是因为：用人单位的劳动规章制度适用于本单位全体劳动者，所有的劳动者都必须遵守劳动规章制度，不能有特殊的不需要遵守规章制度的劳动者存在。当普遍适用的劳动规章制度与个别约定的劳动合同发生冲突时，普遍适用的劳动规章制度具有效力上的优先性。而且，《劳动合同法》规定劳动者严重违反劳动规章制度的，用人单位可以解除劳动合同，但没有规定劳动者违反劳动合同约定的，用人单位可以解除劳动合同。

观点二：劳动合同的效力高于劳动规章制度的效力，两者内容有冲突时，应适用劳动合同的约定。理由是：劳动规章制度虽有共议过程，但最后的决定权掌握在用人单位手中，而劳动合同则反映用人单位和劳动者双方的意志，单方决定的劳动规章制度效力不能高于反映劳资双方自由意志的劳动合同的效力。普遍适用的劳动规章制度与个别适用的劳动合同产生冲突，应当适用劳动合同的约定。最高人民法院《关于审理劳动争议案件适用法律若干问题的解释（二）》第16条规定，用人单位制定的内部规章制度与集体合同或者劳动合同约定的内容不一致，劳动者请求优先适用合同约定的，人民法院应予支持。该条规定明确劳动合同的效力优于劳动规章制度的效力。

观点三：劳动规章制度的内容和劳动合同约定的内容冲突时，两者效力的高低要看何者更有利于劳动者。保护劳动者的合法权益是《劳动法》和《劳动合同法》的立法宗旨，在判断劳动规章制度和劳动合同效力高低时，也要本着有利于劳动者的原则。劳动规章制度的内容较劳动合同约定的内容更有利于劳动者时，应适用劳动规章制度的规定；劳动合同约定的内容较劳动规章制度规定的内容更有利于劳动者时，应适用劳动合同约定的内容。

【解答】

笔者认为，一般情况下，劳动规章制度的内容与劳动合同约定的内容冲突时，劳动合同具有优先性，但是劳动规章制度的内容比劳动合同的内容更有利于劳动者，则要根据有利于劳动者的原则认定劳动规章制度的效力。这是因为：

（1）劳动规章制度普遍适用于用人单位全体劳动者，而劳动合同则仅对用人单位与特定的劳动者产生拘束力。在法律适用上有特别法优先于一般法的规则。在普遍适用的劳动规章制度与针对特定劳动者的劳动合同产生冲突时，也同样要认定针对特定劳动者的劳动合同具有效力上的优先性。

(2)劳动规章制度制定或修改的“共议单决模式”决定了劳动规章制度的效力要后于劳动合同。前已论及,《劳动合同法》虽规定制定、修改直接涉及劳动者切身利益的劳动规章制度时要经过一定的民主程序,但劳动规章制度的最后决定权在于用人单位。个体劳动者难以将自己的意思表达于劳动规章制度之中。“共议单决”模式下制定或修改的劳动规章制度,存在较大的损害劳动者利益的风险。而劳动合同是用人单位与特定劳动者双方签订,劳动者个人意志可更多地体现于其中。虽然用人单位在缔结劳动合同时优势地位明显,但劳动者毕竟可以在缔约过程中表达自己的意志,有选择是否在劳动合同上签字的权利。认定劳动合同效力上的优先性,更有利于保护劳动者的权利。

(3)从效力发生的根据来看,劳动合同的订立是劳动关系成立的重要表征，只有建立了劳动关系,才继而出现对劳动者适用劳动规章制度的问题。对新开办的用人单位而言,订立劳动合同后的劳动者有权参与制定劳动规章制度在内的企业规章制度,程序上的平等协商形成了劳动规章制度的效力基础,构成日后劳资双方遵守的保障。因此,可以说劳动规章制度的效力是来源于劳动合同的,其效力显然弱于劳动合同。为防止用人单位片面削减劳动者在劳动合同中的既得权利,应不允许用人单位单方面变更的劳动规章制度凌驾于劳动合同之上。①

(4)最高人民法院《关于审理劳动争议案件适用法律若干问题的解释(二)》第 16 条规定:用人单位制定的内部规章制度与集体合同或者劳动合同约定的内容不一致,劳动者请求优先适用合同约定的,人民法院应予支持。劳动者作为理性的人,在选择优先适用劳动合同约定还是劳动规章制度规定时,更可能选择两者中有利于自己的一种。所以,司法解释的该条规定实际上在解决劳动合同与劳动规章制度冲突的问题中树立了有利于劳动者的原则。在劳动合同的约定与劳动规章制度的规定存在冲突时,采有利于劳动者的处理原则，也符合《劳动合同法》向劳动者权利适当倾斜的立法原则。在日本,《劳动基准法》规定:劳动合同所定劳动条件未达劳动规章制度所定基准时,该部分无效;

---

① 胡立峰:《劳动规章制度与劳动合同之效力冲突》,载《法学》2008 年第 11 期。

于此场合，无效部分依据劳动规章制度的基准确定。同样也是按有利于劳动者的原则处理劳动规章制度和劳动合同之间的冲突。

【风险提示95】

用人单位制定的劳动规章制度适用于本单位的所有劳动者，用人单位拟订劳动合同条款时要与劳动规章制度相对照，不要出现劳动合同的内容与劳动规章制度的相关规定冲突。如发生冲突，劳动规章制度的相关规定原则上不对该名劳动者产生效力。

【规范指引】

最高人民法院《关于审理劳动争议案件适用法律若干问题的解释（二）》

第十六条　用人单位制定的内部规章制度与集体合同或者劳动合同约定的内容不一致，劳动者请求优先适用合同约定的，人民法院应予支持。

Q101：用人单位能否以劳动者违反倡导性的规章制度为由解除劳动合同？

现实中，一些用人单位在制定劳动规章制度时加入一些倡导性的条款，鼓励或提倡劳动者为或不为一定行为，如倡导劳动者团结友爱、和平共处等。这些条款倡导的行为通常比较笼统和原则，并不指向具体行为，也未明确劳动者违反这些条款将导致什么后果或面临什么处罚。劳动者违反这些倡导性的规章制度时，用人单位是否可以解除劳动合同，实践中存在不同观点。

【争议】

观点一：用人单位依据法制定的劳动规章制度，应为全体劳动者遵守。倡导性的规章制度虽未明令劳动者必须或不得为某种行为，但从倡导性规章制度的内容中可以推知劳动者应当为或不应为某种行为的意思。而且，劳动规章制度的内容不可能面面俱到，也不可能对所有严重违反劳动规章制度的内容都规定得非常明确具体，倡导性的规章制度可以在劳动规章制度中对属严重违反情形的规定存在缺失时予以弥补。所以，劳动者严重违反倡导性的规章制度，用人单位可以以此为由解除劳动合同。

观点二：用人单位不得以劳动者严重违反倡导性的规章制度为由解除劳动合同。解除劳动合同对劳动者来说意味着失去工作，用人单位以劳动者严重违反规章制度为由解除劳动合同必须有劳动规章制度中明确、具体的条文依据。

倡导性的规章制度指向模糊,且未明确违反的后果,不能成为用人单位解除劳动合同的规章制度依据。

【解答】

笔者同意观点二。这是因为:

(1)解除劳动合同对劳动者影响巨大。用人单位单方解除劳动合同,劳动者因此失去工作,在找到下一份工作之前将面临没有生活来源的严重困难。为保护劳动者的劳动权和生存权,劳动法律法规严格限制用人单位单方解除劳动合同的权利,只有在劳动者存在严重过错致劳动合同无法继续履行的情况下,用人单位才能解除劳动合同。在适用《劳动合同法》第 39 条第 2 项因劳动者严重违反用人单位规章制度,用人单位可解除劳动合同这一项规定时,应当慎重,防止用人单位利用其制定的劳动规章制度滥用解除劳动合同的权利。

(2)用人单位单方解除劳动合同所依据的规章制度必须明确具体。倡导性的规章制度可以在鼓励、提倡、引导劳动者为一定行为时起到作用,但倡导性的规章制度没有指向某一种具体行为,劳动者也不能预知违反此类规章制度将会导致的后果。倡导性的规章制度不能作为处罚劳动者、甚至解除劳动合同的制度依据。作为解除劳动合同依据的规章制度条款,必须明确劳动者应当或不得为某种具体行为,用人单位在制定此类规章制度时还应尽可能地明确违反此类规章制度时劳动者将面临被解除劳动合同的处罚。

(3)用人单位依劳动规章制度解除劳动合同的手段应当与劳动者违反规章制度的程度相适应。仅有在劳动者严重违反规章制度,双方失去信赖基础,劳动合同无法继续履行的情形下,用人单位才可解除劳动合同。劳动者违反倡导性的规章制度,并不会使双方劳动合同继续履行的基础丧失,用人单位以此为由解除劳动合同,实有滥用解除劳动合同权利之嫌,此种行为不应得到支持。

【风险提示 96】

用人单位据以解除劳动合同的规章制度必须明确指向某一种行为,此类规章制度中还应规定劳动者违反时的处罚措施,以及违反达一定程度时用人单位可解除劳动合同的内容。用人单位规章制度中一些提倡、鼓励劳动者为一定行为的倡导性条款,不能作为解除劳动合同的依据,否则用人单位将面临违法解除劳动合同的法律风险。

【规范指引】

《中华人民共和国劳动合同法》

第三十八条 用人单位有下列情形之一的，劳动者可以解除劳动合同：

……

（四）用人单位的规章制度违反法律、法规的规定，损害劳动者权益的；

……

典型案例 15

蔡中清诉宝胜科技创新股份有限公司劳动争议案①

裁判要旨

用人单位单方解除劳动合同是否符合劳动合同法“严重违反用人单位的规章制度的”解除条件，关键在于对用人单位规章制度的合理性审查。可综合考虑的因素有：行业特点、工作岗位、行为地点的行为环境；对企业生产经营秩序的影响程度；劳动者的主观过错程度。

基本案情

原告蔡中清于 1994 年起即在宝应县宝胜电缆厂工作，后该厂改制为宝胜科技创新股份有限公司，原告一直工作至今。2014 年 4 月 10 日上午，原告与同事郭军因盘具使用问题发生口头谩骂，双方情绪激动，进而发生互相扯打，被告根据该公司《人事管理制度》第 6 章第 24 条第 28 款的规定“在公司内外打架斗殴者予以解除劳动关系的处理”，解除了与原告的劳动合同关系。原告离开单位后，以要求仲裁委员会确认被告解除与原告的劳动关系为违法行为，请求裁决被告赔偿原告经济补偿金 12 万元为由，向宝应县劳动仲裁委员会申请仲裁，宝应县劳动仲裁委员会于 2014 年 8 月 4 日作出宝劳认仲案字（2014）第 70 号仲裁裁决书，对原告的仲裁请求不予支持。

裁判结果

江苏省宝应县人民法院判决：驳回原告蔡中清的诉讼请求。蔡中清不服，提起上诉。在二审过程中，双方达成调解协议。

裁判理由

一审判决认为：根据《中华人民共和国劳动合同法》第 39 条规定，劳动者严重违反用人单位的规章制度的，用人单位可以与劳动者解除劳动合同。被告经职工代表大会讨论

① 参见王勇、陈建志：《用人单位依规章制度单方解除劳动合同的合理性判断》，载《人民司法》2015 年第 24 期。

等程序制定了《人事管理制度》,《人事管理制度》明确规定了企业与员工解除劳动关系的情形,其中包括在员工公司内外打架斗殴者应予解除劳动关系。原告作为一名在被告处工作了近20年的老员工,对企业的管理制度应该是知晓的,原告在明知企业规章制度的情况下,还与他人在企业厂区内,且是上班时间斗殴,属明知故犯,原告的这种目无厂纪的行为,应认定为违纪且情节严重。再者,被告企业职工人数众多,员工在企业内打架,如不严肃处理,将严重影响企业的内部管理。因此被告作为用人单位依据《人事管理制度》的规定解除与原告解除劳动关系,并无不当。对于原告要求被告支付120 000元赔偿金的要求,本院认为,根据《劳动合同法》的规定,用人单位因员工违反纪律与其解除劳动关系的,用人单位无须向员工支付赔偿金。

第八部分

Chapter 8

劳动合同的解除与终止

Q102：用人单位在哪些情形下可以解除与劳动者之间的劳动合同？

劳动合同是一种继续性的合同，正常情况下，劳动合同应延续至劳动合同期满或劳动者退休。法律规定用人单位在一些情形下可以在劳动合同期满前或劳动者退休前解除劳动合同。解除劳动合同，是指基于用人单位和劳动者双方或单方的意思表示在劳动合同期满前提前终结劳动关系的行为。劳动合同涉及用人单位和劳动者双方的重大利益，劳动合同的正常存续对劳动者的意义尤为重大，而用人单位在劳动关系中处于较为明显的强势和优势地位，可能利用这种地位随意解除劳动合同。基于以上考虑，法律对用人单位解除劳动合同的权利作了非常严格的限制，除非有法律规定或双方一致同意，用人单位不得解除劳动合同。

【解答】

解除劳动合同可分为协商解除和单方解除两种。协商解除即双方当事人协商一致解除劳动合同。《劳动法》第 24 条规定，经劳动合同当事人协商一致，劳动合同可以解除。《劳动合同法》第 36 条规定，用人单位与劳动者协商一致，可以解除劳动合同。协商解除的基础在于用人单位和劳动者的合意，如一方采用欺诈、胁迫、乘人之危等手段，使另一方在违背真实意思的情况下达成解除劳动合同协议的，解除劳动合同无效。双方协商一致解除劳动合同，无论是用人单位提出还是劳动者提出，无论出于何种原因，只要符合用人单位和劳动者真实意思，均无不可。

单方解除又可分为用人单位单方解除和劳动者单方解除两种。《劳动合同法》将用人单位的单方解除权严格限制在一些法定情形之中。该法第 39 条规定，劳动者存在严重过错，用人单位可以解除劳动合同：(1)在试用期间被证明不符合录用条件的；(2)严重违反用人单位的规章制度的；(3)严重失职，营私舞弊，给用人单位造成重大损害的；(4)劳动者同时与其他用人单位建立劳动关系，对完成本单位的工作任务造成严重影响，或者经用人单位提出，拒不改正的；(5)因本法第 26 条第 1 款第 1 项规定的情形致使劳动合同无效的；(6)被依法追究刑事责任的。第 40 条规定，劳动者原因(非过错)或客观原因，用人单位提前 30 日以书面形式通知劳动者本人或者额外支付劳动者 1 个月工资后，可以解除劳动合同:(1)劳动者患病或者非因工负伤,在规定的医疗期满后不能从事原工作,也不能从事由用人单位另行安排的工作的;(2)劳动者不能胜任工作,经过培训或者调整工作岗位,仍不能胜任工作的;(3)劳动合同订立时所依据的客观情况发生重大变化,致使劳动合同无法履行,经用人单位与劳动者协商,未能就变更劳动合同内容达成协议的。第 41 条规定,用人单位裁员解除劳动合同,该条规定,有下列情形之一,需要裁减人员 20 人以上或者裁减不足 20 人但占企业职工总数 10% 以上的,用人单位提前 30 日向工会或者全体职工说明情况,听取工会或者职工的意见后,裁减人员方案经向劳动行政部门报告,可以裁减人员:(1)依照企业破产法规定进行重整的;(2)生产经营发生严重困难的;(3)企业转产、重大技术革新或者经营方式调整,经变更劳动合同后,仍需裁减人员的;(4)其他因劳动合同订立时所依据的客观经济情况发生重大变化,致使劳动合同无法履行的。

同时,《劳动合同法》第 42 条还规定了用人单位依该法第 40 条、第 41 条规定用人单位单方解除劳动合同的例外情形。该条规定,劳动者有下列情形之一的,用人单位不得依照本法第 40 条、第 41 条的规定解除劳动合同:(1)从事接触职业病危害作业的劳动者未进行离岗前职业健康检查,或者疑似职业病病人在诊断或者医学观察期间的;(2)在本单位患职业病或者因工负伤并被确认丧失或者部分丧失劳动能力的;(3)患病或者非因工负伤,在规定的医疗期内的;(4)女职工在孕期、产期、哺乳期的;(5)在本单位连续工作满 15 年,且距法定退休年龄不足 5 年的;(6)法律、行政法规规定的其他情形。此外,《劳动合同法》还对用人单位单方解除劳动合同的程序作了严格要求,该法第 43 条规定,用人单位单方解除劳动合同,应当事先将理由通知工会。用人单位违反法律、行政法规规定或者劳动合同约定的,工会有权要求用人单位纠正。用人单位应当研究工会的意见,并将处理结果书面通知工会。用人单位违法解除劳动合同的,根据《劳动合同法》第 48 条的规定,劳动者要求继续履行劳动合同的,用人单位应当继续履行;劳动者不要求继续履行劳动合同或者劳动合同已经不能继续履行的,用人单位应当依照本法规定支付赔偿金。

【风险提示 97】

用人单位在解除与劳动者的劳动合同之前,一定要审慎地对照《劳动合同法》的相关条款,审查解除劳动合同的事由是否符合法律规定,切不可在法律没有规定的条件下解除与劳动者之间的劳动合同。

【规范指引】

《中华人民共和国劳动合同法》

第三十六条 用人单位与劳动者协商一致,可以解除劳动合同。

第三十九条 劳动者有下列情形之一的,用人单位可以解除劳动合同:

(一)在试用期间被证明不符合录用条件的;

(二)严重违反用人单位的规章制度的;

(三)严重失职,营私舞弊,给用人单位造成重大损害的;

(四)劳动者同时与其他用人单位建立劳动关系,对完成本单位的工作任务造成严重影响,或者经用人单位提出,拒不改正的;

(五)因本法第二十六条第一款第一项规定的情形致使劳动合同无效的;

(六)被依法追究刑事责任的。

第四十条 有下列情形之一的,用人单位提前三十日以书面形式通知劳动者本人或者额外支付劳动者一个月工资后,可以解除劳动合同:

(一)劳动者患病或者非因工负伤,在规定的医疗期满后不能从事原工作,也不能从事由用人单位另行安排的工作的;

(二)劳动者不能胜任工作,经过培训或者调整工作岗位,仍不能胜任工作的;

(三)劳动合同订立时所依据的客观情况发生重大变化,致使劳动合同无法履行,经用人单位与劳动者协商,未能就变更劳动合同内容达成协议的。

第四十一条第一款 有下列情形之一,需要裁减人员二十人以上或者裁减不足二十人但占企业职工总数百分之十以上的,用人单位提前三十日向工会或者全体职工说明情况,听取工会或者职工的意见后,裁减人员方案经向劳动行政部门报告,可以裁减人员:

(一)依照企业破产法规定进行重整的;

(二)生产经营发生严重困难的;

(三)企业转产、重大技术革新或者经营方式调整,经变更劳动合同后,仍需裁减人员的;

(四)其他因劳动合同订立时所依据的客观经济情况发生重大变化,致使劳动合同无法履行的。

Q103:劳动者如何与用人单位解除劳动合同?

【解答】

劳动者与用人单位解除劳动合同也可以分为两类,即劳动者提出后双方协商一致解除劳动合同和劳动者单方解除劳动合同。

劳动者享有辞职权和自由择业权。劳动者可以根据自身的特点、能力、专长和爱好选择职业,辞职权和自由择业权的行使,可以使劳动者发挥自己的才能和潜力,实现劳动资源的合理配置。《劳动法》第31条规定,劳动者解除劳动合同,应当提前30日以书面形式通知用人单位。《劳动合同法》进一步明确了劳动者解除劳动合同的权利,该法第37条规定,劳动者提前30日以书面形式通知用人单位,可以解除劳动合同。劳动者在试用期内提前3日通知用人单位,可以解除劳动合同。根据该条规定,劳动者享有充分的辞职权,无论用人单位是否同意,也不论用人单位是否存在过错,劳动者只要按法律规定遵守预告期并履行提前书面通知的程序,均可解除劳动合同。用人单位为劳动者提供专项培训费用,与劳动者约定服务期的,劳动者在服务期内可通过支付违约金的方式解除劳动合同。

《劳动合同法》第38条规定了用人单位存在过错,劳动者可单方解除劳动合同的情形:(1)未按照劳动合同约定提供劳动保护或者劳动条件的;(2)未及时足额支付劳动报酬的;(3)未依法为劳动者缴纳社会保险费的;(4)用人单位的规章制度违反法律、法规的规定,损害劳动者权益的;(5)因本法第26条第1款规定的情形致使劳动合同无效的;(6)法律、行政法规规定劳动者可以解除劳动合同的其他情形。用人单位以暴力、威胁或者非法限制人身自由的手段强迫劳动者劳动的,或者用人单位违章指挥、强令冒险作业危及劳动者人身安全的,劳动者可以立即解除劳动合同,无须事先告知用人单位。《劳动合同法》相比《劳动法》增加了第(3)、(4)、(5)项及第2款的内容,对劳动者解除劳动合同的权利保护规定的更加全面。劳动者依照《劳动合同法》第38条规定解除劳动合同的,用人单位还应当向劳动者支付经济补偿。

【风险提示98】

劳动者享有辞职权和自由择业权。劳动者的辞职权存在一定限制,原则上,劳动者辞职需提前30日以书面形式通知用人单位,试用期内则提前3日书面通知用人单位。只有在符合《劳动合同法》第38条规定的情形下,劳动者才可即时解除劳动合同,而不履行提前书面通知的义务。

【规范指引】

《中华人民共和国劳动合同法》

第三十七条　劳动者提前三十日以书面形式通知用人单位,可以解除劳动合同。劳动者在试用期内提前三日通知用人单位,可以解除劳动合同。

第三十八条　用人单位有下列情形之一的,劳动者可以解除劳动合同:

(一)未按照劳动合同约定提供劳动保护或者劳动条件的;

(二)未及时足额支付劳动报酬的;

(三)未依法为劳动者缴纳社会保险费的;

(四)用人单位的规章制度违反法律、法规的规定,损害劳动者权益的;

(五)因本法第二十六条第一款规定的情形致使劳动合同无效的;

(六)法律、行政法规规定劳动者可以解除劳动合同的其他情形。

用人单位以暴力、威胁或者非法限制人身自由的手段强迫劳动者劳动的,或者用人单位违章指挥、强令冒险作业危及劳动者人身安全的,劳动者可以立即解除劳动合同,不需事先告知用人单位。

Q104:劳动合同终止的情形有哪些?

【解答】

劳动合同终止有广义、狭义两种理解。广义的劳动合同终止,泛指劳动合同法律效力终结的各种情形,包括劳动合同双方当事人已将约定的权利义务履行完毕或者劳动合同一方当事人灭失,以及因当事人对劳动合同作出的解除行为。狭义的劳动合同终止,仅指劳动合同解除以外,出现法定情形使得劳动合同法律效力消灭,导致所确立的劳动关系终结的情形。无论是《劳动法》还是《劳动合同法》均采取了狭义理解,分别就劳动合同终止和劳动合同解除作出明确的规定。[①]

劳动合同终止和劳动合同解除存在以下区别:(1)劳动合同结束的时间和方式不同,劳动合同终止是劳动合同的自然结束,而劳动合同解除是双方或单

---

① 参见周国良:《劳动合同终止和解除(一)》,载《中国劳动》2008 年第 2 期。

方提前结束劳动合同;(2)法律规定劳动合同终止和劳动合同解除的条件不同;(3)劳动者对劳动合同结束的可预见性不同,劳动者对劳动合同的解除一般难以预见,而对劳动合同的终止多可预见。

《劳动法》第23条规定,劳动合同期满或者当事人约定的劳动合同终止条件出现,劳动合同即行终止。《劳动合同法》扩大了劳动合同终止的范围,该法第44条规定,有下列情形之一的,劳动合同终止:(1)劳动合同期满的;(2)劳动者开始依法享受基本养老保险待遇的;(3)劳动者死亡,或者被人民法院宣告死亡或者宣告失踪的;(4)用人单位被依法宣告破产的;(5)用人单位被吊销营业执照、责令关闭、撤销或者用人单位决定提前解散的;(6)法律、行政法规规定的其他情形。

法律对劳动合同期满劳动合同终止规定了例外情形。《劳动合同法》第45条规定,劳动合同期满,有本法第42条规定情形之一的,劳动合同应当续延至相应的情形消失时终止。但是,本法第42条第2项规定丧失或者部分丧失劳动能力劳动者的劳动合同的终止,按照国家有关工伤保险的规定执行。即劳动者有以下情形的,劳动合同应当延续至相应情形消失:(1)从事接触职业病危害作业的劳动者未进行离岗前职业健康检查,或者疑似职业病病人在诊断或者医学观察期间的;(2)在本单位患职业病或者因工负伤并被确认丧失或者部分丧失劳动能力的;(3)患病或者非因工负伤,在规定的医疗期内的;(4)女职工在孕期、产期、哺乳期的;(5)在本单位连续工作满15年,且距法定退休年龄不足5年的;(6)法律、行政法规规定的其他情形。劳动者因工负伤导致全部或部分丧失劳动能力,按《工伤保险条例》的规定执行。此外,劳动合同期满,劳动者符合订立无固定期限劳动合同情形的,劳动合同不终止,用人单位应当与劳动者订立无固定期限劳动合同。根据《劳动合同法》第14条第2款的规定,有下列情形之一,劳动者提出或者同意续订、订立劳动合同的,除劳动者提出订立固定期限劳动合同外,应当订立无固定期限劳动合同:(1)劳动者在该用人单位连续工作满10年的;(2)用人单位初次实行劳动合同制度或者国有企业改制重新订立劳动合同时,劳动者在该用人单位连续工作满10年且距法定退休年龄不足10年的;(3)连续订立二次固定期限劳动合同,且劳动者没有本法第39条和第40条第1项、第2项规定的情形,续订劳动合同的。

【风险提示99】

劳动合同只有在符合劳动法律法规明确规定的终止条件时才能终止,用人单位不得在无法定终止情形下终止劳动合同,否则,用人单位将面临被认定为违法终止劳动合同的法律风险。

【规范指引】

《中华人民共和国劳动合同法》

第四十四条　有下列情形之一的,劳动合同终止:

(一)劳动合同期满的;

(二)劳动者开始依法享受基本养老保险待遇的;

(三)劳动者死亡,或者被人民法院宣告死亡或者宣告失踪的;

(四)用人单位被依法宣告破产的;

(五)用人单位被吊销营业执照、责令关闭、撤销或者用人单位决定提前解散的;

(六)法律、行政法规规定的其他情形。

Q105:用人单位在哪些情形下需要支付经济补偿金?

【解答】

解除劳动合同的经济补偿金,是指用人单位非因劳动者过错解除劳动合同或劳动者因用人单位过错解除劳动合同,法律规定应支付劳动者一定金额的补偿。解除劳动合同的经济补偿主要适用于以下两种情形:(1)非因劳动者的过错,用人单位依法解除劳动合同;(2)劳动者因用人单位的过错,按法律规定解除劳动合同。

经济补偿金是国家规定用人单位承担社会责任的重要方式,其不同于经济赔偿或违约金,不是一种对用人单位的惩罚手段,而是在我国失业保险等保险制度逐步完善和健全过程中,有效解决被解除劳动合同的劳动者们生活困难、缓解他们焦虑情绪的一种重要手段;同时,经济补偿金的承担也是促使用人单位谨慎解除劳动合同、终止劳动合同,引导用人单位和劳动者长期保持稳定的劳动关系的一种重要手段。

《劳动法》第28条规定,用人单位依据本法第24条(双方协商一致解除劳动合同——笔者注)、第26条(劳动者患病或者非因工负伤,医疗期满后,不能从事原工作也不能从事由用人单位另行安排的工作的;劳动者不能胜任工作,经过培训或者调整工作岗位,仍不能胜任工作的;劳动合同订立时所依据的客观情况发生重大变化,致使原劳动合同无法履行,经当事人协商不能就变更劳动合同达成协议的——笔者注)、第 27 条(经济裁员——笔者注)的规定解除劳动合同的,应当依照国家有关规定给予经济补偿。

《劳动合同法》第 46 条规定,有下列情形之一的,用人单位应当向劳动者支付经济补偿:(1)劳动者依照本法第 38 条规定解除劳动合同的;(2)用人单位依照本法第 36 条规定向劳动者提出解除劳动合同并与劳动者协商一致解除劳动合同的;(3)用人单位依照本法第 40 条规定解除劳动合同的;(4)用人单位依照本法第 41 条第 1 款规定解除劳动合同的;(5)除用人单位维持或者提高劳动合同约定条件续订劳动合同,劳动者不同意续订的情形外,依照本法第 44 条第 1 项规定终止固定期限劳动合同的;(6)依照本法第 44 条第 4 项、第 5 项规定终止劳动合同的;(7)法律、行政法规规定的其他情形。第 38 条为劳动者因用人单位过错解除劳动合同的规定;第 40 条为劳动者医疗期满不能从事原工作或其他工作、劳动者不能胜任工作和劳动合同订立时所依据的客观情况发生重大变化致使原劳动合同无法履行,用人单位解除劳动合同的规定;第 41 条第 1 款为用人单位经济裁员解除劳动合同的规定;第 44 条第 4 项、第 5 项是用人单位被依法宣告破产的、用人单位被吊销营业执照、责令关闭、撤销或者用人单位决定提前解散,导致劳动合同终止的规定。

相较而言,《劳动合同法》比《劳动法》扩展了经济补偿金的适用范围,增加了劳动者因用人单位过错解除劳动合同、用人单位破产和吊销营业执照等导致劳动合同终止,以及用人单位降低劳动合同约定条件续订劳动合同劳动者不同意续订情形下,用人单位支付经济补偿金的规定,剔除了劳动者提出解除劳动合同并与用人单位协商一致情形下经济补偿金的适用。

【风险提示 100】

用人单位与劳动者双方在协商签订劳动合同终止或解除协议时,均要认真对照《劳动合同法》规定用人单位支付经济补偿的情形,避免出现用人单位应付经经济补偿的,协议未作约定,或者用人单位无须支付经济补偿的,协议却作出支付经济补偿约定的情况。

【规范指引】

《中华人民共和国劳动合同法》

第四十六条　有下列情形之一的，用人单位应当向劳动者支付经济补偿：

（一）劳动者依照本法第三十八条规定解除劳动合同的；

（二）用人单位依照本法第三十六条规定向劳动者提出解除劳动合同并与劳动者协商一致解除劳动合同的；

（三）用人单位依照本法第四十条规定解除劳动合同的；

（四）用人单位依照本法第四十一条第一款规定解除劳动合同的；

（五）除用人单位维持或者提高劳动合同约定条件续订劳动合同，劳动者不同意续订的情形外，依照本法第四十四条第一项规定终止固定期限劳动合同的；

（六）依照本法第四十四条第四项、第五项规定终止劳动合同的；

（七）法律、行政法规规定的其他情形。

Q106：劳动合同解除或终止后，需要办理哪些手续？

现实中，一些劳动者对用人单位有不满情绪，递交辞职报告或口头辞职后即离开用人单位，没有办理离职手续；一些用人单位将一纸解除劳动合同决定送达给劳动者或口头解除劳动合同后，即让劳动者在未办理离职手续的情况下就离开单位。这些做法对用人单位和劳动者都带来法律风险。劳动合同解除和终止后，无论解除和终止是基于什么原因，也不论双方是否有不满情绪或矛盾纠纷，用人单位和劳动者都应及时依法办理离职手续。

【解答】

对于用人单位来说，劳动合同解除或终止后，应当办理以下手续：(1)与劳动者办理工作交接。用人单位应指派人事部门的人员或其他相关人员及时与劳动者办理工作交接，拟制工作交接单，工作交接单包括劳动者应交给用人单位的工作文件、资料、信息（注意不要忽略电脑等电子媒介储存的电子资料和信息），以及劳动者占有的公司财物、证件等，结清款项等内容。待上述事项交接完毕后，由交接人员填写工作交接表，并由交接人员与劳动者共同签字确认。(2)出具解除、终止劳动合同的证明。根据《劳动合同法实施条例》第24条的规定，解除、终止劳动合同的证明，应当写明劳动合同期限、解除或者终止劳动合同的日期、工作岗位、在本单位的工作年限。(3)办理档案转移手续。用人单位应在法律规定的时间内(《劳动合同法》第 50 条规定是解除或终止劳动合同之日起 15 日内)将劳动者的档案，按劳动者的要求，转移至新用人单位或人才市场。(4)办理社会保险关系转移手续。根据《劳动合同法》第 50 条第 1 款的规定，用人单位应在解除或终止劳动合同之日起 15 日内为劳动者办理社会保险关系转移手续。(5)法律规定用人单位应支付经济补偿金的，及时向劳动者支付经济补偿金。根据法律规定，用人单位应在劳动者办结工作交接手续时向劳动者支付经济补偿。(6)保存解除或终止的劳动合同文本。根据《劳动合同法》第 50 条第 3 款的规定，用人单位对已经解除或者终止的劳动合同的文本，至少保存 2 年备查。

同样，劳动者也应积极配合用人单位办理上述工作交接手续，主动要求用人单位出具解除或终止劳动合同的证明，向用人单位说明去向，以便用人单位了解档案和社会保险关系转移的方向。

【风险提示 101】

用人单位应当按照《劳动合同法》第 50 条规定，办理解除或终止劳动合同手续，否则将承担相应的法律责任。《劳动合同法》第 89 条规定，用人单位违反本法规定未向劳动者出具解除或者终止劳动合同的书面证明，由劳动行政部门责令改正；给劳动者造成损害的，应当承担赔偿责任。同时，该法第 84 条规定，用人单位未按法律规定的时间转移档案的，由劳动行政部门责令限期退还劳动者本人，并以每人 500 元以上 2000 元以下的标准处以罚款；给劳动者造成损害的，应当承担赔偿责任。同理，用人单位未及时转移社会保险手续，给劳动者造成损失的，应当承担赔偿责任。第 85 条规定，用人单位未及时支付经济补偿金，劳动行政部门责令用人单位支付，用人单位逾期不支付的，还应付全额 50% 以上 100% 以下的标准向劳动者加付赔偿金。

【规范指引】

《中华人民共和国劳动合同法》

第五十条　用人单位应当在解除或者终止劳动合同时出具解除或者终止劳动合同的证明，并在十五日内为劳动者办理档案和社会保险关系转移手续。

劳动者应当按照双方约定，办理工作交接。用人单位依照本法有关规定应当向劳动者支付经济补偿的，在办结工作交接时支付。

用人单位对已经解除或者终止的劳动合同的文本，至少保存二年备查。

Q107：用人单位与劳动者约定用人单位解除劳动合同的违约金，在用人单位违法解除劳动合同的情况下，劳动者是否可以同时要求用人单位支付违约金和赔偿金？

《劳动合同法》第 48 条规定，用人单位违反本法规定解除或者终止劳动合同，劳动者要求继续履行劳动合同的，用人单位应当继续履行；劳动者不要求继续履行劳动合同或者劳动合同已经不能继续履行的，用人单位应当依照本法第 87 条规定支付赔偿金。该法第 87 条规定，用人单位违反本法规定解除或者终止劳动合同的，应当依照本法第 47 条规定的经济补偿标准的 2 倍向劳动者支付赔偿金。这是用人单位违反法律规定解除劳动合同应承担的法律责任。

在现实中，一些用人单位在劳动合同中与劳动者约定用人单位在一定情形下解除劳动合同的，应向劳动者支付违约金。用人单位解除劳动合同，符合劳动合同约定支付违约金的条件，又符合违法解除劳动合同支付赔偿金的标准，那么，劳动者是否可以同时向用人单位主张违约金和赔偿金，实践中存在不同观点。

【争议】

观点一：《劳动合同法》仅规定违反服务期约定和违反竞业限制约定下的违约金，用人单位与劳动者约定其他情形下解除劳动合同违约金的，属无效条款。劳动者只能向用人单位主张赔偿金，而不能向用人单位主张违约金。

观点二：《劳动合同法》并不禁止在违反服务期约定和违反竞业限制约定之外约定用人单位应承担的违约金。但劳动者不应获得双重赔偿，不可同时主张违约金和赔偿金。

观点三：用人单位与劳动者约定用人单位解除劳动合同应承担违约金，应为有效。劳动者可以同时向用人单位主张赔偿金和违约金。

【解答】

笔者倾向于观点三。在《劳动合同法》施行前，劳动法律法规没有规定用人单位违法解除劳动合同的赔偿金，所以，劳动者只能要求继续履行劳动合同，或根据劳动合同的约定要求用人单位支付违约金，而不能向用人单位主张赔偿金。《劳动合同法》施行后，增加了用人单位违法解除劳动合同的赔偿金规定，劳动者可根据法律规定向违法解除劳动合同的用人单位主张赔偿金,自不待言。

《劳动合同法》第 25 条规定,除劳动者违反服务期约定或竞业限制约定两种情形外,用人单位不得与劳动者约定由劳动者承担违约金。但劳动法律法规并未禁止用人单位与劳动者约定由用人单位承担违约金。因此,用人单位与劳动者在劳动合同中约定用人单位在一些情形下解除劳动合同的,用人单位支付违约金,该约定并不违反法律、行政法规的强制性规定,应为合法有效。用人单位违反劳动合同约定解除劳动合同的,应承担支付违约金的责任。

《劳动合同法》第 87 条规定赔偿金,主要目的是对违法解除劳动合同的用人单位进行惩罚,兼具赔偿劳动者的目的,该赔偿金是一种惩罚性的赔偿。而劳动合同中约定的违约金一般是补偿性质的违约金,其目的在于弥补劳动者的损失。按照民法的一般理论,其他因债之关系所应负的一切责任,均不因惩罚性的赔偿受影响,因此,惩罚性的赔偿可以与其他诸如补偿性违约金、赔偿损失并行不悖。用人单位违法解除劳动合同,同时也符合劳动合同约定用人单位支付违约金的情形,劳动者可以同时主张赔偿金和违约金。

【规范指引】

《中华人民共和国劳动合同法》

第八十七条　用人单位违反本法规定解除或者终止劳动合同的,应当依照本法第四十七条规定的经济补偿标准的二倍向劳动者支付赔偿金。

Q108:劳动者对经济补偿与违约金是否可以兼得?

《劳动合同法》规定劳动者因用人单位存在过错被迫解除劳动合同、用人单位非因劳动者过错解除或终止劳动合同等情形下用人单位应支付经济补偿。一些用人单位还会在劳动合同中约定一些情形下劳动合同解除或终止,用人单位应承担违约金。如果劳动合同的解除或终止同时满足法律规定用人单位支付经济补偿的条件和劳动合同约定用人单位应支付违约金的条件,劳动者同时主张经济补偿和违约金,是否应当支持,实务中存在不同观点。

【争议】

观点一:经济补偿实际上就是一种违约责任,劳动合同解除或终止符合一定条件,用人单位就应当承担违约责任,支付经济补偿。经济补偿和解除或终止劳动合同用人单位应承担的违约金性质相似，劳动者不能同时主张类似性质的两种责任。

观点二：经济补偿是对劳动者的一种补偿，不属于违约责任，其与劳动合同约定的违约金存在本质上的区别。劳动合同的解除和终止同时满足用人单位支付经济补偿和违约金条件的，劳动者可以同时主张。

【解答】

笔者认为，经济补偿与违约金在性质上存在明显不同。立法机关将经济补偿定性为用人单位承担社会责任的方式，是在劳动合同解除或终止情况下缓解劳动者生活困难和焦虑情绪的重要手段，也是维护稳定劳动合同关系的重要手段。经济补偿不属于违约责任，也不是对用人单位的惩罚手段，其设立的目的不在于用人单位因违约赔偿劳动者的损失，而重在对劳动者社会责任的承担。

如前所述，《劳动合同法》第 25 条规定，除劳动者违反服务期约定或竞业限制约定两种情形外，用人单位不得与劳动者约定由劳动者承担违约金。但劳动法律法规并未禁止用人单位与劳动者约定由用人单位承担违约金。所以，用人单位与劳动者在劳动合同中约定一定情形下解除或终止劳动合同，用人单位承担违约金，并不违反法律规定，应为合法有效。

虽然经济补偿和违约金均起因于劳动合同解除或终止，但两者性质完全不同，指向也不一样。两者不能互相代替，劳动者同时主张经济补偿和违约金，不存在劳动者获得双重赔偿的情况，也不存在获得不当利益的情况，应当予以支持。

在此问题上，广东省的做法与笔者的观点一致。广东省高级人民法院《关于审理劳动争议案件疑难问题的解答》(2017 年)第 21 条规定，《中华人民共和国劳动合同法》第 25 条只是对用人单位要求劳动者支付违约金作出限制，并未禁止劳动者主张违约金。因此，在法律法规未对违反劳动合同的违约金性质和适用条件作出具体规定的情况下，劳动者可以同时主张违约金、经济补偿金，劳动者依据劳动合同的约定要求用人单位支付解除劳动合同的违约金的，予以支持。

【风险提示 102】

用人单位在拟订劳动合同内容时，尽量不要订入用人单位承担违约金的条款。这是因为，劳动法律法规对劳动者权利的保护已经较为完备。如果劳动合同中有用人单位承担违约金的内容，一旦用人单位的行为符合违约金支付的条件，用人单位往往将承担双重赔偿，这是毫无必要的。

Q109:劳动合同同时满足无效和解除的条件,应如何选择?

《劳动合同法》创设了“劳动合同无效解除制度”,将劳动合同无效的情形纳入过错解除情形之中。《劳动合同法》第 26 条规定,下列劳动合同无效或者部分无效:(1)以欺诈、胁迫的手段或者乘人之危,使对方在违背真实意思的情况下订立或者变更劳动合同的;(2)用人单位免除自己的法定责任、排除劳动者权利的;(3)违反法律、行政法规强制性规定的。对劳动合同的无效或者部分无效有争议的,由劳动争议仲裁机构或者人民法院确认。该法第 38 条第 1 款第 5 项规定,用人单位存在本法第 26 条第 1 款规定的情形致使劳动合同无效的,劳动者可以解除劳动合同。第 39 条第 5 项规定,劳动者存在本法第 26 条第 1 款第 1 项规定的情形致使劳动合同无效的,用人单位可以解除劳动合同。

针对《劳动合同法》关于“劳动合同无效解除制度”的设计,学界有不同观点。

【争议】

观点一:认可“劳动合同无效解除制度”的设计。意思表示不真实的合同,在当事人未行使解除权之前是有效的,对于意思表示不真实而产生的契约,合同解除是一种在尊重受害人意思基础上的,具有相对性的否定性评价,类似于民事合同的撤销。在有解除权的一方行使解除权前,劳动合同应理解为有效,《劳动合同法》虽然未引入可撤销合同的概念,但解除制度亦可发挥异曲同工的作用。《劳动合同法》的处理是恰当的,故而不应当“褒可撤销合同而贬合同解除”,无效合同适用解除与民法原理并不相悖。①

观点二:反对劳动合同无效解除制度,认为《劳动合同法》新增的第(5)项规定犯下最不可原谅的低级错误,违背基本法理,实为《劳动合同法》最大败笔。② 合同无效与合同解除各有不同的含义和功能:前者系法律对当事人合意作出否定性评价的结果,后者系法律为当事人提供的在特定条件下结束合同关系的退出机制;二者分别作用于合同关系的不同领域和阶段,在合同制度中既有严格区分又相互衔接,所谓“劳动合同无效解除”在概念使用上难谓严谨,在法理上存在错误。同时,该制度的设计导致劳动合同无效制度难以对违法劳动

---

① 参见董保华:《劳动合同立法的争鸣与思考》,上海人民出版社 2011 年版,第 507 ~ 510 页。

② 参见熊晖:《解雇保护制度研究》,法律出版社 2012 年版,第 109 页。

合同作出有效规制，存在结构上的疏漏。[①]

【解答】

笔者认为，《劳动合同法》规定的“劳动合同无效解除制度”并不违反民法一般理论，也是合理的。劳动合同同时满足无效和解除的条件，用人单位或劳动者可择一适用。

（1）合同解除并不以合同生效为前提。崔建远教授认为，已成立但未生效的合同可以作为解除的对象：①中国现行法规并未明文规定被解除的合同必须是已生效的合同，没有禁止解除已经成立但未生效的合同。在这种情况下，如果只能允许解除已经成立但未生效的合同，才会公正合理，那么，就不宜固守旧论，而应当重新解释中国现行法上的解除对象。②依据合同神圣或合同严守原则，合同一经有效，就必须遵守，不得擅自变更或解除。即使如此，在主客观情况发生变化，继续严守合同会带来不适当后果的情况下，法律允许当事人解除合同。既然已发生法律效力的合同尚且可以解除，不再受合同严守原则的束缚，那么，举重明轻，尚未生效的合同，约束力弱甚至没有，就更应当允许解除。③对于尚未生效的合同，若不允许解除，该合同要么较长时间地停止在这种状态，要么发展到生效履行的阶段，而这两种结果对于无辜的当事人均为不利。④合同存在死亡的基因，终将消灭。尚未生效的合同通过合同解除提前消灭，比较合适。[②] 综合上述论述，合同解除的前提条件是合同成立，而非合同生效。民法和合同法均未禁止当事人在合同未生效或被确认无效之前解除合同。《劳动合同法》将劳动合同无效的情形纳入劳动合同解除的情形之中，即劳动合同未被确认无效之前，用人单位或劳动者可以解除合同，这种制度设计并未与民法和合同法的规定冲突，没有违反民法和合同法的原理，也不存在明显不合理之处。

（2）无效解除制度与劳动合同的性质相适。劳动合同是一种继续性的合同，劳动合同被人民法院或劳动仲裁部门确认无效，无效的效果仅存在于劳动合同被确认无效后，而不溯及于被确认无效之前。所以，劳动合同在被确认无效之前，除一些工资约定等特殊条款，合同已产生的效果应作为一种事实状态予以保留。劳动者或用人单位可以在劳动合同被确认无效之前选择通过解除

---

① 参见王硕：《劳动合同无效解除制度的理论反思》，载《北方法学》2015 年第 2 期。

② 参见崔建远：《合同解除的疑问与释答》，载《法学》2005 年第 9 期。

劳动合同以消灭双方的劳动合同关系。

(3)劳动合同无效解除制度有利于保护劳动者的权益。《劳动合同法》规定劳动者因用人单位过错解除劳动合同,可以向用人单位主张经济补偿,而未规定劳动合同因用人单位原因导致无效,用人单位应向劳动者主张经济补偿。《劳动合同法》在因用人单位原因导致劳动合同无效上对用人单位惩罚不足,对劳动者保护也不如劳动合同解除条款周到。而且,《劳动合同法》规定劳动合同无效,劳动报酬的数额,参照本单位相同或者相近岗位劳动者的劳动报酬确定。而劳动合同解除,劳动者的工资仍按劳动合同或实际已发放的工资确定,劳动者既可免除对相同或相近岗位劳动者劳动报酬举证责任,按劳动合同或实际已发放的工资确定也可能对劳动者更为有利。劳动合同无效解除相对于劳动合同撤销制度也有优势,撤销权有严格的除斥期间,而解除无此限制。

【风险提示103】

劳动合同同时符合无效和解除的条件,用人单位或劳动者可以选择要求确认劳动合同无效或解除劳动合同。对于劳动者来说,选择解除劳动合同似乎更为有利。

【规范指引】

《中华人民共和国劳动合同法》

第二十六条　下列劳动合同无效或者部分无效:

(一)以欺诈、胁迫的手段或者乘人之危,使对方在违背真实意思的情况下订立或者变更劳动合同的;

(二)用人单位免除自己的法定责任、排除劳动者权利的;

(三)违反法律、行政法规强制性规定的。

第三十八条　用人单位有下列情形之一的,劳动者可以解除劳动合同:

……

(五)因本法第二十六条第一款规定的情形致使劳动合同无效的;

……

第三十九条　劳动者有下列情形之一的,用人单位可以解除劳动合同:

……

(五)因本法第二十六条第一款第一项规定的情形致使劳动合同无效的;

……

Q110:试用期内如何解除劳动合同?

《劳动合同法》第 37 条规定,劳动者提前 30 日以书面形式通知用人单位,可以解除劳动合同。劳动者在试用期内提前 3 日通知用人单位,可以解除劳动合同。该法第 39 条第 1 项规定,劳动者在试用期间被证明不符合录用条件的。试用期是用人单位对劳动者是否符合录用条件进行考察的期间,也是劳动者对用人单位是否满足自己要求的考察期限,是用人单位与新员工双向考察的实验期。劳动者虽在试用期间提供劳动,但提供劳动并不是试用期的主要目的。劳动者在试用期内解除劳动合同,只需提前 3 日通知用人单位,这在法律上有明确规定,无须赘述。目前的主要争议在于用人单位在试用期解除与劳动者的劳动合同,是否应严格限制解除条件。

【争议】

观点一:试用期内,用人单位保留了解除劳动合同的权利,一旦在试用期间发现劳动者有不适格的情形,即可以此为由行使所保留的解雇权。日本最高法院将试用期的劳动关系解释为保留解除权的劳动合同关系。①

观点二:为防止用人单位滥用试用期解除权,应当对用人单位在试用期解除劳动合同的权利作一定限制,用人单位必须证明劳动者符合试用期解除劳动合同的条件,才能解除劳动合同。

【解答】

笔者认为,虽然试用期在劳动合同期限内,但试用期主要目的在于用人单位与新员工进行双向考察。基于该目的,应当赋予用人单位相对宽松的解除劳动合同权利。但是,现实中部分用人单位为解雇方便或使用廉价劳动力,滥用试用期制度,对劳动者造成损害,破坏劳动关系的稳定和持续,所以,有必要对用人单位在试用期内解除劳动合同的权利作必要的限制。用人单位适用《劳动合同法》第 39 条第 1 项规定在试用期内解除与劳动者的劳动合同的,应当举证证明劳动者在试用期内不符合录用条件。录用条件可以包括身体条件、工作能力、职业道德等,标准可以低于对工作的胜任标准,用人单位的证明责任也要相对较低。用人单位适用该项规定解除劳动合同的,仍然需要根据《劳动合同法》第 43 条的规定,先将解除劳动合同的理由告知工会。用人单位无证据证明劳

---

① 参见[日]荒木尚志:《日本劳动法》,李坤刚、牛志奎译,北京大学出版社 2010 年版,第 53 页。

动者不符合录用条件或违反法定程序解除与试用期劳动者的劳动合同,仍要承担违法解除劳动合同之责。当然,《劳动合同法》第39条的其他条款、第40条、第41条关于用人单位可以解除与普通劳动者之间劳动合同的规定,仍可适用于解除与试用期劳动者之间的劳动合同。

北京市高级人民法院、北京市劳动人事争议仲裁委员会《关于审理劳动争议案件法律适用问题的解答》(2017年)对用人单位在试用期内解除劳动合同作了比较详细的规定,该解答第11条规定:用人单位在录用劳动者时应当向劳动者明确告知录用条件,用人单位在解除劳动合同时应当向劳动者说明理由及法律依据。用人单位证明已向劳动者明确告知录用条件,并且提供证据证明劳动者在试用期间不符合录用条件的,可依照《劳动合同法》第39条第1项的规定解除劳动合同。就劳动者是否符合录用条件的认定,在试用期的认定标准可适当低于试用期届满后的认定标准。劳动者不符合录用条件的情况主要有以下情形:(1)劳动者违反诚实信用原则对影响劳动合同履行的自身基本情况有隐瞒或虚构事实的,包括提供虚假学历证书、假身份证、假护照等个人重要证件;对履历、知识、技能、业绩、健康等个人情况说明与事实有重大出入的;(2)在试用期间存在工作失误的,对工作失误的认定以劳动法相关规定、用人单位规章制度以及双方合同约定内容为判断标准;(3)双方约定属于用人单位考核劳动者试用期不符合录用条件的其他情况。

【风险提示104】

一些用人单位认为,对处于试用期内的劳动者可以任意解雇。这是一种错误的观念。用人单位解除与试用期劳动者的劳动合同,虽然在条件和证明责任上相对宽松,仍然要符合法律规定的条件,不能以劳动者在试用期怀孕等理由解除劳动合同。用人单位在发布招聘公告时,要注意将与工作相关的身体健康条件、工作能力、资格条件、学历条件、职业道德等录用条件列明,在规章制度中可以特别规定试用期劳动者违反哪些规章制度可以解雇。在与新入职劳动者订立劳动合同或其他协议时,可将上述录用条件订入,也可将业绩指标、工作指标等作为录用条件订入,并明确劳动者不符合这些录用条件时将被解除劳动合同。在发现试用期劳动者不符合录用条件时或违反规章制度时,要注意收集相应的证据,以备不时之需。

【规范指引】

《中华人民共和国劳动合同法》

第三十九条　劳动者有下列情形之一的,用人单位可以解除劳动合同:

……

(一)在试用期间被证明不符合录用条件的;

……

Q111:用人单位与劳动者在试用期签订服务期协议,劳动者在试用期内提前3日通知用人单位解除劳动合同,是否应承担违反服务期约定的违约金?

用人单位在试用期与劳动者约定服务期,服务期一般长于试用期,劳动者在试用期内辞职不符合服务期的约定。然而,《劳动合同法》第37条又规定劳动者在试用期内提前3日通知用人单位,可以解除劳动合同。那么,这种情形下,劳动者是否应承担违反服务期约定的违约金,实践中存在不同观点。

【争议】

观点一:服务期是对劳动者辞职权的一种限制,劳动者签订服务期协议,即让渡了部分辞职权,也包括在试用期内的辞职权。劳动者在试用期内解除劳动合同,违反服务期约定,应当支付违约金。

观点二:劳动者在试用期可以考察用人单位是否满足自己的要求,劳动者在试用期内认为用人单位不符合自己的愿景,其可自由辞职,即使存在服务期约定,也不能限制劳动者在试用期内的辞职权。

【解答】

笔者同意观点二。试用期是用人单位和劳动者相互考察的试验期,其不同于以提供劳动获取报酬为目的的正常劳动合同期间。在正常劳动合同期间,用人单位以获取劳动者的劳动为主要目的,其为劳动者提供专项培训费用或其他特殊待遇,希望与劳动者维持长期稳定的劳动关系,所以法律设置服务期以保护用人单位的合理期待。而试用期间,双方互相考察对方是否满足自己的愿景,劳动合同关系并不稳定,相对于用人单位维护长期稳定的劳动合同关系的期待而言,试用期内劳动者自由辞职权更应受到保护。所以,即使双方约定的服务期包含试用期,劳动者仍可在试用期内辞职,无须支付违约金。

【风险提示105】

用人单位为劳动者提供专项培训费用或特殊待遇而与劳动者约定服务期的,应将试用期排除在服务期之外,因为服务期约定不能限制劳动者在试用期内的辞职权。

【规范指引】

《中华人民共和国劳动合同法》

第三十七条　劳动者提前三十日以书面形式通知用人单位,可以解除劳动合同。劳动者在试用期内提前三日通知用人单位,可以解除劳动合同。

Q112:试用期满后,用人单位能否以劳动者不符合录用条件解除劳动合同?

现实中,一些用人单位在试用期满后才以劳动者在试用期的表现不符合录用条件为由解除与劳动者的劳动合同。《劳动合同法》第39条第1项规定劳动者在试用期内被证明不符合录用条件的,用人单位可以解除劳动合同。但法律并未规定在此情形下解除劳动合同的时间限制。关于试用期满后,用人单位能否以劳动者不符合录用条件解除劳动合同的问题,实践中有不同观点。

【争议】

观点一:用人单位在试用期内发现劳动者不符合录用条件的,应当及时与劳动者解除劳动合同。超过试用期,用人单位就不能以劳动者不符合录用条件为由与劳动者解除劳动合同。

观点二:法律并未规定劳动者不符合录用条件用人单位解除劳动合同的时间点,用人单位在试用期满后的合理时间内以劳动者在试用期不符合录用条件为由解除劳动合同,并不违反法律规定,也符合情理,应为合法有效。

【解答】

笔者认为,劳动者在试用期内被证明不符合录用条件,用人单位应当在试用期满之前解除劳动合同,试用期满后,用人单位不得再以劳动者不符合录用条件而解除劳动合同。劳动部办公厅《对〈关于如何确定试用期内不符合录用条件可以解除劳动合同的请示〉的复函》认为,对试用期内不符合录用条件的劳动者，企业可以解除劳动合同；若超过试用期，则企业不能以试用期内不符合录用条件为由解除劳动合同。该复函将用人单位以劳动者在试用期内不符合录用条件为由解除劳动合同的时间限定在试用期之内，超过试用期，用人单位不得以此为由解除劳动合同。由于用人单位对劳动者在试用期内不符合录用条件这一事实的证明责任和试用期内解除劳动合同的限制相对宽松，如允许用人单位在超出劳动者试用期间后仍可以不符合录用条件为由解除劳动合同，则用人单位很有可能滥用这个权利，对已过试用期、不符合法定解除条件的劳动者，仍以不符合录用条件为由解除劳动合同，规避自己违法解除劳动合同的法律责任，损害劳动者的合法权利。所以，对用人单位超过试用期间仍以劳动者不符合录用条件为由解除劳动合同的，应作否定性评价，宜认定为违法解除劳动合同，由用人单位承担相应的法律责任。

【风险提示106】

一些用人单位认为试用期满后，仍可以劳动者在试用期不符合录用条件为由解除劳动合同，这种观点是不可取的。劳动部的相关复函对此持明确的相反意见。用人单位在试用期发现劳动者不符合录用条件，在收集相关证据的同时，应及时在试用期内解除与劳动者的劳动合同。在超过试用期后，用人单位不得以劳动者不符合录用条件为由解除劳动合同。

【规范指引】

劳动部办公厅《对〈关于如何确定试用期内不符合录用条件可以解除劳动合同的请示〉的复函》

对试用期内不符合录用条件的劳动者，企业可以解除劳动合同；若超过试用期，则企业不能以试用期内不符合录用条件为由解除劳动合同。

Q113：用人单位与劳动者能否在劳动合同中约定劳动合同的终止条件？

《劳动合同法》第44条规定，有下列情形之一的，劳动合同终止：(1)劳动合同期满的；(2)劳动者开始依法享受基本养老保险待遇的；(3)劳动者死亡，或者被人民法院宣告死亡或者宣告失踪的；(4)用人单位被依法宣告破产的；(5)用人单位被吊销营业执照、责令关闭、撤销或者用人单位决定提前解散的；(6)法律、行政法规规定的其他情形。法律并未将约定终止条件成就作为劳动合同终止的情形。但在现实中,一些用人单位与劳动者签订的劳动合同约定一定条件下劳动合同自行终止。劳动合同的这种约定是否有效,实践中存在不同观点。

【争议】

观点一:《劳动法》第 13 条将劳动合同终止的条件作为劳动合同的必备条款。该法第 23 条还规定,劳动合同期满或者当事人约定的劳动合同终止条件出现,劳动合同即行终止。《劳动合同法》虽然删除了劳动合同终止条件作为劳动合同必备条款和当事人约定劳动合同终止条件出现劳动合同终止的规定,但这并不意味着《劳动合同法》否定用人单位和劳动者约定劳动合同终止条件的效力。《劳动合同法》第 17 条表述有"法律、法规规定应当纳入劳动合同的其他事项",第 44 条中表述有"法律、行政法规规定的其他情形"。因此,虽然《劳动合同法》没有明确约定终止,但根据《劳动法》的规定,劳动合同当事人仍然可以约定终止。①

观点二:《劳动合同法》第 44 条规定的劳动合同终止情形,不包括当事人约定终止条件成就的情形。《劳动合同法》删除了《劳动法》第 23 条中当事人约定的劳动合同终止条件出现劳动合同即行终止的规定,明确表明该法不支持以约定终止条件的方式终止劳动合同。所以,用人单位与劳动者约定劳动合同终止条件的,终止条件成就时,劳动合同不能就此终止。

【解答】

笔者认为,用人单位能否与劳动者约定劳动合同的终止条件,要视劳动合同的不同性质和约定的终止条件是否符合《劳动合同法》第 44 条的规定而定。

《劳动合同法》第 12 条规定,劳动合同分为固定期限劳动合同、无固定期限劳动合同和以完成一定工作任务为期限的劳动合同。第 15 条规定,以完成一定工作任务为期限的劳动合同,是指用人单位与劳动者约定以某项工作的完成为合同期限的劳动合同。以完成一定工作任务为期限的劳动合同,由于工作任务完成的时间并不固定,实际上是以完成一定工作任务为终止条件的劳动合同。所以,以完成一定工作任务为期限的劳动合同,用人单位与劳动者约定工作任务完成劳动合同终止,为法律所允许。

以完成一定工作任务为期限的劳动合同之外的固定期限劳动合同和无固

---

① 参见周国良:《劳动合同终止和解除(一)》,载《中国劳动》2008 年第 2 期。

定期限劳动合同,用人单位均不得与劳动者约定法定终止情形之外的终止条件。这是因为:《劳动合同法》将《劳动法》关于劳动合同终止条件为劳动合同必备条款和当事人约定劳动合同终止条件出现劳动合同终止的规定删除,表明在立法政策上不再将约定终止条件成就作为劳动合同终止的情形。《劳动合同法实施条例》第 13 条进一步明确,用人单位与劳动者不得在《劳动合同法》第 44 条规定的劳动合同终止情形之外约定其他的劳动合同终止条件。该条规定仅允许用人单位与劳动者约定在《劳动合同法》第 44 条规定范围内的终止条件,而不允许用人单位与劳动者约定法定终止情形之外的终止条件。所以,除以完成一定工作任务为期限的劳动合同之外,用人单位与劳动者约定《劳动合同法》第 44 条规定范围之外的终止条件,违反行政法规的强制性规定,应确认无效。

【风险提示 107】

除以完成一定工作任务为期限的劳动合同外,用人单位与劳动者约定不符合《劳动合同法》第 44 条规定的终止情形的条款,为无效条款。如用人单位以此无效条款终止与劳动者之间的劳动合同关系,属于违法解除劳动合同,将面临承担继续履行、支付赔偿金等法律风险。

【规范指引】

《中华人民共和国劳动合同法实施条例》

第十三条 用人单位与劳动者不得在劳动合同法第四十四条规定的劳动合同终止情形之外约定其他的劳动合同终止条件。

Q114:劳资双方对解除劳动合同的原因存在争议,举证责任如何分配?

现实中,由于很多单位劳动管理存在欠缺,大量劳动合同的解除没有书面手续,既没有劳动者辞职申请,也没有用人单位解除劳动合同的决定或通知,更没有离职或工作交接手续。这时,用人单位与劳动者发生争议,劳动者往往称劳动合同解除是因用人单位单方口头辞退,而用人单位则会辩称是劳动者自行离开用人单位。由于没有书面解除手续,人民法院或劳动仲裁部门遇到此类争议时,也难以判断是用人单位辞退劳动者,还是劳动者自行离职。这里的关键问题是举证责任如何分担的问题,如解除劳动合同原因的举证责任分配,实践中存在不同观点。

【争议】

观点一:解除劳动合同原因的举证责任应由劳动者负担。在劳动争议案件中,多为劳动者申请仲裁或起诉,劳动者主张用人单位单方解除劳动合同,应对该项主张承担举证责任,劳动者提交的证据不足以证明其主张的,应负举证不能的不利后果。

观点二:最高人民法院《关于审理劳动争议案件适用法律若干问题的解释》第 13 条规定,因用人单位作出的开除、除名、辞退、解除劳动合同、减少劳动报酬、计算劳动者工作年限等决定而发生的劳动争议,用人单位负举证责任。根据该条规定,解除劳动合同原因的举证责任应由用人单位负担。

观点三:最高人民法院《关于审理劳动争议案件适用法律若干问题的解释》第 13 条规定的是因用人单位作出的解除劳动合同等决定,由用人单位负举证责任。劳动者提出辞职,应由谁承担举证责任,司法解释并未作出规定。所以,用人单位与劳动者均不能举证证明劳动合同解除原因的,应认定为双方协商一致解除劳动合同。如广东省高级人民法院、广东省劳动人事争议仲裁委员会《关于审理劳动人事争议案件若干问题的座谈会纪要》(2012 年)第 29 条规定,劳动者与用人单位均无法证明劳动者的离职原因,可视为用人单位提出且经双方协商一致解除劳动合同,用人单位应向劳动者支付经济补偿。

【解答】

笔者认为,双方对解除劳动合同的原因存在争议,举证责任的承担要看劳动者和用人单位的主张而定。

如果劳动者主张是因用人单位过错离开用人单位的,劳动者应对用人单位存在《劳动合同法》第 38 条的情形承担举证责任。

如果劳动者主张是用人单位单方解除劳动合同,而用人单位主张系劳动者辞职、自行离职或系因劳动者过错解除劳动合同,则应由用人单位对劳动者辞职、自行离职或劳动者存在《劳动合同法》第 38 条规定的情形承担举证责任。这是因为:(1)最高人民法院《关于民事诉讼证据的若干规定》第 6 条、最高人民法院《关于审理劳动争议案件适用法律若干问题的解释》第 13 条规定,因用人单位作出的开除、除名、辞退、解除劳动合同、减少劳动报酬、计算劳动者工作年限等决定而发生的劳动争议,用人单位负举证责任。用人单位对其作出的解除劳动合同决定所依据的事实承担举证责任,应无疑问。(2)用人单位主张劳动者系辞职、自行离职,应由用人单位承担举证责任。首先,由用人单位对其主张劳动者辞职或自行离职的事实承担举证责任,并不违反民事诉讼中“谁主张,谁举证”的举证责任分配原则。其次,劳动者辞职,一般会通过向用人单位的相关负责人提交书面辞职报告的方式,多不会采取邮寄等方式。这种情况下,由于用人单位保存劳动者的辞职报告,劳动者难以保存其提交辞职报告的相关证据,而且用人单位对劳动者提交辞职报告应当有所回应,并应与劳动者办理相关的离职手续,用人单位比劳动者离这些证据更近,更有能力提供证据。所以,用人单位主张劳动者辞职,而劳动者主张是用人单位解除劳动合同,应由用人单位对其主张的事实承担举证责任。最后,劳动部办公厅《关于自动离职与旷工除名如何界定的复函》(劳办发〔1994〕48 号)第 3 条规定,因自动离职处理发生的争议应按除名争议处理。虽然除名已成历史名词,但用人单位对劳动者自行或自动离职仍然要履行一定的程序作出解除或终止劳动合同处理,而不应不管不问,导致劳动合同解除或终止的原因无法查明。劳动者自行离职,用人单位应当作出解除或终止劳动合同的决定,并送达劳动者,用人单位履行上述程序,应当保存有相应的证据,由用人单位对劳动者自行离职的事实承担举证更为合理。

【风险提示 108】

劳动者自行离职,没有办理离职手续,用人单位应及时作出因劳动者自行离职解除劳动合同的决定,并送达劳动者,如果劳动者下落不明,无法采用直接或邮寄送达的方式,可以通过公告送达。要注意保存解除劳动合同和送达的相关证据,以免用人单位因无法举证证明劳动者自行离职而承担违法解除劳动合同法律责任的风险。

【规范指引】

最高人民法院《关于民事诉讼证据的若干规定》

第六条　在劳动争议纠纷案件中,因用人单位作出开除、除名、辞退、解除劳动合同、减少劳动报酬、计算劳动者工作年限等决定而发生劳动争议的,由用人单位负举证责任。

最高人民法院《关于审理劳动争议案件适用法律若干问题的解释》

第十三条　因用人单位作出的开除、除名、辞退、解除劳动合同、减少劳动报酬、计算劳动者工作年限等决定而发生的劳动争议,用人单位负举证责任。

Q115：用人单位与劳动者未订立书面劳动合同，也未以其他方式约定劳动关系的期限，是否可以随时解除或终止劳动关系？

《劳动合同法》第12条规定，劳动合同分为固定期限劳动合同、无固定期限劳动合同和以完成一定工作任务为期限的劳动合同。现实中，一些用人单位用工管理不规范，未与劳动者订立书面劳动合同，也没有以其他方式与劳动者约定劳动关系期限，或虽与劳动者订立书面劳动合同，但未在合同中明确劳动合同期限。上述情形下，用人单位与劳动者是否成立不定期劳动关系，用人单位能否随时解除与劳动者的劳动关系，实践中存在较大争议。

【争议】

观点一：用人单位未与劳动者约定劳动关系期限，双方的劳动关系应为不定期劳动关系，用人单位可以随时终止劳动关系，但要向劳动者支付经济补偿。如《上海市劳动合同条例》（2001年）第40条规定，应当订立劳动合同而未订立的，用人单位提出终止劳动关系，应当提前30日通知劳动者，但劳动者具有第39条规定情形之一的，劳动关系应当顺延至该情形消失。

观点二：用人单位与未劳动者约定劳动关系期限，用人单位也不得随意解除或终止劳动关系。用人单位无有法定情形解除或终止劳动关系的，应当承担违法解除劳动合同的法律责任。如《上海市高级人民法院劳动争议案件研讨会综述》（2013年）认为，事实劳动关系不可无理由解除，无论是否签订书面劳动合同，用人单位违法解除或终止劳动关系的，均应按《劳动合同法》第48条规定处理。理由如下：首先，《劳动合同法》虽未对用人单位违法解除事实劳动关系是否需要支付双倍赔偿金的情况作出明确规定，但事实劳动关系从本质上讲仍是劳动关系，且事实劳动关系可通过补订书面劳动合同或因法律直接规定转化为劳动合同关系，故不能因双方存在事实劳动关系而得出不适用《劳动合同法》相关规定的结论。其次，从《劳动合同法实施条例》第6条规定来看，只规定在劳动者不愿与用人单位补订书面合同的情况下用人单位可终止劳动关系并支付经济补偿金，但未规定用人单位不愿与劳动者签订书面劳动合同的情况下可以随时解除或终止劳动关系。即将是否继续维持劳动关系的选择权赋予了劳动者一方，而非用人单位一方，也意味着用人单位不得随意解除或终止事实劳动关系。最后，如规定不签订书面劳动合同的用人单位可以随意解除事实劳动关系，可能导致一些用人单位随意规避法律，损害劳动者的合法权益。

【解答】

笔者认为,用人单位未与劳动者订立书面劳动合同,也没有以其他方式与劳动者约定劳动关系期限的,用人单位有义务与劳动者补签劳动合同,在劳动合同中约定劳动合同期限。用人单位与劳动者订立书面劳动合同,但未在合同中明确劳动合同期限,用人单位应当补充约定劳动合同期限。仅在用人单位与劳动者不能对劳动合同或劳动合同期限达成一致的情况下,用人单位才可终止劳动合同,此时可以参照《上海市劳动合同条例》第 40 条的规定,用人单位应当提前 30 日通知劳动者,但劳动者具有第 39 条规定情形之一的,劳动关系应当顺延至该情形消失。用人单位终止劳动关系的,应当向劳动者支付经济补偿金。但劳动者符合订立无固定期限劳动合同的条件,或者用人单位自用工之日起 1 年未与劳动者订立书面劳动合同,依《劳动合同法》的规定视为双方已订立无固定劳动合同的,用人单位不得与劳动者终止劳动关系。劳动和社会保障部《关于确立劳动关系有关事项的通知》(劳社部发〔2005〕12 号)第 3 条规定,用人单位招用劳动者符合第 1 条规定的情形的,用人单位应当与劳动者补签劳动合同,劳动合同期限由双方协商确定。协商不一致的,任何一方均可提出终止劳动关系,但对符合签订无固定期限劳动合同条件的劳动者,如果劳动者提出订立无固定期限劳动合同,用人单位应当订立。用人单位提出终止劳动关系的,应当按照劳动者在本单位工作年限每满 1 年支付 1 个月工资的经济补偿金。前述观点一认为用人单位在未尽与劳动者协商订立书面劳动合同或协商劳动合同期限义务的情况下可直接终止劳动关系,明显不利于劳动者,也忽视了用人单位订立劳动合同以及在劳动合同中约定劳动期限这一必备条款的义务,有失合理。观点二将未定期限的劳动合同关系与无固定期限劳动合同关系等同,同样是不合理的。

【风险提示 109】

用人单位提供的劳动合同文本没有劳动合同期限的内容,或者文本上劳动合同期限一栏为空白,劳动者应主动要求用人单位补充劳动合同期限的内容。这是因为,从现行有效的劳动规章看,未定期限的劳动合同关系中,如双方对劳动合同期限无法协商一致的,任何一方均可提出终止劳动关系。

【规范指引】

劳动和社会保障部《关于确立劳动关系有关事项的通知》

三、用人单位招用劳动者符合第一条规定的情形的,用人单位应当与劳动者补签劳动合同,劳动合同期限由双方协商确定。协商不一致的,任何一方均可提出终止劳动关系,但对符合签订无固定期限劳动合同条件的劳动者,如果劳动者提出订立无固定期限劳动合同,用人单位应当订立。

用人单位提出终止劳动关系的,应当按照劳动者在本单位工作年限每满一年支付一个月工资的经济补偿金。

Q116:用人单位是否可以依据《公司法》第 146 条的规定解除与高级管理人员的劳动合同?

根据《公司法》第 216 条第 1 项的规定,高级管理人员是指公司的经理、副经理、财务负责人,上市公司董事会秘书和公司章程规定的其他人员。《公司法》第 146 条规定,有下列情形之一的,不得担任公司的董事、监事、高级管理人员:(1)无民事行为能力或者限制民事行为能力;(2)因贪污、贿赂、侵占财产、挪用财产或者破坏社会主义市场经济秩序,被判处刑罚,执行期满未逾 5 年,或者因犯罪被剥夺政治权利,执行期满未逾 5 年;(3)担任破产清算的公司、企业的董事或者厂长、经理,对该公司、企业的破产负有个人责任的,自该公司、企业破产清算完结之日起未逾 3 年;(4)担任因违法被吊销营业执照、责令关闭的公司、企业的法定代表人,并负有个人责任的,自该公司、企业被吊销营业执照之日起未逾 3 年;(5)个人所负数额较大的债务到期未清偿。公司违反前款规定选举、委派董事、监事或者聘任高级管理人员的,该选举、委派或者聘任无效。董事、监事、高级管理人员在任职期间出现本条第 1 款所列情形的,公司应当解除其职务。解除高级管理人员的职务,高级管理人员的劳动合同是否随之解除,对这个问题,实践中存在不同观点。

【争议】

观点一:解除职务就是解除劳动合同,用人单位根据《公司法》第 146 条的规定解除高级管理人员的职务,就可以同时解除与高级管理人员的劳动合同。

观点二:解除职务不同于解除劳动合同关系,而是劳动合同中职务的解除,属于劳动合同变更的一种方式。用人单位可以依据《公司法》第 146 条的规定解除高级管理人员的职务，但不能在没有《劳动合同法》规定的解除情形下解除与高级管理人员的劳动合同。

【解答】

笔者倾向于观点二。解除职务与解除劳动合同存在明显区别。职务是组织中承担相同、相似职责或工作内容的若干职位的总和，是职员所具有的头衔称谓。劳动者被赋予高级管理人员的职务，意味着其拥有参与公司经营管理的权利、享受职务带来的地位和待遇，并承担相应的管理责任。高级管理人员的职务并非总是一成不变，符合《公司法》第 146 条规定或公司章程规定的情形，公司可以解除高级管理人员的职务。解除高级管理人员的职务，并不意味着用人单位与高级管理人员的劳动合同就此解除，高级管理人员在职务被解除后仍可选择作为用人单位的普通劳动者继续为用人单位工作。被解职的高级管理人员作出继续履行劳动合同的情况下，无法定解除情形，用人单位不得解除劳动合同。

【风险提示 110】

一些用人单位解除与高级管理人员的职务后，想当然地认为劳动合同关系已解除，忽视与高级管理人员协商办理解除劳动合同手续的程序。用人单位解除高级管理人员的职务后，应尊重高级管理人员的选择权，由高级管理人员选择是否作为一名普通劳动者继续工作。高级管理人员不愿继续工作的，用人单位可让高级管理人员提出辞职，然后与其协商一致解除劳动合同。如果该高级管理人员仍愿意在用人单位工作，而且不符合《劳动合同法》规定的用人单位单方解除情形的，用人单位不得单方解除劳动合同，否则将承担违法解除劳动合同的责任。

【规范指引】

《中华人民共和国公司法》

第一百四十六条　有下列情形之一的，不得担任公司的董事、监事、高级管理人员：

（一）无民事行为能力或者限制民事行为能力；

（二）因贪污、贿赂、侵占财产、挪用财产或者破坏社会主义市场经济秩序，被判处刑罚，执行期满未逾五年，或者因犯罪被剥夺政治权利，执行期满未逾五年；

（三）担任破产清算的公司、企业的董事或者厂长、经理，对该公司、企业的

破产负有个人责任的,自该公司、企业破产清算完结之日起未逾三年;

(四)担任因违法被吊销营业执照、责令关闭的公司、企业的法定代表人,并负有个人责任的,自该公司、企业被吊销营业执照之日起未逾三年;

(五)个人所负数额较大的债务到期未清偿。

公司违反前款规定选举、委派董事、监事或者聘任高级管理人员的,该选举、委派或者聘任无效。

董事、监事、高级管理人员在任职期间出现本条第一款所列情形的,公司应当解除其职务。

Q117:如何认定《劳动合同法》第40条第3项规定的劳动合同订立时所依据的客观情况发生重大变化致使劳动合同无法履行的情形?

《劳动合同法》第40条第3项规定,劳动合同订立时所依据的客观情况发生重大变化,致使劳动合同无法履行,经用人单位与劳动者协商,未能就变更劳动合同内容达成协议的,用人单位提前30日以书面形式通知劳动者本人或者额外支付劳动者1个月工资后,可以解除劳动合同。对该条规定如何把握,尤其是客观情况发生重大变化的标准如何界定,是实践中的一个难题。

【解答】

劳动合同订立时所依据的客观情况发生重大变化,是指在劳动合同履行过程中,出现了用人单位和劳动者在签订劳动合同时均无法预见、不可归因于用人单位和劳动者的客观情况重大变化,致使劳动合同无法继续履行,劳动合同目的无法实现。重大变化仅限于客观情况,即不可抗力或不以当事人意志为转移的情况发生重大变化,主观、可控的用人单位主动行为不属于《劳动合同法》第40条第3项规定的情形,比如用人单位基于其主观意愿而非客观因素撤销某个部门或岗位,不属于客观情况的重大变化。客观情况的变化必须重大到足以导致劳动合同目的不能实现、合同无法继续履行的程度。一些客观情况的变化看似重大,但劳动合同尚能履行,用人单位就不能依据上述条文解除劳动合同。客观情况的重大变化,在劳动合同签订之时并未发生且不能预见,在履行过程中发生,而且劳动合同签订必须是以发生变化前的客观情况为基础或依据,变化后的客观情况才能使劳动合同无法继续履行。客观情况发生重大变化主要适用于以下情形:(1)不可抗力导致客观情况发生重大变化;(2)政府行为导致客观情况发生重大变化;(3)法律、法规、政策的变化导致客观情况发生重大变化;(4)用人单位因技术革新、产业升级、转产等导致客观情况发生重大变化。用人单位应当对客观情况发生变化承担举证责任。

北京市高级人民法院、北京市劳动人事争议仲裁委员会《关于审理劳动争议案件法律适用问题的解答》(2017 年)对《劳动合同法》第 40 条第 3 项规定的客观情况发生重大变化作了明确的界定,可资参考。该解答第 12 条规定,“劳动合同订立时所依据的客观情况发生重大变化”是指劳动合同订立后发生了用人单位和劳动者订立合同时无法预见的变化,致使双方订立的劳动合同全部或者主要条款无法履行,或者若继续履行将出现成本过高等显失公平的状况,致使劳动合同目的难以实现。下列情形一般属于“劳动合同订立时所依据的客观情况发生重大变化”:(1)地震、火灾、水灾等自然灾害形成的不可抗力;(2)受法律、法规、政策变化导致用人单位迁移、资产转移或者停产、转产、转(改)制等重大变化的;(3)特许经营性质的用人单位经营范围等发生变化的。

根据《劳动合同法》第 40 条第 3 项的规定,劳动合同订立时所依据的客观情况发生重大变化,致使劳动合同无法履行,用人单位也不能直接解除劳动合同,而是要经过协商程序,在协商不一致的情况下才能解除劳动合同。劳动合同订立时所依据的客观情况发生重大变化,劳动者可能仍愿意继续履行合同,因此应当给予劳动者继续履行劳动合同的选择权。《北京市劳动合同规定》(2001 年)第 28 条规定,订立劳动合同时所依据的客观情况发生重大变化,致使劳动合同无法履行,当事人一方要求变更其相关内容的,应当将变更要求以书面形式送交另一方,另一方应当在 15 日内答复,逾期不答复的,视为不同意变更劳动合同。双方对继续履行劳动合同达不成一致的,用人单位应当提前 30 日以书面形式劳动者,或者额外支付劳动者 1 个月工资作为代通知金,然后可以解除劳动合同。

【风险提示 111】

《劳动合同法》第 40 条第 3 项规定劳动合同订立时所依据的客观情况发生重大变化是指不可抗力或不以当事人意志为转移的情况发生重大变化,用人单位主观、可控的情况变化不属于该项规定的范围。用人单位以该项规定解除劳动合同前,还要注意与劳动者协商的程序要求,并做好相关证据的保存。

【规范指引】

《中华人民共和国劳动合同法》

第四十条　有下列情形之一的,用人单位提前三十日以书面形式通知劳动者本人或者额外支付劳动者一个月工资后,可以解除劳动合同:

……

(三)劳动合同订立时所依据的客观情况发生重大变化,致使劳动合同无法履行,经用人单位与劳动者协商,未能就变更劳动合同内容达成协议的。

Q118:用人单位单方调整劳动者的工作岗位,劳动者拒绝到新岗位工作,也未在原岗位工作,用人单位是否可以解除劳动合同?

现实中,一些用人单位基于生产经营需要,合理地调整劳动者的工作岗位,也有一些用人单位滥用经营自主权,随意地调整劳动者的工作岗位。一些劳动者对工作岗位的调整有抵触情绪,拒绝到新岗位工作,也未到原岗位工作。用人单位是否可据此解除劳动者的劳动合同,实践中存在争议。

【争议】

观点一:根据《劳动合同法》第35条的规定,用人单位与劳动者协商一致,可以变更劳动合同约定的内容。法律并未规定用人单位有单方调整劳动者岗位的权利。用人单位未经劳动者同意单方调整工作岗位,违反法律规定,劳动者可以拒绝到新岗位工作。用人单位不得以此为由解除劳动合同。

观点二:用人单位享有经营自由权,有权基于生产经营需要合理调整劳动者的工作岗位。用人单位基于生产经营需要调整工作岗位的做法具有合理性,劳动者就应当服从,不得拒绝到新岗位工作。如果用人单位调整工作岗位的做法不是因生产经营需要,或不具备合理性,劳动者可以拒绝到新岗位工作。用人单位不得以劳动者未到新岗位工作为由解除劳动合同。由于用人单位调整工作岗位,原岗位也没有劳动者的工作内容。所以,用人单位也不得以劳动者未在原岗位工作解除劳动合同。

观点三:用人单位可以基于生产经营需要合理地调整劳动者的工作岗位,劳动者应当服从。用人单位调整工作岗位不具备合理性,劳动者也应积极与用人单位协商,而不能以旷工对抗用人单位的工作安排。劳动者拒绝到新岗位报道,又未到原岗位工作,构成旷工,用人单位可以解除与劳动者的劳动合同。

【解答】

笔者倾向于观点三。用人单位享有经营自主权，其可以基于生产经营需要调整劳动者的工作岗位，但这种调整必须具有合理性，不能带有侮辱性质，也不能降低劳动者的劳动条件和劳动报酬，对此，前文已有论述。用人单位出于生产经营的需要，单方调整劳动者的工作岗位，工作岗位的调整如具有合理性，劳动者应当服从。此时，劳动者拒绝到新岗位报道，也不在原岗位工作，用人单位可以劳动者旷工为由解除与劳动者的劳动合同。如果用人单位的工作调整并非出于生产经营需要，不具备合理性，甚至只是想侮辱劳动者，这种情况下，用人单位的岗位调整是无效的，劳动者可以拒绝到新岗位工作。劳动者应当积极与用人单位沟通，正常到用人单位上班，而不能以旷工这种极端的方式对抗用人单位的岗位调整。多次旷工是严重违反劳动纪律和劳动规章制度的行为，无论劳动者旷工是出于何种原因，用人单位都可以根据《劳动合同法》第 39 条的规定解除与劳动者的劳动关系。

《上海市高级人民法院劳动争议案件研讨会综述》(2013 年)也持类似观点：虽《劳动合同法》规定用人单位与劳动者协商一致可以变更劳动合同，但也不可否认用人单位因生产结构、经营范围进行调整或外部市场发生变化的情况下行使经营管理自主权，在合法、合理的前提下对劳动者岗位进行适当调整，对此劳动者应当予以配合，这也是劳动关系人身从属性的具体体现。如劳动者对调整工作岗位有异议，应当采用协商的方式解决，而不应当以消极怠工的方式进行抵制或对抗。如果劳动者既未到新的工作岗位报到也未到原岗位出勤的，按照用人单位规章制度规定确属严重违纪的，用人单位可以与劳动者解除劳动合同。

需要注意的是，用人单位调整劳动者的岗位不具有合理性，或降低劳动条件或劳动报酬，劳动者拒不接受，但仍正常上班，用人单位仅以劳动者拒绝岗位调整解除劳动合同的，属于违法解除。

【风险提示 112】

实践中，我们发现很多劳动者对用人单位不合理的岗位调整，采取不上班的方式消极应对，这种行为是不可取的。用人单位可以旷工多日为由解除与劳动者的劳动合同，而无须支付经济补偿或赔偿金。

劳动者应正常到用人单位上班,并积极与用人单位沟通,如用人单位仍坚持调整,劳动者可通过向劳动行政部门反映、提起仲裁等方式保护自己的合法权利,而不应采取违反劳动纪律或劳动规章制度的方式对抗。

Q119:连续订立二次固定期限劳动合同或劳动者在该用人单位连续工作满 10 年,固定期限劳动合同到期,用人单位是否可以终止与劳动者之间的劳动合同关系?

《劳动合同法》第 14 条第 1 款第 2 项、第 3 项规定,劳动者在该用人单位连续工作满 10 年,或连续订立二次固定期限劳动合同,且劳动者没有本法第 39 条和第 40 条第 1 项、第 2 项规定的情形,续订劳动合同的,劳动者提出或者同意续订、订立劳动合同的,除劳动者提出订立固定期限劳动合同外,应当订立无固定期限劳动合同。该法第 44 条第 1 项规定,劳动合同期满,劳动合同终止。连续订立二次固定期限劳动合同到期,或劳动者在该单位连续工作 10 年以上,固定期限劳动合同到期,劳动者符合订立无固定期限劳动合同的条件,在这种情况下,用人单位是否可依《劳动合同法》第 44 条的规定终止劳动合同,实践中存在不同观点。

【争议】

观点一:根据《劳动合同法》第 44 条第 1 项的规定,劳动合同期满的,劳动合同终止。而《劳动合同法》第 14 条第 1 款第 3 项规定订立无固定期限劳动合同的前提是双方续订劳动合同,用人单位也可以选择不续订劳动合同。用人单位可以根据《劳动合同法》第 44 条第 1 项的规定,与连续订立二次固定期限劳动合同期满的劳动者终止劳动合同关系,无须向劳动者支付违法解除劳动合同的赔偿金。

观点二:连续订立二次固定期限劳动合同的劳动者,以及在单位连续工作 10 年以上的劳动者,固定期限劳动合同到期后,符合订立无固定期限劳动合同的条件。此时,劳动者提出订立无固定劳动合同的,用人单位应当与劳动者订立无固定期限劳动合同,而不得终止与劳动者的劳动合同。

【解答】

笔者同意观点二。《劳动合同法》之所以扩大无固定劳动合同的适用范围,目的在于解决劳动合同短期化的问题。参考域外的劳动合同,多以无固定期限劳动合同为主,固定期限劳动合同仅占很小的一部分。这与《劳动合同法》实施前我国以短期化的劳动合同为主的现象相反。固定期限劳动合同不利于劳动者职业的稳定性,也不利于用人单位用工管理和劳动秩序的维护,所以国家鼓励用人单位与劳动者订立无固定劳动合同。对符合《劳动合同法》第 14 条第 1 款规定情形的劳动者,是否订立无固定期限劳动合同的决定权和主动权应掌握在劳动者手里,而不是掌握在用人单位手中。从《劳动合同法》第 14 条的立法目的和国家鼓励订立无固定期限劳动合同的政策看,连续订立二次固定期限劳动合同或连续在该用人单位工作 10 年以上,劳动者不存在该法第 39 条和第 40 条第 1 项、第 2 项规定的情形,劳动者提出或同意续订劳动合同,只要不是劳动者主动提出订立固定期限劳动合同,用人单位就应当与劳动者订立无固定期限劳动合同。在这种情况下,用人单位无权选择是否与劳动者续订劳动合同,当然也无权终止劳动合同。

《劳动合同法》第 44 条第 1 项并非没有例外情况。该法第 45 条规定,劳动合同期满,有本法第 42 条规定情形之一的,劳动合同应当续延至相应的情形消失时终止。也就是说,如有法定或约定劳动合同到期后延续的,劳动合同约定期限届满,就不会产生劳动关系终止的法律效果。用人单位已经与劳动者连续订立二次以上固定期限劳动合同,或劳动者已在该用人单位工作满 10 年,根据《劳动合同法》第 14 条的规定,这两种情形下用人单位应与劳动者订立无固定期限劳动合同。用人单位当然不能置该条规定于不顾,不仅不与劳动者签订无固定期限劳动合同,而且还终止与劳动者的劳动关系。用人单位不与劳动者签订无固定期限劳动合同已是违反法律规定,举轻以明重,终止与劳动者之间的劳动关系,更是与法律规定不符,这种行为不能得到支持。

所以,对符合订立无固定期限劳动合同条件的劳动者,固定期限劳动合同期满,应排除《劳动合同法》第 44 条第 1 项规定的适用,劳动合同并不自然终止。用人单位终止与此类劳动者的劳动合同,属于违法终止劳动合同,应支付二倍于经济补偿的赔偿金。

用人单位在例外情形下,也可以终止与劳动者的劳动合同关系:(1)劳动关系符合《劳动合同法》第 39 条的规定,或者符合《劳动合同法》第 40 条和第 41 条且没有第 42 条规定的情形,即使劳动者符合订立无固定期限劳动合同的条件,用人单位也可以终止劳动关系。(2)用人单位在与劳动者协商订立无固定期限劳动合同时提出的劳动报酬、劳动条件等不低于之前的标准,但劳动者拒不接受,用人单位也可以解除劳动合同。

北京市高级人民法院、北京市劳动人事争议仲裁委员会《关于审理劳动争议案件法律适用问题的解答》(2017 年)第 16 条规定:在劳动者不符合《劳动合同法》第 39 条和第 40 条第 1 项、第 2 项规定情形时,用人单位在二次固定期限劳动合同到期后直接发出终止劳动合同(关系)通知,不符合《劳动合同法》第 14 条第 2 款第 3 项之规定,应认定为违法终止劳动合同(关系)。劳动者主张用人单位支付违法终止劳动合同的赔偿金,应予支持。

此外,符合《劳动合同法》第 14 条第 1 款规定的其他订立无固定期限劳动合同条件的,固定期限劳动合同期满,用人单位也不能依《劳动合同法》第 44 条第 1 项的规定终止与劳动者的劳动合同。

【风险提示 113】

劳动者符合订立无固定期限劳动合同的条件,即使劳动合同约定的期限到期,用人单位也不能仅以劳动合同期限届满为由解除劳动合同,否则,用人单位的终止或解除劳动合同决定将会被确认无效,劳动者可以要求用人单位继续履行劳动合同,或要求用人单位支付双倍于经济补偿的赔偿金。

【规范指引】

《中华人民共和国劳动合同法》

第十四条　无固定期限劳动合同,是指用人单位与劳动者约定无确定终止时间的劳动合同。

用人单位与劳动者协商一致,可以订立无固定期限劳动合同。有下列情形之一,劳动者提出或者同意续订、订立劳动合同的,除劳动者提出订立固定期限劳动合同外,应当订立无固定期限劳动合同:

(一)劳动者在该用人单位连续工作满十年的;

(二)用人单位初次实行劳动合同制度或者国有企业改制重新订立劳动合同时,劳动者在该用人单位连续工作满十年且距法定退休年龄不足十年的;

(三)连续订立二次固定期限劳动合同,且劳动者没有本法第三十九条和第四十条第一项、第二项规定的情形,续订劳动合同的。

Q120：用人单位在解除劳动合同时没有说明解除事由或以一定事由解除劳动合同，在劳动仲裁或诉讼中补充解除事由或以其他事由解除劳动合同，如何处理？

一些用人单位用工管理不规范，单方决定解除与劳动者的劳动合同时没有说明事由，或者在解除劳动合同时是以一种事由，到劳动仲裁或诉讼时又以另一种理由解除劳动合同。这些情况下，劳动仲裁部门或人民法院是否应采纳用人单位在仲裁或诉讼中补充或变更的解除劳动合同事由，实践中存在不同观点。

【争议】

观点一：审查用人单位是否违法解除劳动合同，应当审查的是用人单位解除劳动合同时所提出的事由是否存在，该事由是否符合《劳动合同法》规定用人单位可单方解除劳动合同的情形。用人单位在劳动仲裁或诉讼中补充或变更解除劳动合同事由的，不应予以审查。

观点二：用人单位在劳动仲裁或诉讼中补充或变更解除劳动合同的事由，应当予以审查，以此确定用人单位解除劳动合同是否符合法律规定。

【解答】

笔者倾向于观点一。该观点也是多数地方的人民法院和劳动仲裁部门的通行做法。如浙江省高级人民法院民事审判第一庭、浙江省劳动人事争议仲裁院《关于审理劳动争议案件若干问题的解答（三）》（2015 年）第 8 条规定，对用人单位是否构成违法解除劳动合同的审查，应当围绕用人单位在解除劳动合同当时所提出的事由或情形，用人单位事后补充的劳动者存在用人单位可单方解除劳动合同的其他事由或情形，均不纳入审查范围。

解除劳动合同是否合法，应当审查解除劳动合同当时所依据的事由是否成立，是否符合《劳动合同法》规定用人单位单方解除劳动合同的情形。如果用人单位在解除劳动合同时没有说明事由，或者依据的是不存在的事由，或者所依据事由不符合法律规定用人单位单方解除劳动合同的情形，那么用人单位解除劳动合同属于违法解除。用人单位事后补充事由或变更事由，补充或变更后的事由不是用人单位解除劳动合同当时的真实意思，这种做法明显有违诚信原则。所以，人民法院和劳动仲裁部门一般倾向于不对用人单位补充或变更的事由进行审查，而只审查用人单位解除劳动合同时所依据的事由是否符合法律规定。

【风险提示 114】

用人单位依据《劳动合同法》的规定解除或终止劳动合同时,应当在送达给劳动者的解除或终止劳动合同通知书上写明解除或终止劳动合同的事由,解除或终止劳动合同的事由必须详细、清晰且符合法律规定,不能用笼统、模糊的用语描述解除或终止事由。要注意保存可证明存在解除或终止事由的证据,以备不时之需。切记不可在解除或终止劳动合同时不说明事由或笼统地说明事由,而在事后补充或变更解除终止事由。

Q121:用人单位如何终止与因病或非因工负伤劳动者的合同?

医疗期是指企业职工因患病或非因工负伤停止工作治病休息不得解除劳动合同的时限。《劳动合同法》第 42 条第 2 项规定,患病或者非因工负伤,在规定的医疗期内,用人单位不得依照本法第 40 条、第 41 条的规定解除劳动合同。《劳动合同法》第 45 条规定,劳动合同期满,有本法第 42 条规定情形之一的,劳动合同应当续延至相应的情形消失时终止。根据上述法律规定,劳动者因患病或非因公负伤,在医疗期范围内,用人单位不得在劳动者无严重过错的情况下解除与劳动者的劳动合同,也不得以裁员的方式解除与劳动者的劳动合同。在医疗期范围内,劳动者的劳动合同期满,用人单位也不得终止劳动合同,而是要到医疗期结束后,才能终止劳动合同。

关于劳动者医疗期的确定。《企业职工患病或非因工负伤医疗期规定》第 3 条规定,企业职工因患病或非因工负伤,需要停止工作医疗时,根据本人实际参加工作年限和在本单位工作年限,给予 3 个月到 24 个月的医疗期:(1)实际工作年限 10 年以下的,在本单位工作年限 5 年以下的为 3 个月;5 年以上的为 6 个月。(2)实际工作年限 10 年以上的,在本单位工作年限 5 年以下的为 6 个月;5 年以上 10 年以下的为 9 个月;10 年以上 15 年以下的为 12 个月;15 年以上 20 年以下的为 18 个月;20 年以上的为 24 个月。第 4 条规定,医疗期 3 个月的按 6 个月内累计病休时间计算;6 个月的按 12 个月内累计病休时间计算;9 个月的按 15 个月内累计病休时间计算;12 个月的按 18 个月内累计病休时间计算;18 个月的按 24 个月内累计病休时间计算;24 个月的按 30 个月内累计病休时间计算。劳动部《关于贯彻〈企业职工患病或非因工负伤医疗期规定〉的通知》规定，(1)关于医疗期的计算问题。①医疗期计算应从病休第1天开始，累计计算。例如：应享受3个月医疗期的职工，如果从1995年3月5日起第1次病休，那么，该职工的医疗期应在3月5日至9月5日确定，在此期间累计病休3个月即视为医疗期满。其他依此类推。②病休期间，公休、假日和法定节日包括在内。(2)关于特殊疾病的医疗期问题。根据目前的实际情况，对某些患特殊疾病(如癌症、精神病、瘫痪等)的职工，在24个月内尚不能痊愈的，经企业和劳动主管部门批准，可以适当延长医疗期。

用人单位在劳动者医疗期满和劳动合同期满终止劳动合同，是否要根据劳动部《关于实行劳动合同制度若干问题的通知》第22条的规定支付医疗补助费，实践中存在一定争议。该通知第22条规定，劳动者患病或者非因工负伤，合同期满终止劳动合同的，用人单位应当支付不低于6个月工资的医疗补助费；对患重病或绝症的，还应适当增加医疗补助费。

【争议】

观点一：该通知现行有效，用人单位在劳动者医疗期满和劳动合同期满终止劳动合同，应当支付不低于6个月工资的医疗补助金。

观点二：该通知出台于《劳动合同法》施行以前，当时没有劳动合同期满、医疗期未满，劳动合同应延续至医疗期满的规定，该通知针对的是劳动合同期满、医疗期未满，用人单位在劳动合同期满终止劳动合同的情况下，对劳动者进行医疗补助费的补偿，《劳动合同法》施行后，该条没有适用之余地。如宁波市中级人民法院《关于审理劳动争议案件若干疑难问题的解答(三)》(2013年)第9条规定，《劳动合同法》第40条与劳动部《关于贯彻执行〈中华人民共和国劳动法〉若干问题的意见》第35条及《违反和解除劳动合同的经济补偿办法》第6条所针对的情形是一致的，即“劳动者患病或者非因工负伤，在规定的医疗期满后不能从事原工作，也不能从事由用人单位另行安排的工作的”，但对同一情形的法律后果和应遵循程序作出了不同的规定，根据上位法优于下位法、后法优于前法的原则，应适用《劳动合同法》第40条的相关规定，后两者及劳动部《关于实行劳动合同制度若干问题的通知》第22条中关于医疗补助费的规定亦不再适用。

观点三：该条是否适用，要视医疗期满劳动者是否丧失劳动能力而定，如劳动者在医疗期满经鉴定丧失全部或大部分劳动能力，用人单位应当支付经济补偿。

【解答】

笔者倾向于观点三。医疗期满,劳动者已经痊愈,也没有丧失劳动能力的,此时劳动者不需要更多的医疗费用,自然无用人单位终止合同后还需支付医疗补助费之说。医疗期满,劳动合同也到期,劳动者仍未痊愈,如经劳动能力鉴定丧失全部或大部分的劳动能力,劳动部《关于实行劳动合同制度若干问题的通知》规定支付医疗补助费针对的应当是这一情形。此种情形下,用人单位应依该通知的规定支付不少于6个月的医疗补助费,对患重病或绝症的,还应适当增加医疗补助费。

医疗期满,劳动合同也到期,用人单位提出终止劳动合同的,还应依法支付经济补偿金。

【风险提示115】

劳动者因患病或非工伤进入医疗期的,用人单位应严格根据《企业职工患病或非因工负伤医疗期规定》、劳动部《关于贯彻〈企业职工患病或非因工负伤医疗期规定〉的通知》的规定,按照劳动者实际参加工作年限和在本单位工作年限,确定劳动者的医疗期。在医疗期内,用人单位不得依照《劳动合同法》第40条、第41条的规定解除劳动合同。医疗期内劳动合同期满的,劳动合同应延续到医疗期满止。

【规范指引】

《中华人民共和国劳动合同法》

第四十二条　劳动者有下列情形之一的,用人单位不得依照本法第四十条、第四十一条的规定解除劳动合同:

……

(三)患病或者非因工负伤,在规定的医疗期内的;

……

第四十五条　劳动合同期满,有本法第四十二条规定情形之一的,劳动合同应当续延至相应的情形消失时终止。但是,本法第四十二条第二项规定丧失或者部分丧失劳动能力劳动者的劳动合同的终止,按照国家有关工伤保险的规定执行。

Q122:劳动者解除劳动合同造成用人单位损失,是否应当赔偿用人单位的损失?

《劳动合同法》规定了劳动者违反服务期协议在服务期内辞职,应当支付违约金。还规定劳动者提前30日以书面形式通知用人单位,可以解除劳动合同;在试用期内提前3日通知用人单位,可以解除劳动合同。违约金之外,劳动者解除劳动合同给用人单位造成损失的,用人单位是否可要求劳动者承担赔偿责任,实践中存在不同观点。

【争议】

观点一:《劳动合同法》第25条规定仅有在违反服务期约定和竞业限制约定的情形下才能由劳动者承担支付违约金的责任。如在违约金责任之外另外让劳动者承担赔偿损失的责任,则用人单位可以规避《劳动合同法》第25条,以赔偿损失的名义代替违约金的支付,《劳动合同法》该条文就无存在价值,这显然不利于劳动者的保护。所以,除违约金之外,用人单位不得要求劳动者承担辞职给用人单位造成损失的赔偿责任。

观点二:《劳动合同法》第90条规定劳动者违反法律规定解除劳动合同等给用人单位造成损失,应当承担赔偿责任。所以,只有劳动者违反法律规定解除劳动合同,且给用人单位造成损失的情况下,才能让劳动者赔偿损失。

观点三:劳动者违反法律规定解除劳动合同,或劳动者辞职行为明显有违诚信原则,给用人单位造成损失的情况下,用人单位可以向劳动者主张赔偿损失。

【解答】

笔者倾向于观点二,只有在劳动者违反《劳动合同法》第37条规定,并给用人单位造成损失的情况下,用人单位才能向劳动者主张赔偿损失。

《劳动合同法》第90条规定,劳动者违反本法规定解除劳动合同,或者违反劳动合同中约定的保密义务或者竞业限制,给用人单位造成损失的,应当承担赔偿责任。该条规定的赔偿损失责任显然与《劳动合同法》第22条、第23条规定的违约金不同。用人单位未与劳动者约定违约金,但劳动者的违法或违约行为符合法律规定赔偿损失的情形,用人单位可以向劳动者主张赔偿损失。

由于劳动者享有辞职权,在用人单位无过错的情况下,劳动者可以通过法律规定预告解除的方式解除劳动合同。劳动者根据《劳动合同法》第37条提前30日书面通知用单位,或在试用期提前3日通知用人单位,即可解除劳动合同。

在《劳动合同法》第38条第1款规定用人单位存在过错的情形下,劳动者可以随时解除劳动合同,只需给用人单位留出一定的工作交接时间。在符合《劳动合同法》第38条第2款的条件下,劳动者可以立即解除劳动合同。上述情形下劳动者解除劳动合同,符合法律规定,即使给用人单位造成一定的损失,也不符合《劳动合同法》第90条规定劳动者应承担赔偿责任的条件,用人单位主张赔偿损失,不应支持。

用人单位对劳动者全面履行劳动合同期限有合理期待,其根据劳动合同的约定,确定各岗位劳动者的数量、工作任务、工作时间和计划进度等,劳动者随意解除劳动合同将给用人单位的正常生产经营造成一定的影响。所以,用人单位不存在《劳动合同法》第38条情形,劳动者在解除劳动合同之前应当给用人单位留一定的准备时间,使用人单位能够及时招聘新的劳动者、调整岗位或变更工作计划等。这样,劳动者辞职给用人单位造成的不利影响会有效降低。所以,《劳动合同法》第37条规定劳动者解除劳动合同前应当提前通知用人单位。劳动者未履行提前通知义务,违反法律规定,因此给用人单位造成损失,应当予以赔偿。除此种情形外,劳动者无须因解除劳动合同承担赔偿责任。

根据劳动部《违反〈劳动法〉有关劳动合同规定的赔偿办法》(劳部发〔1995〕223号)第4条的规定,劳动者违反规定解除劳动合同,对用人单位造成损失的,劳动者应赔偿用人单位下列损失:(1)用人单位招收录用其所支付的费用;(2)用人单位为其支付的培训费用,双方另有约定的按约定办理;(3)对生产、经营和工作造成的直接经济损失;(4)劳动合同约定的其他赔偿费用。

【风险提示116】

用人单位不存在《劳动合同法》第38条的情形,劳动者行使辞职权要注意遵守法律规定的程序,不能一走了之,而应该提前30日书面通知用人单位,在试用期内提前3日通知,保存好书面通知的证据材料,在解除劳动合同时与用人单位做好工作交接程序,避免因违反法定程序而承担赔偿责任的法律风险。

【规范指引】

《中华人民共和国劳动合同法》

第九十条　劳动者违反本法规定解除劳动合同,或者违反劳动合同中约定的保密义务或者竞业限制,给用人单位造成损失的,应当承担赔偿责任。

Q123：劳动者在劳动仲裁或诉讼中补充或变更解除劳动合同事由的，如何认定？

现实中，一些劳动者在解除劳动合同时没有说明理由，或在辞职报告中写明因个人原因离职，但在提起劳动仲裁和诉讼时又以用人单位存在《劳动合同法》第38条规定的情形为由，要求用人单位支付经济补偿。对此情形如何处理，实践中存在较大争议。

【争议】

观点一：劳动者在解除劳动合同时没有说明理由，或在辞职报告中写明因个人原因离职，但是在事后又称自己是因用人单位存在过错被迫辞职，有违诚信原则，不应当支持劳动者要求用人单位支付经济补偿的请求。如浙江省高级人民法院民事审判第一庭、浙江省劳动人事争议仲裁院《关于审理劳动争议案件若干问题的解答(三)》(2015年)第7条规定，用人单位存在《劳动合同法》第38条第1款规定情形，但劳动者辞职时未说明原因或理由，事后以用人单位存在《劳动合同法》第38条第1款规定情形为由，要求用人单位支付解除劳动合同经济补偿的，不予支持。

观点二：劳动者事后补充或变更解除劳动合同事由的，应当举证证明补充或变更的事由是否真实存在，是否符合法律规定用人单位支付经济补偿的情形。如后面补充或变更的事由确实存在，也符合用人单位支付经济补偿的法定情形，就应当支持劳动者要求用人单位支付经济补偿的请求。深圳市中级人民法院《关于审理劳动争议案件的裁判指引》(2015年)规定，劳动者以用人单位存在《劳动合同法》第38条第1款情形为由提出解除劳动合同的，应当在解除劳动合同时明确告知用人单位解除事由。劳动者在解除劳动合同时未明确告知用人单位解除事由，后又主张系被迫解除劳动合同，要求经济补偿的，不予支持。但劳动者有证据证明其解除劳动合同确实是因用人单位存在《劳动合同法》第38条第1款情形的除外。

【解答】

笔者认为，劳动者在解除劳动合同时没有书面反映解除事由的，事后补充解除事由，劳动仲裁部门或人民法院应当审查补充事由是否存在，事由是否符合用人单位支付经济补偿的情形。这是因为，劳动者向用人单位提出辞职时，往往通过口头或向用人单位的相关负责人递交辞职申请，辞职申请、离职手续等材料由用人单位保存,劳动者难以保存此类证据。如用人单位不出示,劳动者很难提供证据证明其当时以何种事由解除劳动合同。即使是劳动者不辞而别,用人单位也有义务作出解除劳动合同决定,其应当对劳动者离职原因承担举证责任。所以,没有书面反映劳动者解除劳动合同的事由,劳动者在事后补充解除劳动合同事由,用人单位应对其所主张的劳动者离职原因承担举证责任。如劳动仲裁部门或人民法院查明的案件事实符合用人单位支付经济补偿的情形,就应当支持劳动者要求用人单位支付经济补偿的请求。

劳动者在解除劳动合同时,写明是个人原因、家庭原因、工作能力不足等事由,在劳动仲裁或诉讼时,又提出是因用人单位的过错被迫辞职,要求用人单位支付经济补偿,此种行为违反诚信原则。即使用人单位存在过错,但因劳动者提出解除劳动合同并非因为用人单位存在过错,即用人单位的过错与劳动者辞职之间不存在法律上的因果关系,人民法院和劳动仲裁部门不应对劳动者事后变更的解除劳动合同事由进行审查,也不应支持劳动者要求用人单位支付经济补偿的请求。

【风险提示 117】

劳动者因用人单位过错解除劳动合同,应当向用人单位书面明示解除劳动合同是因为用人单位的具体过错行为,切不可在辞职申请等书面文件上写明是因个人原因等非用人单位过错解除劳动合同。如劳动者写明因个人原因等非用人单位过错解除劳动合同,事后变更解除事由,人民法院和劳动仲裁部门一般不会对变更后的解除事由进行审查。

Q124:用人单位可否因劳动者考核居末位解除劳动合同?

一些用人单位在劳动合同或规章制度中规定劳动者在考核中居末位等级,用人单位可以解除劳动合同。《劳动合同法》第 39 条第 2 项规定,劳动者严重违反用人单位的规章制度的,用人单位可以解除劳动合同。第 40 条第 2 项规定,劳动者不能胜任工作,经过培训或者调整工作岗位,仍不能胜任工作的,用人单位提前 30 日以书面形式通知劳动者本人或者额外支付劳动者 1 个月工资后,可以解除劳动合同。劳动者在单位考核中居末位等级,是否属于严重违反用人单位的规章制度,是否意味着劳动者不能胜任工作,用人单位是否可因劳动者考核居末位等级而解除与劳动者的劳动合同,实践中存在不同观点。

【争议】

观点一:用人单位在劳动规章制度中规定劳动者在考核中居末位等级,用人单位可解除劳动合同。如该劳动规章制度的制定和公示符合法律规定,劳动者考核居末等属于严重违反规章制度的情形,用人单位可依合法制定的规章制度解除与劳动者的劳动合同。

观点二:劳动者在考核中居末位等级,说明劳动者不能胜任工作,用人单位可以劳动者不能胜任工作为由,解除与劳动者的劳动合同。

观点三:劳动者在考核中居末位等级,并不意味着劳动者不能胜任工作,也不属于劳动者严重违反规章制度的行为。用人单位不得以劳动者在考核中居末位等级解除与劳动者的劳动合同。

【解答】

笔者同意观点三。原因在于:

(1)劳动者在用人单位考核中居末位等级,不属于严重违反规章制度的行为。严重违反用人单位的规章制度,是指劳动者明知或应知用人单位规章制度的内容和要求,故意或因重大过失违反规章制度的行为。劳动者在用人单位考核中居末位等级,是一种客观状态,而不是行为,不属于故意、重大过失违反规章制度的情形。用人单位中,即使劳动者都非常优秀,也总有部分劳动者在考核中居末位等级。一些劳动者严格遵守劳动规章制度,但因业绩不突出,也有可能会在考核中居末位等级。劳动者考核居末位等级,并不能反映劳动者就有严重违反规章制度的行为。用人单位不得以劳动者考核居末位等级,就认为劳动者严重违反规章制度,并以此为由解除劳动者的劳动合同。

(2)劳动者在用人单位考核中居末位等级,并不意味着劳动者不能胜任工作。前已论及,用人单位对劳动者进行考核时,即使劳动者都胜任工作,也总有一些劳动者居末位等级。本次考核末等的劳动者,在下次考核时有可能居优秀等级;在该用人单位考核居末等,也有可能在同行业的用人单位考核中居优等。因此,仅以劳动者考核中居末等就认为劳动者不能胜任工作,理据明显不足。而且,即使劳动者不能胜任当前工作,根据《劳动合同法》第 40 条第 2 项的规定,用人单位还应对劳动者进行培训或调整劳动者的工作岗位,经培训或调整岗位,劳动者仍不能胜任工作的,用人单位提前 30 日以书面形式通知劳动者本人或者额外支付劳动者 1 个月工资后解除与劳动者的劳动合同,而不能因劳动者不能胜任工作就径直解除劳动合同。因此,用人单位也不能依《劳动合同法》第 40 条第 2 项的规定,解除与考核末等的劳动者之间的劳动合同。

最高人民法院发布的第 18 号指导性案例《中兴通讯(杭州)有限责任公司诉王鹏劳动合同纠纷案》,裁判要旨指出,劳动者在用人单位等级考核中居于末位等次,不等同于"不能胜任工作",不符合单方解除劳动合同的法定条件,用人单位不能据此单方解除劳动合同。该指导性案例发布后,各地人民法院和劳动仲裁部门对该问题已基本形成共识。《第八次全国法院民事商事审判工作会议(民事部分)纪要》第 29 条规定,用人单位在劳动合同期限内通过"末位淘汰"或"竞争上岗"等形式单方解除劳动合同,劳动者可以用人单位违法解除劳动合同为由,请求用人单位继续履行劳动合同或者支付赔偿金。

但是,用人单位与试用期劳动者约定录用条件,将业绩考核等列入录用条件,如劳动者在试用期内的工作业绩达不到考核指标,用人单位可以劳动者不符合录用条件解除劳动合同。用人单位在劳动合同、规章制度中设置合理的考核指标,劳动者完成的工作持续、显著地低于考核指标,经培训或调整岗位后仍不能完成考核指标,用人单位可提前 30 日书面通知或支付 1 个月的代通知金后解除劳动合同。

【风险提示 118】

用人单位不得在规章制度和劳动合同中规定,劳动者在考核中居末位等级,用人单位可解除劳动合同,而应当将"不能胜任工作而处于末位"和"胜任工作却处于末位"区别开来。劳动者考核居末位,确因其不能胜任工作,用人单位应当进行培训或调整岗位,劳动者仍不能胜任工作,用人单位可以解除劳动合同。同时要注意收集劳动者不能胜任工作以及培训和调整岗位后仍不能胜任工作的证据。用人单位仅以劳动者在考核中居末等,而不存在法定解除情形下解除劳动合同,属于违法解除劳动合同,将承担继续履行或支付赔偿金的法律责任。

【规范指引】

《中华人民共和国劳动合同法》

第四十条　有下列情形之一的,用人单位提前三十日以书面形式通知劳动者本人或者额外支付劳动者一个月工资后,可以解除劳动合同:

……

（二）劳动者不能胜任工作，经过培训或者调整工作岗位，仍不能胜任工作的；

……

Q125：从事接触职业病危害作业的劳动者未进行离岗前职业健康检查，用人单位与劳动者协商一致解除劳动合同，是否有效？

《劳动合同法》第42条第1项规定，从事接触职业病危害作业的劳动者未进行离岗前职业健康检查，或者疑似职业病病人在诊断或者医学观察期间的，用人单位不得依照本法第40条、第41条的规定解除劳动合同。该法第40条、第41条是用人单位非因劳动者过错单方解除劳动合同、经济裁员解除劳动合同的规定。《劳动合同法》并没有禁止用人单位与从事接触职业病危害作业的劳动者在未进行离岗前职业健康检查的情况下协商一致解除劳动合同。实践中对该情形下用人单位与劳动者协商解除劳动合同是否有效，存在截然不同的两种观点。

【争议】

观点一：《劳动合同法》仅规定从事接触职业病危害作业的劳动者未进行离岗前职业健康检查，或者疑似职业病病人在诊断或者医学观察期间的，用人单位不能通过经济裁员的方式或在劳动者无严重过错的情况下解除劳动合同。但法律并未禁止用人单位与劳动者协商一致解除劳动合同。所以，从事接触职业病危害作业的劳动者未进行离岗前职业健康检查，用人单位可以通过与劳动者协商一致解除劳动合同。

观点二：虽然《劳动合同法》没有禁止从事接触职业病危害作业的劳动者未进行离岗前职业健康检查，用人单位与劳动者协商一致解除劳动合同。但根据《职业病防治法》的规定，用人单位有义务为从事接触职业病危害的劳动者安排离职职业健康检查。在劳动者进行离职职业健康检查之前，用人单位与劳动者协商一致解除劳动合同，应认定无效。

【解答】

笔者同意观点二。这是因为：

《劳动合同法》没有规定从事接触职业病危害作业的劳动者未进行离岗前职业健康检查，用人单位不得与劳动者协商一致解除劳动合同。然而，这并不意味着法律对此情形下协商一致解除劳动合同持支持态度。《职业病防治法》第 35 条规定,对从事接触职业病危害的作业的劳动者,用人单位应当按照国务院安全生产监督管理部门、卫生行政部门的规定组织上岗前、在岗期间和离岗时的职业健康检查,并将检查结果书面告知劳动者。职业健康检查费用由用人单位承担。用人单位不得安排未经上岗前职业健康检查的劳动者从事接触职业病危害的作业;不得安排有职业禁忌的劳动者从事其所禁忌的作业;对在职业健康检查中发现有与所从事的职业相关的健康损害的劳动者,应当调离原工作岗位,并妥善安置;对未进行离岗前职业健康检查的劳动者不得解除或者终止与其订立的劳动合同。根据该条规定,用人单位对从事接触职业病危害作业的劳动者应当进行离岗前职业健康检查,该项义务并不因用人单位与劳动者协商一致解除劳动合同而免除。在未进行离岗前职业健康检查的情况下,劳动者对自己是否患职业病并不知晓,其与用人单位协商解除劳动合同的意思表示存在明显瑕疵,对解除劳动合同后用人单位应作的补偿或赔偿的意思表示也有瑕疵。对未进行离岗前职业健康检查的劳动者,用人单位不能通过裁员或非因劳动者过错解除劳动合同,也不能通过与劳动者协商一致的方式解除劳动合同。只有在职业健康检查显示劳动者未患职业病,或者劳动者虽患职业病,但劳动能力鉴定结论显示劳动者的劳动功能障碍等级符合《工伤保险条例》关于解除劳动合同规定的条件下,用人单位才可以与劳动者协商一致解除劳动合同。

【风险提示 119】

对从事接触职业病危害作业的劳动者,用人单位依法律规定解除或终止劳动合同,或与劳动者协商一致解除劳动合同前,应当为劳动者安排离岗前职业健康检查。在职业健康检查报告出具之前,用人单位与劳动者协商一致解除劳动合同不具备合法性。

【规范指引】

《中华人民共和国劳动合同法》

第四十二条　劳动者有下列情形之一的,用人单位不得依照本法第四十条、第四十一条的规定解除劳动合同:

(一)从事接触职业病危害作业的劳动者未进行离岗前职业健康检查,或者疑似职业病病人在诊断或者医学观察期间的;

……

《中华人民共和国职业病防治法》

第三十五条 对从事接触职业病危害的作业的劳动者,用人单位应当按照国务院安全生产监督管理部门、卫生行政部门的规定组织上岗前、在岗期间和离岗时的职业健康检查,并将检查结果书面告知劳动者。职业健康检查费用由用人单位承担。

用人单位不得安排未经上岗前职业健康检查的劳动者从事接触职业病危害的作业;不得安排有职业禁忌的劳动者从事其所禁忌的作业;对在职业健康检查中发现有与所从事的职业相关的健康损害的劳动者,应当调离原工作岗位,并妥善安置;对未进行离岗前职业健康检查的劳动者不得解除或者终止与其订立的劳动合同。

职业健康检查应当由取得《医疗机构执业许可证》的医疗卫生机构承担。卫生行政部门应当加强对职业健康检查工作的规范管理,具体管理办法由国务院卫生行政部门制定。

Q126:劳动者患病或非因工负伤,在医疗期内,用人单位是否可根据《劳动合同法》第39条的规定解除劳动合同?

《劳动合同法》第42条第3项规定,劳动者患病或者非因工负伤,在规定的医疗期内的,用人单位不得依照本法第40条、第41条的规定解除劳动合同。该条并未规定劳动者患病或者非因工负伤,在规定的医疗期内,用人单位是否可以依《劳动合同法》第39条的规定解除劳动合同。而《企业职工患病或非因工负伤医疗期规定》第2条对医疗期的定义是企业职工因患病或非因工负伤停止工作治病休息不得解除劳动合同的时限。该条规定医疗期内不得解除劳动合同是否包括《劳动合同法》第39条规定情形,用人单位依《劳动合同法》第39条解除医疗期内劳动者的劳动合同,是否违法,实践中有不同观点。

【争议】

观点一:《企业职工患病或非因工负伤医疗期规定》第2条规定,医疗期是企业职工因患病或非因工负伤停止工作治病休息不得解除劳动合同的时限。也就是说,在医疗期内,用人单位不得以任何理由解除劳动合同。即使医疗期内的劳动者符合《劳动合同法》第39条规定的情形,用人单位也不能解除劳动合同。

观点二:根据《劳动合同法》第 42 条第 3 项的规定,劳动者在医疗期内,用人单位只是不能在非因劳动者过错、用人单位经济裁员的情况下解除劳动合同。如果劳动者存在严重过错,符合《劳动合同法》第 39 条规定的情形,用人单位可以解除与劳动者的劳动合同。

【解答】

笔者同意观点二。劳动者患病或非因工负伤,在医疗期内,无法通过工作获得劳动报酬。为保护医疗期内劳动者的合法权益,《劳动合同法》第 42 条规定,劳动者患病或者非因工负伤,在规定的医疗期内的,用人单位不得依照本法第 40 条、第 41 条的规定解除劳动合同。该条规定的是劳动者在医疗期内,用人单位不得在劳动者无严重过错、用人单位进行经济裁员的情况下单方解除劳动合同,但并未禁止用人单位通过与医疗期内的劳动者协商一致解除劳动合同,也未禁止用人单位在劳动者符合《劳动合同法》第 39 条规定的情形下单方解除劳动合同。劳动者的行为符合《劳动合同法》第 39 条规定的情形,其自身存在严重过错,对用人单位也造成重大的不利影响。如果仅因为劳动者在医疗期内,就否定用人单位解除劳动合同的权利,则用人单位的用工管理、生产经营秩序和劳动纪律将难以维持。相对于劳动者在医疗期内存续劳动关系并获得补助的权利,用人单位在劳动者存在严重过错情形下解除劳动合同的权利更值得保护。所以,劳动者在医疗期内,用人单位仍可依《劳动合同法》第 39 条的规定解除与劳动者的劳动合同,无须支付经济补偿或赔偿金。

【风险提示 120】

劳动者患病或非因工负伤,在医疗期内,用人单位虽不得根据《劳动合同法》第 40 条、第 41 条的规定解除劳动合同,但劳动者存在严重过错行为,用人单位可以依《劳动合同法》第 39 条的规定解除劳动合同。

【规范指引】

《中华人民共和国劳动合同法》

第四十二条　劳动者有下列情形之一的,用人单位不得依照本法第四十条、第四十一条的规定解除劳动合同:

……

(三)患病或者非因工负伤,在规定的医疗期内的;

……

Q127：劳动者能否以用人单位未发放高温津贴为由解除劳动合同并要求经济补偿？

《防暑降温措施管理办法》第 17 条规定：劳动者从事高温作业的，依法享受岗位津贴。用人单位安排劳动者在 35℃以上高温天气从事室外露天作业以及不能采取有效措施将工作场所温度降低到 33℃以下的，应当向劳动者发放高温津贴，并纳入工资总额。高温津贴标准由省级人力资源社会保障行政部门会同有关部门制定，并根据社会经济发展状况适时调整。由于气候差异，各地规定的高温津贴发放时间并不相同，如北京市的高温津贴发放时间为 3 个月，海南省的高温津贴发放时间为 7 个月。各地的高温津贴发放标准也各有不同，2018 年北京市的高温津贴发放标准为不低于 180 元/月（室外高温作业人员）、不低于 120 元/月（室内高温作业人员）；浙江省的发放标准为 225 元/月（高温作业人员）、180 元/月（非高温作业人员）、145 元/月（一般工作人员）；江苏省发放标准为 300 元/月。同时，《防暑降温措施管理办法》第 11 条还规定：用人单位应当为高温作业、高温天气作业的劳动者供给足够的、符合卫生标准的防暑降温饮料及必需的药品。不得以发放钱物替代提供防暑降温饮料。防暑降温饮料不得充抵高温津贴。

现实中，一些用人单位并未落实《防暑降温措施管理办法》以及各地制定的相关规定，没有对符合发放高温津贴条件的劳动者发放高温津贴，一些用人单位以发放防暑降温饮料、药物的方式代替高温津贴的发放，这些都是不符合法律规定的。《劳动合同法》第 38 条第 1 款第 2 项规定，用人单位未及时足额支付劳动报酬的，劳动者可以解除劳动合同。高温津贴是否属于劳动报酬，用人单位未发放高温津贴，是否符合《劳动合同法》第 38 条第 1 款第 2 项规定的情形，实践中有不同观点。

【争议】

观点一：《防暑降温措施管理办法》规定高温津贴纳入工资总额。国家统计局《〈关于工资总额组成的规定〉若干具体范围的解释》规定，纳入工资总额的津贴、补贴包括补偿职工特殊或额外劳动消耗的津贴，含高温作业临时补贴等。所以，高温津贴属于工资，用人单位未及时足额支付高温津贴的，符合《劳动合同法》第 38 条第 1 款第 2 项的规定，劳动者可以解除劳动合同并要求用人单位支付经济补偿。

观点二:高温津贴不属于劳动报酬,而是一种福利待遇。用人单位未向符合发放高温津贴的劳动者发放高温津贴,固然违法,但不符合劳动者解除劳动合同并要求用人单位支付经济补偿的条件。

【解答】

笔者认为,《防暑降温措施管理办法》和国家统计局《〈关于工资总额组成的规定〉若干具体范围的解释》均将高温津贴纳入工资总额的范围,所以高温津贴应当属于劳动者的工资。《劳动合同法》第 38 条第 1 款第 2 项规定用人单位未及时足额支付的劳动报酬应当是指劳动合同约定或法律规定的日期正常发放的工资,包括基本工资、级别工资、绩效工资、提成工资、加班工资、奖金等。用人单位不及时足额发放这些工资,对劳动者影响重大,所以法律规定劳动者可以在此情形下解除劳动合同,并可要求用人单位支付经济补偿。而且,高温津贴虽然被纳入工资总额的范围,更类似于一种特殊岗位的福利待遇,各地规定的高温津贴数额较小,大多为 1 个月 200 元左右,用人单位未及时发放高温津贴,对劳动者的影响较小。《劳动合同法》第 38 条规定的均为用人单位因过错严重侵害劳动者权利的情形,之所以要达到严重的程度,是因为《劳动合同法》的立法宗旨之一是维护劳动合同关系的稳定性,无论是劳动者还是用人单位存在过错情形下的解除劳动合同,均应在必要的时候运用,相对轻微的侵害行为,不应赋予任何一方即时解除劳动合同的权利。用人单位未及时发放高温津贴,虽然违反法律规定,但侵害劳动者的合法权利并未达到严重的程度。如让用人单位因轻微的过错行为就承担被即时解除劳动合同并支付经济补偿的责任,显然失当。所以,笔者更倾向于观点二,即用人单位未及时发放高温津贴,劳动者可以请求用人单位依法发放,但劳动者根据《劳动合同法》第 38 条第 1 款第 2 项的规定,以用人单位未发放高温津贴为由,解除劳动合同并要求经济补偿的,不应支持。

【风险提示 121】

用人单位应严格按各地规定的高温津贴发放的时间、条件和数额向符合条件的劳动者发放高温津贴。但劳动者不能以用人单位未及时足额发放高温津贴为由要求解除劳动合同并要求经济补偿。

【规范指引】

《中华人民共和国劳动合同法》

第三十八条 用人单位有下列情形之一的,劳动者可以解除劳动合同:

……

(二)未及时足额支付劳动报酬的;

……

《防暑降温措施管理办法》

第十七条 劳动者从事高温作业的,依法享受岗位津贴。

用人单位安排劳动者在35℃以上高温天气从事室外露天作业以及不能采取有效措施将工作场所温度降低到33℃以下的,应当向劳动者发放高温津贴,并纳入工资总额。高温津贴标准由省级人力资源社会保障行政部门会同有关部门制定,并根据社会经济发展状况适时调整。

Q128:用人单位未及时发放应休未休年休假工资报酬的,劳动者是否可以此为由解除劳动合同并要求用人单位支付经济补偿?

《职工带薪年休假条例》第2条规定,机关、团体、企业、事业单位、民办非企业单位、有雇工的个体工商户等单位的职工连续工作1年以上的,享受带薪年休假(以下简称年休假)。单位应当保证职工享受年休假。职工在年休假期间享受与正常工作期间相同的工资收入。第3条规定,职工累计工作已满1年不满10年的,年休假5天;已满10年不满20年的,年休假10天;已满20年的,年休假15天。国家法定休假日、休息日不计入年休假的假期。第5条第3款规定,单位确因工作需要不能安排职工休年休假的,经职工本人同意,可以不安排职工休年休假。对职工应休未休的年休假天数,单位应当按照该职工日工资收入的300%支付年休假工资报酬。根据上述规定,劳动者连续工作1年以上,均有享受年休假的权利,年休假期间,劳动者仍享受正常工资收入,用人单位不能安排劳动者休年休假的,应按日工资的300%支付应休未休年休假期间的工资报酬。

年休假工资和应休未休年休假工资,均有"工资"二字。但是,实践中对这二者是否属于工资,用人单位未及时发放年休假工资和应休未休年休假工资的,劳动者是否可依《劳动合同法》第38条第1款第2项的规定解除劳动合同并要求经济补偿的问题,存在不少争议。

【争议】

观点一:《职工带薪年休假条例》规定的年休假工资和应休未休年休假工资均带有“工资”二字,应属于工资报酬。工资报酬是劳动者为用人单位提供劳动,用人单位支付的对价。法律法规规定年休假期间,劳动者仍可享受正常工作的收入,这是法律法规赋予劳动者的特殊工资待遇,应属于工资报酬。劳动者在应当享受的年休假期间工作,用人单位支付应休未休年休假工资,也属于用人单位对劳动者提供劳动的一种对价。而且在企业薪酬调查统计中,年休假待遇被纳入从业人员的劳动报酬口径进行统计。综上,年休假工资和应休未休年休假工资均属于工资报酬,用人单位未及时发放,劳动者可以解除劳动合同并要求用人单位支付经济补偿。

观点二:年休假工资和应休未休年休假工资均属于福利待遇,不属于工资报酬。用人单位未及时发放年休假工资和应休未休年休假工资的,不属于《劳动合同法》第38条第1款第2项规定的情形。

观点三:年休假工资是法律法规规定职工享受年休假时应享受与正常工作同样的工资收入,应当属于工资报酬。而应休未休年休假工资则是法律规定用人单位无法安排劳动者休年休假的情形下,用人单位对劳动者的一种补偿或赔偿,不属于工资范围。劳动者不得以用人单位不发放应休未休年休假工资为由解除劳动合同并要求经济补偿。

【解答】

笔者同意观点三。理由如下:

(1)《职工带薪年休假条例》规定,职工在年休假期间享受与正常工作期间相同的工资收入。职工在年休假期间虽未提供劳动,但法律法规仍赋予职工享受与正常工作期间相同的工资收入,这是国家对各行各业的劳动者所做贡献的认可,也是劳动者享有休息权的体现。根据该条规定,年休假工资是一种工资收入,属于工资报酬。

(2)应休未休年休假工资除正常工资外的200%部分,是用人单位无法安排劳动者休年休假的一种补偿或赔偿,不应纳入工资总额范围。《关于工资总额组成的规定》《〈关于工资总额组成的规定〉若干具体范围的解释》未将用人单位对劳动者的补偿或赔偿纳入工资总额的范围。用人单位对劳动者的补偿和赔偿,不是对劳动者提供劳动支付的对价,与劳动者因劳动获得的工资报酬明显有区别,不能将应休未休年休假工资除正常工资外的200%部分看作劳动者的工资报酬。

(3)不能因为应休未休年休假工资有“工资”二字就当然认为应休未休年休假工资属于劳动者的工资报酬。劳动法意义上带“工资”二字的术语并不全属于劳动者的工资报酬。如未订立书面劳动合同的二倍工资,是法律对用人单位未履行相应义务所施加的惩罚性赔偿,学术界和理论界对二倍工资不属于劳动者的工资报酬这一观点已形成共识。应休未休年休假工资除正常工资外的200%部分,虽有“工资”二字,但因其本质是一种补偿或赔偿,也不属于劳动者的工资报酬。

(4)法律法规并未规定用人单位未及时支付应休未休年休假工资的情形下劳动者可即时解除劳动合同并要求经济补偿。《劳动合同法》第38条并未有用人单位未及时支付应休未休年休假工资的情形,该条规定的未及时足额支付劳动报酬也不包括应休未休年休假工资。劳动者以《劳动合同法》第38条规定解除劳动合同并要求经济补偿,没有法律依据。

(5)用人单位未及时支付应休未休年休假工资的情形下,劳动者即时解除劳动合同不符合《劳动合同法》的立法精神。前已论及,维持稳定的劳动合同关系是《劳动合同法》的立法宗旨之一,只有符合《劳动合同法》规定的即时解除情形,用人单位和劳动者才能即时解除劳动合同。而且,对《劳动合同法》规定的即时解除情形不应作扩大解释,不应将用人单位未及时支付应休未休年休假工资的情形纳入其中。

(6)与劳动者正常劳动报酬相比,应休未休年休假工资对劳动者的重要程度相对较低。加班工资等工资作为日常工资的组成部分具有可预期性,对劳动者更具有重要意义。未休年休假工资,只是劳动者休假权未实现时的一种替代物,具有不可预期性,很难认为是工资账户的一部分。[①] 前已论及,仅有在用人单位因过错严重损害劳动者利益的情况下,劳动者才能解除劳动合同并要求经济补偿。用人单位未及时发放应休未休年休假工资不应纳入其中。

一些地方的人民法院和劳动仲裁部门出台意见明确应休未休年休假工资非劳动报酬的性质以及用人单位未发放并不产生劳动者单方即时解除劳动合同的法律后果。北京市高级人民法院、北京市劳动人事争议仲裁委员会《关于

---

① 参见高战胜:《劳动者不能以用人单位未付未休年休假报酬为由解除劳动合同》,载《法学杂志》2015年第11期。

审理劳动争议案件法律适用问题的解答》(2017 年)第 20 条规定,劳动者未休年休假,根据《职工带薪年休假条例》第 5 条规定,用人单位按职工日工资收入 300% 支付年休假工资报酬。支付未休年休假的工资报酬与正常劳动工资报酬、加班工资报酬的性质不同,其中包含用人单位支付职工正常工作期间的工资收入(100% 部分)及法定补偿(200% 部分)。《职工带薪年休假条例》在于维护劳动者休息休假权利,劳动者以用人单位未支付其未休带薪年休假工资中法定补偿(仅 200% 部分)而提出解除劳动合同时,不宜认定属于用人单位"未及时足额支付劳动报酬"的情形。广东省高级人民法院、广东省劳动人事争议仲裁委员会《关于审理劳动人事争议案件若干问题的座谈会纪要》(2012 年)第 27 条规定,用人单位未按照法律规定或劳动合同的约定及时足额向劳动者发放年休假工资或高温津贴,劳动者以用人单位未及时足额支付劳动报酬为由主张解除劳动合同的,不予支持。

【风险提示 122】

> 应休未休年休假工资除正常工资外的 200% 部分,不属于劳动者的工资报酬,劳动者不能以用人单位未发放该笔款项为由解除劳动合同并要求二倍工资。

【规范指引】

《职工带薪年休假条例》

第三条　职工累计工作已满 1 年不满 10 年的,年休假 5 天;已满 10 年不满 20 年的,年休假 10 天;已满 20 年的,年休假 15 天。

国家法定休假日、休息日不计入年休假的假期。

第五条　单位根据生产、工作的具体情况,并考虑职工本人意愿,统筹安排职工年休假。

年休假在 1 个年度内可以集中安排,也可以分段安排,一般不跨年度安排。单位因生产、工作特点确有必要跨年度安排职工年休假的,可以跨 1 个年度安排。

单位确因工作需要不能安排职工休年休假的,经职工本人同意,可以不安排职工休年休假。对职工应休未休的年休假天数,单位应当按照该职工日工资收入的 300% 支付年休假工资报酬。

Q129:如何认定《劳动合同法》第 39 条第 2 项规定的劳动者严重违反用人单位的规章制度?

《劳动合同法》第 39 条第 2 项规定,劳动者严重违反用人单位的规章制度,用人单位可以解除劳动合同。该项规定用了“严重”一词,但未对何为“严重”作界定。由于劳动者严重违反规章制度的规定界限不清,含义模糊,劳动仲裁部门和人民法院在处理此类案件时只能根据法官或仲裁员自己的理解进行自由裁量,导致各地裁审标准严重不统一。由于用人单位单方解除劳动合同的权利关系到劳动者的就业和生存权利,利益关系重大,裁审标准的不统一不利于劳动者权益的保护。

从比较法的角度分析,域外立法对用人单位因劳动者严重违反用人单位的规章制度的界定,有列举式的规定,也有授权式模糊的规定。列举式的规定,如《英国就业权利法》规定,以下事由可被认为劳动者有足够过错、雇主解雇有合理理由:劳动者故意违背合法命令、盗窃或故意破坏雇主的财产、在工作中使用暴力、不诚实或其他犯罪行为。在英国的判例中,又对劳动者有足够过错作了扩展:如斗殴、辱骂他人、酗酒、玩忽职守、阻碍他人工作、旷工、不服从工作安排、违背相互信任、工作中睡觉、迟到、工作中喧哗嬉戏、盗窃、不道德、不忠诚、吸毒、不适当的着装和违反卫生规则等,不当行为必须是严重的或是多次发生的。[①]《俄罗斯联邦劳动法典》也采用列举式的规定:……(5)如果员工无正当理由多次未完成雇主交给的劳动任务而受到纪律处分。(6)员工严重违反劳动义务一次:(A)旷工,也就是在整体工作日(当班)期间无正当理由不在工作地点,而无论不在时间的长短,以及在工作日期间无正当理由离开工作地点连续超过 4 小时以上。(B)员工工作(在自己的工作岗位上或在雇主的单位内,或在受雇主委托应完成劳动任务的地方)时,处于醉酒、麻醉或其他吸毒的状态。(C)泄露员工在完成劳动任务时知晓的依法应受保护的(国家的、职务的和其他的)秘密,其中包括泄露其他员工的个人资料。(D)在工作地点盗窃(包括小额盗窃)已为有权审理行政违法案件法院的生效判决或法院、机关、公职人员的决议确定的他人财产、公款,并故意对其进行损毁和灭失。(E)员工违反劳动保护委员会或被授权负责劳动保护的人确定的劳动保护要求,并引起严重后果

---

① 参见熊晖:《解雇保护制度研究》,法律出版社 2012 年版,第 105 ~ 106 页。

(生产事故、故障、灾难)或者明显造成引起这样后果的实际威胁。(7)直接保管现金或贵重商品的员工实施了过错行为,而这些行为构成雇主对其失去信任的理由。(8)履行培训职能的员工实施了不道德的行为,不适合继续从事该工作……(10)单位(分公司、代表处)负责人、其副职严重违反劳动职责一次。[①]我国台湾地区"劳动基准法"也采用列举式的方法,第 12 条规定,劳动者有以下情形之一者,雇主得不经预告解除契约……(2)对于雇主、雇主家属、雇主代理人或其他共同工作之劳工,实施暴行或有重大侮辱之行为者。(3)受有期徒刑以上刑之宣告确定,而未谕知缓刑或未准易科罚金者。(4)违反劳动契约或工作规则,情节重大者。(5)故意损耗机器、工具、原料、产品,或其他雇主所有物品,或故意泄露雇主技术上、营业上之秘密,致雇主受有损害者。(6)无正当理由继续旷工 3 日,或 1 个月内旷工达 6 日者。授权式的模糊规定,如《法国劳动法典》规定,除非当事人一致同意,定期劳动合同,只有在当事人有严重过错或在不可抗力之场合,才能在其期限未到之前予以解除。

在我国的司法实践中,对如何界定劳动者严重违反用人单位的规章制度的问题有不同的观点。

【争议】

观点一:用人单位在规章制度中必须明确劳动者的哪些行为属于严重违反规章制度的行为,劳动仲裁部门和人民法院可以根据用人单位在规章制度中的此类规定作出认定。如用人单位未在规章制度中明确劳动者的某些行为属于严重违反规章制度的,就不应认定劳动者的该行为严重违反规章制度,用人单位不得以劳动者的行为严重违反规章制度为由解除劳动合同。

观点二:用人单位在规章制度中明确劳动者的哪些行为属于严重违反规章制度的,劳动者从事了这样的行为,一般可以认定劳动者严重违反规章制度,但用人单位规章制度的此类规定明显不合理、违反法律规定或制定程序不合法的除外。用人单位在规章制度中未明确劳动者违反规章制度的行为是否严重,则要根据劳动者的过错程度、对用人单位造成损害的程度、违反次数、用人单位从事的行业等方面进行综合判断。

【解答】

笔者同意观点二。劳动法律法规并未规定用人单位规章制度必须明确劳

① 参见《俄罗斯联邦劳动法典》,蒋璐宇译,北京大学出版社 2009 年版,第 57 ~ 58 页。

动者的哪些违反规章制度的行为属于严重违反，而且我国目前中小企业众多，这些企业的规章制度并不完善，难以要求所有的用人单位均能明确此项内容。仅以用人单位未在规章制度明确哪些行为属于严重违反规章制度为由，就认定劳动者所有违反规章制度的行为均非严重，并否定用人单位解除劳动合同的权利，显然不当，也没有法律依据。

笔者认为，对劳动者一些违规行为是否属于严重违反规章制度，可按以下步骤进行判断。

首先，考查用人单位的规章制度中是否明确劳动者违反哪些规章制度属于严重违反规章制度或用人单位可单方解除劳动合同的情形。如规章制度中已有明确规定，该规定不违反法律法规规定，也不具备不合理性，且规章制度的制定符合《劳动合同法》第 4 条规定的程序，并向劳动者公示，那么，劳动者如有违反用人单位规章制度中已明确为严重违反规章制度或用人单位可解除劳动合同的行为，则用人单位可以依《劳动合同法》第 39 条第 2 项的规定解除劳动合同。

其次，如用人单位的规章制度中没有明确劳动者违反哪些规章制度属于严重违反规章制度或用人单位可单方解除劳动合同的情形，那么，要综合规章制度的规定、劳动者违规行为的性质、过错程度、给用人单位造成损害的程度、用人单位的性质和所处行业、违规行为顽固性和次数等因素进行综合判断。(1)劳动者违反规章制度的行为，严重危害用人单位的生产经营秩序，可认定为劳动者严重违反规章制度。如劳动者对用人单位合理的工作安排拒不服从，或者殴打、严重侮辱其他劳动者，严重影响用人单位的生产经营秩序，属于严重违反规章制度。(2)劳动者违反规章制度的行为，对用人单位造成较大损失，可认定为劳动者严重违反规章制度。如劳动者在工作中违规操作，导致火灾，造成用人单位较大损失，用人单位可据此认定劳动者严重违反规章制度并解除劳动合同。(3)劳动者违反规章制度的行为，导致用人单位丧失对其的信任，可认定为劳动者严重违反规章制度。如劳动者盗窃、故意毁坏用人单位的财物，泄露用人单位的商业秘密，恶意传播谣言损害用人单位的声誉，或殴打用人单位的工作人员，导致用人单位对劳动者丧失信任基础，劳动者的行为属于严重违反规章制度。(4)劳动者违反规章制度后，用人单位对其进行批评教育，但劳动者拒不改正，继续再犯，可认定为劳动者严重违反规章制度。(5)劳动者多次违反规章制度，也可以认定劳动者严重违反规章制度。如劳动者多次违反规章制度的规定上班迟到、早退。(6)基于用人单位的性质和所处行业,劳动者的行为应当认定为严重违反规章制度的。如银行的柜员利用职权盗窃顾客的现金。劳动者的一些行为,在该行业可能被认定为严重违反规章制度,但在其他行业就可能是轻微地违反规章制度。如在工作场所吸烟,在一般的行业中难以认定为严重违反规章制度,但在易燃易爆的行业中,应当被认定为严重违反规章制度。(7)劳动者的职位是违反规章制度中过错程度的重要考查因素。劳动者为用人单位的高级管理人员、部门负责人,在遵守规章制度方面不但没有起到带头作用,反而违反规章制度,这是加重劳动者过错的重要因素。(8)劳动者在工作期间酗酒、吸毒等,也可认定为严重违反规章制度的行为。(9)劳动者违反规章制度的行为,同时触犯刑法的,用人单位既可以依据《劳动合同法》第 39 条第 2 项的规定解除劳动合同,也可以根据《劳动合同法》第 39 条第 6 项的规定解除劳动合同。劳动者是否严重违反规章制度,需考查劳动者在违反规章制度后的表现,如劳动者违反规章制度后认错态度较好,及时采取补救措施,可在一定情况下作为不认定劳动者严重违反规章制度的重要因素。如劳动者辱骂用人单位的管理人员,但事后积极认错,向受辱骂对象道歉并取得其谅解,则可认定劳动者未严重违反规章制度。用人单位及其他劳动者的过失也可以作为减轻该劳动者过错的重要因素。

劳动者违反规章制度的行为多种多样,难以有效归纳,以上论述仅作为认定劳动者是否严重违反规章制度的参考。考虑到用人单位的解雇行为对劳动者的重大影响,从保护劳动者就业权和生存权的角度,应当对严重违反规章制度作严格解释。在劳动者违反规章制度的行为是否属严重违反难以判断时,可适度向劳动者倾斜,认定该行为不属于严重违反规章制度。

一些地方的人民法院和劳动仲裁部门对如何认定劳动者严重违反用人单位的规章制度进行了有益的探索。江苏省高级人民法院、江苏省劳动人事争议仲裁委员会《关于审理劳动争议案件的指导意见》(2009 年)第 19 条规定,用人单位以劳动者严重违反规章制度为由解除劳动合同的,人民法院、仲裁机构应当审查用人单位规章制度的制定程序是否合法、劳动者的违纪行为在规章制度中是否有明确规定、规章制度对劳动者严重违纪行为的规定是否公平合理等,以判断劳动者是否属于严重违反用人单位规章制度、用人单位解除劳动合同的行为是否合法有效。

【风险提示 123】

用人单位在制定规章制度时，可明确规定劳动者违反哪些规章制度的行为属于严重违反规章制度，用人单位可在这些情形下单方解除劳动合同。在确定哪些行为是严重违反规章制度的行为时，应当充分考虑到用人单位的性质和所处行业、用人单位的生产经营秩序和利益、用人单位对劳动者的信赖利益、劳动者的违规次数、违规后的态度等因素，切记不可照搬照抄其他用人单位的规章制度。由于确定哪些行为属于严重违反规章制度，涉及劳动者的切身利益，在制定这些规定时，要严格依照《劳动合同法》第 4 条规定的制定程序，并以适当的方式向全体劳动者公示。

【规范指引】

《中华人民共和国劳动合同法》

第三十九条　劳动者有下列情形之一的，用人单位可以解除劳动合同：

……

（二）严重违反用人单位的规章制度的；

……

Q130：如何理解《劳动合同法》第 38 条第 1 款第 2 项规定的用人单位未及时足额支付劳动报酬？

《劳动合同法》第 38 条第 1 款第 2 项规定，用人单位未及时足额支付劳动报酬的，劳动者可以解除劳动合同。能否认为用人单位未及时足额支付劳动报酬，无论基于何种原因，劳动者均可解除劳动合同并要求用人单位支付经济补偿？该条规定是否有例外情形？司法实践中对以上问题存在不同的观点。

【争议】

观点一：用人单位未及时足额支付劳动报酬，不论基于何种原因，也不论未支付劳动报酬的数额和时间长短，劳动者均可根据《劳动合同法》第 38 条第 1 款第 2 项的规定解除劳动合同，并要求用人单位支付经济补偿。

观点二：《劳动合同法》第 38 条第 1 款第 2 项应有例外情形。如果未及时足额支付劳动报酬非因用人单位的过错，或者未支付劳动报酬的数额显著较小,或者延迟支付劳动报酬的时间很短,劳动者就不能根据《劳动合同法》第 38 条第 1 款第 2 项解除劳动合同。

【解答】

笔者倾向于观点二。非用人单位过错导致的劳动报酬未及时足额支付或者对劳动者权利影响甚微的未及时足额支付劳动报酬行为,应排除于《劳动合同法》第 38 条第 1 款第 2 项规定之外。这是因为:

(1)《劳动合同法》第 38 条规定的是因用人单位的过错行为严重侵害劳动者合法权利,劳动者可以解除劳动合同。如果未及时足额支付劳动报酬非因用人单位过错导致,就不符合《劳动合同法》第 38 条规定的情形,劳动者不得依该条规定解除劳动合同。此外,劳动法律法规还规定用人单位在一些特殊情形下可以减少工资支付,也不能认定用人单位未及时足额支付劳动报酬。如用人单位因停产停业无法及时足额支付劳动报酬,用人单位非因故意或重大过失对工资数额的计算方式有误等情形,劳动者以用人单位未及时足额发放工资为由解除劳动合同的,不应支持。

(2)劳动者即时解除劳动合同并要求用人单位支付经济补偿,应限定于用人单位的过错行为严重损害劳动者合法权益的情况。因用人单位的一些轻微过错,对劳动者权益的损害不大,劳动者无权即时解除劳动合同并要求支付经济补偿,否则,劳动关系的稳定性将无法维持,对用人单位也有不公,与《劳动合同法》的立法宗旨以及国家保护稳定劳动关系和保护企业合法权益的政策相悖。所以,用人单位未支付的工资数额较小,劳动者可以要求用人单位补足,但不能依《劳动合同法》第 38 条的规定解除劳动合同。用人单位延迟支付工资的时间较短,对劳动者权益侵害轻微,也不符合劳动者即时解除劳动合同的条件。笔者认为,《劳动合同法》第 38 条第 1 款第 2 项规定的用人单位未及时支付劳动报酬的时间,应以超出一个工资支付周期为限,如用人单位延迟支付劳动报酬的时间在一个工资支付周期之内,劳动者就不能依《劳动合同法》第 38 条第 1 款第 2 项的规定解除劳动合同。

一些地区的人民法院和劳动仲裁部门对用人单位未及时足额支付劳动报酬的界定作了规定。重庆市高级人民法院民事审判第一庭等六部门《劳动争议案件法律适用问题专题座谈会纪要(一)》(2017 年)第 1 条规定,《劳动合同法》第 38 条规定的用人单位"未及时足额支付劳动报酬"的把握。按周期支付的劳动报酬应当在每支付周期届满时支付,用人单位因客观原因难以在该支付周期支付的，可在该支付周期届满后的合理时间内支付，最晚不得晚于下一支付周期。认定用人单位“足额”支付劳动报酬应当遵循诚信原则，劳动者在领取工资时作出了无异议的意思表示，事后又通过证据证明用人单位未足额支付工资，并据此要求解除劳动合同、支付经济补偿的，人民法院不予支持。《天津法院劳动争议案件审理指南》（2017 年）第 26 条规定，用人单位因故意或者重大过失导致未及时足额支付劳动报酬的，劳动者以此为由主张解除劳动合同并要求用人单位支付经济补偿金的，应予支持。存在以下情形之一，劳动者根据《中华人民共和国劳动合同法》第 38 条第 1 款第 2 项的规定主张解除劳动合同的经济补偿金的，不予支持：（1）用人单位因自然灾害、经营困难，停产歇业等原因而无法及时足额支付劳动报酬并经所在单位工会同意，用人单位未建立工会的，已经用人单位职工代表同意；（2）劳资双方对计算劳动报酬的基数、方法等因客观原因理解不一致而最终导致未足额支付劳动报酬的；（3）劳动者主张的未足额支付劳动报酬的差额系未签订书面劳动合同二倍工资、未休年假工资的；（4）其他非因用人单位故意或者重大过失导致的未及时足额支付劳动报酬的。

【风险提示 124】

用人单位应当按约定或习惯发放工资的时间足额发放劳动者的工资报酬，按周期支付的工资报酬最晚不得晚于下一个支付周期发放。用人单位确实存在停业停产等客观原因无法及时足额发放工资报酬的，应当经工会或职工代表同意，并向劳动者作出说明。

【规范指引】

《中华人民共和国劳动合同法》

第三十八条　用人单位有下列情形之一的，劳动者可以解除劳动合同：

……

（二）未及时足额支付劳动报酬的；

……

Q131：劳动者能否以用人单位违反法律规定延长工作时间为由解除劳动合同并要求用人单位支付经济补偿？

劳动法律法规对用人单位延长劳动者工作时间的情形和延长时间的最高

限作了规定。《劳动法》第38条规定,用人单位应当保证劳动者每周至少休息1日。第41条规定,用人单位由于生产经营需要,经与工会和劳动者协商后可以延长工作时间,一般每日不得超过1小时;因特殊原因需要延长工作时间的,在保障劳动者身体健康的条件下延长工作时间每日不得超过3小时,但是每月不得超过36小时。第42条规定,有下列情形之一的,延长工作时间不受本法第41条规定的限制:(1)发生自然灾害、事故或者因其他原因,威胁劳动者生命健康和财产安全,需要紧急处理的;(2)生产设备、交通运输线路、公共设施发生故障,影响生产和公众利益,必须及时抢修的;(3)法律、行政法规规定的其他情形。第43条规定,用人单位不得违反本法规定延长劳动者的工作时间。劳动部《关于〈中华人民共和国劳动法〉若干条文的说明》对《劳动法》第38条解释为:用人单位必须保证劳动者每周至少有一次24小时不间断的休息。劳动部《关于职工工作时间有关问题的复函》第3条规定,《劳动法》第41条有关延长工作时间的限制包括正常工作日的加点、休息日和法定休假日的加班。即每月工作日的加点、休息日和法定节假日的加班的总时间数不得超过36小时。

在现实中,一些用人单位延长劳动者的工作时间违反法律规定,如未保证劳动者每周至少有一次24小时不间断的休息,或者每月加班时间超过36小时。这种情形下,劳动者是否可依《劳动合同法》第38条的规定解除劳动合同,并要求经济补偿,实践中存在不同观点。

【争议】

观点一:用人单位延长工作时间,并按法律规定支付延长工作时间的工资,即使用人单位延长工作时间超出法律规定的限制,劳动者也不能依《劳动合同法》第38条的规定解除劳动合同。

观点二:用人单位违反法律规定延长劳动者的工作时间,虽按法律规定支付延长时间的工资仍不能消除其延长工作时间的违法性。劳动者可依《劳动合同法》第38条的规定解除劳动合同并要求支付经济补偿。

【解答】

笔者倾向于观点二。劳动法律法规之所以规定用人单位延长工作时间的最高限,是为了保护劳动者的休息权,避免劳动者因过长的工作时间导致身体健康状况受不利影响。用人单位延长工作时间时,未保证劳动者劳动者每周至少有一次24小时不间断的休息,或者延长工作时间每日超过3小时,每月超过36小时,违反法律规定,侵害了劳动者的休息权,更为严重的是,延长工作时间超过法定限制可能导致劳动者身体健康状况的恶化，对劳动者的合法权益侵害极大。如果用人单位在规章制度中关于延长工作时间的规定违反法律规定，则劳动者可依《劳动合同法》第 38 条第 1 款第 4 项的规定解除劳动合同。如用人单位的规章制度没有此项规定，劳动者仍可依《劳动合同法》第 38 条第 1 款第 1 项的规定即用人单位未按照劳动合同约定提供劳动保护或者劳动条件解除劳动合同。保护劳动者的生命健康权利是用人单位最基本的义务，劳动保护和劳动条件按《中华人民共和国劳动合同法释义》一书所作的定义，是指用人单位对劳动者必须提供的生产、工作条件和劳动安全保护措施，即用人单位保障劳动者完成劳动任务和劳动过程中安全健康保护的基本要求。保护劳动者充分的休息权，是保护劳动者生命健康权利的一项重要内容。用人单位超出法律规定的限制延长劳动者的工作时间，不符合法律规定和劳动合同约定用人单位应提供的劳动保护和劳动条件，劳动者可依《劳动合同法》第 38 条第 1 款第 1 项的规定解除劳动合同并要求用人单位支付经济补偿。

【风险提示 125】

用人单位因生产经营需要延长劳动者的工作时间时，要注意保证劳动者劳动者每周至少有一次 24 小时不间断的休息，也要注意法律规定延长工作时间每日不得超过 3 小时、每月不得超过 36 小时的限制。延长工作时间违反上述法定限制的，用人单位不仅要受到行政处罚，而且还要面临劳动者解除劳动合同并要求支付经济补偿的法律风险。社会上热议的“996”工作制，即早上 9 点上班，晚上 9 点下班，每周工作 6 天的工作时间制度，远远超过法律法规规定的延长工作时间之上限，侵害劳动者的休息权。用人单位执行“996”工作制，是一种明显的违法行为。

【规范指引】

《中华人民共和国劳动法》

第三十八条　用人单位应当保证劳动者每周至少休息一日。

第四十一条　用人单位由于生产经营需要，经与工会和劳动者协商后可以延长工作时间，一般每日不得超过一小时；因特殊原因需要延长工作时间的，在保障劳动者身体健康的条件下延长工作时间每日不得超过三小时，但是每月不得超过三十六小时。

第四十二条　有下列情形之一的,延长工作时间不受本法第四十一条规定的限制:

(一)发生自然灾害、事故或者因其他原因,威胁劳动者生命健康和财产安全,需要紧急处理的;

(二)生产设备、交通运输线路、公共设施发生故障,影响生产和公众利益,必须及时抢修的;

(三)法律、行政法规规定的其他情形。

第四十三条　用人单位不得违反本法规定延长劳动者的工作时间。

《中华人民共和国劳动合同法》

第三十八条　用人单位有下列情形之一的,劳动者可以解除劳动合同:

(一)未按照劳动合同约定提供劳动保护或者劳动条件的;

……

Q132:《劳动合同法》第38条第1款第3项规定的用人单位未依法为劳动者缴纳社会保险费情形如何把握?

《劳动合同法》第38条第1款第3项规定,用人单位未依法为劳动者缴纳社会保险费,劳动者可以解除劳动合同。根据该条规定,用人单位未依法为劳动者办理社会保险手续、未依法为劳动者缴纳社会保险费,劳动者可解除劳动合同,并要求用人单位支付经济补偿。目前争议主要在于,劳动者以用人单位未按劳动者的实际工资标准缴纳社会保险费或用人单位缴纳社会保险费的期限不足为由解除劳动合同,并要求支付经济补偿,是否应当支持。

【争议】

观点一:《劳动合同法》第38条第1款第3项包括用人单位未依法为劳动者办理社会保险手续、未依法为劳动者缴纳社会保险费的情形,也包括用人单位为劳动者缴纳的社会保险费基数和期限不符合法律规定的情形。劳动者提供的证据可以证明用人单位社会保险费的缴纳基数和期限不符合法律规定的,其可依据《劳动合同法》第38条第1款第3项的规定解除劳动合同并要求用人单位支付经济补偿。如《天津法院劳动争议案件审理指南》(2017年)第27条规定,劳动者以用人单位未建立社会保险关系、无正当理由停缴社会保险费,或者社会保险费缴费基数不符合法律规定为由解除劳动合同,并请求用人单位支付经济补偿金,用人单位对此有过错的,属于《劳动合同法》第 38 条第 1 款第 3 项规定的情形,应予支持。劳动者主张社会保险费缴费计算不符合法律规定,应当提供社会保险征缴部门或者劳动监察部门出具的限期补缴通知书或者限期整改指令书等证据予以证明。劳动者未举证证明的,对其主张不予支持;劳动者已举证证明且用人单位未在限期内改正的,应当支持劳动者的主张。上述两款规定的情形中,推定用人单位有过错,但用人单位举证证明无过错的除外。

观点二:《劳动合同法》第 38 条第 1 款第 3 项的规定应严格限制在用人单位未依法为劳动者办理社会保险手续、未依法为劳动者缴纳社会保险费的情形。劳动者认为用人单位为劳动者缴纳的社会保险费基数和期限不符合法律规定,不符合该项规定的情形,其不能以该项规定解除劳动合同并要求用人单位支付经济补偿。北京市高级人民法院、北京市劳动人事争议仲裁委员会《关于审理劳动争议案件法律适用问题的解答》(2017 年)第 24 条规定,劳动者提出解除劳动合同前 1 年内,存在因用人单位过错未为劳动者建立社保账户或虽建立了社保账户但缴纳险种不全情形的,劳动者依据《劳动合同法》第 38 条的规定以用人单位未依法为其缴纳社会保险为由提出解除劳动合同并主张经济补偿的,一般应予支持。用人单位已为劳动者建立社保账户且险种齐全,但存在缴纳年限不足、缴费基数低等问题的,劳动者的社保权益可通过用人单位补缴或社保管理部门强制征缴的方式实现,在此情形下,劳动者以此为由主张解除劳动合同经济补偿的,一般不予支持。

【解答】

笔者倾向于观点二。这是因为:

(1)为维护稳定的劳动合同关系,平衡用人单位与劳动者双方的利益,对《劳动合同法》第 38 条和第 39 条规定劳动者、用人单位单方解除劳动合同的情形应作严格解释,不应任意扩大单方解除劳动合同的适用范围。《劳动合同法》第 38 条第 1 款第 3 项规定从文义上理解,是用人单位未依法为劳动者缴纳社会保险费的情形下,劳动者可以解除劳动合同。社会保险费缴纳基数不足和缴纳期限不符合法律规定,不属于未缴纳社会保险费用的范围。如将这两种情形纳入未依法缴纳社会保险费用的范围,超出《劳动合同法》第 38 条第 1 款第 3 项文义所能涵盖之范围,是对该项规定的目的性扩张。但该项规定并不存在法律漏洞,无须使用目的性扩张的方法填补,而且,这种扩张性的理解与《劳动合同法》维护劳动合同关系稳定性的立法宗旨相违背。所以,社会保险费缴纳基数不足和缴纳期限不符合法律规定，不符合《劳动合同法》第 38 条第 1 款第 3 项的规定，劳动者不得以该项规定为由解除劳动合同。

（2）社会保险费缴纳基数不足和缴纳期限不符合法律规定，非劳动争议案件的审查范围。最高人民法院民一庭负责人就《关于审理劳动争议案件适用法律若干问题的解释（三）》答记者问时明确，用人单位已为劳动者建立社会保险，因用人单位拖欠缴纳、低于实际工资缴纳社会保险以及双方因缴费年限发生的纠纷，该部分社会保险纠纷应由劳动者要求社会保险行政部门或社会保险征收机构进行核查并处理，不属于劳动争议案件的受理范围。由于人民法院、劳动仲裁部门与社会保险部门的职能分工不同，社会保险费缴纳基数不足和缴纳期限不符合法律规定的问题应由社会保险部门处理，人民法院和劳动仲裁部门不应对该问题进行审查。劳动者在劳动争议案件中主张社会保险费缴纳基数和期限存在不足，在社会保险部门作出认定之前，缺乏审查认定的前提条件。劳动者难以以该情形存在为由解除劳动合同并要求经济补偿。而且，用人单位未按规定缴纳基数和期限缴纳社会保险费，法律法规已规定了较为严厉的处罚措施，没有必要在法律规定之外另赋予劳动者单方解除劳动合同并要求经济补偿的权利再次加重用人单位的责任。

现实中，存在一些因异地社会保险接续问题、劳动者不配合等非用人单位的过错导致未及时缴纳社会保险费的情况。一些用人单位因暂时性的困难或其他合理理由未及时缴纳社会保险，得到社会保险征缴部门批准缓交、减交社会保险费。以上情况均非用人单位过错致社会保险费未及时缴纳。由于劳动者单方解除劳动合同并要求经济补偿的前提是用人单位存在《劳动合同法》第 38 条规定的过错行为，劳动者以用人单位存在上述情形为由解除劳动合同并要求经济补偿，不应支持。在这个问题上，多数地方的人民法院和劳动仲裁部门已形成一致观点。浙江省高级人民法院民事审判第一庭《关于审理劳动争议纠纷案件若干疑难问题的解答》（2012 年）第 13 条规定，用人单位因过错未及时、足额支付劳动报酬或未依法缴纳社会保险费的，可以作为劳动者解除劳动合同的理由。但用人单位有证据证明确因客观原因导致计算标准不清楚、有争议，或确因经营困难、具有合理理由或经劳动者认可，或欠缴、缓缴社会保险费已经征缴部门审批，劳动者以用人单位未“及时、足额”支付劳动报酬或未依法缴纳社会保险费为由解除劳动合同，要求用人单位支付经济补偿金的，不予支持。《江苏省劳动人事争议疑难问题研讨会纪要》（2017 年）也有类似规定，该纪要

第6条规定，用人单位依法为劳动者缴纳社会保险费用，是用人单位的法定义务。但是社会保险费的申报、审核和征缴在实际操作中往往比较复杂。《劳动合同法》第38条规定的目的是要促使用人单位诚信履行其基本义务，对于用人单位存在有悖诚信，并由此导致劳动者被迫辞职的行为，才属于立法所要规制的对象。因此，用人单位因主观恶意未为劳动者建立社保账户，未履行缴纳社会保险费义务的，劳动者依据《劳动合同法》第38条第1款第3项的规定以用人单位未依法缴纳社会保险费为由提出解除劳动合同并主张经济补偿的，应予支持。其他非因用人单位单方原因导致社会保险缴费年限不足，或者未足额缴纳，或者未参加单项险种等，劳动者可以向社保经办机构或劳动行政部门投诉举报维护社保权益。在此情形下劳动者以此为由解除劳动合同并主张支付经济补偿的，一般不予支持。

此外，用人单位为劳动者缴纳的社会保险险种不全的，多数地方的人民法院和劳动仲裁部门倾向于支持劳动者解除劳动合同并由用人单位支付经济补偿的请求。所以，用人单位在为劳动者办理社会保险手续并缴纳社会保险费时，要注意按法律规定的社会保险险种进行缴纳，不可仅缴纳其中的几个险种。

【风险提示126】

用人单位未按劳动者的实际工资标准缴纳社会保险费或用人单位缴纳社会保险费的期限不足的，劳动者应及时向社会保险征收机构反映。劳动者对上述事项提起劳动仲裁或提起诉讼，要求用人单位补缴社会保险，或者以此为由要求解除劳动合同并要求经济补偿，劳动仲裁部门和人民法院多不予审查。

【规范指引】

《中华人民共和国劳动合同法》

第三十八条　用人单位有下列情形之一的，劳动者可以解除劳动合同：

……

（三）未依法为劳动者缴纳社会保险费的；

……

Q133:劳动者承诺用人单位可不为其缴纳社会保险,但事后反悔,以用人单位未依法缴纳社会保险费为由解除劳动合同并要求经济补偿,能否支持?

前一个问题中,笔者已论述未及时缴纳社会保险费非因用人单位过错所致的情况下,劳动者不能依《劳动合同法》第38条的规定解除劳动合同。缴纳社会保险费是用人单位的法定义务,不能通过劳动者承诺或劳资双方协商一致的方式的予以排除。所以,劳动者承诺用人单位无须缴纳社会保险费,或者用人单位与劳动者就用人单位不缴纳社会保险费达成协议,此类的承诺和协议均违反法律的强制性规定,应为无效。用人单位依劳动者的承诺或协议书不缴纳社会保险费,违反法律规定,用人单位显然存在过错。在这种情况下,劳动者能否以用人单位未缴纳社会保险为由解除劳动合同并要求经济补偿,实践中存在较大争议。

【争议】

观点一:劳动者承诺或与用人单位协议自愿放弃社会保险费的缴纳,导致用人单位未缴纳社会保险费用,造成这种局面的主要原因在于劳动者。劳动者自愿放弃社会保险,而后又反悔,违反诚信原则。这种情形下,劳动者不得要求解除劳动合同的经济补偿。江苏、浙江等地的法院采此观点。江苏省高级人民法院、江苏省劳动人事争议仲裁委员会《关于审理劳动争议案件的指导意见》(2009年)第16条规定,因劳动者自身不愿缴纳等不可归责于用人单位的原因,导致用人单位未为其缴纳或未足额缴纳社会保险费,或者未参加某项社会保险险种,劳动者请求解除劳动合同并主张用人单位支付经济补偿的,不予支持。浙江省高级人民法院民事审判第一庭《关于审理劳动争议纠纷案件若干疑难问题的解答》(2012年)第11条规定,劳动者不愿意缴纳社会保险费,并书面承诺放弃参加社会保险费的,该书面承诺无效。劳动者可以此为由解除劳动合同,但要求用人单位支付经济补偿金的,不予支持。

观点二:缴纳社会保险费是用人单位的法定义务,不能因劳动者自愿放弃而免除用人单位的缴纳义务。即使劳动者自愿放弃社会保险,用人单位未缴纳社会保险费,仍符合《劳动合同法》第38条第1款第3项用人单位未依法缴纳社会保险费的规定。劳动者可据此解除劳动合同并要求经济补偿。北京市高级人民法院、北京市劳动人事争议仲裁委员会《关于审理劳动争议案件法律适用问题的解答》(2017 年)第 25 条规定,依法缴纳社会保险是《劳动法》规定的用人单位与劳动者的法定义务,即便是因劳动者要求用人单位不为其缴纳社会保险,劳动者按照《劳动合同法》第 38 条的规定主张经济补偿的,仍应予支持。

观点三:劳动者自愿放弃社会保险,但事后反悔,如用人单位在社会保险征缴部门指定的期限内缴纳社会保险的,不属于《劳动合同法》第 38 条第 1 款第 3 项规定的情形。如用人单位未在社会保险征缴部门指定的期限内缴纳社会保险,劳动者可解除劳动合同并要求支付经济补偿。安徽省高级人民法院《关于审理劳动争议案件若干问题的指导意见》(2015 年)第 26 条规定,用人单位与劳动者约定无须办理社会保险手续或将社会保险费以补贴形式直接支付给劳动者,劳动者事后反悔并主张用人单位为其补办社会保险手续或缴纳社会保险费,如用人单位未在社保机构指定期限内办理,劳动者以此为由解除劳动合同并请求用人单位支付经济补偿金的,人民法院应予支持。

【解答】

笔者倾向于观点二。理由如下:

(1)为劳动者办理社会保险手续、缴纳社会保险费是用人单位的法定义务。这种法定义务不能因为劳动者自愿放弃或用人单位、劳动者达成协议而免除。用人单位因劳动者放弃或双方协商一致而不为劳动者缴纳社会保险,存在重大过错,应当承担较重的法律责任。观点一认为劳动者自愿放弃社会保险费,主要过错在于劳动者,而不在于用人单位,与法律关于用人单位应为劳动者缴纳社会保险费的强制性规定并不相符。该观点认为劳动者可以用人单位未缴纳社会保险费解除劳动合同,但不支持劳动者要求经济补偿的要求,不符合《劳动合同法》第 46 条第 1 项关于劳动者依该法第 38 条规定解除劳动合同可以要求经济补偿的规定,不足以采纳。

(2)从《劳动合同法》第 38 条第 1 款第 3 项规定的文义分析,该条规定应包含用人单位因劳动者自愿放弃而未缴纳社会保险的情形。该条规定用人单位未依法为劳动者缴纳社会保险费,劳动者自愿放弃社会保险,用人单位因此未缴纳社会保险,违反法律规定,属于未依法缴纳社会保险的范畴。

(3)从现实情况分析,劳动者出具承诺书或与用人单位达成协议放弃社会保险多出于被迫。在劳动关系中,用人单位具有比较明显的强势地位,特别在一些用工不规范的用人单位,普通劳动者的权利更易被用人单位侵犯,劳动者为了获得或保住工作,常会不得已接受用人单位一些不合理、不合法的要求。实践中,劳动者放弃社会保险的情况,多因用人单位强令其出具承诺或签订协议,但劳动者难以举证证明出具承诺或签订协议系出于被迫。如因劳动者出具放弃社会保险的承诺或签订相关协议,就否定劳动者解除劳动合同并要求经济补偿的权利,这是对劳动者合法权利的进一步侵害,还会助长用人单位强迫劳动者放弃社会保险的风气。

(4)劳动者依《劳动合同法》第 38 条第 1 款第 3 项规定解除劳动合同,不应设置行政前置程序。观点三实际上要求劳动者先找社会保险征缴部门处理,由社会保险征缴部门催缴,用人单位仍未在指定时间缴纳,履行完这些程序以后,劳动者才可以解除劳动合同并要求经济补偿。在法律规定之外人为设置了行政处理前置的程序,没有法律依据,不利于保护劳动者的合法权利。

综上,劳动者出具承诺书或者与用人单位达成一致放弃社会保险,用人单位因此未缴纳社会保险费,劳动者在要求用人单位补缴社会保险的同时,仍可解除劳动合同并要求经济补偿。

【风险提示 127】

用人单位不得通过让劳动者出具承诺或签订协议的方式放弃社会保险,此类协议和承诺书均会被确认无效。用人单位不仅要补缴社会保险,缴纳逾期滞纳金,还将面临行政处罚。劳动者以用人单位未缴纳社会保险为由解除劳动合同的,用人单位还将面临支付经济补偿的风险。

【规范指引】

《中华人民共和国劳动合同法》

第四十六条　有下列情形之一的,用人单位应当向劳动者支付经济补偿:

(一)劳动者依照本法第三十八条规定解除劳动合同的;

……

Q134:《劳动合同法》第 39 条第 6 项规定的劳动者被追究刑事责任情形如何界定?

《劳动合同法》第 39 条第 6 项规定,劳动者被追究刑事责任的,用人单位可以解除劳动合同。对哪些情形属于劳动者被究刑事责任，劳动法律法规作了相应的规定。劳动部《关于贯彻执行〈中华人民共和国劳动法〉若干问题的意见》第 29 条规定，“被依法追究刑事责任”是指：被人民检察院免予起诉的、被人民法院判处刑罚的、被人民法院依据《刑法》第 32 条（现第 37 条——笔者注）免予刑事处分的。劳动者被人民法院判处拘役、3 年以下有期徒刑缓刑的，用人单位可以解除劳动合同。原劳动部《关于〈中华人民共和国劳动法〉若干条文的说明》第 25 条第 4 款规定：“被依法追究刑事责任”，具体指出：（1）被人民检察院免予起诉的；（2）被人民法院判处刑罚（刑罚包括，主刑：管制、拘役、有期徒刑、无期徒刑、死刑；附加刑：罚金、剥夺政治权利、没收财产）的；（3）被人民法院依据《刑法》第 32 条（现第 37 条——笔者注）免予刑事处分的。

1996 年 3 月通过的《全国人民代表大会关于修改〈中华人民共和国刑事诉讼法〉的决定》不再有免予起诉的规定，所以，人民检察院决定免予起诉不再作为劳动者被追究刑事责任的情形。

人民检察院作出不予起诉决定是否属于劳动者被追究刑事责任的情形，实践中存在不同观点。

【争议】

观点一：酌定不起诉是对犯罪情节轻微的不起诉处理，仍属于劳动者被追究刑事责任的范围。

观点二：人民检察院作出不予起诉决定不属于《劳动合同法》第 39 条第 6 项规定劳动者被追究刑事责任范围，用人单位不得根据人民检察院的不起诉决定解除劳动合同。

【解答】

笔者同意第二种观点。根据《刑事诉讼法》的规定，人民检察院决定不予起诉的情形可分为三类：（1）法定不予起诉的情形，即《刑事诉讼法》第 16 条规定不追究刑事责任、不起诉或终止审理、宣告无罪的情形；（2）证据不足的不起诉情形，即根据《刑事诉讼法》第 175 条第 4 款的规定，对于二次补充侦查的案件，人民检察院仍然认为证据不足，不符合起诉条件的，应当作出不起诉的决定；（3）酌定不起诉的情形，即根据《刑事诉讼法》第 177 条第 2 款的规定，犯罪情形轻微，依照刑法规定不需要判处刑罚或者免除刑罚的情形。劳动和社会保障部《关于职工被人民检察院作出不予起诉决定用人单位能否据此解除劳动合同问题的复函》规定，人民检察院根据《中华人民共和国刑事诉讼法》第 142 条第 2

款(现第177条第2款——笔者注)规定作出不起诉决定的,不属于《劳动法》第25条第4项规定的被依法追究刑事责任的情形。因此,对人民检察院根据《中华人民共和国刑事诉讼法》第142条第2款(现第177条第2款——笔者注)规定作出不起诉决定的职工,用人单位不能依据《劳动法》第25条第4项规定解除其劳动合同。但其行为符合《劳动法》第25条其他情形的,用人单位可以解除劳动合同。该复函虽仅规定酌定不起诉的情形不属于劳动者被依法追究刑事责任的情形,但酌定不起诉是针对犯罪情形轻微、依照刑法规定不需要判处刑罚或者免除刑罚的情形,根据举重以明轻的原则,法定不起诉、证据不足不起诉的情形更难以纳入《劳动合同法》第39条第6项规定劳动者被追究刑事责任的范围。因此,人民检察院决定对劳动者不予起诉的,用人单位不能以劳动者被依法追究刑事责任为由解除劳动合同。但劳动者的行为符合《劳动合同法》第39条规定的其他情形的,用人单位可依据其他条款解除劳动合同。

【风险提示128】

只有在劳动者被人民法院判处刑罚及被人民法院依据《刑法》第37条免予刑事处分的情形下,用人单位才能根据《劳动合同法》第39条第6项规定解除劳动合同。人民检察院作出不起诉的决定,不属于依法追究刑事责任的范围,用人单位不得根据人民检察院的不起诉决定以劳动者被追究刑事责任为由解除劳动合同。

【规范指引】

《中华人民共和国劳动合同法》

第三十九条　劳动者有下列情形之一的,用人单位可以解除劳动合同:

……

(六)被依法追究刑事责任的。

劳动部《关于〈中华人民共和国劳动法〉若干条文的说明》

第二十五条　……

本条中“被依法追究刑事责任”,具体指:(1)被人民检察院免予起诉的;(2)被人民法院判处刑罚(刑罚包括,主刑:管制、拘役、有期徒刑、无期徒刑、死刑;附加刑:罚金、剥夺政治权利、没收财产)的;(3)被人民法院依据刑法第32条(现第37条——笔者注)免予刑事处分的。

Q135：劳动者被错判宣告无罪释放后，能否要求用人单位恢复劳动关系并补发在押期间的工资？

近年来，人民法院坚持对人民负责、对法律负责的态度，果断纠正一批冤假错案。劳动者被追究刑事责任后，用人单位依法解除劳动合同，之后，如刑事案件又被司法机关认定为冤假错案，劳动者被宣告无罪释放。在这种情形下，劳动者能否要求用人单位恢复劳动关系，实践中存在不同观点。

【争议】

观点一：《国家赔偿法》实施以后，被错判的劳动者可获得国家赔偿，劳动者与企业之间的劳动关系不存在恢复问题。[①] 所以，劳动者被宣告无罪释放后，不得要求恢复劳动关系。

观点二：《国家赔偿法》规定的国家赔偿仅限于金钱赔偿，劳动者已获得相应补偿，用人单位无须补发工资待遇，但用人单位仍应当恢复劳动关系。[②]

【解答】

笔者认为，劳动者被错判，在无罪释放之前用人单位解除劳动合同，劳动者在无罪释放之后能否要求恢复劳动关系，要看劳动者无罪释放之后提出恢复劳动关系的时间是否在劳动合同期间。

劳动部办公厅《关于企业职工被错判宣告无罪释放后，是否应恢复与企业的劳动关系等有关问题的复函》（劳办发〔1997〕40 号）认为：关于企业职工被错判，宣告无罪释放后，企业是否应与其恢复劳动关系、补发工资问题，我们认为，职工于《国家赔偿法》实施以前被判犯罪，后经司法机关改判无罪的，如企业仅因其被判刑而解除劳动关系的，企业应恢复与该职工的劳动关系，并按照劳动人事部《关于受处分人员的工资待遇问题给天津市劳动局的复文》（劳人薪局〔1985〕第 12 号）的规定，恢复其原工资待遇，并补发在押期间的工资。根据《国家赔偿法》第 33 条、第 37 条的规定，侵犯公民人身自由的，每日赔偿金按照国家上年度职工日平均工资计算；有本法第 3 条或者第 17 条规定情形之一，致人精神损害的，应当在侵权行为影响的范围内，为受害人消除影响，恢复名誉，赔礼道歉；造成严重后果的，应当支付相应的精神损害抚慰金。可见，《国家赔偿

---

① 参见王林清：《劳动纠纷裁判思路与规范释解》，法律出版社 2016 年版，第 378 页。

② 参见李盛荣、马千里：《劳动争议案件司法观点集成》，法律出版社 2017 年版，第 358 页。

法》解决的主要是对受害人被错判等情形下的金钱赔偿问题。受害人被错判限制人身自由的，在限制人身自由期间，可获得按国家上年度职工日平均工资计算的赔偿金，有精神损害的，可获得精神损害抚慰金。由于用人单位因劳动者被追究刑事责任解除劳动合同，并不存在过错，限制人身自由期间，劳动者也没有为用人单位提供劳动，而且，劳动者已获得相应的赔偿，所以《国家赔偿法》实施以后，劳动者不能要求用人单位补发在押期间的工资。《国家赔偿法》并没有涉及受害人因被错判而失去工作的工作恢复问题，实际上，受害人被无罪释放后，恢复工作与否对受害人无罪释放后的收入和生活影响非常大。不能仅因《国家赔偿法》对受害人作出金钱赔偿而否定劳动者恢复劳动关系的权利。劳动者被宣告无罪释放后，要求用人单位恢复劳动关系，如劳动者提出该要求的时间仍在劳动合同期间，用人单位应当继续履行劳动合同；如劳动者提出的时间已逾劳动合同期间，用人单位也可选择不与劳动者续订劳动合同；如在解除劳动合同前双方已订立无固定期限劳动合同或被视为订立无固定期限劳动合同的，劳动者可要求用人单位继续履行无固定期限劳动合同。当然，如果用人单位因破产、营业执照被注销等情形导致劳动合同无法继续，劳动者也无法要求恢复劳动关系。

【风险提示129】

劳动者被错判，后被宣告无罪释放，如宣告无罪释放时劳动者与用人单位之间的固定期限劳动合同未期满，或双方之间订立的是无固定期限劳动合同，劳动者要求恢复劳动合同关系的，用人单位有义务恢复。

【规范指引】

劳动部办公厅《关于企业职工被错判宣告无罪释放后，是否应恢复与企业的劳动关系等有关问题的复函》

关于企业职工被错判，宣告无罪释放后，企业是否应与其恢复劳动关系、补发工资问题，我们认为，职工于《国家赔偿法》实施以前被判犯罪，后经司法机关改判无罪的，如企业仅因其被判刑而解除劳动关系的，企业应恢复与该职工的劳动关系，并按照劳动人事部《关于受处分人员的工资待遇问题给天津市劳动局的复文》（劳人薪局〔1985〕第12号）的规定，恢复其原工资待遇，并补发在押期间的工资。

Q136：用人单位依《劳动合同法》第 39 条规定解除劳动合同，是否有时间限制？

《劳动合同法》第 39 条规定了劳动者存在严重过错的几种情形下用人单位可单方解除劳动合同。用人单位是否必须在劳动者符合《劳动合同法》第 39 条规定的情形时之后的一定时间内行使单方解除权，在一定期间内未行使是否可导致用人单位单方解除劳动合同权利的丧失，劳动法律法规对此并无规定，实践中存在争议。

【争议】

观点一：劳动法律法规并未规定用人单位在发现劳动者符合《劳动合同法》第 38 条规定情形时起一定时间内必须行使单方解除权，该权利是法律赋予用人单位的权利，在法律没有规定的情形下，用人单位可随时行使该权利，不因一定期限经过而丧失该项权利。

观点二：用人单位应当在发现劳动者符合《劳动合同法》第 39 条规定情形时起 1 年内行使单方解除权。这是因为《劳动争议调解仲裁法》第 27 条规定劳动争议的仲裁时效为 1 年，该时效可作为用人单位行使解除权的有效期间。

观点三：应当为用人单位凭《劳动合同法》第 39 条规定单方解除劳动合同设置一定的时间限制。用人单位发现劳动者存在《劳动合同法》第 39 条规定的情形后，没有立即解除劳动合同，而是在较长的一段时间后解除劳动合同，这种做法违反诚实信用原则，不应支持。

【解答】

笔者倾向于观点三。理由如下：

（1）权利的行使应符合诚实信用原则，权利人不得滥用权利。用人单位依据《劳动合同法》第 39 条的规定享有单方解除劳动合同的权利，该权利应当在合理的期间行使。劳动者存在《劳动合同法》第 39 条规定的严重过错行为，用人单位发现后，应及时进行调查，调查核实清楚后应及时解除劳动合同。用人单位如在调查核实劳动者的严重过错行为后的合理时间内未行使解除劳动合同的权利，意味着用人单位愿意再给劳动者继续工作的机会，不再因劳动者先前的过错行为解除劳动合同。用人单位在调查核实劳动者的严重过错行为后较长的时间旧事重提，单方解除劳动合同，违反诚信原则，滥用了法律赋予其单方解除劳动合同的权利，不应得到支持。

(2)限制用人单位单方解除劳动合同的时间,是为了保护劳动者的合理信赖利益。劳动者虽然存在《劳动合同法》第 39 条规定的严重过错行为,但用人单位长时间不行使解除劳动合同的权利,劳动者对用人单位不解除劳动合同、自己仍能在用人单位继续工作已产生合理信赖。此时,用人单位再以劳动者先前的过错为由解除劳动合同,显然损害了劳动者合理的信赖利益。

(3)《劳动争议调解仲裁法》第 27 条规定的仲裁时效不应适用于用人单位单方解除劳动合同的时间限制。《劳动争议调解仲裁法》第 27 条规定的是当事人知道或应当知道权利受侵害后提起劳动仲裁的时间,与用人单位发现劳动者存在严重过错行为后行使单方解除劳动合同的时间在性质上明显不同,不能将仲裁时效的规定直接套用到限制用人单位单方解除劳动合同的时间上。

关于用人单位单方解除劳动合同以多长时间为适当的问题。浙江省高级人民法院民事审判第一庭、浙江省劳动人事争议仲裁院《关于审理劳动争议案件若干问题的解答(二)》(2012 年)第 8 条规定,劳动者违反用人单位规章制度,符合用人单位与其解除劳动合同的条件,用人单位一般应在知道或者应当知道之日起 5 个月内行使劳动合同解除权。笔者认为,这一规定时间有过长之嫌。从域外法律的相关规定分析。我国台湾地区"劳动基准法"第 12 条规定,雇主依前项第 1 款、第 2 款及第 4 款至第 6 款规定终止契约者,应自知悉其情形之日起,3 日内为之。《德国民法典》第 626 条第 2 款规定,自通知终止权人知悉对于通知终止起决定性作用的事实之时起算,只能在 2 个星期内为之。在我国劳动法律法规没有规定的情况下,用人单位发现劳动者存在《劳动合同法》第 39 条规定的情形之日起 1 ~ 2 个月内行使劳动合同解除权,应属合理,发现 2 个月以上未解除劳动合同,可认定为超出合理期限,用人单位不得再行使解除权。

当然,劳动者存在严重过错行为,用人单位未在合理期间解除劳动合同,但较长时间后,劳动者又犯严重过错,符合《劳动合同法》第 39 条规定情形,用人单位仍可因后一过错行为解除劳动合同。

【风险提示 130】

用人单位发现劳动者存在《劳动合同法》第 39 条规定的情形后,应及时调查核实,核实清楚后即时解除劳动合同。如用人单位愿意再给劳动者继续工作的机会,在发现劳动者严重过错行为后 5 ~ 6 个月后,就不得再以劳动者先前的过错行为解除劳动合同。如用人单位在合理的期间经过后再以劳动者先前的过错行为解除劳动合同，属于违法解除劳动合同，将面临继续履行劳动合同或支付赔偿金的法律责任。

【规范指引】

《中华人民共和国劳动合同法》

第三条第一款　订立劳动合同，应当遵循合法、公平、平等自愿、协商一致、诚实信用的原则。

Q137：用人单位依《劳动合同法》第40条的规定解除劳动合同，但未依法履行提前30日以书面形式通知劳动者本人或者额外支付劳动者1个月工资的程序，是否属于违法解除劳动合同的情形？

《劳动合同法》第40条规定，有下列情形之一的，用人单位提前30日以书面形式通知劳动者本人或者额外支付劳动者1个月工资后，可以解除劳动合同：(1)劳动者患病或者非因工负伤，在规定的医疗期满后不能从事原工作，也不能从事由用人单位另行安排的工作的；(2)劳动者不能胜任工作，经过培训或者调整工作岗位，仍不能胜任工作的；(3)劳动合同订立时所依据的客观情况发生重大变化，致使劳动合同无法履行，经用人单位与劳动者协商，未能就变更劳动合同内容达成协议的。根据该条规定，符合上述情形的，用人单位应当提前30日书面通知劳动者或支付1个月的代通知金以解除劳动合同。

《劳动合同法》第48条规定，用人单位违反本法规定解除或者终止劳动合同，劳动者要求继续履行劳动合同的，用人单位应当继续履行；劳动者不要求继续履行劳动合同或者劳动合同已经不能继续履行的，用人单位应当依照本法第87条规定支付赔偿金。用人单位未履行提前1个月书面通知或支付1个月代通知金的程序，在符合《劳动合同法》第40条规定的情形下解除劳动合同，是否属于《劳动合同法》第48条规定的违法解除劳动合同，用人单位需要承担什么法律责任，实践中有不同观点。

【争议】

观点一：用人单位未履行法律规定的提前1个月书面通知或支付1个月代通知金的程序解除劳动合同，违反法律规定，属于《劳动合同法》第48条规定的违反本法规定解除或终止劳动合同，用人单位应承担该条规定的法律责任。

观点二：用人单位未履行提前1个月书面通知或支付1个月代通知金的程

序解除劳动合同，属于程序瑕疵，不属于《劳动合同法》第 48 条规定的违法解除劳动合同。用人单位支付劳动者额外的 1 个月工资或用人单位作出解除劳动合同决定 1 个月后，解除劳动合同的行为才生效。

【解答】

笔者同意观点二。在处理劳动争议案件时，既要保护劳动者的合法权益，也要保护用人单位的合法权利。那种忽视用人单位合法利益保护、对用人单位过分严苛的做法，实为杀鸡取卵、竭泽而渔，既损害了用人单位的权利，对劳动者也没有益处。由于用人单位违法解除劳动合同的法律责任较大，要承担继续履行劳动合同或支付双倍于经济补偿的赔偿金，所以在认定用人单位违法解除劳动合同时，应当严格把握。仅有在用人单位没有法律依据解除劳动合同、解除劳动合同严重违反法律规定程序的情况下，才能认定用人单位违法解除劳动合同。用人单位解除劳动合同符合法律规定的情形，程序上存在一定瑕疵，对劳动者权利影响较小，此种情形不宜认定为用人单位违法解除劳动合同。用人单位与劳动者的关系符合《劳动合同法》第 40 条规定的情形，用人单位解除劳动合同前未履行法律规定的提前 1 个月书面通知或支付 1 个月代通知金的程序，属于程序上的瑕疵，不属于严重违反法定程序，而且对劳动者权利的影响有限，劳动者可以要求用人单位额外支付 1 个月的工资或要求继续在用人单位工作 1 个月。用人单位未履行法律规定的提前 1 个月书面通知或支付 1 个月代通知金的程序即解除劳动合同，劳动者要求用人单位承担违法解除劳动合同的法律责任，不应支持。

一些地方的人民法院和劳动仲裁部门出台会议纪要或解答否定此类情形下违法解除劳动合同的认定。浙江省高级人民法院民事审判第一庭、浙江省劳动人事争议仲裁院《关于审理劳动争议案件若干问题的解答（三）》（2015 年）第 9 条规定，用人单位解除劳动合同符合《劳动合同法》第 40 条规定情形，但未提前 30 日通知劳动者，也未额外支付劳动者 1 个月工资的，属于程序瑕疵，不构成违法解除。劳动者要求用人单位支付违法解除劳动合同赔偿金的，不予支持。但劳动者要求用人单位额外支付 1 个月工资的，可予支持。深圳市中级人民法院《关于审理劳动争议案件的指引》（2015 年）第 88 条规定，用人单位解除劳动合同未提前 30 日以书面形式通知劳动者，劳动者以此为由主张构成违法解除劳动合同的，不予支持。

关于额外支付 1 个月工资的标准，一般应以劳动者上个月的工资为标准，如果劳动者上个月发放的工资不是正常工资，则可以按解除劳动合同前12个月的平均工资计算。《江苏省劳动合同条例》第32条规定，用人单位依法选择额外支付劳动者1个月工资解除劳动合同的，其额外支付的工资应当按照该劳动者上一个月的工资标准确定。上一个月工资不能反映正常工资水平的，按照劳动者在劳动合同解除前12个月的月平均工资确定；不满12个月的，按照实际月平均工资确定。月平均工资低于当地最低工资标准的，按照最低工资标准确定。上海等地也有类似规定。

【风险提示131】

用人单位根据《劳动合同法》第40条解除劳动合同的，应当先履行提前30日以书面形式通知劳动者本人或者额外支付劳动者1个月工资的义务。用人单位未履行上述义务的，虽然一般不会因此被认定为违法解除劳动合同，但在劳动合同的解除上存在一定的瑕疵，由此可能会带来一些法律风险。

【规范指引】

《中华人民共和国劳动合同法》

第四十条　有下列情形之一的，用人单位提前三十日以书面形式通知劳动者本人或者额外支付劳动者一个月工资后，可以解除劳动合同：

（一）劳动者患病或者非因工负伤，在规定的医疗期满后不能从事原工作，也不能从事由用人单位另行安排的工作的；

（二）劳动者不能胜任工作，经过培训或者调整工作岗位，仍不能胜任工作的；

（三）劳动合同订立时所依据的客观情况发生重大变化，致使劳动合同无法履行，经用人单位与劳动者协商，未能就变更劳动合同内容达成协议的。

Q138：如何认定劳动者不能胜任工作？

《劳动合同法》第40条第2项规定，劳动者不能胜任工作，经过培训或者调整工作岗位，仍不能胜任工作的，用人单位提前30日以书面形式通知劳动者本人或者额外支付劳动者1个月工资后，可以解除劳动合同。不能胜任工作属于不确定的法律概念，劳动法律法规并没有对这一不确定的概念作出明确界定，这给人民法院和劳动仲裁部门认定劳动者不能胜任工作的情形带来非常大的困惑。由于司法实践倾向于严格限制用人单位解除劳动合同的权利，在法律法规未做出明确界定的情况下,用人单位以劳动者不能胜任工作为由解除劳动合同,往往得不到人民法院和劳动仲裁部门的支持。

劳动部《关于〈中华人民共和国劳动法〉若干条文的说明》对不能胜任工作的说明为:不能按要求完成劳动合同中约定的任务或者同工种、同岗位人员的工作量。用人单位不得故意提高定额标准,使劳动者无法完成。全国人大法工委对《劳动合同法》第 40 条第 2 项的释义仍沿用这一说明。但该说明仍不能清晰界定"不能胜任工作"这一法律概念。

从域外法的角度分析。《俄罗斯联邦劳动法典》规定"鉴定结果证实员工的技能不足,不符合担任的职务或完成的工作"的情况下,雇主可以提出解除劳动合同。我国台湾地区"最高法院"的判例认为:不能胜任工作,不仅指劳工在客观上之学识、品行、能力、身心状况,不能胜任工作者而言,即劳工主观上能为而不为,可以做而不乐意做,违反劳工应忠诚履行劳务给付之义务者亦属之。① 德国司法实践大致确定用人单位可以单方解除的情形中可归入不能胜任工作的情形主要有:无工作许可、给付不足、从业资格丧失等。其中,给付不足主要是由于劳动者能力欠缺导致,但并不是所有的给付不足都会导致解雇,而是要视工作绩效是否使雇主合理的等值性期待在某种程度上落空,以至于再继续维持该劳动合同对雇主而言是不合理的。一般情况下的给付不足只能构成正常解雇的事由,但如果给付不足的程度仅仅在 10% ~20%(以同等或具有可比性的雇员的平均工作绩效为标准),则根本不能构成解雇事由。若给付持续少于平均给付 1/3,则有可能被认定不完全履行。但雇主必须采取包括调整工作进度、工作岗位或另行分配工作任务等手段以确保续聘。如果雇员是完全而持续欠缺履行劳动合同的能力,则此时可以构成特别解雇的事由。这一点同样适用于当雇员的某项能力的欠缺即已使劳动合同的履行完全不能达到效果或合同目的的情形。但如果劳动能力的减退仅是由于雇员年龄增长造成的,则雇主一般情况下只能忍受。②

【争议】

观点一:认定劳动者不能胜任工作,主要看用人单位制定的考核指标和劳

---

① 参见我国台湾地区"最高法院"2006 年台上字第 916 号判决书。转引自叶珊:《论雇员不能胜任工作的解雇规则》,载《现代法学》2017 年第 6 期。

② 参见王天凡:《"不能胜任工作"与"末位淘汰"规则的规范分析——指导性案例第 18 号评析》,载《清华法学》2016 年第 4 期。

动者完成的业绩情况。如果劳动者在一个考核期间未完成考核指标,即可认定劳动者不能胜任工作。

观点二:用人单位制定的考核指标能否作为认定劳动者不能胜任工作的标准,要看考核指标是否具有合理性,而且,并不是说劳动者一次考核低于指标就可以认定劳动者不能胜任工作,而是需要连续多次考核,劳动者的业绩均显著地低于最低考核指标,才能认定劳动者不能胜任工作。还有一些情形,即使考核指标没有列明的,也可认定为劳动者不能胜任工作。

【解答】

笔者认为,以下几种情形可以认定劳动者不能胜任工作。(1)劳动者丧失从业资格。如用人单位的驾驶员因违反交通法规被吊销驾驶证。(2)用人单位技术革新、产业结构升级等原因导致劳动者的现有技能不足以胜任工作。(3)劳动者不能完成用人单位交待的工作任务。用人单位可在规章制度、劳动合同或集体合同中规定劳动者的工作任务,用人单位规定的工作任务应具备合理性,一般劳动者在正常工作的情况下可以完成。用人单位应当将设定的工作任务以合理的方式告知劳动者,否则用人单位不得以劳动者未完成工作任务为由认为劳动者不能胜任工作。并非所有的未完成用人单位工作任务的情形均可归入劳动者不能胜任工作的情形,如用人单位的绝大多数劳动者以及同岗位的劳动者均完成工作任务,而且劳动者完成的工作任务和目标离用人单位的设定距离较远,在这种情形下,可认定劳动者不能胜任工作。关于劳动者完成工作任务的不足程度可以参考德国的做法,即劳动者完成工作的不足程度仅在10% ~20%(以具可比性的劳动者平均绩效为标准),不应认定为劳动者不能胜任工作;劳动者短期内未完成工作任务,不能认为劳动者不能胜任工作;仅有在劳动者持续完成的工作量不足工作任务的1/3时,才可认为劳动者不胜任工作。(4)劳动者经鉴定被证实劳动技能或劳动能力不足以胜任工作的。

【风险提示132】

用人单位可考虑在劳动合同、集体合同或规章制度中设定各个工作岗位的明确工作任务,并以合理的方式向劳动者公开。用人单位要有较强的收集证据的意识,在日常工作中将劳动者的工作完成情况进行记录并由劳动者签字,没有劳动者签字也应该有规范的考核流程能够客观反映劳动者的工作完成情况。在劳动者持续性、较大程度地无法完成工作任务的情况下,用人单位应根据《劳动合同法》第40条的规定,对劳动者进行培训或调整工作岗位,仍不能胜任工作的,用人单位才能以提前 30 日以书面形式通知劳动者本人或者额外支付劳动者 1 个月工资的方式解除劳动合同。

【规范指引】

劳动部《关于〈中华人民共和国劳动法〉若干条文的说明》

第二十六条 ……

本条第(二)项中的"不能胜任工作",是指不能按要求完成劳动合同中约定的任务或者同工种、同岗位人员的工作量。用人单位不得故意提高定额标准,使劳动者无法完成。

……

Q139:如何认定《劳动合同法》第 48 条规定的劳动合同已经不能继续履行?

《劳动合同法》第 48 条规定,用人单位违反本法规定解除或者终止劳动合同,劳动者要求继续履行劳动合同的,用人单位应当继续履行;劳动者不要求继续履行劳动合同或者劳动合同已经不能继续履行的,用人单位应当依照本法第 87 条规定支付赔偿金。根据该条规定,劳动合同不能继续履行的,劳动者要求继续履行劳动合同,不予支持。但在实践中,如何认定劳动合同已经不能履行的情形,存在不少困惑。

【争议】

观点一:劳动合同不能履行,仅指劳动合同客观上无履行的可能,用人单位或劳动者主观上不愿意履行劳动合同均不能被涵盖在内。用人单位不愿意履行合同,劳动者坚持要求继续履行劳动合同,应当支持劳动者的继续履行合同的请求。

观点二:《劳动合同法》第 48 条规定的劳动合同已经不能履行,不仅包括劳动合同客观上不能继续履行,也包括用人单位和劳动者主观上的原因导致劳动合同不能继续履行,致劳动合同的目的不能实现。无论是客观上的原因还是用人单位、劳动者主观上的原因导致劳动合同不能继续履行,均不应支持劳动者继续履行劳动合同的请求。

【解答】

笔者倾向于观点二,无论是客观原因还是主观原因导致劳动合同不能继续履行,劳动者均不得请求继续履行劳动合同。

劳动合同是一种人合性的合同,具有强烈的人身依附性,劳动合同的订立、履行均需以用人单位和劳动者的互相信赖为基础。如果双方丧失了信赖基础,劳动合同就不存在继续履行的可能性。以下情形下,可认定劳动合同不能继续履行:(1)劳动合同因用人单位破产、营业执照被注销,导致劳动合同无法继续履行;(2)劳动者在劳动仲裁部门作出仲裁裁决之前或人民法院作出判决之前已届退休年龄或劳动合同期限已届至且劳动者不符合订立无固定期限劳动合同的,劳动者要求继续履行劳动合同,自无支持之基础;(3)上述客观情形以外,劳动者拒绝配合履行劳动合同,在劳动仲裁或诉讼中又要求继续履行劳动合同的,违反诚信原则,也不应支持劳动者继续履行劳动合同的请求;(4)用人单位因生产经营需要撤销劳动者原来的工作岗位,劳动者不能胜任其他工作岗位或拒绝到别的工作岗位继续工作的,也属于劳动合同不能继续履行的情形;(5)劳动者与其他用人单位建立全日制的劳动关系,致原劳动关系无法继续履行的;(6)劳动者在用人单位担任高级管理人员等职务,被依法解除职务后,劳动者不具有继续履行劳动合同之意愿。此外,还要从个案情形中考查,如果用人单位与劳动者之间的矛盾已发展到难以化解的程度,双方已不存在信赖的基础,劳动者要求继续履行劳动合同只是为了破坏用人单位良好的生产经营秩序或和谐的劳动关系,此类情形也应归入《劳动合同法》第 48 条规定劳动合同无法继续履行的情形之中。

部分人民法院和劳动仲裁部门对《劳动合同法》第 48 条规定的"劳动合同已经不能继续履行"这一模糊的法律概念作了较为明确的说明。北京市高级人民法院、北京市劳动人事争议仲裁委员会《关于劳动争议案件法律适用问题的解答》(2017 年)第 9 条规定,劳动合同确实无法继续履行主要有以下情形:(1)用人单位被依法宣告破产、吊销营业执照、责令关闭、撤销,或者用人单位决定提前解散的;(2)劳动者在仲裁或者诉讼过程中达到法定退休年龄的;(3)劳动合同在仲裁或者诉讼过程中到期终止且不存在《劳动合同法》第 14 条规定应当订立无固定期限劳动合同情形的;(4)劳动者原岗位对用人单位的正常业务开展具有较强的不可替代性和唯一性(如总经理、财务负责人等),且劳动者原岗位已被他人替代,双方不能就新岗位达成一致意见的;(5)劳动者已入职新单位的;(6)仲裁或诉讼过程中,用人单位向劳动者送达复工通知,要求劳动者继续工作,但劳动者拒绝的;(7)其他明显不具备继续履行劳动合同条件的。劳动者原岗位已被他人替代的,用人单位仅以此为由进行抗辩,不宜认定为“劳动合同确实无法继续履行的”情形。

【风险提示 133】

劳动合同不能继续履行,既包括客观上无法履行的情形,也包括劳动者或用人单位主观上的原因导致劳动合同赖以履行的信赖基础丧失,造成劳动合同无法履行的情形。

【规范指引】

《中华人民共和国劳动合同法》

第四十八条　用人单位违反本法规定解除或者终止劳动合同,劳动者要求继续履行劳动合同的,用人单位应当继续履行;劳动者不要求继续履行劳动合同或者劳动合同已经不能继续履行的,用人单位应当依照本法第八十七条规定支付赔偿金。

Q140:劳动者根据《劳动合同法》第 48 条规定要求用人单位继续履行劳动合同和支付赔偿金,并要求违法解除期间的工资损失,如何处理?

《劳动合同法》第 48 条规定了用人单位违法解除劳动合同应承担的两种责任:(1)继续履行劳动合同;(2)支付二倍于经济补偿的赔偿金。另外,用人单位违法解除劳动合同被撤销或确认无效的,用人单位还应向劳动者支付违法解除劳动合同之日起至违法解除决定被撤销或确认无效之日止的工资损失。劳动者能否同时主张用人单位继续履行劳动合同、支付赔偿金和支付工资损失,实践中存在争议。

【争议】

观点一:劳动者只能在继续履行劳动合同和赔偿金中选择其一,不能同时主张。工资损失与继续履行劳动合同或赔偿金可以并行不悖,无论劳动者选择继续履行劳动合同还是选择用人单位支付赔偿金,均可同时要求用人单位支付工资损失。

观点二:《劳动合同法》规定只有在无法继续履行劳动合同和劳动者不要求继续履行劳动合同的情况下才能适用赔偿金责任。劳动者对赔偿金和工资损失不可兼得，只能选择其一。《天津法院劳动争议案件审理指南》(2017年)第28条规定，用人单位违法解除劳动合同，劳动者要求继续履行合同并主张用人单位支付赔偿金及因违法解除劳动合同而导致的工资损失的，应当区分以下情况分别处理：(1)劳动合同具备继续履行条件的，应当判决双方继续履行劳动合同，同时还应当判决用人单位向劳动者支付自违法解除劳动合同之日起至判决生效之日止的工资损失；(2)劳动合同不能继续履行的，应当根据《中华人民共和国劳动合同法》第87条的规定判决用人单位向劳动者支付赔偿金，但不宜再判决用人单位支付自违法解除劳动合同之日起至劳动合同到期终止之日止(劳动合同剩余期限)的工资损失；(3)劳动合同虽然具备继续履行条件，但已在劳动仲裁或者法院审理期间届满的，不应当再判决继续履行劳动合同，而应当判决用人单位向劳动者支付自违法解除劳动合同之日起至劳动合同届满之日止的工资损失。同时，还应当判令用人单位向劳动者支付合同到期终止的经济补偿金，不宜再判决用人单位向劳动者支付赔偿金。

【解答】

笔者认为，对劳动者同时主张用人单位继续履行劳动合同、支付赔偿金和支付工资损失，要分不同情形作不同处理。

(1)劳动合同可以继续履行，劳动者也主张继续履行的，应由用人单位继续履行劳动合同，并支付劳动者自解除劳动合同之日起到继续履行劳动合同之日的工资损失。由于《劳动合同法》第48条规定赔偿金只能在劳动者不要求继续履行劳动合同或者劳动合同已经不能继续履行的情况下适用，故不应再支持劳动者要求赔偿金的请求。

(2)劳动合同不能继续履行，用人单位无须承担继续履行的法律责任，但应支持劳动者要求支付二倍于经济补偿的赔偿金请求。由于赔偿金是法律规定对用人单位的一种惩罚性赔偿，与工资损失性质上完全不同，也不存在包含、被包含的关系，二者可以并行不悖。但工资损失应自用人单位违法解除劳动合同之日起计算至劳动合同不能继续履行的情形出现之日止。劳动合同不能继续履行的情形出现，工资损失不再发生，劳动者要求之后的工资损失不应支持。

(3)劳动合同不存在不能继续履行的情形，但劳动者经司法机关释明后不要求继续履行的，应支持劳动者关于赔偿金的请求，并支持自用人单位违法解除劳动合同之日起计算至劳动者放弃继续履行劳动合同之日止的工资损失请求。

(4)劳动合同具备继续履行的条件，在劳动仲裁或诉讼期间，劳动合同已经期满,且不符合订立无固定期限劳动合同的情形,则对劳动者要求继续履行劳动合同的请求不予支持,但应支持劳动者要求支付赔偿金的请求以及自解除劳动合同之日至劳动合同期满之日的工资损失请求。

【风险提示 134】

用人单位违法解除劳动合同,劳动者不仅可依《劳动合同法》的规定要求继续履行劳动合同或要求用人单位支付赔偿金,还可以要求用人单位支付一定时间的工资损失。

【规范指引】

《中华人民共和国劳动合同法实施条例》

第二十五条　用人单位违反劳动合同法的规定解除或者终止劳动合同,依照劳动合同法第八十七条的规定支付了赔偿金的,不再支付经济补偿。赔偿金的计算年限自用工之日起计算。

Q141:“三期”女职工劳动合同解除和终止如何处理?

女职工的“三期”是指孕期、产期和哺乳期。为解决女职工在“三期”内因特殊生理特点造成的困难,法律法规给予女职工在“三期”内特殊的劳动保护。根据《女职工劳动保护特别规定》第 7 条的规定,女职工生育享受 98 天产假,其中产前可以休假 15 天;难产的,应增加产假 15 天;生育多胞胎的,每多生育 1 个婴儿,可增加产假 15 天。女职工怀孕未满 4 个月流产的,享受 15 天产假;怀孕满 4 个月流产的,享受 42 天产假。第 9 条规定,对哺乳未满 1 周岁婴儿的女职工,用人单位不得延长劳动时间或者安排夜班劳动。用人单位应当在每天的劳动时间内为哺乳期女职工安排 1 小时哺乳时间;女职工生育多胞胎的,每多哺乳 1 个婴儿每天增加 1 小时哺乳时间。第 5 条规定,用人单位不得因女职工怀孕、生育、哺乳而降低其工资、予以辞退、与其解除劳动或者聘用合同。《妇女权益保障法》也有类似规定,该法第 27 条规定,任何单位不得因结婚、怀孕、产假、哺乳等情形,降低女职工的工资,辞退女职工,单方解除劳动(聘用)合同或者服务协议。但是,女职工要求终止劳动(聘用)合同或者服务协议的除外。《劳动合同法》第 42 条第 4 项规定:女职工在孕期、产期、哺乳期的,用人单位不得依照本法第 40 条(客观情况变化解除劳动合同——笔者注)、第 41 条(裁员解除劳动合同——笔者注)的规定解除劳动合同。该法第 45 条规定,劳动合同期满,有本法第 42 条规定情形之一的,劳动合同应当续延至相应的情形消失时终止。

"三期"女职工劳动合同解除和终止,存在以下问题:

(1)"三期"女职工存在《劳动合同法》第 39 条规定的情形,用人单位是否可以解除劳动合同?

【争议】

观点一:根据《女职工劳动保护特别规定》第 5 条的规定,用人单位不得因怀孕、生育、哺乳解除劳动合同。据此,用人单位不能以"三期"女职工存在《劳动合同法》第 39 条规定的情形解除劳动合同。

观点二:《劳动合同法》第 42 条规定用人单位不得因客观情况发生变化和经济裁员解除与"三期"女职工的劳动合同。"三期"女职工存在《劳动合同法》第 39 条规定的情形,用人单位可以解除劳动合同。

【解答】

笔者同意观点二。综合《劳动合同法》第 39～42 条的规定,法律对"三期"女职工的保护是有限度的,用人单位不得因该法第 40 条规定的客观情形发生变化和第 41 条规定的经济裁员为由解除劳动合同。女职工如存在《劳动合同法》第 39 条规定的过错行为,用人单位仍得解除劳动合同。

(2)女职工单方解除劳动合同或与用人单位协商解除劳动合同,后发现解除劳动合同前已怀孕,是否能撤销解除劳动合同的决定或协议并恢复劳动关系?

【争议】

观点一:女职工在解除劳动合同前不知道自己怀孕的事实,提出解除劳动合同或与用人单位协商解除劳动合同,属重大误解。劳动者可以撤销解除劳动合同的决定或协议,并要求与用人单位恢复劳动关系。

观点二:女职工因不知道自己怀孕,提出辞职或与用人单位协商解除劳动合同,并不属于重大误解,不应支持其恢复劳动关系的请求。

【解答】

笔者倾向于观点二。重大误解,是指行为人对自己的行为性质、对方当事人、标的物的品种、质量、规格和数量错误认识,使行为的后果与自己的意思相悖。在当事人基于重大误解实施的民事法律行为,根据《民法总则》第 147 条的规定,行为人有权请求人民法院或仲裁机构予以撤销。重大误解的构成要件有三个:一是行为人对行为性质、标的物等重大事项的认识陷入错误;二是行为人基于错误作出民事法律行为;三是民事法律行为的后果与自己的意思相悖。

《劳动合同法》禁止用人单位在女职工无过错的情况下以客观情况发生变化、经济裁员等原因解除与“三期”女职工的劳动合同,但未限制“三期”女职工单方解除劳动合同或用人单位与女职工协商一致解除劳动合同。劳动者单方解除劳动合同或与用人单位协商一致解除劳动合同,多是出于自己的真实意愿,劳动者解除劳动合同的原因多种多样,或是去别的用人单位工作,或是家庭、个人原因解除劳动合同等,劳动者对自己解除劳动合同或与用人单位协商解除劳动合同的后果也十分清楚。一般难以认定劳动者解除劳动合同的决定与其不知道自己怀孕的事实有必然的因果关系,不能认为劳动者知道自己怀孕就不会解除劳动合同。劳动者不知自己怀孕,是否影响到自己解除劳动合同的决定,或者解除劳动合同的决定是否基于自己不知道怀孕的错误,这一事实的举证责任,应由劳动者承担。而一般情况下,劳动者难以对该事实尽到举证责任,所以人民法院和劳动仲裁部门一般难以支持劳动者以不知道自己怀孕为由撤销解除劳动合同决定或协议并恢复劳动关系的请求。例外情况是,如果劳动者能够提供充分的证据证明解除劳动合同确实是基于自己不知道怀孕这一错误,则劳动者的行为构成重大误解,可以支持劳动者撤销解除劳动合同决定或协议并恢复劳动关系的请求,但劳动仲裁或诉讼中,女职工已过“三期”的除外。

北京市高级人民法院、北京市劳动人事争议仲裁委员会《关于劳动争议案件法律适用问题研讨会会议纪要(二)》(2014 年)第 45 条规定,女职工与用人单位协商解除劳动合同后,发现自己怀孕后又要求撤销协议或者要求继续履行原合同的,一般不予支持。

(3)女职工的劳动合同到期终止,但终止之后,女职工发现自己在终止之前已经怀孕,能否要求用人单位恢复劳动关系?

【争议】

观点一:女职工在劳动合同到期终止之前未说明自己怀孕的情况,终止之后再以自己怀孕为由要求用人单位恢复劳动关系,不应支持,即使女职工在劳动合同到期前不知道自己怀孕的事实。

观点二:根据《劳动合同法》第 45 条的规定,“三期”女职工劳动合同到期,不能终止,而应顺延到女职工“三期”结束。女职工在劳动合同终止后发现自己在劳动合同期满前已怀孕,则劳动关系应当恢复并顺延到“三期”结束。

【解答】

笔者同意观点二。劳动合同到期终止不同于劳动者提出辞职和与用人单位协商一致解除劳动合同的情形，其是一种劳动合同自然终止的状态，劳动者既没有提出终止劳动合同，也没有同意劳动合同终止的意思。女职工不知其在劳动关系存续期间怀孕的事实，在劳动合同到期终止后，才发现在劳动合同到期前已怀孕，此时女职工要求恢复劳动关系，并没有违背诚实信用或滥用权利之规定。《劳动合同法》第45条规定女职工处于“三期”内等情形时劳动合同应延续至相应情形消失。该条规定既包括女职工在劳动合同终止前发现自己怀孕，也应包括女职工在劳动合同到期后才发现自己怀孕的事实。没有任何理由将女职工在劳动合同到期后才发现怀孕的情形排除在该条范围之外。所以，女职工在劳动合同到期终止以后发现自己在劳动合同期间怀孕的，可以根据法律规定要求与用人单位恢复劳动合同关系，劳动合同延续至女职工“三期”结束。

【风险提示135】

用人单位与“三期”女职工解除或终止劳动合同时，要特别注意法律法规对“三期”女职工的特殊保护。如用人单位不能根据《劳动合同法》第40条、第41条的规定解除与“三期”女职工的劳动合同。劳动合同期满，女职工处于“三期”内的，劳动合同应顺延至“三期”结束。

【规范指引】

《中华人民共和国劳动合同法》

第四十二条　劳动者有下列情形之一的，用人单位不得依照本法第四十条、第四十一条的规定解除劳动合同：

……

（四）女职工在孕期、产期、哺乳期的；

……

《中华人民共和国妇女权益保障法》

第二十七条　任何单位不得因结婚、怀孕、产假、哺乳等情形，降低女职工的工资，辞退女职工，单方解除劳动（聘用）合同或者服务协议。但是，女职工要求终止劳动（聘用）合同或者服务协议的除外。

《女职工劳动保护特别规定》

第五条　用人单位不得因女职工怀孕、生育、哺乳而降低其工资、予以辞退、与其解除劳动或者聘用合同。

第七条　女职工生育享受 98 天产假,其中产前可以休假 15 天;难产的,增加产假 15 天;生育多胞胎的,每多生育 1 个婴儿,增加产假 15 天。

女职工怀孕未满 4 个月流产的,享受 15 天产假;怀孕满 4 个月流产的,享受 42 天产假。

Q142:用人单位单方解除劳动合同,但未履行《劳动合同法》第 43 条规定的程序,是否属于违法解除劳动合同?

《劳动合同法》第 43 条规定,用人单位单方解除劳动合同,应当事先将理由通知工会。用人单位违反法律、行政法规规定或者劳动合同约定的,工会有权要求用人单位纠正。用人单位应当研究工会的意见,并将处理结果书面通知工会。该条规定的是用人单位单方解除劳动合同所须履行的法定程序。但现实中,很多用人单位单方解除劳动合同在实体上符合法律规定,却忽视了法律的程序规定。用人单位未履行法定程序单方解除与劳动者的劳动合同,是否属于违法解除劳动合同,实践中有不同观点。

【争议】

观点一:《劳动合同法》第 48 条规定的用人单位违反本法规定解除或者终止劳动合同,既包括用人单位在实体上违反法律规定解除或终止劳动合同,也包括用人单位解除劳动合同在程序上违反法律规定。用人单位未履行《劳动合同法》第 43 条规定的程序,即使其单方解除劳动合同在实体上符合法律规定,也应认定为违法解除劳动合同。如上海市高级人民法院民事审判第一庭《关于审理劳动争议案件若干问题的解答》(2002 年)第 17 条规定,用人单位单方面解除劳动合同时,应当依工会法的规定,事先将解除理由通知工会或职工代表,未经上述程序,用人单位单方解除的行为无效。

观点二:《劳动合同法》第 48 条规定的用人单位违法解除或终止劳动合同,应限制在实体违法的范围。用人单位单方解除劳动合同,符合法律规定的实体情形,即使存在程序上的瑕疵,也不应认定为违法解除劳动合同。

观点三:用人单位单方解除劳动合同未履行法定程序,是否应认定为违法解除劳动合同,要看用人单位是否成立工会而定。用人单位成立工会,而未履行通知工会、听取工会意见的程序即单方解除劳动合同,属于违法解除劳动合同。如用人单位未成立工会,而未履行通知所在地工会或行业工会并听取意见的程序,则不能认定为违法解除劳动合同。如《天津法院劳动争议案件审理指南》(2017年)第21条第2款规定,未建立工会的用人单位根据《劳动合同法》第39条、第40条规定解除劳动合同,劳动者以用人单位未通知所在地工会或者行业工会为由主张违法解除劳动合同的,不予支持。

【解答】

笔者同意观点一。《劳动合同法》第43条规定工会在用人单位单方解除劳动合同中应发挥监督作用,用人单位必须履行事先将单方解除的理由通知工会并听取工会意见的程序。工会是保护劳动者权益的自治组织,根据《工会法》的相关规定,工会是职工自愿结合的工人阶级的群众组织,中华全国总工会及其各工会组织代表职工的利益,依法维护职工的合法权益。工会有权纠正用人单位违反职工代表大会制度和其他民主管理制度,帮助、指导劳动者与用人单位签订劳动合同,代表职工与用人单位签订集体合同,对用人单位不适当处分职工的行为有权提出意见,有权监督用人单位解除劳动合同的行为,对用人单位违反法律法规侵犯劳动者权益的行为,有权进行交涉。《工会法》第21条第2款规定,企业单方面解除职工劳动合同时,应当事先将理由通知工会,工会认为企业违反法律、法规和有关合同,要求重新研究处理时,企业应当研究工会的意见,并将处理结果书面通知工会。

用人单位单方解除劳动合同,不仅要在实体上符合《劳动合同法》等法律法规规定的条件,还要在程序上遵循法律法规的规定。不能认为只要符合法律法规规定的用人单位单方解除劳动合同的实体条件,就可以不顾程序规定即行解除劳动合同。实际上,法律规定用人单位单方解除劳动合同程序要件的意义并不弱于实体要件。用人单位单方解除劳动合同关系到劳动者最切身的利益,其意味着劳动合同关系的结束,劳动者可能就此失业或需要重新寻找工作,劳动者的基本生活将受重大影响。工会作为劳动者自愿结合的群众组织,以纠正用人单位的违法违规行为、维护劳动者的合法权益为主要职责,理应在用人单位单方解除劳动合同时发挥重要的监督作用,防止用人单位随意解除劳动合同,保护劳动者最基本的就业权和劳动权。因此,《劳动合同法》和《工会法》均规定用人单位单方解除劳动合同应履行事先通知工会的程序。用人单位在解除劳动合同前未依《劳动合同法》和《工会法》的规定通知工会的,在解除程序上违反法律规定。《劳动合同法》第48条规定的用人单位违反该法规定解除或终止劳动合同,并未限定于解除或终止事由上违反法律规定,应当包括程序上违反法律规定。将用人单位未履行法定通知工会程序排除在违法解除劳动合同之外,一是会造成《劳动合同法》和《工会法》的相关规定形同虚设,用人单位完全可以漠视该条规定而不用承担任何法律责任或受任何处罚;二是不利于保护劳动者的合法权益,用人单位可能随意解除劳动合同而不受法律程序的约束,一些劳动者不懂得拿起法律武器保护自己的权益,他们的权利将受重大损害;三是工会的监督作用无法发挥,工会预先知道用人单位解除劳动合同的事由,认为解除事由不合法、不合约定的,可以发表意见并要求用人单位纠正,这是工会行使监督职能的重要方面,如用人单位不通过工会径直解除劳动合同而无须承担任何法律责任,那么,工会的监督作用就无法得到发挥。

有观点认为,很多用人单位成立的工会实际上沦为用人单位的一个机构,工会组织普遍经费少,地位低,对用人单位的依附性强,没有行政强制权利,无法充分发挥监督作用和保护劳动者合法权益的作用,所以在解除劳动合同前预先告知工会的程序可有可无,不能将这一程序的缺失认定为用人单位违法解除劳动合同。笔者认为,目前用人单位成立的工会确实存在上述地位低、依附性强、作用小的问题,但这不是用人单位漠视预先告知工会这一法定程序的理由。《劳动合同法》和《工会法》规定用人单位单方解除劳动合同须预先告知工会,也是本着加强工会的地位、充分发挥工会的监督作用和保护劳动者权益作用的目的。如果认为这一程序可有可无,工会的作用和地位不但得不到加强,还会进一步削弱,这与加强工会作用的法律意旨和国家政策明显是相违背的。随着我国经济社会的发展,工会的地位会进一步提升,工会在监督用人单位的行为和保护劳动者合法权益上必将发挥越来越重要的作用,解除劳动合同预先告知工会这一程序性规定也会在抑制用人单位随意解除劳动合同和保护劳动者工作权利上起到更重要的作用。因此,虽然工会目前的地位比较尴尬,但法律规定的解除劳动合同预先告知工会的程序应更受重视而非轻视。

还有观点认为,我国中小企业较多,小规模的企业无须设立工会,就无须事先告知工会解除劳动合同的事由,最高人民法院《关于审理劳动争议案件适用法律若干问题的解释(四)》第 12 条仅规定,建立工会组织的用人单位解除劳动合同未通知工会解除事由构成违法解除劳动合同,从反面推论得知,未建立工会组织的用人单位未事先通知工会解除事由不构成违法解除劳动合同。笔者认为,该观点不能成立。根据《工会法》第 10 条的规定,企业、事业单位、机关有会员25人以上的,应当建立基层工会委员会;不足25人的,可以单独建立基层工会委员会,也可以由2个以上单位的会员联合建立基层工会委员会,也可以选举组织员1人,组织会员开展活动。女职工人数较多的,可以建立工会女职工委员会,在同级工会领导下开展工作;女职工人数较少的,可以在工会委员会中设女职工委员。企业职工较多的乡镇、城市街道,可以建立基层工会的联合会。县级以上地方建立地方各级总工会。同一行业或者性质相近的几个行业,可以根据需要建立全国的或者地方的产业工会。全国建立统一的中华全国总工会。根据该条规定,用人单位规模小于25人的,可以不设立工会,相关的职能由当地工会或行业工会执行。《劳动合同法》和《工会法》规定的用人单位单方解除劳动合同前将解除事由预先告知工会,这里的工会一般指用人单位成立的工会,用人单位没有成立工会的,用人单位不应该以没有工会为由不履行法定程序,而应将解除事由预先告知当地或行业工会。法律没有免除未设立工会的用人单位预先告知工会解除劳动合同事由的义务,也没有将工会限制于用人单位成立的工会。当地工会或行业工会对未成立工会的用人单位应该履行监督职责,对用人单位不合法、不合约定的行为进行纠正,维护劳动者的合法权益。最高人民法院《关于审理劳动争议案件适用法律若干问题的解释(四)》第12条虽仅规定建立工会组织的用人单位解除劳动合同未通知工会解除事由构成违法解除劳动合同,但不能对该条规定作反面解释。最高人民法院对该条司法解释的理解和适用认为,即使单位未建立基层工会,也应当通过告知并听取职工代表意见的方式或者向当地总工会征求意见的变通方式来履行告知义务这一法定程序,司法实践中已有将没有工会的企业也应当将解除劳动合同的理由事先通知同级相关工会组织的判例,否则,如果对于单位未成立工会就免除通知义务会助长单位抵制工会之风,对于已经成立工会的用人单位也有不公。[①]所以,以用人单位未成立工会为由免除用人单位预先告知工会解除合同事由的观点没有法律依据,对小企业的劳动者显有不公,不利于保护小企业劳动者的合法权益,这种观点不应采纳。

考查域外立法,多数国家和地区的劳动法律均规定未经告知并听取类似工会的组织意见的解雇不合法。如德国《工厂组织法》规定,如果有选举产生的工厂委员会,它必须在任何雇主所计划的解除前听取陈述,该听取陈述不可事后

---

① 最高人民法院民事审判第一庭编著:《最高人民法院劳动争议司法解释(四)的理解与适用》,人民法院出版社2015年版,第235页。

补做,未经工厂委员会合乎规则的意见听取而做的解雇无效。如工厂委员会反对正常解雇,则其可在解除提出后一周内以书面形式对其予以反对,同时说明反对理由,如不在该期限内表达意见,则视为同意该解除。[①]

江苏等地的人民法院、劳动仲裁部门也持上述观点。江苏省高级人民法院、江苏省劳动人事争议仲裁委员会《关于审理劳动争议案件的指导意见》(2009 年)第 17 条规定,用人单位单方解除劳动合同,未履行《劳动合同法》第 41 条、第 43 条规定的向工会或者全体职工说明情况、听取工会或职工的意见等程序性义务的,应认定其解除劳动合同的行为违法,劳动者请求用人单位继续履行劳动合同或支付赔偿金的,应予支持。用人单位解除劳动合同本身符合法律规定,仅存在未提前 30 日书面通知劳动者的程序性瑕疵,劳动者以用人单位违法解除劳动合同为由请求用人单位继续履行劳动合同或支付赔偿金的,不予支持。

【风险提示 136】

劳动者符合法律、法规规定的用人单位可单方解除劳动合同的情形,用人单位解除劳动合同时务必注意《劳动合同法》和《工会法》规定的程序要件,即事先将解除劳动合同的事由告知工会,并听取工会的意见。没有成立工会的用人单位,应当将解除事由预先告知当地工会或行业工会。不要因为程序上的瑕疵导致实体上合法、合理解除劳动合同的行为被认定为违法解除劳动合同,从而承担继续履行劳动合同或支付赔偿金的法律责任。如未在事先告知工会,应根据最高人民法院《关于审理劳动争议案件适用法律若干问题的解释(四)》第 12 条的规定,不得迟于起诉前补正相关程序。

【规范指引】

《中华人民共和国劳动合同法》

第四十三条　用人单位单方解除劳动合同,应当事先将理由通知工会。用人单位违反法律、行政法规规定或者劳动合同约定的,工会有权要求用人单位纠正。用人单位应当研究工会的意见,并将处理结果书面通知工会。

---

① 参见[德]雷蒙德·瓦尔特曼:《德国劳动法》,沈建峰译,法律出版社 2014 年版,第 247 ~ 248 页。

最高人民法院《关于审理劳动争议案件适用法律若干问题的解释(四)》

第十二条　建立了工会组织的用人单位解除劳动合同符合劳动合同法第三十九条、第四十条规定,但未按照劳动合同法第四十三条规定事先通知工会,劳动者以用人单位违法解除劳动合同为由请求用人单位支付赔偿金的,人民法院应予支持,但起诉前用人单位已经补正有关程序的除外。

Q143:用人单位的工会委员会成员任期未到期,但其作为劳动者与用人单位的劳动合同到期,用人单位是否可终止与工会委员会成员的劳动合同?

工会委员会的成员主要有主席、副主席和委员。根据《工会法》第 15 条的规定,基层工会委员会每届任期 3 年或者 5 年。各级地方总工会委员会和产业工会委员会每届任期 5 年。那么,工会委员会的成员任期未到,但其作为劳动者与用人单位订立的劳动合同到期,用人单位是否可以根据《劳动合同法》的规定终止与劳动者的劳动合同呢?

【争议】

观点一:工会委员会成员与用人单位之间的劳动合同到期,但其在工会任期未届满,劳动合同应当顺延至工会委员会成员在工会任期的时间届满之时。

观点二:工会委员会成员在工会任期是否届满,并不影响劳动合同的终止时间。工会委员会成员劳动合同届满,用人单位即可终止劳动合同,无论工会委员会在工会的任期是否届至。

【解答】

笔者认为,工会委员会成员(包括专职主席、副主席、委员和非专职主席、副主席、委员)与用人单位订立的劳动合同到期,但其作为工会委员会成员的任期未到期,劳动合同应延续至其在工会任职的时间届满时。用人单位不得在工会委员会成员任职时间未届满时按劳动合同届满时间终止劳动合同。工会委员会成员的行为符合《劳动合同法》第 39 条规定的情形或该成员已到法定退休年龄的除外。

法律、司法解释对工会委员会成员任期未满劳动合同自动延续作了明确规定。根据《工会法》第 18 条的规定,基层工会专职主席、副主席或者委员自任职之日起,其劳动合同期限自动延长,延长期限相当于其任职期间;非专职主席、副主席或者委员自任职之日起,其尚未履行的劳动合同期限短于任期的,劳动合同期限自动延长至任期期满。但是,任职期间个人严重过失或者达到法定退休年龄的除外。最高人民法院《关于在民事审判中适用〈中华人民共和国工会法〉若干问题的解释》第 2 条规定,根据《工会法》第 18 条规定,人民法院审理劳动争议案件,涉及确定基层工会专职主席、副主席或者委员延长的劳动合同期限的,应当自上述人员工会职务任职期限届满之日起计算,延长的期限等于其工会职务任职的期间。《工会法》第 18 条规定的"个人严重过失",是指具有《中华人民共和国劳动法》第 25 条第 2 项、第 3 项或者第 4 项规定的情形。

【风险提示 137】

用人单位根据《劳动合同法》第 43 条第 1 项规定终止与工会委员会成员之间的劳动合同时,要注意工会委员会成员的任期时间。如其担任工会委员会职务的时间未到期,劳动合同应延续至任期结束。用人单位不得在工会委员会成员任期届满前依《劳动合同法》第 43 条第 1 项的规定终止劳动合同,否则将面临被认定为违法解除劳动合同并承担相应法律责任的风险。

【规范指引】

《中华人民共和国工会法》

第十八条　基层工会专职主席、副主席或者委员自任职之日起,其劳动合同期限自动延长,延长期限相当于其任职期间;非专职主席、副主席或者委员自任职之日起,其尚未履行的劳动合同期限短于任期的,劳动合同期限自动延长至任期期满。但是,任职期间个人严重过失或者达到法定退休年龄的除外。

最高人民法院《关于在民事审判中适用〈中华人民共和国工会法〉若干问题的解释》

第二条　根据工会法第十八条规定,人民法院审理劳动争议案件,涉及确定基层工会专职主席、副主席或者委员延长的劳动合同期限的,应当自上述人员工会职务任职期限届满之日起计算,延长的期限等于其工会职务任职的期间。工会法第十八条规定的"个人严重过失",是指具有《中华人民共和国劳动法》第二十五条第(二)项、第(三)项或者第(四)项规定的情形。

Q144：用人单位未制定规章制度或规章制度中未规定某种违纪行为，是否可以劳动者严重违纪为由解除劳动合同？

《劳动法》第25条第2项规定，劳动者严重违反劳动纪律或者用人单位规章制度的，用人单位可以解除劳动合同。《劳动合同法》删除了劳动者严重违反劳动纪律，用人单位可以解除劳动合同的规定，仅保留劳动者严重违反用人单位的规章制度，用人单位可以解除劳动合同的规定。劳动纪律与规章制度是两个不同的概念。劳动纪律是指劳动者在提供劳动过程中必须遵守的行为准则，而规章制度则是指用人单位制定的用工管理和组织劳动者开展生产经营的制度和规则总和。劳动纪律和规章制度的区别主要体现在以下方面：(1)制定主体不同。规章制度由用人单位制定，而劳动纪律的制定主体在法律法规中无明确规定，既可以由用人单位制定，也可以由政府相关部门制定，劳动纪律甚至可以是未形成书面但为全体劳动者普遍遵守的基本准则。(2)范围不同。劳动纪律是劳动者必须遵守的行为准则，仅涉及劳动者守纪的义务，而规章制度不仅涉及劳动者在工作中的行为准则，还包括劳动报酬、工作时间、休息休假、福利待遇、培训制度等劳动者权利，涵盖范围更广。(3)制定程序不同。根据《劳动合同法》第4条的规定，用人单位在制定直接涉及劳动者切身利益的规章制度时，应当经职工代表大会或者全体职工讨论，提出方案和意见，与工会或者职工代表平等协商确定。而劳动纪律的制定则无明确程序要求。

现实中，一些用人单位特别是中小企业用工不规范，制定的规章制度比较粗略，没有将严重违反劳动纪律的情况均包含在规章制度中，或者根本就没有制定规章制度。劳动者如有严重违反纪律的行为，而用人单位的规章制度对该违纪行为没有规定的，用人单位是否可以劳动者严重违纪为由解除劳动合同，实践中存在不同观点。

【争议】

观点一：《劳动合同法》删除了《劳动法》关于用人单位可因劳动者严重违反劳动纪律解除劳动合同的规定，意味着《劳动合同法》将劳动纪律纳入用人单位的规章制度范畴之中。因此，在《劳动合同法》实施后，用人单位应当按法律规定，制定、修改包括劳动纪律内容在内的规章制度，并使其依法定程序制定并生效，如劳动者存在严重违反劳动纪律的行为，用人单位应该以劳动者违反规章制度为由解除劳动合同。用人单位未按法律规定制定、修改相应的规章制度,也就无法通过合法的规章制度对劳动者进行有效管理,更不能在未向劳动者明确告知必须遵守的劳动纪律具体内容的情形下,以劳动者严重违反劳动纪律为由解除劳动合同。①

观点二:用人单位未制定规章制度,或在规章制度中未规定某种违纪行为,劳动者严重违反劳动纪律的,用人单位仍可根据《劳动法》第25条第2项的规定解除劳动合同。很多地方的人民法院、劳动仲裁部门均支持这一观点。如北京市高级人民法院、北京市劳动人事争议仲裁委员会《关于审理劳动争议案件法律适用问题的解答》(2017年)第13条规定,《劳动法》第3条第2款中规定,"劳动者应当遵守劳动纪律和职业道德"。上述规定是对劳动者的基本要求,即便在规章制度未作出明确规定、劳动合同亦未明确约定的情况下,如劳动者存在严重违反劳动纪律或职业道德的行为,用人单位可以依据《劳动法》第3条第2款的规定与劳动者解除劳动合同。上海市高级人民法院《关于适用〈劳动合同法〉若干问题的意见》(2009年)也持类似观点,该意见第11条规定,劳动合同的履行应当遵循依法、诚实信用的原则。劳动合同的当事人之间除了规章制度的约束之外,实际上也存在很多约定的义务和依据诚实信用原则而应承担的合同义务。如《劳动法》第3条第2款关于"劳动者应当遵守劳动纪律和职业道德"等规定,就是类似义务的法律基础。因此,在规章制度无效的情况下,劳动者违反必须遵守的合同义务,用人单位可以要求其承担责任。劳动者以用人单位规章制度没有规定为由提出抗辩的,不予支持。但在规范此类行为时,应当仅对影响劳动关系的重大情况进行审核,以免过多干涉用人单位的自主管理权。浙江省高级人民法院民事审判第一庭《关于审理劳动争议案件若干问题的意见(试行)》(2009年)第45条规定,对劳动者无正当理由未办理请假手续,擅自离岗连续超过15日,用人单位规章制度已有规定的,按相关规定执行;用人单位规章制度无规定的,用人单位可以劳动者严重违反劳动纪律为由,解除劳动合同。

【解答】

笔者认为,《劳动合同法》之所以删除劳动者严重违反劳动纪律解雇制度,其目的在于将严重违反劳动纪律的情形纳入严重违反规章制度的规定之中,用人单位在制定、修改规章制度时,必须明确劳动纪律的范围,明确哪些行为是违

① 参见张爽:《劳动纪律和规章制度竞合的处理》,载《中国劳动》2015年第19期。

反劳动纪律的行为，避免用人单位以劳动者违反规章制度中没有规定的劳动纪律为由随意解除劳动合同。虽然《劳动法》规定用人单位可因劳动者严重违反劳动纪律解除劳动合同，但根据新法优于旧法的原则，《劳动法》第 25 条第 2 项不应再适用。因此，用人单位未制定规章制度，或虽制定规章制度，但未涉及劳动者严重违反纪律的具体情形，原则上不应以劳动者严重违反纪律为由解除劳动合同。然而，考虑到我国中小企业比较多，用工不规范、规章制度缺失和不完善的情况在当前仍比较普遍，而一些劳动纪律理应被全体劳动者知晓并遵守。劳动者如漠视这些劳动纪律，将对用人单位的用工管理和生产经营秩序造成重大影响。所以，劳动者严重违反全体劳动者普遍知晓并应当遵循的劳动纪律，如长时间地旷工、盗窃或故意破坏公司财物等，严重违反诚实信用原则和职业基本道德，用人单位可根据《劳动法》第 3 条第 2 款的规定解除劳动合同。但用人单位以劳动者严重违纪解除劳动合同应受更严格的限制，只有严重违反众所周知且一般理性人认为该行为应当解雇的劳动纪律时才能适用。如劳动者在工作场所与同事打架，没有造成严重后果，而用人单位的规章制度未明确禁止打架斗殴，这种情形就不能适用严重违反劳动纪律解除劳动合同。

重庆市高级人民法院民事审判第一庭等六部门《劳动争议案件法律适用问题专题座谈会纪要（四）》（2018 年）第 1 条规定，用人单位依法制定并公示的规章制度中对劳动纪律有明确规定的，用人单位只能依据规章制度的规定解除劳动合同。用人单位没有制定规章制度或者规章制度未依法定程序制定、公示，但劳动者存在严重违反劳动纪律的行为，且该行为依据通常情理判断属于严重违背社会主义核心价值观、公序良俗、诚实信用原则的行为，用人单位可以以劳动者严重违反劳动纪律为由解除劳动合同。在用人单位没有制定规章制度或者规章制度未依法定程序制定、公示的情况下，对劳动者旷工达到何种程度属于严重违反劳动纪律的行为，可以按照无正当理由连续旷工时间超过 15 日，或者 1 年以内累计旷工时间超过 30 日为标准进行掌握。该条纪要的规定较为妥当，可资参考。

【风险提示 138】

用人单位在制定、修改规章制度时，要结合本单位的实际情况，将单位认为重要的劳动者应遵守的劳动纪律规定在规章制度中。对劳动纪律的规定应当清晰、全面，避免遗漏。对违反哪些规章制度的行为、违反规章制度的程度和次数属于严重违反规章制度的情形作出明确规定。这些规章制度的制定和修改还要遵守《劳动合同法》第4条规定的程序,并向劳动者公示。如规章制度中没有涉及某种劳动纪律,劳动者违反这种劳动纪律,用人单位想以严重违反劳动纪律为由解除劳动合同,将受非常严格的限制,用人单位还将面临很大败诉的风险。

【规范指引】

《中华人民共和国劳动法》

第三条第二款　劳动者应当完成劳动任务,提高职业技能,执行劳动安全卫生规程,遵守劳动纪律和职业道德。

Q145:劳动者离职时,用人单位能否在离职证明等文件上描述劳动者的贡献和品行?

现实中,部分用人单位在劳动者离职时会出具劳动者在用人单位工作期间的工作表现、贡献和品行状况的证明。用人单位对离职劳动者工作贡献、品行的描述是否合法,是否侵犯劳动者的权利,实践中有不同观点。

【争议】

观点一:劳动者离职后,其在原用人单位的工作表现、品行均属于隐私,用人单位不得在未经劳动者同意的情况下擅自出具描述此类情况的文件,否则就侵犯了劳动者的隐私权,也有可能影响劳动者的就业权利。

观点二:劳动者在用人单位的工作表现和与工作相关的品行并不属于隐私范畴。用人单位对离职劳动者出具有关工作贡献、品行等方面的文件,只要客观、真实,就不会侵犯劳动者的合法权益。所以,用人单位可以出具客观真实的工作表现、品行证明材料。

【解答】

笔者认为,劳动者离职时要求用人单位出具工作贡献、与工作相关的品行证明文件,用人单位可以出具。但用人单位出具此类证明文件时,内容应当客观真实,既不能过分夸大劳动者的工作贡献和品行,也不能对劳动者的表现进行贬低,而且要注意不能对劳动者再就业带来阻挠。特别是对劳动者低于平均水平的评价,用人单位的描述不仅要符合实际,还要在掌握劳动者工作表现低于平均水平的证据的情况下才能出具,以免造成不必要的麻烦。在描述品行时，应仅涉及与工作、职业道德相关的品行，对劳动者私人领域的品行，用人单位应尽量避免进行描述。

【风险提示139】

用人单位在对离职劳动者的品行进行描述时，应客观公正，尽量不要出现对劳动者不利的描述，也不要涉及与工作无关的品行描述。

【规范指引】

《中华人民共和国劳动合同法》

第五十条第一款　用人单位应当在解除或者终止劳动合同时出具解除或者终止劳动合同的证明，并在十五日内为劳动者办理档案和社会保险关系转移手续。

Q146：工伤职工提出解除劳动合同，用人单位是否应支付经济补偿金？

根据《工伤保险条例》第36条、第37条的规定，职工因工致残被鉴定为五级至十级伤残的，职工可以提出解除劳动合同，由工伤保险基金支付一次性工伤医疗补助金，由用人单位支付一次性伤残就业补助金。工伤职工依《工伤保险条例》的规定解除劳动合同，用人单位是否应当支付经济补偿，法律法规没有明确规定，实践中存在较大争议。

【争议】

观点一：《劳动合同法》第46条第1项规定，劳动者依照本法第38条规定解除劳动合同，用人单位应向劳动者支付经济补偿。该法第38条第6项规定，法律、行政法规规定劳动者可以解除劳动合同的其他情形，劳动者可解除劳动合同。工伤职工被鉴定为五级至十级伤残的，可依《工伤保险条例》的规定解除劳动合同，符合《劳动合同法》第38条第6项规定的情形。用人单位应当支付工伤职工解除劳动合同时的经济补偿。重庆市高级人民法院民事审判第一庭等六部门《劳动争议案件法律适用问题专题座谈会纪要（二）》（2017年）第7条规定，多数意见认为：五级至十级工伤职工根据《工伤保险条例》的相关规定解除劳动合同的，符合《劳动合同法》第38条第6项“法律、行政法规规定劳动者可以解除劳动合同的其他情形”，故其要求用人单位支付经济补偿金的，人民法院应当予以支持。

观点二:《劳动合同法》第 38 条规定的是用人单位存在严重过错侵害劳动者合法权利,劳动者可解除劳动合同的情形。该条第 6 项规定的法律、行政法规规定劳动者可以解除劳动合同的其他情形也应当理解为用人单位除前 5 项规定之外的严重过错行为,法律、行政法规规定劳动者可以解除劳动合同的情形。而不应该将用人单位不存在过错,但法律、行政法规规定劳动者可解除劳动合同的情形包括在内。职工因工致伤,用人单位不存在严重过错或违法行为,工伤职工依《工伤保险条例》的规定解除劳动合同,可以享受工伤保险待遇,但不能要求用人单位支付经济补偿。

【解答】

笔者更倾向于第二种意见。原因在于:

(1)《劳动合同法》第 38 条规定的是劳动者的特别解除权,即用人单位存在过错的情况下,劳动者无须预告就可以解除劳动合同。该条第 6 项规定的法律、行政法规规定劳动者可以解除劳动合同的其他情形应作限缩解释,理解为该条其他款项没有规定但用人单位存在严重过错,法律、行政法规规定劳动者可以解除劳动合同的情形。之所以作此限缩解释,是因为:从《劳动合同法》第 38 条整体来看,第 6 项的前后款项均规定的是存在严重过错侵害劳动者合法权益的情形,第 6 项虽未明确以用人单位存在过错为前提,但仍应作此解释;查《劳动合同法》第 38 条的立法原意,该条赋予劳动者特别解除权,是为了保护劳动者免受用人单位的侵害,由于劳动者行使特别解除权往往会给用人单位的正常生产经营带来很大的影响,仅限于用人单位有过错行为的情况下允许劳动者行使特别解除权,将该条第 6 项解释为以用人单位存在过错为前提,更符合立法原意。

(2)劳动者在用人单位不存在过错的情况下依法解除劳动合同,用人单位无须支付经济补偿。《劳动合同法》第 46 条规定用人单位应支付经济补偿的情形除劳动者依该法第 38 条解除劳动合同外,均为用人单位解除、终止或用人单位提出解除劳动合同的情形,而该法第 38 条又以用人单位存在过错为前提。由此可知,劳动者在用人单位不存在过错的情况下解除劳动合同,用人单位无支付经济补偿的义务。例如,《劳动合同法》第 36 条规定中劳动者提出后与用人单位协商一致解除劳动合同;又如,该法第 37 条规定劳动者预告解除劳动合同,用人单位均无须支付经济补偿。《劳动合同法》第 36 条、第 37 条均为法律规定劳动者可以解除劳动合同的情形,如按前述观点一,劳动者根据这两条规定解除劳动合同后，仍可要求用人单位支付经济补偿，这种理解显然是荒唐的。

(3)劳动者在工作中发生工伤并被鉴定为五级至十级，用人单位不存在过错的，劳动者依《工伤保险条例》的规定解除劳动合同，用人单位无须支付经济补偿。劳动者因工致伤，用人单位并不存在过错或仅存在轻微过失，这种情况下，劳动者解除劳动合同并非基于用人单位的过错，用人单位就无须支付经济补偿。如果劳动者的工伤有用人单位严重过错的因素，劳动者解除劳动合同也是基于用人单位的过错，那么，劳动者解除劳动合同所依据的是《劳动合同法》第 38 条的规定，而非依据《工伤保险条例》，此种例外情形下，用人单位应当支付经济补偿。

【风险提示 140】

劳动者根据《工伤保险条例》第 36 条、第 37 条解除劳动合同的，不符合用人单位支付经济补偿的条件，劳动者不应要求用人单位支付经济补偿。

【规范指引】

《中华人民共和国劳动合同法》

第四十六条　有下列情形之一的，用人单位应当向劳动者支付经济补偿：

……

(七)法律、行政法规规定的其他情形。

《工伤保险条例》

第三十六条第二款　经工伤职工本人提出，该职工可以与用人单位解除或者终止劳动关系，由工伤保险基金支付一次性工伤医疗补助金，由用人单位支付一次性伤残就业补助金。一次性工伤医疗补助金和一次性伤残就业补助金的具体标准由省、自治区、直辖市人民政府规定。

第三十七条　职工因工致残被鉴定为七级至十级伤残的，享受以下待遇：

……

(二)劳动、聘用合同期满终止，或者职工本人提出解除劳动、聘用合同的，由工伤保险基金支付一次性工伤医疗补助金，由用人单位支付一次性伤残就业补助金。一次性工伤医疗补助金和一次性伤残就业补助金的具体标准由省、自治区、直辖市人民政府规定。

Q147:解除劳动合同的通知应如何送达劳动者?

【解答】

用人单位解除劳动合同,应将解除劳动合同的通知送达劳动者,送达之后,解除劳动合同的通知才对劳动者发生法律效力。《劳动合同法》第 40 条规定,客观情况发生重大变化下用人单位解除劳动合同的,需提前 30 日以书面形式通知劳动者本人或者额外支付劳动者 1 个月工资。除此之外,法律并没有规定解除劳动合同的通知必须要用书面形式。但从保存证据和预防法律风险的角度,用人单位解除劳动合同,应尽可能地采用书面形式。

目前,我国的劳动法律法规对解除劳动合同的书面通知如何送达劳动者并没有作出规定。仅劳动部办公厅《关于通过新闻媒介通知职工回单位并对逾期不归者按自动离职或旷工处理问题的复函》(已于 2017 年 11 月 24 日被废止)涉及送达问题,该复函规定:企业对有旷工行为的职工做除名处理,必须符合规定的条件并履行相应的程序。因此,企业通知请假、放长假、长期病休职工在规定时间内回单位报到或办理有关手续,应遵循对职工负责的原则,以书面形式直接送达职工本人;本人不在的,交其同住成年亲属签收。直接送达有困难的可以邮寄送达,以挂号查询回执上注明的收件日期为送达日期。只有在受送达职工下落不明,或者用上述送达方式无法送达的情况下,方可公告送达,即张贴公告或通过新闻媒介通知。自发出公告之日起,经过 30 日,即视为送达。在此基础上,企业方可对旷工和违反规定的职工按上述法规做除名处理。能用直接送达或邮寄送达而未用,直接采用公告方式送达,视为无效,职工逾期不归也不能视为旷工,更不得予以除名。该复函虽已失效,但其中涉及送达的规定在用人单位送达劳动者解除劳动合同时仍可作为参考。解除劳动合同的通知最好采用书面直接送达的方式,由劳动者在接收通知的回证上签字。如劳动者拒绝到用人单位接收通知的,用人单位可以选择到劳动者住处送达解除劳动合同通知,劳动者不在住处的,可以由其同住近亲属代为签收,但要注意不要送达给非劳动者同住近亲属;用人单位也可以选择通过挂号信或快递的方式邮寄送达解除劳动合同通知,注意保存挂号信和快递回执。此外,还可以通过短信、电子邮件、微信、钉钉等进行送达,但需要事先征得劳动者的同意,并由劳动者确认相应的电子邮箱地址、手机号码、微信号和钉钉号。用人单位穷尽直接送达、邮寄送达等方式仍无法将解除劳动合同通知送达劳动者的,可以采用公告送达的方式,通过在劳动者所在地社区、村委会张贴公告或通过新闻媒体公告的方式将解除劳动合同通知送达劳动者。需要注意的是,公告送达必须是在其他送达方式均无法送达解除劳动合同通知的情况下才能使用。用人单位不能在未尝试其他送达方式的情况下直接采用公告送达的方式,否则解除劳动合同的通知视为未送达,该通知不能对劳动者产生法律效力。

【风险提示141】

用人单位招用劳动者时,可要求劳动者填写送达地址确认书,由劳动者确认可送达的地址、手机号码、微信号、钉钉号等,并明确接收手机、电子邮箱、微信、钉钉的送达方式。同时要明确劳动者应提供准确的送达信息,劳动者在变更送达地址、手机号码、微信和钉钉号时,应及时通知用人单位,如未及时通知,相关文件退回之日即为送达之日,相关电子邮件、信息发送之日即为送达之日。如此可避免日后难以送达的问题。

Q148:经济补偿金的计发基数如何确定?

《劳动合同法》第47条规定,经济补偿按劳动者在本单位工作的年限,每满1年支付1个月工资的标准向劳动者支付。6个月以上不满1年的,按1年计算;不满6个月的,向劳动者支付半个月工资的经济补偿。劳动者月工资高于用人单位所在直辖市、设区的市级人民政府公布的本地区上年度职工月平均工资三倍的,向其支付经济补偿的标准按职工月平均工资三倍的数额支付,向其支付经济补偿的年限最高不超过12年。本条所称月工资是指劳动者在劳动合同解除或者终止前12个月的平均工资。《劳动合同法实施条例》第27条进一步规定,《劳动合同法》第47条规定的经济补偿的月工资按照劳动者应得工资计算,包括计时工资或者计件工资以及奖金、津贴和补贴等货币性收入。劳动者在劳动合同解除或者终止前12个月的平均工资低于当地最低工资标准的,按照当地最低工资标准计算。劳动者工作不满12个月的,按照实际工作的月数计算平均工资。但在实务中,对经济补偿的计算基础即月平均工资的确定仍存在一定争议。

【争议】

观点一:《劳动合同法实施条例》规定经济补偿的月平均工资按劳动者的应得工资计算,是指劳动者正常工作的工资,不包括劳动者延长工作时间的工资。

如江苏省高级人民法院《劳动争议类案指南》(2010 年)认为:劳动部《违反和解除劳动合同的经济补偿办法》第 11 条规定,经济补偿金的工资计算标准是指企业正常生产情况下劳动者解除劳动合同前 12 个月的平均工资。《劳动合同法实施条例》第 27 条对此作出明解,"劳动合同法第 47 条规定的经济补偿的月工资按照劳动者应得工资计算,包括计时工资或者计件工资以及奖金、津贴和补贴等货币性收入。劳动者在劳动合同解除或者终止前 12 个月的平均工资低于当地最低工资标准的,按照当地最低工资标准计算。劳动者工作不满 12 个月的,按照实际工作的月数计算平均工资"。根据上述规定,经济补偿金的计算标准应不包括加班工资。

观点二:经济补偿的计算基数月平均工资指劳动者的应得工资,包括正常工资、加班工资、奖金、津贴、补贴等,还包括个人缴纳的社会保险及所得税。如北京市高级人民法院、北京市劳动人事争议仲裁委员会《关于审理劳动争议案件法律适用问题的解答》(2017 年)第 21 条中规定,在计算劳动者解除劳动合同前 12 个月平均工资时,应当包括计时工资或者计件工资以及奖金、津贴和补贴等货币性收入。其中包括正常工作时间的工资,还包括劳动者延长工作时间的加班费。劳动者应得的年终奖或年终双薪,计入工资基数时应按每年 12 个月平均分摊。《劳动合同法》第 47 条规定的计算经济补偿的月工资标准应依照《劳动合同法实施条例》第 27 条规定予以确定;《劳动合同法实施条例》第 27 条中的"应得工资"包含由个人缴纳的社会保险和住房公积金以及所得税。

【解答】

笔者倾向于第二种观点。《劳动合同实施条例》第 27 条规定的经济补偿计算基数每月平均应得工资是指扣除个人所得税、社会保险费个人缴纳部分、住房公积金个人缴纳部分之前的工资报酬。应得工资包括劳动者正常工作的工资、奖金、津贴、补贴,还包括劳动者延长工作时间的工资、社会保险费的个人缴纳部分和住房公积金的个人缴纳部分。但用人单位缴纳的社会保险费和住房公积金不属于劳动者的应得工资,用人单位发放的实物也不应计入应得工资范围。观点一将延长工作时间的工资排除在应得工资之外,没有法律依据,也与社会公众对应得工资的理解不相符,不足以采纳。每月平均应得工资不仅仅是月工资单的应得工资,超出一个工资支付周期的奖金、提成工资、年底双薪等工资收入均应计入应得工资总额,除以 12 个月进行平均分摊。

【风险提示142】

值得注意的是，经济补偿的工资计算基数与加班工资的计算基数并不相同。加班工资的计算基数是一个工资支付周期内劳动者的实发工资，而经济补偿的计算基数是劳动者的应得工资，包括正常工资、延长工作时间的工资，以及社保和住房公积金的个人缴纳部分，超出一个工资支付周期发放的工资也应按月平均摊入经济补偿的计算基数。

【规范指引】

《中华人民共和国劳动合同法》

第四十七条　经济补偿按劳动者在本单位工作的年限，每满一年支付一个月工资的标准向劳动者支付。六个月以上不满一年的，按一年计算；不满六个月的，向劳动者支付半个月工资的经济补偿。

劳动者月工资高于用人单位所在直辖市、设区的市级人民政府公布的本地区上年度职工月平均工资三倍的，向其支付经济补偿的标准按职工月平均工资三倍的数额支付，向其支付经济补偿的年限最高不超过十二年。

本条所称月工资是指劳动者在劳动合同解除或者终止前十二个月的平均工资。

《中华人民共和国劳动合同法实施条例》

第二十七条　劳动合同法第四十七条规定的经济补偿的月工资按照劳动者应得工资计算，包括计时工资或者计件工资以及奖金、津贴和补贴等货币性收入。劳动者在劳动合同解除或者终止前12个月的平均工资低于当地最低工资标准的，按照当地最低工资标准计算。

Q149：劳动者在用人单位工作的时间跨越《劳动合同法》施行前后，经济补偿金如何分段计算？

《劳动合同法》与《劳动法》及配套规定关于劳动合同解除或终止用人单位应支付经济补偿的条件、基数和年限的规定存在比较大的区别。劳动者与用人单位之间的劳动合同关系成立于《劳动合同法》施行之前，存续至《劳动合同法》施行之后，此情形下，根据法不溯及既往的规则，在计算经济补偿金时需要对《劳动合同法》施行前后劳动合同存续的时间分段进行考量。

在劳动法律法规未对经济补偿金分段计算问题作出明确规定的情况下，一些地方的人民法院和劳动仲裁部门对经济补偿的分段计算做了解答。

【争议】

上海市高级人民法院《关于适用〈劳动合同法〉若干问题的意见》(2009年)第21条规定,关于经济补偿金“分段计算”的问题。根据《劳动合同法》第97条的规定,《劳动合同法》施行之日存续的劳动合同,在《劳动合同法》施行后解除或终止的,其经济补偿金的具体计算方法如下:(1)《劳动合同法》与2008年1月1日之前施行的相关法律法规的规定(以下简称以前规定)均规定应当支付经济补偿金的情况,且劳动者的月平均工资不高于上年度本市职工月平均工资三倍的,经济补偿金的计算基数按劳动者在劳动合同解除或终止前12个月的月平均工资确定。(2)《劳动合同法》规定应当支付经济补偿金的情形,且不属于以前规定中“经济补偿金总额不超过劳动者12个月的工资收入”情形的,经济补偿年限自用工之日起计算。《劳动合同法》规定应当支付经济补偿金的情形,但属于以前规定中“经济补偿金总额不超过劳动者12个月的工资收入”情形的,劳动者在《劳动合同法》施行前的经济补偿年限按照以前规定计算;劳动者在《劳动合同法》施行后的工作年限在计算经济补偿年限时并入计算。(3)符合《劳动合同法》规定三倍封顶的情形,实施封顶计算经济补偿年限自《劳动合同法》施行之日起计算,《劳动合同法》施行之前的工作年限仍按以前规定的标准计算经济补偿金。(4)根据《劳动合同法实施条例》第25条的规定,用人单位违反《劳动合同法》的规定解除或终止劳动合同,依法支付劳动者赔偿金,赔偿金的计算年限自用工之日起计算。如劳动者在劳动合同被违法解除或终止前12个月的月平均工资高于上年度本市职工月平均工资三倍的,根据《劳动合同法》第87条规定,应当按照第47条第2款规定的经济补偿标准计算。

广东省高级人民法院、广东省劳动人事争议仲裁委员会《关于审理劳动争议案件若干问题的座谈会纪要》(2012年)第32条规定,劳动关系建立于《劳动合同法》实施以前,但在《劳动合同法》实施后解除或终止的,经济补偿按以下方式计算:(1)按《劳动合同法》实施以前的有关规定,用人单位无须支付经济补偿的,劳动者工作年限自《劳动合同法》实施之日起计算。(2)按《劳动合同法》实施前后的有关规定,用人单位均需支付经济补偿的,劳动者的工作年限自用工之日起计算。用人单位与劳动者协商一致解除劳动合同或因劳动者不能胜任工作、经培训及调整岗位仍不能胜任工作为由解除劳动合同的,劳动者在《劳动合同法》实施以前计发经济补偿的工作年限最多不超过12年。劳动者月工资高于用人单位所在地上年度职工月平均工资的三倍，非因协商一致或劳动者不能胜任工作为由解除劳动合同的，劳动者在《劳动合同法》实施以前计发经济补偿的工作年限自用工之日起计算，不受最多不超过12年的限制。

安徽省高级人民法院《关于审理劳动争议案件若干问题的指导意见》(2015年)第12条规定，《劳动合同法》施行之日前签订的劳动合同，在《劳动合同法》施行后解除或终止的，劳动者主张经济补偿金的，人民法院应视以下情形确定：(1)《劳动合同法》与2008年1月1日之前施行的相关法律法规均有应当支付经济补偿金的规定，且劳动者解除或终止劳动合同前12个月的月平均工资不高于上年度本市(设区的市)职工月平均工资三倍，经济补偿金的计算基数为劳动合同解除或终止前12个月的月平均工资。劳动者解除或终止劳动合同前12个月的月平均工资高于上年度本市(设区的市)职工月平均工资三倍，《劳动合同法》施行之前的年限按该劳动者解除或终止劳动合同前12个月的月平均工资确定经济补偿金的计算基数；《劳动合同法》施行之后的年限按照三倍封顶数额确定经济补偿金的计算基数。(2)《劳动合同法》规定应当支付经济补偿金的，既不属于以前规定中"经济补偿金总额不超过劳动者12个月的工资收入"情形的，也不属于《劳动合同法》规定的封顶情形的，经济补偿年限自用工之日起计算。《劳动合同法》规定应当支付经济补偿金的，但属于以前规定中"经济补偿金总额不超过劳动者12个月的工资收入"情形的，劳动者在《劳动合同法》施行前的经济补偿年限按照以前的规定计算；劳动者在《劳动合同法》施行后的工作年限在计算经济补偿年限时并入计算。(3)符合《劳动合同法》规定的封顶情形的，实施封顶计算经济补偿的年限自《劳动合同法》施行之日起计算，《劳动合同法》施行之前的工作年限仍按以前规定的标准计算经济补偿金。

【解答】

对照《劳动法》及配套规定与《劳动合同法》对经济补偿金的不同规定，笔者总结出经济补偿金分段计算的不同情形如下：

(1)用人单位提出，与劳动者协商一致解除劳动合同，以及劳动者不能胜任工作，且解除劳动合同前12个月劳动者的月平均工资不高于本地区职工上年度月平均工资三倍的情形。经济补偿金的计算标准，以《劳动合同法》施行时间2008年1月1日为界，2008年1月1日前为：解除劳动合同前劳动者12个月的月平均工资乘以2008年1月1日以前劳动者在本单位的工作年限(不超过12)；2008年1月1日以后为：解除劳动合同前劳动者12个月的月平均工资乘以在 2008 年 1 月 1 日以后劳动者在本单位的工作年限。两者相加即为用人单位应支付的经济补偿金。

(2)用人单位提出,与劳动者协商一致解除劳动合同,以及劳动者不能胜任工作,且解除劳动合同前 12 个月劳动者的月平均工资高于本地区职工上年度月平均工资三倍的情形。经济补偿金的计算标准为:解除劳动合同前劳动者 12 个月的月平均工资 ×2008 年 1 月 1 日以前劳动者在本单位的工作年限(不超过 12)+本地区职工上年度月平均工资三倍 ×2008 年 1 月 1 日以后劳动者在本单位的工作年限(不超过 12)。

(3)符合《劳动法》第 26 条且不属于劳动者不胜任工作,经济性裁员,以及符合《劳动法》第 32 条第 2、3 项劳动者被迫辞职的情形,解除劳动合同前 12 个月劳动者的月平均工资不高于本地区职工上年度月平均工资 3 倍。上述情形的经济补偿金无须分段计算,计算标准为:解除劳动合同前劳动者 12 个月的月平均工资乘以劳动者在本单位的工作年限。

(4)符合《劳动法》第 26 条且不属于劳动者不胜任工作,经济性裁员,以及符合《劳动法》第 32 条第 2 项、第 3 项的情形,解除劳动合同前 12 个月劳动者的月平均工资高于本地区职工上年度月平均工资三倍。上述情形经济补偿金的计算标准:2008 年 1 月 1 日前劳动者在本单位的工作年限 × 解除劳动合同前 12 个月劳动者的月平均工资 +2008 年 1 月 1 日以后劳动者在本单位的工作年限(不超过 12)× 本地区职工上年度月平均工资三倍。

(5)劳动合同期满,除用人单位维持或提高条件续订劳动合同劳动者不同意的外,劳动合同终止;用人单位被宣告破产、被吊销营业执照、责令关闭、撤销或者用人单位决定提前解散,致劳动合同终止;因用人单位未依法为劳动者缴纳社会保险费,规章制度违反法律、法规的规定,损害劳动者权益,因《劳动合同法》第 26 条第 1 款规定的情形致使劳动合同无效,劳动者被迫解除劳动合同。上述情形根据《劳动合同法》的规定需要支付经济补偿,但根据《劳动法》及配套规定无须支付经济补偿,经济补偿金的计算标准为:2008 年以后劳动者在用人单位的工作年限 × 解除劳动合同前 12 个月劳动者的月平均工资;如解除劳动合同前 12 个月劳动者的月平均工资高于上年度本地区职工月平均工资的,则计算标准为 2008 年以后劳动者在用人单位的工作年限(不超过 12)× 上年度职工月平均工资三倍。

【风险提示143】

用人单位在计算终止或解除劳动合同的经济补偿时，要注意到2008年1月1日《劳动合同法》施行前后的不同规定，将劳动者在2008年1月1日前后的工作年限分段计算经济补偿。

【规范指引】

《中华人民共和国劳动法》

第二十八条　用人单位依据本法第二十四条①、第二十六条②、第二十七条③的规定解除劳动合同的，应当依照国家有关规定给予经济补偿。

《中华人民共和国劳动合同法》

第四十六条　有下列情形之一的，用人单位应当向劳动者支付经济补偿：

（一）劳动者依照本法第三十八条规定解除劳动合同的；

（二）用人单位依照本法第三十六条规定向劳动者提出解除劳动合同并与劳动者协商一致解除劳动合同的；

（三）用人单位依照本法第四十条规定解除劳动合同的；

（四）用人单位依照本法第四十一条第一款规定解除劳动合同的；

（五）除用人单位维持或者提高劳动合同约定条件续订劳动合同，劳动者不同意续订的情形外，依照本法第四十四条第一项规定终止固定期限劳动合同的；

（六）依照本法第四十四条第四项、第五项规定终止劳动合同的；

（七）法律、行政法规规定的其他情形。

Q150：经济裁员未满足法律规定的条件或未经法定程序，是否属于违法解除劳动合同？

《劳动合同法》第41条规定了经济裁员的条件，其中实体条件为：符合以下情形之一，需要裁减人员20人以上或者裁减不足20人但占企业职工总数10%以上。(1)依照企业破产法规定进行重整的；(2)生产经营发生严重困难的；

① 协商一致解除劳动合同。——笔者注

② 客观原因导致劳动合同解除。——笔者注

③ 经济裁员。——笔者注

(3)企业转产、重大技术革新或者经营方式调整,经变更劳动合同后,仍需裁减人员的;(4)其他因劳动合同订立时所依据的客观经济情况发生重大变化,致使劳动合同无法履行的。程序条件为:用人单位提前30日向工会或者全体职工说明情况,听取工会或者职工的意见后,裁减人员方案经向劳动行政部门报告。经济裁员属于用人单位解除劳动合同的一种方式。如未满足法律规定经济裁员的实体条件或未履行法定程序,用人单位进行经济裁员,是否属于违法解除劳动合同,实践中有不同观点。

【争议】

观点一:企业是独立的经济主体,自负盈亏,自担风险,享有自主经营权。企业经营发生困难,进行经济裁员,属于企业行使经营自主权的一种方式。用人单位在未满足法律规定的前提条件或未履行法定程序的情况下进行经济裁员,也不属于违法解除劳动合同的范围。

观点二:企业进行经济裁员,必须符合法律规定的前提条件,严格遵循法律规定的程序。企业经济裁员如不满足法律规定的前提条件,或者未经法定程序,均应认定为违法解除劳动合同。

【解答】

笔者同意观点二。这是因为:

经济裁员虽属于企业的自主经营权,但裁员涉及劳动者数量众多,而且关系到劳动者的生存权和劳动权,为保护劳动者的权利和维护和谐稳定的社会环境,法律在规定企业进行经济裁员必须符合一定的条件,并履行一定的程序。只有满足法律规定的条件,并履行法定程序,经济裁员才能认定为合法有效。

用人单位应当对自身进行重整、生产经营发生严重困难以及企业转产、重大技术革新或者经营方式调整,经变更劳动合同后,仍需裁减人员的事实承担举证责任。对其他因劳动合同订立时所依据的客观经济情况发生重大变化,致使劳动合同无法履行的情形,用人单位还需举证证明客观经济情况发生重大变化对企业产生影响的重大性和长期性,此种影响直接导致人力资源过于空闲,企业无法长期负担过多的人力资源。

为缓解经济裁员对劳动者带来的影响和对社会稳定的冲击,法律在经济裁员的实体条件之外还规定了用人单位应当履行的程序。(1)用人单位必须提前30日向工会或全体职工说明情况,并听取意见。大规模企业职工人数较多,裁员是否可向职工代表说明情况?笔者认为,法律并未规定企业可以向职工代表说明情况以代替向全体职工说明情况,而且职工代表的产生程序和情况复杂,职工代表并不一定能代表被裁员职工的利益,所以企业在裁员时仍必须向全体职工而非职工代表说明情况。向全体职工说明情况并听取意见,可以采用召开全体职工大会的方式,也可以将裁员的初步方案向全体职工公示,设意见箱或由部门负责人收集意见等方式。(2)裁员方案向劳动行政部门报告。向工会或全体职工说明情况并听取意见后,用人单位形成正式裁员方案,并将方案和工会或全体职工的意见向劳动行政部门报告。根据劳动部《企业经济性裁减人员规定》(劳部发〔1994〕447 号)第 4 条第 2 项的规定,裁员方案的内容包括:被裁减人员名单,裁减时间及实施步骤,符合法律、法规规定和集体合同约定的被裁减人员经济补偿办法。

如不符合《劳动合同法》第 41 条规定的实体性条件或程序性条件,企业进行经济裁员,属于违法解除劳动合同。被裁员的劳动者可以要求继续履行劳动合同或要求用人单位支付赔偿金。

部分地区的人民法院和劳动仲裁委员会出台的指导性文件对企业经济裁员必须满足法律规定的实体条件和程序条件作了规定。上海市高级人民法院《关于适用〈劳动合同法〉若干问题的意见》(2009 年)第 20 条规定,根据《劳动合同法》第 41 条的规定,企业进行经济性裁员必须满足一定的前提条件,用人单位在未满足该条件的情况下进行裁员,被裁的劳动者要求恢复劳动关系的,可以支持。江苏省高级人民法院《劳动争议类案指南》(2010 年)认为:对于“客观经济情况发生重大变化”的判断应当进行严格审查,并且应由用人单位对“客观经济情况发生重大变化,致使劳动合同无法履行”这一事实负证明责任。审判实践中,可以将四个方面作为判断标准:(1)要判断用人单位的业务量是否锐减,运营是否出现严重问题;(2)判断金融危机(应为客观经济情况发生重大变化——笔者注)对于用人单位业务的影响是长期还是短期;(3)企业的财务状况是否出现严重亏损,通过对企业资产负债率、速动比率、流动比率等反映企业资金周转困难指标进行核定;(4)人力资源是否过于闲余,用人单位业务未来的转向是否能承接现有人力资源。另外,《劳动合同法》第 41 条规定的“用人单位提前 30 日向工会或全体职工说明情况,听取工会或者职工意见”和“裁减人员方案经向劳动行政部门报告”属于经济性裁员的必经程序,如果未履行,应当认定裁员行为未生效,对劳动者不发生解除劳动合同的效力。深圳市中级人民法院《关于审理劳动争议案件的裁判指引》(2015 年)第 88 条第 2 款规定,用人单位裁员未履行《劳动合同法》第 41 条规定的法定程序,劳动者以此为由主张构成违法解除劳动合同的,应予支持。

【风险提示 144】

企业在经济裁员时,要注意保存符合《劳动合同法》第 41 条规定裁员实体条件的相关证据,还要严格遵守该条规定的程序。选择向职工说明情况并听取意见的,要注意是面向全体职工而非职工代表,裁员初步方案要以合理的方式公示,听取意见可通过召开全体职工大会、座谈会、设置意见箱、部门收集等方式进行。切不可因忽视裁员证据的收集、保存和程序问题被有权部门认定为违法解除劳动合同。

【规范指引】

《中华人民共和国劳动合同法》

第四十一条　有下列情形之一,需要裁减人员二十人以上或者裁减不足二十人但占企业职工总数百分之十以上的,用人单位提前三十日向工会或者全体职工说明情况,听取工会或者职工的意见后,裁减人员方案经向劳动行政部门报告,可以裁减人员:

(一)依照企业破产法规定进行重整的;

(二)生产经营发生严重困难的;

(三)企业转产、重大技术革新或者经营方式调整,经变更劳动合同后,仍需裁减人员的;

(四)其他因劳动合同订立时所依据的客观经济情况发生重大变化,致使劳动合同无法履行的。

裁减人员时,应当优先留用下列人员:

(一)与本单位订立较长期限的固定期限劳动合同的;

(二)与本单位订立无固定期限劳动合同的;

(三)家庭无其他就业人员,有需要扶养的老人或者未成年人的。

用人单位依照本条第一款规定裁减人员,在六个月内重新招用人员的,应当通知被裁减的人员,并在同等条件下优先招用被裁减的人员。

Q151:劳动者享受新型农村社会养老保险待遇的,劳动合同是否自然终止?

《劳动合同法》第 44 条第 2 项规定,劳动者开始依法享受基本养老保险待遇的,劳动合同终止。前已论及,劳动者享受基本养老保险待遇是劳动合同终止的充分条件。然而,实务中对这一条款的理解仍有争议,争议主要集中在劳动者享受新型农村社会养老保险待遇是否属于《劳动合同法》第44条第2项规定的情形,是否可导致劳动合同自然终止。

【争议】

观点一:新型农村社会养老保险并非劳动者在用人单位缴纳的社会保险,劳动者开始享受新型农村社会养老保险待遇并不当然导致劳动合同终止。而且,当前新型农村社会养老保险待遇相对城镇职工基本养老保险待遇较低,如强行让享受新型农村社会养老保险待遇的劳动者退休,对劳动者并不公平。所以《劳动合同法》第44条第2项规定的基本养老保险待遇仅指职工基本养老保险待遇。劳动者依法享受新型农村社会养老保险待遇,劳动合同并不当然终止。

观点二:劳动者开始享受新型农村社会养老保险待遇属于《劳动合同法》第44条第2项规定的情形。最高人民法院《关于审理劳动争议案件适用法律若干问题的解释(三)》第7条对《劳动合同法》的该条款作了解释,该条规定,用人单位与其招用的已经依法享受养老保险待遇或领取退休金的人员发生用工争议,向人民法院提起诉讼的,人民法院应当按劳务关系处理。享受新型农村社会养老保险待遇当然应纳入该条司法解释的范围。所以,劳动者开始享受新型农村社会养老保险待遇,劳动合同自然终止。宁波市中级人民法院《关于审理劳动争议案件若干疑难问题的解答》(2012年)即持该观点,该解答第2条规定:根据《社会保险法》规定,我国现行养老保险制度分为基本养老保险、新型农村社会养老保险和城镇居民社会养老保险三种,故上述三种社会保险属于最高人民法院《关于审理劳动争议案件适用法律若干问题的解释(三)》第7条规定的“已依法享受养老保险待遇”的情形。因此,已超过法定退休年龄且已享受新型农村社会养老保险待遇的人员进城务工后,与用人单位发生用工争议的,应按劳务关系处理。

【解答】

笔者倾向于观点二。这是因为:

(1)新型农村社会养老保险应纳入基本养老保险范畴。新型农村社会养老保险是相对于20世纪90年代开展的以个人缴费为主、完全个人账户的农村社会养老保险而言的,是指在基本模式上实行社会统筹与个人账户相结合,在筹资方式上实行个人缴费、集体补助、政府补贴相结合的社会养老保险制度。新型农村社会养老保险旨在解决农村居民老有所养问题,缩小城乡差距,改革城乡二元结构,促进农村改革、发展和稳定。《社会保险法》第 2 章基本养老保险中第 20 条、第 21 条规定了新型农村社会养老保险制度,第 22 条规定根据实际情况可将城镇居民社会养老保险和新型农村社会养老保险合并实施。可见《社会保险法》将新型农村社会养老保险制度纳入基本养老保险的规定之中。《国务院关于建立统一的城乡居民基本养老保险制度的意见》(国发〔2014〕8 号)明确指出,按照党的十八大精神和十八届三中全会关于整合城乡居民基本养老保险制度的要求,依据《社会保险法》有关规定,在总结新型农村社会养老保险(以下简称新农保)和城镇居民社会养老保险(以下简称城居保)试点经验的基础上,国务院决定,将新农保和城居保两项制度合并实施,在全国范围内建立统一的城乡居民基本养老保险(以下简称城乡居民养老保险)制度。该意见也将新型农村社会养老保险纳入基本养老保险范畴。

(2)法律、司法解释并无将劳动者开始享受新型农村社会养老保险待遇的情形排除在劳动合同终止情形之外之意。《劳动合同法》之所以没有将退休而是将劳动者开始享受基本养老保险待遇作为劳动合同自然终止的条件,是因为退休情况比较复杂,而享受基本养老保险待遇基本可以涵盖劳动者达到法定退休年龄的情形。根据规定,农村居民享受新型农村社会养老保险待遇需要年满 60 周岁、累计缴费满 15 年的条件,同样可以涵盖达法定退休年龄的情形。最高人民法院《关于审理劳动争议案件适用法律若干问题的解释(三)》第 7 条规定的"已依法享受养老保险待遇"显然也包括劳动者享受新型农村社会养老保险待遇的情形。

综上所述,将劳动者开始享受新型农村社会养老保险待遇的情形排除在劳动合同终止情形之外,既无法律依据,也与《社会保险法》将农村社会养老保险纳入基本养老保险之中的做法和将新农保和城居保两项制度合并实施、在全国范围内建立统一的城乡居民基本养老保险的国家政策相违背。劳动者开始依法享受新型农村社会养老保险待遇的,劳动合同自然终止。

【风险提示 145】

各地人民法院和劳动仲裁部门对已享受新型农村社会养老保险待遇的劳动者能否成为劳动关系的主体存在不同观点,用人单位对已享受新型农村社会养老保险待遇的劳动者应当及时办理退休或终止劳动合同的手续,以防与此类劳动者之间的关系被认定为劳动关系。

【规范指引】

《中华人民共和国劳动合同法》

第四十四条第(二)项　有下列情形之一的,劳动合同终止:

(二)劳动者开始依法享受基本养老保险待遇的。

最高人民法院《关于审理劳动争议案件适用法律若干问题的解释(三)》

第七条　用人单位与其招用的已经依法享受养老保险待遇或领取退休金的人员发生用工争议,向人民法院提起诉讼的,人民法院应当按劳务关系处理。

Q152:如何理解计算经济补偿或赔偿金工作年限时,将劳动者在原用人单位的工作年限合并计算为新用人单位工作年限的规定?

【解答】

现实中,劳动者常会因一些非本人原因变更用人单位,如企业资产转让、重组、合并、分立、被用人单位指派或委任等原因,劳动者到新的用人单位工作。此时,劳动者与原用人单位的劳动合同终止,与新用人单位成立劳动合同关系。还有的用人单位为逃避法律责任,利用关联企业与劳动者轮流签订劳动合同以缩短在本单位的工作年限。由于劳动者工作的单位变更非因劳动者本人原因,为保护劳动者的合法权利,劳动法律法规规定原用人单位在终止劳动合同时未支付经济补偿,新用人单位解除或终止劳动合同符合《劳动合同法》规定应支付经济补偿或赔偿金的情形,在计算经济补偿和赔偿金时,劳动者在原用人单位的工作年限应合并计算为新用人单位的工作年限。

《劳动合同法实施条例》第10条规定,劳动者非因本人原因从原用人单位被安排到新用人单位工作的,劳动者在原用人单位的工作年限合并计算为新用人单位的工作年限。原用人单位已经向劳动者支付经济补偿的,新用人单位在依法解除、终止劳动合同计算支付经济补偿的工作年限时,不再计算劳动者在原用人单位的工作年限。

最高人民法院《关于审理劳动争议案件适用法律若干问题的解释(四)》第5条进一步明确劳动者在原用人单位的工作年限合并计算为新用人单位的工作年限的情形:劳动者非因本人原因从原用人单位被安排到新用人单位工作,原用人单位未支付经济补偿,劳动者依照《劳动合同法》第38条规定与新用人单位解除劳动合同,或者新用人单位向劳动者提出解除、终止劳动合同,在计算支付经济补偿或赔偿金的工作年限时,劳动者请求把在原用人单位的工作年限合并计算为新用人单位工作年限的,人民法院应予支持。用人单位符合下列情形之一的,应当认定属于"劳动者非因本人原因从原用人单位被安排到新用人单位工作":(1)劳动者仍在原工作场所、工作岗位工作,劳动合同主体由原用人单位变更为新用人单位;(2)用人单位以组织委派或任命形式对劳动者进行工作调动;(3)因用人单位合并、分立等原因导致劳动者工作调动;(4)用人单位及其关联企业与劳动者轮流订立劳动合同;(5)其他合理情形。

【风险提示 146】

根据最高人民法院《关于审理劳动争议案件适用法律若干问题的解释》第 13 条的规定,因用人单位作出的开除、除名、辞退、解除劳动合同、减少劳动报酬、计算劳动者工作年限等决定而发生的劳动争议,用人单位负举证责任。在计算劳动者的工作年限时,采举证责任倒置的规则,由用人单位对该项事实承担举证责任,劳动者主张在原用人单位的工作年限合并计算为新用人单位工作年限,属于工作年限的计算问题,也应由用人单位承担举证责任。当然,劳动者如持有工作年限应当合并计算的证据,也应及时向人民法院或劳动仲裁部门提交。

【规范指引】

最高人民法院《关于审理劳动争议案件适用法律若干问题的解释(四)》

第五条　劳动者非因本人原因从原用人单位被安排到新用人单位工作,原用人单位未支付经济补偿,劳动者依照劳动合同法第三十八条规定与新用人单位解除劳动合同,或者新用人单位向劳动者提出解除、终止劳动合同,在计算支付经济补偿或赔偿金的工作年限时,劳动者请求把在原用人单位的工作年限合并计算为新用人单位工作年限的,人民法院应予支持。

用人单位符合下列情形之一的,应当认定属于"劳动者非因本人原因从原用人单位被安排到新用人单位工作":

(一)劳动者仍在原工作场所、工作岗位工作,劳动合同主体由原用人单位变更为新用人单位;

(二)用人单位以组织委派或任命形式对劳动者进行工作调动;

(三)因用人单位合并、分立等原因导致劳动者工作调动;

(四)用人单位及其关联企业与劳动者轮流订立劳动合同;

（五）其他合理情形。

Q153：劳动者在用人单位工作年限跨越 2008 年 1 月 1 日，用人单位违法解除劳动合同的赔偿金如何计算？

2008 年 1 月 1 日《劳动合同法》施行前，劳动法律法规并未规定用人单位违法解除劳动合同须支付二倍于经济补偿的赔偿金。《劳动法》对赔偿金的规定是在第 91 条，该条规定，用人单位有下列侵害劳动者合法权益情形之一的，由劳动行政部门责令支付劳动者的工资报酬、经济补偿，并可以责令支付赔偿金：（1）克扣或者无故拖欠劳动者工资的；（2）拒不支付劳动者延长工作时间工资报酬的；（3）低于当地最低工资标准支付劳动者工资的；（4）解除劳动合同后，未依照本法规定给予劳动者经济补偿的。该条规定并未涉及用人单位违法解除劳动合同的赔偿金，赔偿金的数额也不明确。1995 年 5 月 10 日施行的劳动部《违反〈劳动法〉有关劳动合同规定的赔偿办法》（劳部发〔1995〕223 号）对违反《劳动法》中有关劳动合同规定的行为明确了赔偿办法。该办法第 2 条规定，用人单位有下列情形之一，对劳动者造成损害的，应赔偿劳动者损失：（1）用人单位故意拖延不订立劳动合同，即招用后故意不按规定订立劳动合同以及劳动合同到期后故意不及时续订劳动合同的；（2）由于用人单位的原因订立无效劳动合同，或订立部分无效劳动合同的；（3）用人单位违反规定或劳动合同的约定侵害女职工或未成年工合法权益的；（4）用人单位违反规定或劳动合同的约定解除劳动合同的。第 3 条规定，本办法第 2 条规定的赔偿，按下列规定执行：（1）造成劳动者工资收入损失的，按劳动者本人应得工资收入支付给劳动者，并加付应得工资收入 25% 的赔偿费用；（2）造成劳动者劳动保护待遇损失的，应按国家规定补足劳动者的劳动保护津贴和用品；（3）造成劳动者工伤、医疗待遇损失的，除按国家规定为劳动者提供工伤、医疗待遇外，还应支付劳动者相当于医疗费用 25% 的赔偿费用；（4）造成女职工和未成年工身体健康损害的，除按国家规定提供治疗期间的医疗待遇外，还应支付相当于其医疗费用 25% 的赔偿费用；（5）劳动合同约定的其他赔偿费用。

2008 年 1 月 1 日施行的《劳动合同法》第 87 条规定，用人单位违反本法规定解除或者终止劳动合同的，应当依照本法第 47 条规定的经济补偿标准的二倍向劳动者支付赔偿金。由于《劳动合同法》施行前后劳动法律法规对用人单位违法解除劳动合同的赔偿规定有很大的不同,对劳动者在用人单位工作时间跨越2008 年 1 月 1 日,计算用人单位应支付的赔偿金如何计算,实践中有不同观点。

【争议】

观点一:劳动者在同一用人单位的工作时间跨越 2008 年 1 月 1 日前后,应将 2008 年 1 月 1 日前后的工作年限合并计算,而无须分段计算。具体的计算方法为《劳动合同法》第 47 条规定的经济补偿乘以 2。

观点二:计算用人单位违法解除劳动合同的赔偿金时,2008 年 1 月 1 日前劳动者在用人单位的工作年限应根据当时有效的劳动法律法规规定进行计算,2008 年 1 月 1 日以后的赔偿金应按《劳动合同法》第 87 条的规定计算。《天津法院劳动争议案件审理指南》(2017 年)持该观点,该指南第 31 条规定,用人单位违法解除劳动合同、劳动者请求用人单位支付赔偿金的,赔偿金计算年限应当区分《劳动合同法》实施前后而分别计算。《劳动合同法》实施前,是否支持劳动者提出的赔偿金的诉讼请求,应当按照当时的法律法规执行;《劳动合同法》实施后,赔偿金计算年限自用工之日起计算,最早自 2008 年 1 月 1 日起算。

【解答】

笔者同意观点二。劳动者在同一用人单位工作时间跨越 2008 年 1 月 1 日,用人单位违法解除劳动合同应支付的赔偿金,根据法不溯及既往的法律原则,《劳动合同法》第 87 条关于赔偿金的规定不能适用于 2008 年 1 月 1 日以前劳动者在用人单位的工作年限,所以,这一时段用人单位应支付劳动者的赔偿应参照劳动部《违反〈劳动法〉有关劳动合同规定的赔偿办法》第 3 条确定。2008 年 1 月 1 日之后,用人单位支付的赔偿金应根据《劳动合同法》第 87 条的规定进行确定。劳动部《违反〈劳动法〉有关劳动合同规定的赔偿办法》第 3 条第 1 项关于造成劳动者工资收入损失按劳动者本人应得工资收入支付给劳动者的规定与《劳动合同法》第 87 条的规定并不冲突,可以继续适用,劳动者可以要求用人单位支付违法解除劳动合同之日起至恢复履行、客观不能履行或劳动者以明示、默示的方式表示不再要求继续履行之日止的工资损失。该办法第 3 条第 1 项关于加付应得工资收入 25% 的赔偿费用的规定与《劳动合同法》第 87 条规定的赔偿金冲突,不再适用于 2008 年 1 月 1 日后用人单位违法解除劳动合同的情形。由于《劳动合同法》施行前并无违法解除劳动合同二倍于经济补偿的赔偿金的规定,所以计算二倍于经济补偿的赔偿金时,无须考虑本书前面论述的经济补偿的分段计算方法。

【风险提示147】

二倍于经济补偿的赔偿金仅在《劳动合同法》中有规定,2008年1月1日前劳动者的工作年限不在计算赔偿金的范围内。

【规范指引】

劳动部《违反〈劳动法〉有关劳动合同规定的赔偿办法》

第二条 用人单位有下列情形之一,对劳动者造成损害的,应赔偿劳动者损失:

(一)用人单位故意拖延不订立劳动合同,即招用后故意不按规定订立劳动合同以及劳动合同到期后故意不及时续订劳动合同的;

(二)由于用人单位的原因订立无效劳动合同,或订立部分无效劳动合同的;

(三)用人单位违反规定或劳动合同的约定侵害女职工或未成年工合法权益的;

(四)用人单位违反规定或劳动合同的约定解除劳动合同的。

Q154:用人单位解除劳动合同的通知能否撤回或撤销?

用人单位解除劳动合同通知的撤回,是指解除劳动合同的通知在发生法律效力前,用人单位欲使其不产生法律效力而取消解除劳动合同通知的意思表示。我国劳动法律法规并未规定解除劳动合同通知的撤回,但《合同法》对要约和承诺的撤回有明确规定。《合同法》第17条规定,要约可以撤回。撤回要约的通知应当在要约到达受要约人之前或者与要约同时到达受要约人。第27条规定,承诺可以撤回。撤回承诺的通知应当在承诺通知到达要约人之前或者与承诺通知同时到达要约人。

用人单位解除劳动合同通知的撤销,是指解除劳动合同通知生效后,用人单位欲使其丧失法律效力的意思表示。我国劳动法律法规并未规定解除劳动合同通知的撤销。《合同法》规定了要约的撤销,未规定承诺的撤销。《合同法》第18条规定,要约可以撤销。撤销要约的通知应当在受要约人发出承诺通知之前到达受要约人。第19条规定,有下列情形之一的,要约不得撤销:(1)要约人确定了承诺期限或者以其他形式明示要约不可撤销;(2)受要约人有理由认为要约是不可撤销的,并已经为履行合同做了准备工作。

用人单位解除劳动合同通知可分为对话式的通知和非对话式的通知,对话式的通知应自劳动者知悉用人单位解除劳动合同的意思表示时发生法律效力,而非对话式的通知应自通知到达劳动者时发生法律效力,到达是指通知进入劳动者的控制领域,并在通常情况下可以期待劳动者知悉通知内容的客观状态。非对话式的解除通知可采数据电文的方式,根据《合同法》第16条第2款的规定,采用数据电文形式订立合同,收件人指定特定系统接收数据电文的,该数据电文进入该特定系统的时间,视为到达时间;未指定特定系统的,该数据电文进入收件人的任何系统的首次时间,视为到达时间。解除劳动合同通知如附条件或期限,该通知自条件成就或期限届至时发生法律效力。

关于用人单位解除劳动合同的通知能否撤回或撤销的问题,实践中有不同的观点。

【争议】

观点一:用人单位解除劳动合同通知一经发出,就不得撤回或撤销。如用人单位解除劳动合同违反法律规定,劳动者可直接以解除劳动合同通知为据要求用人单位承担违法解除劳动合同的法律责任。

观点二:用人单位解除劳动合同通知的撤回和撤销可以参照《合同法》关于要约承诺撤回撤销的规定。用人单位在解除劳动合同通知发出后生效前可以撤回通知,解除劳动合同通知生效后,如满足一定条件,用人单位也可以撤销解除劳动合同通知。用人单位及时撤回或撤销解除劳动合同通知的,就无须承担解除劳动合同的法律责任。

【解答】

笔者同意观点二。劳动法律法规对劳动争议的一些事项没有作出规定的,可以适用民事法律和合同法的一般规定。用人单位发出解除劳动合同通知,如果在用人单位有权单方作出解除决定的场合,更类似于合同成立中的承诺;如需要与劳动者协商或用人单位无权单方决定解除的场合,更类似于合同成立中的要约。解除劳动合同通知未到达劳动者,或通知所附条件未成就、所附期限未届至,该通知未发生法律效力,用人单位自然可以在通知生效前将撤回通知的文件送达劳动者,这样,解除劳动合同的通知没有法律效力,用人单位也无须承担劳动合同解除的法律责任。解除劳动合同通知生效,但生效时间较短,劳动者没有到新的用人单位上班,劳动合同客观上仍可继续履行,这种情况下,用人单位可以撤销解除劳动合同的通知,解除劳动合同的通知自始不发生法律效力。如此操作既可保护劳动者在用人单位继续工作的权益,也可以免除用人单位承担解除劳动合同的法律责任,可谓双赢,自无不许之理。但用人单位解除劳动合同的通知已生效较长的时间,或劳动者已在新的用人单位工作且不愿回原用人单位,或存在劳动合同客观上无法继续履行的其他原因,用人单位不能撤销解除劳动合同通知。关于通知生效后的撤销时间,笔者认为在生效后 1 个月内为宜。

【风险提示 148】

用人单位在发出解除或终止劳动合同通知前一定要谨慎审查,避免出现解除或终止劳动合同的行为违反法律规定的情况。如发出解除或终止劳动合同通知后发现有违反法律规定的情况,又如劳动者在医疗期或女职工在劳动合同存续过程中已怀孕正处"三期"中不应解除或终止劳动合同的,用人单位应及时向劳动者送达撤回或撤销解除劳动合同通知的决定,恢复劳动合同关系。

【规范指引】

《中华人民共和国合同法》

第十七条　要约可以撤回。撤回要约的通知应当在要约到达受要约人之前或者与要约同时到达受要约人。

第十八条　要约可以撤销。撤销要约的通知应当在受要约人发出承诺通知之前到达受要约人。

第十九条　有下列情形之一的,要约不得撤销:

(一)要约人确定了承诺期限或者以其他形式明示要约不可撤销;

(二)受要约人有理由认为要约是不可撤销的,并已经为履行合同作了准备工作。

第二十七条　承诺可以撤回。撤回承诺的通知应当在承诺通知到达要约人之前或者与承诺通知同时到达要约人。

典型案例 16

包利英诉上海申美饮料食品有限公司劳动合同纠纷案[①]

裁判要旨

劳动者仍在原工作场所、工作岗位工作,劳动合同主体由原用人单位变更为新用人单位的,应当认定属于“劳动者非因本人原因从原用人单位被安排到新用人单位工作”,工作年限应当连续计算。劳动者用人单位发生变动,对于如何界定是否因劳动者本人原因,不应将举证责任简单地归于新用人单位,而应从该变动的原因着手,查清是哪一方主动引起了此次变动。劳务派遣公司亦不应成为工作年限连续计算的阻却因素。

基本案情

原告包利英于 2006 年 4 月 4 日进入被告申美公司工作,担任助销员。根据原告的求职登记卡显示,2006 年 4 月 4 日至 2007 年 3 月 31 日,原告系由案外人人资公司派遣进入被告处工作;2007 年 4 月 1 日至 12 月 31 日,原告的劳务派遣公司改为支点公司;2008 年 1 月 1 日至 2010 年 1 月 29 日,原告的劳务派遣公司又改为安普公司(原名上海华业人力资源服务有限公司,后于 2009 年 2 月 17 日经工商行政管理部门核准更名为安普公司)。2010 年 2 月,原告、被告签订劳动合同,约定:劳动合同期限为 2010 年 2 月 1 日至 2013 年 3 月 31 日;原告在市场执行部门的 RTM 业务代表岗位任职。2006 年 4 月 4 日至 2010 年 3 月,原告实际在被告公司的浦东办事处(位于本市浦东新区金桥开发区桂桥路 539 号)从事销售工作;2010 年 4 月起,原告被安排至被告公司的川沙办事处(位于本市浦东新区龙东大道 5385 号龙东大厦 2104 室),仍从事销售工作。2012 年 8 月起,原告的基本工资为 2259 元/月,此外另有金额不定的月度奖金。2013 年 3 月 25 日起,原告因患病开始休病假,未再上班。2013 年 4 月 1 日至 2013 年 6 月 30 日,被告支付原告工资 6153.79 元;2013 年 7 月 1 日至 8 月 31 日,被告每月各支付原告工资 2027 元。

2013 年 9 月 2 日,被告申美公司向原告包利英住址邮寄通知一份:“您与公司签署的劳动合同已于 2013 年 3 月 31 日到期,且公司基于您的病假申请,依法将您的劳动合同顺延至医疗期结束。我们特此通知您,您的医疗期将于 2013 年 9 月 3 日结束,故届时劳动合同终止。上述劳动合同终止日为您的最后工作日……月基本工资结算至 2013 年 9 月 3 日……”2013 年 9 月 4 日,该份邮件被退回。2013 年 9 月 12 日,被告再次向原告寄送终止劳动合同的通知,原告签收了该份通知。2013 年 9 月 3 日,被告为原告开具了上海市单位退工证明。2013 年 9 月 13 日至 12 月 25 日,原告仍继续休病假,并将对应期间的病假单邮寄给了被告。

2013 年 9 月 25 日,原告包利英提起仲裁申请,要求裁令被告申美公司:(1)恢复劳动

① 本案例载于《最高人民法院公报》2016 年第 12 期(总第 242 期)。

关系；(2)支付2013年9月3日至30日疾病救济费1991.97元，按照1327.98元/月的标准支付2013年10月1日至恢复劳动关系之日的疾病救济费；(3)支付2013年4月1日至8月31日病假工资差额3420.88元。上海市浦东新区劳动人事争议仲裁委员会于2013年11月19日作出裁决，裁令被告支付原告2013年4月1日至8月31日病假工资差额1367.53元，对原告的其余请求未予支持。原告不服该裁决，遂诉至法院。

裁判结果

上海市浦东新区人民法院判决：(1)上海申美饮料食品有限公司于判决生效之日起10日内支付包利英2013年9月3日至24日的病假工资1084.32元；(2)上海申美饮料食品有限公司于判决生效之日起10日内支付包利英2013年9月25日至12月24日期间的疾病救济费3840.31元；(3)上海申美饮料食品有限公司于判决生效之日起10日内支付包利英2013年4月1日至8月31日的病假工资差额1367.53元；(4)驳回包利英的其余诉讼请求。包利英、申美公司不服一审判决，分别提起上诉。上海市第一中级人民法院判决：驳回上诉，维持原判。

裁判理由

法院生效裁判认为：根据本案查明的事实，上诉人包利英于2006年4月4日起，一直在上诉人申美公司处从事销售相关工作，其用人单位先后从人资公司、支点公司变更为安普公司，2010年2月1日起变更为申美公司，自2006年4月4日至2010年3月，包利英的工作场所并无变化，且从事的工作内容也没有变化。申美公司主张用人单位主体的变更系包利英本人原因造成，但申美公司未提供充分证据予以证明。从上述事实分析可以得知，包利英的劳动合同主体虽然由人资公司变为支点公司，再变为安普公司，但是包利英的工作场所没有变化，包利英一直在从事销售相关工作，申美公司亦承认由于公司人员需要，申美公司从2010年2月1日起与包利英建立劳动关系。根据最高人民法院《关于审理劳动争议案件适用法律若干问题的解释(四)》第5条第2款第1项之规定，可以认定本案的情形属于"劳动者非因本人原因从原用人单位被安排到新用人单位工作"。因此，依照《劳动合同法实施条例》第10条的规定，可以确认包利英在申美公司处的工作年限应自2006年4月4日起计算。

依照上诉人包利英在上诉人申美公司处的工作年限，计算包利英可以享受的医疗期，一审法院认定双方劳动关系顺延至2013年12月24日医疗期届满终止，并无不当。现包利英要求恢复劳动关系至判决生效之日的上诉请求，不予支持。

关于病假工资的请求，依照《上海市企业工资支付办法》第9条第1款第3项的规定，并参照上诉人包利英在上诉人申美公司处的工作年限，一审法院确定包利英2013年4月1日至8月31日的病假工资，并无不妥。包利英主张以2179.24元/月作为计算病假工资的标准，法院难以采纳。包利英据此标准要求申美公司支付2013年4月1日至8月31日病假期间工资差额的上诉请求,不予支持。鉴于包利英、申美公司间的劳动合同延续至 2013 年 12 月 24 日终止,故申美公司应支付包利英 2013 年 9 月 3 日至 9 月 24 日的病假工资。申美公司要求不支付 2013 年 9 月 3 日至 9 月 24 日病假工资的上诉请求,亦不予支持。

关于疾病救济费的请求,鉴于双方劳动关系顺延至 2013 年 12 月 24 日医疗期届满终止,因此,上诉人包利英要求上诉人申美公司支付疾病救济费至判决生效之日的上诉请求,不予支持。根据包利英在申美公司处的工作年限以及病假超过 6 个月的情况,一审法院确定包利英 2013 年 9 月 25 日至 12 月 24 日的疾病救济费为 3840.31 元,亦无不妥。包利英主张以 1991.97 元/月的标准计算 2013 年 9 月的疾病救济费,以 1327.98 元/月的标准计算 2013 年 10 月以后的疾病救济费,不予采纳。申美公司要求不支付 2013 年 9 月 25 日至 12 月 24 日疾病救济费的上诉请求,亦不予支持。

典型案例 17

梁介树诉南京乐府餐饮管理有限公司劳动争议案[①]

裁判要旨

患有癌症、精神病等难以治疗的特殊疾病的劳动者,应当享受 24 个月的医疗期。医疗期内劳动合同期满,劳动合同应当延续至医疗期满时终止。用人单位在医疗期内违法解除或者终止劳动合同,劳动者起诉要求继续履行劳动合同的,人民法院应当判决撤销用人单位的解除或者终止通知书。

基本案情

原告梁介树于 2009 年 11 月 18 日入职被告乐府餐饮公司工作,双方签订了劳动合同。梁介树于 2010 年 5 月初生病,经南京军区南京总医院诊断为足细胞病,其后一直休病假,乐府餐饮公司向梁介树支付病假工资至 2011 年 2 月。2011 年 3 月 7 日,乐府餐饮公司以其已经将劳动合同期限顺延至医疗期满为由,通知梁介树终止双方的劳动合同关系。2011 年 6 月 7 日,梁介树向南京市江宁区劳动争议仲裁委员会(以下简称江宁区仲裁委)申请仲裁。2011 年 7 月 11 日,江宁区仲裁委作出宁宁劳仲案字(2011)第 1247 号仲裁裁决书,后梁介树不服前述裁决书于法定期限内向南京市江宁区人民法院提起诉讼。

另查明,原告梁介树所患足细胞病为肾病综合症的一种,是肾脏足细胞病变。尿毒症是慢性肾功能不全(又称慢性肾功能衰竭)第四期(也即最后阶段),慢性肾功能不全是各种进展性肾病的最终结局。足细胞病是导致慢性肾功能不全的病因之一。2011 年 11 月,

① 本案例载于《最高人民法院公报》2013 年第 6 期(总第 200 期)。

梁介树因病情复发至南京军区南京总医院治疗，南京军区南京总医院向梁介树出具病重通知单。治疗中，病程记录亦多次提及梁介树病情严重，随时可能出现猝死，危及生命。

又查明，2011 年 2 月起南京市最低工资标准为 1140 元/月。

审理中，被告乐府餐饮公司未能提供双方签订的劳动合同原件，亦未能提供证据证明原告梁介树持有所签合同原件。乐府餐饮公司提供的劳动合同复印件中，关于劳动合同期限处载明的期限为 2009 年 12 月 1 日至 2010 年 11 月 30 日，“2010 年”处有改动的痕迹。另乐府餐饮公司提供于 2010 年 10 月 22 日在江宁区劳动就业管理中心备案的录用备案花名册及职工录用登记表，录用备案花名册及职工录用登记表记载梁介树的劳动合同期限为 2009 年 12 月 1 日至 2010 年 11 月 30 日。

裁判结果

南京市江宁区人民法院判决：(1)撤销被告乐府餐饮公司于 2011 年 3 月 7 日作出的《劳动合同终止告知书》。(2)被告乐府餐饮公司于本判决发生法律效力之日向原告梁介树支付 2011 年 3 月 1 日至 11 月 30 日的病假工资 8208 元。(3)被告乐府餐饮公司于本判决发生法律效力之日起每月以南京市最低月工资标准的 80% 向原告梁介树支付病假工资(自 2011 年 12 月起至双方劳动关系依法解除、终止)。(4)驳回原告梁介树的其他诉讼请求。乐府餐饮公司不服，提起上诉。南京市中级人民法院判决：驳回上诉，维持原判。

裁判理由

法院生效裁判认为：被上诉人梁介树在法庭辩论终结前，变更诉讼请求，符合最高人民法院《关于适用〈中华人民共和国民事诉讼法〉若干问题的意见》第 156 条的规定。原审法院依据梁介树最终明确的诉讼请求，进行审理、判决，程序并无不当。关于劳动合同到期日问题。梁介树、上诉人乐府餐饮公司均认可签订过劳动合同，乐府餐饮公司未能提供劳动合同原件，其提供的劳动合同复印件载明，双方于 2009 年 11 月 18 日签订劳动合同，劳动合同形式上记载的期限是 2009 年 12 月 1 日至 2010 年 11 月 30 日，在“2010 年”的顺数第二个“0”有改动的痕迹。2010 年 10 月 22 日，乐府餐饮公司持该劳动合同向南京市江宁区劳动就业管理中心备案。梁介树认为劳动合同的到期日应为 2011 年 11 月 30 日，乐府餐饮公司认为劳动合同的到期日为 2010 年 11 月 30 日。鉴于乐府餐饮公司未能提供劳动合同原件，劳动合同复印件中有关期限的内容存在改动，且合同备案时间又是在梁介树病休之后、乐府餐饮公司主张的劳动合同期限即将到期之时，乐府餐饮公司主张到期日为 2010 年 11 月 30 日，证据不足。乐府餐饮公司上诉称南京市江宁区劳动争议仲裁委员会宁宁劳仲案字(2010)第 2265 号仲裁裁决确认劳动合同期限是 2009 年 12 月 1 日至 2010 年 11 月 30 日，没有事实依据。关于医疗期问题。原审法院根据梁介树的病情，认定病情严重，属特殊疾病，应当享受 24 个月的医疗期，符合劳动部《关于贯彻〈企业职工患病或非因工负伤医疗期规定〉的通知》(劳部发〔1995〕236 号)的内容。梁介树患病尚在规定的医疗期内,劳动合同的期限应自动延续至医疗期届满为止。乐府餐饮公司于 2011 年 3 月 7 日通知梁介树劳动合同终止,违反《劳动合同法》第 45 条的规定。

典型案例 18

张传杰诉上海敬豪劳务服务有限公司等劳动合同纠纷案①

裁判要旨

从事接触职业病危害作业的劳动者未进行离岗前职业健康检查的,用人单位不得解除或终止与其订立的劳动合同。即使用人单位与劳动者已协商一致解除劳动合同,解除协议也应认定无效。

基本案情

2010 年 1 月,原告张传杰与被告敬豪公司建立劳动关系后被派遣至被告中海公司担任电焊工,双方签订最后一期的劳动合同的期限为 2010 年 1 月 1 日至 2014 年 6 月 30 日。2014 年 1 月 13 日,敬豪公司(甲方)与原告(乙方)签订协商解除劳动合同协议书,协议中载明甲、乙双方一致同意劳动关系于 2014 年 1 月 13 日解除,双方的劳动权利义务终止;甲方向乙方一次性支付 48 160 元人民币,以上款项包括解除劳动合同的经济补偿、其他应得劳动报酬及福利待遇等。敬豪公司于 2014 年 1 月 21 日向原告支付 48 160 元人民币。

2014 年 4 月,原告张传杰经上海市肺科医院诊断为电焊工尘肺 1 期。2014 年 12 月 10 日,原告经上海市劳动能力鉴定委员会鉴定为职业病致残程度柒级。2014 年 11 月 27 日,原告向上海市崇明县劳动人事争议仲裁委员会申请仲裁,要求自 2014 年 1 月 13 日起恢复与敬豪公司的劳动关系。该委裁决对于原告的请求事项不予支持。

裁判结果

上海市崇明县人民法院判决:原告张传杰要求与被告上海敬豪劳务服务有限公司自 2014 年 1 月 13 日起恢复劳动关系的诉讼请求不予支持。张传杰不服,提起上诉。上海市第二中级人民法院判决:(1)撤销上海市崇明县人民法院(2015)崇民一(民)初字第 1021 号民事判决;(2)上诉人张传杰与被上诉人上海敬豪劳务服务有限公司自 2014 年 1 月 13 日起恢复劳动关系至 2014 年 12 月 10 日止。

裁判理由

法院生效裁判认为:根据《劳动合同法》第 42 条第 1 款的规定,从事解除职业病危害作业的劳动者未进行离岗前职业健康检查的,用人单位不得依照该法第 40 条、第 41 条的

① 本案例载于《最高人民法院公报》2017 年第 5 期(总第 247 期)。

规定解除劳动合同。此款规定虽然没有排除用人单位与劳动者协商一致解除劳动合同的情形，但根据《职业病防治法》第36条的规定，“对从事接触职业病危害的作业的劳动者，用人单位应当按照国务院安全生产监督管理部门、卫生行政部门的规定组织上岗前、在岗期间和离岗时的职业健康检查，并将检查结果书面告知劳动者……对未进行离岗前职业健康检查的劳动者不得解除或者终止与其订立的劳动合同”。因此，用人单位安排从事接触职业病危害的作业的劳动者进行离岗职业健康检查是其法定义务，该项义务并不因劳动者与用人单位协商一致解除劳动合同而当然免除。

本案中，双方于2014年1月13日签订的《协商解除劳动合同协议书》并未明确上诉人张传杰已经知晓并放弃了进行离岗前职业健康检查的权利，且张传杰于事后亦通过各种途径积极要求被上诉人敬豪公司为其安排离岗职业健康检查。因此，张传杰并未放弃对该项权利的主张，敬豪公司应当为其安排离岗职业健康检查。在张传杰的职业病鉴定结论未出之前，双方的劳动关系不能当然解除。

2014年12月10日，上诉人张传杰被鉴定为“职业病致残程度柒级”。根据《工伤保险条例》第37条的规定，职工因工致残被鉴定为七级至十级伤残的，劳动、聘用合同期满终止，或者职工本人提出解除劳动、聘用合同的，由工伤保险基金支付一次性工伤医疗补助金，由用人单位支付一次性伤残就业补助金。因此，鉴于双方签订的劳动合同原应于2014年6月30日到期，而张传杰2014年12月10日被鉴定为“职业病致残程度柒级”，依据《工伤保险条例》的规定，用人单位可以终止到期合同，故张传杰与被上诉人敬豪公司的劳动关系应于2014年12月10日终止。

典型案例19

上海冠龙阀门机械有限公司诉唐茂林劳动合同纠纷案①

裁判要旨

用人单位在招聘时对应聘者学历有明确要求，而应聘者提供虚假学历证明并与用人单位签订劳动合同的，属于《劳动合同法》第26条规定的以欺诈手段订立劳动合同应属无效的情形，用人单位可以根据《劳动合同法》第39条的规定解除该劳动合同。

基本案情

被告唐茂林系上海市外来从业人员。2002年3月1日唐茂林进入原告冠龙公司从事销售工作。入职时，唐茂林向冠龙公司人事部门提交了其本人于2000年7月毕业于西安工业学院材料工程系的学历证明复印件，双方签订了期限为2002年3月1日至同年12

① 本案例载于《最高人民法院公报》2012年第9期（总第191期）。

月 31 日的劳动合同,合同约定 2002 年 3 月 1 日至同年 8 月 1 日为试用期,此后双方每年续签期限为 1 年的劳动合同。2007 年 12 月 25 日,唐茂林签署《任职承诺书》一份,内容为:“本人作为上海冠龙阀门机械有限公司之员工,特作如下承诺:……本人以往提供给公司的个人材料均是真实有效的,如有做假,愿意无条件被解除合同……”2008 年 12 月 23 日,原、被告双方签订《劳动合同补充协议》,约定原劳动合同有效期限顺延至 2011 年 12 月 31 日。冠龙公司在南京、无锡两地均设有办事处,后在常州开设工作站(受无锡办事处管辖),由唐茂林任工作站站长,无其他工作人员。冠龙公司允许唐茂林以个人名义租赁房屋作为办公地点开展工作,租房费用由公司承担。2009 年 10 月 25 日,冠龙公司向唐茂林支付汽车保险费 2791 元。2009 年 12 月 25 日,唐茂林向冠龙公司提交暂支单(有部门主管杨成心签字)并支取业务费 10 000 元,2010 年 1 月 7 日唐茂林花费了文娱费、餐费、差旅费等共计 6922 元。2010 年 2 月 11 日唐茂林填写了暂支事由为“借款”、暂支金额为 15 000元的暂支单,但该单据未经主管领导签字确认。2010 年 4 月 23 日,冠龙公司向唐茂林支付了 2010 年 5 月 22 日至同年 11 月 21 日的房租(含税金)8190 元。2010 年 5 月 31 日,唐茂林填写两份暂支单并经部门主管杨成心签字确认后向冠龙公司支取了工作站房租押金 1500 元及茶叶款 2000 元,在关于茶叶款的暂支单上记载有“找发票冲账”的字样,事后唐茂林未向冠龙公司提交茶叶款发票。2010 年 6 月 28 日,冠龙公司向唐茂林出具退工证明,但唐茂林不同意接受,2010 年 7 月 2 日唐茂林收到冠龙公司的律师函,其中载明“鉴于你在求职时向冠龙公司出具的有关材料和陈述有虚假,且在工作时间没有完成公司规定的业务指标,没有遵守公司规定的工作纪律和规章,故从即日起冠龙公司对你开除,即解除与你的劳动合同关系”,落款日期为 2010 年 6 月 30 日。冠龙公司未支付唐茂林 2009 年第四季度奖金(提成)剩余差额 20 493.89 元,未支付唐茂林 2010 年第一季度奖金(提成)1198.40 元及第二季度奖金(提成)32 213 元。此外,在 2008 年 8 月,唐茂林的上级主管领导马玉新(冠龙公司华东业务部经理)通过他人举报得知并证实唐茂林存在学历造假一事。2008 年 12 月 1 日后因工作调动,唐茂林所在辖区不再受马玉新管理。冠龙公司在劳动仲裁阶段陈述,办事处招聘员工,实际操作中由办事处主任进行核实和担保,办事处主任再向公司提供员工的学历证书复印件就可以了。

2010 年 11 月 1 日,西安工业大学教务处在原告冠龙公司出具的被告唐茂林毕业证书复印件上书写“2000 届毕业证中无此人”的证明字样并敲章确认。冠龙公司《员工手册》中有如下规定:“新录用的员工报到时应提供以下证明文件的正本供人事部门复核,同时交复印件 1 份供人事部门存档:(1)身份证;(2)学历证明……”“员工有下列任一严重违反公司规章制度情况的,公司将予以解雇,且不给予任何经济补偿:……以欺骗手段虚报专业资格或其他各项履历……”对以上内容,唐茂林已签字确认知晓。2010 年 7 月 19 日、8 月 11 日唐茂林与冠龙公司分别就违法解除劳动合同赔偿金、返还暂支款项等事项向嘉定区劳仲委提起仲裁，2010 年 9 月 17 日嘉定区劳仲委作出嘉劳仲（2010）办字第 1860、2188 号裁决书，裁决内容如下：（1）冠龙公司应一次性支付被告违法解除劳动合同赔偿金 181 866 元、2009 年第四季度奖金（提成）差额 20 493.89 元、2010 年第一季度奖金（提成）1198.40 元、2010 年第二季度奖金（提成）32 213 元，合计人民币 235 771.29 元；（2）唐茂林应一次性返还冠龙公司 2009 年 12 月 25 日的业务费暂支款 10 000 元、2010 年 5 月 31 日购买茶叶暂支款 2000 元、2010 年 5 月 31 日的工作站房租押金 1500 元、2010 年 2 月 11 日的借款 15 000 元、汽车保险费 697.75 元，合计人民币 29 197.75 元；（3）对唐茂林的其他请求事项，不予支持；（4）对冠龙公司的其他请求事项，不予支持。冠龙公司不服部分裁决内容，遂提起诉讼。

二审另查明，上诉人冠龙公司《员工手册》第 34 条规定："员工有下列任一严重违反公司规章制度情况的，公司将予以解雇，且不给予任何经济补偿：……（2）以欺骗手段虚报专业资格或其他各项履历……"

裁判结果

上海市嘉定区人民法院判决：（1）原告冠龙公司应于本判决生效之日起 10 日内支付被告唐茂林违法解除劳动合同赔偿金人民币 181 866 元、2009 年第四季度奖金（提成）差额人民币 20 493.89 元、2010 年第一季度奖金（提成）人民币 1198.40 元、2010 年第二季度奖金（提成）人民币 32 213 元，上述 4 项合计人民币 235 771.29 元；（2）被告唐茂林应于本判决生效之日起 10 日内返还原告冠龙公司 2009 年 12 月 25 日暂支的业务费人民币 3078 元、2010 年 5 月 31 日暂支的工作站房租押金人民币 1318 元、2010 年 4 月 23 日支取的工作站租房款人民币 6370 元、汽车保险费人民币 697.75 元，上述四项合计人民币 11 463.75 元；（3）驳回原告冠龙公司的其他诉讼请求。冠龙公司不服，提起上诉。上海市第二中级人民法院判决：（1）维持上海市嘉定区人民法院（2010）嘉民四（民）初字第 418 号民事判决主文第 2 项；（2）撤销上海市嘉定区人民法院（2010）嘉民四（民）初字第 418 号民事判决主文第 1 项、第 3 项；（3）上诉人冠龙公司应于本判决生效之日起 10 日内支付被上诉人唐茂林 2009 年第四季度奖金（提成）差额人民币 20 493.89 元、2010 年第一季度奖金（提成）人民币 1198.40 元、2010 年第二季度奖金（提成）人民币 32 213 元，上述三项合计人民币53 905.29元；（4）上诉人冠龙公司要求不支付被上诉人唐茂林违法解除劳动合同赔偿金的请求予以支持。

裁判理由

被上诉人唐茂林在入职时提供虚假学历并做虚假陈述的行为显然已经构成了欺诈。但唐茂林于 2008 年 12 月底与上诉人冠龙公司续签劳动合同时是否构成欺诈存有争议，此问题关键在于续签劳动合同时冠龙公司是否知晓唐茂林学历造假一事并作出了错误的意思表示。第一，唐茂林提供有马玉新的录音资料，欲证明续签合同时公司已知道其提供虚假学历一事,但上述录音有许多语意模糊的地方,并不足以证明马玉新已经将唐茂林伪造学历之事告知冠龙公司。第二,冠龙公司提供的马玉新的书面证言称因工作调动未将唐茂林学历造假之事上报公司,亦未对此事作出处理。虽马玉新系冠龙公司管理人员,与公司方有一定利害关系,但该证据不是唯一证据,其证明力可以结合其他证据综合判断。第三,冠龙公司提供的调令显示,冠龙公司与唐茂林续签劳动合同之前,马玉新确实已调任他处。第四,唐茂林 2009 年填写的人事资料卡"教育程度"一栏仍填写为西安工业学院材料工程系。综合双方当事人举证情况分析,可认定唐茂林对其入职时提供虚假学历一事一直采取隐瞒的态度,唐茂林亦无证据证明其提供虚假学历之行为已为冠龙公司知悉并已获得了谅解,故唐茂林在 2008 年 12 月续签劳动合同时仍然构成欺诈,《劳动合同法》第 26 条、第 39 条明确规定,以欺诈的手段使对方在违背真实意思的情况下订立的劳动合同是无效的,用人单位可以据此解除劳动合同。故冠龙公司与唐茂林解除劳动合同有法律依据,不应支付违法解除劳动合同赔偿金。此外,我国劳动法律在充分保护劳动者合法权利的同时亦依法保护用人单位正当的用工管理权。用人单位通过企业规章制度对劳动者进行必要的约束是其依法进行管理的重要手段。冠龙公司《员工手册》第 34 条规定,员工以欺骗手段虚报专业资格或其他各项履历,公司将予以解雇,且不给予任何经济补偿。审理时,唐茂林对该《员工手册》的真实性并无异议。唐茂林提供虚假学历之行为亦系冠龙公司规章制度严令禁止,冠龙公司依据企业的规章制度与唐茂林解除劳动合同,系其依法行使管理权的体现,亦无不可。而且,唐茂林于 2007 年签署有《任职承诺书》一份,内容为:"本人作为上海冠龙阀门机械有限公司之员工,特作如下承诺:……本人以往提供给公司的个人材料均是真实有效的,如有做假,愿意无条件被解除合同……"此任职承诺书是唐茂林与冠龙公司基于诚信原则的约定,唐茂林对于违反约定义务的法律结果应是清楚的。双方的约定未违反法律规定,是合法有效的。故从该承诺的角度出发,冠龙公司在查知唐茂林伪造学历后,基于承诺而解除合同亦是有依据的。至于冠龙公司认为唐茂林与客户签订阴阳合同,赚取差价,严重违规,要求唐茂林解除劳动的主张,因依据不足,难以采信。但这并不影响冠龙公司依据唐茂林伪造学历、欺骗公司,违反劳动合同法及公司规章制度及其本人承诺的理由行使合同解除权。一审法院关于冠龙公司解除与唐茂林的劳动合同不合法、冠龙公司应支付唐茂林违法解除合同赔偿金的认定不当,应予以纠正。

关于被上诉人唐茂林应否返还系争款项的问题。该争议焦点双方分歧在于上诉人冠龙公司主张的 15 000 元借款事实是否成立,唐茂林提交的 6922 元凭证是否属于冠龙公司应予报销的范围。对此,当事人对自己的主张应当提供充分的证据予以证实。对于冠龙公司要求唐茂林返还的 15 000 元暂支单款项,根据唐茂林提供的暂支单凭证可认定冠龙公司对暂支款项实行的是领导审批制,需要填写暂支单后提交主管批准签字,而该笔借款的暂支单未经主管签字，冠龙公司亦未提供其他证据证明其已向唐茂林支出该笔款项，故一审法院认为借款事实不成立理由充分。对于冠龙公司要求唐茂林返还 10 000 元业务款的问题，唐茂林在冠龙公司工作期间因工作需要为业务支出的费用，冠龙公司应予报销。现唐茂林已提交证据证明因业务花费 6922 元，而冠龙公司并无证据证明上述费用系用于唐茂林个人，故对上述费用，冠龙公司应予报销。现唐茂林同意返还余额 3078 元，于法不悖。冠龙公司以报销业务费用须在费用发生后 1 个月内交给主管审核为由不愿予以报销，缺乏依据。一审法院对此两笔款项认定事实清楚，所作判决并无不当。

典型案例 20

张建明诉京隆科技（苏州）公司支付赔偿金纠纷案[①]

裁判要旨

用人单位规章制度是在本企业内部实施的、关于组织劳动过程和进行劳动管理的制度。用人单位以劳动者严重违反单位的规章制度为由解除劳动合同，劳动者提起相关诉讼的，法院应当依法审查该规章制度的合法性与合理性。如果用人单位的规章制度超越合理权限对劳动者设定义务，并据此解除劳动合同，属于违法解除，损害劳动者的合法权益，用人单位应当依法支付赔偿金。

基本案情

原告张建明于 2007 年 11 月 5 日进入被告京隆公司工作，于 2007 年 12 月 26 日与京隆公司签订劳动合同，期限自 2007 年 12 月 26 日起至 2010 年 12 月 6 日止，约定张建明从事设备维护工程师工作，月工资为 2542 元。2009 年 4 月 13 日上午 10 时左右，张建明乘坐牌照为苏 E8D891 的车辆前往京隆公司宿舍区。2009 年 4 月 20 日，京隆公司向张建明发出离职通知单，以张建明乘坐非法营运车辆为由与张建明解除劳动合同。

被告京隆公司于 2008 年 9 月 8 日召开职工代表大会，通过"不允许乘坐黑车，违者以开除论处"的决议。经双方确认，2009 年 4 月 13 日原告张建明休息。张建明离职前 12 个月月平均工资为 2600 元。张建明于 2009 年 6 月就本案诉讼请求申诉至苏州工业园区劳动争议仲裁委员会。该仲裁委员会于 2009 年 7 月 27 日裁决驳回张建明的全部仲裁请求。

裁判结果

苏州工业园区人民法院判决：被告京隆公司应于本判决生效之日起 10 日内支付原告张建明赔偿金 7800 元。京隆公司不服，提起上诉。苏州市中级人民法院判决：驳回上诉，维持原判。

---

① 本案例载于《最高人民法院公报》2014 年第 7 期（总第 213 期）。

裁判理由

法院生效裁判认为:用人单位规章制度是指用人单位依法制定的、仅在本企业内部实施的、关于如何组织劳动过程和进行劳动管理的规则和制度,是用人单位和劳动者在劳动过程中的行为准则,也称为企业内部劳动规则。其内容主要包括劳动合同管理、工资管理、社会保险、福利待遇、工时休假、职工奖惩以及其他劳动管理等。规章制度作为用人单位加强内部劳动管理,稳定、协调劳动关系,保证正常劳动生产秩序的一种管理工具,在日常的劳动秩序中确实发挥着重要作用。但是,规章制度既要符合法律、法规的规定,也要合情合理,不能无限放大乃至超越劳动过程和劳动管理的范畴。本案中,被上诉人张建明乘坐黑车行为发生之日正值其休息之日,劳动者有权利支配自己的行为,公司不能以生产经营期间的规章制度来约束员工休息期间的行为。单位职工乘坐何种交通工具上班是职工的私人事务,用人单位无权作出强制规定,如果劳动者确有违法之处,也应由国家行政机关等有权进行处罚。因此,被上诉人京隆公司因张建明乘坐非法营运车辆而作出解除劳动合同系违法解除,损害了劳动者的合法权益,应当按劳动合同法之规定,向张建明支付赔偿金。

第九部分 Chapter 9

竞业限制

Q155:竞业限制是否适用于全体劳动者?

劳动法意义上的竞业限制,是指用人单位通过与高级管理人员、高级技术人员或其他负有保密义务的劳动者签订协议,要求上述人员在一定期限内不得到与用人单位生产或经营同类产品、从事同类业务的有竞争关系的其他用人单位工作,或者自己开业生产或经营同类产品、从事同类业务,即限制劳动者从事与本单位有竞争关系的工作。《劳动合同法》在法律层面上首次对劳动者离职后的竞业限制协议进行规范,该法第23条第2款规定,对负有保密义务的劳动者,用人单位可以在劳动合同或者保密协议中与劳动者约定竞业限制条款,并约定在解除或者终止劳动合同后,在竞业限制期限内按月给予劳动者经济补偿。劳动者违反竞业限制约定的,应当按照约定向用人单位支付违约金。第24条规定,竞业限制的人员限于用人单位的高级管理人员、高级技术人员和其他负有保密义务的人员。竞业限制的范围、地域、期限由用人单位与劳动者约定,竞业限制的约定不得违反法律、法规的规定。在解除或者终止劳动合同后,前款规定的人员到与本单位生产或者经营同类产品、从事同类业务的有竞争关系的其他用人单位,或者自己开业生产或者经营同类产品、从事同类业务的竞业限制期限,不得超过2年。用人单位与《劳动合同法》第24条第1款规定以外的劳动者签订竞业限制协议,约定劳动者在离职后一定期限内禁止从事与用人单位业务相关的有竞争关系的工作,该协议是否有效,实践中有不同观点。

【争议】

观点一:《劳动合同法》明确规定竞业限制的人员限于用人单位的高级管理人员、高级技术人员和其他负有保密义务的人员。用人单位不得与上述人员之外的劳动者签订竞业限制协议,否则,竞业限制协议应当被认定为无效。

观点二:用人单位与《劳动合同法》第24条第1款规定以外的劳动者签订竞业限制协议,如系劳动者自愿签订,不存在欺诈、胁迫等情形,司法机关就不应该对当事人的意思自治进行干涉,随意否定竞业限制协议的效力。

【解答】

笔者同意观点一。法律规定竞业限制是劳动者对用人单位忠诚义务的体现。忠诚义务是指劳动者应该忠诚于用人单位,恪尽职守,认真完成用人单位安排的工作任务,服从用人单位的用人管理,维护用人单位的合法权益,不得侵犯用人单位的正当权利。由忠诚义务衍生出劳动者严守用人单位商业秘密的义务,掌握用人单位商业秘密和核心技术的人员应当严守用人单位商业秘密和核心技术,不得将商业秘密和核心技术透露给他人,更不得在掌握商业秘密和核心技术的情况下从事与本单位有竞争关系的工作,即使劳动合同解除或终止,劳动者仍负有保密的后合同义务,依诚实信用的原则保守商业秘密。由此,法律规定用人单位可以与掌握商业秘密和核心技术的高级管理人员、高级技术人员和其他负有保密义务的人员签订竞业限制协议,限制上述人员在一定期限内从事与本单位有竞争关系的工作的自由。竞业限制对劳动者的自由择业权进行限制,劳动者的就业权和生存基础将受较大影响。所以,法律在规定用人单位可以与劳动者约定竞业限制的同时,对竞业限制又作了必要的限制,以平衡用人单位保守商业秘密的权利和劳动者的就业权、生存权。在竞业限制协议签订的主体上,《劳动合同法》将签订主体限制为用人单位的高级管理人员、高级技术人员和其他负有保密义务的人员。该规定应为效力性强制性规范,不得通过当事人的意愿予以排除。上述人员之外的普通劳动者不接触或不掌握用人单位的商业秘密或核心技术,他们离职后从事与用人单位生产经营业务相同或者相似的工作,并不会对用人单位的正当权益造成损害。用人单位不得通过与普通劳动者签订竞业限制协议限制普通劳动者离职后从事的工作,否则就会对普通劳动者的自由择业权、就业权甚至生存权造成不当干预,在法律上应作否定性评价。所以,用人单位与高级管理人员、高级技术人员和其他负有保密义务的人员之外的普通劳动者签订竞业限制协议,应当被认定为无效,该协议不得对普通劳动者选择职业产生任何限制作用。

【风险提示 149】

用人单位要注意不得与高级管理人员、高级技术人员和其他负保密义务人员之外的劳动者签订竞业限制协议,以此留住劳动者或限制劳动者离职后的就业,此类竞业限制协议的效力不能得到人民法院或劳动仲裁部门的认可。

【规范指引】

《中华人民共和国劳动合同法》

第二十三条　用人单位与劳动者可以在劳动合同中约定保守用人单位的

商业秘密和与知识产权相关的保密事项。

对负有保密义务的劳动者,用人单位可以在劳动合同或者保密协议中与劳动者约定竞业限制条款,并约定在解除或者终止劳动合同后,在竞业限制期限内按月给予劳动者经济补偿。劳动者违反竞业限制约定的,应当按照约定向用人单位支付违约金。

第二十四条 竞业限制的人员限于用人单位的高级管理人员、高级技术人员和其他负有保密义务的人员。竞业限制的范围、地域、期限由用人单位与劳动者约定,竞业限制的约定不得违反法律、法规的规定。

在解除或者终止劳动合同后,前款规定的人员到与本单位生产或者经营同类产品、从事同类业务的有竞争关系的其他用人单位,或者自己开业生产或者经营同类产品、从事同类业务的竞业限制期限,不得超过二年。

Q156:如何认定劳动者属于《劳动合同法》第 24 条第 1 款规定的其他负有保密义务的人员?

可以签订竞业限制协议的劳动者主体中的高级管理人员和高级技术人员比较容易认定,但由于用人单位的商业秘密本身就难以认定,能够接触和掌握商业秘密的人员就更加难以认定。关于劳动者是否属于其他负有保密义务的人员的认定,实践中有两种不同的观点。

【争议】

观点一:认定哪些信息属于商业秘密是一种专业性强、极为复杂的一项工作,往往需要相对专业的知识产权法庭或者知识产权部门来认定。至于劳动者是否接触和掌握用人单位的商业秘密的事实就更加难以认定。由劳动仲裁部门或者人民法院的民事审判部门来认定劳动者是否负保密义务,显然是勉为其难。所以,只要劳动者自愿与用人单位签订竞业限制协议,协议中涉及劳动者接触商业秘密的内容,就可以认定该劳动者负有保密义务。这种做法一是尊重双方当事人自由意志的体现,二是可以解决实践中认定负有保密义务人员的困境。

观点二:不能仅以用人单位与劳动者签订的竞业限制协议即认定劳动者属于负有保密义务的人员。竞业限制协议即使有劳动者接触或掌握商业秘密的内容,也应当对劳动者是否负保密义务这一事实作实质性的审查。用人单位应对劳动者负有保密义务承担举证责任。

【解答】

笔者倾向于观点二。原因在于:

(1)如前所述,竞业限制会对离职劳动者的就业和生存产生较大影响,必须对用人单位约定竞业限制的权利进行严格限制。《劳动合同法》规定用人单位可以与负有保密义务的人员签订竞业限制协议,对劳动者是否负有保密义务应当作出实体审查,用人单位应当对劳动者知悉用人单位的商业秘密承担举证责任,如此才符合《劳动合同法》的立法原意。

(2)如果以用人单位与劳动者签订的竞业限制协议作为认定劳动者负有保密义务的唯一依据,而用人单位在签订竞业限制协议时又处于明显的强势地位,如此做法可能导致用人单位滥用竞业限制,将一些不接触、不掌握用人单位商业秘密的劳动者归入负有保密义务的人员之中,从而限制劳动者的自由择业权和就业权。观点一没有很好地平衡用人单位约定竞业限制的权利和劳动者自由择业权、就业权之间的关系,过分强调用人单位的权利,容易对劳动者的合法权利造成损害。

综上,对劳动者是否属于负有保密义务的人员应当作出实质性审查。用人单位认为劳动者应当负有保密义务,应当就该主张承担举证责任。具体的审查标准可以按劳动者的工作岗位、平时接触的信息以及这些信息是否属于商业秘密等因素进行综合判断。

【风险提示 150】

用人单位与高级管理人员和高级技术人员之外的劳动者签订竞业限制协议的,该劳动者应当是负有保密义务的人员。用人单位对劳动者负有保密义务承担举证责任,用人单位提供的证据能够证明劳动者的岗位涉密、劳动者能够接触用人单位的商业秘密等即可。

Q157:用人单位在劳动合同或者保密协议中与劳动者约定竞业限制,但没有约定在竞业限制期限内给予劳动者经济补偿,竞业限制约定是否有效?

《劳动合同法》第 23 条第 2 款规定,对负有保密义务的劳动者,用人单位可以在劳动合同或者保密协议中与劳动者约定竞业限制条款,并约定在解除或者终止劳动合同后,在竞业限制期限内按月给予劳动者经济补偿。劳动者违反竞业限制约定的,应当按照约定向用人单位支付违约金。该条款没有规定对劳动者的经济补偿约定的缺失是否影响竞业限制约定的效力。劳动合同或者保密协议约定竞业限制条款,但未约定用人单位支付劳动者的经济补偿,竞业限制条款是否有效,实践中存在争议。

【争议】

观点一:约定经济补偿是竞业限制条款生效的前提条件。用人单位如果没有约定经济补偿,或者约定的经济补偿明显过低,不足以维持劳动者基本生活的,竞业限制条款显失公平,属于《劳动合同法》第 26 条第 2 项规定的"用人单位免除自己的法定责任、排除劳动者权利的"情形,竞业限制条款应当被认定为无效。《德国商法典》规定,仅在雇员有义务与禁止期间支付补偿,而且经济补偿额不少于该雇员根据原先合同最后获得之给付的半数情形下,竞业协议始得拘束力。[①] 2012 年之前各地出台的规定大多数采用该种观点。浙江省高级人民法院民事审判第一庭《关于审理劳动争议案件若干问题的意见(试行)》(2009 年)第 40 条规定,用人单位与劳动者约定竞业限制但未同时约定经济补偿,或者约定经济补偿的数额明显过低、不足以维持劳动者在当地的最低生活标准的,属于《劳动合同法》第 26 条第 2 项规定的"用人单位免除自己的法定责任、排除劳动者权利"的情形,该竞业禁止条款无效。江苏省高级人民法院、江苏省劳动人事争议仲裁委员会《关于审理劳动争议案件的指导意见》(2009 年)第 13 条规定,用人单位与劳动者约定了竞业限制条款但未约定经济补偿,或者约定了经济补偿但未按约定支付的,该竞业限制条款对劳动者不具有法律约束力。

观点二:竞业限制约定不因未约定经济补偿而无效。经济补偿是劳动者履行竞业限制约定的一种对价,不能成为影响竞业限制约定的决定性因素。从域外立法看,多数国家和地区规定竞业限制时并未涉及经济补偿。一些国家如瑞士将经济补偿作为雇员履行竞业限制协议遭受损失的一种补偿,而非竞业限制协议的生效条件。瑞士债法典规定,在可能的情况下,法官有权要求雇主为雇员所遭受的此种限制提供某种合理补偿。[②] 上海市高级人民法院《关于适用

---

① 侯玲玲:《离职后竞业限制经济补偿争议之裁判标准》,载《法学》2012 年第 9 期。

② 侯玲玲:《离职后竞业限制经济补偿争议之裁判标准》,载《法学》2012 年第 9 期。

〈劳动合同法〉若干问题的意见》即持该种观点,该意见第13条规定,劳动合同当事人仅约定劳动者应当履行竞业限制义务,但未约定是否向劳动者支付补偿金,或者虽约定向劳动者支付补偿金但未明确约定具体支付标准的,基于当事人就竞业限制有一致的意思表示,可以认为竞业限制条款对双方仍有约束力。补偿金数额不明的,双方可以继续就补偿金的标准进行协商;协商不能达成一致的,用人单位应当按照劳动者此前正常工资的20%~50%支付。协商不能达成一致的,限制期最长不得超过两年。

【解答】

2013年2月1日起施行的最高人民法院《关于审理劳动争议案件适用法律若干问题的解释(四)》对该问题作了明确规定,裁审标准得以统一。该解释第6条规定,当事人在劳动合同或者保密协议中约定了竞业限制,但未约定解除或者终止劳动合同后给予劳动者经济补偿,劳动者履行了竞业限制义务,要求用人单位按照劳动者在劳动合同解除或者终止前12个月平均工资的30%按月支付经济补偿的,人民法院应予支持。前款规定的月平均工资的30%低于劳动合同履行地最低工资标准的,按照劳动合同履行地最低工资标准支付。

司法解释之所以规定未约定经济补偿对竞业限制条款的效力不产生影响,是因为:(1)对合同无效的认定应当慎重。仅有在违反法律、行政法规效力性强制规定的情况下,才能否定合同效力,以此鼓励交易,保护交易安全。法律、行政法规并未规定因经济补偿条款的缺失而否定竞业限制条款的效力,《劳动合同法》在用人单位约定竞业限制和给予经济补偿的规定中使用"可以"这种授权性、倡导性的词语而非强制性的词语,说明竞业限制和经济补偿的约定不是效力性强制性规定,不能以经济补偿约定的缺失直接否定竞业限制条款的效力。(2)经济补偿是劳动者履行竞业限制造成收入减少的对价补偿,不能因为缺少对价条款而否定整个竞业限制条款的效力。没有约定经济补偿条款,并不意味着劳动者就无法主张经济补偿,经济补偿的数额可以通过合同解释,综合考虑劳动者离职前的收入水平、竞业限制期内劳动者收入的损失、企业的经济效益、当地经济发展水平等情况进行确定。司法解释对当事人没有约定经济补偿如何确定经济补偿的数额已有规定,可按该规定进行确定。不应因噎废食,将竞业限制条款确认无效。(3)因未约定经济补偿而确认竞业限制条款无效,对劳资双方均无益处。当事人未约定经济补偿,竞业限制条款因此无效,意味着用人单位和劳动者均不受竞业限制条款的约束。劳动者可以无视竞业限制条款的约定,从事与用人单位有竞争关系的业务而不承担违约金,这显然对用人单位不利。用人单位也可以因竞业限制条款无效而无须支付经济补偿,这对认为竞业限制条款有效而严格履行条款约定的劳动者亦造成损害。综上所述,笔者认为,最高人民法院《关于审理劳动争议案件适用法律若干问题的解释(四)》第6条关于未约定经济补偿不影响竞业限制条款效力的规定是符合实际情况的。

【风险提示151】

用人单位和劳动者约定竞业限制,但未约定经济补偿条款时,竞业限制条款仍然有效。劳动者不可以认为缺少经济补偿条款就无须履行竞业限制条款,而在约定的竞业限制期内从事与原用人单位生产经营有竞争关系的工作,否则将承担竞业限制条款约定的违约责任。用人单位在未约定经济补偿的情况下也应当依最高人民法院《关于审理劳动争议案件适用法律若干问题的解释(四)》第6条的规定,按照劳动者在劳动合同解除或者终止前12个月平均工资的30%按月支付经济补偿,劳动者月平均工资的30%低于当地最低工资标准的,按照劳动合同履行地最低工资标准支付经济补偿。

【规范指引】

最高人民法院《关于审理劳动争议案件适用法律若干问题的解释(四)》

第六条　当事人在劳动合同或者保密协议中约定了竞业限制,但未约定解除或者终止劳动合同后给予劳动者经济补偿,劳动者履行了竞业限制义务,要求用人单位按照劳动者在劳动合同解除或者终止前十二个月平均工资的30%按月支付经济补偿的,人民法院应予支持。

前款规定的月平均工资的30%低于劳动合同履行地最低工资标准的,按照劳动合同履行地最低工资标准支付。

Q158:用人单位与劳动者约定的竞业限制期限超过两年,是否具有法律效力?

《劳动合同法》第24条第2款规定,在解除或者终止劳动合同后,前款规定的人员到与本单位生产或者经营同类产品、从事同类业务的有竞争关系的其他用人单位,或者自己开业生产或者经营同类产品、从事同类业务的竞业限制期限,不得超过 2 年。但在现实中,一些用人单位仍与劳动者约定超过两年的竞业限制期限。这样的竞业限制期限或条款是否有效,实践中存在争议。

【争议】

观点一:《劳动合同法》关于竞业限制不得超过两年的规定是效力性强制性规定,不得通过当事人的约定予以排除。用人单位与劳动者约定竞业限制期限超过两年的,违反法律强制性规定,应当确认超过两年期限的竞业限制时间无效,有效的竞业限制期限为两年。

观点二:双方约定的竞业限制期限超过两年,如果劳动者是在自愿的情况下同意该期限,法律也无干涉的必要,应当确认此竞业限制期限的约定有效。

观点三:用人单位与劳动者约定竞业限制期限超过两年,违反法律强制性规定,应当确认无效。人民法院和劳动仲裁部门不应当直接确定有效的竞业限制期限,而应该依据"全有或全无"的原则,确认整个竞业限制条款无效。

【解答】

笔者同意观点一。用人单位与劳动者约定超过两年的竞业限制期限是否有效,涉及《劳动合同法》第 24 条第 2 款关于竞业限制最高期限规定是否属于效力性强制性规定的内容。首先,从该条款的文义上看,该款规定竞业限制期限"不得"超过两年,使用的是强令式的否定词语和语气,属于强制性法律规定。其次,用人单位在与劳动者的缔约过程中处于较为明显的强势地位,劳动者为了维持工作,就不得不接受用人单位一些不合理的要求。而要以欺诈、胁迫等违反劳动者意志为由否定相关约定的效力,难以举证。最后,法律规定竞业限制的最高期限,是为了保护劳动者最基本的自主择业权、就业权和生存权不受过长竞业限制期限的影响。出于对劳动者上述基本权利的保护,有必要对约定竞业限制期限的合同自由作出必要限制。如果不认定超过最高期限的竞业限制期限无效,则《劳动合同法》的该款规定就无法落实,劳动者的上述权利无法得到切实保障,这显然与该条款规定的立法目的不符。

竞业限制的期限虽然是竞业限制条款的重要因素,但是期限违反法律规定并不意味着整个竞业限制条款不产生法律效力。在认定竞业限制条款的法律效力时,应当依据尽可能使条款有效而不是使条款无效的原则。法律对租赁合同的期限等作了最高限制,违反最高限制规定的,通常也只是超过法律规定最高限的时间无效,而不是否定整体合同的效力。所以,用人单位与劳动者约定的竞业限制期限在两年以上，应当认定两年以上的竞业限制期限无效，两年以上的竞业限制期限仍具备法律效力。

《深圳经济特区企业技术秘密保护条例》(2009 年修正)第 23 条规定，竞业限制的期限最长不得超过解除或者终止劳动合同后 2 年，超过 2 年的，超过部分无效。竞业限制协议中没有约定期限或者约定不明确的，视为无固定期限协议，可以随时解除协议，但应当提前至少一个月通知对方。该规定可资借鉴。

【风险提示 152】

用人单位与劳动者签订竞业限制协议时，要注意竞业限制期限不得超过法律规定 2 年的最高期限。

【规范指引】

《中华人民共和国劳动合同法》

第二十四条第二款　在解除或者终止劳动合同后，前款规定的人员到与本单位生产或者经营同类产品、从事同类业务的有竞争关系的其他用人单位，或者自己开业生产或者经营同类产品、从事同类业务的竞业限制期限，不得超过二年。

Q159：劳动合同解除或者终止后，竞业限制条款是否继续有效？

竞业限制协议一般在劳动合同关系存续期间签订。竞业限制协议以劳动者与用人单位存在或者曾经存在劳动合同关系为前提，没有劳动合同存在或者曾经存在的条件，竞业限制协议就无法签订。一些竞业限制条款直接约定在劳动合同之中。从这点看，劳动合同与竞业限制协议貌似有主从关系。那么，劳动合同解除或者终止，竞业限制协议是否继续有效，笔者将从解除或者终止的不同原因分别阐释。

1. 劳动者单方解除劳动合同

劳动者单方解除劳动合同，可以分为用人单位存在过错的被迫解除和用人单位不存在过错的自愿解除。对于劳动者自愿解除劳动合同的情形，理论界和实践界并不存在多少争议，劳动合同的解除不可归责于用人单位或者劳动者，竞业限制协议仍继续有效。对于劳动者因用人单位过错被迫解除劳动合同的情形，竞业限制协议是否继续有效，存在一定争议。

【争议】

观点一:劳动者是迫于用人单位的压力被迫辞职,劳动合同关系的解除可以归责于用人单位,应当认定竞业限制协议对劳动者失去效力。[①]

观点二:劳动者辞职是否为用人单位原因,对竞业限制协议的效力均无影响。

【解答】

笔者同意观点二。劳动者单方解除劳动合同,无论是被迫解除还是自愿解除,竞业限制协议均不因此丧失法律效力。原因在于:(1)竞业限制协议虽然以劳动合同存在或者曾经存在为前提条件,但并不意味着劳动合同解除或者终止,竞业限制协议必然失效。与劳动合同主要确定用人单位与劳动者在劳动合同存续期间的权利义务不同,竞业限制协议主要限制劳动者离职后即劳动合同解除或者终止后从事与用人单位有竞争关系工作的限制。如果把劳动合同解除或者终止作为竞业限制协议失效的依据,那么竞业限制协议规范劳动者离职后行为的目的就无法实现。所以,竞业限制协议具有独立性,其效力的存续并不依赖于劳动合同的存续。(2)劳动者可以因用人单位的过错即时解除劳动合同,这是《劳动合同法》为了保护劳动者的人身和财产权利免受用人单位持续性侵害而设置的规定。用人单位存在《劳动合同法》第38条规定的过错侵害劳动者的合法权益,但用人单位存在的这些过错并非其在订立竞业限制协议中存在的过错,与竞业限制协议的效力并不存在对应关系。不能因用人单位在签订劳动合同或者履行劳动合同中存在过错导致劳动合同解除,就否定竞业限制协议的效力。(3)法律、行政法规并未规定劳动者被迫辞职,竞业限制协议因此失效。认定竞业限制条款无效,应当有法律、行政法规的强制性规定作为依据。在法律、行政法规没有规定的情况下,认定竞业限制条款因劳动者被迫辞职失效,没有法律依据。(4)最高人民法院《关于审理劳动争议案件适用法律若干问题的解释(四)》第7条规定,当事人在劳动合同或者保密协议中约定了竞业限制和经济补偿,当事人解除劳动合同时,除另有约定外,用人单位要求劳动者履行竞业限制义务,或者劳动者履行了竞业限制义务后要求用人单位支付经济补偿的,人民法院应予支持。该条规定“当事人解除劳动合同时”应当包括劳动者自愿解除劳动合同和被迫解除劳动合同。

---

① 李永明:《竞业禁止的若干问题》,载《法学研究》2002年第5期;李雄:《竞业限制协议效力认定的四个节点》,载《法律适用》2013年第1期。

2. 用人单位依法单方解除劳动合同

用人单位单方解除劳动合同可分为三种：一是经济裁员解除，即用人单位因生产经营方面的原因需要裁减人员而解除劳动合同；二是非过失性解除，即与劳动合同履行相关的一些情况发生重大变化致劳动合同目的不能实现，用人单位履行一定程序后解除劳动合同；三是惩戒性解除，即劳动者存在《劳动合同法》第39条规定的严重过错，用人单位解除劳动合同。

【争议】

观点一：经济裁员解除劳动合同和非过失性解除劳动合同中，劳动者没有离职的意愿，也不存在过错，劳动关系的解除不能归因于劳动者，这两种情形下竞业限制协议失效；惩戒性解除劳动合同是用人单位因劳动者违规等过错而对劳动者的辞退，劳动者虽无离职的意愿，但劳动合同关系的终止应归责于劳动者，因此对竞业禁止条款效力没有影响，劳动者应承担竞业禁止的义务。①

观点二：用人单位依法解除劳动合同的，劳动者应当履行竞业限制协议的约定。

【解答】

笔者认为，用人单位依法解除劳动合同的情形下，竞业限制协议不因劳动合同解除失去效力，劳动合同解除是否可归责于劳动者也不影响竞业限制协议的效力。竞业限制协议主要目的是保护用人单位的商业秘密和核心技术，用人单位依照法律规定解除劳动合同，并不存在任何过错，即使劳动合同解除不可归责于劳动者，用人单位合法的商业秘密和核心技术仍应当优先保护，不能因为劳动合同解除不可归责于劳动者就否定用人单位保守商业秘密的正当权利。特别是在经济裁员中，被解除劳动合同的劳动者数量众多，如果否定竞业限制条款的效力，任由劳动者泄露商业秘密，将对用人单位的生产经营造成重大影响。从《劳动合同法》的立法历程看，立法者倾向于认为用人单位依法解除劳动合同，竞业限制协议仍然有效。《劳动合同法》的草案征求意见稿中曾经规定，用人单位依法解除劳动合同的，竞业限制条款有效。虽然最终该项规定被删除，但也可以明确立法者的立法倾向。所以，用人单位依法解除劳动合同的，竞业限制协议继续有效。

---

① 李永明：《竞业禁止的若干问题》，载《法学研究》2002年第5期。

3. 用人单位违法解除劳动合同

用人单位违法解除劳动合同,是指用人单位违反法律规定的条件或者程序单方解除劳动合同。用人单位违法解除劳动合同,竞业限制协议是否继续有效,在理论界和实践中存在较大争议。

【争议】

观点一:在用人单位违法解除劳动合同中,劳动者并无离职的意愿,用人单位没有遵守法律规定的条件或者程序解除劳动合同,违反诚信原则,用人单位也应当因此失去要求劳动者履行竞业限制条款的权利,而且要求劳动者因用人单位违法解除劳动合同失去工作仍履行竞业限制条款,对劳动者也是不公平的。因此,用人单位违法解除劳动合同的,竞业限制协议失效。英国判例法认为,在用人单位解除劳动合同情况下应当认定竞业限制协议无效,因为用人单位违反了双方之间的信赖关系,不再有值得保护的合法利益,况且其提前终止劳动合同应当已经做好了对竞业的防范。[①] 江苏省高级人民法院《劳动争议案件审理指南》(2010年)认为,如果劳动合同因可归责于用人单位的原因而解除,则用人单位无权再要求劳动者履行离职后竞业限制的义务。因此,用人单位违法解除劳动合同或者劳动者依据《劳动合同法》第38条规定解除劳动合同的,应当认定双方约定的竞业限制条款失效。

观点二:用人单位违法解除劳动合同,并不导致竞业限制协议失效。理由是:(1)有利于稳定市场公平秩序。如采纳英国式的做法,则用人单位滥用解除劳动合同权利,劳动者可无所顾忌地向第三方披露商业秘密,使竞争对手轻易获得有利信息,导致市场公平竞争秩序的紊乱。(2)竞业限制条款具有独立性,其与解雇合同的约定或法定条款属并列关系,并非逻辑递进关系,当用人单位违反不同的义务条款时,劳动者完全可进行不同的救济诉求。(3)立法上倾向于将竞业限制条款的有效性与解除或终止劳动合同的合法性分离,以正确区分二者关系。[②]

【解答】

笔者倾向于观点二。这是因为:

(1)用人单位违法解除劳动合同,并不意味着用人单位就丧失了要求劳动

---

① 丁广宇、肖皞明:《竞业禁止条款研究》,载《法律适用》2005年第10期。

② 张心全:《〈劳动合同法〉竞业限制条款法外解读》,载《中国劳动》2007年第11期。

者履行竞业限制协议的权利。用人单位与劳动者签订竞业限制协议，目的在于保护本单位的商业秘密和核心技术，这些信息对于用人单位来说至关重要。法律认可上述信息的重要性，因此规定用人单位可以订立竞业限制协议对劳动者的自由择业权和就业权进行一定限制。用人单位违法解除劳动合同，应当承担继续履行劳动合同或者支付二倍于经济补偿的赔偿金，还面临法律规定的行政处罚。尽管如此，用人单位仍然有财产权和由此衍生的保守商业秘密权，有权根据竞业限制协议的约定要求劳动者保守本单位商业秘密和核心技术，而不得从事与本单位有竞争关系的工作。

（2）用人单位违法解除劳动合同，劳动者和其他用人单位并不因此获得不正当竞争的权利。根据《反不正当竞争法》第9条的规定，经营者不得实施下列侵犯商业秘密的行为：①以盗窃、贿赂、欺诈、胁迫、电子入侵或者其他不正当手段获取权利人的商业秘密；②披露、使用或者允许他人使用以前项手段获取的权利人的商业秘密；③违反约定或者违反权利人有关保守商业秘密的要求，披露、使用或者允许他人使用其所掌握的商业秘密；④教唆、引诱、帮助他人违反保密义务或者违反权利人有关保守商业秘密的要求，获取、披露、使用或者允许他人使用权利人的商业秘密。经营者以外的其他自然人、法人和非法人组织实施前款所列违法行为的，视为侵犯商业秘密。第三人明知或者应知商业秘密权利人的员工、前员工或者其他单位、个人实施本条第一款所列违法行为，仍获取、披露、使用或者允许他人使用该商业秘密的，视为侵犯商业秘密。其他用人单位和离职劳动者不得从事上述行为，并不以解除、终止劳动合同的合法性为前提。无论用人单位解除劳动合同是否合法，其他用人单位和离职劳动者均不得披露、使用商业秘密。如果认定用人单位违法解除劳动合同导致竞业限制协议无效，掌握用人单位商业秘密的劳动者就可随意从事与用人单位经营业务有竞争关系的工作，其他用人单位极有可能因此获取、使用原用人单位的商业秘密，不仅对原用人单位的合法权益造成损害，还损害了公平、正当竞争的市场经济环境。所以，用人单位违法解除劳动合同，仍有权要求劳动者履行竞业限制协议，有利于遏制不正当竞争行为，维护公平的市场竞争秩序。

（3）用人单位违法解除劳动合同是竞业限制协议生效后的事后行为，事后行为不应当影响竞业限制协议的效力。影响合同效力的因素主要是合同生效前的事前行为，如缔约过程中的欺诈、胁迫、乘人之危等行为，以及合同本身违反法律、行政法规的强制性规定。事后行为可能导致履行抗辩、合同解除、承担违约责任,但不应当影响合同本身的效力。

(4)从平衡用人单位与劳动者利益的角度,也不应当认定用人单位解除劳动合同导致竞业限制协议无效。前已论及,商业秘密和核心技术是用人单位至关重要的信息,关系到用人单位在激烈市场竞争中的成败甚至存亡。用人单位和劳动者之间是一种唇齿相依、荣辱与共的关系,在处理劳动争议时,应当兼顾劳动者和用人单位双方的权利,切不可以有"杀鸡取卵""竭泽而渔"的思维。用人单位违法解除与某个或者几个劳动者的劳动合同,应当依照法律规定进行处罚,但不能因此就任由被解除劳动合同的劳动者无视竞业限制协议的约定,从事与用人单位有竞争关系的工作,从而损害用人单位的整体利益,进而影响用人单位中其他劳动者的利益。

(5)最高人民法院《关于审理劳动争议案件适用法律若干问题的解释(四)》第 7 条规定,当事人在劳动合同或者保密协议中约定了竞业限制和经济补偿,当事人解除劳动合同时,除另有约定外,用人单位要求劳动者履行竞业限制义务,或者劳动者履行了竞业限制义务后要求用人单位支付经济补偿的,人民法院应予支持。该条虽未明确用人单位违法解除劳动合同仍可要求劳动者履行竞业限制义务,但从该条文的主旨看,该条是关于用人单位违法解除劳动合同后,除当事人另有约定外,竞业限制条款仍然有效的规定。① 由此可见,最高人民法院制定该条司法解释旨在解决用人单位解除劳动合同后竞业限制条款的效力问题,该条规定的"当事人解除劳动合同"当然包括用人单位违法解除劳动合同的情形。

综上所述,用人单位违法解除劳动合同,竞业限制不因此失去法律效力,劳动者仍应履行竞业限制协议约定的义务。

4. 其他劳动合同解除、终止的情形

劳动合同解除、终止的其他情形包括:《劳动合同法》第 36 条规定的协商解除、第 44 条规定的劳动合同自然终止。前述劳动者被迫解除劳动合同和用人单位违法解除劳动合同中,用人单位存在明显过错,劳动合同的解除可归责于用人单位,在这两种情形下,竞业限制协议并不失效,那么,举重以明轻,协商解除劳动合同和主体未灭失情形下的劳动合同自然终止均不影响竞业限制协议的效力。劳动者死亡、用人单位营业执照被注销的情形,竞业限制协议的一方

① 最高人民法院民事审判第一庭编著:《最高人民法院劳动争议司法解释(四)的理解与适用》,人民法院出版社 2013 年版,第 145 页。

主体灭失,竞业限制协议自然终止而非无效。劳动者被宣告失踪、宣告死亡,实际仍生存的情况下,其仍要履行竞业限制协议约定的义务。用人单位被吊销营业执照、责令关闭、撤销或解散等情形,主体并未灭失,竞业限制协议并不自然终止。用人单位被宣告破产,即进入破产清算程序,用人单位的主体必然灭失,这种情况下,竞业限制协议也自然终止。

【风险提示153】

劳动合同解除和终止并不影响竞业限制协议的效力。劳动者特别要注意的是因用人单位原因被迫辞职和用人单位违法解除劳动合同两种情形,这两种情形下,劳动者仍负有竞业限制义务。劳动者切不可因劳动合同解除可归责于用人单位就认为自己不受竞业限制协议的约束,而从事与用人单位存在竞争关系的工作,否则将面临承担违约责任的风险。只有在用人单位被注销、被宣告破产等用人单位主体灭失或者即将灭失的情形,竞业限制协议才会终止,劳动者在这些情形下可以不履行竞业限制协议约定的义务。

【规范指引】

最高人民法院《关于审理劳动争议案件适用法律若干问题的解释(四)》

第七条　当事人在劳动合同或者保密协议中约定了竞业限制和经济补偿,当事人解除劳动合同时,除另有约定外,用人单位要求劳动者履行竞业限制义务,或者劳动者履行了竞业限制义务后要求用人单位支付经济补偿的,人民法院应予支持。

Q160:用人单位与劳动者约定不按月支付竞业限制经济补偿的约定是否有效?

《劳动合同法》第23条规定用人单位支付劳动者竞业限制经济补偿的方式为按月支付。在现实生活中,一些用人单位会与劳动者约定劳动者离职后一次性支付经济补偿、一季度支付一次经济补偿等非按月支付经济补偿的方式。此类非按月支付经济补偿是否有效,实践中存在不同看法。

【争议】

观点一:按月支付竞业限制经济补偿是法律的强制性规定。用人单位与劳动者约定不按月支付竞业限制经济补偿,违反法律强制性规定,损害劳动者的合法权利,应当确认为无效。

观点二:支付经济补偿虽是用人单位在竞业限制协议中的强制性义务,但经济补偿按月支付的方式并非法律的强制性规定。用人单位与劳动者约定不按月支付竞业限制经济补偿,只要是双方真实意思表示,就不应当确认为无效。广州市中级人民法院《关于审理劳动人事争议案件若干问题的研讨会纪要》(2014 年)第 16 条规定:用人单位和劳动者约定竞业限制补偿金在解除或者终止劳动合同后提前一次性支付,如果该约定是双方真实意思表示,内容未违反法律、法规的强制性规定,可以认定为有效。

【解答】

笔者认为,用人单位与劳动者约定不按月支付竞业限制经济补偿是否有效,要看该约定是否实质性地损害劳动者的权利。如果双方约定经济补偿在劳动者离职后较短的时间内一次性支付,或者按短于一个月的时间支付,或者超出一个月不长的时间支付,这些约定并未影响劳动者的生计,没有实质性地损害劳动者的利益,应当为有效约定。如果经济补偿支付期限的约定过长,严重影响劳动者的生计,则此类约定应当确认为无效。

《劳动合同法》第 23 条虽然规定在竞业限制期限内按月给予劳动者经济补偿,但按月支付的方式不是法律的强制性规定。用人单位与劳动者约定非按月支付方式,不影响甚或有利于劳动者的权利,法律自无禁止之理。

用人单位与劳动者约定支付经济补偿的时间过长,如约定劳动者离职后一年再支付经济补偿,那么劳动者在离职后较长的一段时间内可能面临无收入的状况,生计没有着落。此类约定严重损害劳动者的合法权利,应当认定属于用人单位免除自己的法定责任、排除劳动者权利的情形,根据《劳动合同法》第 26 条的规定,应当确认竞业限制条款中此类经济补偿支付时间的部分无效。

【风险提示 154】

用人单位拟订竞业限制条款时,经济补偿的支付期限最好不要超过一个月。如果用人单位与劳动者约定的经济补偿支付期限间隔过长,影响劳动者生计的,此类约定很可能会被认定为无效。

【规范指引】

《中华人民共和国劳动合同法》

第二十三条第二款　对负有保密义务的劳动者，用人单位可以在劳动合同或者保密协议中与劳动者约定竞业限制条款，并约定在解除或者终止劳动合同后，在竞业限制期限内按月给予劳动者经济补偿。劳动者违反竞业限制约定的，应当按照约定向用人单位支付违约金。

Q161：用人单位与劳动者约定在职期间的竞业限制条款，是否有效？

现实生活中，一些用人单位与劳动者约定在职期间劳动者不得从事与用人单位有竞争关系的业务。由于劳动法律法规规定的竞业限制主要是针对劳动者离职后工作的限制，对在职期间的竞业限制没有作明确规定。实务中对在职期间的竞业限制是否有效存在不同的观点。

【争议】

观点一：劳动法律法规并未规定用人单位可以与劳动者约定在职期间的竞业限制义务。由于竞业限制是对劳动者权利和自由的一种限制，在法律法规没有明文规定的情况下，用人单位和劳动者签订在职期间的竞业限制协议以限制劳动者的权利，应当认定为无效。

观点二：劳动法律法规并未排除用人单位与劳动者约定在职期间竞业限制条款的权利。实际上，劳动者在职期间有义务保守商业秘密、不得从事与用人单位有竞争关系的业务，用人单位与劳动者约定在职期间的竞业限制，应为有效。浙江省高级人民法院民事审判第一庭、浙江省劳动人事争议仲裁院《关于审理劳动争议案件若干问题的解答(三)》(2015 年)第 5 条第 1 款规定，竞业限制期间包括但不限于劳动合同解除或者终止后，用人单位与劳动者就劳动者在职期间的竞业限制义务作出约定的，应属有效。用人单位要求劳动者就其在职期间违反竞业限制约定的行为承担责任的，可予支持。深圳市中级人民法院《关于审理劳动争议案件的裁判指引》(2015 年)也持同样观点，该指引第 106 条第 2 款规定，劳动者在职期间违反竞业限制义务，用人单位依据双方约定要求劳动者支付违约金的，应予支持。

【解答】

笔者同意观点二。这是因为：

(1)劳动者在职期间的竞业行为并不鲜见。劳动者在职期间的竞业行为主要有:劳动者在职期间自己创业,直接经营与用人单位有竞争关系的业务;劳动者在职期间创业,虽未经营与用人单位有直接竞争关系的业务,但使用用人单位的商业秘密、招揽用人单位的客户、联系用人单位的供应商;劳动者的亲属从事与用人单位有竞争关系的业务,劳动者向其亲属透露商业秘密或者利用职位便利帮助其亲属与用人单位竞争;劳动者在职期间到与用人单位有竞争关系的其他单位兼职;劳动者帮助他人获取用人单位的商业秘密或者核心技术,等等。劳动者在职期间的竞业行为严重损害用人单位的合法权益,用人单位可以通过与劳动者约定在职期间的竞业限制条款对劳动者在职期间的行为进行约束。

(2)劳动法律法规并未将竞业限制约定局限在劳动者离职以后。《劳动合同法》第 23 条规定的用人单位可以与劳动者约定竞业限制条款,并未区分离职前和离职后,只是规定用人单位应在解除或者终止劳动合同后支付经济补偿。认为在职期间竞业限制条款无效的观点,没有法律、行政法规相关规定的支持。

(3)认定在职期间竞业限制条款的效力,有利于明确劳动者在职期间不得从事竞业行为的义务,减少劳动者在职期间的竞业行为,可以有效地保护用人单位的合法权益。用人单位与劳动者约定在职期间的竞业限制条款,明确劳动者不得从事与用人单位有竞争关系的业务,此类条款的存在对劳动者规范自己在职期间的行为有督促作用,客观上减少劳动者在职期间从事竞业行为泄露用人单位商业秘密的情况,有利于用人单位保护商业秘密不受侵犯,也有利于良性竞争环境的形成。

(4)认定在职期间竞业限制条款的效力,用人单位可根据约定要求劳动者支付违约金。没有在职期间竞业限制条款,或者否定此类条款的效力,劳动者在职期间从事竞业行为时,用人单位只能以严重违反劳动规章制度或者法律的相关规定解除劳动合同,在证明用人单位损失的情况下要求劳动者赔偿损失,但用人单位因劳动者竞业行为造成的损失往往很难证明。在职期间竞业限制条款约定违约金,在违约金没有不合理之处的情形下可以直接适用,用人单位一来可以减轻自己的证明责任,二来可以增加对劳动者竞业行为的惩罚手段,对劳动者也可以起到一定的震慑作用。

(5)从法律规定中可以找到劳动者在职期间的竞业限制义务。《劳动合同法》第 39 条第 4 项规定,劳动者同时与其他用人单位建立劳动关系,对完成本单位的工作任务造成严重影响，或者经用人单位提出，拒不改正的，用人单位可以解除劳动合同。该条规定涉及劳动者的竞业限制义务。用人单位通过与劳动者订立竞业限制条款，对法律规定的竞业限制义务予以确定，并无不可。

【风险提示155】

竞业限制不仅仅适用于劳动者离职后，用人单位也可以与劳动者约定在职期间的竞业限制条款，规范劳动者在职期间的行为。

【规范指引】

《中华人民共和国劳动合同法》

第三十九条　劳动者有下列情形之一的，用人单位可以解除劳动合同：

……

（四）劳动者同时与其他用人单位建立劳动关系，对完成本单位的工作任务造成严重影响，或者经用人单位提出，拒不改正的；

……

Q162：用人单位可否在规章制度中规定劳动者的竞业限制义务？

《劳动合同法》第23条规定用人单位可以在劳动合同和保密协议中与劳动者约定竞业限制条款。现实中，一些用人单位未在劳动合同或者保密协议中约定竞业限制，而是在劳动规章制度中设定相应条款规定劳动者在离职后应履行竞业限制义务。用人单位在劳动规章制度中设置竞业限制条款，是否对劳动者产生拘束力，实践中有不同观点。

【争议】

观点一：《劳动合同法》第4条规定用人单位制定或者修改直接涉及劳动者切身利益的规章制度时，必须经民主程序，即直接涉及劳动者切身利益的规章制度体现了劳动者集体合意。规章制度可以视为用人单位与劳动者集体签订的协议。在规章制度中明确劳动者在离职后负有竞业限制义务，只要经过法律规定的民主程序，且向劳动者公示，该条款应当对劳动者产生拘束力。

观点二：虽然劳动规章制度中直接涉及劳动者切身利益的部分须经民主程序，但用人单位对劳动规章制度的确定享有最终决定权。劳动规章制度并非集体合同，更非与个体劳动者之间的协议。而竞业限制的义务应当源于用人单位与劳动者个人订立的竞业限制协议或者条款。劳动规章制度中规定竞业限制义务，不对劳动者产生拘束力。

【解答】

笔者同意观点二。原因在于：

(1)用人单位与劳动者个人订立的竞业限制协议或者条款是竞业限制义务的唯一根据。《劳动合同法》规定竞业限制条款可以规定在劳动合同或者保密协议中，而劳动合同或者保密协议是用人单位与劳动者个人签订。法律并没有规定用人单位可以在劳动规章制度中规定竞业限制或者采取其他非与劳动者个人约定的方式对劳动者施加竞业限制义务。由于竞业限制义务在很大程度上影响了劳动者离职以后的就业权和自由择业权，甚至对劳动者离职后的生存权也会产生影响，所以对劳动者承担竞业限制义务的方式就必须限制，用人单位只有与劳动者个人签订竞业限制协议或者在劳动合同、保密协议中约定竞业限制条款，劳动者才负有竞业限制义务。也就是说，劳动者承担竞业限制义务，必须是其个人真实意思的表示。用人单位通过与劳动者个人约定外的其他方式包括通过在劳动规章制度中设置相应条款对劳动者施加竞业限制义务，均不被法律许可。

(2)劳动规章制度中直接涉及劳动者切身利益的条款虽然体现集体意志，但仍为用人单位单方决定。法律规定劳动规章制度中直接涉及劳动者切身利益的条款应当经职工代表大会或者全体职工讨论，提出方案和意见，与工会或者职工代表平等协商确定，但最终的决定权仍掌握在用人单位手中，此即所谓的“共议单决”模式。“共议单决”模式下制定的劳动规章制度当然不能视为集体合同，其不能体现劳动者的个人意志，更非用人单位与劳动者个人签订的合同。如果允许劳动规章制度对竞业限制作出规定，用人单位可能利用劳动规章制度中的竞业限制条款损害劳动者的合法权利。

(3)从域外立法和实践看，许多国家和地区均确立竞业禁止义务是明示的合同义务。如《德国商法典》第 74 条规定，雇员离职后，其竞业禁止义务必须订立书面协议，雇主应当将签署的协议交付予雇员。《意大利民法典》第 2125 条规定，未采用书面形式的，竞业禁止协议无效。《瑞士债法》第 340 条详细规定了竞业禁止协议。日本、英国等国虽未明文规定，但在有关判例中，都确立了这一原则。①

(4)劳动规章制度仅适用于用人单位的在职劳动者,而不能对离职后的劳动者产生拘束力。劳动规章制度是用人单位制定的组织劳动和管理劳动的规则,劳动规章制度的性质决定了其仅能约束用人单位的在职劳动者。以劳动规章制度中竞业限制条款来禁止劳动者离职后的竞业行为,显然不切实际。

【风险提示156】

用人单位想要禁止劳动者离职前或者离职后的竞业行为,必须通过与劳动者个人签订竞业限制协议或者在劳动合同、保密合同中订立竞业限制条款的方式,而不能仅在劳动规章制度中规定劳动者的竞业限制义务或者通过其他方式确定劳动者的竞业限制义务。非与劳动个人协商确立的竞业限制条款,均不对劳动者产生拘束力。

Q163:如何理解最高人民法院《关于审理劳动争议案件适用法律若干问题的解释(四)》第8条关于因用人单位原因导致3个月未支付经济补偿劳动者可解除竞业限制约定的规定?

最高人民法院《关于审理劳动争议案件适用法律若干问题的解释(四)》第8条规定,当事人在劳动合同或者保密协议中约定了竞业限制和经济补偿,劳动合同解除或者终止后,因用人单位的原因导致3个月未支付经济补偿,劳动者请求解除竞业限制约定的,人民法院应予支持。实践中对这一条文的理解存在不少争议,如3个月未支付经济补偿的起算时间是从劳动合同解除或者终止之日还是应付经济补偿之日,3个月未付经济补偿是指连续3个月未支付还是累计3个月未支付,少付经济补偿是否也符合该条规定的情形,等等。

1.该条规定的3个月未支付经济补偿从何时起算?

【争议】

观点一:3个月从双方约定用人单位应当支付经济补偿的时间起算,因为解除或者终止劳动合同之日并非经济补偿支付之日,从解除或者终止劳动合同之日起算未支付经济补偿3个月的期限显然不当。

① 李永明:《竞业禁止的若干问题》,载《法学研究》2002年第5期。

观点二:应当从解除或终止劳动合同之日起算,这是因为《劳动合同法》第23 条规定经济补偿在解除或者终止劳动合同之后支付,司法解释规定的 3 个月起算点也是劳动合同解除或者终止后。

【解答】

笔者同意观点二。

(1)从该条司法解释的文义看,该条规定劳动合同解除或者终止后,因用人单位的原因导致 3 个月未支付经济补偿。从字面意思只能得出 3 个月起算时间自劳动合同解除或者终止之日开始计算。观点一认为自双方约定应当支付经济补偿之日起算,超出该条规定文义的覆盖范围。

(2)该条司法解释之所以规定劳动合同解除或者终止后因用人单位原因导致 3 个月支付经济补偿,劳动者可以解除竞业限制协议,是因为劳动者自劳动合同解除或者终止之日就要履行竞业限制义务,从该日起就面临收入减少的困境。劳动者遵守竞业限制约定,用人单位就应当及时支付经济补偿以减轻劳动者离职后的困难。如果双方约定支付经济补偿的时间距离解除或者终止劳动合同的日期过长,则劳动者将在较长的一段时间内无法取得经济补偿,而这一段时间他又必须遵守竞业限制约定,收入必然大幅度减少,这种情形下仍将双方约定支付经济补偿之日作为 3 个月未支付经济补偿的起算日,对劳动者也是不公平的。所以,该条司法解释规定的 3 个月未支付经济补偿的起算日应为解除或终止劳动合同之日。

2. 3 个月未付经济补偿是指连续 3 个月未支付还是累计 3 个月未支付?

【争议】

观点一:3 个月未付经济补偿是指连续 3 个月未支付经济补偿。

观点二:指任何 1 个月的经济补偿未支付的时间达 3 个月以上。

观点三:累计 3 个月的经济补偿处于未支付状态即符合该条规定。

【解答】

笔者倾向于观点三。

(1)该条司法解释规定的是 3 个月未支付经济补偿,并未规定 3 个月未支付经济补偿需要“连续”3 个月未支付,规定的文义也不包含 1 个月的经济补偿未支付时间达 3 个月以上的情形,前两种观点对该条文的理解均不符合条文之文意。

（2）该条司法解释规定3个月未支付经济补偿，劳动者可以解除竞业限制协议，是平衡用人单位和劳动者双方利益的结果。用人单位未支付1个月经济补偿对劳动者来说影响较小，不属于根本违约，劳动者不能据此解除竞业限制协议。用人单位未支付经济补偿的时间累计达3个月，劳动者的生计将受较大影响，此时用人单位已经构成根本性违约，劳动者可以解除竞业限制协议。而把未支付经济补偿限定于连续3个月，又对劳动者解除竞业限制协议的权利限制得过于苛刻，不利于保护劳动者的合法权利。所以，劳动者解除竞业限制的条件应当为因用人单位原因导致未支付的经济补偿累计达3个月。

3. 用人单位支付经济补偿的数额少于约定数额达3个月，劳动者能否解除竞业限制协议？

【争议】

观点一：只有在用人单位完全未支付经济补偿达3个月，劳动者才可以解除竞业限制协议，用人单位支付的经济补偿少于约定数额的情形不属于最高人民法院《关于审理劳动争议案件适用法律若干问题的解释（四）》第8条规定的范围，劳动者不得以此为由解除竞业限制协议。

观点二：劳动者能否因用人单位少于约定的标准支付经济补偿而解除竞业限制协议，要看用人单位实际支付的经济补偿与约定经济补偿的比例。用人单位实际支付经济补偿与约定经济补偿达一定比例，不会对劳动者生计造成影响，就不应当纳入最高人民法院《关于审理劳动争议案件适用法律若干问题的解释（四）》第8条规定的范围。如用人单位实际支付经济补偿与约定经济补偿的比例较低，严重影响劳动者的生计，则可以认为劳动者有权解除竞业限制协议。

观点三：最高人民法院《关于审理劳动争议案件适用法律若干问题的解释（四）》第8条规定的用人单位未支付经济补偿包括未足额发放经济补偿，用人单位未足额发放经济补偿累计达3个月，劳动者即可解除竞业限制协议。

【解答】

笔者倾向于观点二。劳动者解除竞业限制协议应当以用人单位根本性违约为前提条件。用人单位虽未足额支付经济补偿，但未实际支付的经济补偿明显较少，对劳动者生计来源的影响明显较弱的，不属于根本性违约，劳动者不享有解除竞业限制协议的权利。现实中也存在经济补偿约定标准不明确，双方就应当支付经济补偿数额存在争议的情况，这种情况下，用人单位实际支付的经济补偿与司法机关认定的应当支付经济补偿差距较小,对劳动者影响不大的,也不应当认定用人单位根本性违约。用人单位实际支付的经济补偿与约定支付标准存在较大差距,对劳动者生计造成较大影响的,这种情形累计达 3 个月,劳动者可以根据最高人民法院《关于审理劳动争议案件适用法律若干问题的解释(四)》第 8 条的规定解除竞业限制协议。对于劳动者因用人单位未足额支付经济补偿可解除劳动合同的标准,可根据约定经济补偿的数额、用人单位实际支付经济补偿的数额及上述两者之间的差距、劳动者的专业性程度、当地的经济发展水平等方面综合进行认定。

【风险提示 157】

用人单位在竞业限制期内应当按照竞业限制协议及时、足额支付劳动者经济补偿。如用人单位累计未支付经济补偿达 3 个月,劳动者可以解除竞业限制协议。

【规范指引】

最高人民法院《关于审理劳动争议案件适用法律若干问题的解释(四)》

第八条　当事人在劳动合同或者保密协议中约定了竞业限制和经济补偿,劳动合同解除或者终止后,因用人单位的原因导致三个月未支付经济补偿,劳动者请求解除竞业限制约定的,人民法院应予支持。

Q164:用人单位与劳动者在竞业限制协议中约定劳动者解除竞业限制协议的条件与最高人民法院《关于审理劳动争议案件适用法律若干问题的解释(四)》第 8 条的规定不同,是否有效?

现实生活中,一些用人单位与劳动者在竞业限制协议中约定解除竞业限制协议的条件不同于最高人民法院《关于审理劳动争议案件适用法律若干问题的解释(四)》第 8 条规定的条件。如约定用人单位未支付经济补偿需达半年,劳动者才可以解除竞业限制协议;又如约定用人单位只要有 1 期经济补偿未支付,劳动者即可解除竞业限制协议。这种约定是否有效,实践中存在不同观点。

【争议】

观点一:最高人民法院《关于审理劳动争议案件适用法律若干问题的解释

(四)》第8条规定的劳动者解除竞业限制协议的条件,并非强制性规定,双方当事人可通过约定予以排除。所以,用人单位与劳动者约定劳动者解除竞业限制协议的条件不同于司法解释规定的条件,只要是双方当事人真实意思表示,应当有效。

观点二:最高人民法院《关于审理劳动争议案件适用法律若干问题的解释(四)》第8条规定的劳动者解除竞业限制协议的条件,是为强制性的规定,不得通过协议予以排除。用人单位与劳动者约定劳动者解除竞业限制协议的条件不同于司法解释规定的条件,应当确认为无效。

观点三:用人单位与劳动者约定劳动者解除竞业限制协议的条件不同于司法解释规定的条件是否有效,要看约定的条件是高于还是低于司法解释规定的条件。如果约定的条件高于司法解释规定的条件,应当确认为无效;如果约定的条件低于司法解释规定的条件,根据有利于劳动者的原则,应当认为有效。

【解答】

笔者倾向于观点三。原因在于:

(1)最高人民法院《关于审理劳动争议案件适用法律若干问题的解释(四)》第8条规定的劳动者解除竞业限制协议的条件,是强制性的规定,当事人不得通过约定予以排除。由于劳动者在竞业限制期间内不得从事与用人单位有竞争关系的工作,劳动者在此期限内面临收入减少、生计受严重影响的困境,而经济补偿是对劳动者在竞业限制期间收入减少的补偿,可有效解决劳动者生计困难的问题。用人单位累计3个月不支付经济补偿,严重影响劳动者的生存权,使法律设置经济补偿的目的落空,劳动者签订竞业限制协议获取经济补偿的目的不能实现,所以司法解释规定因用人单位原因致3个月未支付经济补偿,劳动者有权解除竞业限制协议。该司法解释条文旨在保护劳动者的生存权益,应当为强制性的规定,用人单位不得约定高于司法解释规定的解除条件。

(2)用人单位的缔约能力明显强于劳动者。用人单位掌握着雇佣劳动者的决定权和管理支配劳动者的权利,在用人单位提出一些不合理要求时,劳动者为了保住饭碗,往往出于不得已同意这些要求。用人单位在竞业限制协议中约定比司法解释规定更高的解除条件,劳动者难以拒绝。如果认定该约定有效,则容易对劳动者的权益造成侵害。

(3)用人单位与劳动者约定的劳动者解除竞业限制协议的条件低于司法解

释的规定,则可以认定约定的效力。因为该司法解释条文的目的在于保护劳动者的生存权益,而用人单位与劳动者约定的解除条件低于司法解释的规定,显然对劳动者更为有利。认定此种条文的效力,有利于劳动者权益的保护,与该条文的目的是契合的。

【风险提示 158】

用人单位不得通过与劳动者约定在法律、司法解释的规定之外或者高于法定解除条件限制劳动者解除竞业限制协议的权利,如约定劳动者解除竞业限制协议的条件为用人单位未支付经济补偿达 4 个月以上,此类条款是无效的。

Q165:劳动者退休后,竞业限制协议是否仍对其具有拘束力?

竞业限制协议一般对离职后的劳动者产生拘束力,在解除或者终止劳动合同后,劳动者即负有竞业限制义务。当然,用人单位也可以与劳动者约定在职期间的竞业限制,但这种情况比较少见。用人单位与劳动者签订竞业限制协议后,劳动者一直在用人单位工作至退休,在退休以后劳动者是否负竞业限制义务,实践中有不同观点。

【争议】

观点一:劳动者在用人单位退休以后,就不可能再与其他用人单位成立劳动关系,自然没有再负担竞业限制义务的必要。退休后,劳动者享受养老保险待遇或者退休金,用人单位也无须支付经济补偿。根据权利义务相一致的原则,劳动者也不再负有竞业限制义务。所以,劳动者退休后,竞业限制协议自然终止。

观点二:劳动者退休后,仍可能从事与原用人单位有竞争关系的工作,对用人单位造成损害,扰乱公平的市场竞争环境。所以,劳动者退休后,继续负有竞业限制义务是很有必要的。在劳动者履行竞业限制义务期间,用人单位仍须根据竞业限制协议支付经济补偿。

【解答】

笔者同意观点二。劳动者在用人单位退休后,竞业限制协议并不自然终止,劳动者仍应当依据竞业限制协议履行竞业限制义务。原因在于:

(1)《劳动合同法》第 23 条第 2 款规定,对负有保密义务的劳动者,用人单位可以在劳动合同或者保密协议中与劳动者约定竞业限制条款,并约定在解除或者终止劳动合同后,在竞业限制期限内按月给予劳动者经济补偿。该法第 44 条第 2 项将劳动者享受基本养老保险待遇作为劳动合同终止的法定条件。由此可见,劳动合同终止包括劳动者在用人单位退休的情形。《劳动合同法》第 23 条第 2 款并未将劳动者退休的情形排除在可以约定竞业限制协议之外,所以该款规定应当包括劳动者退休的情形。也就是说,因劳动者退休致劳动合同终止,竞业限制协议仍对劳动者具有拘束力,劳动者应当承担竞业限制义务,并有权要求用人单位支付经济补偿。

(2)劳动者在用人单位退休,享受退休金或者基本养老保险待遇,虽不能与其他单位成立劳动关系,但其仍可以与其他用人单位成立劳务关系或者其他关系,或者自己经营与原用人单位有竞争关系的业务,对原用人单位造成损害。随着经济社会的发展,人民群众生活水平提高,医疗技术水平不断提升,人们的健康状况和期望寿命也随之提升。现今,劳动者退休后返聘、与其他用人单位成立劳务关系、自己经营的情况非常多见。劳动者退休后仍可能从事与原用人单位有竞争关系的业务,或工作泄露或使用原用人单位的商业秘密,对用人单位造成损害。所以,劳动者退休后,竞业限制协议仍可以发挥很大作用,而不应当自然终止。

(3)劳动者退休后,履行竞业限制义务,根据权利义务对等的原则,用人单位应当按竞业限制协议的约定支付经济补偿。劳动者退休后享受基本养老保险待遇或者退休的,虽然基本生活有了保障,但劳动者在竞业限制期内不能从事与用人单位有竞争关系的业务或者工作,收入也可能因此减少,用人单位仍应当支付经济补偿以弥补减少的损失。现实中,还有一些劳动者达法定退休年龄没有享受基本养老保险待遇或者退休金,用人单位根据《劳动合同法实施条例》的规定终止劳动合同,这些劳动者仍负有竞业限制义务,生计将面临严重困难,支付经济补偿金对他们来说更为重要。

部分地方的立法和人民法院出台的指导意见对劳动者退休后是否仍应履行竞业限制义务作了规定。《江苏省劳动合同条例》(2013 年修订)第 35 条第 2 款规定,劳动合同因劳动者退休而终止的,保密协议、竞业限制约定仍具有约束力。广州市中级人民法院《关于审理劳动人事争议案件若干问题的研讨会纪要》(2015 年)第 15 条规定,劳动者达到法定退休年龄导致劳动合同终止,劳动合同中的竞业限制条款对退休后的劳动者仍有约束力,履行了竞业限制义务的劳动者,仍然有权获得竞业限制补偿。

【风险提示 159】

劳动者从用人单位退休后,竞业限制协议仍对用人单位和劳动者具有拘束力。劳动者在退休后仍不得从事与用人单位有竞争关系的业务,用人单位也要按照竞业限制协议的约定支付经济补偿。

Q166:竞业限制协议中没有约定经济补偿,劳动者按约履行竞业限制,但用人单位累计 3 个月未支付经济补偿,劳动者是否有权解除竞业限制协议?

竞业限制协议中没有约定经济补偿并不影响竞业限制协议的效力,如前所述。最高人民法院《关于审理劳动争议案件适用法律若干问题的解释(四)》第 8 条规定,当事人在劳动合同或者保密协议中约定了竞业限制和经济补偿,劳动合同解除或者终止后,因用人单位的原因导致 3 个月未支付经济补偿,劳动者请求解除竞业限制约定的,人民法院应予支持。劳动者因用人单位原因导致 3 个月未支付经济补偿解除竞业限制协议,是否以双方约定经济补偿为前提条件,实践中有不同观点。

【争议】

观点一:竞业限制协议未约定经济补偿,劳动者以用人单位 3 个月未支付经济补偿为由解除竞业限制协议的,不应支持。从最高人民法院《关于审理劳动争议案件适用法律若干问题的解释(四)》第 8 条的文义看,劳动者解除竞业限制协议的条件有二:一是在劳动合同或保密协议中约定了竞业限制和经济补偿,二是因用人单位原因导致劳动合同解除或者终止后 3 个月未支付经济补偿。竞业限制协议未约定经济补偿,不符合第一个条件。而且双方未约定经济补偿,用人单位支付经济补偿的数额不清,用人单位未支付经济补偿情有可原。所以,在未约定经济补偿的情况下,劳动者不能以用人单位未支付经济补偿为由解除竞业限制协议。

观点二:用人单位未与劳动者约定竞业限制的经济补偿,用人单位仍应当按司法解释的规定支付经济补偿。在这种情况下,因用人单位原因导致 3 个月未支付经济补偿,劳动者可以解除竞业限制协议。

【解答】

笔者倾向于观点二。原因在于：

（1）司法解释规定用人单位在未约定竞业限制经济补偿的情况下应当承担支付经济补偿的义务。最高人民法院《关于审理劳动争议案件适用法律若干问题的解释（四）》第6条规定，当事人在劳动合同或者保密协议中约定了竞业限制，但未约定解除或者终止劳动合同后给予劳动者经济补偿，劳动者履行了竞业限制义务，要求用人单位按照劳动者在劳动合同解除或者终止前12个月平均工资的30%按月支付经济补偿的，人民法院应予支持。前款规定的月平均工资的30%低于劳动合同履行地最低工资标准的，按照劳动合同履行地最低工资标准支付。双方未约定经济补偿的情况下，该条司法解释规定的用人单位支付经济补偿的义务和标准自然成为竞业限制协议中用人单位的义务，用人单位3个月未支付经济补偿，已构成根本性违约，劳动者可以解除竞业限制协议。

（2）支持劳动者解除竞业限制协议的观点符合权利义务对等的法律原则。劳动者履行竞业限制协议，如有违反，将承担违约责任；相应地，用人单位也应当支付经济补偿，无论竞业限制协议是否约定经济补偿，未支付经济补偿达一定期限，用人单位应当承担竞业限制协议被解除的风险。如用人单位不支付经济补偿而无须负任何法律责任，显然违反权利义务对等的原则，对劳动者难言公平。

（3）支持劳动者解除竞业限制协议的观点契合"类似情况作同等处理"的法律原则。最高人民法院《关于审理劳动争议案件适用法律若干问题的解释（四）》第8条规定劳动者解除竞业限制协议的权利，用意在于保护劳动者的生存权益，用人单位3个月未支付经济补偿，将对劳动者的生存权益造成重大影响，此时生存权益的位阶要高于用人单位经济性权利的位阶。未约定经济补偿情形下，劳动者同样面临竞业限制期限内收入减少、生存困难的问题，用人单位不支付经济补偿3个月，也会对劳动者的生存利益造成重大影响，如果否定劳动者对竞业限制协议的解除权，劳动者仍必须依竞业限制协议继续履行竞业限制义务，无论用人单位未支付经济补偿达多长时间，这显然不符合该条司法解释的意旨。所以，未约定经济补偿与约定经济补偿两种情形有同样的理由适用该条司法解释的规定，根据"类似情况作同等处理"的法律原则，约定竞业限制而未约定经济补偿，因用人单位原因导致解除或终止劳动合同后3个月未支付经济补偿的，可类推适用司法解释的规定，劳动者有权要求解除竞业限制协议。

【风险提示160】

竞业限制协议未约定经济补偿的,用人单位应当依照最高人民法院《关于审理劳动争议案件适用法律若干问题的解释(四)》第6条的规定按月向劳动者支付经济补偿。此情形下,用人单位未支付经济补偿达3个月的,劳动者仍享有对竞业限制协议的解除权。

Q167:用人单位是否有任意解除竞业限制协议的权利?

法律规定用人单位可以与劳动者约定竞业限制协议的主要目的是保护用人单位的商业秘密和核心技术,劳动者履行竞业限制义务期间,法律还规定用人单位必须支付经济补偿,兼顾了劳动者的权利。对用人单位是否有权任意解除竞业限制协议,有几种不同的观点。

【争议】

观点一:用人单位不得任意解除竞业限制协议。原因在于:(1)用人单位任意解除竞业限制协议可能会导致竞业限制协议履行的任意性。(2)用人单位任意解除竞业限制协议会导致劳动者信赖利益的受损。劳动者因信赖竞业限制协议而失去从事竞争工作的机会,对用人单位每月支付经济补偿也有合理期待。用人单位解除竞业限制协议,劳动者无法享受每月经济补偿,还要花费一定的时间重新寻找工作,显然造成信赖利益的损失。(3)司法解释对劳动者解除竞业限制协议规定了较为严格的条件,对用人单位解除竞业限制协议也应当予以严格限制。

观点二:用人单位可以任意解除竞业限制协议。原因在于:(1)法律规定竞业限制协议和用人单位约定竞业限制的目的是保护用人单位的商业秘密,是否与具备条件的劳动者签订竞业限制协议是用人单位的权利,而且用人单位掌握竞业限制所保护的事项是否还有继续保护必要的相关信息,从竞业限制的目的看,应当允许用人单位单方解除竞业限制协议。(2)竞业限制协议的存在其实是不利于劳动者的。用人单位每月支付经济补偿,一般也不足以弥补劳动者在竞业限制期间的全部收入损失。用人单位解除竞业限制协议,对劳动者并没有太大的不利影响,存在的一些不利影响主要是劳动者的信赖利益损失。如果通过支付额外经济补偿的办法弥补劳动者的信赖利益损失,允许用人单位解除竞业限制协议,还有利于劳动者正常就业,在较短的时间内恢复正常收入水平。

因此,从对劳动者倾斜性保护的司法政策看,在支付一定数额额外经济补偿的条件下允许用人单位任意解除竞业限制协议,也是有必要的。

【解答】

最高人民法院《关于审理劳动争议案件适用法律若干问题的解释(四)》最终采纳了观点二。该解释第 9 条规定,在竞业限制期限内,用人单位请求解除竞业限制协议时,人民法院应予支持。在解除竞业限制协议时,劳动者请求用人单位额外支付劳动者 3 个月的竞业限制经济补偿的,人民法院应予支持。

用人单位单方解除竞业限制协议,并不以向人民法院或者劳动仲裁部门起诉或者申请要求解除为唯一方式,用人单位可通过送达解除竞业限制协议通知的方式,只要解除竞业限制协议的通知到达劳动者,竞业限制协议即解除。

【风险提示 161】

用人单位根据自身需要认为无须继续履行竞业限制协议的,可以通过额外支付劳动者 3 个月经济补偿的方式解除竞业限制协议。用人单位送达解除竞业限制协议通知的,要注意保存好送达记录。

【规范指引】

最高人民法院《关于审理劳动争议案件适用法律若干问题的解释(四)》

第九条 在竞业限制期限内,用人单位请求解除竞业限制协议时,人民法院应予支持。

在解除竞业限制协议时,劳动者请求用人单位额外支付劳动者三个月的竞业限制经济补偿的,人民法院应予支持。

Q168:用人单位与劳动者约定竞业限制经济补偿低于当地最低工资标准,经济补偿约定是否有效?

根据劳动和社会保障部《最低工资规定》第 3 条的规定,该规定所称最低工资标准,是指劳动者在法定工作时间或者依法签订的劳动合同约定的工作时间内提供了正常劳动的前提下,用人单位依法应支付的最低劳动报酬。本规定所称正常劳动,是指劳动者按依法签订的劳动合同约定,在法定工作时间或者劳动合同约定的工作时间内从事的劳动。劳动者依法享受带薪年休假、探亲假、婚丧假、生育(产)假、节育手术假等国家规定的假期,以及法定工作时间内依法参加社会活动期间,视为提供了正常劳动。从上述规定可知,最低工资标准是在劳动者提供正常劳动情形下用人单位应付的最低工资。用人单位低于最低工资标准约定或者支付劳动报酬,均为无效,用人单位应当补足工资,还要面临行政处罚的风险。现实中,一些用人单位与劳动者约定竞业限制时,每月经济补偿的数额低于当地最低工资标准。这种情况下,经济补偿的约定是否有效,实践中有不同观点。

【争议】

观点一:竞业限制经济补偿约定低于当地最低工资标准的,该约定并不因此无效。这是因为:①经济补偿是对劳动者竞业限制期间收入减少的补偿,并不是劳动者提供正常劳动情况下用人单位支付的工资,在竞业限制期间,劳动者并不为用人单位提供劳动。经济补偿数额不受最低工资标准的限制。②《最低工资规定》第 3 条规定的带薪年休假、探亲假、婚丧假、生育(产)假、节育手术假等国家规定的假期,以及法定工作时间内依法参加社会活动期间,视为提供了正常劳动,竞业限制期间并未包括在内。③法律、行政法规并未规定竞业限制的经济补偿不得低于最低工资标准,将低于最低工资标准的经济补偿约定认定无效,没有法律依据。

观点二:用人单位与劳动者约定竞业限制的经济补偿低于当地最低工资标准无效。劳动者在竞业限制期间内很可能面临无法就业的情况,而最低工资标准只能维持劳动者的基本生活,如低于最低工资标准支付经济补偿,那么劳动者在竞业限制期间内的基本生活将得不到保障。所以,竞业限制的经济补偿不得低于当地最低工资标准。

【解答】

笔者倾向于观点二。原因在于:

(1)最低工资标准制度是强制性的法律制度。劳动法律法规之所以规定最低工资标准,是为了维护劳动者取得劳动报酬的合法权益,保障劳动者个人及其家庭成员的基本生活(《最低工资规定》第 1 条)。《劳动合同法》规定试用期劳动者的劳动报酬和劳务派遣工的劳动报酬不得低于最低工资标准,还规定了用人单位低于最低工资标准支付劳动报酬应当承担的法律责任。由此可见,法律基于对劳动者及其家庭成员基本生活的保障,对用人单位低于最低工资标准约定或者支付劳动报酬持否定性评价。

(2)竞业限制的对象是用人单位的高级管理人员、高级技术人员和其他负有保密义务的劳动者。这些人员的专业性相对较强，禁止从事与原用人单位有竞争关系的工作，他们很难获得其他行业的就业机会，收入减少的影响较大。而最低工资标准只能维持劳动者及其家庭最基本的生活，低于这个标准支付经济补偿，难以保障劳动者及其家庭的基本生活。基于劳动者及其家庭基本生活的保障，有必要将经济补偿的最低限确定在最低工资标准。

（3）在约定竞业限制条款时，劳动者处于明显的弱势地位。如果不给经济补偿确定下限，用人单位很可能利用其强势地位约定过低的经济补偿标准，劳动者基于在用人单位工作或者继续工作的愿望、生活收入来源等因素的考虑，往往不得不接受不合理的条款。如果认定此类经济补偿条款有效，对劳动者并不公平。用人单位与劳动者约定低于最低工资标准的经济补偿标准，该情形属于用人单位免除自己的法定责任、排除劳动者权利的情形，依法应当确认无效。

用人单位与劳动者约定的竞业限制经济补偿条款低于当地最低工资标准被确认无效后，如何确定用人单位应当支付的经济补偿。有一种观点认为，此种情形应当直接以当地最低工资标准作为用人单位应当支付的经济补偿数额。笔者不同意这种观点。竞业限制经济补偿条款被确认无效，其法律效果与双方未约定经济补偿相同。根据最高人民法院《关于审理劳动争议案件适用法律若干问题的解释（四）》第 6 条的规定，当事人在劳动合同或者保密协议中约定了竞业限制，但未约定解除或者终止劳动合同后给予劳动者经济补偿，劳动者履行了竞业限制义务，要求用人单位按照劳动者在劳动合同解除或者终止前 12 个月平均工资的 30% 按月支付经济补偿的，人民法院应予支持。前款规定的月平均工资的 30% 低于劳动合同履行地最低工资标准的，按照劳动合同履行地最低工资标准支付。竞业限制经济补偿条款因低于最低工资标准被确认无效，用人单位应按照劳动者在劳动合同解除或者终止前 12 个月平均工资的 30% 按月支付经济补偿，平均工资的 30% 低于当地最低工资标准的，按最低工资标准支付。

【风险提示 162】

用人单位不得在当地最低工资标准之下约定经济补偿，否则经济补偿的约定将被确认为无效，用人单位还要按劳动者在劳动合同解除或者终止前 12 个月平均工资的 30% 按月补足和支付竞业限制期间的经济补偿。

【规范指引】

《最低工资规定》

第一条　为了维护劳动者取得劳动报酬的合法权益,保障劳动者个人及其家庭成员的基本生活,根据劳动法和国务院有关规定,制定本规定。

第三条　本规定所称最低工资标准,是指劳动者在法定工作时间或依法签订的劳动合同约定的工作时间内提供了正常劳动的前提下,用人单位依法应支付的最低劳动报酬。

本规定所称正常劳动,是指劳动者按依法签订的劳动合同约定,在法定工作时间或劳动合同约定的工作时间内从事的劳动。劳动者依法享受带薪年休假、探亲假、婚丧假、生育(产)假、节育手术假等国家规定的假期间,以及法定工作时间内依法参加社会活动期间,视为提供了正常劳动。

Q169:劳动者违反竞业限制约定的违约金是否可以调整?

现实生活中,一些用人单位为避免自己的商业秘密被泄露或者被竞争对手使用,在竞业限制协议中与劳动者约定数额较高的违约金。还有一种可能的情况是,用人单位与劳动者约定的竞业限制违约金不能弥补劳动者违反竞业限制义务给用人单位带来的损失。上述两种情况下,人民法院或者劳动仲裁部门是否可对违约金进行调整,实践中存在不同观点。

【争议】

观点一:竞业限制违约金可以根据竞业限制给用人单位造成的实际损失情况进行调整。如上海市劳动保障局《关于实施〈上海市劳动合同条例〉若干问题的通知》(2002 年)第 7 条第 2 款、第 3 款规定,双方当事人约定的违约金数额高于因劳动者违约给用人单位造成实际损失的,劳动者应当按双方约定承担违约金;约定的违约金数额低于实际损失,用人单位请求赔偿的,劳动者应按实际损失赔偿。约定的违约金数额畸高的,当事人可以要求适当减少。双方当事人因违约金发生争议的,可以按劳动争议处理程序解决。广州市中级人民法院《关于审理劳动人事争议案件若干问题的研讨会纪要》(2015 年)第 14 条规定,竞业限制违约责任与侵权损害赔偿责任发生竞合时,如果双方约定有违约金的,应首先适用违约金条款,如该违约金过分低于或者高于造成的实际损失的,可适当予以调整。双方未约定违约金的,按实际损失确定赔偿责任。

观点二:劳动法律法规并未规定竞业限制违约金的调整,不宜直接适用《合同法》的规定对竞业限制违约金进行调整。劳动者违反竞业限制义务给用人单位造成的实际损失数额难以举证,在个案中难以判断违约金是否与用人单位的实际损失相匹配。竞业限制协议约定的违约金更符合双方对违反竞业限制协议所要承担赔偿责任的预期,一般不得对竞业限制违约金进行调整。

【解答】

笔者认为,竞业限制协议约定的违约金过分高于或者过分低于实际损失时,人民法院或者劳动仲裁部门可以根据当事人的请求进行调整。

《合同法》第 114 条第 2 款规定,约定的违约金低于造成的损失的,当事人可以请求人民法院或者仲裁机构予以增加;约定的违约金过分高于造成的损失的,当事人可以请求人民法院或者仲裁机构予以适当减少。劳动法律法规没有规定竞业限制违约金的调整事项,可以参照《合同法》的该项规定进行处理。

如何判断竞业限制违约金过分高于实际损失,有一种观点认为,可参照最高人民法院《关于适用〈中华人民共和国合同法〉若干问题的解释(二)》第 29 条第 2 款的规定,即当事人约定的违约金超过造成损失的 30% 的,一般可以认定为《合同法》第 114 条第 2 款规定的“过分高于造成的损失”。笔者认为,劳动者与用人单位之间巨大的经济实力差距决定在判断竞业限制违约金是否过分高于实际损失不能适用最高人民法院《关于适用〈中华人民共和国合同法〉若干问题的解释(二)》第 29 条第 2 款的规定。判断竞业限制违约金是否过分高于实际损失,不仅要考虑用人单位的实际损失,还要综合考虑劳动者在用人单位工作时的岗位、工资收入、竞业限制期间的经济补偿数额、劳动者违反竞业限制协议的过错程度、劳动者违反竞业限制协议取得的利益等因素进行判断。《劳动合同法(草案)》一审稿曾经对竞业限制违约金的最高额作出限制:用人单位与劳动者有竞业限制约定的,应当同时与劳动者在劳动合同终止或者解除时向劳动者支付的竞业限制经济补偿,其数额不得少于劳动者在该用人单位的年工资收入。劳动者违反竞业限制约定的,应当向用人单位支付违约金,其数额不得超过用人单位向劳动者支付的竞业限制经济补偿的 3 倍。虽然正式颁布的《劳动合同法》删除了竞业限制违约金最高额的限制规定,但在用人单位实际损失无法查明的情况下,笔者认为在个案中仍可作为参考。

【风险提示163】

用人单位在确定劳动者违反竞业限制义务所需承担的违约金数额时,应综合考虑劳动者的竞业行为可能对用人单位造成的损失、劳动者在用人单位工作时的岗位和工资收入等因素,尽可能地确定一个比较合理的违约金数额。如用人单位确定的违约金数额过高,人民法院或者劳动仲裁部门会对违约金进行调整,调整后的数额可能会低于用人单位的期望值。

【规范指引】

最高人民法院《关于适用〈中华人民共和国合同法〉若干问题的解释(二)》

第二十九条　当事人主张约定的违约金过高请求予以适当减少的,人民法院应当以实际损失为基础,兼顾合同的履行情况、当事人的过错程度以及预期利益等综合因素,根据公平原则和诚实信用原则予以衡量,并作出裁决。

当事人约定的违约金超过造成损失的百分之三十的,一般可以认定为合同法第一百一十四条第二款规定的"过分高于造成的损失"。

Q170:用人单位与劳动者约定竞业限制的经济补偿于在职期间支付,离职后不再支付,此种约定是否有效?

现实中,一些用人单位与劳动者约定竞业限制条款时,约定竞业限制经济补偿在劳动者在职期间每月支付,离职后不再支付经济补偿。此种约定是否具有法律效力,实践中有不同观点。

【争议】

观点一:用人单位在劳动者在职期间还是在劳动者离职后支付经济补偿,对劳动者的权利影响不大。用人单位只要支付经济补偿,无论约定是在离职前支付还是离职后支付,都不应当作否定评价。

观点二:《劳动合同法》规定经济补偿是在劳动者离职后支付。用人单位与劳动者约定在职期间支付经济补偿,可能将劳动者工资的一部分作为竞业限制经济补偿,损害劳动者利益。所以,在职期间支付经济补偿的约定应当确认为无效。

【解答】

笔者倾向于观点二。原因在于:

《劳动合同法》第 23 条规定经济补偿是用人单位在劳动合同解除或者终止后，竞业限制期限内按月给予劳动者。用人单位与劳动者约定在职期间每月支付经济补偿，不符合法律规定。在职期间每月支付经济补偿，离职后不再支付的约定，多是用人单位利用其优势地位强行要求劳动者订立。作此约定后，用人单位极有可能将劳动者的正常工资中的一部分作为经济补偿。如认定该约定有效，不仅损害劳动者获取正常工资的权利，还将对劳动者在竞业限制期间的生计造成重大不利影响。所以，经济补偿应当在劳动者离职后支付，用人单位与劳动者约定在职期间每月支付经济补偿，离职后不再支付的，一般应当认定为无效。但用人单位在劳动者即将离职时一次性支付经济补偿，账目清楚，用途明确，数额合理的，应当认定为有效。

【风险提示 164】

用人单位要注意不要与劳动者约定在职期间每月支付经济补偿，此种约定常会被司法机关认定为用人单位将经济补偿和月工资混淆而被确认为无效，即使用人单位确实在月工资外支付经济补偿，也会面临败诉的风险。

Q171：劳动者因违反竞业限制约定向用人单位支付违约金以后，再次违反竞业限制约定，用人单位是否可再次向劳动者主张违约金？

最高人民法院《关于审理劳动争议案件适用法律若干问题的解释（四）》第 10 条规定，劳动者违反竞业限制约定，向用人单位支付违约金后，用人单位要求劳动者按照约定继续履行竞业限制义务的，人民法院应予支持。根据该条规定，劳动者支付竞业限制违约金后，用人单位仍可要求其承担继续履行竞业限制约定的义务。劳动者在支付竞业限制违约金后又违反竞业限制约定，用人单位是否可以要求劳动者支付二次以上的违约金，实践中存在争议。

【争议】

观点一：违反合同的违约金只能支付一次，守约方不能因违约方的多次违约行为要求多笔的违约金。劳动者多次违反竞业限制约定，用人单位只能向劳动者主张一次违约金。劳动者支付违约金后，再次或多次违反竞业限制约定，用人单位均不得再次主张违约金。

观点二：劳动者违反竞业限制约定支付违约金后，用人单位要求劳动者继续履行竞业限制约定的,竞业限制约定仍然对双方具有约束力。劳动者再次或者多次违反竞业限制约定,用人单位仍可以向劳动者主张第二次或者更多次的违约金。

【解答】

笔者倾向于观点二。原因在于:

(1)最高人民法院《关于审理劳动争议案件适用法律若干问题的解释(四)》第 10 条采纳了竞业限制违约金与继续履行竞业限制约定可以并行的观点。根据该条规定,劳动者违反竞业限制约定,用人单位可以要求劳动者支付违约金,并要求劳动者继续履行竞业限制约定。也就是说,劳动者支付违约金后,用人单位要求继续履行竞业限制约定的,竞业限制约定仍对双方产生拘束力,劳动者仍然要履行竞业限制义务。

(2)劳动者因第一次违反竞业限制约定支付违约金,用人单位要求继续履行竞业限制约定的,说明该劳动者掌握的相关商业秘密仍有继续保护的必要。如果劳动者继续违反竞业限制约定,用人单位的商业秘密会进一步遭受侵害,这显然与竞业限制约定的目的相违背。

(3)仅规定劳动者有继续履行竞业限制约定的义务显然不足以禁止劳动者在支付违约金后从事竞业行为。如果否定用人单位在劳动者支付违约金后又违反竞业限制约定时享有再次主张违约金的权利,则劳动者仅负有司法解释规定的继续履行的义务,但违反该义务却无须承担任何法律责任。用人单位仅可向人民法院起诉或者劳动仲裁部门申请仲裁要求劳动者停止竞业行为,但在相应的审判或者裁决作出并生效前,劳动者可以毫无顾忌地违反竞业限制约定。如此做法显然不足以限制劳动者的竞业行为,也不利于用人单位合法权益的保护,司法解释关于劳动者支付违约金后继续履行竞业限制约定的规定也将成为一纸空文。

【风险提示 165】

劳动者在第一次违反竞业限制约定支付违约金后,不要想当然地认为竞业限制约定就此解除或者终止,自己就可以从事竞业行为。用人单位没有解除或者终止竞业限制约定的意思表示,劳动者仍要依约继续履行竞业限制义务,否则将承担再次或者多次支付违约金的责任。

【规范指引】

最高人民法院《关于审理劳动争议案件适用法律若干问题的解释(四)》

第十条 劳动者违反竞业限制约定,向用人单位支付违约金后,用人单位要求劳动者按照约定继续履行竞业限制义务的,人民法院应予支持。

Q172:劳动者违反竞业限制义务,用人单位是否仍需支付竞业限制的经济补偿?

现实生活中,劳动者违反竞业限制义务,用人单位往往因此拒绝支付竞业限制经济补偿,有时还会要求劳动者返还之前已经支付的经济补偿。劳动者违反竞业限制义务,用人单位是否就可以拒绝支付经济补偿,甚至可以要求劳动者退还已付的经济补偿,实践中有不同观点。

【争议】

观点一:劳动者违反竞业限制约定,属于根本性违约,用人单位可以解除竞业限制约定,不再向劳动者支付经济补偿,还可以要求劳动者返还用人单位之前已支付的经济补偿。

观点二:劳动者违反竞业限制义务的期间,用人单位无须支付经济补偿,已支付违反期间的经济补偿,用人单位可要求劳动者返还。劳动者未违反竞业限制的期间,用人单位仍应向劳动者支付经济补偿。

【解答】

笔者同意观点二。竞业限制的经济补偿是针对劳动者在履行竞业限制期间收入减少的补偿,是劳动者履行竞业限制义务的一种对价。劳动者违反竞业限制义务的期间,或者加入与原用人单位有竞争关系的其他用人单位,或者自己经营与原用人单位有竞争关系的业务,均可获得不菲的收入,还给用人单位造成严重损害。在劳动者违反竞业限制义务期间,用人单位当然无须支付劳动者的经济补偿。用人单位已经支付劳动者违反竞业限制义务期间的经济补偿,可以要求劳动者返还。

从劳动合同解除或者终止之日到违反竞业限制义务前一日的期间,劳动者并未从事竞业行为,在这段期间,劳动者因履行竞业限制义务导致收入减少,有权从用人单位处获取经济补偿。用人单位不得以劳动者后面违反竞业限制约定的行为而否定劳动者之前获取经济补偿的权利,无权要求劳动者返还从劳动合同解除或者终止之日到违反竞业限制义务前一日的经济补偿。

劳动者支付违约金之后,用人单位是否需要支付经济补偿,要看用人单位是否要求劳动者继续履行竞业限制义务以及劳动者是否实际履行竞业限制义务而定。如果用人单位要求劳动者继续履行竞业限制义务的,根据最高人民法院《关于审理劳动争议案件适用法律若干问题的解释(四)》第 10 条的规定,劳动者应当继续履行,劳动者继续履行期间,用人单位仍应当依据竞业限制约定向劳动者支付经济补偿。用人单位因劳动者违反竞业限制义务解除或终止竞业限制约定的,则无须向劳动者继续支付经济补偿。

【风险提示 166】

劳动者违反竞业限制义务,用人单位可以不支付或者要求劳动者返还劳动者从事竞业行为期间的经济补偿,但劳动者遵守竞业限制义务的期间,用人单位仍应当支付经济补偿。

Q173:保密协议和竞业限制约定有什么区别?

【解答】

保密协议和竞业限制约定均规定在《劳动合同法》第 23 条之中。《劳动合同法》第 23 条第 1 款规定了保密协议,用人单位与劳动者可以在劳动合同中约定保守用人单位的商业秘密和与知识产权相关的保密事项。该条第 2 款规定了竞业限制约定,对负有保密义务的劳动者,用人单位可以在劳动合同或者保密协议中与劳动者约定竞业限制条款,并约定在解除或者终止劳动合同后,在竞业限制期限内按月给予劳动者经济补偿。劳动者违反竞业限制约定的,应当按照约定向用人单位支付违约金。保密协议和竞业限制约定的目的均在于保护用人单位的商业秘密,对劳动者的权利均有一定限制,所以实践中区分保密协议和竞业限制协议有一定难度。笔者认为,保密协议和竞业限制协议主要存在以下区别:

(1)规制对象不同。竞业限制约定规制的是劳动者从用人单位离职后或者在职期间从事与用人单位有竞争关系的工作或者经营与用人单位有竞争关系的产品或者服务的行为,主要限制的是劳动者从事的行业和经营行为。而保密协议主要规制的是劳动者自己使用或者向他人泄露用人单位商业秘密的行为,而没有限制劳动者从事的行业和自己经营产品或者服务的行为。竞业限制约定和保密协议虽然都以保护用人单位商业秘密为目的，范围上也存在一些重合，但两者规制的对象是不一样的。

（2）劳动者负担义务的性质不同。竞业限制条款约定劳动者不得从事一定的行业，劳动者承担的是一种约定的义务。如果竞业限制条款没有约定，劳动者就无须履行竞业限制义务。而保密协议要求劳动者保守用人单位的商业秘密，这是劳动者的一种法定义务，无论是否存在保密协议，劳动者均负有保守用人单位商业秘密的义务，保密协议只是将法定的权利、义务更加明确化。

（3）用人单位是否须支付经济补偿不同。用人单位与劳动者约定竞业限制条款，劳动者离职后，无论竞业限制条款是否约定有经济补偿，用人单位都必须向劳动者支付经济补偿以弥补劳动者收入减少的损失。用人单位对遵守保密协议的劳动者却没有支付经济补偿的法定义务。双方可以在保密协议约定用人单位支付一定补偿，但保密协议中没有约定的，劳动者不得向用人单位主张补偿。

（4）期限不同。竞业限制期限不得超过两年，竞业限制约定的期限超过两年的，超过部分的期限不发生法律效力。而保密协议在法律上没有期限的限制，双方可以在保密协议中任意约定保密期限，甚至约定无限期的保密义务。

（5）是否可约定违约金不同。用人单位可在竞业限制条款中约定违约金，劳动者违反竞业限制义务的，应向用人单位支付违约金。由于《劳动合同法》第25条规定，除服务期约定和竞业限制约定外，用人单位不得与劳动者约定违约金。所以，用人单位与劳动者签订保密协议时，不得约定劳动者违反保密协议的违约金。劳动者违反保密协议造成用人单位损失的，用人单位可要求劳动者赔偿损失，但不能主张违约金赔偿。

【风险提示167】

竞业限制协议和保密协议有很多相似之处，但也存在明显区别。保密协议涉及的范围更广，但保密协议如无竞业限制条款不能约定违约金，而用人单位通过保密协议要求劳动者赔偿损失，一是难以举证证明自身损失，二是劳动法律法规对劳动者赔偿损失的数额规定了很多限制。所以，用人单位拟制保密协议条款时，可以将竞业限制条款订入保密协议，如此可更好地维护自身合法权益。

Q174:劳动者离职后违反竞业限制约定加入与用人单位有竞争关系的新用人单位,用人单位可否要求新用人单位与劳动者共同承担违约责任?

实践中,用人单位要求劳动者承担违反竞业限制约定违约金的,多为劳动者加入与用人单位有竞争关系的新用人单位的情形。新用人单位如果明知劳动者存在竞业限制约定仍招用该劳动者,存在明显过错。一些用人单位将劳动者和新用人单位作为共同被告,要求两者共同承担违约责任。这种情况下,用人单位要求新用人单位承担连带责任的请求是否应当得到支持,实践中存在不同观点。

【争议】

观点一:竞业限制约定是一种合同,合同相对方为用人单位和劳动者,竞业限制约定只能对用人单位和劳动者产生拘束力,而不能对合同外的其他单位或者个人产生效力。所以,劳动者违反竞业限制约定加入与用人单位有竞争关系的新用人单位,用人单位只能要求劳动者承担违约责任,而不能要求新用人单位承担违约责任。

观点二:劳动者违反竞业限制约定加入与用人单位有竞争关系的新用人单位,新用人单位是否应当承担违约责任,要分情况而定。如新用人单位明知竞业限制条款的存在,仍招用劳动者,甚至引诱、教唆劳动者违反竞业限制约定,新用人单位应当与劳动者承担连带责任;如果新用人单位不知道有竞业限制约定,也没有利用劳动者掌握的商业秘密,就无须承担赔偿责任。

【解答】

笔者认为,劳动者违反竞业限制约定加入与用人单位有竞争关系的新用人单位,用人单位不得要求新用人单位承担违约责任。因为用人单位和劳动者是竞业限制约定的合同相对方,新用人单位并非竞业限制约定的当事人,竞业限制约定不得约束新用人单位。违约责任是依据合同约定当事人违反合同约定要承担的责任,新用人单位非合同当事人,自然不需要承担违约责任。

用人单位虽然不能要求新用人单位承担违约责任,但其可以劳动者与新用人单位共同侵权为由,要求劳动者与新用人单位承担连带赔偿责任。新用人单位明知劳动者负有竞业限制义务,仍招用劳动者,或者故意引诱劳动者违反竞业限制义务到新用人单位工作,或者招用时不知道劳动者负有竞业限制义务,但劳动者在新用人单位工作期间,新用人单位利用劳动者掌握的原用人单位的商业秘密。以上情况造成原用人单位损失的，新用人单位与劳动者均构成共同侵权，用人单位可以要求新用人单位承担连带赔偿责任。如果新用人单位不知道劳动者负有竞业限制义务，也未利用劳动者掌握的商业秘密，其并不存在过错，不构成对原用人单位的侵权，无须承担赔偿责任。

【风险提示168】

在竞业限制协议纠纷中，用人单位只能向违反竞业限制义务的劳动者主张违约金，而不能要求新用人单位承担连带责任。如新用人单位有共同侵权的行为，用人单位可通过侵权之诉要求劳动者与新用人单位共同承担赔偿责任。

典型案例21

赵育森诉必佳乐公司经济补偿金案①

裁判要旨

在竞业限制协议期内，由于用人单位的商业秘密进入公有领域或者因其他合法原因已经公开，用人单位有权单方面通知解除竞业限制条款，无须继续支付竞业限制经济补偿。

基本案情

赵育森于2007年7月与必佳乐公司签订了劳动合同，期限至2009年6月30日。合同约定了竞业限制条款：赵育森在劳动关系结束后6个月内不得以任何形式从事与必佳乐公司有关的竞业行为；必佳乐公司需在劳动关系结束后1个月内向赵育森支付相当于赵育森2.5个月平均工资收入的竞业限制补偿金；在劳动合同终止前，必佳乐公司发出合同解聘、不续签通知或者收到赵育森书面辞职书时，必佳乐公司可以通过书面申明放弃上述竞业限制条款，该书面申明的出具使必佳乐公司支付竞业限制补偿费的义务自动失效。

2009年5月28日，赵育森因达到退休年龄办理了退休手续，结束了与必佳乐公司的劳动关系，但在结束劳动关系的一个月内，赵育森既没有收到必佳乐公司支付的竞业限制补偿金，也没有接到必佳乐公司书面的放弃竞业限制条款的声明。同年8月18日，赵育森发电邮向必佳乐公司询问，同年8月25日，必佳乐公司电邮回复称公司决定放弃竞业限制权利，并拒绝支付补偿金。

赵育森于2009年9月23日向劳动争议仲裁委员会提出仲裁申请，仲裁委员会于9月25日以申请主体不符合为由决定不予受理。赵育森遂起诉至苏州工业园区法院，要求

① 本案例载于2010年9月16日《人民法院报》。

必佳乐公司支付赵育森按2.5个月平均工资计算的竞业限制补偿费48 385元,并支付相应的利息。

裁判结果

苏州工业园区法院判决:(1)被告必佳乐公司支付原告赵育森竞业限制经济补偿金23 628元;(2)驳回原告赵育森的其他诉讼请求。赵育森不服,提起上诉。苏州市中级人民法院判决:驳回上诉,维持原判。

裁判理由

法院生效裁判认为:赵育森与必佳乐公司之间的劳动关系虽因赵育森达到法定退休年龄而终止,但是赵育森仍有资格享受竞业限制经济补偿。虽然在劳动合同中约定必佳乐公司可以在劳动合同终止前通知赵育森放弃竞业限制条款,但同时明确了适用情况为"必佳乐公司发出合同解聘、不续签通知时或收到赵育森书面辞职书时",因赵育森达到法定退休年龄而办理劳动合同终止手续不在合同约定范围内。此外,对于劳动合同终止后必佳乐公司放弃竞业限制条款并没有法律明确禁止。根据竞业限制的权利性质,用人单位可以根据具体情况在竞业限制期满前决定是否放弃竞业限制权利。在通常情况下,用人单位单方解除或者放弃竞业限制条款,应当在合理期限内适当提前通知劳动者,给予劳动者自由择业和创业的准备期。但由于赵育森是退休人员,享有养老保险待遇,不必然发生劳动报酬减损的情形,故原审判决在计算赵育森已履行的竞业限制期限时未考虑提前通知时间具有合理性。

典型案例22

张某诉某布料公司劳动合同纠纷案①

裁判要旨

劳动者的竞业限制义务并不因用人单位的违约行为而当然免除,先履行抗辩或者同时履行抗辩不能作为劳动者不作为给付义务的豁免理由。即使符合法定或者约定解除条件的,然而,劳动者不作出解约意思表示且为对方知悉的,竞业限制协议对双方当事人依然具有拘束力。

基本案情

2009年9月,张某入职布料公司,后在员工保密及禁止条例上签字,该条例约定,员工不得进行损害公司利益的各种活动(包括但不限于员工以本人名义或以某企业名义,与公司以外的任何人员进行与公司业务活动相同、相类似、相竞争的经济往来、业务合作等);

① 本案例系上海一中院于2018年7月6日发布的竞业限制纠纷典型案例。

不得以隐名或者显名方式参股、入股任何与公司业务相同、相类似、相竞争的企业；在员工违反本条例而又无法确定公司损失时，则按照 50 万元向公司赔偿损失；员工在离职时所应当获取的竞业禁止补偿在该员工在职期间的月工资中逐月发放。张某与布料公司的劳动关系于 2014 年 6 月 30 日终结。布料公司无证据证明在张某在职期间或离职后向其发放竞业限制补偿金。张某于 2014 年 10 月发起设立一家公司，与布料公司的经营范围存在重叠，都包括网上经营窗帘布、沙发布等纺织品。案外两家销售公司出具情况说明证明，其之前与布料公司一直存在业务往来并由张某负责业务对接，自 2014 年 10 月至 2015 年 7 月，张某以另一家公司名义与该两家销售公司签订多批次布料采购合同，合同金额高达 30 万元左右。后布料公司提起劳动仲裁，要求张某支付违反竞业限制违约金 50 万元，并要求张某继续履行竞业限制义务。仲裁委支持了布料公司的仲裁请求。张某不服该裁决，遂诉至一审法院。

裁判结果

一审法院判决：张某支付某布料公司违约金 10 万元。张某不服，提起上诉。二审法院判决：驳回上诉，维持原判。

裁判理由

法院生效裁判认为：布料公司与张某对竞业限制的约定系双方真实意思表示，对双方均具有约束力。虽然张某辩称布料公司未支付竞业限制补偿金，但鉴于张某并未以布料公司未支付竞业限制补偿金为由解除竞业限制协议，故该协议仍然有效。布料公司未支付竞业限制补偿的抗辩，并不能否定张某根据约定履行竞业限制义务。若张某履行了竞业限制义务，依然享有向布料公司主张竞业限制补偿金的权利。虽然本案中认定的涉案金额并不高，但张某恶意明显，一审判决张某支付违反竞业限制违约金 10 万元并无不当。

第十部分 Chapter 10

集体合同

Q175:集体合同订立的程序是怎样的?

集体合同,是指用人单位与本单位职工根据法律、法规、规章的规定,就劳动报酬、工作时间、休息休假、劳动安全卫生、职业培训、保险福利等事项,通过集体协商签订的书面协议;专项集体合同,是指用人单位与本单位职工根据法律、法规、规章的规定,就集体协商的某项内容签订的专项书面协议。

【解答】

根据劳动和社会保障部《集体合同规定》,用人单位与本单位职工签订集体合同或者专项集体合同,以及确定相关事宜,应当采取集体协商的方式。集体协商主要采取协商会议的形式。具体的制定程序如下:

1. 产生集体协商代表

集体协商双方的代表人数应当对等,每方至少 3 人,并各确定 1 名首席代表。

职工一方的协商代表由本单位工会选派。未建立工会的,由本单位职工民主推荐,并经本单位半数以上职工同意。职工一方的首席代表由本单位工会主席担任。工会主席可以书面委托其他协商代表代理首席代表。工会主席空缺的,首席代表由工会主要负责人担任。未建立工会的,职工一方的首席代表从协商代表中民主推举产生。

用人单位一方的协商代表,由用人单位法定代表人指派,首席代表由单位法定代表人担任或者由其书面委托的其他管理人员担任。

集体协商双方首席代表可以书面委托本单位以外的专业人员作为本方协商代表。委托人数不得超过本方代表的 1/3。首席代表不得由非本单位人员代理。

2. 集体协商程序

(1)要求集体协商。集体协商任何一方均可以就签订集体合同或者专项集体合同以及相关事宜,以书面形式向对方提出进行集体协商的要求。一方提出进行集体协商要求的,另一方应当在收到集体协商要求之日起 20 日内以书面形式给予回应,无正当理由不得拒绝进行集体协商。

(2)集体协商代表的准备工作。①熟悉与集体协商内容有关的法律、法规、规章和制度;②了解与集体协商内容有关的情况和资料,收集用人单位和职工对协商意向所持的意见;③拟定集体协商议题,集体协商议题可以由提出协商一方起草,也可由双方指派代表共同起草;④确定集体协商的时间、地点等事项;⑤共同确定一名非协商代表担任集体协商记录员。记录员应保持中立、公正,并为集体协商双方保密。

(3)集体协商会议。集体协商会议由双方首席代表轮流主持,并按下列程序进行:①宣布议程和会议纪律;②一方首席代表提出协商的具体内容和要求,另一方首席代表就对方的要求作出回应;③协商双方就商谈事项发表各自意见,开展充分讨论;④双方首席代表归纳意见。达成一致的,应当形成集体合同草案或者专项集体合同草案,由双方首席代表签字。集体协商未达成一致意见或者出现事先未预料的问题时,经双方协商,可以中止协商。中止期限及下次协商时间、地点、内容由双方商定。

3. 集体合同的订立

经双方协商代表协商一致的集体合同草案或者专项集体合同草案应当提交职工代表大会或者全体职工讨论。职工代表大会或者全体职工讨论集体合同草案或者专项集体合同草案,应当有2/3以上职工代表或者职工出席,且须经全体职工代表半数以上或者全体职工半数以上同意,集体合同草案或者专项集体合同草案方获通过。集体合同草案或者专项集体合同草案经职工代表大会或者职工大会通过后,由集体协商双方首席代表签字。

4. 集体合同的审查

集体合同或者专项集体合同签订或者变更后,应当自双方首席代表签字之日起10日内,由用人单位一方将文本一式三份报送劳动保障行政部门审查。劳动保障行政部门对报送的集体合同或者专项集体合同应当办理登记手续。

劳动保障行政部门应当对报送的集体合同或者专项集体合同的下列事项进行合法性审查:(1)集体协商双方的主体资格是否符合法律、法规、规章规定;(2)集体协商程序是否违反法律、法规、规章规定;(3)集体合同或者专项集体合同内容是否与国家规定相抵触。劳动保障行政部门对集体合同或者专项集体合同有异议的,应当自收到文本之日起15日内将《审查意见书》送达双方协商代表。用人单位与本单位职工就劳动保障行政部门提出异议的事项经集体协商重新签订集体合同或专项集体合同的,用人单位一方应当在双方首席代表签字之日起10日内将文本报送劳动保障行政部门审查。劳动保障行政部门自收到文本之日起15日内未提出异议的,集体合同或者专项集体合同即行生效。

5. 集体合同的公布

生效的集体合同或者专项集体合同,应当自其生效之日起由协商代表及时以适当的形式向本方全体人员公布。

【风险提示169】

劳动法律法规对集体合同的订立规定了详细的程序。用人单位与本单位职工订立集体合同时,应当严格遵循法定程序,产生集体协商的代表、进行集体协商、经职工代表大会或者全体职工讨论后签订集体合同、将集体合同报送劳动保障行政部门审查,并将生效的集体合同向全体人员公布。

【规范指引】

《中华人民共和国劳动合同法》

第五十一条　企业职工一方与用人单位通过平等协商,可以就劳动报酬、工作时间、休息休假、劳动安全卫生、保险福利等事项订立集体合同。集体合同草案应当提交职工代表大会或者全体职工讨论通过。

集体合同由工会代表企业职工一方与用人单位订立;尚未建立工会的用人单位,由上级工会指导劳动者推举的代表与用人单位订立。

第五十二条　企业职工一方与用人单位可以订立劳动安全卫生、女职工权益保护、工资调整机制等专项集体合同。

第五十三条　在县级以下区域内,建筑业、采矿业、餐饮服务业等行业可以由工会与企业方面代表订立行业性集体合同,或者订立区域性集体合同。

第五十四条　集体合同订立后,应当报送劳动行政部门;劳动行政部门自收到集体合同文本之日起十五日内未提出异议的,集体合同即行生效。

依法订立的集体合同对用人单位和劳动者具有约束力。行业性、区域性集体合同对当地本行业、本区域的用人单位和劳动者具有约束力。

Q176:用人单位能否以集体合同代替书面劳动合同?

现实中,一些用人单位依法与本单位职工签订集体合同后,以为能以集体合同代替单个劳动合同,没有与每名劳动者订立书面劳动合同。用人单位的这种观念是否有误,如果仅有集体合同而未订立书面劳动合同,用人单位是否应支付二倍工资,实践中存在不同观点。

【争议】

观点一:集体合同与劳动合同存在本质区别,集体合同是用人单位与本单位职工通过集体协商订立的书面合同,而劳动合同是用人单位与特定劳动者个体订立的确定双方劳动权利义务的书面合同。用人单位不能以集体合同代替书面劳动合同,仅有集体合同而未与单个劳动者订立书面劳动合同,用人单位仍要承担支付二倍工资的法律责任。

观点二:集体合同与劳动合同虽然存在区别,但集体合同的内容也是确定用人单位与单位职工之间的劳动权利义务,包括劳动报酬、工作时间、休息休假、劳动安全卫生、职业培训、保险福利等事项,与劳动合同的内容大体一致。通过集体合同可以清晰确定用人单位与劳动者之间的权利义务,而法律要求订立书面劳动合同的主要目的也在于界定劳动权利义务。所以,集体合同在功能上可以代替劳动合同,用人单位未与劳动者签订劳动合同,但依法签订集体合同的,无须向劳动者支付二倍工资。

【解答】

笔者同意观点一。集体合同分为一般集体合同和专项集体合同,一般集体合同是指用人单位与本单位职工根据法律、法规、规章的规定,就劳动报酬、工作时间、休息休假、劳动安全卫生、职业培训、保险福利等事项,通过集体协商签订的书面协议;专项集体合同,是指用人单位与本单位职工根据法律、法规、规章的规定,就集体协商的某项内容签订的专项书面协议。集体合同和劳动合同存在以下区别:

(1)签订主体不同。集体合同的签订主体是用人单位和工会或者推举的职工代表,而劳动合同的签订主体是用人单位和特定的劳动者个人。

(2)约定内容不同。集体合同约定的内容可以是用人单位和本单位全体职工的一般劳动权利义务关系,也可以是针对某项专门事项作出的约定。而劳动合同约定的内容是用人单位与单个劳动者之间的劳动权利义务。

(3)约束的对象不同。集体合同约束的是用人单位与本单位的全体劳动者,而劳动合同约束的是用人单位与单个劳动者。

(4)签订的程序不同。集体合同的签订要经过推举代表、召开集体协商会议、经职工大会或者职工代表大会通过、报劳动行政部门审查等程序,而劳动合同的签订只需用人单位与劳动者平等协商的程序。

(5)期限不同。集体合同的期限一般为1年至3年,双方还可以约定终止条件。而劳动合同的期限在劳动者享受基本养老保险待遇前均无限制,除以完成一定工作任务为期限的劳动合同外,用人单位不得与劳动者约定劳动合同的终止条件。

(6)用人单位签订的义务不同。法律并未规定用人单位有签订集体合同的义务,用人单位和工会组织可以根据实际需求决定是否签订集体合同。但与劳动者订立书面劳动合同是用人单位的法定义务,未与劳动者订立书面劳动合同,用人单位应支付二倍工资。

综上,集体合同与劳动合同存在本质区别,集体合同不能完全代替劳动合同,用人单位与本单位职工签订集体合同的,仍须与单个劳动者订立书面劳动合同。

【风险提示170】

集体合同可以在劳动合同缺乏必要条款或者约定不明时起到补充劳动合同内容的作用,在劳动合同约定的标准低于集体合同时,直接适用集体合同的约定。但集体合同的目的是确立劳动关系设定具体标准,即在集体合同的效力范围内规范劳动关系,而非确定具体的劳动关系和具体的劳动权利义务,其不能代替劳动合同。用人单位不得以存在集体合同而拒绝与劳动者订立书面劳动合同,否则应支付劳动者二倍工资。

Q177:集体合同的效力是否必然高于劳动合同的效力?

用人单位与本单位职工依法签订集体合同,但在与单个劳动者签订书面劳动合同时,内容往往与集体合同存在差异。劳动合同约定的工资报酬、劳动条件等标准可能高于集体合同的约定,也可能低于集体合同的约定。《劳动合同法》第55条规定,集体合同中劳动报酬和劳动条件等标准不得低于当地人民政府规定的最低标准;用人单位与劳动者订立的劳动合同中劳动报酬和劳动条件等标准不得低于集体合同规定的标准。该条规定是否足以说明劳动合同的效力要低于集体合同的效力,实践中存在不同观点。

【争议】

观点一:《劳动合同法》第55条确立了两种规则:一是集体合同的劳动报酬

和条件等标准不得低于当地人民政府公布的最低标准,二是劳动合同约定的劳动报酬和条件等标准不得低于集体合同的约定。由此可以认定,集体合同的效力高于劳动合同的效力,但要低于当地人民政府公布标准的效力。劳动合同约定的劳动报酬、劳动条件等标准低于集体合同的约定,劳动合同的相应约定内容不发生法律效力,应当直接执行集体合同的相应条款。

观点二:集体合同和劳动合同的效力高低不能一概而论,而应当根据两者约定标准的高低进行确定。劳动合同约定的劳动报酬、劳动条件标准低于集体合同的约定,则劳动合同相应的约定无效,此时集体合同的效力要高于劳动合同的效力。劳动合同约定的劳动报酬、劳动条件标准高于集体合同约定,则应当适用劳动合同的约定确定用人单位和劳动者之间的权利义务。

【解答】

笔者认为,集体合同的效力要高于劳动合同的效力。用人单位与本单位劳动者依法签订集体合同以后,集体合同确定的劳动报酬、劳动条件等标准即为基本标准,对用人单位的所有劳动合同均具有直接约束力。劳动合同的内容不得与集体合同的内容冲突,这里的冲突是指劳动合同约定的劳动报酬、劳动条件等标准低于集体合同。由于集体合同确立的是基本标准,也是最低标准,劳动合同约定的标准高于集体合同是为集体合同所允许的,此情形并非集体合同和劳动合同之间相互冲突的表现。集体合同具有不可贬低性的效力,劳动合同约定的标准只能高于集体合同的标准,而不能低于集体合同的标准,否则将不发生法律效力。集体合同依法进行变更、相应标准提高的,劳动合同的相关内容也应作调整和提高,以确保劳动合同的内容不低于集体合同约定的标准。所以,集体合同的效力高于劳动合同效力的观点更具合理性。

【风险提示171】

用人单位与本单位职工存在有效的集体合同,在协商确定劳动合同内容时,要对照集体合同的相应条款,劳动合同约定的劳动报酬、劳动条件等标准不得低于集体合同,否则,劳动合同的相应条款不产生法律效力。

【规范指引】

《中华人民共和国劳动合同法》

第五十五条　集体合同中劳动报酬和劳动条件等标准不得低于当地人民

政府规定的最低标准;用人单位与劳动者订立的劳动合同中劳动报酬和劳动条件等标准不得低于集体合同规定的标准。

Q178:因履行集体合同发生争议,劳动者能否申请劳动仲裁或者提起诉讼?

《劳动合同法》第56条规定,用人单位违反集体合同,侵犯职工劳动权益的,工会可以依法要求用人单位承担责任;因履行集体合同发生争议,经协商解决不成的,工会可以依法申请仲裁、提起诉讼。《工会法》第20条第4款规定,企业违反集体合同,侵犯职工劳动权益的,工会可以依法要求用人单位承担责任;因履行集体合同发生争议,经协商解决不成的,工会可以向劳动争议仲裁机构提请仲裁,仲裁机构不予受理或者对仲裁裁决不服的,可以向人民法院提起诉讼。用人单位违反集体合同,法律仅规定工会可以依法申请仲裁或者提起诉讼,这是否意味着劳动者不能对履行集体合同的争议申请劳动仲裁或者提起诉讼?实践中对该问题存在不同观点。

【争议】

观点一:单个劳动者并非集体合同的签订主体,不是集体合同的相对方,劳动者不得就履行集体合同发生的争议申请劳动仲裁或者提起诉讼。在集体合同中,工会是劳方主体,只有工会才能就履行集体合同争议申请仲裁或者提起诉讼。这也是法律没有规定劳动者可以提起集体合同仲裁或者诉讼的原因。

观点二:集体合同的效力及于用人单位和该单位的全体劳动者。劳动者应当作为集体合同的当事人之一,在用人单位违反集体合同约定对劳动者的权益造成侵害的情况下,该劳动者可以申请劳动仲裁或者提起诉讼。

【解答】

笔者认为,用人单位不履行集体合同约定,对单个劳动者的权利造成损害,该劳动者应当有权申请劳动仲裁或者提起诉讼。这是因为:

(1)集体合同的双方当事人是用人单位和该单位的全体劳动者。工会并非集体合同的当事人,其仅代表劳动者一方与用人单位签订集体合同。履行集体合同发生争议时,工会申请仲裁、提起诉讼的权利源于全体劳动者,工会代表劳动者利益向用人单位主张权利。单个劳动者作为劳动者群体中的一员,有权为维护自己权利要求用人单位履行集体合同。

(2)不能因集体合同的集体性而忽视集体合同对单个劳动关系的约束。集体合同约定的用人单位和全体劳动者之间的劳动权利义务直接约束单个劳动合同关系,其确立的劳动报酬、劳动条件等标准是单个劳动合同的基准。劳动合同约定的标准不得低于集体合同的标准,否则劳动合同的相应约定不产生法律效力。而确立劳动权利义务的基准用以约束单个劳动合同关系正是法律设立集体合同规定的目的所在。观点一只看到了集体合同的集体性,但忽视了集体合同作为单个劳动合同关系权利义务基准的效力,诚为不妥。

(3)将工会作为申请仲裁、提起诉讼的唯一主体,不利于集体合同的切实履行和劳动者集体合同权利的救济。现阶段,我国工会组织的地位比较尴尬,很多用人单位的工会组织在人力、资金、组织等方面受制于用人单位,没有很好地发挥其在代表职工利益、依法维护职工合法权益中的重要作用。从司法实践看,用人单位设立的工会组织代表职工向用人单位主张权利的情况非常少见。如果将工会作为主张权利的唯一主体,否定劳动者在集体合同履行中的救济途径,不利于集体合同的切实履行,也不利于集体合同约定劳动者权利的保障。

(4)法律并不禁止劳动者就集体合同争议申请仲裁或者提起诉讼。《劳动合同法》和《工会法》只是规定工会可以申请仲裁、提起诉讼,并没有否定劳动者通过仲裁、诉讼的方式对用人单位违反集体合同侵害劳动者权利的行为进行救济。《劳动法》第84条第2款规定,因履行集体合同发生争议,当事人协商解决不成的,可以向劳动争议仲裁委员会申请仲裁;对仲裁裁决不服的,可以自收到仲裁裁决书之日起15日内向人民法院提起诉讼。《集体合同规定》第55条规定,因履行集体合同发生的争议,当事人协商解决不成的,可以依法向劳动争议仲裁委员会申请仲裁。上述规定的是当事人申请仲裁、提起诉讼的权利,从中可知,工会组织之外的全体劳动者可以推举代表就履行集体合同争议申请仲裁、提起诉讼,单个劳动者也可因其权利在集体合同履行中受侵害之事宜申请仲裁、提起诉讼。

【风险提示172】

单个劳动者因集体合同提起仲裁和诉讼仅限于用人单位违反集体合同约定对该劳动者权利造成损害的情形。如用人单位与劳动者约定的劳动报酬低于集体合同约定,劳动者可以通过仲裁、诉讼要求用人单位按集体合同补足劳动报酬。如果用人单位违反集体合同约定并未涉及该劳动者的权利,劳动者不得就履行集体合同争议申请仲裁或者提起诉讼。

【规范指引】

《中华人民共和国劳动合同法》

第五十六条　用人单位违反集体合同，侵犯职工劳动权益的，工会可以依法要求用人单位承担责任；因履行集体合同发生争议，经协商解决不成的，工会可以依法申请仲裁、提起诉讼。

第七十八条　工会依法维护劳动者的合法权益，对用人单位履行劳动合同、集体合同的情况进行监督。用人单位违反劳动法律、法规和劳动合同、集体合同的，工会有权提出意见或者要求纠正；劳动者申请仲裁、提起诉讼的，工会依法给予支持和帮助。

《中华人民共和国工会法》

第二十条第四款　企业违反集体合同，侵犯职工劳动权益的，工会可以依法要求用人单位承担责任；因履行集体合同发生争议，经协商解决不成的，工会可以向劳动争议仲裁机构提请仲裁，仲裁机构不予受理或者对仲裁裁决不服的，可以向人民法院提起诉讼。

典型案例23

北京纵横环球科技股份有限公司诉于某劳动争议案①

裁判要旨

集体合同的目的是确定一个整体上的劳动标准，而非确定具体的劳动关系，不能代替劳动合同。但在建筑工程领域，集体合同的签订可以解决签订成本过高和农民工权益维护不足的弊端。

基本案情

2009年11月11日，于某到纵横环球公司工作，岗位为质检员，月工资为1500元，双方未签订劳动合同。自2010年4月起，于某的月工资增至1700元。2010年10月26日，于某以工资太低为由申请离职，纵横环球公司同意其离职，但未与于某结清2010年9月和10月的工资。后于某向大兴区劳动争议仲裁委员会提出申诉，要求纵横环球公司支付拖欠工资2700元、加班费10 656元、经济补偿金3400元、因违反约定试用期规定应支付的1000元、未签订劳动合同双倍工资18 700元、垫付保险费用6000元。2011年4月6日，大兴仲裁委作出京兴劳仲字(2011)第0234号裁决书，裁决：(1)纵横环球公司支付于

① 许庆涛：《集体合同上签字能否代替签订劳动合同》，载《人民司法》2013年第4期。

某工资2700元;(2)纵横环球公司支付于某未订立劳动合同二倍工资的一倍部分16 872.42元;(3)驳回于某的其他仲裁请求。于某同意大兴仲裁委的裁决,纵横环球公司不同意该裁决的第二项,起诉至北京市大兴区人民法院。

裁判结果

北京市大兴区人民法院判决:(1)原告北京纵横环球科技股份有限公司于判决生效后10日内支付被告于某工资2700元;(2)原告北京纵横环球科技股份有限公司于判决生效后10日内支付被告于某2009年12月11日至2010年10月26日未签订劳动合同双倍工资中的另一倍工资16 872.42元。纵横环球公司不服,提起上诉。北京市第一中级人民法院判决:驳回上诉,维持原判。

裁判理由

法院生效裁判认为:《劳动合同法》第55条规定:"集体劳动合同中的劳动报酬和劳动条件等标准不得低于当地人民政府规定的最低标准;用人单位与劳动者订立的劳动合同中劳动报酬和劳动条件等标准不得低于集体合同规定的标准。"用人单位与工会即使签订了集体劳动合同,也要与劳动者签订劳动合同。纵横环球公司未与于某签订劳动合同,应当按照《劳动合同法》第82条第1款的规定支付其未签订劳动合同双倍工资。纵横环球公司不同意支付未签订劳动合同双倍工资,不符合相关法律规定。

第十一部分 Chapter 11

特殊用工

Q179：非全日制用工是否存在加班？

劳动和社会保障部《关于非全日制用工若干问题的意见》（劳社部发〔2003〕12 号）第 1 条第 1 款规定，非全日制用工是指以小时计酬、劳动者在同一用人单位平均每日工作时间不超过 5 小时累计每周工作时间不超过 30 小时的用工形式。《劳动合同法》与上述意见相比，扩大了非全日制用工的计酬方式，缩短了非全日制用工的平均每日工作时间和累计每周工作时间。《劳动合同法》第 68 条规定，非全日制用工，是指以小时计酬为主，劳动者在同一用人单位一般平均每日工作时间不超过 4 小时，每周工作时间累计不超过 24 小时的用工形式。劳动法律法规均未对非全日制用工的加班问题作出规定，实务中对全日制用工是否存在加班问题存在较大争议。

【争议】

观点一：非全日制用工不存在加班问题，如超过法律规定的时限，每日工作超过 4 小时或每周工作超过 24 小时，即可认定为全日制用工。这是因为，劳动法律法规并未对非全日制用工的加班问题作出规定，说明国家并不支持非全日制用工的加班；《劳动合同法》对每日工作时间、累计每周工作时间设定双重最高时限，严格限制非全日制用工的范围。超过这两个时限中的任意一种，就可以认定为非全日制用工。

观点二：非全日制用工同样存在加班，超出法律规定最高时限的非全日制用工，用人单位应当支付加班工资，而非直接认定为全日制用工。这是因为：餐饮、超市等一些专业技能不强的领域普遍使用非全日制用工，是因为非全日制用工有利于降低用工成本，用工形式灵活。如果不允许非全日制用工有加班，直接将超过法定最高时限的非全日制用工认定为全日制用工，对用人单位过于严苛，还将降低非全日制用工的灵活性，提升用工成本，这显然与用人单位使用非全日制用工的目的不相符。

观点三：从平衡用人单位和非全日制用工的劳动者双方利益考虑，可将超过法定时限的工作时间按加班处理，但加班时间也要有限制。比如，将平均每日工作时间 5 小时、累计每周工作时间 30 小时作为非全日制用工正常工作时间和加班时间相加的最高限。超过最高限的，直接认定为全日制用工。

【解答】

笔者认为,非全日制用工并非绝对不存在加班,但正常工作时间和加班时间相加不得超过《劳动合同法》第 68 条规定的最高时限。

(1)用人单位与非全日制劳动者约定平均每日工作时间少于 4 小时、累计每周工作时间少于 24 小时,超出约定劳动者正常工作时间但在法定最高时限内的工作时间就是加班时间,正常工作时间和加班时间两者相加未超过法定最高限的,当然不能直接认定为全日制用工。

(2)用人单位与非全日制劳动者约定每日工作时间为 4 小时、累计每周工作时间 24 小时。劳动者在某一天的工作时间超过 4 小时,但一周下来累计工作时间不超过 24 小时,且该周平均每日工作时间也没有超过 4 小时,则劳动者在该日超过 4 小时的工作时间为加班时间。《劳动合同法》第 68 条规定的是平均每日工作的最高时限,可以允许某一天的工作时间超过 4 小时,不能仅因该日工作时间超过 4 小时就直接否定非全日制用工的性质。

(3)用人单位安排非全日制用工的劳动者在法定节假日工作,应当按不低于劳动者小时工资的 3 倍支付节假日工资。

(4)劳动者在同一用人单位平均每日工作时间超过 4 小时或者累计每周工作时间超过 24 小时,则应当认定双方建立的是全日制用工关系,而不是非全日制用工的加班。这是因为:《劳动合同法》严格限制全日制用工的平均每日工作时间和累计工作时间,是为了防止一些用人单位以减少用工成本为目的滥用非全日制用工制度,与劳动者约定非全日制用工后,通过加班增加劳动者的工作时间,从而规避全日制用工下用人单位需要承担的法律责任。所以,《劳动合同法》第 68 条规定的非全日制用工的双重限制不得以任何方式包括加班的方式突破。上述观点三虽具备一定的合理性,但与《劳动合同法》的规定相左,也没有其他法律法规的支持,不宜采用。劳动者在同一用人单位的工作时间超过法定最高限的,应当直接认定为全日制用工。

【风险提示 173】

用人单位在使用非全日制用工时,要特别注意不得超过《劳动合同法》第 68 条规定的最高时限。如非全日制工作时间不能满足用人单位的需要,用人单位应当通过多招用非全日制劳动者、实习生或者使用全日制用工的方式,而不能通过安排非全日制劳动者超过法定最高时限加班的方式,否则,用人单位与劳动者的关系将面临被认定为全日制用工的风险,用人单位将承担更重的法律责任,用工成本也将大幅提升。

【规范指引】

《中华人民共和国劳动合同法》

第六十八条 非全日制用工,是指以小时计酬为主,劳动者在同一用人单位一般平均每日工作时间不超过四小时,每周工作时间累计不超过二十四小时的用工形式。

Q180:用人单位是否有必要与非全日制用工的劳动者订立书面劳动合同?

劳动和社会保障部《关于非全日制用工若干问题的意见》第1条第2款规定,从事非全日制工作的劳动者,可以与1个或1个以上用人单位建立劳动关系。用人单位与非全日制劳动者建立劳动关系,应当订立劳动合同。劳动合同一般以书面形式订立。劳动合同期限在1个月以下的,经双方协商同意,可以订立口头劳动合同。但劳动者提出订立书面劳动合同的,应当以书面形式订立。《劳动合同法》在上述意见的基础上,对非全日制用工是否应当订立书面劳动合同做了更为宽松的规定,该法第69条规定,非全日制用工双方当事人可以订立口头协议。从事非全日制用工的劳动者可以与1个或者1个以上用人单位订立劳动合同;但是,后订立的劳动合同不得影响先订立的劳动合同的履行。由此,劳动法律法规并未要求用人单位使用非全日制用工时必须与劳动者订立书面劳动合同。

【争议】

观点一:既然劳动法律法规并未强制要求用人单位与非全日制劳动者订立书面劳动合同,非全日制用工情况下的书面劳动合同也就可有可无了。

观点二:虽然目前没有非全日制用工订立书面劳动合同的强制性规定,但用人单位仍有必要与非全日制劳动者签订书面合同。

【解答】

笔者认为,虽然劳动法律法规规定非全日制用工下用人单位可以与劳动者订立口头协议,但用人单位在较长时间内使用非全日制劳动者的情况下,仍有必要与劳动者订立书面劳动合同。仅订立口头协议而无书面劳动合同存在以下法律风险:(1)仅订立口头协议,用人单位与劳动者的权利义务不清晰,一旦双方发生纠纷,难言对用人单位有利。(2)没有书面协议,用人单位难以提供其他证据证明双方是非全日制用工关系,双方发生争议时,存在被司法机关认定为全日制用工的法律风险。一旦被认定为全日制用工,用人单位要承担的法律责任明显加重,用工成本也会显著提升,这对用人单位显然是不利的。(3)非全日制用工中,不同劳动者的工作时段和工资支付时间是不同的,还存在调整和互换的情况,如果没有书面合同,用工管理难免会出现混乱的局面。为避免以上法律风险,用人单位有必要与非全日制用工的劳动者订立书面劳动合同。

书面劳动合同要明确双方的非全日制用工关系,特别要写明劳动者的工作时间、小时工资标准(不得低于当地最低小时工资标准)、工资支付周期和时间(工资支付周期不得长于15日),同时要明确用人单位不承担社会保险费用的缴纳责任,支付的工资中包含用人单位应承担的保险费用。书面劳动合同中最好能将操作规程、工作流程、规章制度等一并订入作为合同附件。由于《劳动合同法》第70条规定非全日制用工双方当事人不得约定试用期,用人单位在制作非全日制用工书面劳动合同时,要注意不要出现试用期的约定。

【风险提示174】

为明确与非全日制劳动的权利义务关系,防止发生法律风险,用人单位有必要与非全日制劳动者订立书面劳动合同。

【规范指引】

《中华人民共和国劳动合同法》

第六十九条　非全日制用工双方当事人可以订立口头协议。

从事非全日制用工的劳动者可以与一个或者一个以上用人单位订立劳动合同;但是,后订立的劳动合同不得影响先订立的劳动合同的履行。

Q181:非全日制用工的劳动者在工作中受到伤害,能否享受工伤保险待遇?

随着非全日制用工现象的不断增多,非全日制劳动者的人身保护和工伤待遇问题越来越受社会关注。《工伤保险条例》并未对非全日制劳动者的工伤待遇作出特别规定,由于非全日制劳动者和全日制劳动者在社会保险缴纳方式和工作的用人单位数量上存在不同,实践中在非全日制劳动者如何享受工伤保险待遇的问题上存在一些争议。

【争议】

观点一：非全日制劳动者常为多个用人单位提供劳动，数个用人单位无法为同一劳动者缴纳数份工伤保险费用。劳动者应当自己办理工伤保险手续并缴纳工伤保险，如果其在工作中受到伤害，由工伤保险基金支付相应工伤保险待遇。劳动者自己未缴纳工伤保险费用，在工作中受到伤害，应当由其自负工伤责任。

观点二：用人单位应当为非全日制劳动者缴纳工伤保险费用。劳动者在工作中受到伤害，由工伤保险基金和用人单位按《工伤保险条例》的规定各自支付相应待遇。如果用人单位未缴纳工伤保险费用，则由用人单位支付全部工伤保险待遇。

【解答】

笔者同意观点二。这是因为：

(1)非全日制用工的劳动者有权享受工伤保险待遇。《工伤保险条例》第2条规定，中华人民共和国境内的企业、事业单位、社会团体、民办非企业单位、基金会、律师事务所、会计师事务所等组织和有雇工的个体工商户(以下称用人单位)应当依照本条例规定参加工伤保险，为本单位全部职工或者雇工(以下称职工)缴纳工伤保险费。中华人民共和国境内的企业、事业单位、社会团体、民办非企业单位、基金会、律师事务所、会计师事务所等组织的职工和个体工商户的雇工，均有依照本条例的规定享受工伤保险待遇的权利。根据上述规定，非全日制用工的劳动者和全日制用工的劳动者一样，均有权享受工伤保险待遇。

(2)用人单位应当为非全日制用工的劳动者缴纳工伤保险费用。劳动和社会保障部《关于非全日制用工若干问题的意见》(劳社部发〔2003〕12号)第12条规定，用人单位应当按照国家有关规定为建立劳动关系的非全日制劳动者缴纳工伤保险费。从事非全日制工作的劳动者发生工伤，依法享受工伤保险待遇；被鉴定为伤残5-10级的，经劳动者与用人单位协商一致，可以一次性结算伤残待遇及有关费用。劳动和社会保障部《关于实施〈工伤保险条例〉若干问题的意见》(劳社部函〔2004〕256号)第1条规定，职工在两个或两个以上用人单位同时就业的，各用人单位应当分别为职工缴纳工伤保险费。职工发生工伤，由职工受到伤害时其工作的单位依法承担工伤保险责任。根据上述规定，在非全日制用工情况下，用人单位仍然应当为劳动者缴纳工伤保险，而不是劳动者自行缴纳，劳动者为两个以上的用人单位提供劳动，各用人单位应当分别为劳动者缴纳工伤保险。用人单位不能将工伤保险应缴纳的费用交给非全日制劳动者由其自行缴纳,而应当为劳动者缴纳工伤保险。用人单位为非全日制劳动者缴纳工伤保险费用的,劳动者在工作中发生工伤后,由工伤保险基金和用人单位依法各自支付相应的工伤保险待遇。用人单位没有为劳动者非全日制劳动者缴纳工伤保险费用的,由用人单位支付全部的工伤保险待遇。

【风险提示 175】

一些用人单位在招用非全日制劳动者时,常会认为无须为这些劳动者缴纳工伤保险费用,或者将工伤保险应缴纳的费用交给劳动者代为缴纳,这是不可取的。用人单位没有为非全日制劳动者缴纳工伤保险费用,或者把工伤保险应缴费用交给劳动者但劳动者未去工伤保险部门缴纳,劳动者一旦在工作中受到伤害,就要由用人单位承担全部工伤赔偿责任,法律风险非常大。所以,用人单位在招用非全日制劳动者时,一定要及时为他们办理工伤保险手续并缴纳工伤保险费用。

【规范指引】

劳动和社会保障部《关于非全日制用工若干问题的意见》

(十二)用人单位应当按照国家有关规定为建立劳动关系的非全日制劳动者缴纳工伤保险费。从事非全日制工作的劳动者发生工伤,依法享受工伤保险待遇;被鉴定为伤残 5 – 10 级的,经劳动者与用人单位协商一致,可以一次性结算伤残待遇及有关费用。

劳动和社会保障部《关于实施〈工伤保险条例〉若干问题的意见》

一、职工在两个或两个以上用人单位同时就业的,各用人单位应当分别为职工缴纳工伤保险费。职工发生工伤,由职工受到伤害时其工作的单位依法承担工伤保险责任。

Q182:非全日制用工劳动者的社会保险如何缴纳?

【解答】

很多非全日制用工的劳动者在同一时期为多个用人单位工作,虽然工伤保险费用可以由各个用人单位分别缴纳,但同一劳动者只能缴纳一份其他社会保险,如基本养老保险、基本医疗保险等。基于此,劳动和社会保障部《关于非全日制用工若干问题的意见》(劳社部发〔2003〕12 号)第 10 条至第 12 条对非全日制用工劳动者的社会保险费用缴纳作了特别规定。第 10 条规定,从事非全日制工作的劳动者应当参加基本养老保险,原则上参照个体工商户的参保办法执行。对于已参加过基本养老保险和建立个人账户的人员,前后缴费年限合并计算,跨统筹地区转移的,应办理基本养老保险关系和个人账户的转移、接续手续。符合退休条件时,按国家规定计发基本养老金。第 11 条规定,从事非全日制工作的劳动者可以以个人身份参加基本医疗保险,并按照待遇水平与缴费水平相挂钩的原则,享受相应的基本医疗保险待遇。参加基本医疗保险的具体办法由各地劳动保障部门研究制定。第 12 条规定,用人单位应当按照国家有关规定为建立劳动关系的非全日制劳动者缴纳工伤保险费。从事非全日制工作的劳动者发生工伤,依法享受工伤保险待遇;被鉴定为伤残 5－10 级的,经劳动者与用人单位协商一致,可以一次性结算伤残待遇及有关费用。

根据上述规定,非全日制用工劳动者的各项社会保险费用缴纳方式如下:(1)基本养老保险可以由非全日制用工的劳动者个人参照个体工商户的参保办法参加,用人单位只需支付劳动者用人单位应当承担的部分费用,无须为劳动者办理养老保险手续或者代缴养老保险费用。(2)基本医疗保险可以由非全日制用工的劳动者以个人身份参加,用人单位也只需支付劳动者用人单位应承担的部分费用,无须为劳动者代缴医疗保险费用。实践中一般参照自由职业者的参保办法参保。(3)用人单位应为非全日制用工的劳动者办理工伤保险手续并缴纳工伤保险费用,这是非全日制用工下用人单位唯一必须为劳动者缴纳的社会保险费用。(4)生育保险与基本医疗保险一致,可以由劳动者以个人身份参加。(5)劳动法律法规对非全日制用工劳动者的失业保险没有作出规定。笔者认为,非全日制用工的劳动者往往在数个用人单位工作,失去其中一份工作并不意味着失业,数个用人单位也不能为劳动者参保多份失业保险。而且,非全日制用工形式灵活,专业性不强,劳动者失去工作后往往很快就能找到下一份工作,所以,用人单位无须为劳动者办理失业保险手续。

【风险提示 176】

用人单位必须为非全日制劳动者缴纳的社会保险仅有工伤保险一种,其余社会保险项目均可以由劳动者自己参保。

【规范指引】

劳动和社会保障部《关于非全日制用工若干问题的意见》

(十)从事非全日制工作的劳动者应当参加基本养老保险,原则上参照个体工商户的参保办法执行。对于已参加过基本养老保险和建立个人账户的人员,前后缴费年限合并计算,跨统筹地区转移的,应办理基本养老保险关系和个人账户的转移、接续手续。符合退休条件时,按国家规定计发基本养老金。

(十一)从事非全日制工作的劳动者可以以个人身份参加基本医疗保险,并按照待遇水平与缴费水平相挂钩的原则,享受相应的基本医疗保险待遇。参加基本医疗保险的具体办法由各地劳动保障部门研究制定。

(十二)用人单位应当按照国家有关规定为建立劳动关系的非全日制劳动者缴纳工伤保险费。从事非全日制工作的劳动者发生工伤,依法享受工伤保险待遇;被鉴定为伤残 5－10 级的,经劳动者与用人单位协商一致,可以一次性结算伤残待遇及有关费用。

Q183:用人单位解除与非全日制劳动者的劳动合同,是否应当支付经济补偿金?

【解答】

劳动和社会保障部《关于非全日制用工若干问题的意见》(劳社部发〔2003〕12 号)第 4 条规定,非全日制劳动合同的终止条件,按照双方的约定办理。劳动合同中,当事人未约定终止劳动合同提前通知期的,任何一方均可以随时通知对方终止劳动合同;双方约定了违约责任的,按照约定承担赔偿责任。《劳动合同法》进一步放宽非全日制用工的终止条件,该法第 71 条规定,非全日制用工双方当事人任何一方都可以随时通知对方终止用工。终止用工,用人单位不向劳动者支付经济补偿。该条规定的终止用工,既包括劳动合同期限届满终止的情形,也包括劳动合同未届满时用人单位或者劳动者提前解除劳动合同的情形。《劳动合同法》之所以进一步放宽非全日制用工的终止条件,主要是为了突出和更好地利用非全日制用工的灵活性,促进就业,优化劳动力资源的配置,在保护非全日制用工劳动者的利益和保持非全日制用工灵活性优化劳动力资源配置之间达到一定的平衡。根据该条规定,用人单位提前解除与非全日制劳动者的劳动合同,无须提前通知,不需要有劳动者存在过错的条件,也无须向劳动者支付经济补偿。但是,用人单位如果与非全日制劳动者在劳动合同中约定用人单位提前解除劳动合同的违约金,该约定并不违反法律、行政法规的强制性规定,而且有利于劳动者,应为有效。在存在该约定的情形下,用人单位提前解除劳动合同,应当依照约定向劳动者支付违约金。

【风险提示 177】

非全日制用工下劳动合同解除与终止,不存在用人单位支付经济补偿的情形。所以,非全日制劳动者不能依据《劳动合同法》第 46 条的规定要求单位支付劳动合同解除或者终止的经济补偿。

【规范指引】

《中华人民共和国劳动合同法》

第七十一条　非全日制用工双方当事人任何一方都可以随时通知对方终止用工。终止用工,用人单位不向劳动者支付经济补偿。

Q184:非全日制用工的劳动者是否应当与全日制用工劳动者同工同酬?

《劳动合同法》第 11 条规定,用人单位未在用工的同时订立书面劳动合同,与劳动者约定的劳动报酬不明确的,新招用的劳动者的劳动报酬按照集体合同规定的标准执行;没有集体合同或者集体合同未规定的,实行同工同酬。但劳动法律法规并没有对非全日制劳动者是否应与全日制劳动者同工同酬作出规定,仅规定非全日制用工小时计酬标准的最低限。《劳动合同法》第 72 条规定,非全日制用工小时计酬标准不得低于用人单位所在地人民政府规定的最低小时工资标准。非全日制用工劳动报酬结算支付周期最长不得超过 15 日。非全日制用工的劳动者是否和全日制用工的劳动者一样享有同工同酬的权利,实践中存在较大争议。

【争议】

观点一:劳动法律法规没有规定对非全日制劳动者实行同工同酬,仅仅规定非全日制劳动者的小时计酬标准不得低于当地最低工资。这说明劳动法律法规并没有强制要求用人单位对非全日制用工实行同工同酬。非全日制劳动者以其工资标准低于同岗位的全日制劳动者为由,要求用人单位补足工资的,不应支持。

观点二:《劳动合同法》规定同工同酬制度,并未将非全日制用工排除在外。在没有明确规定非全日制用工可以不实行同工同酬的情况下,用人单位应当比照同岗位或者相近岗位的全日制劳动者的工资标准计发放非全日制劳动者的工资。从比较法的角度,德国《非全日制以及有期限劳动合同法》第4条第1款规定,非全日制劳动者不得因非全日制劳动而享受比具有可比性的全日制劳动者糟糕的待遇,除非该区别对待可以通过实质上的理由被合理化。至少应当向非全日制劳动者支付与其劳动时间占同等全日制劳动者劳动时间份额一致的劳动报酬或者其他可分的具有金钱价值的给付。[①]

【解答】

笔者倾向于观点一。理由在于:

(1)《劳动合同法》在非全日制用工一章中仅规定非全日制用工小时计酬标准不得低于当地最低工资,却没有规定非全日制用工的工资计算标准应当与同岗位或者相近岗位全日制劳动者的发放标准一致。劳动和社会保障部《关于非全日制用工若干问题的意见》(劳社部发〔2003〕12号)第7条规定,用人单位应当按时足额支付非全日制劳动者的工资。用人单位支付非全日制劳动者的小时工资不得低于当地政府颁布的小时最低工资标准。同样只规定非全日制用工小时工资的下限,没有规定同工同酬。从以上规定看,劳动法律法规并未强制要求用人单位对全日制用工实行与全日制用工工资标准一致的同工同酬制度。用人单位只要不低于当地小时最低工资标准发放工资,就不违反法律规定。

(2)非全日制用工同工同酬制度难以实行。非全日制用工通常采用的是小时计酬的方式,而全日制用工一般按月计酬,除按月计酬外,用人单位还会根据全日制劳动者的业绩、贡献等发放提成工资、奖金等超过一个工资计算周期的报酬。因非全日制用工的计酬方式不同,难以像全日制用工那样有超过一个工资计算周期的报酬,对非全日制劳动者实行与全日制劳动者工资标准一致的同工同酬制度,在实践中也是不可行的。

(3)就业灵活性是非全日制用工的本质属性,就业灵活性决定用人单位在非全日制用工管理上具有相当的自由,不应当对非全日制用工施加过多限制。用人单位有在最低小时工资标准之上确定非全日制劳动者工资标准的权利,法律不应当、实际上也没有将全日制用工的工资标准强行应用于非全日制用工,否则,非全日制用工的灵活性特点将大打折扣。

(4)全日制劳动者与用人单位之间的关系较为稳定,劳动者对用人单位的

---

① [德]雷蒙德·瓦尔特曼:《德国劳动法》,沈建峰译,法律出版社2014年版,第315页。

人身依附性较强，而非全日制劳动者与用人单位之间的关系并不稳定，人员的流动性非常大，人身依附性也较弱。非全日制劳动者可以在各个用人单位之间随意跳槽，也可以同时为数个用人单位工作。他们的工资并没有进入用人单位内部的劳动力市场，而是由外部劳动市场决定。[①] 这与全日制劳动者是完全不同的。因此，非全日制劳动者与全日制劳动者之间的工资差别，是由不同的劳动力市场决定，并不违反公平原则。

劳动和社会保障部《关于非全日制用工若干问题的意见》（劳社部发〔2003〕12 号）第 8 条规定，非全日制用工的小时最低工资标准由省、自治区、直辖市规定，并报劳动保障部备案。确定和调整小时最低工资标准应当综合参考以下因素：当地政府颁布的月最低工资标准；单位应缴纳的基本养老保险费和基本医疗保险费（当地政府颁布的月最低工资标准未包含个人缴纳社会保险费因素的，还应考虑个人应缴纳的社会保险费）；非全日制劳动者在工作稳定性、劳动条件和劳动强度、福利等方面与全日制就业人员之间的差异。小时最低工资标准的测算方法为：小时最低工资标准 = [（月最低工资标准 ÷ 20.92 ÷ 8）×（1 + 单位应当缴纳的基本养老保险费和基本医疗保险费比例之和）] ×（1 + 浮动系数）。由于各地公布的最低工资标准是否包含社会保险费用并不统一，有些地方公布的最低工资标准包含社会保险费用，有些地方公布的最低工资标准不含社会保险费用。用人单位在当地小时最低工资标准之上确定非全日制劳动者的工资报酬时，要注意当地最低工资标准是否包括社会保险费用的情况。

【风险提示 178】

用人单位使用非全日制用工，确定非全日制用工的工资标准时，无须与全日制用工的工资标准保持一致，但相同或者相似岗位的非全日制用工的工资标准应当相同。

【规范指引】

《中华人民共和国劳动合同法》

第七十二条　非全日制用工小时计酬标准不得低于用人单位所在地人民政府规定的最低小时工资标准。

非全日制用工劳动报酬结算支付周期最长不得超过十五日。

---

① ［日］荒木尚志：《日本劳动法》，李坤刚、牛志奎译，北京大学出版社 2010 年版，第 31 页。

劳动和社会保障部《关于非全日制用工若干问题的意见》

(八)非全日制用工的小时最低工资标准由省、自治区、直辖市规定,并报劳动保障部备案。确定和调整小时最低工资标准应当综合参考以下因素:当地政府颁布的月最低工资标准;单位应缴纳的基本养老保险费和基本医疗保险费(当地政府颁布的月最低工资标准未包含个人缴纳社会保险费因素的,还应考虑个人应缴纳的社会保险费);非全日制劳动者在工作稳定性、劳动条件和劳动强度、福利等方面与全日制就业人员之间的差异。小时最低工资标准的测算方法为:

小时最低工资标准=[(月最低工资标准÷20.92÷8)×(1+单位应当缴纳的基本养老保险费和基本医疗保险费比例之和)]×(1+浮动系数)。

Q185:未依法设立的劳务派遣单位派遣劳动者到用工单位工作,用工单位与劳动者成立何种法律关系?

《劳动合同法》(2012年修订)第57条规定,经营劳务派遣业务应当具备下列条件:(1)注册资本不得少于人民币200万元;(2)有与开展业务相适应的固定的经营场所和设施;(3)有符合法律、行政法规规定的劳务派遣管理制度;(4)法律、行政法规规定的其他条件。经营劳务派遣业务,应当向劳动行政部门依法申请行政许可;经许可的,依法办理相应的公司登记。未经许可,任何单位和个人不得经营劳务派遣业务。修订后的《劳动合同法》对经营劳务派遣业务的单位应当具备的条件规定得更加严格,注册资本从50万元增加到200万元,增加了有与开展业务相适应的固定的经营场所和设施、有符合法律和行政法规规定的劳务派遣管理制度等条件,而且劳务派遣单位在办理公司登记前,还需要向劳动行政部门依法申请行政许可。在现实生活中,一些用工单位出于节约用工成本的考虑,通过一些未依法设立的劳务派遣单位派遣劳动者到用工单位工作。在这种情况下,用工单位和劳动者成立什么样的法律关系,实践中存在不同观点。

【争议】

观点一:劳动者与派遣单位成立劳动关系。这是因为用工单位通过未依法设立的劳务派遣单位派遣劳动者时,往往是派遣单位与劳动者订立劳动合同,用工单位与劳动者之间并无劳动合同关系,用工单位与派遣单位之间的派遣协议虽因派遣单位无劳务派遣资质不产生法律效力,但双方之间仍成立派遣关系。劳动者主张劳动权利的对象仍然应当是派遣单位,而非用工单位。

观点二:劳动者与用工单位成立事实劳动关系。劳务派遣关系成立必须以劳务派遣单位依法设立为前提。劳务派遣公司不具备劳务派遣资质,其与劳动者之间未实际成立用工关系,双方之间也不存在劳动关系,而用工单位与劳动者成立实际用工关系,双方虽未订立劳动合同,仍成立事实劳动关系。

【解答】

笔者同意观点二。理由在于:

(1)劳动者的实际用工主体是用工单位,而非派遣单位。劳动关系的成立与否并不以书面劳动合同为准,而是以实际用工关系的成立为唯一标准。实际用工关系成立的判断可参照劳动和社会保障部《关于确立劳动关系有关事项的通知》第1条的规定:①用人单位和劳动者符合法律、法规规定的主体资格;②用人单位依法制定的各项劳动规章制度适用于劳动者,劳动者受用人单位的劳动管理,从事用人单位安排的有报酬的劳动;③劳动者提供的劳动是用人单位业务的组成部分。虽然与劳动者订立书面劳动合同的往往是派遣单位,但在派遣单位未依法设立的情况下,法律未规定劳务者与派遣单位之间成立劳动关系。劳动者并非受派遣单位的劳动管理,而是接受用工单位的劳动管理;派遣单位虽然有派遣行为,但劳动者从事的是用工单位安排的有报酬的劳动;派遣单位没有劳务派遣资格,不能从事劳务派遣业务,劳动者提供的劳动并不是派遣单位的业务组成部分,而是用工单位业务的组成部分。综上以上分析,劳动者与用工单位成立事实劳动关系,劳动者与派遣单位虽有书面劳动合同,但不成立劳动关系。

(2)用工单位通过未依法设立的派遣单位派遣劳动者,是规避法律的行为,用工单位不能从其违反法律规定的行为中得益。如果认定劳动者与派遣单位而不是与用工单位成立劳动关系,那么用工单位违法使用派遣劳动者的目的得以实现。用工单位与劳动者不存在劳动关系,劳务派遣关系又不成立,那么用工单位连《劳动合同法》规定合法劳务派遣关系中用工单位的责任和义务都不用承担。如果这种观点成立,用工单位从其违反劳务派遣法律规定的行为中将得到其遵守法律规定进行劳务派遣都得不到的利益,得出的结论显然是荒唐的。认定用工单位与劳动者成立事实劳动关系,增加用工单位违反法律规定的成本,可有效地防止用工单位利用未依法设立的派遣单位派遣劳动者的行为。

【风险提示 179】

用工单位在使用被派遣劳动者前,要仔细审查劳务派遣单位是否具备从事劳务派遣业务的资质。如用工单位通过未依法设立的派遣单位使用派遣劳动者的,一旦有纠纷,司法机关可能认定用工单位与劳动者成立事实劳动关系,用工单位将面临支付工资和二倍工资、缴纳社会保险、提供福利待遇、承担工伤赔付责任等用人单位责任的法律风险。

【规范指引】

《中华人民共和国劳动合同法》

第五十七条 经营劳务派遣业务应当具备下列条件:

(一)注册资本不得少于人民币二百万元;

(二)有与开展业务相适应的固定的经营场所和设施;

(三)有符合法律、行政法规规定的劳务派遣管理制度;

(四)法律、行政法规规定的其他条件。

经营劳务派遣业务,应当向劳动行政部门依法申请行政许可;经许可的,依法办理相应的公司登记。未经许可,任何单位和个人不得经营劳务派遣业务。

Q186:违反“三性”原则的劳务派遣是否有效?

修订前的《劳动合同法》第 66 条规定,劳务派遣一般在临时性、辅助性或者替代性的工作岗位上实施。《劳动合同法》实施以来,劳务派遣用工的数量迅猛增长。由于修订前的《劳动合同法》对劳务派遣中的“三性”仅是原则性的规定,一些企业任意突破“三性”原则,在主营业务岗位长期使用被派遣劳动者,少数企业甚至仅有个别人与企业成立劳动关系,其余均为被派遣劳动者。劳务派遣用工渐有取代一般劳动关系成为用工主要形式的趋势。为避免劳务派遣用工的过快发展,进一步规范劳务派遣用工,修订后的《劳动合同法》明确劳动合同用工是企业用工的基本形式,而劳务派遣用工是企业用工的补充形式。该法第 66 条规定,劳动合同用工是我国的企业基本用工形式。劳务派遣用工是补充形式,只能在临时性、辅助性或者替代性的工作岗位上实施。前款规定的临时性工作岗位是指存续时间不超过 6 个月的岗位;辅助性工作岗位是指为主营业务岗位提供服务的非主营业务岗位;替代性工作岗位是指用人单位的劳动者因脱产学习、休假等原因无法工作的一定期间内,可以由其他劳动者替代工作的岗位。用人单位应当严格控制劳务派遣用工数量,不得超过其用工总量的一定比例,具体比例由国务院劳动行政部门规定。问题在于,用人单位违反《劳动合同法》的规定,在非临时性、辅助性或者替代性的工作岗位上使用被派遣劳动者,劳务派遣是否有效,能否直接认定用人单位与被派遣劳动者之间成立劳动关系?

【争议】

观点一:《劳动合同法》关于劳务派遣用工只能在临时性、辅助性或者替代性的工作岗位上实施的规定,是法律的强制性规定。用人单位违反该条强制性规定使用被派遣劳动者的,劳务派遣无效,应当认定用人单位与劳动者之间成立劳动合同关系。如此一来,可对用人单位产生威慑力,有效防止用人单位利用劳务派遣的用工形式规避法律责任,符合法律限制劳务派遣规模和数量的立法原意。《重庆市职工权益保障条例》第30条第1、4项规定,有下列情形之一的,视为用人单位与被派遣职工直接建立劳动关系:(1)在非临时性、辅助性、替代性岗位使用被派遣职工的;(4)临时性岗位使用的被派遣职工存续时间超过两年以上的。《辽宁省职工劳动权益保障条例》的规定比重庆更严格,该条例第30条第2、3项规定,有下列情形之一的,视为用人单位已与被派遣职工建立劳动关系,用人单位应当与其订立劳动合同:(2)在非临时性、辅助性、替代性岗位使用被派遣职工的;(3)临时性岗位使用被派遣职工超过6个月期限的。

观点二:《劳动合同法》关于劳务派遣用工只能在临时性、辅助性或者替代性的工作岗位上实施的规定,是为了规范劳务派遣的管理,属于管理性规定而非强制性规定。用人单位违反"三性"原则使用被派遣劳动者,应当承担法律规定的责任,而不宜认定用人单位与被派遣劳动者之间成立劳动合同关系。上海市人力资源和社会保障局、上海市高级人民法院《关于劳务派遣适用法律若干问题的会议纪要》(2014年)第4条规定:《修改决定》《派遣规定》关于"三性"岗位、派遣用工比例的规定均是以派遣单位或用人单位为义务主体的管理性规定,仅违反上述管理性规定的,不影响派遣协议和劳动合同的效力。派遣单位、用人单位违反上述管理性规定的,由人力资源社会保障行政部门责令其限期整改。当事人以确认某具体岗位是否属于"三性"岗位或者用人单位是否超出法定比例用工而发生的争议,不属于《调解仲裁法》规定的劳动争议案件受理范围,劳动争议处理机构不予受理。当事人要求确认劳动合同或派遣协议无效或者劳动者要求确认与用人单位存在劳动关系的,缺乏法律依据,不予支持。广东省高级人民法院、广东省劳动人事争议仲裁委员会《关于劳动人事争议仲裁与诉讼衔接若干意见》(2018 年)也有类似规定,该意见第 18 条规定,用人单位违反《劳务派遣暂行规定》第 3 条、第 4 条规定的劳务派遣用工范围和用工比例的,由人力资源社会保障行政部门依法处理,不影响劳务派遣合同的效力。

【解答】

笔者倾向于观点二。这是因为:

(1)虽然修订后的《劳动合同法》第 66 条将原来劳务派遣一般在临时性、辅助性或者替代性的工作岗位上实施的原则性规定修改为“只能”在临时性、辅助性或者替代性的工作岗位上实施,对“三性”原则规定得更为明确,在语气上也有所强化,但该条并没有规定违反“三性”原则将导致劳务派遣无效的法律后果。《劳务派遣若干规定(征求意见稿)》第 37 条虽明确用人单位违反劳动合同有关“三性”岗位用工规定,在被处罚 1 个月内仍未改正的,被派遣劳动者视为与用人单位建立劳动关系,但《劳务派遣暂行规定》正式出台时,征求意见稿的该条规定却不见踪影,仅以“劳务派遣单位、用人单位违反劳动合同法和劳动合同法实施条例有关劳务派遣规定的,按照劳动合同法第九十二条规定执行”的引用式条款作为处理依据。[①] 可见,无论是《劳动合同法》的立法,还是《劳务派遣暂行规定》的制定,均未将劳务派遣在“三性岗位”上实施作为效力性的强制性规定。

(2)《劳动合同法》第 92 条第 2 款规定,劳务派遣单位、用人单位违反本法有关劳务派遣规定的,由劳动行政部门责令限期改正;逾期不改正的,以每人 5000 元以上 10 000 元以下的标准处以罚款,对劳务派遣单位,吊销其劳务派遣业务经营许可证。对用人单位违反“三性”原则使用被派遣劳动者的行为,法律已有较为严厉的处罚措施,劳务派遣单位明知或者应当知道用人单位违反“三性”原则使用被派遣劳动者仍继续派遣的,还将面临吊销劳务派遣业务经营许可证的严厉处罚。如果劳动行政部门严格执法,主动排查,发现一起处罚一起,用人单位在“三性”岗位以外的岗位使用被派遣劳动者的现象可以得到有效遏制,无须动辄采用否定劳务派遣的效力、认定用人单位与被派遣劳动者之间成立劳动合同关系的方式无限扩大用人单位的法律责任。当前,用人单位大面积

---

① 许可:《劳动合同的自治与规制——以“违反强制性规定的劳动合同”为中心》,载《法学家》2017 年第 2 期。

使用劳务派遣用工,更需要在用人单位、劳务派遣单位和被派遣劳动者之间进行利益平衡,分阶段、逐步地将用人单位使用被派遣劳动者限制在"三性"岗位。

由于各地关于用人单位违反"三性"原则使用劳务派遣用工的规范差别较大,在司法实践中,还是要注意各地的不同规定。

【风险提示180】

用人单位在使用劳务派遣用工时,要注意《劳动合同法》《劳务派遣暂行规定》对劳务派遣用工范围、比例的规定,不能在非临时性、辅助性、替代性岗位使用劳务派遣用工,使用的被派遣劳动者数量不得超过其用工总量的10%。否则,用人单位不仅将面临劳动行政部门的行政处罚,在一些地方还将被认定与被派遣劳动者成立劳动合同关系,用人单位用工的风险和责任将大大提升。同时要注意的是,临时性、辅助性、替代性的"三性"并非必须全部具备,工作岗位符合其中一性即可。

【规范指引】

《中华人民共和国劳动合同法》

第六十六条　劳动合同用工是我国的企业基本用工形式。劳务派遣用工是补充形式,只能在临时性、辅助性或者替代性的工作岗位上实施。

前款规定的临时性工作岗位是指存续时间不超过六个月的岗位;辅助性工作岗位是指为主营业务岗位提供服务的非主营业务岗位;替代性工作岗位是指用人单位的劳动者因脱产学习、休假等原因无法工作的一定期间内,可以由其他劳动者替代工作的岗位。

用人单位应当严格控制劳务派遣用工数量,不得超过其用工总量的一定比例,具体比例由国务院劳动行政部门规定。

《劳务派遣暂行规定》

第三条　用人单位只能在临时性、辅助性或者替代性的工作岗位上使用被派遣劳动者。

前款规定的临时性工作岗位是指存续时间不超过6个月的岗位;辅助性工作岗位是指为主营业务岗位提供服务的非主营业务岗位;替代性工作岗位是指用人单位的劳动者因脱产学习、休假等原因无法工作的一定期间内,可以由其他劳动者替代工作的岗位。

用人单位决定使用被派遣劳动者的辅助性岗位,应当经职工代表大会或者全体职工讨论,提出方案和意见,与工会或者职工代表平等协商确定,并在用人单位内公示。

第四条　用人单位应当严格控制劳务派遣用工数量,使用的被派遣劳动者数量不得超过其用工总量的 10%。

前款所称用工总量是指用人单位订立劳动合同人数与使用的被派遣劳动者人数之和。

计算劳务派遣用工比例的用人单位是指依照劳动合同法和劳动合同法实施条例可以与劳动者订立劳动合同的用人单位。

Q187:用工单位提前介入劳务派遣,会产生什么法律后果?

劳务派遣是劳务派遣单位招用劳动者并与劳动者签订劳动合同后,将劳动者派往用工单位工作,由用工单位对劳动者进行指挥、管理的用工形式。劳务派遣的过程通常分为两步:一是劳务派遣单位招用劳动者,并与劳动者签订劳动合同;二是劳务派遣单位根据劳务派遣协议将劳动者派往用工单位,由用工单位对劳动者的劳动过程进行指挥、管理。但是,在现实生活中,用工单位常在劳务派遣单位开始招聘前就介入劳务派遣,如用工单位决定录用条件,决定劳务派遣单位与劳动者签订劳动合同的内容,一些用工单位甚至跳过劳务派遣单位直接决定劳动者的人选。用工单位提前介入劳务派遣,是否会导致劳务派遣失去法律效力,实践中存在不同观点。

【争议】

观点一:用工单位不得在劳务派遣单位招用劳动者和签订劳动合同阶段就介入劳务派遣关系,否则会极大地影响劳务派遣单位和劳动者之间劳动合同的签订和内容,也会滋生“虚假派遣”的现象。所以,用工单位在劳务派遣单位招用劳动者、签订劳动合同过程中介入劳动派遣,应当认定劳务派遣无效,用工单位与劳动者之间成立劳动关系。

观点二:劳务派遣单位在招用劳动者和确定劳动合同内容时,用工单位可以将自己的意志反映给劳务派遣单位,行使一定的介入权,否则,用工单位使用劳务派遣用工的目的无法实现。所以,用工单位提前介入劳务派遣,并不违反法律规定,具有一定的合理性,并不会导致劳务派遣无效。

观点三:用工单位提前介入劳务派遣是否会导致劳务派遣失去法律效力,

要看用工单位提前介入劳务派遣是否正当。如果用工单位只是将自己的意志反映给劳务派遣单位，与劳务派遣单位平等协商录用条件、劳动合同内容的，这种提前介入具备合理性，劳务派遣并不因此失去法律效力。如用工单位过度介入劳务派遣，就可能使劳务派遣失去法律效力。

【解答】

笔者同意观点三。这是因为：

(1)从劳务派遣协议与劳务派遣单位招用劳动者的先后顺序看，多数情况下劳务派遣协议的签订时间要早于劳务派遣单位招用劳动者的时间。劳务派遣单位往往是在劳务派遣协议签订后，根据劳务派遣协议约定的录用条件等内容决定劳动者的人选，并将劳务派遣协议约定的劳动报酬、福利待遇、劳动条件等内容订入劳动合同中。所以，在劳务派遣单位招用劳动者、签订劳动合同之前或者过程中，用工单位合理地反映自己的意志，与劳务派遣单位平等协商确定劳动者的录用条件、劳动报酬、劳动条件等，并不违反正当性原则。

(2)从劳动法律法规的规定看，用工单位可以在劳务派遣单位招用劳动者前或者过程中适当介入。《劳动合同法》第 58 条第 1 款规定，劳务派遣单位是本法所称用人单位，应当履行用人单位对劳动者的义务。劳务派遣单位与被派遣劳动者订立的劳动合同，除应当载明本法第 17 条规定的事项外，还应当载明被派遣劳动者的用工单位以及派遣期限、工作岗位等情况。第 60 条第 1 款规定，劳务派遣单位应当将劳务派遣协议的内容告知被派遣劳动者。《劳务派遣暂行规定》第 8 条第 1 项规定，劳务派遣单位应当对被派遣劳动者履行下列义务：如实告知被派遣劳动者《劳动合同法》第 8 条规定的事项、应遵守的规章制度以及劳务派遣协议的内容。根据以上规定，劳务派遣协议的内容可以反映到劳务派遣单位、用人单位和劳动者的关系中，其中关于录用条件的内容自然会反映到劳务派遣单位的招工公告中，关于劳动报酬、福利待遇、劳动条件的内容自然会反映到劳务派遣单位与劳动者签订的劳动合同中，而劳务派遣协议的这些内容当然反映用工单位的意志。所以，用工单位通过劳务派遣协议适当介入劳动者的招用和劳动合同的签订，并不违反法律规定。

(3)用工单位适当提前介入劳务派遣是用工单位生产经营和用工管理的需要。劳动者与劳务派遣单位签订劳动合同后，被派往用工单位，实际参与到用工单位的生产经营中，接受用工单位的指挥、安排和管理。用工单位为生产经营和用工管理的需要，提前与劳务派遣单位提前商定劳动者的录用条件、工资福利等事项,符合一般常理,能为一般劳动者接受。

(4)用工单位过度介入劳务派遣,劳务派遣单位实际上成了用工单位借以与劳动者签订劳动合同的主体,这种情形下的劳务派遣不发生法律效力。实践中,一些用工单位直接决定劳动者的人选,或者预先指定劳动者的人选,由劳务派遣单位与其签订劳动合同,或者用工单位全程介入劳动者的招用和劳动合同的签订,劳动者的招用和劳动合同的内容完全由用工单位决定和控制。实践中甚至还有"逆向派遣"的现象,即用工单位在与劳动者履行劳动合同过程中,要求劳动者与劳务派遣单位签订劳动合同,由劳务派遣单位将该劳动者派遣到用工单位工作。以上均为用工单位过度介入劳务派遣的情形。用工单位过度介入劳务派遣,实际上仅是借用劳务派遣单位的名义以劳务派遣的形式用工,劳动者的招用、劳动合同的订立完全由用工单位决定。用工单位的这种行为,破坏了劳务派遣单位与劳动者订立劳动合同的意志自由,违反劳务派遣制度的基本法理,实际上是用工单位规避用人单位法律责任而采取的手段,是典型的"虚假派遣"。用工单位过度介入劳务派遣,虽然与劳动者订立书面合同的名义用工单位是劳务派遣单位,但劳务派遣单位只是借用一个名义或资质,实际用人单位却是用工单位。而且,如果认定劳务派遣有效,劳务派遣单位与劳动者成立劳动关系,用人单位利用劳务派遣的规定规避法律责任的目的将得以实现,这无疑将助长用人单位"虚假派遣"的风气,损害劳动者的合法权益。因此,用人单位过度介入劳务派遣,劳务派遣应当确认无效,用人单位与劳动者之间成立事实劳动关系。

【风险提示181】

用人单位可以在劳务派遣协议中与劳务派遣单位约定被派遣劳动者的招用条件,但用人单位不应当过度介入劳务派遣单位招用被派遣劳动者的过程,否则,用人单位可能面临劳务派遣行为被确认无效、其与被派遣劳动者成立事实劳动关系的法律风险。

【规范指引】

《中华人民共和国劳动合同法》

第五十八条第一款 劳务派遣单位是本法所称用人单位,应当履行用人单位对劳动者的义务。劳务派遣单位与被派遣劳动者订立的劳动合同,除应当载明本法第十七条规定的事项外,还应当载明被派遣劳动者的用工单位以及派遣期限、工作岗位等情况。

第五十九条 劳务派遣单位派遣劳动者应当与接受以劳务派遣形式用工的单位(以下称用工单位)订立劳务派遣协议。劳务派遣协议应当约定派遣岗位和人员数量、派遣期限、劳动报酬和社会保险费的数额与支付方式以及违反协议的责任。

用工单位应当根据工作岗位的实际需要与劳务派遣单位确定派遣期限,不得将连续用工期限分割订立数个短期劳务派遣协议。

Q188:劳务派遣中,劳务派遣单位和用工单位的权利义务如何分配?

【解答】

在劳务派遣中,劳务派遣单位是劳动者的用人单位,其享有劳动法律法规规定用工单位享有的权利,包括:(1)根据劳务派遣协议的约定,决定劳动者的人选和数量;(2)与劳动者协商确定劳动合同的内容,如工资福利、劳动条件等;(3)对劳动者进行日常管理和调配;(4)根据法律规定和规章制度对违纪劳动者进行处理;(5)用人单位享有的其他用工权利。根据《劳务派遣暂行规定》第8条的规定,劳务派遣单位应当对被派遣劳动者履行下列义务:(1)如实告知被派遣劳动者《劳动合同法》第8条规定的事项、应当遵守的规章制度以及劳务派遣协议的内容;(2)建立培训制度,对被派遣劳动者进行上岗知识、安全教育培训;(3)按照国家规定和劳务派遣协议约定,依法支付被派遣劳动者的劳动报酬和相关待遇;(4)按照国家规定和劳务派遣协议约定,依法为被派遣劳动者缴纳社会保险费,并办理社会保险相关手续;(5)督促用工单位依法为被派遣劳动者提供劳动保护和劳动安全卫生条件;(6)依法出具解除或者终止劳动合同的证明;(7)协助处理被派遣劳动者与用工单位的纠纷;(8)法律、法规和规章规定的其他事项。《劳动合同法》第58条规定,劳务派遣单位是本法所称用人单位,应当履行用人单位对劳动者的义务。劳务派遣单位与被派遣劳动者订立的劳动合同,除应当载明本法第17条规定的事项外,还应当载明被派遣劳动者的用工单位以及派遣期限、工作岗位等情况。劳务派遣单位应当与被派遣劳动者订立2年以上的固定期限劳动合同,按月支付劳动报酬;被派遣劳动者在无工作期间,劳务派遣单位应当按照所在地人民政府规定的最低工资标准,向其按月支付报酬。

用工单位享有以下权利:(1)根据劳务派遣协议,要求劳务派遣单位派遣符合条件的被派遣劳动者;(2)对被派遣劳动者进行指挥、监督、管理;(3)要求被派遣劳动者遵守劳动规章制度;(4)在符合法律法规规定的条件时,将被派遣劳动者退回劳务派遣单位;(5)劳动法律法规规定用工单位享有的其他权利。根据《劳动合同法》第 62 条的规定,用工单位应当履行下列义务:(1)执行国家劳动标准,提供相应的劳动条件和劳动保护;(2)告知被派遣劳动者的工作要求和劳动报酬;(3)支付加班费、绩效奖金,提供与工作岗位相关的福利待遇;(4)对在岗被派遣劳动者进行工作岗位所必需的培训;(5)连续用工的,实行正常的工资调整机制。用工单位不得将被派遣劳动者再派遣到其他用工单位。同时,用工单位还应按照同工同酬原则,对被派遣劳动者与本单位同类岗位的劳动者或者参照用工单位所在地相同或者相近岗位劳动者实行相同的劳动报酬分配办法。

【风险提示 182】

用工单位和劳务派遣单位应当对照劳动法律法规的相关规定和劳务派遣协议的约定明确自己对被派遣劳动者的权利义务。

【规范指引】

《中华人民共和国劳动合同法》

第六十二条　用工单位应当履行下列义务:

(一)执行国家劳动标准,提供相应的劳动条件和劳动保护;

(二)告知被派遣劳动者的工作要求和劳动报酬;

(三)支付加班费、绩效奖金,提供与工作岗位相关的福利待遇;

(四)对在岗被派遣劳动者进行工作岗位所必需的培训;

(五)连续用工的,实行正常的工资调整机制。

用工单位不得将被派遣劳动者再派遣到其他用人单位。

《劳务派遣暂行规定》

劳务派遣单位应当对被派遣劳动者履行下列义务:

(一)如实告知被派遣劳动者劳动合同法第八条规定的事项、应遵守的规章制度以及劳务派遣协议的内容;

(二)建立培训制度,对被派遣劳动者进行上岗知识、安全教育培训;

(三)按照国家规定和劳务派遣协议约定,依法支付被派遣劳动者的劳动报酬和相关待遇;

（四）按照国家规定和劳务派遣协议约定，依法为被派遣劳动者缴纳社会保险费，并办理社会保险相关手续；

（五）督促用工单位依法为被派遣劳动者提供劳动保护和劳动安全卫生条件；

（六）依法出具解除或者终止劳动合同的证明；

（七）协助处理被派遣劳动者与用工单位的纠纷；

（八）法律、法规和规章规定的其他事项。

Q189：如何理解劳务派遣中的同工同酬？

修订前的《劳动合同法》第 63 条规定，被派遣劳动者享有与用人单位的劳动者同工同酬的权利。用人单位无同类岗位劳动者的，参照用人单位所在地相同或者相近岗位劳动者的劳动报酬确定。该条款对劳务派遣劳动者同工同酬权规定得比较原则，实践中难以操作。自《劳动合同法》实施以来，同工不同酬成了劳务派遣中的一个突出问题。一些用人单位中被派遣劳动者的工资报酬远远低于该单位的正式职工，一些被派遣劳动者的工资报酬虽然与正式职工相差不多，但他们无法享受正式职工可以享受的社会保险、福利待遇。基于此，修订后的《劳动合同法》规定，被派遣劳动者享有与用人单位的劳动者同工同酬的权利。用人单位应当按照同工同酬原则，对被派遣劳动者与本单位同类岗位的劳动者实行相同的劳动报酬分配办法。用人单位无同类岗位劳动者的，参照用人单位所在地相同或者相近岗位劳动者的劳动报酬确定。

【解答】

关于"同工"的理解。《劳动合同法》规定同工是以本单位同类岗位作为界定标准，用人单位没有同类岗位劳动者的，则以用人单位所在地相同或者相近岗位作为参照。由于劳务派遣只能在临时性、辅助性、替代性岗位上使用，在用人单位依法使用劳务派遣的情况下，被派遣劳动者的工资报酬应当按照此类岗位劳动者的工资标准确定。如果用人单位违反"三性"原则，那么被派遣劳动者的工资报酬可以按与其工作岗位同类劳动者的工资报酬标准确定。这可以倒逼用人单位遵守法律规定的"三性"原则使用被派遣劳动者。

关于"同酬"的理解。劳动部《关于〈中华人民共和国劳动法〉若干条文的说明》规定，用人单位对于从事相同工作，付出等量劳动且取得相同劳绩的劳动者,应当支付同等的劳动报酬。所以,“同酬”并非指同类岗位上的被派遣劳动者和正式职工的工资报酬完全相同,而是指工资报酬的计发标准相同。被派遣劳动者和正式职工的工资报酬可以因工龄、工作量、业绩、担任职务等条件的不同而有所区别,但计算工资报酬的标准不应区别对待。“同酬”中的“酬”不仅仅指一个工资支付周期发放的工资报酬,还包括超过一个工资支付周期发放的奖金、提成工资等,社会保险、福利待遇等也应当涵盖在内。所以,用人单位在以同类岗位的劳动者工资发放标准确定被派遣劳动者的工资报酬时,对于同类岗位的正式职工享受的社会保险、福利待遇,被派遣劳动者也应当按同一标准享受。

关于用人单位在此情形下不属于违反同工同酬原则,以及发生此类纠纷时举证责任的分配,可参考本书前述第 81 问“如何理解同工同酬”的释答。

【风险提示 183】

根据法律规定,被派遣劳动者享有与用人单位的劳动者同工同酬的权利。用人单位在设计被派遣劳动者的工资报酬标准时,要注意不要与本单位相同或者相似岗位劳动者的工资报酬标准产生区别。

【规范指引】

《中华人民共和国劳动合同法》

第六十三条　被派遣劳动者享有与用人单位的劳动者同工同酬的权利。用人单位应当按照同工同酬原则,对被派遣劳动者与本单位同类岗位的劳动者实行相同的劳动报酬分配办法。用人单位无同类岗位劳动者的,参照用人单位所在地相同或者相近岗位劳动者的劳动报酬确定。

劳务派遣单位与被派遣劳动者订立的劳动合同和与用人单位订立的劳务派遣协议,载明或者约定的向被派遣劳动者支付的劳动报酬应当符合前款规定。

《劳务派遣暂行规定》

第九条　用人单位应当按照劳动合同法第六十二条规定,向被派遣劳动者提供与工作岗位相关的福利待遇,不得歧视被派遣劳动者。

Q190:劳务派遣单位、用工单位能否与被派遣劳动者约定多次试用期?

在劳务派遣关系中,被派遣劳动者在劳动合同期间可能被同一劳务派遣单位派遣到多个用工单位工作。由于不同的用工单位对被派遣劳动者的要求不同，新的用工单位对被派遣劳动者并不了解，他们往往需要一定的试用期对被派遣劳动者的工作能力、工作态度、思想品德等方面进行考察。这就可能出现用工单位要求劳务派遣单位与劳动者约定二次以上试用期的现象。那么，劳务派遣单位和用工单位能否与被派遣劳动者约定二次以上的试用期，实践中存在不同观点。

【争议】

观点一：被派遣劳动者如果在劳动合同期间被派遣单位多次派遣的，不同的用工单位可以与被派遣劳动者分别约定试用期，且不作"同一用人单位"看待。这种认识是基于劳务派遣次数的不确定性。法律对被派遣劳动者在合同期间接受派遣的次数未作上、下限的规定，从而会出现在合同期限内，同一劳动者可能要面临同一用工单位和多个用工单位，如果仅仅按照一般的劳动关系来处理试用期，势必会损害其他用工单位的利益。①

观点二：劳务派遣单位只能与劳动者约定一次试用期。《劳动合同法》明确规定，同一用工单位与同一劳动者只能约定一次试用期。在劳务派遣关系中，劳务派遣单位是被派遣劳动者的用人单位，其只能与劳动者约定一次试用期。用工单位不是被派遣劳动者的用人单位，当然不能与被派遣劳动者约定二次以上的试用期。

【解答】

笔者同意观点二。《劳动合同法》第19条第2款规定，同一用人单位与同一劳动者只能约定一次试用期。《劳动合同法》在劳务派遣一节中没有对试用期作出另外的规定，劳务派遣关系中的试用期也应遵循同一用人单位与同一劳动者只能约定一次试用期的规则。《劳务派遣暂行规定》第6条规定，劳务派遣单位可以依法与被派遣劳动者约定试用期。劳务派遣单位与同一被派遣劳动者只能约定一次试用期。试用期约定的前提是用工单位与劳动者之间存在劳动合同关系，劳务派遣中，用工单位与被派遣劳动者不存在劳动合同关系，不具备与被派遣劳动者约定试用期的前提条件，多个用工单位不能视为不同的用人单位而与被派遣劳动者约定多个试用期。如果允许劳务派遣单位、用工单位与劳动者约定二次以上的试用期，被派遣劳动者不仅将面临多个试用期工资减少的局面，而且还将面对试用期范围内的种种不利和随时被解除劳动合同关系的

---

① 周国良、李坤刚、李卫平：《劳务派遣用工劳动合同期限的适用》，载《中国劳动》2013年第9期。

风险,显然不利于保护被派遣劳动者的合法权益。而劳务派遣单位则可能滥用多个试用期,降低被派遣劳动者的工资福利,并利用试用期的规定增加解除劳动合同关系的便利。

【风险提示 184】

劳务派遣单位在对被派遣劳动者多次派遣时,要注意不能应不同用工单位的要求而对被派遣劳动者约定多个试用期。用工单位与劳务派遣单位商谈劳务派遣时,也不能要求劳务派遣单位与已经过试用期的被派遣劳动者再约定试用期,而是要善于使用劳务派遣中的"退回机制",以保护用工单位自身的合法权益。

【规范指引】

《劳务派遣暂行规定》

第六条　劳务派遣单位可以依法与被派遣劳动者约定试用期。劳务派遣单位与同一被派遣劳动者只能约定一次试用期。

Q191:因拖欠劳动报酬引发的劳务派遣争议,劳务派遣单位和用工单位是否应承担连带责任?

修订前的《劳动合同法》第 92 条规定,劳务派遣单位违反本法规定的,由劳动行政部门和其他有关主管部门责令改正;情节严重的,以每人 1000 元以上 5000 元以下的标准处以罚款,并由工商行政管理部门吊销营业执照;给被派遣劳动者造成损害的,劳务派遣单位与用工单位承担连带赔偿责任。2012 年《劳动合同法》修订,该条修改为:"违反本法规定,未经许可,擅自经营劳务派遣业务的,由劳动行政部门责令停止违法行为,没收违法所得,并处违法所得一倍以上五倍以下的罚款;没有违法所得的,可以处 5 万元以下的罚款。劳务派遣单位、用工单位违反本法有关劳务派遣规定的,由劳动行政部门责令限期改正;逾期不改正的,以每人 5000 元以上 1 万元以下的标准处以罚款,对劳务派遣单位,吊销其劳务派遣业务经营许可证。用工单位给被派遣劳动者造成损害的,劳务派遣单位与用工单位承担连带赔偿责任。"对照修改前后的条款,《劳动合同法》对劳务派遣连带责任承担的规定变动较大。《劳动合同法》修改前,劳务派遣单位与用工单位承担连带赔偿责任的前提是:劳务派遣单位违反该法规定,给被派遣劳动者造成损害。《劳动合同法》修改后,劳务派遣单位与用工单位承担连带赔偿责任的条件是用工单位给被派遣劳动者造成损害。在劳务派遣中,被派遣劳动者没有取得足额工资报酬,劳务派遣单位和用工单位应当承担何种责任,实践中存在不同观点。

【争议】

观点一:劳务派遣中,劳务派遣单位是被派遣劳动者的用人单位,支付被派遣劳动者相应的工资报酬是劳务派遣单位的义务。《劳务派遣暂行规定》第 8 条第 3 项规定,劳务派遣单位应当对被派遣劳动者履行下列义务:按照国家规定和劳务派遣协议约定,依法支付被派遣劳动者的劳动报酬和相关待遇。《劳动合同法》修订后没有规定用工单位对劳务派遣单位对被派遣劳动者造成损害须承担连带责任。所以,被派遣劳动者没有取得足额工资报酬,应当由劳务派遣单位承担支付责任,用工单位无须承担连带责任。

观点二:被派遣劳动者未取得足额工资报酬,可以要求劳务派遣单位和用工单位承担连带责任。这是因为:《劳动合同法》第 60 条第 2 款规定,劳务派遣单位不得克扣用工单位按照劳务派遣协议支付给被派遣劳动者的劳动报酬。由是观之,在劳务派遣期间,用工单位是被派遣劳动者工资报酬的第一支付主体,而劳务派遣单位只是将用工单位支付的工资报酬转交给劳动者,是名义上的支付主体。用工单位或者劳务派遣单位拖欠工资报酬,应当对拖欠的工资报酬承担连带责任。

观点三:劳务派遣单位和用工单位是否应当对拖欠的工资报酬承担连带责任,要看法律法规规定工资报酬的支付主体。法律规定正常工资报酬发放是劳务派遣单位的义务,如果劳务派遣单位拖欠工资报酬,用工单位无须承担连带责任。而加班工资、绩效奖金等工资报酬的支付主体是用工单位,用工单位未及时发放此类工资报酬,应当由劳务派遣单位和用工单位承担连带责任。

【解答】

笔者同意观点三。修订后的《劳动合同法》规定,用工单位给被派遣劳动者造成损害的,劳务派遣单位与用工单位承担连带赔偿责任。劳务派遣单位未尽到用人单位的法定或者约定义务,对劳动者造成损害的,应当由劳务派遣单位承担责任,用工单位没有法定的赔偿责任,也无须承担连带赔偿责任。浙江省高级人民法院民事审判第一庭、浙江省劳动人事争议仲裁委员会《关于审理劳动争议案件若干问题的解答(二)》(2014 年)第 18 条规定,劳务派遣单位给劳动者造成损害的，除用工单位存在故意或者重大过失情形，原则上不承担连带赔偿责任。

劳务派遣中，被派遣劳动者的工资报酬分为两部分：一是劳务派遣单位支付的正常工资报酬，二是用工单位支付的加班费、绩效奖金和与工作岗位相关的福利待遇。根据《劳务派遣暂行规定》第 8 条第 3 项和《劳动合同法》第 62 条第 3 项的规定，劳务派遣单位应当按照国家规定和劳务派遣协议约定，依法支付被派遣劳动者的劳动报酬和相关待遇；用工单位应当支付加班费、绩效奖金，提供与工作岗位相关的福利待遇。劳务派遣单位未及时支付正常工资报酬给被派遣劳动者造成损害，用工单位没有正常工资报酬的支付义务，无须对此承担连带赔偿责任，但劳务派遣公司未及时支付工资报酬系因用工单位故意不按劳务派遣协议的约定支付被派遣劳动者工资报酬的除外。用工单位未按法律规定及时支付加班费、绩效工资及与工作岗位相关的福利待遇，给被派遣劳动者造成损害的，劳务派遣单位作为用人单位，应当承担连带赔偿责任。

【风险提示 185】

> 用工单位给被派遣劳动者造成损害，劳务派遣单位应当与用工单位承担连带责任。而劳务派遣单位给被派遣劳动者造成损害，用工单位原则上无须承担连带责任，但用工单位存在故意或者重大过失的除外。

【规范指引】

《中华人民共和国劳动合同法》

第九十二条　违反本法规定，未经许可，擅自经营劳务派遣业务的，由劳动行政部门责令停止违法行为，没收违法所得，并处违法所得一倍以上五倍以下的罚款；没有违法所得的，可以处五万元以下的罚款。

劳务派遣单位、用工单位违反本法有关劳务派遣规定的，由劳动行政部门责令限期改正；逾期不改正的，以每人五千元以上一万元以下的标准处以罚款，对劳务派遣单位，吊销其劳务派遣业务经营许可证。用工单位给被派遣劳动者造成损害的，劳务派遣单位与用工单位承担连带赔偿责任。

Q192:被派遣劳动者因工受伤,劳务派遣单位和用工单位如何承担工伤保险待遇支付责任?

当前,劳务派遣数量不断增加,规模不断扩大,在这种形势下,劳务派遣单位和用工单位不得不面对被派遣劳动者因工受伤的风险。《劳动合同法》和《工伤保险条例》并未明确规定被派遣劳动者因工受伤时的责任主体,现实中劳务派遣单位和用工单位对工伤保险责任的承担互相推诿的现象并不少见。被派遣劳动者因工受伤时,如何确定工伤赔付主体,是司法实践中的一个难点。

【争议】

观点一:劳务派遣单位作为被派遣劳动者的用人单位,应当承担工伤保险待遇的支付责任。《劳务派遣暂行规定》第 10 条规定,被派遣劳动者在用工单位因工作遭受事故伤害的,劳务派遣单位应当依法申请工伤认定,用工单位应当协助工伤认定的调查核实工作。劳务派遣单位承担工伤保险责任,但可以与用工单位约定补偿办法。被派遣劳动者在申请进行职业病诊断、鉴定时,用工单位应当负责处理职业病诊断、鉴定事宜,并如实提供职业病诊断、鉴定所需的劳动者职业史和职业危害接触史、工作场所职业病危害因素检测结果等资料,劳务派遣单位应当提供被派遣劳动者职业病诊断、鉴定所需的其他材料。该条规定明确劳务派遣单位是承担工伤保险责任的主体。劳动法律法规并未规定用工单位须承担工伤保险责任,故用工单位仅需协助工伤认定的调查核实工作,无须对发生工伤的被派遣劳动者承担工伤赔付责任。安徽省高级人民法院《关于审理劳动争议案件若干问题的指导意见》(2015 年)持该观点,该指导意见第 16 条规定,被派遣劳动者在用工单位工作期间因工伤亡的,劳务派遣单位应承担工伤保险责任。但劳务派遣单位与用工单位之间就被派遣劳动者工伤保险责任承担有特别约定的,从其约定。

观点二:劳务派遣中,用工单位应当监督劳务派遣单位对被派遣劳动者缴纳工伤保险等义务的履行。劳动者在为用工单位工作时受伤,应由用工单位对劳务派遣单位应承担的工伤赔付责任承担连带责任。如果劳务派遣单位没有为劳动者缴纳工伤保险费用的,用工单位存在过错,应当对原应由工伤保险基金支付的工伤保险待遇项目承担连带责任。

观点三:劳务派遣单位为被派遣劳动者缴纳工伤保险费用的,劳动者发生工伤后,应当由劳务派遣单位和用工单位连带承担《工伤保险条例》规定的用工单位应支付的工伤保险待遇项目。劳务派遣单位没有为被派遣劳动者缴纳工伤保险费用的,原应当由工伤保险基金支付的工伤保险待遇项目,由劳务派遣单位承担,用工单位无须承担连带责任;其他项目由劳务派遣单位和用工单位连带承担支付责任。

【解答】

笔者倾向于观点三。原因在于:

(1)劳务派遣单位是被派遣劳动者的用人单位,有义务为劳动者办理工伤保险手续并缴纳工伤保险费用。《劳务派遣暂行规定》第 8 条第 4 项规定,劳务派遣单位应当对被派遣劳动者履行下列义务:按照国家规定和劳务派遣协议约定,依法为被派遣劳动者缴纳社会保险费,并办理社会保险相关手续。劳务派遣单位未履行其作为用人单位的责任,没有为劳动者缴纳工伤保险费用的,原应当由工伤保险基金支付的工伤保险待遇转由劳务派遣单位负担。劳动法律法规并未规定用工单位有义务监督劳务派遣单位缴纳工伤保险费用,实际上用工单位也无法对劳务派遣单位每月缴纳社会保险费用的行为进行监督,其无须对因劳务派遣单位未缴纳工伤保险造成被派遣劳动者的损失承担连带清偿责任。

(2)《工伤保险条例》规定由用人单位承担的工伤保险待遇应当由用工单位与劳务派遣单位承担连带责任。《劳动合同法》第 92 条第 2 款规定,用工单位给被派遣劳动者造成损害的,劳务派遣单位与用工单位承担连带赔偿责任。被派遣劳动者在用工单位工作时发生工伤,《工伤保险条例》规定的应当由工伤保险基金支付的工伤保险待遇由工伤保险基金支付,劳务派遣单位未缴纳工伤保险的,由劳务派遣单位支付。而《工伤保险条例》规定由用人单位承担的工伤保险待遇,属于《劳动合同法》第 92 条第 2 款规定的用工单位给被派遣劳动者造成的损害,应当由用工单位与劳务派遣单位承担连带责任。

【风险提示 186】

用工单位应当督促劳务派遣单位为被派遣劳动者缴纳工伤保险,因为一些地方的人民法院和劳动仲裁部门认为用工单位未尽此类督促义务,被派遣劳动者因工受伤,无法从工伤保险基金取得工伤保险待遇的,用工单位要承担连带赔偿责任。

【规范指引】

《劳务派遣暂行规定》

第十条　被派遣劳动者在用工单位因工作遭受事故伤害的，劳务派遣单位应当依法申请工伤认定，用工单位应当协助工伤认定的调查核实工作。劳务派遣单位承担工伤保险责任，但可以与用工单位约定补偿办法。

被派遣劳动者在申请进行职业病诊断、鉴定时，用工单位应当负责处理职业病诊断、鉴定事宜，并如实提供职业病诊断、鉴定所需的劳动者职业史和职业危害接触史、工作场所职业病危害因素检测结果等资料，劳务派遣单位应当提供被派遣劳动者职业病诊断、鉴定所需的其他材料。

Q193：在哪些情况下，用工单位可以将被派遣劳动者退回？

【解答】

根据《劳动合同法》第 65 条第 2 款和《劳务派遣暂行规定》第 12 条的规定，用人单位退回被派遣劳动者的情形可以分为以下两类：

(1)法定退回。《劳动合同法》第 65 条第 2 款规定，用人单位可以在以下法定情形下将被派遣劳动者退回劳务派遣单位：①劳动者在试用期间被证明不符合录用条件的；②劳动者严重违反用人单位的规章制度的；③劳动者严重失职，营私舞弊，给用人单位造成重大损害的；④劳动者同时与其他用人单位建立劳动关系，对完成本单位的工作任务造成严重影响，或者经用人单位提出，拒不改正的；⑤劳动者因本法第 26 条第 1 款第 1 项规定的情形致使劳动合同无效的；⑥劳动者被依法追究刑事责任的；⑦劳动者患病或者非因工负伤，在规定的医疗期满后不能从事原工作，也不能从事由用人单位另行安排的工作的；⑧劳动者不能胜任工作，经过培训或者调整工作岗位，仍不能胜任工作的。

《劳务派遣暂行规定》第 12 条规定，有下列情形之一的，用人单位可以将被派遣劳动者退回劳务派遣单位：①用人单位有劳动合同法第 40 条第 3 项[①]、第 41 条规定情形的[②]；②用人单位被依法宣告破产、吊销营业执照、责令关闭、撤销、决定提前解散或者经营期限届满不再继续经营的；③劳务派遣协议期满终

---

① 劳动合同订立时所依据的客观情况发生重大变化，致使劳动合同无法履行，经用人单位与劳动者协商，未能就变更劳动合同内容达成协议的。——笔者注

② 用人单位经济裁员。——笔者注

止的,被派遣劳动者退回后在无工作期间,劳务派遣单位应当按照不低于所在地人民政府规定的最低工资标准,向其按月支付报酬。

(2)其他退回。上海市人力资源和社会保障局、上海市高级人民法院《关于劳务派遣适用法律若干问题的会议纪要》第 6 条规定,《劳务派遣暂行规定》第 12 条对退回情形作了部分列举式规定,属于提示性条款,实践中,还存在法律规定的退回情形、派遣单位主动撤回劳动者、协商一致退回等情况。因此,依据以下情形之一的,也可退回劳动者:①《劳动合同法》第 65 条第 2 款规定的情形;②《劳动合同法》第 44 条第 1、2 项规定的情形;③《劳动合同法实施条例》第 21 条规定的情形;④派遣期限届满的;⑤劳务派遣协议解除的;⑥三方事前约定或者事后达成合意的;⑦用人单位不履行义务,派遣单位主动撤回劳动者的;⑧依据《劳务派遣暂行规定》第 16 条规定,派遣单位在办理注销登记手续前,用人单位与派遣单位协商后退回的;⑨违反法律规定派遣进行整改的;⑩其他依据法律规定确需退回的。该规定中的第 3 项、第 5 ~ 9 项属于法律法规未明确规定可以退回的情形,属于其他退回。

【风险提示 187】

劳务派遣单位在招用被派遣劳动者时,要仔细审查被派遣劳动者的资质、能力和品行是否符合用人单位的要求。如果被派遣劳动者不符合用人单位的要求,或者因过错导致用人单位损失的,用人单位不仅可以将劳动者退回劳务派遣单位,还可以向劳务派遣单位主张赔偿。

【规范指引】

《中华人民共和国劳动合同法》

第六十五条　被派遣劳动者可以依照本法第三十六条、第三十八条的规定与劳务派遣单位解除劳动合同。

被派遣劳动者有本法第三十九条和第四十条第一项、第二项规定情形的,用人单位可以将劳动者退回劳务派遣单位,劳务派遣单位依照本法有关规定,可以与劳动者解除劳动合同。

《劳务派遣暂行规定》

第十二条　有下列情形之一的,用人单位可以将被派遣劳动者退回劳务派遣单位:

(一)用人单位有劳动合同法第四十条第三项、第四十一条规定情形的;

（二）用人单位被依法宣告破产、吊销营业执照、责令关闭、撤销、决定提前解散或者经营期限届满不再继续经营的；

（三）劳务派遣协议期满终止的。

被派遣劳动者退回后在无工作期间，劳务派遣单位应当按照不低于所在地人民政府规定的最低工资标准，向其按月支付报酬。

Q194：被派遣劳动者故意或者重大过失导致用工单位损失，用工单位是否可以要求劳务派遣单位承担连带责任？

劳务派遣涉及用工单位、劳务派遣单位和被派遣劳动者三方之间的关系，在对劳动者的管理上要比普通劳动合同关系更复杂。在劳务派遣中，常发生被派遣劳动者因故意或者重大过失导致用工单位损失的情况，用工单位可以基于侵权责任要求被派遣劳动者承担赔偿责任。问题在于，用工单位是否可以要求劳务派遣单位承担连带赔偿责任，司法实践对该问题存在分歧。

【争议】

观点一：劳务派遣单位将劳动者派遣到用工单位工作，应当由用工单位对劳动者进行管理，劳务派遣单位在派遣期间对劳动者不进行直接、全面的管理。被派遣劳动者因故意或者重大过失导致用工单位损失，用工单位应当向被派遣劳动者主张赔偿。劳务派遣单位虽然是被派遣劳动者的用人单位，但没有对劳动者进行直接管理，被派遣劳动者履行的也不是劳务派遣单位的工作职责，劳务派遣单位无须承担连带赔偿责任。

观点二：被派遣劳动者因故意或者重大过失造成用工单位损失，劳务派遣单位应当承担违约责任。由于劳务派遣单位承担违约责任的范围和标准与被派遣劳动者承担的责任相同，故劳务派遣单位承担的是一种连带责任。

【解答】

笔者同意观点二。劳务派遣单位与用工单位之间签订劳务派遣协议，无论劳务派遣协议中是否约定被派遣劳动者造成用工单位损失的赔偿责任，劳务派遣单位都有义务保证和督促被派遣劳动者接受用工单位的管理，服从用工单位的工作安排，遵守用工单位的规章制度和安全操作规程。被派遣劳动者因故意或者重大过失导致用工单位损失，有劳务派遣单位未全面履行监督和保证义务的因素，劳务派遣单位应当承担相应的违约责任。由于用工单位的损失是财产损失,被派遣劳动者承担赔偿责任的范围和标准与劳务派遣单位承担的违约责任一致,虽然两者的赔偿不是基于同一法律关系,从避免多次诉讼的角度出发,可以由劳务派遣单位和被派遣劳动者承担连带赔偿责任。

【风险提示 188】

被派遣劳动者因故意或者重大过失导致用工单位损失,用工单位可要求劳务派遣单位和被派遣劳动者承担连带赔偿责任。

典型案例 24

上海珂帝纸品包装有限责任公司不服上海市人力资源和社会保障局责令补缴外来从业人员综合保险费案[①]

裁判要旨

劳务派遣单位应当是依法登记设立的公司。用工单位与未经工商注册登记、不具备劳务派遣经营资质的公司签订用工协议,与该公司部分人员形成事实劳动关系,应当由用工单位依法为其缴纳综合保险费。用工单位与不具备缴费资格的案外人的协议约定不能免除其法定缴费义务。

基本案情

原告珂帝公司系依法登记成立的有限责任公司。2008 年 8 月 26 日,被告市人保局接到举报,反映原告存在未为其使用的外来从业人员缴纳综合保险费等情况。同年 9 月 17 日、9 月 25 日、10 月 7 日,被告向原告分别发出《调查询问书》,对原告实施劳动保障监察。其间,原告向被告提供了《全厂人员名单》《出勤考核表》《员工出勤记录表》《工资发放表》等材料。2008 年 11 月 5 日,被告予以立案。被告经调查后发现,2005 年 3 月至 2008 年 10 月,原告未按规定缴纳 95 名员工的外来从业人员综合保险费,遂于 2008 年 11 月 6 日向原告送达了《责令改正通知书》,要求原告于 2008 年 11 月 16 日前补缴所欠缴的外来从业人员综合保险费。2008 年 11 月 19 日,被告致函嘉定区外来从业人员管理部门,要求核定原告应补缴综合保险费的金额。同年 12 月 10 日,嘉定区外来从业人员管理部门出具了《委托协办函回执》并附《外劳缴费人员明细》,认定原告未缴纳王国英等 72 名外来从业人员在 2005 年 3 月至 2008 年 10 月的综合保险费,合计金额为人民币85 759.90元。因原告未实施整改,被告即于 2009 年 1 月 6 日作出沪人社监(2008)理字第 2221 号行政处理决定,认定珂帝公司于 2005 年 3 月至 2008 年 10 月未按规定缴纳王国英等 72 名外来

① 本案例载于《中华人民共和国最高人民法院公报》2013 年第 11 期(总第 205 期)。

从业人员的综合保险费，违反了《上海市外来从业人员综合保险暂行办法》第5条、第8条的规定，依据《上海市外来从业人员综合保险暂行办法》第19条第2款的规定，对珂帝公司作出自收到本处理决定书之日起15日内补缴王国英等72名外来从业人员2005年3月至2008年10月的综合保险费，共计人民币85 759.90元的行政处理决定；逾期不缴纳的，除补缴欠款数额外，从欠缴之日起，按日加收2‰的滞纳金；拒不履行本行政处理决定的，依据《劳动保障监察条例》第30条第1款第3项规定，处2000元以上20 000元以下罚款。庭审中，原告对被告认定王国英等72名外来从业人员于2005年3月至2008年10月在原告处务工，以及工作期间均未缴纳综合保险费的事实没有异议，法院对该事实的真实性依法予以确认。

裁判结果

上海市黄浦区人民法院判决：驳回原告珂帝公司的诉讼请求。柯帝公司不服，提起上诉。二审期间，珂帝公司经法院传票传唤无正当理由拒不到庭参加诉讼，上海市第二中级人民法院裁定：本案按珂帝公司自动撤回上诉处理。

裁判理由

一、关于部分外来从业人员是否属于原告珂帝公司员工的争议。原告主张部分外来从业人员系案外人黄氏公司依据双方协议向原告派遣，不属于原告的员工，并出示了原告与黄氏公司之间的协议。首先，从协议内容来看，双方约定由黄氏公司在一年的期限内派遣部分劳动者至原告单位工作，该部分劳动者应当享有与原告单位员工同等的待遇，原告单位定期结算该部分劳动者的工资。表面上这份协议符合《劳动合同法》规定的劳务派遣协议应当具备的内容，对被派遣劳动者社会保险费用的缴纳也作出了约定，但经合议庭调查核实，该份协议存在主体不适格的问题。根据《劳动合同法》第57条的规定："劳务派遣单位应当依照公司法的有关规定设立，注册资本不得少于五十万元"。据此，劳务派遣单位应当是依法登记设立的公司，具备一定的经济实力，且能够独立承担法律责任。而黄氏公司既未经工商登记注册成立，在社保系统中也没有登记开户，没有为任何劳动者缴纳过社会保险费用的记录；原告虽主张查验过黄氏公司的工商营业执照，但未能在庭审中提供，也没有其他证据能够证明黄氏公司系具有向其合法派遣劳务人员的经营资质的用人单位。故本案中黄氏公司不是合法成立的公司，并不具备合法的劳务派遣资质。此外，劳务派遣单位还应当与被派遣劳动者订立两年以上的劳动合同，向其支付基本的劳动报酬，而本案中涉案的35名外来人员并没有与黄氏公司签订劳动合同，实际上也不在黄氏公司处工作，而是一直在原告公司从事原告的生产任务，故本案中原告所主张的劳务派遣关系并不能成立。

在劳务派遣关系不成立的情况下，本案需对35名外来人员是否属于原告珂帝公司的员工，从而对是否应当由原告为其缴纳综合保险费作出认定。劳动关系是用人单位和劳动者之间的关系,根据《劳动法》第 16 条的规定:“劳动合同是劳动者与用人单位确立劳动关系、明确双方权利和义务的协议。建立劳动关系应当订立劳动合同。”据此,劳动关系的建立以订立劳动合同为主要标志,但实践中存在大量的用人单位用工却不与劳动者订立劳动合同的现象。为此,1995 年劳动部《关于贯彻执行〈中华人民共和国劳动法〉若干问题的意见》中提出了“事实劳动关系”的概念,该意见第 1 条规定“中国境内的企业、个体经济组织与劳动者之间,只要形成劳动关系,即劳动者事实上已成为企业、个体经济组织的成员,并为其提供有偿劳动,适用劳动法。”这里规定的“事实劳动关系”是相对于劳动法调整的劳动法律关系而言的,劳动者与用人单位虽然没有签订书面的劳动合同,但是履行了实际的劳动关系,包括为用人单位提供劳动,接受用人单位的管理和约束,受到用人单位的保护等,即双方在事实上确立了劳动关系。为保护事实劳动关系中劳动者的权益,《劳动合同法》作出了进一步的明确,第 7 条规定:“用人单位自用工之日起即与劳动者建立劳动关系。”第 10 条规定:“建立劳动关系,应当订立书面劳动合同……用人单位与劳动者在用工前订立劳动合同的,劳动关系自用工之日起建立。”据此,引起劳动关系产生的基本法律事实是用工,而不是订立劳动合同;只要存在用工行为,劳动者即享有法律规定的权利。一般情况下,可以从以下四个方面鉴别是否存在事实劳动关系:一是劳动者与用人单位之间是否存在从属关系,接受用人单位的管理、指挥和监督;二是用人单位是否根据某种分配原则,组织工资分配,劳动者按照一定方式领取劳动报酬;三是劳动者提供的劳动是否为用人单位业务的组成部分;四是劳动者是否在用人单位提供的工作场所、使用用人单位提供的生产工具。在存在劳务派遣的情况下,劳务派遣单位与被派遣的劳动者之间形成的是劳动关系。结合到本案的实际情况,由于劳务派遣关系并不成立,故需审查的是原告与 35 名外来从业人员之间是否存在事实上的劳动关系。从经过庭审质证的一系列证据来看,原告在劳动监察过程中所作笔录可以证明,原告公司共使用了 95 名外来从业人员,其中即包括争议的 35 名外来员工;原告提供的出勤考核表、员工出勤记录表、工资发放表等证据材料也反映出,原告单位员工共 95 名,包括该部分外来员工均在原告处工作,从事原告单位的生产任务,受原告统一管理,并从原告处领取工资报酬;原告在庭审中也确认了 35 名外来人员在原告单位务工的事实,据此,该部分外来从业人员与原告之间的关系符合事实劳动关系的基本特征,应当属于原告的员工,原告应履行用人单位的相关法定义务。

二、原告珂帝公司与案外人关于为部分外来从业人员缴纳综合保险费的约定是否可以免除原告的缴费义务的争议。本案中被告市人保局作出具体行政行为所适用的条文依据是《上海市外来从业人员综合保险暂行办法》(以下简称《暂行办法》)的相关规定。《暂行办法》是上海市政府为切实解决外来农民工的社会保障问题,根据外来从业人员的自身特点和需求制定的,对于维护其合法权益、规范单位的用工行为具有重要作用和积极意义。

作为社会保险的外来从业人员综合保险，由政府强制实施，凡本市行政区域内使用外来从业人员的单位及其使用的外来从业人员均须按规定参加。根据该办法，使用外来从业人员的用人单位应当及时、足额地为每一位外来从业人员缴纳综合保险，这既是依法保障外来从业人员合法权益，当外来从业人员发生工伤、疾病等意外时能以统筹基金给予救助的重要途径，也是用人单位合法规避用工风险，避免产生劳资纠纷的重要手段。被告依据《暂行办法》第 5 条、第 8 条的规定认定原告未依法履行缴费义务，并对其作出补缴所欠综合保险费用的行政处理决定。而原告则认为，其与黄氏公司签订的协议第 5 条规定："工人综合保险有(由)甲方公司(即黄氏公司)来缴"，应当由黄氏公司承担缴纳综合保险费的义务。故本案需要明确的问题是：综合保险费的缴纳主体应当如何认定，以及原告与黄氏公司的约定能否排除其缴费义务。

根据《暂行办法》第 3 条的规定，"使用外来从业人员"的企业、事业单位、社会团体等统称为用人单位，适用本办法；第 5 条规定了缴纳综合保险费的主体，即"用人单位和无单位的外来从业人员"；第 8 条进一步规定："用人单位和无单位的外来从业人员应当自办理综合保险登记手续当月起，按月向市外来人员就业管理机构缴纳综合保险费。"据此，使用外来从业人员的用人单位是缴纳其工作期间综合保险费的法定义务主体。在存在劳务派遣法律关系的情况下，劳务派遣单位作为法定用人单位，属于该法规定的用人单位，应当承担缴纳综合保险费的义务。由于本案中劳务派遣关系并不成立，而原告作为经工商注册登记、具备合法用工主体资格的企业法人，在本案中实际使用外来从业人员，并与其建立事实劳动关系，故属于《暂行办法》规定的法定缴费主体，应当为这部分外来从业人员缴纳综合保险费用。至于原告与黄氏公司在协议中的约定，黄氏公司由于不具备合法的劳务派遣资质，并不是可以承担缴纳综合保险费责任的适格主体，原告以协议方式将其法定缴费义务转让给不具有缴费资格的案外人，不符合《暂行办法》的规定，故不能免除原告的缴费义务。

第十二部分 Chapter 12

社会保险

Q195：劳动者在经过多个工作场所必经的区域时受到伤害，是否应认定为工伤？

《工伤保险条例》第 14 条规定，职工有下列情形之一的，应当认定为工伤：(1)在工作时间和工作场所内，因工作原因受到事故伤害的；(2)工作时间前后在工作场所内，从事与工作有关的预备性或者收尾性工作受到事故伤害的；(3)在工作时间和工作场所内，因履行工作职责受到暴力等意外伤害的；(4)患职业病的；(5)因工外出期间，由于工作原因受到伤害或者发生事故下落不明的；(6)在上下班途中，受到非本人主要责任的交通事故或者城市轨道交通、客运轮渡、火车事故伤害的；(7)法律、行政法规规定应当认定为工伤的其他情形。认定工伤的条件是劳动者在工作时间和工作场所内因工作原因受到伤害。《工伤保险条例》第 14 条规定将劳动者因工外出期间因工受伤、上下班途中遇非本人主责的交通事故受到伤害也纳入工伤范围之中。现实中，一些用人单位的工作场所并不是连成一片，还是被一些非属用人单位场所的区域分割成数块。这些不属于用人单位的区域是否可以认定为工作场所，劳动者在经过这些区域时受到伤害是否可以认定为工伤，《工伤保险条例》对上述问题没有作出规定，实践中有不同观点。

【争议】

观点一：《工伤保险条例》规定的工作场所应当严格认定。工作场所应当归用人单位所有或者使用，而且必须是职工从事职业活动的场所。用人单位的工作场所被一些不属于用人单位的区域分割成数块，这些区域不能认定为用人单位的工作场所。劳动者在经过这些区域时受到伤害，不应当认定为工伤。

观点二：《工伤保险条例》规定的工作场所宜作适度的扩大理解。工作场所不仅包括职工从事职业活动的场所，在用人单位的工作场所被一些不属于用人单位的区域分割成数块的情况下，还包括往返于多个工作场所之间必经的区域。劳动者在工作时间因工作原因在必经区域中受伤，应当认定为工伤。

【解答】

笔者同意观点二。《工伤保险条例》规定的工作场所，应当作适度的扩大理解，不能将工作场所局限于用人单位所有或者使用并由职工从事职业活动的场所。在用人单位的数个工作场所之间存在不属于用人单位的必经区域时,这些区域属于用人单位工作场所的合理延伸。劳动者在工作时经过这些区域时受到伤害,与其工作职责相关,应当认定为在工作时间和工作场所,因工作原因受到伤害,符合《工伤保险条例》第 14 条的规定,应当认定为工伤。最高人民法院《关于审理工伤保险行政案件若干问题的规定》第 4 条第 3 项规定,在工作时间内,职工来往于多个与其工作职责相关的工作场所之间的合理区域受到伤害,社会保险行政部门认定为工伤的,人民法院应予支持。

【风险提示 189】

劳动者在经过多个工作场所必经的区域时受到伤害,符合工伤认定的条件,用人单位应当及时为劳动者申报工伤。

【规范指引】

《工伤保险条例》

第十四条第二项　职工有下列情形之一的,应当认定为工伤:

(二)工作时间前后在工作场所内,从事与工作有关的预备性或者收尾性工作受到事故伤害的。

最高人民法院《关于审理工伤保险行政案件若干问题的规定》

第四条　社会保险行政部门认定下列情形为工伤的,人民法院应予支持:

……

(三)在工作时间内,职工来往于多个与其工作职责相关的工作场所之间的合理区域因工受到伤害的;

……

Q196:劳动者因工外出期间,由于工作原因受到伤害的情形如何认定?

《工伤保险条例》第 14 条第 5 项规定,职工因工外出期间,由于工作原因受到伤害或者发生事故下落不明的,应当认定为工伤。最高人民法院《关于审理工伤保险行政案件若干问题的规定》第 5 条规定,社会保险行政部门认定下列情形为"因工外出期间"的,人民法院应予支持:(1)职工受用人单位指派或者因工作需要在工作场所以外从事与工作职责有关的活动期间;(2)职工受用人单位指派外出学习或者开会期间;(3)职工因工作需要的其他外出活动期间。职工因工外出期间从事与工作或者受用人单位指派外出学习、开会无关的个人活动受到伤害，社会保险行政部门不认定为工伤的，人民法院应予支持。但实践中对《工伤保险条例》该项规定中的“因工作原因”如何认定，仍存在不少争议。

【争议】

观点一：劳动者因工外出期间休息、用餐等与工作并无直接相关的行为，不能认定为“由于工作原因”。劳动者因工外出期间在休息、用餐等过程中受到伤害，不能认定为工伤。

观点二：劳动者因工外出期间由于工作原因受到伤害，既包括从事与工作直接相关的事务时受到伤害，也包括在休息、用餐、乘坐交通工具等与工作间接相关的过程中受到伤害。所以，劳动者因工外出期间在乘坐交通工具、休息、用餐等过程中受到伤害，应当认定为工伤。

【解答】

笔者倾向于观点二。这是因为：

劳动者因工外出期间，要比正常工作期间存在更多风险隐患，如果严格认定“由于工作原因”，将劳动者就餐、休息和乘坐交通工具等行为均排除在工作期间以外，劳动者将承受因工外出期间增加的受伤害风险，这对劳动者来说是不公平的。劳动者因工外出期间应当包括劳动者在外的整个时间，包括工作时间、在途时间、休息睡眠时间和就餐时间。《工伤保险条例》第 14 条第 5 项规定的“由于工作原因”指的是劳动者在从事与工作直接或者间接关系的事务中受到伤害。劳动者休息、就餐、乘坐交通工具等行为是其开展工作必不可少的，应当包含在“由于工作原因”范围之内。但劳动者探亲访友、自己游玩、自己购物等确与工作没有关系的行为应当排除在“由于工作原因”之外，劳动者在这些行为过程中受到伤害，不能认定为工伤。最高人民法院行政审判庭《关于职工外出学习休息期间受到他人伤害应否认定为工伤问题的答复》（〔2007〕行他字第 9 号）认为，职工受单位指派外出学习期间，在学习单位安排的休息场所休息时受到他人伤害，应当认定为工伤。

劳动者长期在外工作，用人单位为劳动者安排了长期的住所，劳动者在住所中休息期间受到伤害，不能认定为“由于工作原因”受到伤害，不能认定为工伤。人力资源和社会保障部《关于执行〈工伤保险条例〉若干问题的意见（二）》（人社部发〔2016〕29 号）第 5 条规定，职工因工作原因驻外，有固定的住所、有明确的作息时间，工伤认定时按照在驻在地当地正常工作的情形处理。

【风险提示190】

劳动者因工外出,在就餐、休息、乘坐交通工具等与工作间接相关的活动中受到伤害,符合工伤认定的条件。

【规范指引】

《工伤保险条例》

第十四条第五项　职工有下列情形之一的,应当认定为工伤:

(五)因工外出期间,由于工作原因受到伤害或者发生事故下落不明的。

最高人民法院《关于审理工伤保险行政案件若干问题的规定》

第五条　社会保险行政部门认定下列情形为"因工外出期间"的,人民法院应予支持:

(一)职工受用人单位指派或者因工作需要在工作场所以外从事与工作职责有关的活动期间;

(二)职工受用人单位指派外出学习或者开会期间;

(三)职工因工作需要的其他外出活动期间。

职工因工外出期间从事与工作或者受用人单位指派外出学习、开会无关的个人活动受到伤害,社会保险行政部门不认定为工伤的,人民法院应予支持。

Q197:劳动者因工作原因与他人发生纠纷,在纠纷中受到伤害,能否认定为工伤?

《工伤保险条例》第14条第3项规定,职工有下列情形之一的,应当认定为工伤:在工作时间和工作场所内,因履行工作职责受到暴力等意外伤害的。该项规定的"在工作时间和工作场所"条件与一般的工伤认定并不同,但其规定的"因履行工作职责"条件与一般工伤认定条件的"因工作原因"存在不同。劳动者在工作时间和工作场所,因工作原因与他人发生纠纷并因此受到伤害,是否属于"因履行工作职责",能否认定工伤,实践中有不同观点。

【争议】

观点一:劳动者因工作原因在工作时间和工作场所内与他人发生争吵、扭打等纠纷,纠纷是劳动者履行工作职责所致。劳动者在纠纷中受到伤害,应当认定为工伤。

观点二：劳动者受暴力等意外伤害认定工伤，需符合在工作时间、在工作场所内、因履行工作职责三个要件。劳动者与他人在工作时间、工作场所内发生纠纷，纠纷本身并不是劳动者的工作职责，在纠纷中劳动者受到伤害，不能认定为工伤。

【解答】

笔者认为，上述观点均有不妥。《工伤保险条例》第14条第3项规定的"因履行工作职责"与该条第1项规定的"因工作原因"存在明显不同。"因履行工作职责"有两种表现：一是劳动者因履行工作职责导致他人不满，他人出于不满与劳动者发生纠纷导致劳动者受到伤害；二是劳动者在工作时间和工作场所内因履行工作职责受到意外伤害，如劳动者在工作时间、工作场所为保护用人单位的财产，在灭火时受到伤害。而"因工作原因"则要宽泛得多，与工作直接相关或者工作预备、收尾等与工作间接相关的原因均可包含在内。劳动者在工作时间、工作场所内因工作原因，但不是因履行工作职责与他人发生纠纷受到伤害的，不能认定为工伤。如劳动者因工资发放问题与用人单位的财务人员发生纠纷，被财务人员打伤；又如，劳动者因工作原因对管理人员心生怨恨，在工作时间、工作场所内与管理人员发生纠纷导致自己受伤。上述情形中，劳动者并非履行工作职责受到伤害，不能认定为工伤。

劳动者在工作时间和工作场所内，确因履行工作职责与他人发生纠纷，导致自己受到伤害的，应当被认定为工作。如用人单位的安保人员在工作时间、工作场所内制止其他劳动者损害用人单位财物的过程中受到伤害，应当认定工伤；劳动者执行安全生产工作规程时受到伤害，无论劳动者从事哪个岗位，均应认为劳动者是在履行工作职责，应当认定工伤。

综上所述，劳动者在工作时间和工作场所内与他人发生纠纷受到伤害，是否应认定为工伤，不能一概而论，而应该辨别其与他人发生纠纷受到伤害是否因履行工作职责所致。

【风险提示191】

劳动者因履行工作职责被他人打伤，符合工伤认定的条件。

【规范指引】

《工伤保险条例》

第十四条第（三）项　职工有下列情形之一的，应当认定为工伤：

（三）在工作时间和工作场所内，因履行工作职责受到暴力等意外伤害的。

Q198:社会保险行政部门在认定工伤程序中能否对受到伤害的职工与用人单位之间是否存在劳动关系进行认定?

现实中,受到伤害的劳动者申请工伤认定,常会有用人单位提出其与该劳动者不存在劳动关系的抗辩。社会保险行政部门在认定工伤程序中,如果遇双方对劳动关系是否存在的事实有争议的,能否直接对该项争议事实进行审查并作出认定,实践中存在不同观点。

【争议】

观点一:社会保险行政部门没有认定劳动关系的职权。在工伤认定程序中,当事人提出劳动关系不存在的异议,社会保险行政部门应当立即中止工伤认定程序,告知当事人向劳动仲裁部门提起劳动仲裁。

观点二:社会保险行政部门可以在工伤认定程序中对用人单位与劳动者之间是否存在劳动关系进行审查,如此,可以简化程序,使工伤职工能及时得到赔偿。

观点三:社会保险行政部门可以在工伤认定程序中对劳动关系是否存在的事实进行初步审查,经初步审查仍无法确定劳动关系是否存在的,应当告知当事人向劳动仲裁部门提起仲裁申请,并中止工伤认定程序。

【解答】

笔者同意观点三。工伤认定程序中用人单位提出劳动关系不存在的抗辩的情形主要有三种:(1)工伤认定程序开始前或进行中,已有劳动仲裁部门或者人民法院生效的法律文书确认双方存在劳动关系,用人单位仍在工伤认定程序中以劳动关系不存在为由进行抗辩;(2)工伤认定时并没有生效的法律文书对双方是否存在劳动关系进行确认,当事人也没有向劳动仲裁部门和人民法院申请确认劳动关系,但劳动者在工伤认定中已提交充分的证据证明双方存在劳动关系,用人单位虽提出劳动关系不存在的抗辩,但未提交充分的反驳证据,社会保险行政部门进行初步审查后可以确认双方存在劳动关系;(3)工伤认定时并没有生效的法律文书对双方是否存在劳动关系进行确认,劳动者用以证明与用人单位存在劳动关系的证据不足,社会保险行政部门进行初步审查后仍不能确认双方是否存在劳动关系的。

对于第一种情形,已有生效法律文书对劳动关系存在的事实予以确认,社会保险行政部门可以不对用人单位的抗辩进行审查直接作出工伤认定。

对于第二种情形,笔者认为,社会保险行政部门具有对劳动关系是否存在的事实进行初步审查的职权,而且社会保险行政部门作出工伤认定结论后,当事人对工伤认定结论以及劳动关系是否存在的审查结果不服的,可以向人民法院提起行政诉讼,人民法院在行政诉讼程序中,也可以对劳动关系是否存在的事实进行审查。目前,依我国法律法规规定,劳动者得到工伤赔偿的程序过于复杂:用人单位提出劳动关系存在异议的,劳动者要先申请劳动仲裁以确认劳动关系,可能还需一审、二审的程序才能拿到生效的确认劳动关系的法律文书;拿到生效法律文书后,进入工伤认定和劳动能力鉴定程序,当事人对工伤认定结论不服的,可以提起行政诉讼,可能又要经历一审、二审程序才能有生效的行政裁判文书,当事人对劳动能力鉴定结论不服,又可以申请重新鉴定;工伤认定行政诉讼结束后,劳动者又要提起劳动仲裁,要求用人单位支付工伤待遇赔偿,同样还可能经历一、二审程序。整个程序走下来,需要非常长的时间,劳动者的时间、精力、物力花费严重。如果不赋予社会保险行政部门对劳动关系是否存在的事实进行初步审查的权利,用人单位提出异议,即使异议明显不成立,也要进入确认劳动关系的仲裁和诉讼程序,显然对劳动者取得工伤赔偿不利,可能耽误劳动者的治疗和康复,也给一些用心不良的用人单位以可乘之机。实践中,劳动者由于不想经历繁杂的程序放弃赔偿要求或者与用人单位签订不平等的赔偿协议的现象并不鲜见。所以,在第二种情形中,用人单位虽然提出异议,但劳动关系存在的证据比较充分,社会保险行政部门可以作出工伤认定的结论。

对于第三种情形,笔者认为,社会保险行政部门毕竟不是审理劳动争议的专业部门,其对用人单位与工伤职工是否存在劳动关系的审查只能是初步审查,如果劳动者提供的证明劳动关系存在的证据并不充分,或者双方争议较大,通过初步审查不能确认劳动关系是否存在,社会保险行政部门无法作出工伤认定,应当告知当事人向劳动仲裁部门申请仲裁确认劳动关系,并中止工伤认定程序,待确认劳动关系的法律文书生效后再恢复工伤认定程序。人力资源和社会保障部《关于执行〈工伤保险条例〉若干问题的意见》(人社部发〔2013〕34号)第5条规定,社会保险行政部门受理工伤认定申请后,发现劳动关系存在争议且无法确认的,应告知当事人可以向劳动人事争议仲裁委员会申请仲裁。在此期间,作出工伤认定决定的时限中止,并书面通知申请工伤认定的当事人。劳动关系依法确认后,当事人应将有关法律文书送交受理工伤认定申请的社会保险行政部门,该部门自收到生效法律文书之日起恢复工伤认定程序。最高人民法院行政审判庭于 2009 年 7 月 20 日作出《关于劳动行政部门在工伤认定程序中是否具有劳动关系确认权请示的答复》(〔2009〕行他字第 12 号)给湖北省高级人民法院批复,根据《劳动法》第 9 条和《工伤保险条例》第 5 条、第 18 条的规定,劳动行政部门在工伤认定程序中,具有认定受到伤害的职工与企业之间是否存在劳动关系的职权。

【规范指引】

人力资源和社会保障部《关于执行〈工伤保险条例〉若干问题的意见》

五、社会保险行政部门受理工伤认定申请后,发现劳动关系存在争议且无法确认的,应告知当事人可以向劳动人事争议仲裁委员会申请仲裁。在此期间,作出工伤认定决定的时限中止,并书面通知申请工伤认定的当事人。劳动关系依法确认后,当事人应将有关法律文书送交受理工伤认定申请的社会保险行政部门,该部门自收到生效法律文书之日起恢复工伤认定程序。

最高人民法院行政审判庭《关于劳动行政部门在工伤认定程序中是否具有劳动关系确认权请示的答复》

根据《劳动法》第九条和《工伤保险条例》第五条、第十八条的规定,劳动行政部门在工伤认定程序中,具有认定受到伤害的职工与企业之间是否存在劳动关系的职权。

Q199:劳动者在上下班途中无证驾驶机动车导致伤亡是否应当认定为工伤?

《工伤保险条例》第 14 条第 6 项规定,职工在上下班途中,受到非本人主要责任的交通事故或者城市轨道交通、客运轮渡、火车事故伤害的,应当认定为工伤。现实中,有一种情况是劳动者在上下班途中无证驾驶机动车发生交通事故,但公安交警部门认定劳动者非主要责任,在这种情况下,劳动者受到伤害是否应当认定为工伤,实践中存在不同观点。

【争议】

观点一:职工在上下班途中无证驾驶机动车发生交通事故致自己受到伤害,公安交警部门认定其为非主要责任,这种情形符合《工伤保险条例》第 14 条第 6 项的规定,应当认定为工伤。该职工无证驾驶机动车的违法行为应当受行政处罚，但不能因此否定其取得工伤赔偿的权利。

观点二：这种情况不能认定为工伤。劳动和社会保障部办公厅《关于无证驾驶车辆发生交通事故是否认定工伤问题的复函》（劳社厅函〔2000〕150 号）认为，无证驾驶车辆违反了《治安管理处罚条例》《道路交通管理条例》的有关规定，是违法行为。依据《企业职工工伤保险试行办法》（劳部发〔1996〕266 号）第 9 条关于违法或犯罪行为造成负伤、致残、死亡不应认定工伤的规定，对于因无证驾驶车辆发生交通事故而造成负伤、致残、死亡的，不应认定为工伤。该复函现行有效，职工因无证驾驶机动车的违法行为导致自己受到伤害，不能认定为工伤。

【解答】

笔者倾向于观点一。国务院 2010 年 12 月 20 日作出《关于修改〈工伤保险条例〉的决定》，对《工伤保险条例》进行了修改。修订前的《工伤保险条例》第 16 条第 1 项规定，职工有下列情形之一的，不得认定为工伤或者视同工伤：因犯罪或者违反治安管理伤亡的。修订后的《工伤保险条例》第 16 条第 1 项规定，职工符合本条例第 14 条、第 15 条的规定，但是有下列情形之一的，不得认定为工伤或者视同工伤：故意犯罪的。修订后的《工伤保险条例》第 16 条第 1 项删除了违反职工违反治安管理伤亡不得认定为工伤或者视同工伤的规定，职工违反治安管理，但符合《工伤保险条例》规定工伤认定的条件，仍然应当认定为工伤。劳动和社会保障部办公厅《关于无证驾驶车辆发生交通事故是否认定工伤问题的复函》（劳社厅函〔2000〕150 号）虽未被有权部门明确撤销或者失效，但其所依据的《企业职工工伤保险试行办法》（劳部发〔1996〕266 号）已经于 2007 年失效，而且该复函与修订后的《工伤保险条例》相冲突，不应当再适用。职工无证驾驶机动车，违反法律规定，但不构成犯罪的，不符合修订后《工伤保险条例》规定不得认定工伤或者视同工伤的条件。职工上下班途中无证驾驶机动车发生交通事故致自己受到伤害，如公安交警部门认定该职工为非主要责任，此情形仍符合《工伤保险条例》第 16 条第 6 项规定认定工伤的条件，应当认定为工伤。职工无证驾驶机动车的行为不应当成为认定工伤的阻却条件。

【风险提示 192】

职工在上下班途中因交通事故受到伤害，能否认定工伤主要是看交通事故是否是其本人主要责任。职工无证驾驶，但事故不是职工主要责任的，仍应当认定为工伤。

【规范指引】

《工伤保险条例》

第十四条　职工有下列情形之一的,应当认定为工伤:

……

(六)在上下班途中,受到非本人主要责任的交通事故或者城市轨道交通、客运轮渡、火车事故伤害的;

……

Q200:劳动者在工作中违章或者违规操作导致自己受到伤害,能否认定为工伤?

现实生活中,生产型的企业常会发生职工因违章或者违规操作导致自己受伤的情况,用人单位也常会以职工违章或者违规为由在工伤认定程序中进行抗辩。劳动法律法规对职工违章或者违规操作导致自己受到伤害是否应当认定为工伤没有明确的规定,实践中也存在不同观点。

【争议】

观点一:工伤认定应当考虑职工的主观因素。职工在工作中违章或者违规操作致自己受到伤害,主观上存在严重过错,不应当认定为工伤。

观点二:工伤认定不应当考虑职工是否存在过错。职工在工作过程中存在违章、违规操作或者其他严重过错导致自己受到伤害,不符合《工伤保险条例》规定的不得认定工伤或者视同工伤的情形,仍应当认定为工伤。

【解答】

笔者认为,劳动者在工作中违章或者违规操作导致自己受到伤害,能否认定为工伤,要看劳动者的违章或违规行为是否符合《工伤保险条例》第16条规定不得认定工伤的条件。

《工伤保险条例》第16条规定,职工符合本条例第14条、第15条的规定,但是有下列情形之一的,不得认定为工伤或者视同工伤:(1)故意犯罪的;(2)醉酒或者吸毒的;(3)自残或者自杀的。劳动者在工作中违章或者违规操作的行为,被司法机关生效法律文书认定为故意犯罪的,此种行为导致自己受到伤害,不能认定为工伤。劳动者违反工作规程或者规章制度,在醉酒或者吸毒的状态中工作导致自己受到伤害的，也不能认定为工伤；劳动者违章或者违规操作，且具有自残或者自杀性质的，也不能认定为工伤。除上述情形外，劳动者在工作中有违章或者违规行为导致自己受到伤害，即使劳动者自身过错较大，也不符合《工伤保险条例》规定的不认定工伤的条件，在工伤认定中不应当考虑劳动者过错。

【风险提示 193】

劳动者自身的过失原则上不能成为工伤认定的阻却因素。劳动者违章或违规作业，除非符合《工伤保险条例》第 16 条规定的情形，应当认定为工伤。

【规范指引】

《工伤保险条例》

第十六条　职工符合本条例第十四条、第十五条的规定，但是有下列情形之一的，不得认定为工伤或者视同工伤：

（一）故意犯罪的；

（二）醉酒或者吸毒的；

（三）自残或者自杀的。

Q201：如何认定工伤认定中的“上下班途中”？

《工伤保险条例》第 14 条第 6 项规定，职工在上下班途中，受到非本人主要责任的交通事故或者城市轨道交通、客运轮渡、火车事故伤害的，应当认定为工伤。何为该项规定的“上下班途中”，条例并未对此作出明确界定，在实践中，对“上下班途中”的理解也存在很大争议。

【争议】

观点一：《工伤保险条例》规定的“上下班途中”是指职工从工作单位往返于其居住地的必经路线之中。职工上下班期间绕道或者到居住地之外的地点，均不能认定为“上下班途中”，不能认定为工伤。

观点二：《工伤保险条例》规定的“上下班途中”是指职工从其住处往返于工作单位的合理路径之中。该路径并非一成不变，不能理解为从工作单位到职工住所的最近路线或者必经路线，职工为上下班，往返于住处和工作单位之间的路线只要是合理的，即使因客观原因有所绕道，也应认定为“上下班途中”。

【解答】

笔者同意观点二。“上下班途中”是指劳动者在合理时间往返于工作地与其住处及配偶、父母、子女居住地的合理路径之中。最高人民法院《关于审理工伤保险行政案件若干问题的规定》第6条规定，对社会保险行政部门认定下列情形为“上下班途中”的，人民法院应予支持：(1)在合理时间内往返于工作地与住所地、经常居住地、单位宿舍的合理路线的上下班途中；(2)在合理时间内往返于工作地与配偶、父母、子女居住地的合理路线的上下班途中；(3)从事属于日常工作生活所需要的活动，且在合理时间和合理路线的上下班途中；(4)在合理时间内其他合理路线的“上下班途中”。从该条规定可以看出，劳动者的住处并非单指劳动者的经常居住地，劳动者在合理时间往返于其住所地（包括异地非固定住所）、单位宿舍与工作地的合理路径也可认定为“上下班途中”。最高人民法院《关于非固定居所到工作场所之间的路线是否属于“上下班途中”的答复》（〔2008〕行他字第2号）认为，如邹平确系下班直接回其在济南的住所途中受到机动车事故伤害，应当适用《工伤保险条例》第14条第6项的规定。而且，劳动者合理时间往返于工作地与配偶、父母、子女居住地的合理路径也可认定为“上下班途中”。工作地也并非仅指用人单位所在地，用人单位指定劳动者参加会议、培训、学习、活动等的地点均可涵盖在工作地的范围之中。劳动者在合理时间往返于住处与用人单位指定的会议、培训、学习、活动地的合理路径中，也应认定为“上下班途中”。

关于合理路径的认定。合理路径并非指必经路径，也不是最近路径，合理路径并非唯一、不变的。劳动者在合理的时间进行合理的绕道，应当认定“上下班途中”。如因交通堵塞、突发事件绕道，属于客观、必要的绕道，自然不能排除在合理路径之外。一些往返路径虽比最短路径距离要远，劳动者选择这些路径尚属合理的，要尊重劳动者的选择权，不能强迫劳动者必须选择最短路径。此外，劳动者在上下班途中从事一些日常生活所必需的活动，如到菜市场买菜、接送小孩等绕道，虽属私事，也属合理的上下班路径，应当认定为“上下班途中”。但是劳动者在上下班时间因从事一些非日常生活必需的活动而偏离合理路径，如与朋友聚会等，则不能认定为“上下班途中”。劳动者在从工作地到从事上述活动地点的路途中受到伤害，不能认定为工伤。

【风险提示194】

"上下班途中"并非指从工作地到职工住所的最近路线，而是指合理路线的途中。劳动者在上下班时作合理地绕路，或因从事一些日常生活必须活动时作必要的绕路，均属"上下班途中"。

【规范指引】

最高人民法院《关于审理工伤保险行政案件若干问题的规定》

第六条　对社会保险行政部门认定下列情形为"上下班途中"的，人民法院应予支持：

（一）在合理时间内往返于工作地与住所地、经常居住地、单位宿舍的合理路线的上下班途中；

（二）在合理时间内往返于工作地与配偶、父母、子女居住地的合理路线的上下班途中；

（三）从事属于日常工作生活所需要的活动，且在合理时间和合理路线的上下班途中；

（四）在合理时间内其他合理路线的上下班途中。

最高人民法院《关于非固定居所到工作场所之间的路线是否属于"上下班途中"的答复》

如邹平确系下班直接回其在济南的住所途中受到机动车事故伤害，应当适用《工伤保险条例》第十四条第（六）项的规定。而且，劳动者合理时间往返于工作地与配偶、父母、子女居住地的合理路径也可认定为"上下班途中"。

Q202：如何认定《工伤保险条例》第14条第6项规定的"非本人主要责任"？

2010年修订的《工伤保险条例》对职工在"上下班途中"受到伤害认定工伤的条件作了较大幅度的修改。修订前的《工伤保险条例》对职工上下班途中受到伤害认定为工伤仅局限于机动车事故中，而修订后的《工伤保险条例》则不再局限于机动车事故，非机动车、行人造成的交通事故也可以成为认定工伤的条件。此外，"上下班途中"遇城市轨道交通、客运轮渡、火车事故伤害也纳入工伤认定的范围。修订前的《工伤保险条例》并未考虑责任问题，职工负事故的何种责任对工伤认定并无影响，而修订后的《工伤保险条例》则在此问题上作了限缩,将"非本人主要责任"作为职工"上下班途中"受到伤害认定工伤的前提条件。

现实生活中,职工在"上下班途中"遇交通事故等受到伤害,一般会有相关机关出具的事故认定书、法律文书等作为事故责任负担的依据。但在一些特殊情况下,如未及时报警等,职工无法取得事故认定书或者其他文书作为事故责任负担的依据。在这种情况下,社会保险行政部门或者人民法院是否能审查职工在事故中应负的责任,从而作出工伤认定结论,实践中存在不同的观点。

【争议】

观点一:劳动者申请"上下班途中"受到伤害的工伤认定必须提交相关机关出具的认定书或者生效法律文书作为非职工本人主要责任的依据。没有事故认定或者生效法律文书认定"非本人原因"的,不应认定为工伤。这是因为:社会保险行政部门不具备认定事故责任的职权,而劳动者申请认定工伤,应当提交其受到伤害符合工伤认定条件的相关证据。劳动者不能提交划分事故责任的认定书或者生效法律文书,应当承担举证不能的不利后果,其提出的工伤认定申请不能得到支持。

观点二:劳动者在上下班过程中遇交通事故等受到伤害,要认定是劳动者本人主要责任的,必须以相关机关出具的认定书或者生效法律文书为依据。劳动者在"上下班途中"因交通事故等受到伤害,相关机关未出具认定书或者其他法律文书的,社会保险行政部门不应认定为劳动者主要责任,不能仅因无认定书或者生效法律文书而否定劳动者构成工伤的事实。

【解答】

笔者倾向于观点二。职工上下班途中发生事故,责任划分时有以下五种情形:一是职工负事故全部责任,二是职工负事故主要责任,三是职工负事故同等责任,四是职工负事故次要责任,五是职工无责任。《工伤保险条例》第 14 条第 6 项规定的"非本人主要责任"指的是后三种情形。

社会保险行政部门并不具备认定事故责任的职权。我国各类交通事故依法确定了责任认定主体、程序等诸多规定,不同类型交通事故由不同主管机关管辖:道路交通事故责任认定书制作主体为公安交通管理部门;火车交通事故认定书制定主体是组织事故调查组的机关或者铁路管理机构;客运轮渡交通事故调查结论由海事管理机构出具;城市轨道交通事故调查报告由相关政府组成调查组出具。铁路交通事故认定书与道路交通事故认定书、客运轮渡交通事故调查结论的法律性质并不相同。依据现行法律规定,铁路交通事故认定书依法属于行政确认,后两者属于证据。[①] 上述部门对事故的认定是专业性、技术性的分析结论,道路交通事故认定书、客运轮渡交通事故调查结论属于最佳证据,如无其他充分证据推翻的情况下,可以作为工伤认定的直接依据;铁路交通事故认定书则属于行政确认,除非经法定的行政程序予以撤销,应当作为工伤认定的依据。除上述行政机关出具的认定书、调查结论以外,人民法院做出的生效刑事、民事、行政裁判也可以对事故责任进行确定,如行政机关出具的认定书、调查结论与人民法院的生效裁判文书发生冲突,则应当以生效裁判文书作为工伤认定的依据。社会保险行政部门由于缺乏认定事故责任的专业技能,法律法规也未赋予社会保险行政部门在工伤认定中认定事故责任的职能,即使相关行政机关、人民法院没有对事故责任作出认定,社会保险行政部门也不应当在工伤认定程序中划分事故责任,更不能直接认定劳动者负事故的主要责任或者全部责任。

《工伤保险条例》第 18 条规定,提出工伤认定申请应当提交下列材料:(1)工伤认定申请表;(2)与用人单位存在劳动关系(包括事实劳动关系)的证明材料;(3)医疗诊断证明或者职业病诊断证明书(或者职业病诊断鉴定书)。工伤认定申请表应当包括事故发生的时间、地点、原因以及职工伤害程度等基本情况。工伤认定申请人提供材料不完整的,社会保险行政部门应当一次性书面告知工伤认定申请人需要补正的全部材料。申请人按照书面告知要求补正材料后,社会保险行政部门应当受理。从上述条文可知,劳动者申请工伤认定时需要提供的证据主要是劳动关系证明材料、医疗诊断证明或者职业病诊断证明,并未规定劳动者须提供证据证明自己在上下班途中非本人主要责任导致交通事故,仅需在工伤认定申请表中写明事故发生的时间、地点、原因及伤害程度等基本情况。《工伤保险条例》第 19 条第 2 款规定,职工或者其近亲属认为是工伤,用人单位不认为是工伤的,由用人单位承担举证责任。职工在上下班途中遇交通事故受到伤害,但相关部门未出具事故认定书或者调查结论,这种情况下,劳动者提交劳动关系存在的证明、医疗证明,并在工伤认定申请表中写明事故发生的基本情况。用人单位如果认为是职工本人主要责任导致交通事故,不应当认定为工伤的,应当由用人单位对劳动者不构成工伤的事实承担举证责任,即由用人单位提供证据证明职工本人在交通事故中负主要责任。不能因相

---

① 梁三利、梁海峰:《通勤事故工伤认定的法律解释与适用》,载《中国劳动》2011 年第 5 期。

关部门未出具事故认定书或者调查结论就认为劳动者对其构成工伤未尽到举证责任,从而作出不予认定工伤的结论。

人力资源和社会保障部《关于执行〈工伤保险条例〉若干问题的意见》(人社部发〔2013〕34号)第2条规定,《条例》第14条第6项规定的“非本人主要责任”的认定,应当以有关机关出具的法律文书或者人民法院的生效裁决为依据。笔者认为,对该条规定不应理解为没有有关机关出具的法律文书或者人民法院的生效裁决为依据就不能作出“非本人主要责任”的认定,而应当理解为有关机关对交通事故作出法律文书或者人民法院生效裁决对交通事故责任作出认定的情况下,社会保险行政部门应当以上述法律文书或者生效裁决为依据认定“非本人主要责任”,而不应不采纳上述法律文书和生效裁决的结论而自己划分责任;在没有相关法律文书或者生效裁决的情况下,应当依据《工伤保险条例》第19条第2款规定进行举证责任的分配,再作出工伤认定或者不予认定工伤的结论。最高人民法院《关于审理工伤保险行政案件若干问题的规定》第1条,人民法院审理工伤认定行政案件,在认定是否存在《工伤保险条例》第14条第6项“本人主要责任”、第16条第2项“醉酒或者吸毒”和第16条第3项“自残或者自杀”等情形时,应当以有权机构出具的事故责任认定书、结论性意见和人民法院生效裁判等法律文书为依据,但有相反证据足以推翻事故责任认定书和结论性意见的除外。前述法律文书不存在或者内容不明确,社会保险行政部门就前款事实作出认定的,人民法院应当结合其提供的相关证据依法进行审查。该条规定即认为排除工伤认定或者视同工伤的情形,包括上下班途中交通事故中的“本人主要责任”,应当有相关机关出具的法律文书为依据,前述法律文书不存在或者内容不明确,应当由主张工伤不成立的一方承担举证责任。

【风险提示195】

劳动者在“上下班途中”发生交通事故,劳动者或者其亲属应及时报警,由相关机关作出事故认定书或者调查结论。如果没有事故认定书或者调查结论,劳动者本人是否负事故主要责任将难以查清,一些地方的社会保险行政部门还可能会因此作出不予工伤认定的结论。

【规范指引】

《工伤保险条例》

第十八条　提出工伤认定申请应当提交下列材料:

（一）工伤认定申请表；

（二）与用人单位存在劳动关系（包括事实劳动关系）的证明材料；

（三）医疗诊断证明或者职业病诊断证明书（或者职业病诊断鉴定书）。

工伤认定申请表应当包括事故发生的时间、地点、原因以及职工伤害程度等基本情况。

工伤认定申请人提供材料不完整的，社会保险行政部门应当一次性书面告知工伤认定申请人需要补正的全部材料。申请人按照书面告知要求补正材料后，社会保险行政部门应当受理。

最高人民法院《关于审理工伤保险行政案件若干问题的规定》

第一条　人民法院审理工伤认定行政案件，在认定是否存在《工伤保险条例》第十四条第（六）项“本人主要责任”、第十六条第（二）项“醉酒或者吸毒”和第十六条第（三）项“自残或者自杀”等情形时，应当以有权机构出具的事故责任认定书、结论性意见和人民法院生效裁判等法律文书为依据，但有相反证据足以推翻事故责任认定书和结论性意见的除外。

前述法律文书不存在或者内容不明确，社会保险行政部门就前款事实作出认定的，人民法院应当结合其提供的相关证据依法进行审查。

人力资源和社会保障部《关于执行〈工伤保险条例〉若干问题的意见》

二、《条例》第十四条第（六）项规定的“非本人主要责任”的认定，应当以有关机关出具的法律文书或者人民法院的生效裁决为依据。

Q203：劳动者提前下班途中受非本人主要责任交通事故伤害，能否认定为工伤？

根据《工伤保险条例》第14条第6项的规定，劳动者遇交通事故受到伤害认定工伤，必须是在上下班途中。最高人民法院《关于审理工伤保险行政案件若干问题的规定》第6条规定认定“上下班途中”，需符合在合理时间内的条件。劳动者提前下班途中，是否属于“上下班途中”，在提前下班途中受非本人主要责任交通事故伤害，能否认定为工伤，实践中存在很大争议。

【争议】

观点一：《工伤保险条例》第14条第6项规定的“上下班途中”，应当指正常的“上下班途中”，即劳动者遵守用人单位规定的上下班时间而在途中受非本人主要责任交通事故伤害,应当认定为工伤。劳动者提前下班,违反用人单位的劳动规章,用人单位不能因劳动者违规违纪的行为对劳动者承担赔偿责任。所以,劳动者提前下班途中受非本人主要责任交通事故伤害,不能认定为工伤。

观点二:违纪提前下班属于"上下班"范畴。劳动者提前下班,违反用人单位的劳动纪律,用人单位可以根据劳动规章制度对劳动者违纪行为进行处理。不能因劳动者提前下班就否认其仍属"上下班"的性质,进而否定劳动者获得工伤赔偿的权利。

【解答】

笔者认为,劳动者提前下班可分为以下几种情形:一是劳动者向用人单位请假获得批准后提前下班;二是劳动者有正当理由向用人单位请假后,用人单位无理由拒绝批准,劳动者提前下班;三是劳动者向用人单位请假,用人单位以正当理由拒绝批准,但劳动者仍提前下班;四是劳动者未向用人单位请假提前下班。

在第一、第二种情形中,劳动者提前下班并不违反劳动纪律,属于正常"上下班"范畴,这两种情形中,劳动者回家途中受非本人主要责任交通事故伤害,应当认定为工伤。

在第三、第四种情形中,劳动者提前下班,违反用人单位的劳动规章和纪律,属于非正常下班。这两种情形中,劳动者回家途中受非本人主要责任交通事故伤害,能否认定为工伤要看是否在合理时间内。这是因为最高人民法院《关于审理工伤保险行政案件若干问题的规定》第6条将"上下班途中"定义为在合理时间内往返于劳动者广义上的住处与工作地的合理路线中,如劳动者仅比规定下班时间提前一点时间下班(如30分钟以内),仍属于社会一般公众认可的合理时间范围内,劳动者在这种情况下途中受非本人主要责任交通事故伤害,符合最高人民法院《关于审理工伤保险行政案件若干问题的规定》第6条规定的条件,应当认定为工伤。劳动者提前下班,虽然违反了用人单位的劳动纪律,但并未增加在途中发生交通事故的风险,《工伤保险条例》和最高人民法院《关于审理工伤保险行政案件若干问题的规定》并未将合理时间范围内的提前下班作为不认定工伤的条件,而且工伤认定并不以劳动者不存在违规违纪的行为作为前提条件。仅以劳动者违反劳动纪律就否定其构成工伤的理由是不成立的。由于最高人民法院《关于审理工伤保险行政案件若干问题的规定》第6

条将在合理时间作为认定“上下班途中”的必要条件，劳动者违纪提前下班的时间距用人单位规定的下班时间明显过长、明显不合理的，劳动者提前下班途中不能认定为在“上下班途中”，劳动者在途中受非本人主要责任交通事故伤害，不能认定为工伤。

【风险提示196】

劳动者提前下班是否属于《工伤保险条例》规定的“上下班途中”，要看劳动者提前下班是否违反劳动规章制度、劳动者提前下班的时间是否在合理的区间内。

【规范指引】

人力资源和社会保障部《关于执行〈工伤保险条例〉若干问题的意见（二）》

六、职工以上下班为目的、在合理时间内往返于工作单位和居住地之间的合理路线，视为上下班途中。

Q204：用人单位未设置厕所，劳动者在工作时间到用人单位附近的厕所途中受到伤害，能否认定为工伤？

现实生活中，因一些用人单位未设置厕所或者厕所损坏、装修等原因，劳动者需要到附近的厕所如厕。往返用人单位附近的厕所可能需要穿过马路，这就增加了劳动者受到伤害的风险。劳动者到单位附近的厕所途中受到伤害，是否应当认定为工伤，实践中存在不同观点。

【争议】

观点一：劳动者去用人单位附近的厕所如厕，不是因工作原因，去往厕所的途中不属于用人单位的工作场所，不符合《工伤保险条例》第14条第1项规定的工作场所内，因工作原因受到事故伤害的工伤认定条件，不能认定为工伤。

观点二：劳动者去用人单位附近的厕所如厕，是解决正常的生理需要，属于因工作原因受到伤害。《工伤保险条例》第14条第1项规定的工作场所也应作适当延伸，将劳动者解决生理需求的场所以及去往该场所的途中包含在内。所以，劳动在去往用人单位附近厕所的途中受到伤害，应当认定为工伤。

【解答】

笔者同意观点二。因用人单位未设置厕所，或者厕所损坏、装修等原因，劳动者在工作过程中去附近的厕所如厕,符合工伤认定中在工作时间的条件,应无疑问。问题在于此种情形是否符合在工作场所内、因工作原因的条件。

《工伤保险条例》第14条第1项规定的工作场所应作扩大解释,不仅包括用人单位所有或者使用的工作场所,还包括劳动者因工作需经过或者前往的场所,如劳动者为完成工作需要前往某个非属用人单位的场所,该场所和去往该场所的途中均应认定为工作场所;再如,职工来往于多个与其工作职责相关的工作场所之间的合理区域,也应认定为在工作场所。用人单位未设置厕所或者厕所无法使用,劳动者在工作时前往附近厕所及去厕所途中的合理区域,也应当视为工作场所的延伸。

同样,《工伤保险条例》第14条第1项规定的"因工作原因"也应当作适当的扩张解释,劳动者在工作时解决必需的生理需求也应当包括在"因工作原因"之内。劳动者在工作期间正常的喝水、就餐、工间休息、上厕所等行为,与劳动者履行工作职责、提供正常劳动密不可分,这些行为理应涵盖在"因工作原因"范围之内。用人单位在其所有或者使用的场所内未设置厕所或者厕所无法使用,劳动者必须到附近的厕所从而增加受到伤害的风险,劳动者因此受到伤害的,应当认定为工伤。但劳动者在工作时间到厂区外的公共场所抽烟等非解决生理必要需求的行为,与其履行工作职责并无实质上的关联性,不能认定为"因工作原因",劳动者在此过程中受到伤害,则不能认定为工伤。

【风险提示197】

职工在工作中解决必需的生理需求时受到伤害,符合工伤认定的条件。

【规范指引】

最高人民法院《关于审理工伤保险行政案件若干问题的规定》

第四条　社会保险行政部门认定下列情形为工伤的,人民法院应予支持:

……

(三)在工作时间内,职工来往于多个与其工作职责相关的工作场所之间的合理区域因工受到伤害的;

……

Q205：劳动者冒用他人身份入职，在工作中受到伤害，能否认定为工伤，如认定工伤，工伤赔偿责任由谁负担？

现实生活中，一些劳动者冒用他人身份与用人单位成立劳动关系，用人单位以被冒用者名义缴纳工伤保险。冒名劳动者在工作过程中受到伤害，由于冒名劳动者与工伤保险的受益主体身份不符合，工伤保险基金往往会拒绝支付工伤保险。对劳动者冒用他人身份与用人单位成立劳动关系，在工作过程中受到伤害，能否认定为工伤以及工伤赔偿责任由谁负担的问题，实践中存在较大争议。

【争议】

观点一：劳动者冒用他人身份在用人单位入职，存在严重过错，被冒名者与用人单位不成立劳动关系，冒名者与用人单位也不存在劳动关系，劳动者不符合认定工伤的主体条件。用人单位已为被冒名者缴纳社会保险，但因冒名行为导致工伤保险基金无法支付，如此情形认定为工伤，则用人单位就要承担工伤保险基金应赔付的项目，这对用人单位明显是不公平的。所以，劳动者冒名入职在工作中受到伤害，不应当认定为工伤。

观点二：劳动者冒用他人身份在用人单位入职，冒名的劳动者与用人单位成立事实劳动关系。冒名劳动者在工作时间和工作场所内因工作原因受到伤害，符合工伤认定的条件，应当认定为工伤。因劳动者冒名行为导致工伤保险基金无法赔付，用人单位也不应当承担本应由工伤保险基金应赔偿的项目。如浙江省高级人民法院民事审判第一庭、浙江省劳动人事争议仲裁院《关于审理劳动争议案件若干问题的解答(四)》(2016年)第12条规定，劳动者以虚假身份与用人单位签订劳动合同，用人单位按劳动者提供的身份信息缴纳了工伤保险且不存在疏忽大意等过错的，劳动者应当为其欺诈行为承担不利后果，用人单位一般无须负担本应由工伤保险基金支付的工伤待遇部分。但基于该劳动者已与用人单位存在事实劳动关系，用人单位应当承担工伤保险待遇中应当由用人单位承担的部分。

【解答】

笔者倾向于观点二。这是因为：

(1)冒用他人身份入职的劳动者与用人单位成立事实劳动关系。虽然劳动合同或者入职情况表等材料反映的名义主体是被冒名者，但被冒名者并未提供实际劳动,也不接受用人单位的劳动管理,其与用人单位之间不存在劳动关系。冒名劳动者为用人单位实际提供劳动并获得相应的工资报酬,接受用人单位的劳动管理和安排,遵守用人单位的劳动规章和纪律,符合劳动关系的特征。虽然冒名劳动者冒用他人身份入职,具有严重过错,其冒用他人身份与用人单位签订的劳动合同可能会因劳动者欺诈而被确认无效,但这并不能否认冒名劳动者与用人单位成立事实劳动关系。观点一认为冒名劳动者与用人单位不存在事实劳动关系,没有把握劳动关系的实质特征,实不足取。

(2)冒名劳动者在工作时间和工作场所内,因工作原因受到伤害,应当认定为工伤。由于冒名劳动者与用人单位成立事实劳动关系,具备了认定工伤的主体条件。冒名劳动者在工作时间和工作场所内,因工作原因受到伤害,符合《工伤保险条例》规定的认定工伤的条件。《工伤保险条例》并未将冒用他人身份的行为作为不认定工伤或者视同工伤的条件,工伤认定一般也不考虑劳动者自身的过错,更不会考虑劳动者在入职时冒用身份的过错,不能因劳动者入职时冒用他人身份的行为就认定其不构成工伤。所以,劳动者冒用他人身份入职后,在工作中受伤,符合《工伤保险条例》规定的认定工伤的条件,应当认定为工伤。

(3)工伤认定后赔付责任主体视工伤保险费用的缴纳情况而有所区别。用人单位以被冒名者名义办理工伤保险手续并缴纳工伤保险费用,由于实际受到工伤的劳动者与工伤保险受益人不同,工伤保险基金拒绝赔付,这种情况下,虽然用人单位可能存在审核不严的过错,但工伤保险基金拒绝赔付主要是劳动者冒用他人身份造成的,工伤赔偿项目中本应由工伤保险基金赔付的项目不应由用人单位承担赔偿责任,由冒名劳动者自己承担责任,其他本应由用人单位赔付的项目仍由用人单位承担赔付责任。用人单位未为冒名劳动者或者被冒名者办理工伤保险手续,也没有缴纳工伤保险费用,应由用人单位承担工伤赔偿责任。用人单位有证据证明未办理工伤保险手续、缴纳工伤保险是劳动者的冒名行为导致,则用人单位仅承担工伤赔偿项目中本应由用人单位赔付的项目。

【风险提示198】

用人单位在招用劳动者时,应当仔细审查劳动者的身份,防止冒名入职的现象发生。如用人单位明知劳动者冒名入职,劳动者因工受伤,如不能从工伤保险基金取得赔偿,用人单位将承担赔偿责任。

Q206：劳动者在工作时间和工作岗位，突发疾病经抢救在48小时以外死亡的，能否认定为工伤？

《工伤保险条例》第15条第1项规定，职工在工作时间和工作岗位，突发疾病死亡或者在48小时之内经抢救无效死亡的，视同工伤。根据该条规定，在工作中突发疾病死亡视同工伤应符合以下条件：(1)劳动者在工作时间和工作岗位。这里的工作时间和工作岗位并不局限于劳动者正常的工作时间和工作岗位，还包括：劳动者应用人单位要求延长工作时间，在工作岗位中突发疾病的；因工在外的时间和区域，但劳动者从事与工作、学习无关的个人活动的时间和区域除外；与工作有关的准备、收尾工作时间和场所。(2)劳动者突发疾病。这里的疾病不要求与工作相关，劳动者因个人原因所患的与工作无关的疾病均可作为视同工伤的条件。(3)突发疾病致劳动者在工作岗位死亡或者在48小时内经抢救死亡。关于48小时的起算点，劳动和社会保障部《关于实施〈工伤保险条例〉若干问题的意见》(劳社部函〔2004〕256号)第3条规定，条例第15条规定的“职工在工作时间和工作岗位，突发疾病死亡或者在48小时之内经抢救无效死亡的，视同工伤”。这里“突发疾病”包括各类疾病。“48小时”的起算时间，以医疗机构的初次诊断时间作为突发疾病的起算时间。

现实生活中存在劳动者在工作时间和工作岗位突发疾病后连续抢救48小时后死亡的情况。这种情况能否认定为工伤，实践中仍存在不少争议。

【争议】

观点一：《工伤保险条例》第15条第1项规定的“48小时内”应当严格认定。从医疗机构的初次诊断时间起到劳动者死亡在48小时内才能认定工伤。超出48小时，无论是连续抢救48小时以上死亡还是在48小时内经抢救确认生还无望，但死亡在48小时之外，均不符合《工伤保险条例》第15条第1项规定的“48小时内”的条件，不应当认定为工伤。

观点二：劳动者在工作时间和工作岗位，突发疾病经抢救在48小时以外死亡的，原则上不能认定为工伤，但突发疾病连续抢救48小时后死亡的，应当认定为工伤。

观点三：劳动者在工作时间和工作岗位，突发疾病经抢救后确认无存活可能，但用人单位或者其亲属仍要求医疗机构继续抢救，致使劳动者死亡超过48小时的，应当认定为工伤。

【解答】

笔者倾向于观点一。这是因为:

(1)实践中对《工伤保险条例》认定工伤条件的规定多采用适度从宽的解释,但适度从宽的解释必须在《工伤保险条例》相应规定的文义涵摄范围之内。仅在条例规定存在法律漏洞的情况下才能有突破。《工伤保险条例》第 15 条第 1 项将劳动者在工作中突发疾病后死亡视同工伤的时间条件限制在 48 小时,即从医疗机构的初次诊断时间起到劳动者死亡必须在 48 小时以内,超过 48 小时的,不能认定为工伤。第二、三种观点认为劳动者在工作中突发疾病至死亡的时间在一些情形下可以超出 48 小时,明显与《工伤保险条例》第 15 条第 1 项规定的文义不符。在未明确该条文有漏洞的情况下,这些超出条文文义涵摄范围的理解均不应当采纳。

(2)观点二将连续抢救 48 小时后死亡作为认定工伤的条件,实践中难以操作。一是连续抢救的事实难以认定;二是连续抢救的时间是刚好在 48 小时,还是可以超出 48 小时,如果可以超出 48 小时,以超出多长时间为限也难以把握;三是抢救超过 48 小时后到死亡的时间间隔以多长为宜难以把握。该观点易引起工伤认定实践的困扰和认定标准的不统一,与《工伤保险条例》的规定也明显不符。

(3)观点三将经抢救后确认无存活可能作为超出 48 小时死亡工伤认定的条件。笔者认为,医疗机构一般不会出具有关经抢救确认无存活可能的事实和时间点的证明材料,社会保险行政部门和人民法院无从判断劳动者是否在经抢救后在突发疾病后 48 小时内已无存活可能,实践中难以操作。如果此情形可以认定为工伤,那么劳动者在突发疾病经抢救在 48 小时内确认无存活可能,但死亡时超过 48 小时的情形,也应基于同一理由认定工伤,这显然与《工伤保险条例》的规定相抵触。

【风险提示 199】

劳动者在工作时间和工作岗位,突发疾病经抢救后死亡,时间在 48 小时以内才能认定为工伤。自医疗机构的初次诊断时间起到劳动者死亡超过 48 小时的,不能认定为工伤。

【规范指引】

《工伤保险条例》

第十五条　职工有下列情形之一的,视同工伤:

（一）在工作时间和工作岗位，突发疾病死亡或者在48小时之内经抢救无效死亡的；

……

劳动和社会保障部《关于实施〈工伤保险条例〉若干问题的意见》

三、条例第十五条规定“职工在工作时间和工作岗位，突发疾病死亡或者在48小时之内经抢救无效死亡的，视同工伤”。这里“突发疾病”包括各类疾病。“48小时”的起算时间，以医疗机构的初次诊断时间作为突发疾病的起算时间。

Q207：存在挂靠、转包、违法分包情形，工伤责任主体如何确定？

【解答】

建筑、矿山、运输等行业存在大量挂靠、转包、违法分包的行为。在挂靠、转包、违法分包的情形中，挂靠人、受转包和受分包人往往是没有相应资质的组织或者个人。这些组织和个人为实际实施经营行为，需要招用劳动者，但没有资质的组织或者个人往往经济能力较弱、安全保障能力差，劳动者在工作过程中更容易受到人身伤害，而且，劳动者一旦遭受人身损害，这些组织或者个人常无力负担赔偿责任。如果仅将劳动者受工伤的赔偿责任主体限定为与他们实际发生用工关系的组织或者个人，劳动者难以获得及时、充分的赔偿。而有资质的用人单位与受伤的劳动者之间不存在事实上的劳动关系，如果没有法律法规的明确规定，难以将这些用人单位作为承担工伤赔偿责任的主体。

有资质的用人单位将经营业务转包、违法分包给其他组织或者个人，或者允许其他组织或者个人挂靠经营，这是明显的违法行为，这种违法行为给实际参与经营活动的劳动者明显地增加了伤害风险，为了使劳动者能及时、充分获得工伤赔偿，劳动法律法规和司法解释将挂靠、转包、违法分包情形中有资质的用人单位作为承担工伤赔偿责任的主体。劳动和社会保障部《关于确立劳动关系有关事项的通知》（劳社部发〔2005〕12号）第4条规定，建筑施工、矿山企业等用人单位将工程（业务）或者经营权发包给不具备用工主体资格的组织或者自然人，对该组织或者自然人招用的劳动者，由具备用工主体资格的发包方承担用工主体责任。人力资源和社会保障部《关于执行〈工伤保险条例〉若干问题的意见》（人社部发〔2013〕34号）第7条规定，具备用工主体资格的承包单位违反法律、法规规定，将承包业务转包、分包给不具备用工主体资格的组织或者自然人,该组织或者自然人招用的劳动者从事承包业务时因工伤亡的,由该具备用工主体资格的承包单位承担用人单位依法应承担的工伤保险责任。最高人民法院《关于审理工伤保险行政案件若干问题的规定》第3条第1款第4、5项规定,社会保险行政部门认定下列单位为承担工伤保险责任单位的,人民法院应予支持:(4)用人单位违反法律、法规规定将承包业务转包给不具备用工主体资格的组织或者自然人,该组织或者自然人聘用的职工从事承包业务时因工伤亡的,用人单位为承担工伤保险责任的单位;(5)个人挂靠其他单位对外经营,其聘用的人员因工伤亡的,被挂靠单位为承担工伤保险责任的单位。需要注意的是,被挂靠单位为挂靠人聘用的人员承担工伤赔偿责任仅限于个人挂靠,单位挂靠聘用的劳动者受伤,被挂靠单位不承担工伤赔偿责任。受伤的人员限于挂靠人、受转包人和受分包人聘用的人员,挂靠人、受转包人和受分包人自己在工作中受伤的,不应当由被挂靠单位、转包单位和分包单位承担工伤赔偿责任。

由于有资质的单位与受工伤的人员不存在劳动关系,与受工伤人员构成劳动关系或者劳务关系的仍是挂靠人、受转包人和受分包人,最终的工伤赔偿责任还是要落到挂靠人、受转包人和受分包人身上,否则实际的雇主和侵权人不需要承担赔偿责任,不符合公平原则。因此,最高人民法院《关于审理工伤保险行政案件若干问题的规定》第3条第2款规定,前款第4、5项明确的承担工伤保险责任的单位承担赔偿责任或者社会保险经办机构从工伤保险基金支付工伤保险待遇后,有权向相关组织、单位和个人追偿。

【风险提示200】

用人单位不得将业务转包、违法分包给无资质的组织或者个人,也不得允许无资质的组织或者个人挂靠单位进行生产、经营活动。否则,无资质的组织或者个人招用的劳动者因工受伤,用人单位将承担工伤主体责任。

【规范指引】

最高人民法院《关于审理工伤保险行政案件若干问题的规定》

第三条　社会保险行政部门认定下列单位为承担工伤保险责任单位的,人民法院应予支持:

(一)职工与两个或两个以上单位建立劳动关系,工伤事故发生时,职工为之工作的单位为承担工伤保险责任的单位；

（二）劳务派遣单位派遣的职工在用人单位工作期间因工伤亡的，派遣单位为承担工伤保险责任的单位；

（三）单位指派到其他单位工作的职工因工伤亡的，指派单位为承担工伤保险责任的单位；

（四）用人单位违反法律、法规规定将承包业务转包给不具备用工主体资格的组织或者自然人，该组织或者自然人聘用的职工从事承包业务时因工伤亡的，用人单位为承担工伤保险责任的单位；

（五）个人挂靠其他单位对外经营，其聘用的人员因工伤亡的，被挂靠单位为承担工伤保险责任的单位。

前款第（四）、（五）项明确的承担工伤保险责任的单位承担赔偿责任或者社会保险经办机构从工伤保险基金支付工伤保险待遇后，有权向相关组织、单位和个人追偿。

人力资源和社会保障部《关于执行〈工伤保险条例〉若干问题的意见》

七、具备用工主体资格的承包单位违反法律、法规规定，将承包业务转包、分包给不具备用工主体资格的组织或者自然人，该组织或者自然人招用的劳动者从事承包业务时因工伤亡的，由该具备用工主体资格的承包单位承担用人单位依法应承担的工伤保险责任。

Q208：劳动者见义勇为受到伤害，能否视同工伤？

《工伤保险条例》第15条规定，职工有下列情形之一的，视同工伤，(1)在工作时间和工作岗位，突发疾病死亡或者在48小时之内经抢救无效死亡的；(2)在抢险救灾等维护国家利益、公共利益活动中受到伤害的；(3)职工原在军队服役，因战、因公负伤致残，已取得革命伤残军人证，到用人单位后旧伤复发的。职工有前款第1项、第2项情形的，按照本条例的有关规定享受工伤保险待遇；职工有前款第3项情形的，按照本条例的有关规定享受除一次性伤残补助金以外的工伤保险待遇。劳动者非因工作原因，在见义勇为过程中受到伤害，是否属于该条规定的在抢险救灾等维护国家利益、公共利益活动中受到伤害的情形，能否视同工伤，实践中有不同观点。

【争议】

观点一:劳动者非为维护国家利益、公共利益实施的见义勇为行为,值得提倡,但劳动者在见义勇为过程中受到伤害,不属于《工伤保险条例》第15条规定的在抢险救灾等维护国家利益、公共利益活动中受到伤害,不能视为为工伤。

观点二:劳动者见义勇为,与抢险救灾行为类似,同样属于维护公共利益的活动。劳动者在见义勇为活动中受到伤害,应当视为工伤。

【解答】

笔者同意观点二。理由在于:

(1)虽然一些见义勇为的行为目的在于保护他人的人身和财产安全,看似不涉及国家利益或者公共利益,但劳动者实施见义勇为的行为客观上维护了社会治安秩序,弘扬社会正气,可以纳入在抢险救灾等维护国家利益、公共利益活动的范围。劳动者在见义勇为过程中受到伤害,符合《工伤保险条例》第15条规定视同工伤的情形,应当视同工伤。

(2)劳动者为防止他人受不法侵害实施见义勇为行为,体现了助人为乐、危难互助等中华民族传统美德,应当大力提倡和弘扬。但在现实生活中,见义勇为者在见义勇为过程中受到伤害,不法分子往往无赔偿能力,见义勇为者自身受到损失无法得到充分、及时的赔偿,这显然不利于见义勇为行为的提倡和鼓励。基于此种情况,《侵权责任法》第23条规定了侵权人逃逸后,受益人应当进行适当补偿。但受益人补偿的数额仅是损失的一部分,见义勇为者仍难得获得完全赔偿。将见义勇为纳入视同工伤的范畴,使见义勇为者受到伤害后能及时、完全地得到赔偿,有利于见义勇为行为的提倡和发扬,有利于社会正气的弘扬。

(3)最高人民法院发布的第94号指导案例"重庆市涪陵志大物业管理有限公司诉重庆市涪陵区人力资源和社会保障局劳动和社会保障行政确认案"(最高人民法院审判委员会讨论通过　2018年6月20日发布),裁判要旨为:职工见义勇为,为制止违法犯罪行为而受到伤害的,属于《工伤保险条例》第15条第1款第2项规定的为维护公共利益受到伤害的情形,应当视同工伤。最高人民法院发布的指导案例,各级人民法院审理类似案件时应当参照。上述指导案例确定的见义勇为受到伤害应视同工伤的规则,人民法院在审理此类案件时应当参照适用。

(4)很多地方的地方性法规、政府规章等均将职工在见义勇为过程中受到伤害纳入视同工伤的范畴。如《重庆市鼓励公民见义勇为条例》第21条规定，因见义勇为伤残的公民，有工作单位的享受工伤待遇。《广东省见义勇为人员奖励和保障条例》第20条规定，参加工伤保险的见义勇为人员，依法享受工伤保险待遇。《海南省见义勇为人员奖励和保障规定》第23条第1款第1项规定，有工作单位的见义勇为人员已参加工伤保险的，由工伤保险基金按照规定支付医疗费用；所在单位未依法缴纳工伤保险费的，由其所在单位支付；所在单位不支付的，由工伤保险基金先行支付。从工伤保险基金中先行支付的医疗费用应当由所在单位偿还。第24条第1项规定，有工作单位的见义勇为人员已参加工伤保险的，按照《工伤保险条例》规定，享受工伤保险待遇；所在单位未依法缴纳工伤保险费的，由其所在单位支付；所在单位不支付的，由工伤保险基金先行支付。从工伤保险基金中先行支付的相关费用应当由所在单位偿还。

【风险提示201】

劳动者非因工作原因，在见义勇为中受到伤害，应当视同工伤，享受工伤保险待遇。用人单位应当及时为在见义勇为中受到伤害的劳动者申报工伤。

【规范指引】

《工伤保险条例》

第十五条　职工有下列情形之一的，视同工伤：

……

（二）在抢险救灾等维护国家利益、公共利益活动中受到伤害的；

……

Q209：兼职人员发生工伤，如何确定工伤责任主体？

现实中，一名劳动者同时为两个用人单位工作的现象并不鲜见。随着互联网经济时代的到来，劳动者的工作场所和工作时间越来越不受制于用人单位，兼职现象不断增多，兼职劳动者的工伤问题越来越多地被社会关注。兼职劳动者受到工伤时由谁来承担工伤责任，实践中有不同的观点。

【争议】

观点一：一名劳动者只能对应一个用人单位，只能有一个用人单位为劳动者缴纳社会保险,包括工伤保险。劳动者在该用人单位工作时受到伤害,应当由该用人单位承担工伤赔偿责任。劳动者在其他用人单位兼职时受到伤害,不应当认定为工伤。

观点二:劳动者可以同时在多个用人单位工作,劳动者在一个用人单位工作时受到伤害,应当由其同时工作的数个用人单位分担工伤赔偿责任。

观点三:劳动者在不影响用人单位分配的工作任务的情况下,可以与别的用人单位成立劳动关系。劳动者在工作中受到伤害,由哪个用人单位承担工伤赔偿责任取决于劳动者是在为哪个用人单位工作时受到伤害。劳动者受到伤害时工作的用人单位应当承担工伤赔偿责任,其他用人单位则无须承担责任。

【解答】

笔者同意观点三。

(1)法律并不禁止劳动者在不影响完成本单位工作任务的情况下与其他用人单位成立劳动关系。《劳动合同法》第39条第4项规定,劳动者同时与其他用人单位建立劳动关系,对完成本单位的工作任务造成严重影响,或者经用人单位提出,拒不改正的,用人单位可以解除劳动合同。从反面推论可知,劳动者在不影响完成本单位工作任务且用人单位未表示明确反对的情况下,可以与其他用人单位成立劳动关系。现实中还有很多非全日制用工,在非全日制用工中,由于工作时间较少,兼职的现象更为多见。《劳动合同法》第69条第2款规定,从事非全日制用工的劳动者可以与一个或者一个以上用人单位订立劳动合同;但是,后订立的劳动合同不得影响先订立的劳动合同的履行。由是观之,《劳动合同法》突破了传统单一劳动关系的观点,有条件地允许多重劳动关系的存在。

(2)劳动者在两个以上用人单位同时就业的,各用人单位应当分别为劳动者缴纳工伤保险费用。劳动和社会保障部《关于实施〈工伤保险条例〉若干问题的意见》(劳社部函〔2004〕256号)第1条规定,职工在两个或两个以上用人单位同时就业的,各用人单位应当分别为职工缴纳工伤保险费。职工发生工伤,由职工受到伤害时其工作的单位依法承担工伤保险责任。根据该条规定,劳动者在两个以上用人单位就业,各个用人单位可以分别为劳动者缴纳工伤保险费用,并不存在任何障碍。用人单位不得以无法缴纳工伤保险费用为由拒绝承担工伤保险赔偿责任。

(3)工伤责任应由劳动者受到伤害时工作的用人单位承担。认定工伤的三个要素即在工作时间、工作场所、因工作原因，均指向劳动者工作的用人单位。劳动者未提供劳动的用人单位不能成为工伤责任主体。观点二认为应由各用人单位分担工伤责任，没有法律依据，劳动者发生工伤时未工作的用人单位承担劳动者的工伤责任，也是不公平的。劳动者受到伤害时工作的用人单位已经为劳动者缴纳工伤保险费用，则其仅承担《工伤保险条例》规定由用人单位支付的费用，如用人单位未缴纳工伤保险费用，则其要承担全部工伤赔偿责任。

还有一个问题是劳动者在用人单位 A 上完班后前往用人单位 B 的途中发生非本人主要责任的交通事故受到伤害，应当由哪个用人单位承担主伤责任？一种观点认为，劳动者是在用人单位 A 工作的下班途中受到伤害，应当由用人单位 A 承担工伤责任。笔者不同意该观点。“上下班途中”指的是劳动者在合理时间内往返于工作地和广义上的住处等合理路线的途中。劳动者在用人单位 A 上完班后前往用人单位 B 的途中，并非返回住处的途中，劳动者的目的是到用人单位 B 处工作而非从用人单位 A 处下班，劳动者在此途中应当视为在用人单位 B 工作的延伸，应当由用人单位 B 承担工伤责任。

【风险提示 202】

劳动者与多个用人单位建立劳动关系，在工作中受伤，劳动者受伤时为之工作的单位是申报工伤和承担工伤责任的主体。

【规范指引】

最高人民法院《关于审理工伤保险行政案件若干问题的规定》

第三条　社会保险行政部门认定下列单位为承担工伤保险责任单位的，人民法院应予支持：

（一）职工与两个或两个以上单位建立劳动关系，工伤事故发生时，职工为之工作的单位为承担工伤保险责任的单位；

……

劳动和社会保障部《关于实施〈工伤保险条例〉若干问题的意见》

一、职工在两个或两个以上用人单位同时就业的，各用人单位应当分别为职工缴纳工伤保险费。职工发生工伤，由职工受到伤害时其工作的单位依法承担工伤保险责任。

Q210:因工作原因陪客户饮酒期间受到伤害,能否认定为工伤?

现实生活中,一些用人单位的销售人员、客户经理等为拓展销售途径、开拓客源,经常在下班后陪客户饮酒。在陪客户饮酒的过程中,职工受到伤害的情况并不少见,陪客户饮酒致死的新闻屡见不鲜。职工因工作原因陪同客户饮酒,在饮酒过程中受到伤害,能否认定为工伤,实践中存在很大争议。

【争议】

观点一:职工因工作原因陪客户饮酒,属于《工伤保险条例》第 14 条第 5 项规定的因工外出期间,由于工作原因受到伤害或者发生事故下落不明的情形,应当认定为工伤。

观点二:职工陪客户饮酒可能起因于工作需要,但饮酒本身不是工作,劳动者在饮酒中受到伤害不属于因工作原因。《工伤保险条例》第 16 条第 2 项规定,职工符合本条例第 14 条、第 15 条的规定,但是有下列情形之一的,不得认定为工伤或者视同工伤:醉酒或者吸毒的。根据该条规定,劳动者存在醉酒的情形,应当排除工伤的认定。综合以上两点论述,劳动者在陪同客户饮酒过程中受到伤害,不应当认定工伤。

【解答】

笔者倾向于观点一。最高人民法院《关于审理工伤保险行政案件若干问题的规定》第 5 条规定,社会保险行政部门认定下列情形为“因工外出期间”的,人民法院应予支持:(1)职工受用人单位指派或者因工作需要在工作场所以外从事与工作职责有关的活动期间;(2)职工受用人单位指派外出学习或者开会期间;(3)职工因工作需要的其他外出活动期间。职工因工外出期间从事与工作或者受用人单位指派外出学习、开会无关的个人活动受到伤害,社会保险行政部门不认定为工伤的,人民法院应予支持。根据该条规定,职工因工外出期间从事与工作有关的活动而非从事个人活动,在活动中受到伤害,可以认定为工伤。职工因工作原因陪同客户饮酒,属于职工因工外出期间从事与工作有关的活动。

《工伤保险条例》将醉酒作为工伤认定或者视同工伤的排除情形,是因为一般工作期间是禁止饮酒的,职工下午上班或者上夜班,中午或者晚饭也不能醉酒。醉酒明显增加劳动者在工作中受到伤害的风险,职工违反劳动纪律,醉酒造成工作时自身受到伤害,不能认定为工伤。职工因工作原因陪同客户饮酒却是工作所需，虽然劝酒、饮酒过多的“酒场文化”不值得提倡，但在现实中，此类“酒场文化”有时却是拓展业务的有效推动力。有些职工为了拓展业务，不得不超量饮酒，甚至造成自身损害，归根到底还是为了提高工作业绩，这种情形不应当归入工伤认定的排除情形。

综上所述，职工因工作原因陪客户饮酒致自己受到伤害，属于《工伤保险条例》第 14 条第 5 项规定的因工外出期间，由于工作原因受到伤害的情形，应当认定为工伤。但职工非因工作原因饮酒致自己受到伤害的，不能认定为工伤。

【风险提示 203】

职工因工作原因陪客户饮酒致自己受到伤害，能否认定工伤，各地存在不同的做法。发生此类事故时，用人单位仍应当积极向工伤认定部门申报工伤。

【规范指引】

最高人民法院《关于审理工伤保险行政案件若干问题的规定》

第五条第（一）项　社会保险行政部门认定下列情形为“因工外出期间”的，人民法院应予支持：

（一）职工受用人单位指派或者因工作需要在工作场所以外从事与工作职责有关的活动期间；

Q211：工伤认定申请期限是否可变？

《工伤保险条例》第 17 条第 1 款、第 2 款规定，职工发生事故伤害或者按照职业病防治法规定被诊断、鉴定为职业病，所在单位应当自事故伤害发生之日或者被诊断、鉴定为职业病之日起 30 日内，向统筹地区社会保险行政部门提出工伤认定申请。遇有特殊情况，经报社会保险行政部门同意，申请时限可以适当延长。用人单位未按前款规定提出工伤认定申请的，工伤职工或者其近亲属、工会组织在事故伤害发生之日或者被诊断、鉴定为职业病之日起 1 年内，可以直接向用人单位所在地统筹地区社会保险行政部门提出工伤认定申请。该条仅规定用人单位申请工伤认定的期限 30 日经报社会保险行政部门同意后适当延长，但未规定其他情形下申请期限的延长、中止或者中断，也没有规定劳动者或者其近亲属、工会组织申请工伤认定期限的可变性。在实践中，遇有特殊情况,经报社会保险行政部门同意,用人单位申请工伤认定期限可延长的情形外,工伤认定申请期限是否可变,实践中存在较大争议。

【争议】

观点一:《工伤保险条例》没有规定工伤认定申请期限存在中止、中断的情形,仅规定遇有特殊情况,经报社会保险行政部门同意,用人单位的申请期限可适当延长。由是观之,《工伤保险条例》规定的工伤认定申请期限原则是一种不变期间,在条例没有例外规定的情况下,不得中止、中断或者延长。而且,条例规定的用人单位在自事故伤害发生之日或者被诊断、鉴定为职业病之日起 30 日内、劳动者或者其近亲属及工会组织在 1 年内申请工伤认定,时间非常充足,用人单位或劳动者等没有在上述期限内申请工伤认定,是对自己权利的漠视,超出期限的申请,不应受理。

观点二:工伤认定申请期限应为可变期限,可因不可抗力、仲裁或者诉讼等情形中止或者中断,也可经社会保险行政部门同意而延长。

【解答】

笔者同意观点二。这是因为:

(1)《工伤保险条例》第 17 条规定,用人单位申请工伤认定的期限可因遇特殊情况并报社会保险行政部门同意而适当延长。根据该条规定,工伤认定申请期限不是不变期限,在遇特殊情况并经批准后予以变更。

(2)最高人民法院《关于审理工伤保险行政案件若干问题的规定》第 7 条规定,由于不属于职工或者其近亲属自身原因超过工伤认定申请期限的,被耽误的时间不计算在工伤认定申请期限内。有下列情形之一,耽误申请时间的,应当认定为不属于职工或者其近亲属自身原因:①不可抗力;②人身自由受到限制;③属于用人单位原因;④社会保险行政部门登记制度不完善;⑤当事人对是否存在劳动关系申请仲裁、提起民事诉讼。该司法解释的规定明确工伤认定期限可因非属职工或者其近亲属自身原因导致延误而中止。

(3)《工伤保险条例》的立法宗旨在于保障因工作遭受事故伤害或者患职业病的职工获得医疗救治和经济补偿,促进工伤预防和职业康复,分散用人单位的工伤风险。从这一立法宗旨看,工伤认定申请期限应当从宽把握。《工伤保险条例》规定用人单位申请工伤认定期限为 30 日,劳动者或者其近亲属申请期限为 1 年,均自事故伤害发生之日或者被诊断、鉴定为职业病之日起算。在一般情况下,《工伤保险条例》规定的上述申请期限可以保障工伤职工和用人单位的权利。但在一些特殊情形，如不可抗力、劳动者人身自由受限等，用人单位或者劳动者等申请工伤可能超过法定期限。在用人单位与劳动者对劳动关系是否成立存在争议的情况下，确认劳动关系往往要经过劳动仲裁、一审、二审的程序，处理该争议的时间较长，而确认劳动关系存在又是工伤认定的前提。在上述情形下，仍严格将工伤认定期限限制为自事故伤害发生之日或者被诊断、鉴定为职业病之日起 30 日或者 1 年，显然不利于劳动者工伤权利的保护，不利于用人单位工伤赔偿风险的分散，与《工伤保险条例》的立法宗旨相悖，对劳动者和用人单位也是不公平的。

综上，职工申请工伤认定的期限可因非劳动者或者其近亲属的原因导致延误申请而中止，非劳动者或者其近亲属的原因耽误的时间应当在计算工伤认定申请期限时扣除。具体计算方式为：事故发生伤害发生之日或者被诊断、鉴定为职业病之日至发生非劳动者或其近亲属的原因耽误情形发生前一日的时间加上非劳动者或者其近亲属的原因耽误的情形消除之日至劳动者或者其近亲属申请工伤认定的时间为劳动者一方申请工伤认定的时间，如这两个时间段相加没有超过 1 年，工伤认定申请应予受理；如这两个时间段相加超过 1 年，社会保险行政部门可以不受理工伤认定申请。

【风险提示 204】

《工伤保险条例》规定的工伤申报期间系可变期间，在符合法律、司法解释规定的条件时，工伤申报期间可以中止。用人单位和劳动者因故错过工伤申报期限的，应当查看法律、司法解释的规定判断是否存在中止的情形，不能仅因超过工伤申报期间就想当然地认为无法认定工伤。

【规范指引】

《工伤保险条例》

第十七条　职工发生事故伤害或者按照职业病防治法规定被诊断、鉴定为职业病，所在单位应当自事故伤害发生之日或者被诊断、鉴定为职业病之日起 30 日内，向统筹地区社会保险行政部门提出工伤认定申请。遇有特殊情况，经报社会保险行政部门同意，申请时限可以适当延长。

用人单位未按前款规定提出工伤认定申请的，工伤职工或者其近亲属、工会组织在事故伤害发生之日或者被诊断、鉴定为职业病之日起 1 年内，可以直接向用人单位所在地统筹地区社会保险行政部门提出工伤认定申请。

按照本条第一款规定应当由省级社会保险行政部门进行工伤认定的事项,根据属地原则由用人单位所在地的设区的市级社会保险行政部门办理。

用人单位未在本条第一款规定的时限内提交工伤认定申请,在此期间发生符合本条例规定的工伤待遇等有关费用由该用人单位负担。

最高人民法院《关于审理工伤保险行政案件若干问题的规定》

第七条　由于不属于职工或者其近亲属自身原因超过工伤认定申请期限的,被耽误的时间不计算在工伤认定申请期限内。

有下列情形之一耽误申请时间的,应当认定为不属于职工或者其近亲属自身原因:

(一)不可抗力;

(二)人身自由受到限制;

(三)属于用人单位原因;

(四)社会保险行政部门登记制度不完善;

(五)当事人对是否存在劳动关系申请仲裁、提起民事诉讼。

Q212:劳动者在参加疗休养时受到伤害,能否认定工伤?

最高人民法院《关于审理工伤保险行政案件若干问题的规定》第 4 条第 2 项规定,社会保险行政部门认定下列情形为工伤的,人民法院应予支持:职工参加用人单位组织或者受用人单位指派参加其他单位组织的活动受到伤害的。劳动者在参加用人单位组织的疗休养活动中受到伤害,根据该条规定应当认定为工伤,应无疑问。但在现实中,职工的疗休养活动往往是工会组织,或者是由县级以上组织人事部门统一组织。有些职工自行安排疗休养,全部或者部分费用由用人单位负担。在这些情况下,职工在疗休养过程中受到伤害,能否认定为工伤,实践中存在不同观点。

【争议】

观点一:工会、组织人事部门组织的疗休养活动以及用人单位支付费用、职工自行安排的疗休养活动,均可视为用人单位组织的活动。劳动者在疗休养活动中受到伤害,应当认定为工伤。

观点二:工会、组织人事部门组织的疗休养活动可纳入用人单位组织的活动范畴。但用人单位支付全部或者部分费用，劳动者自行安排的疗休养活动，不属于用人单位组织的活动，劳动者在自行安排的疗休养活动中受到伤害，不能认定为工伤。

观点三：工会、组织人事部门组织的疗休养活动，不同于用人单位组织的活动，劳动者自行安排的疗休养活动，更不能视为用人单位组织的活动。劳动者在上述疗休养活动中受到伤害，不能认定为工伤。

【解答】

笔者倾向于观点二。劳动者参加疗休养活动可分为以下三种情况：一是用人单位组织本单位的劳动者参加疗休养活动；二是各级工会或县级以上组织人事部门统一组织劳动者参加疗休养活动；三是用人单位或工会支付全部或部分费用，由劳动者自行安排疗休养活动。第一种情况符合最高人民法院《关于审理工伤保险行政案件若干问题的规定》第 4 条第 2 项规定的情形，劳动者在用人单位组织的疗休养活动中受到伤害，应当认定为工伤。第二种情况即各级工会、县级以上组织人事部门组织的疗休养活动，很多地方出台的地方性法规和政府规章将该种情况视为用人单位组织的活动，劳动者在此类疗休养活动中受到伤害，也应当认定为工伤。第三种情况虽然由用人单位支付相应费用，但疗休养系劳动者自行安排，非用人单位组织，不能视为用人单位组织的活动，劳动者在自行安排的疗休养活动中受到伤害，不能认定为工伤。《浙江省工伤保险条例》（2017 年 9 月 30 日浙江省第十二届人民代表大会常务委员会第四十四次会议通过）第 18 条第 4 项规定，职工有下列情形之一的，视为《工伤保险条例》规定的因工作原因所受的伤害，但职工因故意犯罪、醉酒或者吸毒、自残或者自杀所受的伤害除外：因参加各级工会或者县级以上组织人事部门按照规定统一组织的疗休养所受的伤害，但单位承担费用由职工自行安排的疗休养除外。

【风险提示 205】

劳动者在参加用人单位、各级工会或者县级以上组织人事部门组织的疗休养活动中受到伤害，应当认定为工伤。

【规范指引】

最高人民法院《关于审理工伤保险行政案件若干问题的规定》

第四条　社会保险行政部门认定下列情形为工伤的，人民法院应予支持：

……

（二）职工参加用人单位组织或者受用人单位指派参加其他单位组织的活动受到伤害的；

……

Q213:工伤保险待遇的项目、标准和支付主体如何确定?

【解答】

根据《工伤保险条例》第 5 章工伤保险待遇的规定,工伤保险待遇主要包括以下项目:(1)职工为治疗工伤所花的费用,包括医疗费、伙食补助费、工伤职工到统筹地区以外就医所需的交通和食宿费用、工伤康复费用;(2)安装假肢、矫形器、假眼、假牙、配置轮椅等辅助器具费用;(3)停工留薪期的相关费用,包括停工留薪期待遇、停工留薪期间的护理费用;(4)评定伤残后的生活护理费;(5)一次性伤残补助金;(6)被鉴定为一级至四级伤残的职工享受的伤残津贴,五级至六级伤残的职工难以安排工作享受的伤残津贴;(7)五级至六级伤残的职工本人提出解除或者终止劳动关系享受的一次性工伤医疗补助金和一次性伤残就业补助金,七级至十级伤残的职工劳动合同、聘用合同期满终止或者职工本人提出解除劳动、聘用合同享受的一次性工伤医疗补助金和一次性伤残就业补助金;(8)职工因工死亡,其近亲属享受的丧葬补助金、供养亲属抚恤金和一次性工亡补助金。

上述费用中,由工伤保险基金支付的费用为:第 1 项治疗工伤所花费用;第 2 项辅助器具费用;第 4 项生活护理费;第 5 项一次性伤残补助金;第 6 项中的被鉴定为一级至四级伤残的职工享受的伤残津贴;第 7 项中的一次性工伤医疗补助金;第 8 项丧葬补助金、供养亲属抚恤金和一次性工亡补助金。由用人单位承担的费用为:第 3 项停工留薪期待遇、停工留薪期间的护理费用;第 6 项中的五级至六级伤残的职工难以安排工作享受的伤残津贴;第 7 项中的一次性伤残就业补助金。

工伤保险待遇的具体项目、标准和支付主体见表 12－1:

表 12－1　工伤保险待遇的具体项目、标准和支付主体

类别	项目	标准	基数	支付主体
治疗费用	医药费	按工伤保险诊疗项目目录、药品目录、住院服务标准报销		工伤保险基金
	伙食补助费			
	外地就医交通、食宿费用	统筹地人民政府规定		
	在签订服务协议的医疗机构产生的工伤康复费用			
停工留薪期的相应费用	停工留薪期待遇	职工原工资福利待遇不变	职工工伤前正常劳动情况下 12 个月的平均工资	用人单位
	停工留薪期护理费			
经劳动能力鉴定一次性伤残补助金	一级	27 个月	本人工资	工伤保险基金
	二级	25 个月		
	三级	23 个月		
	四级	21 个月		
	五级	18 个月		
	六级	16 个月		
	七级	13 个月		
	八级	11 个月		
	九级	9 个月		
	十级	7 个月		
伤残津贴（五级、六级为难以安排工作的情况下支付）	一级	90%	本人工资（伤残津贴低于当地最低工资标准的予以补足）	工伤保险基金
	二级	85%		
	三级	80%		
	四级	75%		
	五级	70%		用人单位
	六级	60%		
生活护理费	生活完全不能自理	50%	统筹地区上年度职工月平均工资	工伤保险基金
	生活大部分不能自理	40%		
	生活部分不能自理	30%		

续表

<table>
<tr><th>类别</th><th colspan="2">项目</th><th>标准</th><th>基数</th><th>支付主体</th></tr>
<tr><td rowspan="6">一次性工伤医疗补助金(五级至六级为劳动者提出解除或终止劳动合同,七级至十级为劳动合同期满或劳动者提出解除劳动合同)</td><td colspan="2">五级</td><td rowspan="12">由省、自治区、直辖市人民政府规定</td><td rowspan="12">由省、自治区、直辖市人民政府规定</td><td rowspan="6">工伤保险基金</td></tr>
<tr><td colspan="2">六级</td></tr>
<tr><td colspan="2">七级</td></tr>
<tr><td colspan="2">八级</td></tr>
<tr><td colspan="2">九级</td></tr>
<tr><td colspan="2">十级</td></tr>
<tr><td rowspan="6">一次性伤残就业补助金(五级至六级为劳动者提出解除或终止劳动合同,七级至十级为劳动合同期满或劳动者提出解除劳动合同)</td><td colspan="2">五级</td><td rowspan="6">用人单位</td></tr>
<tr><td colspan="2">六级</td></tr>
<tr><td colspan="2">七级</td></tr>
<tr><td colspan="2">八级</td></tr>
<tr><td colspan="2">九级</td></tr>
<tr><td colspan="2">十级</td></tr>
<tr><td rowspan="9">死亡待遇</td><td colspan="2">丧葬补助金</td><td>6 个月</td><td>统筹地区上年度职工月平均工资</td><td rowspan="5">工伤保险基金</td></tr>
<tr><td colspan="2" rowspan="3">供养亲属抚恤金</td><td>配偶每月 40%</td><td rowspan="3">本人工资(抚恤金总额不得超过职工死亡前的工资)</td></tr>
<tr><td>其他亲属每人每月 30%</td></tr>
<tr><td>孤寡老人和孤儿在上述基础上加 10%</td></tr>
<tr><td colspan="2">一次性工亡补助金</td><td>20 年</td><td>上一年度全国城镇居民人均可支配收入</td></tr>
<tr><td rowspan="4">一级至四级工伤职工在停工留薪期后死亡的死亡待遇</td><td>丧葬补助金</td><td>6 个月</td><td>统筹地区上年度职工月平均工资</td><td rowspan="4">工伤保险基金</td></tr>
<tr><td rowspan="3">供养亲属抚恤金</td><td>配偶每月 40%</td><td rowspan="3">本人工资(抚恤金总额不得超过职工死亡前的工资)</td></tr>
<tr><td>其他亲属每人每月 30%</td></tr>
<tr><td>孤寡老人和孤儿在上述基础上加 10%</td></tr>
</table>

【风险提示 206】

工伤保险待遇中大多数的项目由工伤保险基金负责赔付，少数项目由用人单位负责赔付。因此，用人单位应当自用工之日起每月为劳动者缴纳工伤保险费用，避免因未缴纳工伤保险费用而承担全部工伤保险待遇赔付责任的法律风险。

Q214：职工在工作中因第三人侵权受到伤害，被认定为工伤，能否向用人单位要求工伤保险待遇并向侵权人要求侵权损害赔偿？

现实中，职工因第三人侵权导致工伤的情形常见于职工在“上下班途中”遇非本人主要责任的交通事故受到伤害和在工作中遭第三人侵权受到伤害。这时就产生了两个请求权：一是职工向用人单位和工伤保险基金请求工伤保险待遇的赔付请求权；二是职工向第三人请求侵权损害赔偿的请求权。劳动者因第三人侵权导致工伤时能否兼得工伤保险待遇和侵权损害赔偿，实践中存在很大争议。

【争议】

观点一：侵权损害赔偿的项目和工伤赔付的项目存在很大出入。根据《侵权责任法》的规定，被侵权人可向侵权人主张如下人身损害赔偿：医疗费、护理费、交通费等为治疗和康复支出的合理费用，以及因误工减少的收入；造成残疾的，还应当赔偿残疾生活辅助具费和残疾赔偿金；造成死亡的，还应当赔偿丧葬费和死亡赔偿金；侵害他人人身权益，造成他人严重精神损害的，被侵权人可以请求精神损害赔偿。而工伤赔偿的项目除医疗和康复费、伙食补助费、交通费、食宿费、护理费、辅助器具费等实际支出的费用与人身侵权损害赔偿项目重合外，其余的如一次性伤残补助金、一次性伤残就业补助金、一次性工伤医疗补助金、一次性工亡补助金、供养亲属抚恤金等项目均与人身侵权损害赔偿项目不一致，这些不一致的项目并不存在重合或者相互冲突之处。因此，除一些实际支出的费用外，劳动者可以兼得工伤保险待遇和人身损害赔偿。此即为“有限兼得”原则，是目前大部分地区人民法院和劳动仲裁部门的通行做法。如广东省高级人民法院、广东省劳动人事争议仲裁委员会《关于审理劳动人事争议案件若干问题的座谈会纪要》(2012 年)第 6 条规定，劳动者工伤由第三人侵权所致，第三人已承担侵权赔偿责任，劳动者或者其近亲属又请求用人单位支付工伤保险待遇的,用人单位所承担的工伤保险责任应扣除医疗费、辅助器具费和丧葬费。《天津法院劳动争议案件审理指南》(2017 年)第 39 条规定,被侵权人有权获得工伤保险待遇或者其他社会保险待遇的,侵权人的侵权责任不因受害人获得社会保险而减轻或者免除。根据《社会保险法》第 30 条和第 42 条的规定,被侵权人有权请求工伤保险基金或者其他社会保险支付工伤保险待遇或者其他保险待遇。用人单位未依法缴纳工伤保险费,劳动者因第三人侵权造成人身损害并构成工伤,侵权人已经赔偿的,劳动者有权请求用人单位支付除医疗费之外的工伤保险待遇。用人单位先行支付工伤保险待遇的,可以就医疗费用在第三人应承担的赔偿责任范围内向其追偿。

观点二:职工因第三人侵权导致工伤,不能兼得人身损害赔偿和工伤保险待遇。而应该赋予职工或者其近亲属选择权,由他们选择主张人身损害赔偿或者工伤赔付。如果职工或者其近亲属选择的赔偿请求实际得到的赔偿少于人身损害赔偿和工伤保险待遇中的较高数额者,则职工或者其近亲属可以选择另一赔偿请求进行补差。此即为"补充原则"。《浙江省工伤保险条例》第 32 条规定,因第三人的原因造成工伤,工伤职工可以先向第三人要求赔偿,也可以直接向工伤保险基金或者用人单位要求支付工伤保险待遇。工伤职工先向第三人要求赔偿后,赔偿数额低于其依法应当享受的工伤保险待遇的,可以就差额部分要求工伤保险基金或者用人单位支付。工伤职工直接向工伤保险基金或者用人单位要求支付工伤保险待遇的,工伤保险基金或者用人单位有权在其支付的工伤保险待遇范围内向第三人追偿,工伤职工应当配合追偿。法律、行政法规对因第三人原因造成工伤的赔偿作出明确规定的,依照法律、行政法规规定执行。从域外的法律规定和实践看,多数国家和地区并不实行"有限兼得"原则。在美国,受害的雇员可以向侵权第三人提起诉讼,也可以要求工伤保险赔偿,但雇主或者工伤保险机构按照工伤保险支付赔偿后可以向侵权第三人要求赔偿,雇员无法获得双重赔偿。在德国,根据法律,受害的雇员只能获得一项救济,即通常只能获得工伤保险基金的救济。在日本,第三者责任上的民事侵权赔偿与工伤保险赔偿之间,类推适用民法中的法定代位制度,即工伤保险机构在给付范围内享有对侵权第三人的代位权。侵权第三人先行赔付劳动者的,工伤保险机构在侵权第三人已进行的损害赔偿范围内不再支付保险赔偿。[①]

---

① 谢增毅:《工伤保险赔偿与第三人侵权赔偿关系的再认识——基于实体和程序的双重视角》,载《法商研究》2011 年第 3 期。

【解答】

笔者更倾向于“补充原则”，但不同意观点二认为就高“补充原则”。笔者认为，职工或者其近亲属要求人身损害和工伤保险待遇时，要扣除哪些项目，要看这些项目在两种不同的赔偿中是否存在本质重合的情况，如果本质上重合，则只能支持重合项目中的一个项目的赔偿，如果本质上不重合，则无须扣减。理由在于：

（1）“有限兼得原则”不符合公平原则。工伤保险待遇中医疗和康复费、伙食补助费、交通费、食宿费、护理费、辅助器具费等实际支出的费用可以在人身损害赔偿中找到相对应的项目，职工或者其近亲属不能得到这些项目的双重赔偿，这些费用应排除在兼得范围之外。工伤保险待遇中的一些项目，虽不属于实际支出的项目，名称上看似与人身损害赔偿的项目也不完全对应，但本质上存在重合，职工或者其近亲属同样不应获得双重赔偿。因为工伤职工与其他被侵权人同属于社会共同体的成员，遭受损害时，理应获得类似的救济，法律规定依职工身份特别享有的除外。如果工伤职工仅因其职工身份获得双重赔偿，不符合公平原则，也有违法理。

（2）工伤保险基金作为一种社会保险基金，应当体现社会性和保障性，侧重于“雪中送炭”而非“锦上添花”。特别是工伤保险基金主要由雇主缴费形成，并不是国家的财政资金，对其使用更应当慎重。[①] 职工因第三人侵权导致工伤，其已经从侵权人处取得相应赔偿，在其向工伤保险基金要求工伤赔付时，就要扣除已经取得的相对应项目之赔偿。

（3）《社会保险法》第42条规定，由于第三人的原因造成工伤，第三人不支付工伤医疗费用或者无法确定第三人的，由工伤保险基金先行支付。工伤保险基金先行支付后，有权向第三人追偿。该条是工伤保险基金在支付医疗费后向侵权人追偿的规定。同理，工伤职工先向工伤保险基金要求工伤赔付，工伤保险基金赔付后应当有权就赔付项目中应由侵权人承担的部分向侵权人追偿，如认为职工或者其近亲属可以兼得人身损害赔偿和工伤保险待遇，那么侵权人将面临向工伤职工赔偿和被工伤保险基金追偿双重赔偿责任，这显然是不合适的。如果不准许工伤保险基金对赔付项目中应由侵权人承担的部分向侵权人追偿，又会造成工伤保险基金的不当流失，这对社会公共利益是不利的。

---

① 谢增毅：《工伤保险赔偿与第三人侵权赔偿关系的再认识——基于实体和程序的双重视角》，载《法商研究》2011年第3期。

(4)用人单位也不应最终承担应由侵权人承担的赔偿项目。职工因第三人侵权导致工伤,用人单位在此过程中没有直接侵权行为,往往不存在过错或者仅存在轻微过错,虽然用人单位承担工伤责任并不以其存在过错为前提,但侵权人应当是最终的赔偿责任人。用人单位在承担工伤赔付责任后,应当有权向侵权人追偿工伤赔付中与人身损害赔偿项目重合的项目,否则对用人单位难言公平。

(5)就高的“补充原则”仅考虑工伤职工获得工伤赔偿不应当突破人身损害赔偿和工伤保险待遇中的较高数额者,但忽视人身损害赔偿各项目和工伤保险待遇各项目之间的本质异同,亦不可取。两个赔偿项目看似区别不大,但本质并不重合,就不应作扣减。取最高者进行补差而不看赔偿项目之间的本质特征,缺乏一般法理支撑。

笔者对工伤保险待遇和人身损害赔偿中相对应的项目是否存在本质重合关系分析如下:

(1)工伤保险待遇中的医疗和康复费、伙食补助费、交通费、食宿费、护理费(包括停工留薪期间的护理费和生活护理费)、辅助器具费可在人身损害赔偿中找到同种项目,上述赔偿费用在两种不同的赔偿中存在重合。职工或者其近亲属获得工伤保险待遇或者人身损害赔偿的上述项目后,不得再行主张。但超出工伤保险诊疗项目目录、药品目录、住院服务标准的医疗及康复费用,工伤保险基金不支付,职工或者近亲属在工伤保险待遇中未获得工伤保险诊疗项目目录、药品目录、住院服务标准以外的医疗及康复费用的赔付,仍可向侵权人主张赔偿。

(2)关于工伤保险待遇中的一次性工伤医疗补助费与人身损害赔偿中的后续治疗费是否存在重合的问题。笔者认为,一次性工伤医疗补助费是工伤职工解除或终止劳动关系时,由工伤保险基金对职工后面可能发生的医疗费用的一种补助,而后续治疗费则是侵权人对被侵权人后续必然发生治疗费的赔偿,两者在本质上是不同的,可以并行不悖。职工在获得一次性工伤医疗补助费后,如有医院证明或者鉴定意见确定后续必然要发生的治疗费用,仍可向侵权人主张。

(3)工伤保险待遇中的停工留薪期待遇和人身损害赔偿中的误工费。停工留薪期待遇是职工因工伤无法上班期间,用人单位按其正常工资支付的待遇。而误工费是被侵权人因侵权无法工作、劳动期间,对侵权人对其收入减少的赔偿。两者均是对伤者因受伤无法工作期间收入损失的补偿或赔偿，本质上存在重合，职工在主张权利时只能择其一。

（4）工伤保险待遇中的一次性伤残补助金、伤残津贴、一次性伤残就业补助金与人身损害赔偿中的残疾赔偿金。一次性伤残补助金是职工因工伤导致劳动能力丧失或者部分丧失，由工伤保险基金进行的补偿。人身损害赔偿中的残疾赔偿金同样是对伤者因侵权致残劳动能力丧失的赔偿，两者在本质上重合，职工不能兼得这两种项目的赔偿。伤残津贴是为保障一级至六级伤残职工到退休前的基本生活，由工伤保险基金或者用人单位每月按职工本人工资的一定比例支付的津贴，与残疾赔偿金不存在本质上的重合。一次性伤残就业补助金是劳动合同解除或者终止后，职工因工伤导致就业能力下降以及劳动者在再就业前基本生活的一种补助，与残疾赔偿金也不存在本质上的重合。职工取得伤残津贴、一次性伤残就业补助金不影响其主张残疾赔偿金的权利。

（5）工伤保险待遇中的丧葬补助金和人身损害赔偿中的丧葬费，均为亲属办理丧事的费用，赔偿标准也大致相同，本质上存在重合，职工近亲属不能取得双份赔偿。

（6）工伤保险待遇中的供养亲属抚恤金和人身损害赔偿中的被扶养人生活费。供养亲属抚恤金从字面即可知，是对工亡职工生前提供主要生活来源、无劳动能力的亲属，由工伤保险基金按工亡职工生前工资的一定比例发放的抚恤金。供养亲属抚恤金是对死亡职工亲属的抚慰，也是对他们失去抚养人情况下生活的补助。人身损害赔偿中的被扶养人生活费并不局限于被侵权人死亡的情形中，被侵权人因侵权达到一定的残疾等级，劳动能力丧失或者部分丧失，受其抚养的亲属的生活费因此减少，侵权人就应当赔偿被扶养人生活费。被扶养人生活费，顾名思义，是受被侵权人抚养、无劳动能力的亲属因被侵权人受到伤害导致生活来源减少或丧失，侵权人应当对被扶养人减少或者丧失的生活费进行赔偿。职工因第三人侵权导致工亡，供养亲属抚恤金既包括职工生前供养、无劳动能力亲属的抚慰金，又包括生活费丧失的补助，包含人身损害赔偿中的被扶养人生活费项目。亲属在获得供养亲属抚恤金之后，不能再主张被扶养人生活费的赔偿。

（7）工伤保险待遇中的一次性工亡补助金和人身损害赔偿中的死亡赔偿金。一次性工亡补助金是对工亡职工近亲属因职工工亡预期家庭收入减少和可继承财产减少的补助。人身损害赔偿中的死亡赔偿金也是对被侵权人近亲属因被侵权人死亡造成的预期收入损失的赔偿。一次性工亡补助金和死亡赔偿金本质和功能均存在重合，职工的近亲属只能择一主张而不能兼得两种项目的赔偿。

（8）《侵权责任法》中规定人身损害赔偿中的精神损害抚慰金和惩罚性赔偿，在工伤保险待遇中没有相对应的项目，职工或者其近亲属在取得工伤保险待遇后，仍可向侵权人主张精神损害抚慰金，符合《侵权责任法》规定侵权人应支付惩罚性赔偿的情形，还可主张惩罚性赔偿。①

【风险提示 207】

以上论述仅是理论性的阐释，由于各地的司法实践在职工因第三人侵权导致工伤的处理上，对侵权赔偿和工伤保险待遇是采取就高补充、有限兼得还是部分项目补充的选择存在较大差别，在采有限兼得的地方也存在兼得项目不同的司法实践，所以在处理此类工伤事故事宜时，要注意各地不同的规定和裁判标准。

【规范指引】

《中华人民共和国社会保险法》

第四十二条　由于第三人的原因造成工伤，第三人不支付工伤医疗费用或者无法确定第三人的，由工伤保险基金先行支付。工伤保险基金先行支付后，有权向第三人追偿。

Q215：如何理解《工伤保险条例》第 17 条第 4 款规定的工伤待遇等费用由用人单位负担？

《工伤保险条例》第 17 条规定，职工发生事故伤害或者按照职业病防治法规定被诊断、鉴定为职业病，所在单位应当自事故伤害发生之日或者被诊断、鉴定为职业病之日起 30 日内，向统筹地区社会保险行政部门提出工伤认定申请。遇有特殊情况，经报社会保险行政部门同意，申请时限可以适当延长。用人单位未按前款规定提出工伤认定申请的，工伤职工或者其近亲属、工会组织在事故伤害发生之日或者被诊断、鉴定为职业病之日起 1 年内，可以直接向用人单

① 以上论述参考了周江洪教授的学术论文：《侵权赔偿与社会保险并行给付的困境与出路》，载《中国社会科学》2011 年第 4 期。但笔者的部分观点与周江洪教授不同。

位所在地统筹地区社会保险行政部门提出工伤认定申请。按照本条第1款规定应当由省级社会保险行政部门进行工伤认定的事项,根据属地原则由用人单位所在地的设区的市级社会保险行政部门办理。用人单位未在本条第1款规定的时限内提交工伤认定申请,在此期间发生符合本条例规定的工伤待遇等有关费用由该用人单位负担。对该条第4款规定的理解有两个难点:一是“在此期间”应如何理解,二是“工伤待遇等有关费用”如何理解。

1.“在此期间”应如何理解

对“在此期间”的理解,有以下三种不同的观点。

【争议】

观点一:“在此期间”是指自事故伤害发生之日或者被诊断、鉴定为职业病之日至职工或者其近亲属、工会组织申请工伤认定之日。在这个时间段发生的工伤待遇等有关费用由用人单位承担。

观点二:“在此期间”是指自事故伤害发生之日或者被诊断、鉴定为职业病之日至工伤认定之日。这是因为职工发生工伤时,用人单位有义务在法定期限内向社会保险行政部门申请工伤认定,用人单位未履行该义务,应当支付自工伤事故发生之日至工伤认定之日的全部费用,以示惩戒。

观点三:“在此期间”是指自事故伤害发生之日或者被诊断、鉴定为职业病之日至条例规定用人单位申请工伤认定期限届满之日。

【解答】

笔者同意观点一。《工伤保险条例》第17条第4款规定的“在此期间”应指自事故伤害发生之日或者被诊断、鉴定为职业病之日至职工或者其近亲属、工会组织申请工伤认定之日的期间。理由在于:(1)《工伤保险条例》第17条规定的是用人单位和工伤职工及其近亲属、工会组织申请工伤认定的时点,从整个条文的体系来看,将职工或者其近亲属、工会组织申请工伤认定之日作为“在此期间”的终点,是比较妥当的。(2)职工发生工伤后,用人单位有义务在法定的30日内向社会保险行政部门申请工伤认定。用人单位未依法定期限申请工伤认定,可能导致职工工伤的事实无法查明,损害职工的合法权益。所以《工伤保险条例》第17条第4款规定用人单位承担未申请工伤认定期间的工伤待遇等费用,以督促用人单位在职工发生工伤后依法及时申请工伤认定。笔者认为,观点二认为应到工伤认定之日止,期限过长,不当地加重了用人单位的负担,不利于用人单位工伤责任的分散;观点三认为应到用人单位申请工伤认定期限届满之日止,期限又显过短,对用人单位及时申请工伤认定又起不到很好的督促作用。由用人单位承担自事故伤害发生之日或者被诊断、鉴定为职业病之日至职工或其近亲属、工会组织申请工伤认定之日止的工伤待遇费用,可以有效地督促用人单位在法定期限申请工伤认定,也不至于使用人单位承担过重的赔付责任,这种理解更为妥当。(3)劳动和社会保障部《关于实施〈工伤保险条例〉若干问题的意见》(劳社部函〔2004〕256 号)第 6 条规定,条例第 17 条第 4 款规定"用人单位未在本条第一款规定的时限内提交工伤认定申请的,在此期间发生符合本条例规定的工伤待遇等有关费用由该用人单位负担"。这里用人单位承担工伤待遇等有关费用的期间是指从事故伤害发生之日或职业病确诊之日起到劳动保障行政部门受理工伤认定申请之日止。该条规定即以工伤认定申请的受理之日作为《工伤保险条例》第 17 条第 4 款规定"在此期间"的终点。

2."工伤待遇等有关费用"如何理解

关于"工伤待遇等有关费用"如何理解的问题,有两种不同的观点。

【争议】

观点一:"工伤待遇等有关费用"是指自事故伤害发生之日或者被诊断、鉴定为职业病之日至职工或者其近亲属、工会组织申请工伤认定之日止发生的所有费用,包括实际支出的医疗康复费、伙食补助费、交通费、食宿费、护理费、辅助器具费等,也包括一次性伤残补助金、一次性工亡补助金等发生在工伤时的非实际支出费用。

观点二:"工伤待遇等有关费用"是仅指自事故伤害发生之日或者被诊断、鉴定为职业病之日至职工或者其近亲属、工会组织申请工伤认定之日止实际支出的费用,医疗康复费、伙食补助费、交通费、食宿费、护理费等,而不包括一次性伤残补助金、一次性工亡补助金等非实际支出费用。

【解答】

笔者倾向于观点二。对《工伤保险条例》第 17 条第 4 款规定的"工伤待遇等有关费用"应作限缩理解。理由在于:(1)一次性伤残补助金、一次性工亡补助金等补助金是对工伤职工或者其近亲属因工伤、工亡造成预期损失的一种补助,兼具抚慰的性质,不属于在某个期间发生的费用,不能归入"工伤待遇等有关费用"。(2)如上所述,《工伤保险条例》第 17 条第 4 款规定用人单位承担未申请工伤认定期间的工伤待遇等费用,其目的在于督促用人单位在职工发生工伤后依法及时申请工伤认定,以免工伤认定申请过晚使工伤事实难以查清,从而损害职工或者工伤保险基金的权益。使用人单位承担“在此期间”实际支出的医疗康复费、伙食补助费、交通费、食宿费、护理费等，足以起到督促用人单位在法定期限申请工伤认定的作用。如果将“工伤待遇等有关费用”扩张到一次性伤残补助金、一次性工亡补助金等，用人单位承担的赔付责任未免过重，难言公平合理，有悖于《工伤保险条例》分散工伤责任风险的立法宗旨。(3)将一次性伤残补助金、一次性工亡补助金等工伤待遇项目改由用人单位负担，对工伤职工及其近亲属亦无益处。一些小型企业，经济实力较弱，让他们负担事故伤害发生之日或者被诊断、鉴定为职业病之日至职工或者其近亲属、工会组织申请工伤认定之日止实际支出的费用尚属可行，如果将一次性伤残补助金、一次性工亡补助金等数额较大的项目改由这些小型企业负担，不但小型企业不堪重负，职工及其近亲属不能实际取得工伤保险待遇的风险也因此显著增加，这对职工或者其近亲属工伤权利的实现是明显不利的。综上所述，笔者认为，《工伤保险条例》第 17 条第 4 款规定的“工伤待遇等有关费用”应当指向事故伤害发生之日或者被诊断、鉴定为职业病之日至职工或者其近亲属、工会组织申请工伤认定之日止实际发生的医疗康复费、交通住宿费、护理费等费用，各类补助金、抚恤金等均不包括在内，用人单位已经为工伤职工缴纳工伤保险的，这些赔付项目仍由工伤保险基金支付。

【风险提示 208】

职工发生工伤后，用人单位应当及时收集劳动关系、工伤的相关材料，务必要在《工伤保险条例》规定的 30 日内向社会保险行政部门申请工伤认定。遇有特殊情况不能在 30 日内申请工伤认定的，应当及时向社会保险行政部门申请延长期限。否则，自事故发生之日至工伤认定申请之日发生的医疗费、生活护理费、交通住宿费等一些本由工伤保险基金支付的费用将变为用人单位负担，特别是在伤害比较严重的场合，医疗费、生活护理费等费用数额非常大，用人单位将为未及时申请工伤认定付出沉重的代价，而这些赔偿在用人单位稍微注意工伤认定申请时限、在法定时间内申请的情况下完全可以避免。

【规范指引】

《工伤保险条例》

第十七条第四款　用人单位未在本条第一款规定的时限内提交工伤认定申

请,在此期间发生符合本条例规定的工伤待遇等有关费用由该用人单位负担。

劳动和社会保障部《关于实施〈工伤保险条例〉若干问题的意见》

六、条例第十七条第四款规定"用人单位未在本条第一款规定的时限内提交工伤认定申请的,在此期间发生符合本条例规定的工伤待遇等有关费用由该用人单位负担"。这里用人单位承担工伤待遇等有关费用的期间是指从事故伤害发生之日或职业病确诊之日起到劳动保障行政部门受理工伤认定申请之日止。

Q216:工伤职工存在严重过错符合《劳动合同法》第39条规定,被用人单位解除劳动合同的,是否有权主张一次性工伤医疗补助金和一次性伤残就业补助金?

《劳动合同法》第39条规定,劳动者有下列情形之一的,用人单位可以解除劳动合同:(1)在试用期间被证明不符合录用条件的;(2)严重违反用人单位的规章制度的;(3)严重失职,营私舞弊,给用人单位造成重大损害的;(4)劳动者同时与其他用人单位建立劳动关系,对完成本单位的工作任务造成严重影响,或者经用人单位提出,拒不改正的;(5)因本法第26条第1款第1项规定的情形致使劳动合同无效的;(6)被依法追究刑事责任的。现实中,一些工伤职工在停工留薪期届满后,仍在用人单位工作,他们在继续工作的过程中,存在严重过错,用人单位仍可依《劳动合同法》第39条的规定解除劳动合同。根据《工伤保险条例》第36条第2款的规定,职工因工致残被鉴定为五级、六级伤残的,经工伤职工本人提出,该职工可以与用人单位解除或者终止劳动关系,由工伤保险基金支付一次性工伤医疗补助金,由用人单位支付一次性伤残就业补助金。一次性工伤医疗补助金和一次性伤残就业补助金的具体标准由省、自治区、直辖市人民政府规定。《工伤保险条例》第37条第2项规定:职工因工致残被鉴定为七级至十级伤残的,享受以下待遇:劳动、聘用合同期满终止,或者职工本人提出解除劳动、聘用合同的,由工伤保险基金支付一次性工伤医疗补助金,由用人单位支付一次性伤残就业补助金。一次性工伤医疗补助金和一次性伤残就业补助金的具体标准由省、自治区、直辖市人民政府规定。根据上述规定,五级和六级伤残的职工本人提出与用人单位解除或者终止劳动关系,七级至十级伤残职工劳动合同期满终止或者本人提出解除劳动合同,有权享受一次性工伤医疗补助金和一次性伤残就业补助金。条例未规定劳动者因严重过错被用人单位解除劳动合同，能否享受一次性工伤医疗补助金和一次性伤残就业补助金，司法实践中存在较大争议。

【争议】

观点一：《工伤保险条例》规定职工享受一次性工伤医疗补助金和一次性伤残就业补助金仅存在于以下两种情况：一是五级至十级伤残的职工本人提出与用人单位解除或终止劳动关系；二是七级至十级伤残的职工劳动合同期满终止。《工伤保险条例》没有规定工伤职工符合《劳动合同法》第 39 条规定的情形被用人单位解除劳动合同可以享受一次性工伤医疗补助金和一次性伤残就业补助金，工伤职工即无权享受这两种补助。

观点二：一次性工伤医疗补助金和一次性伤残就业补助金是对工伤职工在劳动合同解除或者终止后可能发生与工伤相关的医疗费用的一种补助，一次性伤残就业补助金是对工伤职工解除或者终止劳动合同后再就业前期间的生活补助。工伤职工存在严重过错被解除劳动合同同样面临今后再发生与工伤相关的医疗费的可能和再就业的困难，也应当享受一次性工伤医疗补助金和一次性伤残就业补助金。

【解答】

笔者倾向于观点二。原因在于：

（1）从一次性工伤医疗补助金和一次性伤残就业补助金的性质和设立目的看，两种补助金是为解决工伤职工劳动合同解除或者终止后可能发生的工伤医疗费和就业困难问题而给予工伤职工的补助。后续治疗费和再就业困境不仅存在于劳动合同期满终止和职工本人提出与用人单位解除或者终止劳动关系这两种情形中，也存在于工伤职工因严重过错被用人单位解除劳动合同的情形之中。从《工伤保险条例》设立一次性工伤医疗补助金和一次性伤残就业补助金的目的来看，工伤职工因严重过错被用人单位解除劳动合同，与劳动合同期满终止和职工本人提出与用人单位解除或者终止劳动关系这两种情形中的工伤职工处于同样的困境，也应当有权享受这两种补助。

（2）工伤职工不应当因工伤事故发生后的违规违纪行为影响其享受工伤保险待遇的权利。职工一旦发生工伤事故，其要求工伤保险待遇的权利就此产生。虽然一次性工伤医疗补助金和一次性伤残就业补助金要在劳动合同解除或者终止时才支付，但这两种补助金的发放不应当仅因为劳动合同解除或者终止是否存在劳动者过错的因素而有区别。

(3)工伤职工因严重过错被解除劳动合同,失去工作,而且不能向用人单位要求经济补偿金或者经济赔偿。工伤职工已经为其严重过错行为接受了适当的惩罚,如果再使工伤职工无法享受一次性工伤医疗补助金和一次性伤残就业补助金,那么工伤职工之后工伤复发,将面临医疗费支付的困难,再就业前的时间职工也将面临生活来源的困难,这样的双重惩罚偏离了比例原则,对工伤职工难言公平合理。

浙江、安徽等地的司法实践均持该观点。浙江省高级人民法院民事审判第一庭、浙江省劳动人事争议仲裁院《关于审理劳动争议案件若干问题的解答(二)》(2014 年)第 15 条规定,一次性伤残就业补助金是职工因工伤产生的社会保险待遇。用人单位虽依照《劳动合同法》第 39 条规定与工伤职工解除劳动合同,但仍应向该工伤职工支付一次性伤残就业补助金。安徽省高级人民法院《关于审理劳动争议案件若干问题的指导意见》(2015 年)第 23 条第 3 款规定,因严重违纪被用人单位解除劳动合同的工伤职工,向用人单位主张支付一次性伤残就业补助金、一次性工伤医疗补助金的,人民法院应予支持。

【风险提示 209】

五级至十级伤残的工伤职工在用人单位工作期间因严重过错被用人单位解除劳动合同,其仍有权享受一次性工伤医疗补助金和一次性伤残就业补助金,工伤保险基金和用人单位应当为工伤职工支付这两笔费用。

【规范指引】

《工伤保险条例》

第三十六条 职工因工致残被鉴定为五级、六级伤残的,享受以下待遇:

(一)从工伤保险基金按伤残等级支付一次性伤残补助金,标准为:五级伤残为 18 个月的本人工资,六级伤残为 16 个月的本人工资;

(二)保留与用人单位的劳动关系,由用人单位安排适当工作。难以安排工作的,由用人单位按月发给伤残津贴,标准为:五级伤残为本人工资的 70%,六级伤残为本人工资的 60%,并由用人单位按照规定为其缴纳应缴纳的各项社会保险费。伤残津贴实际金额低于当地最低工资标准的,由用人单位补足差额。

经工伤职工本人提出,该职工可以与用人单位解除或者终止劳动关系,由工伤保险基金支付一次性工伤医疗补助金，由用人单位支付一次性伤残就业补助金。一次性工伤医疗补助金和一次性伤残就业补助金的具体标准由省、自治区、直辖市人民政府规定。

第三十七条　职工因工致残被鉴定为七级至十级伤残的，享受以下待遇：

（一）从工伤保险基金按伤残等级支付一次性伤残补助金，标准为：七级伤残为13个月的本人工资，八级伤残为11个月的本人工资，九级伤残为9个月的本人工资，十级伤残为7个月的本人工资；

（二）劳动、聘用合同期满终止，或者职工本人提出解除劳动、聘用合同的，由工伤保险基金支付一次性工伤医疗补助金，由用人单位支付一次性伤残就业补助金。一次性工伤医疗补助金和一次性伤残就业补助金的具体标准由省、自治区、直辖市人民政府规定。

Q217：工伤职工离退休年龄不足5年，一次性工伤医疗补助金和一次性伤残就业补助金的数额是否应当相应减少？

一次性工伤医疗补助金和一次性伤残就业补助金是在劳动合同解除或者终止后给予工伤职工的补助。现实生活中，一些工伤职工与用人单位的劳动合同解除或者终止时距工伤职工退休不足5年，而工伤职工达到法定退休年龄时劳动合同一般自然终止。这种情况下，是否应当相应减少工伤职工的一次性工伤医疗补助金和一次性伤残就业补助金，实践中存在不同观点。

【争议】

观点一：工伤职工与用人单位的劳动合同解除或者终止时距工伤职工退休不足5年时，一次性工伤医疗补助金和一次性伤残就业补助金均应作相应扣减。如《山西省实施〈工伤保险条例〉办法》（2017年）第26条第3款规定，工伤职工距法定退休年龄不足5年的，一次性工伤医疗补助金和一次性伤残就业补助金，以5年为基数每少1年递减10%。《湖南省实施〈工伤保险条例〉办法》第27条规定，五级至十级伤残工伤职工自愿与用人单位解除或者终止劳动关系，距法定退休年龄5年以上（含5年）的，应当按照本办法第25条、第26条的规定享受一次性工伤医疗补助金和伤残就业补助金；不足5年的，每少一年减除20%，但最高减除额不得超过全额的90%。工伤职工达到退休年龄并办理退休手续的，不享受一次性工伤医疗补助金和伤残就业补助金。

观点二:工伤职工与用人单位的劳动合同解除或者终止时距工伤职工退休不足5年时,一次性工伤医疗补助金不作扣减,而一次性伤残就业补助金应当根据职工解除或者终止劳动合同距退休的时间逐年递减。《浙江省工伤保险条例》(2017 年)第 27 条第 2 款规定,五级至十级工伤职工,解除或者终止劳动关系的,其一次性工伤医疗补助金和一次性伤残就业补助金,均以解除或者终止劳动关系时上年度全省职工月平均工资为基数,分别按照下列标准计发:五级伤残为 30 个月,六级伤残为 25 个月,七级伤残为 10 个月,八级伤残为 7 个月,九级伤残为 4 个月,十级伤残为 2 个月。但职工离法定退休年龄不足 5 年的,一次性伤残就业补助金按照职工每增加 1 周岁递减 20% 的标准支付。

观点三:法律和行政法规均未规定工伤职工离退休年龄时间较短时应当减少一次性工伤医疗补助金和一次性伤残就业补助金,所以这种情形下不应当减少两种补助金的发放数额。

【解答】

笔者更倾向于观点二。这是因为:一次性伤残就业补助金是对工伤职工再就业困难和再就业前生活困难的一种补助。工伤职工临近退休时,其继续工作的时间相应较短,从解除或者终止劳动合同至再就业前生活困难的时间也相应减少。所以,多数地方均规定工伤职工距法定退休年龄不足 5 年的,一次性伤残就业补助金的数额遂年按比例递减。而一次性工伤医疗补助金,其是对工伤职工解除或者终止劳动合同后可能发生与工伤相关治疗费的补助。与一次性伤残就业补助金不同,工伤职工解除或者终止劳动合同后发生与工伤相关治疗费的可能性和数额并不会因职工退休时间的临近而有所减少。所以,笔者认为,工伤职工离退休时间不足 5 年的,一次性工伤医疗补助金不应当减少。观点二相对来说更具合理性。当然,由于各个地方的地方性法规、政府规章的规定各有不同,在实际操作时还是要关注各地的不同规定。

【风险提示 210】

工伤职工与用人单位的劳动合同解除或者终止时离工伤职工退休不足 5 年,工伤保险基金和用人单位可以根据当地的相关规定对一次性伤残就业补助金或者一次性工伤医疗补助金按比例作扣减。

Q218：工伤职工的停工留薪期如何确定？

《工伤保险条例》第33条第1款、第2款规定，职工因工作遭受事故伤害或者患职业病需要暂停工作接受工伤医疗的，在停工留薪期内，原工资福利待遇不变，由所在单位按月支付。停工留薪期一般不超过12个月。伤情严重或者情况特殊，经设区的市级劳动能力鉴定委员会确认，可以适当延长，但延长不得超过12个月。工伤职工评定伤残等级后，停发原待遇，按照本章的有关规定享受伤残待遇。工伤职工在停工留薪期满后仍需治疗的，继续享受工伤医疗待遇。根据该条规定，停工留薪期一般不得超过12个月，工伤伤残等级评定后，原待遇停发。实践中停工留薪期的确定存在以下两个问题：一是工伤伤残等级评定在12个月之内的，停工留薪期待遇是否必须发放至伤残等级评定之日；二是市级劳动能力鉴定委员会没有确认延长职工停工留薪期，职工是否可以凭医疗机构的证明或者其他鉴定机构的鉴定意见将停工留薪期延长至12个月以上。

1. 工伤伤残等级评定在12个月之内的，停工留薪期待遇是否必须发放至伤残等级评定之日

【争议】

观点一：《工伤保险条例》规定原待遇在伤残等级评定之后停发，所以伤残等级评定在12个月之内的，停工留薪期应计算至伤残等级评定之日，在此期间，用人单位应按月发放职工原工资福利待遇。

观点二：停工留薪期未超出12个月，应当依医疗机构出具的证明确定停工留薪期的天数。

【解答】

笔者倾向于观点二。工伤职工的停工留薪期在12个月以内的，应当根据治疗工伤的医疗机构出具的相应意见或者证明确定，而不应当以工伤等级评定之日为准。这是因为：工伤伤残等级评定是在职工工伤治疗经治疗伤情相对稳定后存在残疾、影响劳动能力的情况下对职工伤残和劳动能力丧失的评定。伤残等级评定之日并非职工恢复上班之日。《工伤保险条例》第25条规定，设区的市级劳动能力鉴定委员会收到劳动能力鉴定申请后才对职工的工伤等级进行评定，而用人单位或职工申请工伤等级评定并不一定是职工可恢复工作之日。工伤等级评定可能早于、等于或者晚于职工可恢复工作的时间，如果以工

伤等级评定作为停工留薪期的结束之日,显然是不准确的。当然,工伤等级评定后,停工留薪期待遇应当停发,职工可享受《工伤保险条例》规定的相关待遇。

相关的意见可参考浙江省高级人民法院民事审判第一庭、浙江省劳动人事争议仲裁院《关于审理劳动争议案件若干问题的解答(三)》(2015年)第12条的规定,工伤职工的停工留薪期是指工伤职工遭受事故伤害或者患职业病暂停工作接受工伤医疗的期间。故停工留薪期一般应当根据医院出具的诊断证明书,以工伤职工遭受事故伤害或者患职业病之日至暂停工作接受治疗终结止的期间确定,且不超过伤残等级鉴定作出之日;通过以上方法无法判断但又确需病休的,可以综合考虑工伤职工的受伤部位、治疗情况等,参照门诊病历的相关就医记录予以确定。必要时可通过鉴定、征询专家意见等方式确定相应期间。

2. 停工留薪期延长如何证明

现实中,一些工伤职工提供医疗机构出具的意见或社会上鉴定机构的鉴定意见,用来证明其伤情严重或者情况特殊,要求将停工留薪期延长至12个月以上。

【争议】

观点一:目前一些地方的劳动能力鉴定委员会对工伤职工符合延长停工留薪期的情形拒绝确认延长停工留薪期,而工伤职工对劳动能力鉴定委员会的不作为没有救济途径,为保护工伤职工的权利,工伤职工提供正规医疗机构的意见或者有相应资质的鉴定机构的鉴定意见,可以证明工伤职工确实伤情严重或者情况特殊,符合延长停工留薪期的条件,人民法院或者劳动仲裁部门应当支持工伤职工超过12个月少于24个月的停工留薪期待遇。

观点二:职工要求将停工留薪期延长至12个月以上,必须经设区的市级劳动能力鉴定委员会确认方可准许。

【解答】

笔者认为,《工伤保险条例》第33条明确规定工伤职工停工留薪期延长至12个月以上必须符合两个条件:一是工伤职工伤情严重或者情况特殊,二是经设区的市级劳动能力鉴定委员会确认。从该条规定可知,《工伤保险条例》对停工留薪期延长至12个月以上的条件限制非常严格,上述两个条件缺一不可。不能用医疗机构或者社会鉴定机构的意见代替设区的市级劳动能力鉴定委员会的确认,否则,停工留薪期延长至12个月的证明或者意见将大面积出现,这与《工伤保险条例》严格限制停工留薪期延长的原意是不相符的。至于部分地方的劳动能力鉴定委员会拒绝对符合条件的工伤职工延长停工留薪期做出确认的情况，只能通过内部规定的完善或者设置向上级劳动能力鉴定委员会复议的程序予以解决，而不能因个别现象的存在就随意突破《工伤保险条例》的规定。

【风险提示211】

职工发生工伤，需要将停工留薪期延长到12个月以上的，应当及时向设区的市级劳动能力鉴定委员会提出延长确认申请。

【规范指引】

《工伤保险条例》

第三十三条　职工因工作遭受事故伤害或者患职业病需要暂停工作接受工伤医疗的，在停工留薪期内，原工资福利待遇不变，由所在单位按月支付。

停工留薪期一般不超过12个月。伤情严重或者情况特殊，经设区的市级劳动能力鉴定委员会确认，可以适当延长，但延长不得超过12个月。工伤职工评定伤残等级后，停发原待遇，按照本章的有关规定享受伤残待遇。工伤职工在停工留薪期满后仍需治疗的，继续享受工伤医疗待遇。

生活不能自理的工伤职工在停工留薪期需要护理的，由所在单位负责。

Q219：超出工伤保险目录和标准的医疗费用由谁负担？

《工伤保险条例》第30条第3款规定，治疗工伤所需费用符合工伤保险诊疗项目目录、工伤保险药品目录、工伤保险住院服务标准的，从工伤保险基金支付。工伤保险诊疗项目目录、工伤保险药品目录、工伤保险住院服务标准，由国务院社会保险行政部门会同国务院卫生行政部门、食品药品监督管理部门等部门规定。根据该条规定，符合工伤保险诊疗项目目录、工伤保险药品目录、工伤保险住院服务标准的医疗费由工伤保险基金支付，但条例没有规定超出上述目录和标准的医疗费的负担主体。现实中，工伤职工在治疗时往往要用到超出工伤保险目录和标准的药物和治疗项目等，这些费用由谁负担，司法实践中并没有统一的标准。

【争议】

观点一：超出工伤保险目录和标准范围的医疗费应当由工伤职工自负。

《工伤保险条例》已经将由工伤保险基金和用人单位支付的费用一一列明,条例没有规定的费用,不应当由工伤保险基金或者用人单位负担,而应当由工伤职工自负。《工伤保险条例》没有对超出工伤保险目录和标准范围的医疗费作出规定,工伤职工应当自行负担这些费用。如浙江省高级人民法院民事审判第一庭、浙江省劳动人事争议仲裁院《关于审理劳动争议案件若干问题的解答(二)》(2014年)第16条规定:用人单位已依法为劳动者缴纳了工伤保险,劳动者工伤医疗费超出社保基金报销目录范围的费用原则上不应当由用人单位承担,但超出目录范围的费用经用人单位同意或者认可的除外。

观点二:职工因工伤发生的费用不应当由职工负担,《工伤保险条例》明确由工伤保险基金支付的,由工伤保险基金支付,明确由用人单位支付或者没有明确支付主体的,均应当由用人单位支付。超出工伤保险目录、标准的医疗费用,条例没有规定支付主体,应当由用人单位支付。

观点三:《工伤保险条例》没有明确超出工伤保险目录、标准的医疗费用的支付主体,应当由用人单位和工伤职工按公平原则进行分担。

【解答】

笔者倾向于观点二。这是因为:

(1)《工伤保险条例》的立法宗旨之一是分散用人单位的工伤风险,在用人单位依法缴纳工伤保险费用的情况下,将工伤保险待遇中的很大一部分费用由工伤保险基金支付,减少用人单位的赔偿责任。分散工伤风险并不等同于免除工伤责任,用人单位依法缴纳工伤保险费用并不意味着用人单位不需要承担工伤赔付责任,在职工发生工伤后,用人单位仍然应当承担停工留薪期待遇、一次性伤残就业补助金等费用。《工伤保险条例》没有明确由工伤保险基金支付的费用,应当由用人单位负担。

(2)《工伤保险条例》中没有工伤职工应当自负部分费用的规定。纵观《工伤保险条例》,没有任何一个条文规定工伤职工应自行负担因工伤发生的某一种费用。可以反映出工伤处理中的一个法律原则,即职工发生工伤后,与工伤相关的合法、合理之费用均应当由工伤保险基金或者用人单位支付,职工不应当承担与工伤相关费用的支付。现实中,超出工伤保险目录和标准的药物、治疗和服务,均因工伤产生,在医院使用这些药物、治疗和服务时,工伤职工通常无法拒绝。超出工伤保险目录和标准的药物、治疗和服务非治疗职工的其他疾病,属于合理范围的,理应由用人单位负担,而非工伤职工自行负担。

(3)用人单位招用劳动者为其劳动,劳动者自此就开始面对或大或小的工伤风险,用人单位是工伤风险的开启者和控制者,也是劳动者劳动的受益人。一些与工伤相关的费用,《工伤保险条例》没有规定由工伤保险基金支付,由用人单位承担这些费用,符合其作为受益人和工伤风险的开启者、控制者的身份,合乎通常之情理,能为社会大众所接受。

【规范指引】

《工伤保险条例》

第三十条 职工因工作遭受事故伤害或者患职业病进行治疗,享受工伤医疗待遇。

职工治疗工伤应当在签订服务协议的医疗机构就医,情况紧急时可以先到就近的医疗机构急救。

治疗工伤所需费用符合工伤保险诊疗项目目录、工伤保险药品目录、工伤保险住院服务标准的,从工伤保险基金支付。工伤保险诊疗项目目录、工伤保险药品目录、工伤保险住院服务标准,由国务院社会保险行政部门会同国务院卫生行政部门、食品药品监督管理部门等部门规定。

职工住院治疗工伤的伙食补助费,以及经医疗机构出具证明,报经办机构同意,工伤职工到统筹地区以外就医所需的交通、食宿费用从工伤保险基金支付,基金支付的具体标准由统筹地区人民政府规定。

工伤职工治疗非工伤引发的疾病,不享受工伤医疗待遇,按照基本医疗保险办法处理。

工伤职工到签订服务协议的医疗机构进行工伤康复的费用,符合规定的,从工伤保险基金支付。

Q220:哪些情况下,一级至四级伤残工伤职工可请求一次性支付工伤保险待遇?

根据《工伤保险条例》的规定,一级至四级工伤职工按月支付的工伤保险待遇包括以下几项:停工留薪期间的待遇和护理费用、伤残津贴、生活护理费。在现实生活中,一些工伤职工出于一些因素的考虑,要求用人单位一次性支付工伤保险待遇。《工伤保险条例》并没有对劳动者可要求一次性支付工伤保险待遇的情形作出规定,实践中也是做法不一。

【争议】

观点一:一级至四级工伤职工可以选择要求用人单位和工伤保险基金一次性支付工伤保险待遇或者按月支付工伤保险待遇。

观点二:仅有在劳动法律法规明确规定的情形下,一级至四级工伤职工才可以要求一次性支付原应按月支付的工伤保险待遇项目。

【解答】

笔者认为,一级至四级伤残的工伤职工要求一次性支付工伤保险待遇,应当符合用人单位未依法为职工缴纳工伤保险费用的条件。人力资源和社会保障部《关于执行〈工伤保险条例〉若干问题的意见》(人社部发〔2013〕34 号)第 13 条规定,由工伤保险基金支付的各项待遇应按《条例》相关规定支付,不得采取将长期待遇改为一次性支付的办法。一级至四级伤残职工工伤保险待遇中按月支付的项目多为工伤保险基金支付,在用人单位依法为职工参加工伤保险的情况下,职工依上述规定不能要求工伤保险待遇的一次性支付。用人单位未依法为职工参加工伤保险,职工可以要求一次性支付工伤保险待遇,一次性工伤保险待遇的标准由各地确定。如浙江省的一次性工伤保险待遇标准为:一次性支付的工伤保险待遇,以工伤发生时上一年度全省职工年平均工资为基数,按照下列标准计发:一级伤残为 16 倍,二级伤残为 14 倍,三级伤残为 12 倍,四级伤残为 10 倍。一级至四级工伤职工一次性领取工伤保险待遇前的工资福利、医疗费、护理费、住院治疗期间的伙食补助费及所需的交通费等费用,按照规定支付。一级至四级工伤职工按月领取工伤保险待遇后,要求变更为一次性领取的,其待遇额度为一次性待遇总额扣除已经领取的一次性伤残补助金、伤残津贴后的余额。

【风险提示 212】

用人单位未依法为职工参加工伤保险,用人单位和劳动者均可以要求将工伤保险待遇中的长期赔付项目改为一次性支付,一次性支付的标准以各地出台的相关规定为准。

【规范指引】

人力资源和社会保障部《关于执行〈工伤保险条例〉若干问题的意见》

十三、由工伤保险基金支付的各项待遇应按《条例》相关规定支付,不得采取将长期待遇改为一次性支付的办法。

Q221：未经社会保险行政部门认定工伤，劳动者是否可以直接要求工伤赔偿？

现实中，一些劳动者因错过工伤认定申请期限，在没有取得工伤认定结论的情况下，直接向人民法院或者劳动仲裁部门起诉或者提起仲裁，要求用人单位赔偿工伤待遇；一些劳动者因不了解工伤赔偿的程序，没有申请工伤认定，而是直接要求用人单位赔偿工伤待遇。在没有取得社会保险行政部门工伤认定结论的情况下，劳动者直接要求用人单位赔偿工伤待遇，人民法院或者劳动仲裁部门是否应当受理，实践中存在不同观点。

【争议】

观点一：工伤认定是社会保险行政部门的行政职权，人民法院和劳动仲裁部门不应当在审理劳动争议案件中代替社会保险行政部门行使工伤认定的职权，进而确定用人单位的工伤赔付责任。所以，社会保险行政部门做出工伤认定结论是人民法院和劳动仲裁部门审理工伤保险待遇纠纷案件的前置条件。缺少这一前置条件，劳动者直接起诉或者提起仲裁要求用人单位赔付工伤待遇的，不应受理。

观点二：劳动者未申请工伤认定，直接向人民法院或者劳动仲裁部门提起诉讼或者仲裁要求用人单位赔付工伤保险待遇，工伤认定申请期限未过的，人民法院或者劳动仲裁部门应当告知劳动者先进行工伤认定程序。工伤认定申请期限已过，劳动者确实构成工伤的，人民法院和劳动仲裁部门可以参照工伤保险待遇的标准进行处理。

观点三：在没有社会保险行政部门做出工伤认定结论的情况下，人民法院或者劳动仲裁部门通常不受理工伤保险待遇赔偿请求。但在一些如劳动者在非法用工中受伤、法律法规特别规定参照工伤赔偿的情形，人民法院或者劳动仲裁部门可依规定进行处理。

观点四：社会保险行政部门未认定工伤，人民法院应当向劳动者释明依《侵权责任法》的规定要求用人单位赔偿，劳动者拒不变更诉讼请求的，应当裁定不予受理或者驳回起诉。

【解答】

笔者倾向于观点三。依《工伤保险条例》的规定，工伤认定是社会保险行政部门的职权，用人单位、工伤职工及其近亲属对社会保险行政部门做出的工伤认定结论不服的,可以依法申请行政复议,也可以依法向人民法院提起行政诉讼。人民法院和劳动仲裁部门不宜在审理劳动争议案件中直接对劳动者受伤是否构成工伤作出认定,否则就超越了自己的权限,代替行使了社会保险行政部门的职权和行政审判的职能。所以,社会保险部门做出的工伤认定结论是劳动者主张工伤保险待遇的前置程序,在没有工伤认定结论的情况下,人民法院和劳动仲裁部门原则上不应当受理劳动者的工伤赔偿请求。但在一些特殊情形,如劳动者在非法用工中受伤,社会保险行政部门不予认定工伤的,人民法院和劳动仲裁部门应依《非法用人单位伤亡人员一次性赔偿办法》的相关规定作出裁决。例如,最高人民法院《关于审理工伤保险行政案件若干问题的规定》出台前,建筑企业转包、非法分包中劳动者受伤的,一般也不认定工伤,但很多地方出台法规、规章等规定此类情况参照工伤进行处理,人民法院和劳动仲裁部门也可以在没有工伤认定的情况下直接处理工伤赔偿。还有用人单位未依法为劳动者参加工伤保险,其与劳动者协商一致按工伤保险待遇标准进行赔付,自无不许之理。浙江省高级人民法院民事审判第一庭《关于审理劳动争议案件若干问题的意见(试行)》(2009 年)第 36 条规定,当事人对劳动行政部门作出的工伤认定不服,可以申请行政复议、提起行政诉讼;人民法院在审理劳动争议案件中,一般不直接作出工伤认定。劳动者请求工伤待遇,但未提供劳动行政部门作出的工伤认定的,人民法院可以裁定驳回起诉,但具有下列情形的除外:(1)未为该劳动者办理工伤保险的用人单位对构成工伤无异议的;(2)非法用人单位在用工中导致劳动者伤亡的。上述规定可资参照。

除以上特殊情形外,对于未申请工伤认定,但工伤认定申请期限未过的,人民法院和劳动仲裁部门应当向劳动者释明先向社会保险行政部门申请工伤认定。如果工伤认定申请期限已过,人民法院可向劳动者释明变更诉讼请求和理由,以《侵权责任法》规定的提供劳务者受害责任纠纷作为请求权基础,按人身损害赔偿的标准进行诉讼。

【风险提示 213】

用人单位和劳动者均应当依据《工伤保险条例》规定的申请工伤认定期限及时向工伤认定部门申报工伤。劳动者如错过工伤申报期限,且没有司法解释规定的中止情形,可以提起提供劳务者受害责任之诉向用人单位主张侵权赔偿责任。

【规范指引】

最高人民法院《关于审理人身损害赔偿案件适用法律若干问题的解释》

第十二条 依法应当参加工伤保险统筹的用人单位的劳动者，因工伤事故遭受人身损害，劳动者或者其近亲属向人民法院起诉请求用人单位承担民事赔偿责任的，告知其按《工伤保险条例》的规定处理。

因用人单位以外的第三人侵权造成劳动者人身损害，赔偿权利人请求第三人承担民事赔偿责任的，人民法院应予支持。

Q222：工伤职工或者其近亲属能否向用人单位要求赔偿精神损害抚慰金？

《工伤保险条例》规定的工伤保险待遇中没有精神损害抚慰金项目，工伤职工或者其近亲属在工伤保险待遇纠纷中要求用人单位赔偿精神损害抚慰金，一般得不到支持。但职工因工导致残疾、死亡，给职工或者其近亲属造成较大的精神痛苦，职工或者近亲属能否另行提起侵权之诉，要求用人单位赔偿精神损害抚慰金，实践中存在不同观点。

【争议】

观点一：发生工伤事故后，职工或者其近亲属仅能向用人单位主张工伤保险待遇，而不能向用人单位主张侵权赔偿。而工伤保险待遇中并不包含精神损害抚慰金项目，职工或者其近亲属不能向用人单位主张精神损害抚慰金。

观点二：职工或者其近亲属在取得工伤保险待遇后，仍然可以依据《侵权责任法》的规定向用人单位主张精神损害抚慰金，两者并不冲突。

观点三：职工或者其近亲属在取得工伤保险待遇后，一般不得另行要求用人单位支付精神损害赔偿，但法律法规特别规定职工或者其近亲属在取得工伤保险待遇后可另行主张其他赔偿项目的除外。职工或者其近亲属错过工伤认定申请期限，依据《侵权责任法》的规定要求用人单位赔偿精神损害抚慰金等损失的赔偿，可酌情支持。

【解答】

笔者同意观点三。最高人民法院《关于审理人身损害赔偿案件适用法律若干问题的解释》第 12 条第 1 款规定，依法应当参加工伤保险统筹的用人单位的劳动者，因工伤事故遭受人身损害，劳动者或者其近亲属向人民法院起诉请求用人单位承担民事赔偿责任的，告知其按《工伤保险条例》的规定处理。从该条规定可知,劳动者因工受到伤害,符合工伤认定条件的,劳动者或者其近亲属应当依据《工伤保险条例》的规定申请认定工伤,后主张工伤保险待遇。劳动者或者其近亲属主张人身损害赔偿的,人民法院一般不予处理。所以,劳动者或者其近亲属在工伤事故发生后,已经取得工伤保险待遇,又依据《侵权责任法》的规定要求用人单位赔偿人身损害赔偿项目中的精神损害抚慰金,一般不予支持。劳动者或者其近亲属在工伤事故发生后未申请工伤认定,申请期限也未超过,而是直接向人民法院起诉请求精神损害抚慰金等人身损害赔偿,人民法院应当告知其按《工伤保险条例》的规定处理。劳动者或者其近亲属在工伤事故发生后错过工伤认定申请期限,向人民法院起诉包括精神损害抚慰金在内的人身损害赔偿的,人民法院应当处理,并按劳动者伤残、死亡情况酌情支持精神损害抚慰金。

《安全生产法》第53条规定,因生产安全事故受到损害的从业人员,除依法享有工伤保险外,依照有关民事法律尚有获得赔偿的权利的,有权向本单位提出赔偿要求。《职业病防治法》第58条规定,职业病病人除依法享有工伤保险外,依照有关民事法律,尚有获得赔偿的权利的,有权向用人单位提出赔偿要求。根据上述两部法律的规定,职工因安全生产事故受到伤害,或者患职业病,除享受工伤保险待遇外,还可以依民事法律主张其他民事赔偿,包括精神损害抚慰金赔偿。广东省高级人民法院、广东省劳动人事争议仲裁委员会《关于审理劳动人事争议案件若干问题的座谈会纪要》(2012年)明确前述两种情形下,职工或者其近亲属在获工伤保险待遇后可另行主张精神损害抚慰金。该纪要第5条规定:劳动者因生产安全事故发生工伤或者被诊断患有职业病,劳动者或者其近亲属已享受工伤保险待遇,又依据最高人民法院《关于确定民事侵权精神损害赔偿责任若干问题的解释》的规定向人民法院请求用人单位承担精神损害赔偿责任的,应予支持。广东的上述做法可资借鉴。

【风险提示214】

劳动者在安全生产事故中受到伤害,或者被诊断患职业病,可以要求用人单位赔偿精神损害抚慰金。

【规范指引】

《中华人民共和国安全生产法》

第五十三条　因生产安全事故受到损害的从业人员,除依法享有工伤保险外，依照有关民事法律尚有获得赔偿的权利的，有权向本单位提出赔偿要求。

《中华人民共和国职业病防治法》

第五十八条　职业病病人除依法享有工伤保险外，依照有关民事法律，尚有获得赔偿的权利的，有权向用人单位提出赔偿要求。

Q223：如何理解失业保险金领取条件中的"非本人意愿中断就业"？

《失业保险条例》第 14 条规定，具备下列条件的失业人员，可以领取失业保险金：(1)按照规定参加失业保险，所在单位和本人已按照规定履行缴费义务满 1 年的；(2)非因本人意愿中断就业的；(3)已办理失业登记，并有求职要求的。失业人员在领取失业保险金期间，按照规定同时享受其他失业保险待遇。本条的难点在于对第 2 项"非因本人意愿中断就业"的理解。

【争议】

观点一："非因本人意愿中断就业"是指《劳动合同法》第 40 条规定的无过错解除，第 41 条规定的经济裁员解除，第 44 条第 1、4、5 项规定的劳动合同期满、用人单位破产和提前解散等原因导致劳动合同终止的情形。劳动者自己提出解除劳动合同、用人单位因劳动者严重过错解除劳动合同的，均不属于"非因本人意愿中断就业"的情形，不符合领取失业保险金的条件。

观点二："非因本人意愿中断就业"应当指劳动者因本人原因提出解除劳动合同的情形，既包括《劳动合同法》第 40 条、第 41 条和第 44 条第 1、4、5 项规定的情形，也包括《劳动合同法》第 38 条规定的劳动者因用人单位过错解除劳动合同和第 39 条规定的用人单位因劳动者严重过错解除劳动合同的情形。如江苏省高级人民法院《劳动争议类案指南》(2010 年)认为，劳动者需满足失业保险的申领条件，失业人员应当符合《失业保险条例》第 14 条、《失业保险金申领发放办法》第 4 条的规定。若同时符合"因劳动者本人原因"和"由劳动者本人提出解除劳动关系"两个条件，则可以认定为"因劳动者本人意愿中断就业"。

【解答】

笔者同意观点二。劳动和社会保障部《失业保险金申领发放办法》第 4 条对"非因本人意愿中断就业"作了解释，该条规定：失业人员符合《条例》第 14 条规定条件的，可以申请领取失业保险金，享受其他失业保险待遇。其中，非因本人意愿中断就业的是指下列人员：(1)终止劳动合同的；(2)被用人单位解除劳动合同的;(3)被用人单位开除、除名和辞退的;(4)根据《劳动法》第 32 条第 2、3 项与用人单位解除劳动合同的;(5)法律、行政法规另有规定的。《劳动法》第 32 条第 2、3 项规定的是劳动者因用人单位过错解除劳动合同的情形。根据该条规定,"因本人意愿中断就业"成立应当同时符合两个条件:一是劳动者本人提出解除劳动合同;二是劳动者解除劳动合同是因本人原因。《劳动合同法》第 40 条规定的无过错解除,第 41 条规定的经济裁员解除,第 44 条第 1、4、5 项规定的劳动合同期满、用人单位破产和提前解散等原因导致劳动合同终止的情形,以及《劳动合同法》第 38 条规定的劳动者因用人单位过错解除劳动合同和第 39 条规定的用人单位因劳动者严重过错解除劳动合同,均属于《失业保险条例》第 14 条规定的"非因本人意愿中断就业"。上述情形下的劳动者如果同时符合按照规定参加失业保险,所在单位和本人已经按照规定履行缴费义务满 1 年,以及已经办理失业登记,并有求职要求的条件,即满足领取失业保险金的条件。

【风险提示 215】

劳动者被用人单位解除劳动合同,或者劳动者因用人单位过错被迫解除劳动合同,均符合失业保险金领取条件中的"非因本人意愿中断就业"。

【规范指引】

《失业保险条例》

第十四条　具备下列条件的失业人员,可以领取失业保险金:

(一)按照规定参加失业保险,所在单位和本人已按照规定履行缴费义务满 1 年的;

(二)非因本人意愿中断就业的;

(三)已办理失业登记,并有求职要求的。

失业人员在领取失业保险金期间,按照规定同时享受其他失业保险待遇。

劳动和社会保障部《失业保险金申领发放办法》

第四条　失业人员符合《条例》第十四条规定条件的,可以申请领取失业保险金,享受其他失业保险待遇。其中,非因本人意愿中断就业的是指下列人员:

(一)终止劳动合同的;

(二)被用人单位解除劳动合同的;

（三）被用人单位开除、除名和辞退的；

（四）根据《中华人民共和国劳动法》第三十二条第二、三项与用人单位解除劳动合同的；

（五）法律、行政法规另有规定的。

Q224：用人单位没有为劳动者缴纳养老保险导致劳动者无法享受养老保险待遇，劳动者要求用人单位赔偿损失，损失数额如何确定？

最高人民法院《关于审理劳动争议案件适用法律若干问题的解释（三）》第1条规定，劳动者以用人单位未为其办理社会保险手续，且社会保险经办机构不能补办导致其无法享受社会保险待遇为由，要求用人单位赔偿损失而发生争议的，人民法院应予受理。该条司法解释仅规定人民法院应当受理养老保险待遇损失纠纷，但没有规定养老保险待遇损失的计算标准，劳动法律法规对养老保险待遇损失的计算标准也没有任何规定。养老保险待遇损失计算标准规定的缺失导致劳动仲裁部门和人民法院在审理此类纠纷中面临非常大的困惑，一些劳动仲裁部门和人民法院索性对此类纠纷不予受理，这对劳动者合法权利的保护显然是不利的。一些地方的劳动仲裁部门和人民法院对养老保险损失的计算进行了有益的探索，目前的做法主要有以下三种。

【争议】

第一种做法是委托社会保险行政部门计算养老保险待遇损失。区分两种情况处理：(1)劳动者退休时，用人单位能够缴费而未缴费年限达到或者超过劳动者按月领取退休金条件的，用人单位应当承担劳动者自退休起至人均预期寿命的养老金，具体数额可以委托养老保险经办机构测算。劳动者要求定期给付的，应当定期给付；劳动者要求一次性给付的，可视具体情况一次性给付或者定期给付。(2)劳动者退休时，用人单位能够缴费而未缴费年限未达到或者超过劳动者按月领取退休金条件的，劳动者因用人单位的瑕疵缴费行为所导致的损失为其按照相关规定所能够一次性领取的养老金待遇，具体数额可以委托养老保险经办机构测算。[①]

---

① 青岛市中级人民法院课题组：《关于社会保险纠纷案件法律适用问题的调研报告——以劳动争议处理为视角》，载《山东审判》2014年第6期。

第二种做法是以当地最低工资标准计算劳动者退休后的养老保险待遇损失。劳动者在用人单位工作未满 15 年,由用人单位支付其按照相关规定以最低工资标准计算的一次性领取的养老金待遇。劳动者在用人单位工作已满 15 年,养老保险待遇损失应当以上年度统筹地区最低工资标准计算的养老金为准,按劳动者的工作年限计算至平均预期寿命止。

第三种做法是以统筹地区职工平均工资为标准计算养老保险待遇损失。在用人单位工作未满 15 年,养老保险待遇损失应当参照社会保险经办机构对缴费年限补足的参保人员不延缴养老保险费的一次性支付标准,按照每满一年发给相当于一个月上一年度职工月平均工资标准一次性支付劳动者养老保险待遇赔偿。超过 15 年的,养老保险待遇损失应当以上年度统筹区域社会平均养老金为标准,按照劳动者在用人单位的工作年限与以统筹区域人口平均预期寿命计算的享受养老保险待遇年限的比例进行计算。①

【解答】

笔者认为,应当以统筹地区职工平均工资为标准计算养老保险待遇损失。以当地最低工资标准计算养老保险待遇损失,对劳动者而言是不公平的,且会助长用人单位不为劳动者缴纳养老保险的违法行为。如果劳动仲裁部门和人民法院与当地社会保险行政部门建立合作机制,将劳动者退休后无法享受养老保险待遇的损失委托当地社会保险行政部门测算,劳动仲裁部门和人民法院根据当地社会保险行政部门的测算结果作出裁判,当然是行之有效的做法。如果劳动仲裁部门和人民法院没有与当地社会保险行政部门建立此类的合作机制,对劳动者退休后无法享受养老保险待遇的损失可区分两种不同的情形分别计算:(1)劳动者在同一用人单位工作年限未满 15 年,应按当地上一年度职工月平均工资标准,工作每满一年计算一个月,由用人单位一次性支付劳动者养老保险待遇赔偿。(2)劳动者在同一用人单位工作年限满 15 年,以统筹地区职工平均工资为缴费基准,并按用人单位应当缴费的年限确定养老金数额,按月支付劳动者养老保险待遇,并根据当地养老保险待遇的调整进行调整。劳动者在同一用人单位工作年限满 15 年,双方协商一致,或者用人单位存在注销、吊销、撤销、解散、破产等情形导致无法按月支付养老保险待遇的,劳动者可要求用人

---

① 王建军、谢蕊娜、张长海:《未缴纳社会保险劳动者的损失赔偿》,载《人民司法(案例)》2017 年第 29 期。

单位一次性支付养老保险待遇损失。一次性支付的养老保险待遇损失以劳动者申请仲裁当月的养老金数额为计算标准,计发期限为劳动者申请之日的次月至用人单位所在地人均预期寿命期间的月数(不足整月的按整月算),最长不超过240个月。

【风险提示216】

用人单位未依法为劳动者办理社会保险手续、缴纳社会保险费用,导致劳动者无法享受社会保险待遇,劳动者可要求用人单位赔偿其无法享受社会保险待遇的损失。劳动者主张社会保险待遇损失应当在达法定退休年龄或劳动合同解除、终止之日起1年内提出,以防自己合理的请求因超过1年仲裁时效而得不到支持。

【规范指引】

最高人民法院《关于审理劳动争议案件适用法律若干问题的解释(三)》

第一条　劳动者以用人单位未为其办理社会保险手续,且社会保险经办机构不能补办导致其无法享受社会保险待遇为由,要求用人单位赔偿损失而发生争议的,人民法院应予受理。

Q225:新入职劳动者的年休假天数如何计算?

【解答】

《职工带薪年休假条例》第2条规定,机关、团体、企业、事业单位、民办非企业单位、有雇工的个体工商户等单位的职工连续工作1年以上的,享受带薪年休假(以下简称年休假)。单位应当保证职工享受年休假。职工在年休假期间享受与正常工作期间相同的工资收入。第3条规定,职工累计工作已满1年不满10年的,年休假5天;已满10年不满20年的,年休假10天;已满20年的,年休假15天。国家法定休假日、休息日不计入年休假的假期。人力资源和社会保障部《企业职工带薪年休假实施办法》第4条规定,年休假天数根据职工累计工作时间确定。职工在同一或者不同用人单位工作期间,以及依照法律、行政法规或者国务院规定视同工作期间,应当计为累计工作时间。根据上述规定,职工累计工作满一年,有权享受带薪年休假。用人单位新招用的劳动者,如果之前在其他用人单位工作,符合连续工作满12个月以上之条件,在新入职的当年有权享受带薪年休假。

关于新入职劳动者带薪年休假天数计算问题,《企业职工带薪年休假实施办法》作了相应规定,该办法第 5 条规定,职工新进用人单位且符合本办法第 3 条规定的,当年度年休假天数,按照在本单位剩余日历天数折算确定,折算后不足 1 整天的部分不享受年休假。前款规定的折算方法为:(当年度在本单位剩余日历天数 ÷365 天)×职工本人全年应当享受的年休假天数。例如,新职工入职当年在用人单位剩余日历天数为 200 天,累计工作 15 年,其在该用人单位享受年休假天数的计算为:(200 天 ÷365 天)×10 天 =5.48 天,该劳动者在新入职当年可享受 5 天的带薪年休假。

【风险提示 217】

新入职的劳动者在入职前有工作经历,有权享受带薪年休假,当年度年休假天数,按照在本单位剩余日历天数折算确定。

【规范指引】

《企业职工带薪年休假实施办法》

第五条　职工新进用人单位且符合本办法第三条规定的,当年度年休假天数,按照在本单位剩余日历天数折算确定,折算后不足 1 整天的部分不享受年休假。

前款规定的折算方法为:(当年度在本单位剩余日历天数 ÷365 天)×职工本人全年应当享受的年休假天数。

Q226:用人单位或者工会安排劳动者进行旅游、疗休养,旅游、疗休养的天数是否能抵扣劳动者年休假的天数?

《企业职工带薪年休假实施办法》第 6 条规定,职工依法享受的探亲假、婚丧假、产假等国家规定的假期以及因工伤停工留薪期间不计入年休假假期。该办法第 7 条规定:职工享受寒暑假天数多于其年休假天数的,不享受当年的年休假。确因工作需要,职工享受的寒暑假天数少于其年休假天数的,用人单位应当安排补足年休假天数。根据上述规定,探亲假、婚丧假、产假等国家规定的假期以及工伤停工留薪期间不能抵扣年休假假期。但职工享受寒暑假的,寒暑假假期可以抵扣年休假假期。现阶段,政府部门、各级工会组织和用人单位越来越重视劳动者休养生息的权利,通过安排劳动者旅游、疗休养的方式恢复和增进劳动者的身体健康,减少劳动者生病的概率,使劳动者保持充沛的精力和体力,更好地投入工作中去。目前,国家层面对劳动者疗休养并没有做出规定,劳动者疗休养的规范散见于各地政府部门、工会组织出台的政策和规定中。用人单位或者工会安排劳动者旅游或疗休养,能否抵扣劳动者依法享受的带薪年休假天数,实践中存在不同观点。

【争议】

观点一:《企业职工带薪年休假实施办法》仅规定探亲假、婚丧假、产假等国家规定的假期以及因工伤停工留薪期间不计入年休假假期。用人单位或者工会安排劳动者旅游或疗休养期间并不属于国家规定的假期,而且旅游或者疗休养的目的和功能与带薪年休假类似,旅游或疗休养的天数应当可以与带薪年休假天数相抵扣。

观点二:旅游或者疗休养是用人单位或者工会组织的活动,并不是假期。旅游或疗休养期间与职工带薪年休假期间性质上完全不同。用人单位不能以安排劳动者旅游或年休假为由,将相应的天数与带薪年休假天数相抵扣。

【解答】

笔者同意观点二。带薪年休假是国家为了维护职工休息休假权利,调动职工工作积极性,按累计工作年限每年赋予职工一定天数的休假期,职工在年休假期间可以自由安排休息,并享受与正常工作期间相同的工资收入。疗休养是指用人单位、工会和人事部门等组织劳动者治疗、休养以恢复健康和体力的活动,不属于假期。对于旅游,如果是用人单位等组织,也不属于假期。劳动者在用人单位等安排的疗休养和旅游活动中一般要服从用人单位等组织者的安排,与年休假存在本质的区别。用人单位不能以安排劳动者疗休养、旅游为由,将疗休养期间和旅游期间的天数计入职工带薪年休假中。浙江省衢州市中级人民法院、浙江省衢州市人力资源和社会保障局《关于审理劳动争议案件若干问题的会议纪要(二)》(2018 年)第 11 条规定,年休假的目的在于维护劳动者休息休假的权利,劳动者在年休假期间可自行安排休息。用人单位组织的旅游、疗养并非劳动者自行安排的活动,不可以抵扣年休假天数。

【风险提示 218】

一些用人单位在本单位的职工疗休养规定中注明职工疗休养假期按《职工带薪年休假条例》规定休假时间(含往返途中),疗休养时间与当年度的年休假时间相抵。这样的规定是不符合法律规定的。用人单位不能以存在此类规定为由将职工疗休养时间与当年度的年休假时间相抵,否则将承担未安排职工带薪年休假和未支付职工应休未休带薪年休假工资的法律责任。

【规范指引】

《企业职工带薪年休假实施办法》

第六条　职工依法享受的探亲假、婚丧假、产假等国家规定的假期以及因工伤停工留薪期间不计入年休假假期。

典型案例 25

安民重、兰自姣诉深圳市水湾远洋渔业有限公司工伤保险待遇纠纷案①

裁判要旨

用人单位为职工购买商业性人身意外伤害保险,不能因此免除其为职工购买工伤保险的法定义务。职工获得用人单位为其购买的人身意外伤害保险赔付后,仍然有权向用人单位主张工伤保险待遇。

基本案情

2011 年 11 月,被告水湾公司与浙江鑫隆远洋渔业有限公司(以下简称鑫隆公司)签订委托招聘合同,约定:鑫隆公司为水湾公司名下"中洋 16"轮、"中洋 18"轮、"中洋 26"轮等 6 艘船舶招聘远洋船员,以鑫隆公司名义与应聘船员签订聘用合同,合同的权利义务由水湾公司享有和承担;鑫隆公司在与应聘船员签订聘用合同时应当口头向其披露委托方,经应聘船员无异议后方可签订聘用合同。

2012 年 7 月 8 日,安东卫与鑫隆公司签订大管轮聘用合同,合同约定:鑫隆公司招聘安东卫为远洋大管轮职务船员,聘用期限为两年半,自安东卫出境日 9 月 1 日起至安东卫所在船只抵境日或者合同到期日止;鑫隆公司负责为安东卫投保人身意外险,如果在聘用期内发生因工伤亡,按有关意外保险条款执行。

2012 年 8 月 22 日,被告水湾公司作为投保人,为包括安东卫在内的 48 名船员向中国人民财产保险股份有限公司深圳市分公司(以下简称人保公司)投保团体意外伤害保险,保障项目为额外身故、残疾、烧伤给付,每人保险金额为 60 万元,保险期间为 2012 年 8 月

① 本案例载于《最高人民法院公报》2017 年第 12 期(总第 254 期)。

23 日至 2013 年 8 月 22 日。水湾公司于投保当日缴纳了保费。

2012 年 9 月,安东卫等 14 名船员被派遣至“中洋 26”轮上进行远海捕鱼作业。2013 年 8 月 5 日 17:30 时,“中洋 26”轮在法属波利尼西亚南方群岛拉帕岛附近海域遇险侧翻。2014 年 1 月 16 日,安东卫被河南省栾川县人民法院宣告死亡。人保公司向原告安民重和兰自姣实际支付了安东卫身故赔偿金 60 万元。

2014 年 12 月 10 日,浙江省绍兴市越城区人民法院作出(2014)绍越民初字第 1799 号民事判决,确认鑫隆公司与安东卫签订聘用合同的行为属于隐名代理,鑫隆公司与安东卫签订的聘用合同直接约束水湾公司和安东卫,水湾公司与安东卫存在劳动关系。水湾公司对该判决结论予以认可。2015 年 3 月 16 日,深圳市人力资源和社会保障局认定安东卫于 2013 年 8 月 5 日因工外出在法属波利尼西亚南方群岛拉帕岛附近海域遇险,经法院判决宣告死亡属于工伤。

原告安民重是安东卫的父亲,原告兰自姣是安东卫的母亲。兰自姣持有栾川县残疾人联合会填发的残疾人证,记载残疾类别为肢体,残疾等级为 3 级。

裁判结果

广州海事法院判决:(1)被告水湾公司向原告安民重、兰自姣支付安东卫的工资、奖金共计 26 709.2 元;(2)水湾公司向安民重、兰自姣支付丧葬补助金、一次性工亡补助金共计 520 808 元;(3)驳回安民重、兰自姣的其他诉讼请求。水湾公司不服一审判决,向广东省高级人民法院提起上诉。广东省高级人民法院判决:驳回上诉,维持原判。

裁判理由

生效判决认为:《工伤保险条例》第 2 条第 1 款规定:“中华人民共和国境内的企业、事业单位、社会团体、民办非企业单位、基金会、律师事务所、会计师事务所等组织和有雇工的个体工商户(以下称用人单位)应当依照本条例规定参加工伤保险,为本单位全部职工或者雇工(以下称职工)缴纳工伤保险费。”根据该规定,为职工缴纳工伤保险费是水湾公司的法定义务,该法定义务不得通过任何形式予以免除或者变相免除。《工伤保险条例》第 62 条第 2 款又进一步规定:“依照本条例规定应当参加工伤保险而未参加工伤保险的用人单位职工发生工伤的,由该用人单位按照本条例规定的工伤保险待遇项目和标准支付费用。”在上诉人水湾公司未为安东卫缴纳工伤保险费的情况下,水湾公司应当向安东卫的父母被上诉人安民重和兰自姣支付工伤保险待遇。水湾公司为安东卫购买的商业性意外伤害保险,性质上是水湾公司为安东卫提供的一种福利待遇,不能免除水湾公司作为用人单位负有的法定的缴纳工伤保险费的义务或者支付工伤保险待遇的义务。

此外,法律及司法解释并不禁止受工伤的职工或其家属获得双重赔偿。最高人民法院《关于审理工伤保险行政案件若干问题的规定》第 8 条第 1 款规定:“职工因第三人的原因受到伤害,社会保险行政部门以职工或者其近亲属已经对第三人提起民事诉讼或者获得民事赔偿为由,作出不予受理工伤认定申请或者不予认定工伤决定的,人民法院不予支持。”第 3 款规定:“职工因第三人的原因导致工伤,社会保险经办机构以职工或者其近亲属已经对第三人提起民事诉讼为由,拒绝支付工伤保险待遇的,人民法院不予支持,但第三人已经支付的医疗费用除外。”由此可见,上述规定并不禁止受工伤的职工同时获得民事赔偿和工伤保险待遇赔偿。上诉人水湾公司称被上诉人安民重和兰自姣同时获得保险金和工伤保险待遇属一事二赔、违反公平原则,没有法律依据,不予支持。一审法院判决水湾公司向安民重和兰自姣支付工伤保险待遇正确,予以维持。

典型案例 26

伏恒生等诉连云港开发区华源市政园林工程公司工伤待遇赔偿纠纷案[①]

裁判要旨

未达到法定退休年龄的企业内退人员,在与原用人单位保留劳动关系的前提下,到另一单位从事劳动、接受管理的,劳动者与新用人单位之间的用工关系为劳动关系。劳动者在新用人单位工作期间发生工伤事故的,新用人单位是工伤保险责任的赔偿主体,应由其承担工伤待遇赔偿的各项义务。

基本案情

2008 年 12 月 14 日三原告的亲属伏运山在被告华源公司从事工作期间发生交通事故受伤。2009 年 12 月 15 日,伏运山向连云港经济技术开发区劳动争议仲裁委员会申请劳动仲裁要求确认其与被告间存在劳动关系,该仲裁委以 2010-023 号案件终止审理确认书确认终止该案审理。伏运山不服向法院提起诉讼,连云港市连云区人民法院以(2011)港民初字引 104 号民事判决书判决伏运山与被告间自 2006 年 8 月起至 2010 年 6 月止存在劳动关系,且该判决书已经二审维持原判。伏运山于 2011 年 8 月 30 日被连云港市人力资源和社会保障局确认系工伤并经连云港市劳动能力鉴定委员会鉴定为工伤五级。伏运山于 2013 年 3 月 22 日向连云港经济技术开发区劳动争议仲裁委员会申请仲裁要求工伤赔偿,该仲裁委于 2014 年 9 月 28 日以第 2013-027 号案件终止审理确认书终止对该案件审理工作。2013 年 12 月 9 日伏运山因病死亡。本案在审理过程中,三原告申请变更诉讼主体作为原告参加诉讼。同时查明:伏运山 1955 年 6 月 23 日出生,原告伏恒生系其父亲,原告张正花系其妻子,原告伏彩军系其子。伏运山因同一起交通事故向侵权人提起民事赔偿,于 2009 年 6 月 24 日评残。连云港市连云区人民法院以(2009)港民一初字第 0845

---

① 本案例载于《最高人民法院公报》2018 年第 3 期(总第 257 期)。

号民事判决书确认原告误工期自伤起至评残前一日。

裁判结果

连云港市连云区人民法院判决：被告华源公司于本判决发生法律效力之日起 10 日内支付原告伏恒生、张正花、伏彩军工伤赔偿金合计 116 084.4 元。华源公司不服，提起上诉。连云港市中级人民法院判决：驳回上诉，维持原判。

裁判理由

连云港市连云区人民法院一审认为：本案伏运山一直在主张权利，故本案并未过诉讼时效。企业未达到法定退休年龄的内退人员与新用人单位之间的关系为劳动关系。即使内退职工的原用人单位为其缴纳了工伤保险费，新用人单位亦应自用工之日起为职工办理工伤保险的转移手续并续缴工伤保险费，从而实现分散企业用工风险和保护工伤职工合法权益的立法宗旨。新用人单位未履行该法律义务，劳动者在该单位工作期间发生工伤事故的，依法应当由实际用人单位承担工伤待遇赔偿的法律义务。伏运山与被告华源公司自 2006 年 8 月至 2010 年 6 月存在劳动关系已经由（2011）港民初字第 01014 号生效民事判决予以确认，伏运山于 2008 年 12 月 14 日在被告从事卫生保洁工作时发生交通事故受伤，被告依法应当对伏运山因工伤产生的各项待遇损失承担赔偿责任。伏运山受伤后经连云港市劳动能力鉴定委员会认定为工伤同时经鉴定为五级伤残，法院予以确认。对伏运山申请仲裁和各项费用，法院认定如下：（1）停工留薪期工资 43 700 元。伏运山停工留薪期经（2009）港民一初字第 0845 号民事判决书确认自伤起至评残前一日（伏运山于 2009 年 6 月 24 日评残）。伏运山主张按 12 个月计算未能举证，不予采信。2008 年连云港市社保缴费基数为 1369 元，伏运山停工留薪期工资应为 8670 元（6 月 ×1369 元/月 +1369 元/30 天 ×10 天）。（2）一次性伤残补助金 24 642 元。根据伏运山伤残五级，伏运山一次伤残补助金为 24 642 元。（3）一次性工伤医疗补助金 69 119.4 元。伏运山与被告于 2010 年解除劳动关系，故应当按 2009 年连云港市当地职工平均工资 28 212 元/年计算其工伤医疗补助金，根据统计数据当地人口平均寿命为 76 周岁，伏运山一次性工伤医疗补助金应为 69 119.4 元（21 年 ×1.4 月/年 ×28 218 元/12 月）。（4）一次性伤残就业补助金 14 109元。伏运山于 2010 年 6 月与被告解除劳动关系已超过 55 周岁，应给予六个月当地职工平均工资，应当以 2009 年连云港当地职工平均工资 28 212 元/年计算，故对三原告主张的一次性伤残就业补助金 14 109 元（6 月 ×28 212 元/12 月）予以支持。

典型案例 27

候宏军诉上海隆茂建筑装潢有限公司劳动合同纠纷案[①]

裁判要旨

一次性伤残就业补助金是在终止或者解除劳动合同时,工伤职工应当享受的由用人单位支付的费用。在用人单位解除劳动合同的情形下,用人单位仍有义务向工伤职工支付一次性伤残就业补助金。

基本案情

2011 年 3 月 1 日,原、被告签订了期限自当日起至 2012 年 2 月 28 日止的劳务合同。合同约定,被告隆茂公司将原告候宏军安排至澳联公司工作,月工资 1140 元,若原告因严重违反用人单位依法制定的各项规章制度而被用人单位退回的,被告可以解除本合同。2012 年 3 月 21 日,原告在储运车间修理木托盘时被机器压伤左手食指,经医院诊治结论为左食指挫裂伤,左食指末端粉碎性骨折。同年 4 月 17 日,被告作为申请人向上海市长宁区人力资源和社会保障局申请工伤认定。同年 4 月 27 日,该局作出〔2012〕长宁人社认结字第 0295 号认定工伤决定书,确认原告上述所受伤害属于工伤。同年 8 月 31 日,上海市长宁区劳动能力鉴定委员会出具劳鉴(长)字 1207 - 0051 号鉴定结论书,结论为原告上述工伤构成因工致残程度十级。同年 7 月 19 日,澳联公司向原告出具员工违纪处罚单,主要内容为原告于当日擅自离岗回家睡觉,根据员工手册之规定,对该蓄意怠工之违纪行为予以三类违纪处罚,处罚内容为最后书面警告并罚款 200 元。原告拒绝签收此员工违纪处罚单。同年 7 月 26 日,澳联公司再次向原告出具员工违纪处罚单,主要内容为原告于当日拒绝服从上司工作安排,根据员工手册之规定,该违纪事实属于不服从公司管理人员调动及其他命令,作三类违纪处罚,因原告已于一个月内连续两次触犯三类违纪规则,故根据员工手册规定予以开除处分。原告拒绝签收此员工违纪处罚单。次日,澳联公司以电子邮件形式告知被告,因原告多次违反其处管理制度,故予以开除处分,并附其于 2012 年 7 月 26 日作出的员工违纪处罚单。同年 8 月 15 日,澳联公司以电子邮件形式通知被告,主要内容为原告于同年 7 月 26 日离职,原告的社会保险费缴纳至同年 7 月止。

被告隆茂公司为原告候宏军办理了 2011 年 7 月至 2012 年 7 月的上海市城镇社会保险费,并于 2012 年 8 月 24 日办理了原告的社会保险个人账户转出手续。

2013 年 2 月,澳联公司经工商行政部门核准更名为欧文斯公司。

2012 年 4 月 11 日,原告候宏军以被告隆茂公司及欧文斯公司(为行文统一,以下统一表述为欧文斯公司)为被申请人向上海市闵行区劳动人事争议仲裁委员会申请仲裁,要求两公司支付其加班工资及赔偿金、未签订劳动合同双倍工资差额等多项费用。后该仲裁

① 本案例载于《最高人民法院公报》2015 年第 11 期(总第 229 期)。

委作出闵劳人仲〔2012〕办字第2373号仲裁裁决书，对原告的仲裁请求不予支持，并于裁决中确认原告于2011年3月1日与被告建立劳动关系，与欧文斯公司之间为劳务用工关系。原、被告及欧文斯公司收到裁决书后均未起诉，该裁决已生效。

2012年10月8日，原告候宏军向上海市闵行区劳动人事争议仲裁委员会申请仲裁，要求恢复与被告隆茂公司的劳动关系，并要求被告支付其2012年7月27日至恢复劳动关系之日期间的工资、停工留薪期工资差额等各项费用。同年11月30日，该仲裁委作出闵劳人仲〔2012〕办字第7706号裁决，由被告支付原告2012年3月21日至同年7月15日的停工留薪期工资差额3148.40元、2012年3月21日至同年7月26日的就医交通费148元、2012年7月27日至同年11月30日的工资5933.30元，欧文斯公司对前述停工留薪期工资差额及就医交通费承担连带责任，对原告的其余仲裁请求不予支持（不包括不予处理的部分）。原、被告均不服该裁决而分别提起诉讼。原告要求判令欧文斯公司和被告恢复与其的劳动关系，并支付其工资、停工留薪期工资及差额、未签劳动合同双倍工资差额、未休年休假工资、交通费等各项费用，及为其缴纳社会保险，归还工作服等物品。被告则要求判令无须按照仲裁裁决支付原告停工留薪期工资差额、交通费及工资。法院以（2013）闵民一（民）初字第2363号案立案受理该案后，于2013年7月19日依法作出判决，在认定原告与被告间存在劳动关系，欧文斯公司则为实际用人单位，而原告停工留薪期结束后只打考勤卡未实际提供劳动的工作表现有违劳动纪律，被告据此解除与原告劳动关系的做法并无不当等事实的基础上，判决被告支付原告2012年7月27日至同年8月24日的工资1332.45元、被告无须支付原告停工留薪期工资差额3148.40元，欧文斯公司支付原告停工留薪期工资差额3148.40元，被告支付原告交通费124元，欧文斯公司对此124元交通费承担连带责任并另行支付原告交通费24元，驳回原告包括要求恢复劳动关系在内的其余诉讼请求。原告及欧文斯公司均不服该判决而提起上诉，上海市第一中级人民法院以（2013）沪一中民三（民）终字第1438号案立案受理。经审理，该院于2013年11月18日对该案依法作出判决，查明包括如下事实：欧文斯公司与被告签订的劳务派遣协议于2010年10月16日到期后未再续签，但此后双方仍在按照原协议履行，欧文斯公司定期将包括原告在内的劳务工工资及管理费付至被告处，被告亦在开具发票并为原告缴纳社会保险费，且被告在其与原告签订的劳动合同到期后的2012年4月17日作为用人单位申请为原告认定工伤，故确认自2012年3月起，原、被告之间存在劳动关系，欧文斯公司为实际用人单位，故对原告要求与不存在劳动关系的欧文斯公司恢复劳动关系的要求难予支持；原告对于其所称的欧文斯公司同意其停工留薪期满后只需上下班打卡无须实际提供劳动，及其因伤势情况而在上班时间内需回家休息的主张均未能举证予以证明，原告在停工留薪期结束后的表现明显违反劳动纪律，被告据此于2012年8月24日解除与原告劳动关系的做法并无不当，故对原告要求恢复与被告间劳动关系的上诉请求难予支持。在所查明事实的基础上,作出了欧文斯公司无须支付原告停工留薪期工资差额 3148.40 元,欧文斯公司无须对被告应付交通费 124 元承担连带责任,维持其余原审判决内容的终审判决。

2013 年 12 月 4 日,原告候宏军就本案系争事项向上海市闵行区劳动人事争议仲裁委员会申请仲裁。同年 12 月 6 日,该会作出闵劳人仲〔2013〕通字第 289 号不予受理通知书,以原告的请求事项已超过仲裁申请时效为由决定不予受理。原告不服此决定而提起本案诉讼。

裁判结果

上海市闵行区人民法院判决:驳回原告候宏军的诉讼请求。候宏军不服,提起上诉。上海市第一中级人民法院判决:(1)撤销(2014)闵民一初字第 2198 号民事判决;(2)上海隆茂建筑装潢有限公司应于本判决生效之起十日内支付候宏军一次性伤残就业补助金 14 076 元;(3)驳回候宏军的其余诉讼请求(不包含本院不予处理部分)。

裁判理由

生效判决认为,本案的争议焦点是:当用人单位解除劳动合同时,用人单位是否应当向工伤职工支付一次性工伤医疗补助金与一次性伤残就业补助金。

关于上诉人候宏军主张的一次性工伤医疗补助金,根据《工伤保险条例》第 37 条第 2 款的规定,因工致残被鉴定为七级至十级伤残的工伤人员,在劳动合同期满终止或者工伤人员本人提出解除劳动合同的情况下,可享受由工伤保险基金支付一次性工伤医疗补助金。本案中,被上诉人隆茂公司为候宏军办理了 2011 年 7 月至 2012 年 7 月的上海市城镇社会保险费,隆茂公司并非支付一次性工伤医疗补助金的责任主体,故候宏军要求隆茂公司支付一次性工伤医疗补助金的上诉请求缺乏法律依据,不予支持。

关于上诉人候宏军主张的一次性伤残就业补助金,一次性伤残就业补助金等工伤保险待遇是对职工因工作原因受到伤害而给予的补救和补偿,其不应当受劳动关系解除原因等因素的影响。首先,《社会保险法》第 39 条第 3 款明确规定,终止或者解除劳动合同时,工伤职工应当享受的一次性伤残就业补助金,按照国家规定由用人单位支付。该规定仅将终止或者解除劳动合同作为工伤职工享受一次性伤残就业补助金的前提条件,并未将合同解除方式与原因作为支付一次性伤残就业补助金的前提条件。其次,根据《工伤保险条例》第 42 条的规定,工伤职工仅在丧失享受待遇条件、拒不接受劳动能力鉴定、拒绝治疗的情况下,停止享受工伤保险待遇,用人单位解除劳动合同并不属于工伤职工停止享受工伤保险待遇的情形。最后,举轻以明重,《工伤保险条例》第 37 条第 2 款规定在工伤职工主动提出解除劳动合同及劳动合同期限终止时,用人单位尚需支付一次性伤残就业补助金,那么用人单位在主动解除劳动合同时支付一次性伤残就业补助金,更是理所当然的。故被上诉人隆茂公司应支付候宏军一次性伤残就业补助金,候宏军的相关上诉请求,予以支持。至于候宏军提出的其余上诉请求,因均未经仲裁前置程序,故在本案中均不予处理。

典型案例 28

重庆市涪陵志大物业管理有限公司诉重庆市涪陵区人力资源和社会保障局劳动和社会保障行政确认案[①]

裁判要旨

职工见义勇为，为制止违法犯罪行为而受到伤害的，属于《工伤保险条例》第 15 条第 1 款第 2 项规定的为维护公共利益受到伤害的情形，应当视同工伤。

基本案情

罗仁均系重庆市涪陵志大物业管理有限公司（以下简称涪陵志大物业公司）保安。2011 年 12 月 24 日，罗仁均在涪陵志大物业公司服务的圆梦园小区上班（24 小时值班）。8 时 30 分左右，在兴华中路宏富大厦附近有人对一过往行人实施抢劫，罗仁均听到呼喊声后立即拦住抢劫者的去路，要求其交出抢劫的物品，在与抢劫者搏斗的过程中，不慎从 22 步台阶上摔倒在巷道拐角的平台上受伤。罗仁均于 2012 年 6 月 12 日向被告重庆市涪陵区人力资源和社会保障局（以下简称涪陵区人社局）提出工伤认定申请。涪陵区人社局当日受理后，于 2012 年 6 月 13 日向罗仁均发出《认定工伤中止通知书》，要求罗仁均补充提交见义勇为的认定材料。2012 年 7 月 20 日，罗仁均补充了见义勇为相关材料。涪陵区人社局核实后，根据《工伤保险条例》第 14 条第 7 项之规定，于 2012 年 8 月 9 日作出涪人社伤险认决字〔2012〕676 号《认定工伤决定书》，认定罗仁均所受之伤属于因工受伤。涪陵志大物业公司不服，向法院提起行政诉讼。

在诉讼过程中，涪陵区人社局作出《撤销工伤认定决定书》，并于 2013 年 6 月 25 日根据《工伤保险条例》第 15 条第 1 款第 2 项之规定，作出涪人社伤险认决字〔2013〕524 号《认定工伤决定书》，认定罗仁均受伤属于视同因工受伤。涪陵志大物业公司仍然不服，于 2013 年 7 月 15 日向重庆市人力资源和社会保障局申请行政复议，重庆市人力资源和社会保障局于 2013 年 8 月 21 日作出渝人社复决字〔2013〕129 号《行政复议决定书》，予以维持。涪陵志大物业公司认为涪陵区人社局的认定决定适用法律错误，罗仁均所受伤依法不应当认定为工伤。遂诉至法院，请求判决撤销《认定工伤决定书》，并责令被告重新作出认定。

另查明，重庆市涪陵区社会管理综合治理委员会对罗仁均的行为进行了表彰，并作出了涪综治委发〔2012〕5 号《关于表彰罗仁均同志见义勇为行为的通报》。

裁判结果

重庆市涪陵区人民法院判决：驳回重庆市涪陵志大物业管理有限公司要求撤销被告作出的涪人社伤险认决字〔2013〕524 号《认定工伤决定书》的诉讼请求。一审宣判后，双

① 本案例系最高人民法院发布的第 94 号指导案例。

方当事人均未上诉,裁判已发生法律效力。

裁判理由

法院生效裁判认为:被告涪陵区人社局是县级劳动行政主管部门,根据国务院《工伤保险条例》第 5 条第 2 款规定,具有受理本行政区域内的工伤认定申请,并根据事实和法律作出是否工伤认定的行政管理职权。被告根据第三人罗仁均提供的重庆市涪陵区社会管理综合治理委员会《关于表彰罗仁均同志见义勇为行为的通报》,认定罗仁均在见义勇为中受伤,事实清楚,证据充分。罗仁均不顾个人安危与违法犯罪行为作斗争,既保护了他人的个人财产和生命安全,也维护了社会治安秩序,弘扬了社会正气。法律对于见义勇为,应当予以大力提倡和鼓励。

《工伤保险条例》第 15 条第 1 款第 2 项规定,职工在抢险救灾等维护国家利益、公共利益活动中受到伤害的。据此,虽然职工不是在工作地点、因工作原因受到伤害,但其是在维护国家利益、公共利益活动中受到伤害的,也应当按照工伤处理。公民见义勇为,跟违法犯罪行为作斗争,与抢险救灾一样,同样属于维护社会公共利益的行为,应当予以大力提倡和鼓励。因见义勇为、制止违法犯罪行为而受到伤害的,应当适用《工伤保险条例》第 15 条第 1 款第 2 项的规定,即视同工伤。

另外,《重庆市鼓励公民见义勇为条例》为重庆市地方性法规,其第 19 条、第 21 条进一步明确规定,见义勇为受伤视同工伤,享受工伤待遇。该条例上述规定符合《工伤保险条例》的立法精神,有助于最大限度地保障劳动者的合法权益、最大限度地弘扬社会正气,在本案中应当予以适用。

综上,被告涪陵区人社局认定罗仁均受伤视同因工受伤,适用法律正确。

典型案例 29

孙立兴诉天津新技术产业园区劳动人事局工伤认定案①

裁判要旨

1.《工伤保险条例》第 14 条第 1 项规定的"因工作原因",是指职工受伤与其从事本职工作之间存在关联关系。

2.《工伤保险条例》第 14 条第 1 项规定的"工作场所",是指与职工工作职责相关的场所,有多个工作场所的,还包括工作时间内职工来往于多个工作场所之间的合理区域。

3. 职工在从事本职工作中存在过失,不属于《工伤保险条例》第 16 条规定的故意犯罪、醉酒或者吸毒、自残或者自杀情形,不影响工伤的认定。

① 本案例系最高人民法院发布的第 40 号指导案例。

基本案情

孙立兴系中力公司员工,2003 年 6 月 10 日上午受中力公司负责人指派去北京机场接人。其从中力公司所在地天津市南开区华苑产业园区国际商业中心(以下简称商业中心)八楼下楼,欲到商业中心院内停放的红旗轿车处去开车,当行至一楼门口台阶处时,孙立兴脚下一滑,从四层台阶处摔倒在地面上,造成四肢不能活动。经医院诊断为颈髓过伸位损伤合并颈部神经根牵拉伤、上唇挫裂伤、左手臂擦伤、左腿皮擦伤。孙立兴向园区劳动局提出工伤认定申请,园区劳动局于 2004 年 3 月 5 日作出(2004)0001 号《工伤认定决定书》,认为根据受伤职工本人的工伤申请和医疗诊断证明书,结合有关调查材料,依据《工伤保险条例》第 14 条第 5 项的工伤认定标准,没有证据表明孙立兴的摔伤事故系由工作原因造成,决定不认定孙立兴摔伤事故为工伤事故。孙立兴不服园区劳动局《工伤认定决定书》,向天津市第一中级人民法院提起行政诉讼。

裁判结果

天津市第一中级人民法院判决:(1)撤销园区劳动局所作(2004)0001 号《工伤认定决定书》;(2)限园区劳动局在判决生效后 60 日内重新作出具体行政行为。园区劳动局不服,提起上诉。天津市高级人民法院判决:驳回上诉,维持原判。

裁判理由

法院生效裁判认为:各方当事人对园区劳动局依法具有本案行政执法主体资格和法定职权,其作出被诉工伤认定决定符合法定程序,以及孙立兴是在工作时间内摔伤,均无异议。本案争议焦点包括:一是孙立兴摔伤地点是否属于其"工作场所"?二是孙立兴是否"因工作原因"摔伤?三是孙立兴工作过程中不够谨慎的过失是否影响工伤认定?

一、关于孙立兴摔伤地点是否属于其"工作场所"问题

《工伤保险条例》第 14 条第 1 项规定,职工在工作时间和工作场所内,因工作原因受到事故伤害,应当认定为工伤。该规定中的"工作场所",是指与职工工作职责相关的场所,在有多个工作场所的情形下,还应包括职工来往于多个工作场所之间的合理区域。本案中,位于商业中心八楼的中力公司办公室,是孙立兴的工作场所,而其完成去机场接人的工作任务需驾驶的汽车停车处,是孙立兴的另一处工作场所。汽车停在商业中心一楼的门外,孙立兴要完成开车任务,必须从商业中心八楼下到一楼门外停车处,故从商业中心八楼到停车处是孙立兴来往于两个工作场所之间的合理区域,也应当认定为孙立兴的工作场所。园区劳动局认为孙立兴摔伤地点不属于其工作场所,系将完成工作任务的合理路线排除在工作场所之外,既不符合立法本意,也有悖于生活常识。

二、关于孙立兴是否"因工作原因"摔伤的问题

《工伤保险条例》第 14 条第 1 项规定的"因工作原因",指职工受伤与其从事本职工作之间存在关联关系,即职工受伤与其从事本职工作存在一定关联。孙立兴为完成开车接

人的工作任务,必须从商业中心八楼的中力公司办公室下到一楼进入汽车驾驶室,该行为与其工作任务密切相关,是孙立兴为完成工作任务客观上必须进行的行为,不属于超出其工作职责范围的其他不相关的个人行为。因此,孙立兴在一楼门口台阶处摔伤,系为完成工作任务所致。园区劳动局主张孙立兴在下楼过程中摔伤,与其开车任务没有直接的因果关系,不符合"因工作原因"致伤,缺乏事实根据。另外,孙立兴接受本单位领导指派的开车接人任务后,从中力公司所在商业中心八楼下到一楼,在前往院内汽车停放处的途中摔倒,孙立兴当时尚未离开公司所在院内,不属于"因公外出"的情形,而是属于在工作时间和工作场所内。

三、关于孙立兴工作中不够谨慎的过失是否影响工伤认定的问题

《工伤保险条例》第 16 条规定了排除工伤认定的三种法定情形,即因故意犯罪、醉酒或者吸毒、自残或者自杀的,不得认定为工伤或者视同工伤。职工从事工作中存在过失,不属于上述排除工伤认定的法定情形,不能阻却职工受伤与其从事本职工作之间的关联关系。工伤事故中,受伤职工有时具有疏忽大意、精力不集中等过失行为,工伤保险正是分担事故风险、提供劳动保障的重要制度。如果将职工个人主观上的过失作为认定工伤的排除条件,违反工伤保险"无过失补偿"的基本原则,不符合《工伤保险条例》保障劳动者合法权益的立法目的。据此,即使孙立兴工作中在行走时确实有失谨慎,也不影响其摔伤系"因工作原因"的认定结论。园区劳动局以导致孙立兴摔伤的原因不是雨、雪天气使台阶地滑,而是因为孙立兴自己精力不集中导致为由,主张孙立兴不属于"因工作原因"摔伤而不予认定工伤,缺乏法律依据。

综上,园区劳动局作出的不予认定孙立兴为工伤的决定,缺乏事实根据,适用法律错误,依法应予撤销。

典型案例 30

上海温和足部保健服务部诉上海市普陀区人力资源和社会保障局工伤认定案①

裁判要旨

职工在工作时间和工作岗位上突发疾病,经抢救后医生虽然明确告知家属无法挽救生命,在救护车运送回家途中职工死亡的,仍应认定其未脱离治疗抢救状态。若职工自发病至死亡期间未超过 48 小时,应当视为"48 小时之内经抢救无效死亡",视同工伤。

① 本案例载于《最高人民法院公报》2017 年第 4 期(总第 246 期)。

基本案情

上海市普陀区劳动人事争议仲裁委员会于2014年8月19日作出普劳人仲(2014)办字第2570号裁决书,认定吴亚海与原告温和足保部自2012年12月20日至2013年12月24日存在劳动关系。何从美、吴海波系死者吴亚海的妻子和儿子,两人于2014年10月13日向被告普陀区人保局提出申请,要求对吴亚海于2013年12月23日在工作中突发疾病于次日抢救无效死亡进行工伤认定。普陀区人保局于2014年10月22日受理后,进行了工伤认定调查,同年12月19日作出普陀人社认(2014)字第1194号认定工伤决定,认为吴亚海受到的伤害,符合《工伤保险条例》第15条第1项之规定、《上海市工伤保险实施办法》第15条第1项之规定,属于视同工伤范围,现予以视同为工伤。

裁判结果

上海市普陀区人民法院判决:驳回原告上海温和足部保健服务部的诉讼请求。温和足保部不服,提起上诉。上海市第二中级人民法院判决:驳回上诉,维持原判。

裁判理由

法院生效裁判认为:被上诉人普陀区人保局具有作出被诉工伤认定的法定职权。被上诉人受理两原审第三人的工伤认定申请后,依法进行了调查,于法定期限内作出被诉工伤认定决定并送达双方当事人,行政程序合法。被上诉人依据温和足保部员工的调查笔录及吴亚海的病历材料、居民死亡医学证明书等证据,认定吴亚海于2013年12月23日工作时突发疾病,当日送同济医院救治,次日死亡的事实,证据充分、事实清楚。被上诉人依据《工伤保险条例》第15条第1款第1项、《上海市工伤保险实施办法》第15条第1款第1项之规定,认定吴亚海因病死亡的情形属于视同工伤,适用法律正确。被上诉人所作的工伤认定决定书在使用法律条文时,将上述规定均表述为"第15条第1项",未写明第1款,显然不符合规范,应予纠正。

关于上诉人温和足保部对吴亚海死亡医学证明真实性存疑的意见,上海市第二中级人民法院认为,死亡医学证明系有资质的医疗机构出具,该证明形式完整、要件齐备,虽然在"死亡日期"的月份处有涂改,但该涂改不影响对吴亚海死亡时间的认定,也未与其他证据相矛盾,故该证明的真实性予以认可。

上诉人温和足保部关于运送吴亚海回乡的救护车为非正规救护车的意见,被上诉人普陀区人保局认定吴亚海死亡的依据是死亡医学证明书,该证明书载明吴亚海死亡医院为急诊救护车,即已经对该救护车予以了确认。而且,两原审第三人是通过拨打"120"电话的正规途径呼叫的救护车,即使该救护车不属于上海市医疗急救中心所有,也不能推断上海化学工业区医疗中心的救护车为非正规救护车。上诉人提供的证据无法证明其该项主张,法院不予支持。

关于上诉人温和足保部认为吴亚海死亡系家属主动放弃治疗运送其回乡而导致,不属于《工伤保险条例》第 15 条第 1 款第 1 项规定的“突发疾病死亡或者在 48 小时之内经抢救无效死亡”的情形的意见，法院认为，从吴亚海发病后被送至同济医院治疗直至在救护车上死亡，其始终未脱离医疗机构的治疗抢救状态，其家属始终未有拒绝接受救治的意思表示，故上诉人的上述主张不能成立。

典型案例 31

北京国玉大酒店有限公司诉北京市朝阳区劳动和社会保障局工伤认定行政纠纷案①

裁判要旨

（1）劳动和社会保障部《关于实施〈工伤保险条例〉若干问题的意见》第 1 条规定：“职工在两个或两个以上用人单位同时就业的，各用人单位应当分别为职工缴纳工伤保险费。职工发生工伤，由职工受到伤害时其工作的单位依法承担工伤保险责任。”根据该规定，下岗、待岗职工又到其他单位工作的，该单位也应当为职工缴纳工伤保险费；职工在该单位工作时发生工伤的，该单位应依法承担工伤保险责任。

（2）根据《工伤保险条例》第 14 条第 6 项的规定，职工在上下班途中，受到机动车事故伤害的应当认定为工伤。对这里的“上下班途中”应当从有利于保障工伤事故受害者的立场出发，作出全面、正确的理解。“上下班途中”，原则上是指职工为了上下班而往返于住处和工作单位之间的合理路径之中。根据日常生活的实际情况，职工上下班的路径并非固定的、一成不变的、唯一的，而是存在多种选择，用人单位无权对此加以限制。只要在职工为上下班而往返于住处和工作单位之间的合理路径之中，都属于“上下班途中”。至于该路径是否最近，不影响对“上下班途中”的认定。职工在上下班的合理路途中发生机动车事故，被行政机关依法认定为工伤，用人单位以事故发生的地点不在其确定的职工上下班的路线上为由，请求撤销行政机关作出的工伤认定的，人民法院不予支持。

基本案情

陈卫东系原告国玉酒店公司职工，双方签订有书面劳动协议，但该协议书未明确约定每日工作时间及工休时间，国玉酒店公司亦未给陈卫东缴纳工伤保险费，该费用一直由陈卫东下岗时所在的馄饨侯公司负责缴纳。2006 年 9 月 20 日晨，陈卫东自其住处骑一辆三轮车前往国玉酒店公司上班。当日 6 时 5 分，陈卫东行至朝阳区北辰西路安翔北路东口时，发生机动车交通事故受伤，经抢救无效死亡。公交朝阳支队对此次交通事故作出责任认定，结论为陈卫东无责任。2006 年 11 月 24 日，陈卫东之妻、本案第三人余秀兰向被告

① 本案例载于《最高人民法院公报》2008 年第 9 期（总第 143 期）。

朝阳区劳动局提出工伤认定申请。朝阳区劳动局于同年 12 月 6 日正式受理，同时依据《工伤保险条例》的规定，向国玉酒店公司下发了《工伤认定调查通知书》，并对相关人员进行了调查核实。2007 年 1 月 16 日，被告作出涉案工伤认定书，认定陈卫东于 2006 年 9 月 20 日死亡，符合工伤认定范围，认定为工伤，并于 2007 年 1 月 22 日将涉案工伤认定书送达原告。国玉酒店公司不服该工伤认定，向北京市劳动局申请行政复议。北京市劳动局于 2007 年 4 月 26 日作出京劳社复决字〔2007〕12 号《行政复议决定书》，维持了涉案工伤认定书。

裁判结果

朝阳区人民法院判决：维持被告朝阳区劳动局于 2007 年 1 月 16 日作出的涉案工伤认定书。国玉酒店公司不服，提出上诉。北京市第二中级人民法院判决：驳回上诉，维持原判。

裁判理由

法院生效裁判认为：劳动和社会保障部《关于实施〈工伤保险条例〉若干问题的意见》（劳社部函〔2004〕256 号）第 1 条规定："职工在两个或两个以上用人单位同时就业的，各用人单位应当分别为职工缴纳工伤保险费。职工发生工伤，由职工受到伤害时其工作的单位依法承担工伤保险责任。"根据该规定，下岗、待岗职工又到其他单位工作的，该单位也应当为该职工缴纳工伤保险费；下岗、待岗职工在其他单位工作时发生工伤的，该单位应当依法承担工伤保险责任。本案中，陈卫东从馄饨侯公司下岗后，到上诉人国玉酒店公司担任停车场管理员，并与该公司签订了劳动协议。陈卫东作为劳动者，国玉酒店公司作为用人单位，双方的劳动关系清楚。因此，国玉酒店公司也应当为陈卫东缴纳工伤保险费。如果陈卫东在国玉酒店公司工作期间发生工伤事故，国玉酒店公司应当依法承担工伤保险责任。据此，被上诉人朝阳区劳动局作出的涉案工伤认定当然与国玉酒店公司有关。国玉酒店公司未给陈卫东缴纳工伤保险费已经违反了相关规定，又以陈卫东系馄饨侯公司下岗职工，其工伤保险费由原单位馄饨侯公司缴纳为由，主张涉案工伤认定与其无关，意图逃避应负的工伤保险责任，其该项上诉理由没有法律依据，不能成立。

根据《工伤保险条例》第 14 条第 6 项的规定，职工在上下班途中受到机动车事故伤害的，应当认定为工伤。对该规定所指的"上下班途中"应作全面、正确的理解。"上下班途中"应当理解为职工在合理时间内，为上下班而往返于住处和工作单位之间的合理路径之中。该路径可能有多种选择，不一定是固定的、一成不变的、唯一的路径。该路径既不能机械地理解为从工作单位到职工住处之间的最近路径，也不能理解为职工平时经常选择的路径，更不能以用人单位提供的路径作为职工上下班必须选择的唯一路径。根据日常社会生活的实际情况，职工为上下班而往返于住处和工作单位之间的合理路径可能有多种选择。只要在职工为了上班或者下班，在合理时间内往返于住处和工作单位之间的合理路径之中,都属于"上下班途中"。至于职工选择什么样的路线,该路线是否为最近的路线,均不影响对"上下班途中"的认定。本案中,根据行政机关的调查以及现有证据,2006年9月20日早晨,陈卫东从自己的住处出发,前往上诉人国玉酒店公司上班。陈卫东的住处位于北京市朝阳区大屯路南沙滩小区,国玉酒店公司位于北京市朝阳区安外慧忠里。从北京的实际地形看,陈卫东的住处在国玉酒店公司的西北方向,涉案事故发生于朝阳区北辰西路安翔北路东口,在国玉酒店公司的西方,该地点虽然不在国玉酒店公司自制的从陈卫东住处到国玉酒店公司的交通路线图上,但亦位于陈卫东上班的合理路线之内。因此,可以认定陈卫东系在上班途中因机动车事故伤害死亡,被上诉人朝阳区劳动局作出的工伤认定合法,应予维持。

典型案例32

杨庆峰诉无锡市劳动和社会保障局工伤认定行政纠纷案①

裁判要旨

根据《工伤保险条例》第17条第2款的规定,工伤认定申请时效应当从事故伤害发生之日起算。这里的"事故伤害发生之日"应当包括工伤事故导致的伤害结果实际发生之日。工伤事故发生时伤害结果尚未实际发生,工伤职工在伤害结果实际发生后1年内提出工伤认定申请的,不属于超过工伤认定申请时效的情形。

基本案情

原告杨庆峰于2004年3月进入汽车修理所(该单位于2005年6月因改制变更为第三人汽车修理公司)从事汽车修理工作。2004年6月,原告与其师傅王继聪共同拆卸一辆汽车的拉杆球头,王继聪用榔头敲打球头时导致铁屑溅入原告的左眼中。原告当时感觉左眼疼痛,滴了眼药水后疼痛缓解,故未去医院检查。2006年10月3日,原告感觉左眼剧烈疼痛,视觉模糊,于同年10月5日到无锡市第二人民医院诊疗,同年10月11日至13日经医院手术治疗,诊断为:(1)左眼外伤性白内障;(2)左眼铁锈沉着综合症;(3)左眼球内附异物。虽经治疗,原告的左眼视力明显减弱。医生诊断认为杨庆峰左眼所受伤害与涉案事故存在因果关系,从医学角度看此类事故伤害可以存在较长的潜伏期。2007年4月9日,原告向被告无锡市劳动局提出工伤认定申请,被告根据《工伤保险条例》第17条和《江苏省实施〈工伤保险条例〉办法》第12条的规定,于同年4月11日以原告提出的工伤认定申请已超过规定的申请时效为由,作出了〔2007〕第0003号《不予受理通知书》,并于同年4月17日邮寄送达给原告和汽车修理公司。原告不服,于2007年4月25日提起

① 本案例载于《最高人民法院公报》2008年第1期(总第135期)。

行政诉讼，请求撤销被告作出的涉案《不予受理通知书》。

另查明：2006 年 12 月 21 日，原告杨庆峰以人身损害赔偿纠纷为由起诉无锡市市级机关事务管理局（系第三人汽车修理公司的上级主管部门）、汽车修理公司，要求两被告赔偿原告因涉案事故伤害就医诊疗所支出的医疗费人民币 10 718.29 元并承担后续治疗费用。案经无锡市南长区人民法院审理，认为根据最高人民法院《关于审理人身损害赔偿案件适用法律若干问题的解释》第 12 条第 1 款、《民事诉讼法》第 140 条第 1 款第 3 项之规定，劳动者因工伤事故遭受人身损害的，应当请求工伤保险赔偿，不能直接对用人单位提起民事诉讼，故于 2007 年 4 月 26 日作出（2007）南民一初字第 2 号民事裁定书，驳回了原告的起诉。

裁判结果

无锡市南长区人民法院判决：一、撤销被告无锡市劳动局于 2007 年 4 月 11 日作出的〔2007〕第 0003 号《不予受理通知书》；二、被告无锡市劳动局在本判决发生法律效力后 60 日内对原告杨庆峰的工伤认定申请重新作出具体行政行为。无锡市劳动局不服，提起上诉。无锡市中级人民法院判决：驳回上诉，维持原判。

裁判理由

工伤认定是工伤职工享受工伤保险待遇的基础，而提出工伤认定申请是启动工伤认定程序的前提。《工伤保险条例》第 17 条第 2 款规定："用人单位未按前款规定提出 2 份认定申请的，工伤职工或者其直系亲属、工会组织在事故伤害发生之日或者被诊断、鉴定为职业病之日起 1 年内，可以直接向用人单位所在地统筹地区劳动保障行政部门提出工伤认定申请。"该规定明确了提出工伤认定申请的主体、申请时效及其起算时间，以及受理申请的行政部门。其中的"事故伤害发生之日"，即是关于工伤认定申请时效起算时间的规定。在通常情况下，工伤事故发生后，伤害结果也随即发生，伤害结果发生之日也就是事故发生之日，故对于"事故伤害发生之日"的理解不会产生歧义。但在工伤事故发生后，伤害结果并未马上发生，而是潜伏一段时间后才实际发生，即伤害结果发生之日与事故发生之日不一致的特殊情况下，"事故伤害发生之日"应当理解为伤害结果发生之日，并以之作为工伤认定申请时效的起算时间。

首先，文义解释是正确理解法律条文的首选方法。《工伤保险条例》第 17 条第 2 款规定的"事故伤害发生之日"，从字面含义上看，"事故"是对于"伤害"的修饰和限制，即这里的"伤害"是基于工伤事故而发生的，伤害结果与工伤事故之间存在因果关系。据此理解，"事故伤害发生之日"就是指伤害结果发生之日，而不是事故发生之日。

其次，工伤职工或者其直系亲属、工会组织提出工伤认定申请的前提，是工伤事故伤害结果已经实际发生。工伤事故发生后，如果伤害后果尚未发生，上述工伤认定申请主体无法预知是否会产生伤害后果、会产生什么样的伤害后果，也无法预知伤害后果会引发什么样的损失，当然也就无从提出工伤认定申请。因此，正确理解《工伤保险条例》第 17 条第 2 款规定的“事故伤害发生之日”，应当认定“事故伤害发生之日”即为工伤事故伤害结果实际发生之日，而不是工伤事故发生之日。

最后，根据《民法通则》第 137 条的规定，诉讼时效期间从知道或者应当知道权利被侵害时起计算。最高人民法院《关于贯彻执行〈中华人民共和国民法通则〉若干问题的意见（试行）》第 168 条规定：“人身损害赔偿的诉讼时效期间，伤害明显的，从受伤害之日起算；伤害当时未曾发现，后经检查确诊并能证明是由侵害引起的，从伤势确诊之日起算。”工伤认定申请时效虽然与民事诉讼时效不同，但在判断时效起算时间时，应当参照上述关于民事诉讼时效起算时间的规定。劳动保障部门在确定工伤认定申请时效的起算时间时，应当以工伤事故伤害结果实际发生的时间为标准。

根据本案事实，被上诉人杨庆峰于 2004 年 6 月在工作时发生铁屑溅入左眼的事故，但当时并未实际发生伤害后果，而是直至 2006 年 10 月才病情发作，经医生确诊为左眼铁锈沉着综合症。根据医生诊断证明，该病具有潜伏性和隐蔽性，与 2004 年 6 月被上诉人在工作时发生的事故具有因果关系。鉴于涉案工伤事故发生时伤害后果尚未实际发生，伤害结果发生后经医生确诊证明确系因涉案工伤事故所致，故本案工伤认定申请时效应当从伤害后果实际发生之日起算，被上诉人提出涉案工伤认定申请时，尚未超过申请时效。

上诉人无锡市劳动局认为《工伤保险条例》第 17 条第 2 款关于工伤认定申请时效的规定是为了防止工伤认定申请的提出没有时间上的限制，并因此导致浪费国家行政管理资源，影响办事效率，妨碍劳动保障部门及时、准确地查明事实。上诉人还认为上述规定中的“事故伤害发生之日”应当理解为事故发生之日，其上诉理由不能成立。如果不对提出工伤认定申请作出时效限制，确实可能造成行政管理资源的浪费，影响劳动保障部门的工作效率，也不利于劳动保障部门及时、准确地查明事实。但是，规定工伤认定申请时效，更为重要的是充分保障工伤职工的合法权益。另外，如果将事故发生之日作为工伤认定申请时效的起算时间，则劳动保障部门在工伤事故发生后，伤害后果没有马上出现的情况下，也无法及时、准确地查明事实，无法作出正确的处理，反而必将造成行政管理资源的浪费，影响劳动保障部门的工作效率，也不利于工伤职工合法权益的保护。

综上，正确理解《工伤保险条例》第 17 条第 2 款的规定，应当认定“事故伤害发生之日”就是指伤害结果实际发生之日。被上诉人杨庆峰提出的工伤认定申请没有超过申请时效。一审判决认定事实清楚，适用法律正确，审判程序合法，应予维持。

典型案例 33

王长淮诉江苏省盱眙县劳动和社会保障局工伤行政确认案[①]

裁判要旨

根据《工伤保险条例》第 14 条的规定，职工在工作时间和工作场所内，因工作原因受到事故伤害的，应当认定为工伤。这里的"工作场所"，是指职工从事工作的场所，如职工所在的车间，而不是指职工本人具体的工作岗位。职工"串岗"发生安全事故导致伤害的，只要是在工作时间和工作场所内、因工作原因而发生的，即符合上述工伤认定条件，"串岗"与否不影响其工伤认定。

基本案情

原告王长淮自 2007 年进入第三人思达公司工作，与第三人之间形成劳动关系。2008 年 5 月 22 日上午，公司车间主任徐建华安排原告打扫卫生。原告在打扫卫生过程中，徐建华亦安排原告王长淮次日跟张海军后边工作，当张海军备料到回收酒精车间时，原告跟其到回收酒精车间观看学习便于次日跟岗。恰遇回收酒精岗位发生酒精溢料事故，原告为避险，慌乱中从窗户跳出，摔伤双足，公司车间主任等人迅速将原告送往盱眙县中医院救治。经医院诊断为双侧跟骨骨折。公司支付了医药费。2009 年 2 月 21 日，原告向被告盱眙县劳保局提出工伤认定申请，被告受理后进行立案调查，于 2009 年 4 月 16 日作出盱劳社工伤认字(2009)第 011 号工伤认定决定，认定原告不属于工伤。原告不服，于 2009 年 5 月 10 日向盱眙县人民政府申请复议，2009 年 6 月 8 日盱眙县人民政府作出复议决定，维持被告作出的具体行政行为。

裁判结果

盱眙县人民法院判决：(1)撤销被告盱眙县劳保局作出的盱劳社工伤认字(2009)第 011 号工伤认定决定书。(2)责令被告盱眙县劳保局在 60 日内重新作出认定原告王长淮为工伤的具体行政行为。一审宣判后，法定期间内双方当事人均未上诉，一审判决已发生法律效力。

裁判理由

法院生效判决认为：中华人民共和国国务院《工伤保险条例》第 5 条第 2 款规定："县级以上地方各级人民政府劳动保障行政部门负责本行政区域内的工伤保险工作"，被告盱眙县劳保局具有负责工伤认定的法定职责。该《条例》第 14 条规定："职工有下列情形之一的，应当认定为工伤：(一)在工作时间和工作场所内，因工作原因受到事故伤害的……"这里的"工作场所"，是指职工从事工作的场所，如职工所在的车间，而不是指职工本人具体的工作岗位。被告盱眙县劳保局认为原告因"串岗"受伤不能认定为工伤，对

① 本案例载于《最高人民法院公报》2011 年第 9 期(总第 179 期)。

此法院认为,首先,原告王长淮临时更换岗位是按照管理人员即车间主任的安排进行的,并不是擅自离岗换岗,不属于"串岗",应为正常工作变动;其次,即使认定原告上班期间"串岗"行为成立,原告仅是违反了相关企业管理制度,其只导致具体工作岗位及相关工作内容有所变动,并不能改变原告仍在工作场所内工作的事实,因此"串岗"行为应由企业内部管理规章制度调整,不能因此影响工伤认定。原告是在第三人思达公司上班期间处于工作场所并因该公司设备故障安全事故导致伤害,符合工伤认定条件,被告作出原告不属于工伤的具体行政行为与法律相悖。

综上,被告盱眙县劳保局作出的认定原告王长淮不属于工伤的具体行政行为证据不足,适用法律法规错误,依法应予撤销。对原告的诉讼请求,应予支持。

典型案例 34

吴洪发、卢泽英诉重庆市北碚区工伤保险管理所工伤保险待遇纠纷案[①]

裁判要旨

冒用他人身份信息进入用人单位工作并参加工伤保险的职工被认定为工伤,因社会保险经办机构作出不予支付工伤保险待遇核定行为,工伤职工或者其近亲属请求撤销的,人民法院应予支持。

基本案情

原告吴洪发、卢泽英系夫妻关系,共生育六子女:吴占金(子)、吴占银(子)、吴占全(子)、吴占英(女)、吴占荣(子)、吴占梅(女)。2011 年 1 月 7 日,吴占全持其弟吴占荣身份证到第三人重庆庆阳控股(集团)有限公司(以下简称重庆庆阳公司)处工作。该公司以吴占荣名义为吴占全参加工伤保险,缴纳工伤保险费。2011 年 6 月 28 日 20 时许,吴占全按公司要求回租住房取手机的途中发生交通事故死亡。经重庆市北碚区公安交巡警支队认定,吴占全承担此次事故的次要责任。2013 年 4 月 9 日,重庆市北碚区人力资源和社会保障局作出《认定工伤决定书》,认定吴占全死亡为工伤。2014 年 3 月 27 日,吴洪发、卢泽英向被告重庆市北碚区工伤保险管理所(以下简称北碚区工伤保险所)申请吴占全工亡的工伤保险待遇。被告经审核,于 2014 年 6 月 24 日核定不予支付一次性伤葬补助金、一次性工亡补助金。

吴洪发、卢泽英对该不予支付工伤保险待遇的核定行为不服,起诉至法院,请求判决

① 重庆市渝北区人民法院(2014)渝北法行初字第 00344 号行政判决,2014 年重庆市高级人民法院参考性案例第 20 号。

撤销被告作出的不予支付工伤保险待遇行为，并责令被告重新作出具体行政行为，支付吴占全工亡的各项工伤保险待遇。

另查明，吴占荣本人并未到重庆庆阳公司工作。原告吴洪发、卢泽英持有吴占全老户口簿，根据该户口簿、村委会及派出所证明，吴占全生于1967年7月9日，其死亡时44岁，但吴占全死亡前在公安机关无户口信息，未办理公民身份证。

裁判结果

重庆市渝北区人民法院判决：(1)撤销被告重庆市北碚区工伤保险管理所2014年6月24日关于吴洪发、卢泽英申请吴占全工亡的工伤保险待遇审核行为；(2)由被告重庆市北碚区工伤保险管理所在本判决生效之日起30日内重新作出具体行政行为。一审宣判后，双方当事人均未提起上诉，判决现已发生法律效力。

裁判理由

法院生效裁判认为，北碚区工伤保险所是北碚区的社会保险经办机构，具有核定该辖区范围内工伤保险待遇的法定职责。根据《工伤保险条例》第2条第2款规定，职工是指与用人单位存在劳动关系(包括事实劳动关系)的劳动者。本案中，吴占全确无户口信息和公民身份证，虽然冒用吴占荣身份，但其为重庆庆阳公司实际提供了劳动，双方建立了事实劳动关系，属于工伤保险法律法规调整的职工。其在与重庆庆阳公司事实劳动关系存续期间的上班途中受到非本人主要责任的交通事故伤害死亡，符合《工伤保险条例》第14条第6项规定的认定工伤的情形。

根据《工伤保险条例》第2条第1款规定，用人单位应当为本单位职工缴纳工伤保险费。对于非本单位职工，用人单位没有缴费义务。本案中，重庆庆阳公司根据吴占全提供的吴占荣身份信息，以吴占荣名义为吴占全缴纳工伤保险费，其真实意思表示的投保对象为该公司职工吴占全，而非与公司不具备劳动关系的吴占荣，即吴占全与社会保险行政部门之间在事实上成立了工伤保险关系。社会保险行政部门明知吴占全冒用吴占荣身份，仍按照《工伤保险条例》的规定，认定其为因工死亡。人力资源和社会保障部令第14号《社会保险个人权益记录管理办法》第11条第1款规定："社会保险经办机构应当安排专门工作人员对社会保险个人权益数据进行管理和日常维护，检查记录的完整性、合规性，并按照规定程序修正和补充。"本案中，在吴占全真实身份和重庆庆阳公司已经实际为其缴纳工伤保险相关事实已查明，事实工伤保险关系成立的情形下，吴占全就应当享受工伤保险待遇。社会保险经办机构应按上述规定履行对社会保险个人权益数据进行管理和日常维护，并按规定修正和补充的职责。

《工伤保险条例》的立法目的是保障因工作遭受事故伤害或者患职业病的职工获得医疗救治和经济补偿，职工因工作遭受事故伤害或患职业病被认定为工伤的，应当享受工伤保险待遇。重庆庆阳公司依法履行为职工缴纳工伤保险的义务后，在职工发生工伤时就不应当再承担应由工伤保险基金支付的相关费用。虽然用人单位在招录职工时,对应聘者提供的信息应当进行必要的审查,但用人单位并非具有法定职权的国家机关,其辨别能力和审查的义务有限,且针对该问题被告未提供证据证明重庆庆阳公司有明知吴占全冒用吴占荣身份仍为其参加工伤保险的情形,也未提供证据证明死者吴占全和用人单位重庆庆阳公司有骗保的行为。为此,北碚区工伤保险所以实际参加工伤保险的是吴占荣,吴占全未参保为由,认为吴占全的工伤保险待遇不应由工伤保险基金支付的主张不能成立,其核定不予支付丧葬补助金、一次性工亡补助金的行为缺乏法律依据,且未对供养亲属抚恤金作审核,依法应予撤销,被告应重新查明事实,依照工伤保险法律法规的规定重新进行审核。

典型案例 35

龚金荣诉淅川县第二小学养老保险待遇纠纷案[①]

裁判要旨

已达到法定退休年龄,未开始依法享受基本养老保险待遇的人员,与用人单位的用人关系仍为劳动关系而非劳务关系,属于劳动法调整范围,劳动者以用人单位未为其缴纳养老保险费致使其不能依法享受养老保险待遇为由,请求用人单位赔偿养老保险待遇损失的,人民法院应当予以支持。个人缴费未满 15 年,养老保险待遇损失应当参照社会保险经办机构对缴费年限补足的参保人员不延缴养老保险费的一次性支付标准,按照每满一年发给相当于 1 个月上一年度职工月平均工资标准一次性支付劳动者养老保险待遇赔偿。

基本案情

原告龚金荣生于 1955 年 8 月 28 日,2003 年 12 月起在被告淅川县第二小学下设的幼儿园从事门卫工作,至 2005 年 8 月达到法定退休年龄,未享受退休待遇,仍在被告处工作。2015 年 7 月被告通知原告离校。在此期间,被告未给原告办理养老保险登记和缴纳养老保险费。2015 年 8 月 20 日,原告申请仲裁要求被告支付养老金,淅川县劳动人事争议仲裁委员会以超过诉讼时效不予受理。2009 年河南省出台了《关于城镇企业职工基本养老保险若干政策问题的处理意见》(豫劳社养老〔2009〕5 号),文件将经县级以上劳动人事部门选招为国家正式职工的未参保人员以及没有经过正式招工但目前仍与企业保持劳动关系的未参保人员、已参保企业中的漏保人员等,纳入了基本养老保险统筹范围。并且在“三、关于达到政策规定退休条件时缴费年限累计不满 15 年的人员延续缴费问题中规

① 王建军、谢蕊娜、张长海:《未缴纳社会保险劳动者的损失赔偿》,载《人民司法》2017 年第 29 期。

定:参加城镇企业职工基本养老保险的人员,达到政策规定退休条件时缴费年限累计不满15年的,可向后延续缴费至满15年再办理退休手续。延续缴费人员的基本养老金,按照其办理退休手续时的计发办法计发……五、关于机关事业单位使用的临时工参加企业职工基本养老保险处理问题规定:现与机关事业单位(以下简称用人单位)保持劳动关系的临时工,应当参加企业职工基本养老保险。劳动法实施前用人单位使用的临时工,从1995年1月起补缴养老保险费,之前不能补缴,也不作为视同缴费年限;劳动法实施后用人单位使用的临时工,从使用当月起补缴养老保险费。缴费基数和缴费比例按照当时当地企业职工基本养老保险有关规定执行,同时按照对应缴费年度个人账户记账利率补缴利息。计息和记账办法同本意见第一条第(三)项。"豫社养老局〔2009〕16号《关于贯彻豫劳社养老〔2009〕5号文件有关问题的通知》规定:"二、关于超龄人员参保资格核准问题:……2.超龄人员参保,由其单位统一办理参保手续;超龄人员单位已关停的,由其主管部门代为办理参保手续;超龄人员单位已关停且无主管部门的,可以个人名义申请办理参保手续。"豫人社养〔2014〕68号《河南省人力资源和社会保障厅关于做好解决企业职工基本养老保险历史遗留问题收尾工作的通知》规定,2014年12月31日起,不再办理超龄人员基本养老保险。2014年河南职工年平均工资38 804元。

裁判结果

河南省淅川县法院判决:被告淅川县第二小学赔偿原告龚金荣损失37 737元,驳回原告其他诉讼请求。宣判后,各方当事人均未提起上诉,一审判决已生效。

裁判理由

法院生效裁判认为:我国现行退休制度规定,退休年龄为男满60周岁,女满50周岁,女干部为55周岁。虽在《劳动合同法实施条例》第21条规定:"劳动者达到法定退休年龄的,劳动合同终止。"据此,在劳动者已达到退休年龄时用人单位有权终止劳动合同。但我国法律并未规定劳动者的年龄不得高于法定退休年龄,依据《劳动合同法》第44条规定,劳动者开始依法享受基本养老保险待遇的,劳动合同终止,因此,在劳动者达到法定退休年龄时并不意味着劳动合同自动终止。原告龚金荣2005年8月28日达到工人退休年龄时,被告并没有选择与原告终止劳动合同,而是继续使用龚金荣,履行劳动合同。故双方仍属于劳动关系。

根据《劳动法》第72条的规定,用人单位和劳动者必须依法参加社会保险,缴纳社会保险费。而最高人民法院《关于审理劳动争议案件适用法律若干问题的解释(三)》第1条规定,劳动者以用人单位未为其办理社会保险手续,且社会保险经办机构不能补办导致其无法享受社会保险待遇为由,要求用人单位赔偿损失而发生争议的,人民法院应予受理。但上述规定均未对损失赔偿的具体标准作出明确规定。根据我国现有的企业职工养老保险制度的规定,职工要享受养老金待遇、按月领取养老金的前提是必须个人缴费满15

年。本案中,被告作为用人单位负有为原告缴纳养老保险的法定义务,被告未给原告缴纳养老保险致使原告无法享受养老保险待遇,应赔偿原告的损失。但原告在被告实际工作时间不满 15 年,且自述此前从未缴纳过社会保险费,因此即使被告在劳动关系存续期间依法为原告缴纳了各项社会保险费,原告在达到法定退休年龄后若不自行缴满至 15 年,其亦无法享受按月领取基本养老金的待遇。而在原告于 2005 年 8 月达到法定退休年龄后,至其于 2015 年 8 月申请仲裁时,按照现行的养老保险缴费办法已不能为其办理补缴或延缴。因此,原告在达到法定退休年龄后未能依法享受基本养老保险待遇且无法办理补缴、延缴的后果,虽主要由被告未依法为其缴纳社会保险费的违法行为造成,但也与原告未及时主张权利有关。原告虽未在达到法定退休年龄时主动、明确选择不延缴养老保险,但其怠于主张权利的行为在客观上导致其错失了要求被告所补缴社会保险费及自行延缴的机会。因此,原告要求被告参照退休金制度赔偿其损失的请求,缺乏事实和法律依据。故本院参照社会保险经办机构对缴费年限补足的参保人员不延缴养老保险费的一次性支付标准,按照每满一年发给相当于 1 个月上一年度职工月平均工资标准一次性支付劳动者养老保险待遇赔偿。按照淅川二小应当缴费的年限,应发给原告 11 年 8 个月(11.67 年)的指数化月平均缴费工资,计款 37 737 元(38 804 ÷ 12 × 11.67),由淅川二小对原告的上述损失予以赔偿。

第十三部分

Chapter 13

裁审程序

Q227：我国的劳动争议处理程序是怎样的？

【解答】

根据《劳动争议调解仲裁法》的规定，我国劳动争议的处理包括以下四种途径：协商、调解、仲裁、诉讼。

(1)协商程序。《劳动争议调解仲裁法》第4条规定，发生劳动争议，劳动者可以与用人单位协商，也可以请工会或者第三方共同与用人单位协商，达成和解协议。第8条规定，县级以上人民政府劳动行政部门会同工会和企业方面代表建立协调劳动关系三方机制，共同研究解决劳动争议的重大问题。

(2)调解程序。《劳动争议调解仲裁法》第10条规定，发生劳动争议，当事人可以到下列调解组织申请调解：①企业劳动争议调解委员会；②依法设立的基层人民调解组织；③在乡镇、街道设立的具有劳动争议调解职能的组织。企业劳动争议调解委员会由职工代表和企业代表组成。职工代表由工会成员担任或者由全体职工推举产生，企业代表由企业负责人指定。企业劳动争议调解委员会主任由工会成员或者双方推举的人员担任。第14条第1款、第2款规定，经调解达成协议的，应当制作调解协议书。调解协议书由双方当事人签名或者盖章，经调解员签名并加盖调解组织印章后生效，对双方当事人具有约束力，当事人应当履行。

(3)仲裁程序。自劳动争议调解组织收到调解申请之日起15日内未达成调解协议的，当事人可以依法向劳动仲裁部门申请仲裁。达成调解协议后，一方当事人在协议约定期限内不履行调解协议的，另一方当事人可以依法申请仲裁。

协商、调解并非处理劳动争议的必经程序，用人单位或者劳动者可以不经协商、调解程序直接向劳动仲裁部门申请仲裁。而申请仲裁是进入诉讼的前置程序，除法律法规、司法解释另有规定外，用人单位或者劳动者只有在劳动仲裁部门作出仲裁裁决后才能起诉或申请撤销仲裁裁决，而不能未经劳动仲裁程序直接向人民法院提起诉讼。

(4)诉讼程序。根据《劳动争议调解仲裁法》的规定，劳动争议的诉讼程序分为两种：一种是一裁终局模式。该法第47条规定，下列劳动争议，除该法另有规定的外，仲裁裁决为终局裁决，裁决书自作出之日起发生法律效力：①追索劳动报酬、工伤医疗费、经济补偿或者赔偿金,不超过当地月最低工资标准 12 个月金额的争议;②因执行国家的劳动标准在工作时间、休息休假、社会保险等方面发生的争议。一裁终局模式仅针对用人单位而言,用人单位对一裁终局的仲裁裁决不服的,可以自收到仲裁裁决书之日起 30 日内向劳动争议仲裁委员会所在地的中级人民法院申请撤销裁决,而不能向人民法院提起诉讼。劳动者对一裁终局的仲裁裁决不服的,可以自收到仲裁裁决书之日起 15 日内向人民法院提起诉讼。另一种是一裁两审模式。《劳动争议调解仲裁法》第 47 条规定以外的劳动争议,用人单位或者劳动者不服的,均可自收到收到仲裁裁决书之日起 15 日内向人民法院提起诉讼。

【规范指引】

《中华人民共和国劳动争议调解仲裁法》

第四条　发生劳动争议,劳动者可以与用人单位协商,也可以请工会或者第三方共同与用人单位协商,达成和解协议。

第五条　发生劳动争议,当事人不愿协商、协商不成或者达成和解协议后不履行的,可以向调解组织申请调解;不愿调解、调解不成或者达成调解协议后不履行的,可以向劳动争议仲裁委员会申请仲裁;对仲裁裁决不服的,除本法另有规定的外,可以向人民法院提起诉讼。

Q228:用人单位拖欠工资,劳动者是否可以直接向人民法院提起诉讼?

用人单位拖欠工资,劳动者是否可以不经过劳动仲裁程序,直接向人民法院提起诉讼,实务中有三种不同的观点。

【争议】

观点一:用人单位拖欠工资,仅就该项事实产生争议,劳动者可以不经劳动仲裁程序,直接向人民法院提起诉讼。

观点二:因用人单位拖欠工资产生纠纷,仍需经过劳动仲裁部门的仲裁程序,而不能直接向人民法院提起诉讼。

观点三:用人单位拖欠工资,劳动者持有用人单位出具的工资欠条,且不涉及其他争议事项的,劳动者方可以不经劳动仲裁程序直接向人民法院提起诉讼。

【解答】

笔者同意观点三。用人单位与劳动者发生劳动争议，调解不成的，应当经过劳动仲裁部门的劳动仲裁前置程序后，再向人民法院起诉或者向人民法院申请撤销仲裁。但在一些特殊的情形，司法解释规定一些劳动争议的事项作为普通民事纠纷，不需要经过劳动仲裁程序，劳动者可以直接向人民法院提起诉讼。最高人民法院《关于审理劳动争议案件适用法律若干问题的解释(二)》第3条规定，劳动者以用人单位的工资欠条为证据直接向人民法院起诉，诉讼请求不涉及劳动关系其他争议的，视为拖欠劳动报酬争议，按照普通民事纠纷受理。司法解释的该条规定对劳动者向人民法院直接提起诉讼的条件限制是比较严格的，劳动者直接起诉必须符合以下两个条件：一是劳动者必须持有用人单位向其出具的工资欠条；二是诉讼请求不涉及其他争议。如果用人单位与劳动者对双方是否存在劳动关系等问题上存在争议，劳动者仍然要先向劳动仲裁部门申请劳动仲裁，而不能直接向人民法院提起诉讼。

此外，用人单位欠付工资报酬的数额和事实清楚，或者双方在相关调解组织主持下对支付拖欠劳动报酬等事项已达成调解协议，劳动者还可以向人民法院申请支付令。《劳动合同法》第30条第2款规定，用人单位拖欠或者未足额支付劳动报酬的，劳动者可以依法向当地人民法院申请支付令，人民法院应当依法发出支付令。《劳动争议调解仲裁法》第16条规定，因支付拖欠劳动报酬、工伤医疗费、经济补偿或者赔偿金事项达成调解协议，用人单位在协议约定期限内不履行的，劳动者可以持调解协议书依法向人民法院申请支付令。人民法院应当依法发出支付令。该条规定的调解协议应当是在该法第10条规定的企业劳动争议调解委员会、依法设立的基层人民调解组织以及在乡镇、街道设立的具有劳动争议调解职能的组织主持下达成的调解协议。用人单位与劳动者自行达成的调解协议或者和解协议，劳动者不能依此直接向人民法院申请支付令。

【风险提示219】

劳动者就工资纠纷直接向人民法院提起诉讼必须同时符合以下两个条件：一是劳动者持有用人单位向其出具的工资欠条；二是诉讼请求不涉及其他争议。如不符合，劳动者应当向劳动仲裁部门申请劳动仲裁，而不应当直接向人民法院提起诉讼。

【规范指引】

《中华人民共和国劳动合同法》

第三十条　用人单位应当按照劳动合同约定和国家规定,向劳动者及时足额支付劳动报酬。

用人单位拖欠或者未足额支付劳动报酬的,劳动者可以依法向当地人民法院申请支付令,人民法院应当依法发出支付令。

《中华人民共和国劳动争议调解仲裁法》

第十六条　因支付拖欠劳动报酬、工伤医疗费、经济补偿或者赔偿金事项达成调解协议,用人单位在协议约定期限内不履行的,劳动者可以持调解协议书依法向人民法院申请支付令。人民法院应当依法发出支付令。

最高人民法院《关于审理劳动争议案件适用法律若干问题的解释(二)》

第三条　劳动者以用人单位的工资欠条为证据直接向人民法院起诉,诉讼请求不涉及劳动关系其他争议的,视为拖欠劳动报酬争议,按照普通民事纠纷受理。

Q229:劳动争议的仲裁和诉讼管辖如何确定?

【解答】

劳动争议的管辖包括仲裁管辖和诉讼管辖,两者存在一定区别。

(1)仲裁管辖

《劳动争议调解仲裁法》第 21 条第 2 款规定,劳动争议由劳动合同履行地或者用人单位所在地的劳动争议仲裁委员会管辖。双方当事人分别向劳动合同履行地和用人单位所在地的劳动争议仲裁委员会申请仲裁的,由劳动合同履行地的劳动争议仲裁委员会管辖。

《劳动人事争议仲裁办案规则》(2017 年)第 8 条对仲裁管辖进一步细化,该条规定,劳动合同履行地为劳动者实际工作场所地,用人单位所在地为用人单位注册、登记地或者主要办事机构所在地。用人单位未经注册、登记的,其出资人、开办单位或者主管部门所在地为用人单位所在地。双方当事人分别向劳动合同履行地和用人单位所在地的仲裁委员会申请仲裁的,由劳动合同履行地的仲裁委员会管辖。有多个劳动合同履行地的,由最先受理的仲裁委员会管辖。劳动合同履行地不明确的,由用人单位所在地的仲裁委员会管辖。案件受理后,劳动合同履行地或者用人单位所在地发生变化的,不改变争议仲裁的管辖。

劳务派遣单位或者用人单位与劳动者发生劳动争议的，当事人可以向劳动合同履行地、劳务派遣单位所在地或者用人单位所在地的劳动人事争议仲裁委员会申请仲裁。当事人分别向劳动合同履行地、劳务派遣单位所在地和用人单位所在地的劳动人事争议仲裁委员会申请仲裁的，由劳动合同履行地的仲裁委员会管辖。

当事人提出管辖异议的，应当在仲裁答辩期满前书面提出。

（2）诉讼管辖

最高人民法院《关于审理劳动争议案件适用法律若干问题的解释》第 8 条规定：劳动争议案件由用人单位所在地或者劳动合同履行地的基层人民法院管辖。劳动合同履行地不明确的，由用人单位所在地的基层人民法院管辖。

实践中可能出现两个以上人民法院对劳动争议案件均有管辖权的情况。最高人民法院《关于审理劳动争议案件适用法律若干问题的解释》第 9 条第 2 款规定，双方当事人就同一仲裁裁决分别向有管辖权的人民法院起诉的，后受理的人民法院应当将案件移送给先受理的人民法院。

【风险提示 220】

用人单位和劳动者要注意劳动法律法规对劳动争议案件管辖的特别规定，发生劳动纠纷时，要向有管辖权的劳动仲裁部门和人民法院申请仲裁或者提起诉讼。

【规范指引】

《中华人民共和国劳动争议调解仲裁法》

第二十一条　劳动争议仲裁委员会负责管辖本区域内发生的劳动争议。

劳动争议由劳动合同履行地或者用人单位所在地的劳动争议仲裁委员会管辖。双方当事人分别向劳动合同履行地和用人单位所在地的劳动争议仲裁委员会申请仲裁的，由劳动合同履行地的劳动争议仲裁委员会管辖。

最高人民法院《关于审理劳动争议案件适用法律若干问题的解释》

第八条　劳动争议案件由用人单位所在地或者劳动合同履行地的基层人民法院管辖。

劳动合同履行地不明确的，由用人单位所在地的基层人民法院管辖。

第九条　当事人双方不服劳动争议仲裁委员会作出的同一仲裁裁决，均向同一人民法院起诉的,先起诉的一方当事人为原告,但对双方的诉讼请求,人民法院应当一并作出裁决。

当事人双方就同一仲裁裁决分别向有管辖权的人民法院起诉的,后受理的人民法院应当将案件移送给先受理的人民法院。

《劳动人事争议仲裁办案规则》

第八条　劳动合同履行地为劳动者实际工作场所地,用人单位所在地为用人单位注册、登记地或者主要办事机构所在地。用人单位未经注册、登记的,其出资人、开办单位或者主管部门所在地为用人单位所在地。

双方当事人分别向劳动合同履行地和用人单位所在地的仲裁委员会申请仲裁的,由劳动合同履行地的仲裁委员会管辖。有多个劳动合同履行地的,由最先受理的仲裁委员会管辖。劳动合同履行地不明确的,由用人单位所在地的仲裁委员会管辖。

案件受理后,劳动合同履行地或者用人单位所在地发生变化的,不改变争议仲裁的管辖。

Q230:劳动争议的当事人如何确定?

【解答】

一般情况下,劳动争议的当事人是劳动者和用人单位。特殊情况下当事人的确定遵循以下规则:

(1)劳动者死亡的,由其继承人参加仲裁和诉讼。

(2)用人单位与劳动者因履行集体合同发生争议的,一般由工会组织、推举的劳动者代表参加仲裁或者诉讼,如单个劳动者的权利因用人单位不履行集体合同受损的,也可由该名劳动者参加诉讼。

(3)发生争议的用人单位未办理营业执照、被吊销营业执照、营业执照到期继续经营、被责令关闭、被撤销以及用人单位解散、歇业,不能承担相关责任的,应当将用人单位和其出资人、开办单位或者主管部门作为共同当事人。

(4)劳动者与个人承包经营者发生争议,依法向仲裁委员会申请仲裁的,应当将发包的组织和个人承包经营者作为共同当事人。

(5)劳务派遣单位、用人单位与劳动者发生劳动争议的,劳务派遣单位和用人单位为共同当事人。

(6)用人单位挂靠在其他单位名下进行生产经营的,劳动者与用人单位发生劳动争议的，用人单位和被挂靠单位应当作为共同当事人。

（7）用人单位发生合并或者分立的，由承受劳动合同权利义务的实际用人单位为当事人。

（8）原用人单位以新的用人单位和劳动者为共同侵权向人民法院起诉的，新的用人单位和劳动者列为共同当事人。

（9）劳动者与有字号的个体工商户发生劳动争议的，应当以营业执照上登记的字号为当事人，同时注明该字号业主的自然情况。

（10）建设工程层层转包、分包给不具有用工主体资格的实际施工人，实际施工人招用的劳动者与其发生劳动争议的，最近的上一层转包、分包关系中具有用工主体资格的单位和实际施工人为共同当事人。

【规范指引】

《中华人民共和国劳动争议调解仲裁法》

第二十二条　发生劳动争议的劳动者和用人单位为劳动争议仲裁案件的双方当事人。

劳务派遣单位或者用人单位与劳动者发生劳动争议的，劳务派遣单位和用人单位为共同当事人。

《劳动人事争议仲裁办案规则》

第六条　发生争议的用人单位未办理营业执照、被吊销营业执照、营业执照到期继续经营、被责令关闭、被撤销以及用人单位解散、歇业，不能承担相关责任的，应当将用人单位和其出资人、开办单位或者主管部门作为共同当事人。

第七条　劳动者与个人承包经营者发生争议，依法向仲裁委员会申请仲裁的，应当将发包的组织和个人承包经营者作为共同当事人。

最高人民法院《关于审理劳动争议案件适用法律若干问题的解释》

第十条　用人单位与其它单位合并的，合并前发生的劳动争议，由合并后的单位为当事人；用人单位分立为若干单位的，其分立前发生的劳动争议，由分立后的实际用人单位为当事人。

用人单位分立为若干单位后，对承受劳动权利义务的单位不明确的，分立后的单位均为当事人。

第十一条　用人单位招用尚未解除劳动合同的劳动者，原用人单位与劳动者发生的劳动争议，可以列新的用人单位为第三人。

原用人单位以新的用人单位侵权为由向人民法院起诉的，可以列劳动者为第三人。

原用人单位以新的用人单位和劳动者共同侵权为由向人民法院起诉的,新的用人单位和劳动者列为共同被告。

第十二条 劳动者在用人单位与其他平等主体之间的承包经营期间,与发包方和承包方双方或者一方发生劳动争议,依法向人民法院起诉的,应当将承包方和发包方作为当事人。

Q231:如何区分一裁终局的劳动争议和非一裁终局的劳动争议?

【解答】

《劳动争议调解仲裁法》将劳动争议分为两类:一类是非一裁终局的劳动争议。用人单位和劳动者不服此类仲裁裁决,可以自收到仲裁裁决书之日起15日内向人民法院提起诉讼;期满不起诉的,裁决书发生法律效力。另一类是一裁终局的劳动争议。一裁终局仅针对用人单位而言,用人单位不服仲裁裁决,可以自收到仲裁裁决书之日起30日内向劳动争议仲裁委员会所在地的中级人民法院申请撤销裁决。对劳动者来说,对终局裁决和非终局裁决不服的救济程序相同,均是自收到仲裁裁决书之日起15日内向人民法院提起诉讼。

根据《劳动争议调解仲裁法》第47条的规定,下列劳动争议,除本法另有规定的外,仲裁裁决为终局裁决,裁决书自作出之日起发生法律效力:(1)追索劳动报酬、工伤医疗费、经济补偿或者赔偿金,不超过当地月最低工资标准12个月金额的争议;(2)因执行国家的劳动标准在工作时间、休息休假、社会保险等方面发生的争议。需要注意的是,该条第1项规定的追索劳动报酬、工伤医疗费、经济补偿或者赔偿金的数额应当以仲裁裁决确定的数额为准,而非当事人请求的数额,而且仲裁裁决涉及数项,每项确定的数额均不超过当地月最低工资标准12个月金额的,应当按照终局裁决处理。

此外,一些地方性法规另外规定一裁终局的劳动争议案件。如《浙江省劳动人事争议调解仲裁条例》(2015年)第37条第1款规定,仲裁庭对社会保险费补缴、工伤保险待遇赔付等争议作出的裁决为终局裁决。如果地方性法规另有规定的,则按地方性法规的特别规定为准。

劳动人事争议仲裁委员会作出的同一仲裁裁决同时包含终局裁决事项和非终局裁决事项,当事人不服该仲裁裁决向人民法院提起诉讼的,应当按照非终局裁决处理。

还有一个问题是，劳动仲裁部门在仲裁裁决书中载明该裁决为终局裁决或者非终局裁决，人民法院审查后意见相左的，如何处理？最高人民法院《关于审理劳动争议案件适用法律若干问题的解释（四）》第2条规定，仲裁裁决的类型以仲裁裁决书确定为准。仲裁裁决书未载明该裁决为终局裁决或非终局裁决，用人单位不服该仲裁裁决向基层人民法院提起诉讼的，应当按照以下情形分别处理：（1）经审查认为该仲裁裁决为非终局裁决的，基层人民法院应予受理；（2）经审查认为该仲裁裁决为终局裁决的，基层人民法院不予受理，但应告知用人单位可以自收到不予受理裁定书之日起30日内向劳动人事争议仲裁委员会所在地的中级人民法院申请撤销该仲裁裁决；已经受理的，裁定驳回起诉。即仲裁裁决书明确仲裁裁决类型的，人民法院无须进行审查。如果仲裁裁决书未明确仲裁裁决类型的，用人单位向基层人民法院起诉，基层人民法院应当对仲裁裁决类型进行审查。

根据《劳动争议调解仲裁法》第49条的规定，用人单位要撤销终局仲裁裁决，应符合以下条件：（1）适用法律、法规确有错误的；（2）劳动争议仲裁委员会无管辖权的；（3）违反法定程序的；（4）裁决所根据的证据是伪造的；（5）对方当事人隐瞒了足以影响公正裁决的证据的；（6）仲裁员在仲裁该案时有索贿受贿、徇私舞弊、枉法裁决行为的。

【风险提示221】

用人单位不服劳动仲裁裁决，是向人民法院提起诉讼还是向劳动争议仲裁委员会所在地的中级人民法院申请撤销裁决，要看劳动仲裁裁决书载明的仲裁裁决类型是一裁终局还是非一裁终局。如果仲裁裁决书未载明，则应根据《劳动争议调解仲裁法》第47条判断仲裁裁决的类型。

【规范指引】

《中华人民共和国劳动争议调解仲裁法》

第四十七条　下列劳动争议，除本法另有规定的外，仲裁裁决为终局裁决，裁决书自作出之日起发生法律效力：

（一）追索劳动报酬、工伤医疗费、经济补偿或者赔偿金，不超过当地月最低工资标准十二个月金额的争议；

（二）因执行国家的劳动标准在工作时间、休息休假、社会保险等方面发生的争议。

第四十八条　劳动者对本法第四十七条规定的仲裁裁决不服的，可以自收到仲裁裁决书之日起十五日内向人民法院提起诉讼。

第四十九条　用人单位有证据证明本法第四十七条规定的仲裁裁决有下列情形之一，可以自收到仲裁裁决书之日起三十日内向劳动争议仲裁委员会所在地的中级人民法院申请撤销裁决：

（一）适用法律、法规确有错误的；

（二）劳动争议仲裁委员会无管辖权的；

（三）违反法定程序的；

（四）裁决所根据的证据是伪造的；

（五）对方当事人隐瞒了足以影响公正裁决的证据的；

（六）仲裁员在仲裁该案时有索贿受贿、徇私舞弊、枉法裁决行为的。

人民法院经组成合议庭审查核实裁决有前款规定情形之一的，应当裁定撤销。

仲裁裁决被人民法院裁定撤销的，当事人可以自收到裁定书之日起十五日内就该劳动争议事项向人民法院提起诉讼。

第五十条　当事人对本法第四十七条规定以外的其他劳动争议案件的仲裁裁决不服的，可以自收到仲裁裁决书之日起十五日内向人民法院提起诉讼；期满不起诉的，裁决书发生法律效力。

最高人民法院《关于审理劳动争议案件适用法律若干问题的解释（四）》

第二条　仲裁裁决的类型以仲裁裁决书确定为准。

仲裁裁决书未载明该裁决为终局裁决或非终局裁决，用人单位不服该仲裁裁决向基层人民法院提起诉讼的，应当按照以下情形分别处理：

（一）经审查认为该仲裁裁决为非终局裁决的，基层人民法院应予受理；

（二）经审查认为该仲裁裁决为终局裁决的，基层人民法院不予受理，但应告知用人单位可以自收到不予受理裁定书之日起三十日内向劳动人事争议仲裁委员会所在地的中级人民法院申请撤销该仲裁裁决；已经受理的，裁定驳回起诉。

Q232：当事人就仲裁裁决中的部分内容提起诉讼的，仲裁裁决的其他部分是否发生法律效力？

实践中，用人单位和劳动者常只针对劳动仲裁裁决的部分内容提起诉讼，仲裁裁决的其他部分是否发生法律效力,人民法院是否仅需审查诉讼请求涉及的仲裁裁决内容,实践中存在不同观点。

【争议】

观点一:当事人对仲裁裁决不服,提起诉讼的,无论其诉讼请求针对的是仲裁裁决的全部内容还是部分内容,仲裁裁决不发生法律效力。人民法院应当对仲裁裁决的全部事项进行审查。

观点二:当事人对仲裁裁决部分内容不服提起诉讼,人民法院只需要审查当事人提起诉讼涉及的仲裁裁决内容,无须对仲裁裁决进行全案审查。

【解答】

笔者同意观点一。最高人民法院《关于审理劳动争议案件适用法律若干问题的解释》第 17 条规定,劳动争议仲裁委员会作出仲裁裁决后,当事人对裁决中的部分事项不服,依法向人民法院起诉的,劳动争议仲裁裁决不发生法律效力。所以,劳动者不服部分仲裁裁决内容提起诉讼,人民法院应当对仲裁裁决进行全案审查。

【风险提示 222】

用人单位和劳动者对劳动仲裁裁决的部分内容不服,是否需要提起诉讼要看劳动仲裁的整体裁决结果对自身是否有利。实践中此类情形并不鲜见:用人单位或者劳动者对劳动仲裁裁决的部分内容不服,提起诉讼,但法院裁判结果却比仲裁裁决结果对原告更加不利。

【规范指引】

最高人民法院《关于审理劳动争议案件适用法律若干问题的解释》

第十七条 劳动争议仲裁委员会作出仲裁裁决后,当事人对裁决中的部分事项不服,依法向人民法院起诉的,劳动争议仲裁裁决不发生法律效力。

Q233:当事人对仲裁裁决不服提起诉讼,在诉讼过程中撤诉或者按撤诉处理的,仲裁裁决是否发生法律效力?

当事人对劳动仲裁裁决不服,提起诉讼,在诉讼过程中原告并在指定期限缴纳诉讼费用、双方达成和解或者原告自愿撤诉,在这些情形下,仲裁裁决是否发生法律效力,实务中有不同观点。

【争议】

观点一:劳动争议案件中,当事人对仲裁裁决不服提起诉讼,仲裁裁决不发生法律效力,当事人在诉讼过程中撤诉或者按自动撤回上诉处理的,仲裁裁决的法律效力也不能就此产生。

观点二:当事人在诉讼过程中撤诉或者按自动撤回上诉处理,人民法院经审查后作为撤诉裁定,劳动仲裁裁决自撤诉裁定送达当事人之日起发生法律效力。

【解答】

笔者同意观点二。最高人民法院《关于人民法院对经劳动争议仲裁裁决的纠纷准予撤诉或驳回起诉后劳动争议仲裁裁决从何时起生效的解释》第 1 条规定,当事人不服劳动争议仲裁裁决向人民法院起诉后又申请撤诉,经人民法院审查准予撤诉的,原仲裁裁决自人民法院裁定送达当事人之日起发生法律效力。可见,当事人对仲裁裁决不服提起诉讼,在诉讼过程中撤诉或者按撤诉处理,人民法院将裁定书送达双方当事人,仲裁裁决即发生法律效力。

【风险提示 223】

用人单位或劳动者不服仲裁裁决结果提起诉讼,后又撤诉,仲裁裁决自人民法院送达撤诉裁决之日起发生法律效力。用人单位和劳动者均不得就仲裁裁决已涉事项再次提起仲裁或者诉讼。

【规范指引】

最高人民法院《关于人民法院对经劳动争议仲裁裁决的纠纷准予撤诉或驳回起诉后劳动争议仲裁裁决从何时起生效的解释》

第一条　当事人不服劳动争议仲裁裁决向人民法院起诉后又申请撤诉,经人民法院审查准予撤诉的,原仲裁裁决自人民法院裁定送达当事人之日起发生法律效力。

Q234:当事人一方不履行仲裁程序中自行达成的和解协议,对方当事人是否可以再次申请仲裁?

当事人在劳动仲裁过程中达成和解协议,申请仲裁一方撤回仲裁申请,但一方当事人不履行和解协议,对方是否可以就相同事项再次申请仲裁,实践中存在不同观点。

【争议】

观点一：当事人一方不履行劳动仲裁过程中达成的和解协议，对方可申请人民法院强制执行，不应当就相同事项再次申请仲裁。

观点二：当事人一方不履行和解协议，因和解协议不具备强制执行力，对方可以再次申请仲裁。

【解答】

笔者认为，当事人在仲裁程序中达成的和解协议不同于劳动仲裁部门作出的调解书，和解协议不具有强制执行的效力，当事人不能通过强制执行程序强制对方履行和解协议的内容。为获得强制执行的效力，当事人可以向劳动仲裁部门再次申请仲裁。在一般民事诉讼中，当事人在庭外达成和解协议，没有要求人民法院制作调解书，一方当事人没有履行和解协议时，司法实践一般允许当事人就和解协议的履行争议再次提起诉讼，在劳动争议中，也没有理由禁止当事人就和解协议再次申请仲裁。

【风险提示 224】

当事人不履行劳动仲裁达成的和解协议，对方当事人可就和解协议的履行事项申请仲裁或者提起诉讼。

Q235：当事人申请劳动仲裁时已超过仲裁时效，应如何处理？

《劳动争议调解仲裁法》第 27 条规定，劳动争议申请仲裁的时效期间为一年。仲裁时效期间从当事人知道或者应当知道其权利被侵害之日起计算。前款规定的仲裁时效，因当事人一方向对方当事人主张权利，或者向有关部门请求权利救济，或者对方当事人同意履行义务而中断。从中断时起，仲裁时效期间重新计算。因不可抗力或者有其他正当理由，当事人不能在本条第 1 款规定的仲裁时效期间申请仲裁的，仲裁时效中止。从中止时效的原因消除之日起，仲裁时效期间继续计算。劳动关系存续期间因拖欠劳动报酬发生争议的，劳动者申请仲裁不受本条第 1 款规定的仲裁时效期间的限制；但是，劳动关系终止的，应当自劳动关系终止之日起 1 年内提出。

【争议】

观点一：当事人申请劳动仲裁时已经超过 1 年的仲裁时效，劳动仲裁部门审查后可以仲裁时效超过为由不予受理。

观点二:劳动仲裁部门不应当主动审查劳动仲裁时效是否已过,而且劳动仲裁时效已过,当事人丧失的只是胜诉权,劳动仲裁部门不得因仲裁时效已过为由对劳动仲裁申请不予受理。

【解答】

笔者认为,新的《劳动人事争议仲裁办案规则》于 2017 年 7 月 1 日施行后,劳动仲裁部门不应当再以仲裁时效超过为由不予受理劳动争议案件。《劳动人事争议仲裁办案规则》第 30 条规定,仲裁委员会对符合下列条件的仲裁申请应当予以受理,并在收到仲裁申请之日起 5 日内向申请人出具受理通知书:(1)属于本规则第 2 条规定的争议范围;(2)有明确的仲裁请求和事实理由;(3)申请人是与本案有直接利害关系的自然人、法人或者其他组织,有明确的被申请人;(4)属于本仲裁委员会管辖范围。符合该条规定的 4 个条件的劳动仲裁申请,劳动仲裁部门就应当受理。超出仲裁时效的劳动仲裁申请如符合上述四个条件,劳动仲裁部门不予受理仲裁申请就没有相应的法律依据。人民法院和劳动仲裁部门不应当主动审查仲裁时效是否已超过,也不应当以仲裁时效超过为由对劳动争议案件不予受理。

【风险提示 225】

用人单位和劳动者要掌握和善于运用劳动仲裁时效制度,对已经超出劳动仲裁时效的申请,在劳动仲裁答辩时应当着重提出。

【规范指引】

《中华人民共和国劳动争议调解仲裁法》

第二十七条　劳动争议申请仲裁的时效期间为一年。仲裁时效期间从当事人知道或者应当知道其权利被侵害之日起计算。

前款规定的仲裁时效,因当事人一方向对方当事人主张权利,或者向有关部门请求权利救济,或者对方当事人同意履行义务而中断。从中断时起,仲裁时效期间重新计算。

因不可抗力或者有其他正当理由,当事人不能在本条第一款规定的仲裁时效期间申请仲裁的,仲裁时效中止。从中止时效的原因消除之日起,仲裁时效期间继续计算。

劳动关系存续期间因拖欠劳动报酬发生争议的,劳动者申请仲裁不受本条第一款规定的仲裁时效期间的限制;但是,劳动关系终止的,应当自劳动关系终止之日起一年内提出。

《劳动人事争议仲裁办案规则》

第三十条 仲裁委员会对符合下列条件的仲裁申请应当予以受理，并在收到仲裁申请之日起五日内向申请人出具受理通知书：

（一）属于本规则第二条规定的争议范围；

（二）有明确的仲裁请求和事实理由；

（三）申请人是与本案有直接利害关系的自然人、法人或者其他组织，有明确的被申请人；

（四）属于本仲裁委员会管辖范围。

Q236：劳动者向用人单位主张工伤保险待遇的仲裁时效从何时起算？

劳动者向用人单位主张工伤保险待遇仲裁时效的起算可分为两种情况：一是劳动者因工受伤并经劳动能力鉴定委员会鉴定为伤残的，1 年仲裁时效的起算时间应当为劳动能力鉴定委员会对劳动者的伤残作出评定之日；二是劳动者因工受伤但未构成伤残的，应当以劳动者工伤治疗终结之日作为仲裁时效的起算点。当然，劳动者申请工伤、申请劳动能力鉴定等可以构成仲裁时效的中断。

【争议】

观点一：工伤保险待遇中的停工留薪期待遇属于劳动报酬，停工留薪期待遇的仲裁时效应当适用《劳动争议调解仲裁法》第 27 条第 4 款的规定，即劳动关系存续期间因拖欠劳动报酬发生争议的，劳动者申请仲裁不受本条第 1 款规定的仲裁时效期间的限制；但是，劳动关系终止的，应当自劳动关系终止之日起 1 年内提出。如重庆市高级人民法院民事审判第一庭等六部门《劳动争议法律适用问题专题座谈会纪要（三）》（2017 年）第 6 条规定，停工留薪期工资以及劳动能力鉴定期间的生活津贴属于特殊情况下支付的工资，具有劳动报酬性质，仲裁时效应适用《中华人民共和国劳动争议调解仲裁法》第 27 条第 4 款之规定。以解除、终止劳动关系为前提的工伤伤残待遇，仲裁时效自劳动关系解除、终止之日起计算。

观点二：停工留薪期待遇与其他工伤保险待遇项目一样，仲裁时效应当自劳动能力鉴定委员会对劳动者的伤残作出评定之日或者劳动者工伤治疗终结之日起算。

【解答】

笔者倾向于观点二。停工留薪期待遇作为工伤保险待遇中的一个项目,与劳动者付出劳动获得的劳动报酬并不相同,应当将工伤保险待遇作为一个整体审查仲裁时效,而不应当将停工留薪期待遇作为一个独立事项,将停工留薪期待遇的仲裁时效区别于其他工伤保险待遇事项。

【风险提示 226】

> 劳动者要求工伤保险基金和用人单位赔付工伤保险待遇的,应当自劳动能力鉴定委员会对劳动者的伤残作出评定之日起 1 年内提出,如果劳动者未构成伤残,则应当自劳动者工伤治疗终结之日起一年内提起。

Q237:未订立书面劳动合同二倍工资的仲裁时效如何确定?

二倍工资虽名为工资,但其实际上并非工资,而是对用人单位未订立书面劳动合同的惩罚性赔偿金。所以,二倍工资不能适用劳动报酬的仲裁时效,而是应适用《劳动争议调解仲裁法》第 27 条第 1 款的规定,1 年的仲裁时效自当事人知道或者应当知道其权利被侵害之日起计算。如何确定二倍工资仲裁时效的起算点,实践中有两种不同的观点。

【争议】

观点一:逐月计算二倍工资的仲裁时效。如《上海市高级人民法院关于审理劳动争议案件若干问题的解答》(2010 年)第 2 条规定,双倍工资中属于双方约定的劳动报酬的部分,劳动者申请仲裁的时效应适用《劳动争议调解仲裁法》第 27 条第 2 ~4 款的规定,而对双方约定的劳动报酬以外属于法定责任的部分,劳动者申请仲裁的时效应适应《劳动争议调解仲裁法》第 27 条第 1 ~3 款的规定,即从未签订书面劳动合同的第 2 个月起按月分别计算仲裁时效。

观点二:应当将未订立书面劳动合同期间的二倍工资作为一个整体,从违法行为结束第二日起计算仲裁时效。如《天津法院劳动争议案件审理指南》(2017 年)第 14 条第 2 款规定,二倍工资的性质不属于劳动报酬,应当将其作为一个整体按照《中华人民共和国劳动争议调解仲裁法》第 27 条第 1 款的规定计算仲裁时效。重庆市高级人民法院民事审判第一庭等六部门《劳动争议法律适用问题专题座谈会纪要(三)》(2017 年)第 3 条规定,用人单位未依法与劳动者订立书面劳动合同或无固定期限劳动合同，劳动者要求用人单位支付的二倍工资差额具有惩罚性质，属于赔偿性费用，而非劳动报酬，不适用《中华人民共和国劳动争议调解仲裁法》第27条第4款的规定。劳动者请求用人单位支付二倍工资差额的，仲裁时效应当从二倍工资差额的总额确定之日起计算。

【解答】

从各地人民法院和劳动仲裁部门出台的指导意见看，多采观点二。笔者也同意观点二，这是因为：用人单位未订立书面劳动合同，其侵犯劳动者的权利一直延续到用人单位与劳动者订立书面劳动合同或者用工满12个月止。在确定二倍工资仲裁时效的起算点时，应当将用人单位未订立书面劳动合同的二倍工资作为一个整体，从用人单位违法行为结束之次日开始计算1年仲裁时效。如用人单位用工满12个月之前与劳动者订立书面劳动合同，自订立书面劳动合同之日起计算1年仲裁时效；如果用人单位用工满12个月未与劳动者订立书面劳动合同，则自用工满12个月之日起算仲裁时效。

【风险提示227】

劳动者主张未订立二倍工资的仲裁时效的起算点是用人单位与劳动者订立书面劳动合同之日或者用工满12个月之日，而非劳动合同解除或者终止之日。

Q238：加班工资的仲裁时效如何确定？

加班工资属于劳动报酬，应无疑义。但加班工资的仲裁时效能否适用《劳动争议调解仲裁法》第27条第4款关于拖欠劳动报酬仲裁时效的规定，实践存在争议。

【争议】

观点一：加班工资属于劳动报酬，法律法规对加班工资的仲裁时效未作特别规定，其仲裁时效的计算应当适用《劳动争议调解仲裁法》第27条第4款的规定。

观点二：加班工资虽属于劳动报酬，但加班工资存在特殊性。法律规定用人单位保存劳动者工资记录的期限为2年。加班工资的仲裁时效应为2年，否则就会过分加重用人单位的举证责任。劳动合同解除或者终止的，应当从解除或者终止之日计算1年，但仅支持劳动者2年时间的加班工资请求。如浙江省高级人民法院民事审判第一庭《关于审理劳动争议案件若干问题的意见(试行)》(2009 年)第 13 条规定,劳动者与用人单位之间因加班工资发生争议的,其申请仲裁的时效期间为 2 年,从当事人知道或者应当知道其权利被侵害之日起计算;但劳动关系终止的,其申请仲裁的时效期间为 1 年,从劳动关系终止之日起计算。

【解答】

笔者倾向于观点二。劳动部《工资支付暂行规定》第 6 条第 3 款规定,用人单位必须书面记录支付劳动者工资的数额、时间、领取者的姓名以及签字,并保存 2 年以上备查。用人单位在支付工资时应当向劳动者提供一份其个人的工资清单。由此可知,用人单位保存工资发放情况包括加班工资发放情况的记录为 2 年。因此,要求用人单位提供 2 年之内加班工资发放情况的证据,符合《工资支付暂行规定》关于用人单位保存工资发放记录的时间规定,2 年之外的加班工资发放情况记录,用人单位没有法定的保存义务,要求用人单位提供 2 年之外的加班工资发放情况记录,显然加重了用人单位的法定义务。将加班工资的仲裁时效限制在 2 年以内,符合《工资支付暂行规定》关于工资记录的保存规定,有利于用人单位和劳动者的利益平衡。

【风险提示 228】

用人单位应依《工资支付暂行规定》第 6 条第 3 款的规定保存好 2 年的支付劳动者工资的数额、时间、领取者的姓名以及签字的书面记录,特别注意在工资表中将加班工资单列,以免举证不能导致重复支付加班工资的后果。

【规范指引】

《工资支付暂行规定》

第六条　用人单位应将工资支付给劳动者本人。劳动者本人因故不能领取工资时,可由其亲属或委托他人代领。

用人单位可委托银行代发工资。

用人单位必须书面记录支付劳动者工资的数额、时间、领取者的姓名以及签字,并保存两年以上备查。用人单位在支付工资时应向劳动者提供一份其个人的工资清单。

Q239:劳动者要求用人单位缴纳社会保险费用的仲裁时效如何确定?

司法实践中,对劳动者要求用人单位缴纳社会保险费用仲裁时效的确定存在较大争议,主要存在三种观点。

【争议】

观点一:劳动者要求用人单位缴纳社会保险费用的仲裁时效确定为 1 年,仅支持劳动者申请仲裁之日向前倒推 1 年的社会保险费用缴纳请求。

观点二:劳动者要求用人单位缴纳社会保险费用的仲裁时效为 3 年,应当支持劳动者自申请仲裁之日向前倒推 3 年的社会保险费用缴纳请求。

观点三:劳动者要求用人单位缴纳社会保险费用的仲裁时效为 1 年,自劳动合同关系解除或者终止之日或者开始缴纳社会保险的前 1 个月起算,只要劳动者申请劳动仲裁未超过 1 年,就应当支持劳动者在用人单位连续工作期间用人单位未缴纳的全部社会保险费用缴纳请求,但补缴时间起点不应当早于各地开始实行社会保险统筹制度的时间。

【解答】

笔者同意观点三。理由在于:

(1)社会保险费用纠纷的仲裁时效应为 1 年。《劳动争议调解仲裁法》第 27 条第 1 款规定,劳动争议申请仲裁的时效期间为 1 年。仲裁时效期间从当事人知道或者应当知道其权利被侵害之日起计算。第 4 款规定:劳动关系存续期间因拖欠劳动报酬发生争议的,劳动者申请仲裁不受本条第 1 款规定的仲裁时效期间的限制;但是,劳动关系终止的,应当自劳动关系终止之日起 1 年内提出。由是观之,劳动争议除拖欠劳动报酬纠纷外,仲裁时效均为 1 年,从当事人知道或者应当知道其权利被侵害之日起计算。社会保险纠纷属于劳动争议,其仲裁时效应当为 1 年。观点二适用《民法总则》关于普通民事诉讼时效的规定确定社会保险纠纷的仲裁时效,显然不妥。用人单位一直没有缴纳社会保险,对劳动者权利的侵害一直延续到劳动合同解除或者终止之日,所以,应当从劳动合同解除或终止之日开始计算 1 年仲裁时效。但用人单位开始没有缴纳社会保险,在劳动合同履行过程中缴纳社会保险的,则 1 年仲裁时效的起算时间应为用人单位开始为劳动者缴纳社会保险的前 1 个月月末。

(2)劳动者申请劳动仲裁没有超过仲裁时效的,应当由用人单位缴纳劳动者在用人单位连续工作时间的全部社会保险费用。首先,前已论及,用人单位没有缴纳社会保险,其侵害劳动者权利的状态是一直延续的,应当将未缴纳社会保险的期间视为一个整体,而不应当人为地将该期间进行分割。其次,如果将该期间按月分割,仅支持劳动者申请仲裁之日向前倒推1年的社会保险费用缴纳请求,用人单位仅需缴纳不到1年的社会保险,其从不缴纳社会保险费用的违法行为中未受惩罚,反而得到益处。一些劳动者在用人单位工作十几年,仅获得不到1年社会保险费用的补缴,补缴对他们的实际意义并不大。这样的结论显然对劳动者极为不公平,也会滋长用人单位违法不缴纳社会保险费用之风。综合以上两点分析,劳动者就社会保险费用的缴纳申请仲裁没有超过仲裁时效,应当支持其在用人单位连续工作时间的全部社会保险费用缴纳请求。但早于各地开始实行社会保险统筹制度时间的期间除外。

衢州市中级人民法院、衢州市人力资源和社会保障局《关于审理劳动争议案件若干问题的会议纪要》(2016年)第8条规定,因用人单位未为劳动者缴纳社会保险,其侵害劳动者合法权利的状态一直延续。故劳动者只要在劳动关系终止或者用人单位为劳动者办理社会保险之日起1年内要求用人单位补缴社会保险,即应当支持其在该单位连续工作而单位未缴纳社会保险期间的社会保险补缴请求,但补缴时间起点不应早于各地开始实行社会保险统筹制度的时间。该条纪要的做法可资借鉴。

【风险提示229】

> 用人单位未依法为劳动者缴纳社会保险费用的,往往要承担劳动者在用人单位连续工作期间用人单位应缴未缴的全部社会保险费用的缴纳责任。

Q240:劳动者依据《劳动合同法》第85条规定向用人单位主张加付赔偿金,是否要经过劳动行政部门处理的前置程序?

《劳动合同法》第85条规定,用人单位有下列情形之一的,由劳动行政部门责令限期支付劳动报酬、加班费或者经济补偿;劳动报酬低于当地最低工资标准的,应当支付其差额部分;逾期不支付的,责令用人单位按应付金额50%以上100%以下的标准向劳动者加付赔偿金:(1)未按照劳动合同的约定或者国家规定及时足额支付劳动者劳动报酬的;(2)低于当地最低工资标准支付劳动者工资的;(3)安排加班不支付加班费的;(4)解除或者终止劳动合同,未依照本法规定向劳动者支付经济补偿的。用人单位存在未及时足额发放劳动报酬、低于最低工资标准支付工资、未支付加班费和未支付经济补偿的违法行为,劳动者是否可未经劳动行政部门的处理程序,直接申请劳动仲裁或者提起诉讼,要求用人单位加付赔偿金?对该问题,实践中存在不同观点。

【争议】

观点一:最高人民法院《关于审理劳动争议案件适用法律若干问题的解释(三)》第3条规定:劳动者依据《劳动合同法》第85条规定,向人民法院提起诉讼,要求用人单位支付加付赔偿金的,人民法院应予受理。该条规定并未将劳动行政部门的处理程序作为人民法院受理加付赔偿金请求的前提。将劳动行政部门的处理作为劳动者主张加付赔偿金的前提,程序上过于复杂,不利于保护劳动者的合法权利。所以,未经劳动行政部门处理,劳动者可以就用人单位存在未及时足额发放劳动报酬、低于最低工资标准支付工资、未支付加班费和未支付经济补偿的行为直接申请仲裁或者提起诉讼,要求用人单位加付赔偿金。

观点二:劳动者向用人单位主张加付赔偿金,应当以劳动行政部门责令用人单位限期足额支付劳动报酬、加班费、经济补偿且用人单位逾期支付为前提。未经劳动行政部门的处理程序,劳动者不得直接申请仲裁或者提起诉讼要求用人单位加付赔偿金。

【解答】

笔者同意观点二。《劳动合同法》第85条规定加付赔偿金的前提条件有三:(1)用人单位存在未及时足额支付劳动报酬、低于当地最低工资标准支付工资、不支付加班费或未依法在解除或者终止劳动合同后支付经济补偿的行为;(2)劳动行政部门责令用人单位限期足额支付劳动报酬、加班费或者经济补偿;(3)用人单位在劳动行政部门确定的支付期限内仍未支付劳动报酬、加班费或者经济补偿。该条规定的加付赔偿金,从性质上来说属于一种类似加处罚款的执行罚措施,对用人单位未按劳动行政部门限定的时间支付相应款项的行为,通过加收50%~100%的赔偿金促使用人单位履行支付义务,保障劳动者的合法权利。劳动者向用人单位主张加付赔偿金必须同时满足这三个条件。由此可见,劳动行政部门责令用人单位限期支付相应款项的行政程序是用人单位加付赔偿金的前置程序,劳动者向用人单位主张加付赔偿金时应当提供劳动行政部门责令用人单位支付相应款项的限期整改指令书和用人单位逾期未履行该指令书的证据。

多个地方的人民法院、劳动仲裁部门出台的会议纪要、解答均将劳动行政部门的处理程序作为劳动者主张加付赔偿金的前置程序。浙江省高级人民法院民事审判第一庭、浙江省劳动人事争议仲裁院《关于审理劳动争议案件若干问题的解答(四)》(2016 年)第 10 条规定:劳动者依据《劳动合同法》第 85 条规定,要求用人单位支付赔偿金的,前提是经劳动行政部门责令用人单位限期支付而逾期不支付。劳动者未能举证证明已经过该前置程序的,对其要求用人单位支付赔偿金的请求,人民法院应不予支持。北京市高级人民法院、北京市劳动人事争议仲裁委员会《关于劳动争议案件法律适用问题研讨会会议纪要(二)》(2014 年)也有类似规定,该会议纪要第 38 条第 2 款规定,劳动者依据《劳动合同法》第 85 条向仲裁委、法院主张加付赔偿金的,应当向仲裁委、法院提供已经依法先经劳动行政部门处理的证据,包括提供劳动行政部门责令用人单位限期支付劳动报酬、加班费、经济补偿或低于最低工资标准的差额部分的限期整改证据,以及用人单位逾期不履行上述义务的证据。

【风险提示 230】

劳动者依据《劳动合同法》第 85 条的规定要求用人单位加付赔偿金的,应当经过劳动行政部门责令用人单位限期足额支付劳动报酬、加班费或者经济补偿的前置程序,只在劳动行政部门责令用人单位限期足额支付上述费用,而用人单位仍逾期支付的情况下,用人单位才需加付赔偿金。用人单位因故未足额支付劳动报酬、加班费或者经济补偿,劳动行政部门责令限期支付的,用人单位应在劳动行政部门指定的期限内足额支付,否则,用人单位将面临加付 50% ~100% 赔偿金的法律风险。

【规范指引】

《中华人民共和国劳动合同法》

第八十五条　用人单位有下列情形之一的,由劳动行政部门责令限期支付劳动报酬、加班费或者经济补偿;劳动报酬低于当地最低工资标准的,应当支付其差额部分;逾期不支付的,责令用人单位按应付金额百分之五十以上百分之一百以下的标准向劳动者加付赔偿金:

(一)未按照劳动合同的约定或者国家规定及时足额支付劳动者劳动报

酬的；

（二）低于当地最低工资标准支付劳动者工资的；

（三）安排加班不支付加班费的；

（四）解除或者终止劳动合同，未依照本法规定向劳动者支付经济补偿的。

典型案例 36

彭某诉广州市强业公司劳动争议案①

裁判要旨

劳动者与用人单位在劳动争议仲裁期间就工伤赔偿问题达成调解协议并签收调解书后，因重新申请劳动能力鉴定而被鉴定构成更高的工伤等级，劳动者据此要求用人单位支付相应的差额工伤保险待遇的，不适用最高人民法院《关于审理劳动争议案件适用法律若干问题的解释（三）》第 11 条“劳动人事争议仲裁委员会作出的调解书已经发生法律效力，一方当事人反悔提起诉讼的，人民法院不予受理；已经受理的，裁定驳回起诉”之规定，人民法院依法应当予以受理。

基本案情

广东省广州市番禺区人民法院一审查明，2011 年 3 月 10 日，广州市劳动能力鉴定委员会就彭某伤残等级和劳动能力、停工留薪期（医疗期）的鉴定申请，作出穗劳鉴初（2）〔2011〕0052 号《工伤职工劳动能力鉴定结论书》，鉴定结论：劳动功能障碍程度（伤残等级）为八级；医疗期从 2010 年 9 月 14 日起至 2011 年 1 月 26 日止。2011 年 3 月 17 日，彭某依据该工伤职工劳动能力鉴定结论书，就其工伤保险待遇向广州市番禺区劳动争议仲裁委员会申请仲裁，请求裁决：（1）被申请人强业公司一次性支付工伤待遇款项 68 040 元；（2）解除双方的劳动关系。在仲裁过程中，彭某与强业公司达成调解协议：（1）强业公司应当在 2011 年 3 月 18 日前向彭某一次性支付社会工伤保险待遇等款项 68 040 元，双方解除劳动关系及终结社会工伤保险关系。（2）强业公司支付上述款项后，不再向彭某承担基于劳动关系产生的其他任何经济责任。彭某自愿放弃其他任何经济赔偿要求，今后不得就工伤及劳动争议事宜再向强业公司进行任何经济追偿。双方已经了结所有的劳动权利义务，以后双方互不追究。该仲裁委员会根据上述调解协议内容作出穗番劳仲案字〔2011〕第 378 号仲裁调解书。该调解书已发生法律效力。

2013 年 7 月 8 日，广州市劳动能力鉴定委员会就彭某劳动功能障碍程度、停工留薪期

---

① 赵盛和：《劳动争议仲裁协议生效后出现新的事实可以再次起诉》，载《人民司法》2015 年第 20 期。

(医疗期)的鉴定申请,重新作出穗劳鉴〔2013〕0004 号广州市劳动能力鉴定结论书,鉴定结论:劳动功能障碍程度(伤残等级)为六级;停工留薪期从 2010 年 9 月 14 日起至 2011 年 9 月 16 日止。彭某据此再次向广州市番禺区劳动人事争议仲裁委员会申请仲裁,请求裁决被申请人强业公司支付工伤赔偿差额 303 260 元。2013 年 8 月 5 日,该仲裁委员会作出穗番劳人仲不字〔2013〕第 165 号不予受理通知书,不予受理的理由是:本会已对该案作出过处理。

裁判结果

广州市番禺区人民法院裁定:不予受理彭某的起诉。彭某不服,提起上诉。广州市中级人民法院裁定:驳回上诉,维持原裁定。彭某向广东省高级人民法院申请再审。广东省高级人民法院裁定:(1)撤销一、二审裁定;(2)指令广州市番禺区人民法院立案受理本案。

裁判理由

法院生效裁判认为:本案为劳动争议案件,属于人民法院受理民事诉讼的范围。根据已经查明的事实,穗番劳仲案字〔2011〕第 378 号仲裁调解书是在彭某的伤残等级鉴定为捌级的情况下作出的,但彭某提起本案诉讼是基于新的工伤鉴定结论(伤残等级鉴定为六级),而主张用人单位给付六级伤残赔偿标准与八级伤残赔偿标准之间的差额,故本案不属于最高人民法院《关于审理劳动争议案件适用法律若干问题的解释(三)》第 11 条规定的情形。根据《劳动争议调解仲裁法》第 29 条的规定,彭某提起本案诉讼符合民事诉讼法第 119 条的规定,一审法院应予受理。

典型案例 37

罗某诉连城县新泉电冶厂劳动争议案①

裁判要旨

未签订书面劳动合同的二倍工资应该是用人单位未与劳动者签订书面劳动合同而需承担的法定责任,是对用人单位未履行与劳动者签订书面劳动合同的法定义务的一种惩罚性措施。从法律关系来看,劳动者二倍工资的取得是与用人单位没有与其依法签订书面劳动合同的法律事件相对应的。劳动报酬和惩罚性赔偿的性质不同,而一般的工资是劳动力价值所反映的具有对价性的报酬,双倍工资则被视为用人单位承担的一种法定责任,具有惩罚性。两者性质不同,所以双倍工资难以用劳动报酬来概括。因此,二倍工资与劳动者所取得的劳动报酬有着本质区别。

---

① 翁境宏、陈立烽:《未签订书面劳动合同情形下支付双倍工资属惩罚性赔偿》,载《人民司法》2016 年第 23 期。

基本案情

原告罗某于2013年1月6日到被告连城县新泉电冶厂从事炼铁工作，岗位为炉台冶炼工，无底薪，无固定工资，实行计时工资。双方未签订任何书面劳动合同或者用工协议，并且连城县新泉电冶厂也没有为罗某缴纳各项保险。罗某最后提供劳动时间至2014年6月13日，离职原因为罗某书面提出辞职。罗某于2015年5月10日向劳动仲裁部门提出书面仲裁，要求裁决：由被告连城县新泉电冶厂支付罗某2013年1月6日至2014年1月5日一年期间双倍工资44 000元。罗某认为，根据《劳动合同法》第82条第1款规定，用人单位自用工之日起超过1个月不满1年未与劳动者订立书面劳动合同的，应当向劳动者每月支付二倍的工资。所以，用人单位应当支付2013年1月6日至2014年1月5日双倍工资44 000元。连城县新泉电冶厂则认为，《劳动争议调解仲裁法》第27条第1款规定，劳动争议申请仲裁的时效期间为1年。仲裁时效期间从当事人知道或者应当知道其权利被侵害之日起计算。罗某2013年1月6日进厂，其受到侵害之日即为当月工资发放之日，罗某2013年1月6日至2014年1月5日未获得双倍工资的权利受侵害之日应在2014年1月5日前的期间。罗某2015年5月10日申请劳动仲裁，显然已过仲裁时效，丧失胜诉权，应当驳回罗某的仲裁申请。

连城县劳动仲裁委员会2015年5月11日受理罗某的申请，并于2015年6月9日作出裁决。该仲裁委认为，劳动法上的工资包括依据国家有关规定支付给劳动者的劳动报酬，也包括依据劳动合同约定支付给劳动者的劳动报酬。《劳动合同法》确定的双倍工资属于法定工资，是劳动者的劳动报酬。根据《劳动争议调解仲裁法》规定，仲裁时效适用调解仲裁法第27条第4款的规定，从劳动关系终止之日起算1年。罗某进厂时间为2013年1月6日，最后提供劳动时间为2014年6月13日，罗某于2015年5月10日申请劳动仲裁，未超过1年的仲裁时效，遂裁决：连城县新泉电冶厂支付罗某双倍工资44 000元。

裁判结果

福建省连城县人民法院判决：驳回原告罗某要求被告连城县新泉电冶厂支付双倍工资44000元的请求。罗某不服，提起上诉。福建省龙岩市中级人民法院判决：驳回上诉，维持原判。

裁判理由

法院生效裁判认为：虽然二倍工资中含有“工资”二字，但并不是名副其实的工资。工资系劳动者提供劳动之对价，从法律上的关系来看，劳动者的劳动提供与用人单位的工资支付是给付与对待给付的关系。而未签订书面劳动合同的二倍工资与作为劳动者提供劳动之对价的工资存在本质的区别。未签订书面劳动合同的二倍工资应该是用人单位未与劳动者签订书面劳动合同而需承担的法定责任，是对用人单位未履行与劳动者签订书面劳动合同的法定义务的一种惩罚性措施。从法律关系来看，劳动者二倍工资的取得是与用人单位没有与他依法签订书面劳动合同的法律事件相对应的。劳动报酬和惩罚性赔偿的性质不同,而一般的工资是劳动力价值所反映的具有对价性的报酬,双倍工资则被视为用人单位承担的一种法定责任,具有惩罚性。两者性质不同,所以双倍工资难以用劳动报酬来概括。因此,二倍工资与劳动者所取得的劳动报酬有着本质区别。一审法院对于双倍工资性质认定准确。原告 2013 年 1 月 6 日至 2014 年 1 月 5 日未获得双倍工资的权利受侵害之日应在 2014 年 1 月 5 日前的期间,罗某提起仲裁应在此期间过后的 1 年内,但罗某在 2015 年 5 月 10 日才申请劳动仲裁,已过 1 年仲裁时效。